Saggi Universale E

Umberto Galimberti insegna Filosofia della storia e Psicologia dinamica all'Università di Venezia. Con Feltrinelli ha pubblicato: *Il tramonto dell'Occidente nella lettura di Heidegger e Jaspers* (1975-1984), *Psichiatria e fenomenologia* (1979), *Il corpo* (1983), *La terra senza il male. Jung: dall'inconscio al simbolo* (1984), *Gli equivoci dell'anima* (1987), *Il gioco delle opinioni* (1989), *Idee: il catalogo è questo* (1992), *Parole nomadi* (1994), *Psiche e techne. L'uomo nell'età della tecnica* (1999), *Orme del sacro. Il cristianesimo e la desacralizzazione del sacro* (2000, premio nazionale Corrado Alvaro 2001), *I vizi capitali e i nuovi vizi* (2003), *Le cose dell'amore* (2004), *La casa di psiche. Dalla psicoanalisi alla pratica filosofica* (2005, premio Cesare De Lollis), *L'ospite inquietante. Il nichilismo e i giovani* (2007), *I miti del nostro tempo* (2009) e *Il segreto della domanda. Intorno alle cose umane e divine* (2011). È in corso di ripubblicazione nell'Universale Economica Saggi l'intera sua opera. È inoltre autore unico di un *Dizionario di psicologia* (Utet 1992) di oltre quattromila voci, ampliato nell'edizione Garzanti (1999). Opere di Galimberti sono tradotte in tedesco, francese, spagnolo, portoghese, sloveno, greco, giapponese.

James Barry, *Greci intorno a un filosofo*, Victoria and Albert Museum, London.

UMBERTO GALIMBERTI

La casa di psiche

Dalla psicoanalisi alla pratica filosofica
Opere XVI

Feltrinelli

© Giangiacomo Feltrinelli Editore Milano
Prima edizione in "Campi del sapere" ottobre 2005
Prima edizione nell'"Universale Economica" – SAGGI
gennaio 2008
Quarta edizione gennaio 2012

Stampa Nuovo Istituto Italiano d'Arti Grafiche - BG

ISBN 978-88-07-72019-2

Piano delle *Opere* di Umberto Galimberti:

volume I-III: *Il tramonto dell'Occidente nella lettura di Heidegger e Jaspers*
volume IV: *Psichiatria e fenomenologia*
volume V: *Il corpo*
volume VI: *La terra senza il male. Jung: dall'inconscio al simbolo*
volume VII: *Gli equivoci dell'anima*
volume VIII: *Il gioco delle opinioni*
volume IX: *Idee: il catalogo è questo*
volume X: *Parole nomadi*
volume XI: *Paesaggi dell'anima*
volume XII: *Psiche e techne. L'uomo nell'età della tecnica*
volume XIII: *Orme del sacro. Il cristianesimo e la desacralizzazione del sacro*
volume XIV: *I vizi capitali e i nuovi vizi*
volume XV: *Le cose dell'amore*
volume XVI: *La casa di psiche. Dalla psicoanalisi alla pratica filosofica*
volume XVII: *L'ospite inquietante. Il nichilismo e i giovani*
volume XVIII: *Il segreto della domanda. Intorno alle cose umane e divine*
volume XIX: *I miti del nostro tempo*

www.feltrinellieditore.it
Libri in uscita, interviste, reading,
commenti e percorsi di lettura.
Aggiornamenti quotidiani

razzismobruttastoria.net

*A Mario Trevi,
psicoanalista e filosofo*

Iatròs philósophos isótheos.
Il medico che si fa filosofo diventa pari a un dio.

IPPOCRATE

La casa di psiche

> L'anima, o caro, si cura
> con certi incantesimi,
> e questi incantesimi
> sono i discorsi belli.
>
> PLATONE, *Carmide*, 157a

Nella casa di psiche ha preso dimora un ospite inquietante che chiede, con una radicalità finora sconosciuta, il senso dell'esistenza. Gli altri ospiti, che già abitavano la casa, obiettano che la domanda è vecchia quanto il mondo, perché, dal giorno in cui sono nati, gli uomini hanno conosciuto il dolore, la miseria, la malattia, il disgusto, l'infelicità e persino il "disagio della civiltà" a cui prima le pratiche religiose, e poi quelle terapeutiche, con la psicoanalisi in prima fila, hanno tentato di porre rimedio.

L'ospite inquietante però insiste nel dire che nell'età della tecnica la domanda di senso è radicalmente diversa, perché non è più provocata dal prevalere del dolore sulle gioie della vita, ma dal fatto che la tecnica rimuove ogni senso che non si risolva nella pura funzionalità ed efficienza dei suoi apparati.

All'interno di questi apparati, l'individuo soffre per l'"insensatezza" del suo lavoro, per il suo sentirsi "soltanto un mezzo" nell'"universo dei mezzi", senza che all'orizzonte appaia una finalità prossima o una finalità ultima in grado di conferire senso. Sembra infatti che la tecnica non abbia altro scopo se non il proprio autopotenziamento, per cui se nell'età pre-tecnologica la vita e il mondo apparivano privi di senso perché miserevoli, nell'età della tecnica la vita e il mondo appaiono miserevoli perché privi di senso.

Di fronte a questa diagnosi, la psicoanalisi rivela tutta la sua impotenza, perché gli strumenti di cui dispone, se sono utilissimi per la comprensione delle dinamiche emotivo-relazionali e per i processi di simbolizzazione, sono inefficaci in ordine al tipo di insensatezza che caratterizza l'età della tecnica. La psicoanalisi, infatti, conosce il non-senso di una vita tormentata dalla sofferenza, ma non la sofferenza determinata dall'irreperibilità di un senso.

Qui occorre la pratica filosofica. *Fin dal suo sorgere, la filosofia si è applicata alla ricerca di senso. E mentre la psicoanalisi, nei suoi momenti più alti, si è limitata a curare le sofferenze dell'anima provocate dalle condizioni del mondo, ottenendo come risultato una* presa di distanza *individuale dal vuoto di senso, la filosofia non ha mai esitato a mettere in questione il mondo, che oggi si identifica con la tecnica, in cui sono da reperire le radici dell'insensatezza.*

Dall'insensatezza non si esce con una "cura", perché il disagio non origina dall'individuo, ma dal suo essere inserito in uno scenario, quello tecnico, di cui gli sfugge la comprensione. E se il problema è la comprensione, gli strumenti filosofici sono gli unici idonei per orientarsi in un mondo il cui senso, per l'uomo, si sta facendo sempre più recondito e nascosto.

U.G.

2 maggio 2005

Introduzione

Le visioni del mondo sottese alla psicoanalisi e alla pratica filosofica

> Vi scongiuro, fratelli, *rimanete fedeli alla terra* e non credete a quelli che vi parlano di sovraterrene speranze.
>
> F. NIETZSCHE, *Così parlò Zarathustra* (1883-1885), Prefazione, § 3, p. 6.

1. *La domanda sul dolore e sul suo senso*

La morte di Dio non è passata invano sulle vicende umane, e tanto meno su quella vicenda di tutte le vicende che è l'umano patire, a conforto o a rimedio del quale sono state senza fine ideate pratiche di cura.

Ultima in ordine di tempo è la *pratica filosofica*[1] che, al contrario di quanto comunemente si pensa, non contende lo spazio alle altre terapie, perché *non è una terapia*. Non crede infatti che dal dolore si possa guarire, perché pensa che il dolore non è un inconveniente che capita all'esistenza come effetto di una causa conscia o inconscia a cui si può porre rimedio con una cura, ma

---

[1] Si veda a questo proposito in Italia F. Volpi, *La rinascita della filosofia pratica in Germania*, in *Filosofia pratica e scienza politica*, Francisci Editore, Abano Terme 1980; C. Natali, *Aristotele e l'origine della filosofia pratica*, in *Filosofia pratica e scienza politica*, cit.; G.B. Achenbach, *Philosophische Praxis* (1987); tr. it. *La consulenza filosofica. La filosofia come opportunità per la vita*, Apogeo, Milano 2004; *Das kleine Buch der inneren Ruhe* (2000); tr. it. *Il libro della quiete. Trovare l'equilibrio in un mondo frenetico*, Apogeo, Milano 2005; E. Ruschmann, *Philosophische Beratung* (1999); tr. it. *Consulenza filosofica*, Armando Siciliano editore, Messina 2004; R. Madera, L.V. Tarca, *La filosofia come stile di vita. Introduzione alle pratiche filosofiche*, Bruno Mondadori, Milano 2003; A. Cavadi, *Quando ha problemi chi è sano di mente. Un'introduzione al philosophical counseling*, Rubbettino, Soveria Mannelli 2003; L. Berra, A. Peretti, *Filosofia in pratica. Discorsi sul counseling filosofico*, Libreria Stampatori, Torino 2003; R. Lahav, *Comprendere la vita. La consulenza filosofica come ricerca della saggezza*, Apogeo, Milano 2004; A.G. Balistreri, *La terapeutica filosofica*, Lampi di Stampa, Milano 2004; S. Natoli, *Parole della filosofia o dell'arte di meditare*, Feltrinelli, Milano 2004; N. Pollastri, *Il pensiero e la vita. Guida alla consulenza e alle pratiche filosofiche*, Apogeo, Milano 2004, a cui rinvio per una più ampia informazione e una più completa bibliografia internazionale e nazionale sulle pratiche filosofiche.

ritiene che il dolore non sia separabile dall'esistenza e, in quanto suo costitutivo, non sia suscettibile di guarigione, ma governabile con la *cura di sé*.

Come ho mostrato in *Psiche e techne*,[2] ripercorrendo quella lunga tradizione che da Platone conduce a Gehlen attraverso Tommaso d'Aquino, Kant, Herder, Schopenhauer, Nietzsche, Bergson, l'uomo è l'unico tra i viventi a non essere corredato di istinti, e perciò è quell'essere la cui esistenza, non essendo precodificata, è posta come *compito*. Eludere tale compito equivale a rinunciare alla condizione umana, a perdere la propria vita prima che sopraggiunga la morte, che a questo punto suggella la fine non di un'esistenza, ma di un semplice percorso biologico.

Evocando la morte, il vero rimosso della cultura occidentale, evochiamo il limite costitutivo dell'esistenza umana, la sua finitudine, di cui la sofferenza che costella la vita, la vita di tutti, è anticipazione e ineludibile richiamo. Diciamo *di tutti*, anche di chi al momento non soffre, perché di fronte alla sofferenza fa breccia anche in lui, inquietante, la possibilità di soffrire. Questa possibilità universalizza il dolore facendolo apparire in tutta la sua ineluttabilità come tratto ineludibile dell'esistenza.

Qui nasce la domanda circa il *senso della sofferenza*, che poi si estende alla domanda che chiede il *senso della vita*, se è vero che la sofferenza le è costitutiva. Il senso, infatti, è come la fame che si avverte non quando si è sazi, ma quando manca il cibo. È l'esperienza del negativo a promuovere la ricerca, è la malattia, il dolore, l'angoscia, non la felicità, sul cui senso nessuno si è mai posto domande.

Lamentare la mancanza di senso significa allora lamentarsi del dolore, della malattia, della morte, per cui la "domanda di senso" è un'espressione nobile che nasconde il rifiuto da parte dell'uomo dell'*esperienza del negativo*, la non accettazione della propria finitezza, del proprio limite. Ma indaghiamo questo limite e soprattutto vediamo di capire cosa diventa il dolore, qualora fossimo in grado di interiorizzare e far pace con il nostro limite.

La domanda di senso si fa più acuta nell'età della tecnica, perché la tecnica tende a mortificare l'individuo nella sua peculiarità, per ridurlo a puro funzionario di un apparato, la cui efficienza è garantita più dalla *sostituibilità* degli individui che dalla loro *specificità*. Questa omologazione, che cancella tutte le individuazioni, mortifica le singole soggettività, a cui viene sottratto l'*agire* in vista di uno scopo, sostituito da un puro e semplice *fare* azioni descritte e prescritte, senza una visibile finalità che possa giustificare e rinsaldare la loro identità.

---

[2] U. Galimberti, *Psiche e techne. L'uomo nell'età della tecnica*, Feltrinelli, Milano 1999, capitolo 8: "La tecnica come condizione dell'esistenza umana".

Questo processo di de-individuazione, ampiamente trattato in *Psiche e techne*,[3] confligge con l'esperienza del dolore che, come ci ricorda Natoli, "è la modalità classica tramite cui si fa esperienza della propria individualità [...] per la semplice ragione che nessuno è sostituibile nel proprio dolore, così come non lo è nella propria morte".[4] L'età della tecnica, de-individualizzando i singoli soggetti di cui mortifica la specificità, offre sempre meno strumenti per reperire un senso all'esperienza del dolore, nella quale il singolo tocca drammaticamente con mano la propria dimensione individuale e insostituibile.

Nella sofferenza siamo insostituibili perché siamo insostituibili nella morte, di cui la sofferenza è un'anticipazione, in quanto sottrazione di vita, sua estenuazione, riduzione della sua espansività, suo ripiegamento. Come tale la sofferenza, oltre che evento fisico o psichico, di fronte al quale si arrestano la medicina e la psicoanalisi con i loro rimedi, segnala la condizione ineludibile dell'umano: *la condizione mortale*. Qui la medicina e la psicoanalisi sono impotenti, mentre la pratica filosofica, che discende dalla consapevolezza della condizione umana, comincia a parlare come parlava la sapienza degli antichi Greci che, pur disponendo di due parole per dire "uomo", *anér* e *ánthropos*, impiegano quasi sempre le espressioni *brotós* e *thnetós* che significano "mortale".

Della morte non ci addolora l'*evento* in sé, ma la *consapevolezza* della sua ineludibilità e quindi l'*attesa* di cui la sofferenza è l'avvisaglia. Non soffriamo, infatti, solo del male fisico o psichico che ci tocca, ma soprattutto del suo segnale premonitore. *Patire* significa infatti *subire* quel che non si può scegliere. Nel patimento fisico o psichico, oltre al dolore della sofferenza, c'è il dolore dell'attesa di morte, di cui la sofferenza, che restringe le possibilità di vita, è inequivoco segnale. Per questo la *pazienza*, che è l'arte del saper *patire*, è virtù riconosciuta nei *pazienti*, non tanto perché si attende la guarigione prossima o ventura, quanto perché si è consapevoli di non poter evitare la propria sorte mortale.

Nel patire quel che non possiamo evitare, la sofferenza, fisica o psichica che sia, ci mette a contatto con il nostro *limite*, anzi ci consegna al nostro limite che ci descrive come esseri sospesi sul nulla. Dal nulla venuti, al nulla destinati. Puri eventi consegnati alla precarietà dell'esistere che chiedono il senso della loro precarietà. In questa radicale mancanza di senso fa la sua comparsa l'*angoscia*, che, come Freud e Heidegger ci hanno insegna-

---

[3] Ivi, capitolo 53: "La casa di psiche e il crollo delle sue mura".
[4] S. Natoli, *L'esperienza del dolore. Le forme del patire nella cultura occidentale*, Feltrinelli, Milano 1986, p. 15.

to, a differenza della paura, non ha un oggetto che la scatena. Scrive in proposito Freud:

> L'angoscia (*Angst*) ha un'innegabile connessione con l'*attesa*: è angoscia *prima di* e *innanzi a* qualche cosa. Possiede un carattere di *indeterminatezza* e di *mancanza di oggetto*. Nel parlare comune, quando essa ha trovato un oggetto, le si cambia nome, sostituendolo con quello di *paura* (*Furcht*).[5]

E Heidegger dal canto suo:

> Col termine angoscia (*Angst*) non intendiamo quell'ansietà (*Ängstlichkeit*) assai frequente che, in fondo, fa parte di quel senso di paura (*Furcht*) che insorge fin troppo facilmente. L'angoscia è fondamentalmente diversa dalla paura. Noi abbiamo paura sempre di questo o di quell'ente determinato, che in questo o in quel determinato riguardo ci minaccia: la paura di... è sempre anche paura per qualcosa di determinato. E poiché è propria della paura la limitatezza del suo oggetto e del suo motivo, chi ha paura ed è pauroso è prigioniero di ciò in cui si trova. Nel tendere a salvarsi da questo qualcosa di determinato, egli diventa insicuro nei confronti di ogni altra cosa, cioè, nell'insieme, "perde la testa".
> L'angoscia non fa più insorgere un simile perturbamento. È attraversata piuttosto da una quiete singolare. Certo, l'angoscia è sempre angoscia di..., è sempre angoscia per..., ma non è per questo o per quello. Tuttavia, l'indeterminatezza di ciò di cui e per cui noi ci angosciamo non è un mero difetto di determinatezza, bensì l'essenziale impossibilità della determinatezza.[6]

Non ci si angoscia dunque per "questo" o per "quello", ma per il nulla che ci precede e che ci attende: "L'angoscia rivela il niente" scrive Heidegger.[7]

Di "questo" o di "quello" si occupa la *pratica psicoanalitica*; del nulla, di cui "questo" o "quello" sono semplici premonizioni, si occupa la *pratica filosofica*, che non prende in considerazione questa o quella sofferenza, questa o quella restrizione della vita, se non per inscriverle in quella più ampia esperienza che mostra l'ineludibile precarietà della nostra esistenza, la cui rimozione è la via regia per la consegna alla disperazione.

---

[5] S. Freud, *Hemmung, Symptom und Angst* (1926); tr. it. *Inibizione, sintomo e angoscia*, in *Opere*, Boringhieri, Torino 1968-1993, vol. X, p. 310. Lo stesso motivo ritorna in *Vorlesungen zur Einführung in die Psychoanalyse* (1915-1917); tr. it. *Introduzione alla psicoanalisi*, in *Opere*, cit., vol. VIII, Lezione 25, pp. 547-548: "*Angoscia* si riferisce allo stato e prescinde dall'oggetto, *mentre* paura richiama l'attenzione propria sull'oggetto".

[6] M. Heidegger, *Was ist Metaphysik?* (1929); tr. it. *Che cos'è metafisica?*, in *Segnavia*, Adelphi, Milano 1987, p. 67.

[7] *Ibidem*.

Può disperarsi, infatti, solo chi ha sperato di poter superare il limite costitutivo dell'esistenza. Qui gli antichi Greci scorgevano la massima colpa che l'uomo potesse commettere. E la chiamarono *hýbris*, tracotanza, pretesa di oltrepassare il limite, non riconoscere che tutto ciò che nell'esistenza si genera in essa si dissolve. Così almeno risuona la prima parola della filosofia che con Anassimandro recita:

> Da dove tutti gli esseri hanno origine, ivi hanno anche la distruzione secondo necessità: poiché essi pagano l'uno all'altro la pena e l'espiazione dell'ingiustizia secondo l'ordine del tempo.[8]

La pratica analitica coglie l'*angoscia nevrotica* che ha la sua causa-colpa (in greco le due parole sono rese dallo stesso termine *aitía*) nei trascorsi del sofferente, nel suo passato, nella sua biografia; la pratica filosofica coglie l'*angoscia esistenziale* che alle sue spalle non ha né una causa né una colpa, perché nasce dall'anticipazione della morte futura, di cui la sofferenza, come riduzione delle possibilità di vita, è segno e anticipazione.

Dall'angoscia nevrotica si può guarire limitatamente ai *sintomi* con cui questa angoscia si manifesta, ma non in ordine allo *sfondo* a cui tali sintomi rinviano, che è poi lo sfondo dell'esistenza percepita come assoluta precarietà. Qui la pratica analitica è impotente, mentre la pratica filosofica ha ancora una parola da dire. E la dice inscrivendo la caducità dell'esistenza nell'universale caducità, che non è una malattia da cui si può anche guarire, perché è la condizione di ogni esistenza che vuol vederci chiaro e non illudersi con cieche speranze. A ricordarcelo è Eschilo:

> CORO: Nei doni concessi non sei magari andato oltre?
> PROMETEO: Sì, ho impedito agli uomini di vedere la loro sorte mortale.
> CORO: Che tipo di farmaco hai scovato per questa malattia?
> PROMETEO: Ho posto in loro cieche speranze (*typhlàs elpídas*).
> CORO: Un grande giovamento hai così donato ai mortali.[9]

Questo motivo della caducità universale è stato avvistato anche da Freud là dove racconta:

> Non molto tempo fa, in compagnia di un amico silenzioso e di un poeta già famoso nonostante la sua giovane età, feci una passeggiata in una contrada estiva in piena fioritura. Il poeta ammirava la bellezza della natura intorno a noi, ma non ne traeva gioia. Lo turba-

---

[8] Anassimandro, fr. B 1.
[9] Eschilo, *Prometeo incatenato*, in *Tragedie e frammenti*, Utet, Torino 1987, vv. 247-251.

va il pensiero che tutta quella bellezza era destinata a perire, che col sopraggiungere dell'inverno sarebbe scomparsa: come del resto ogni bellezza umana, come tutto ciò che di bello e nobile gli uomini hanno creato o potranno creare. Tutto ciò che egli avrebbe altrimenti amato e ammirato gli sembrava svilito dalla *caducità cui era destinato*. [...] L'idea che tutta quella bellezza fosse effimera faceva presentire a queste due anime sensibili il lutto per la sua fine; e, poiché l'animo umano rifugge istintivamente da tutto ciò che è doloroso, essi avvertivano nel loro godimento del bello l'interferenza perturbatrice del *pensiero della caducità*.[10]

Per non compromettere il proprio impianto psicoanalitico, dal pensiero della caducità Freud si è subito allontanato con la motivazione che "l'animo umano rifugge istintivamente da tutto ciò che è doloroso". Eppure è stato proprio Freud a insegnarci che non è con la rimozione che si risolvono i problemi. E perciò è proprio nel "doloroso" che la pratica filosofica vuole entrare per interrogare il senso dell'esistenza a partire dalla sua caducità.

Qui Oriente e Occidente si dividono. L'Oriente dice che il dolore in cui si esprime la caducità dell'esistenza non ha una sua realtà, ma è solo *apparenza*. Essa nasce da un'errata posizione assunta nei confronti dell'esistenza, per cui è sufficiente cambiare atteggiamento nei confronti del mondo, rinunciare ad esempio alla dimensione volontaristica che vuol dominare tutte le cose, e il mondo del dolore appare per quello che è: pura apparenza.

L'Occidente, al contrario, è persuaso che la caducità dell'esistenza, come del resto di tutte le cose, non è apparenza, ma *realtà*, da cui il dolore scaturisce come sua conseguenza. È qui che le due grandi visioni del mondo, quella greca e quella giudaico-cristiana, dalla cui confluenza è scaturito l'Occidente, divergono.

Per la *tradizione giudaico-cristiana* il dolore è la conseguenza di una caduta dovuta a una colpa, che chiede riparazione ed è suscettibile di redenzione. In tale visione il dolore è *castigo* e a un tempo *evento purificatore*. Come tale concorre alla redenzione e alla salvezza. In tale prospettiva il dolore non è costitutivo dell'esistenza, ma della *colpa* dell'esistenza e insieme *mezzo* del suo riscatto. Una volta secolarizzata, questa visione religiosa del mondo porta all'interpretazione del dolore come un inconveniente dell'esistenza da cui si può anche "guarire". La *pratica psicoanalitica* è per intero inclusa in questa visione religiosa del mondo.

Per la *cultura greca* il dolore non è la conseguenza di una colpa, ma è il *costitutivo dell'esistenza*, di cui bisogna accogliere per

---

[10] S. Freud, *Vergänglichkeit* (1916); tr. it. *Caducità*, in *Opere*, cit., vol. VIII, pp. 173-174.

intero la caducità, senza illudersi con speranze ultraterrene o con ipotesi di salvezza da colpe originarie. Accolta la caducità dell'esistenza, occorre poi imparare a vivere tutta l'espansione della vita e tutto il suo contrarsi, perché questa è la condizione del mortale che nessuna narrazione può modificare. La *pratica filosofica* è inscritta in tale visione del mondo, e perciò non conosce speranze salvifiche e concomitanti disperazioni, ma solo la temperata saggezza che il dolore lo si può reggere ed, entro certi limiti, dominare.

2. *La risposta della tradizione giudaico-cristiana e la pratica psicoanalitica*

Se la sofferenza è la conseguenza di una colpa suscettibile di redenzione, questa terra e l'esistenza che su questa terra si compie sono vissute come un *transito*. Il futuro atteso lenisce la crudeltà del dolore, perché chi oggi soffre domani sarà liberato. In tale prospettiva il dolore non è più pensato come qualcosa che ineluttabilmente appartiene alla vita, ma come qualcosa che è capitato alla vita terrena in seguito a una colpa, e quindi come qualcosa di fondamentalmente *separato* dalla vita. Ciò significa che la *vera vita* non conosce il dolore, e se sulla terra la vita non è esente dal dolore è solo perché la vita sulla terra non è quella vera, quella per cui siamo nati.

Ciò comporta una svalutazione della vita terrena: "valle di lacrime" che, come dice Isaia, trova la sua giustificazione nell'attesa di nuovi cieli e nuove terre:

> Ecco dunque che io creerò cieli nuovi e nuova terra.
> Non si ricorderà più il passato, non tornerà più in mente,
> poiché si vivrà e si gioirà per sempre per le cose che io creerò.[11]

A differenza della visione greca, per la quale la vita è insieme crudeltà e bellezza, la visione giudaico-cristiana, con la promessa della liberazione futura, ha potuto farsi carico e immedesimarsi con tutta la sofferenza degli uomini, vanificando la bellezza della vita terrena in quanto vita transeunte e denigrando questo mondo in quanto mondo di dolore.

Ma il dolore, se da un lato è l'elemento che porta alla svalutazione di questo mondo, dall'altro è il fattore più potente che induce alla speranza e alla fede. Una volta che questa terra e questa esistenza terrena sono visualizzate come terra ed esistenza

[11] Isaia, 65, 17-18.

dolente, la scommessa su Dio non è, come vorrebbe Pascal,[12] una vera scommessa, perché è l'ultima speranza.

Se il dolore è il pegno della salvezza, non andrà solo sopportato, ma anche amato. E così all'etica della forza e della moderazione, all'etica della dignità dell'uomo che deve saper reggere il dolore fino a quando è compatibile al conseguimento di una bella morte, a quest'etica, che la scuola stoica aveva cadenzato nella massima *substine et abstine*, la concezione cristiana, dopo aver riposto nel dolore la garanzia della salvezza, chiede di amare il dolore perché il tormento del presente è la caparra del futuro.

Francesco di Sales, che coerentemente con la visione cristiana dell'esistenza fonda questa pedagogia del dolore, è consapevole della distanza che separa il cristianesimo dalla grecità e, in polemica con il *substine et abstine* stoico, dichiara:

> La dottrina cristiana, la *sola vera filosofia*, è tutta stabilita su questi principi: *l'abnegazione di sé* che è molto superiore all'astenersi dai piaceri; *portare la croce*, che è cosa assai più sublime del sopportarla; *seguire il Signore*, non soltanto nella rinuncia di sé o nel portar la propria croce, ma anche nella pratica di ogni opera buona. Tuttavia il vero amore, più che col rinnegamento di sé e con l'azione, *si dimostra nel patire*.[13]

L'idea giudaico-cristiana, che giustifica la sofferenza in questa vita terrena e transeunte, in vista di quella eterna senza dolore, mette in circolazione una concezione della *vita come malattia*, da cui un giorno sarà possibile liberarsi. Questa visione del mondo sopravvive alla morte di Dio e informa di sé la concezione antropologica sottesa alla psicoanalisi, che visualizza l'uomo come *pato-logico*, come colui che subisce e patisce (*pathéein*) le forze oscure dell'inconscio, cause della sua sofferenza e del suo disagio, da cui occorre liberarsi. In questo senso scrive Freud: "Dov'era l'Es deve subentrare l'Io. È un'opera della civiltà, come ad esempio il prosciugamento dello Zuiderzee".[14] E ancora:

---

[12] B. Pascal, *Pensées* (1657-1662, prima edizione 1670); tr. it. *Pensieri*, Rusconi, Milano 1993, § 451, p. 251: "Pesiamo il guadagno e la perdita: se viene croce, che Dio esiste. Valutiamo questi due casi: se vincete, vincete tutto; se perdete, non perdete nulla. Scommettete, dunque, che Dio esiste, senza esitare".

[13] Francesco di Sales, *Teotimo. Traité de l'amour de Dieu* (1616); tr. it. *Teotimo*, Edizioni Paoline, Roma 1939, vol. II, p. 128.

[14] S. Freud, *Neue Folge der Vorlesungen zur Einführung in die Psychoanalyse* (1932); tr. it. *Introduzione alla psicoanalisi (Nuova serie di lezioni)*, in *Opere*, cit., vol. XI, Lezione 31, p. 190. Questo motivo era già stato anticipato in *Das Ich und Es* (1923); tr. it. *L'Io e l'Es*, in *Opere*, cit., vol. IX, p. 517, dove si legge: "La psicoanalisi è uno strumento inteso a rendere possibile la progressiva conquista dell'Es da parte dell'Io".

Le età future riservano nuovi e forse inimmaginabili passi avanti in questo campo che appartiene alla civiltà, e accresceranno ancora la somiglianza dell'uomo con Dio. Pure, nell'interesse della nostra indagine, non dimentichiamo che l'uomo d'oggi, nella sua somiglianza con Dio, non si sente felice.[15]

All'infelicità attuale segue la speranza futura. Nell'*al di là* secondo la visione giudaico-cristiana, nel *progresso del sapere* secondo la versione secolarizzata di questa visione. E come il dolore dell'esistenza, nella visione giudaico-cristiana, non è definitivo, perché ad attenderci c'è una vita senza dolore, allo stesso modo la sofferenza dell'individuo, così come il disagio della civiltà, non sono definitivi, perché la pratica terapeutica, come la pratica religiosa quando si credeva in Dio, assicura la *salvezza* che, nel registro più modesto della psicoanalisi, si chiama *salute*. Infatti, scrive Natoli:

> La morte di Dio non lascia solo orfani, ma anche eredi. Questo Dio era ancora in agonia quando si facevano avanti i suoi sostituti: le filosofie del progresso e le ideologie della rivoluzione. La necrosi di Dio dà luogo a un innumerevole pullulare di umane salvezze che tanto più proliferano quanto più falliscono. Questo fenomeno è ormai chiaramente riconosciuto come processo di secolarizzazione. La secolarizzazione dà svolgimento mondano al bisogno salvifico degli uomini e in tale svolgimento gli uomini divengono promotori della loro stessa salvezza. Tuttavia la secolarizzazione non riconsegna l'uomo alla terra, come a prima vista potrebbe sembrare, ma consegna la terra nelle mani dell'uomo perché egli stesso ne sia il liberatore.[16]

La liberazione avviene con il sapere, con la conoscenza scientifica che, al suo primo sorgere, percepisce se stessa come *potenza*. Conferme in tal senso si hanno in Bacone, non solo là dove dice esplicitamente che "la scienza è potenza",[17] ma nell'in-

---

[15] Id., *Das Unbehagen in der Kultur* (1929); tr. it. *Il disagio della civiltà*, in *Opere*, cit., vol. X, p. 582.
[16] S. Natoli, *L'esperienza del dolore. Le forme del patire nella cultura occidentale*, cit., p. 265.
[17] F. Bacone, *Instauratio Magna, Pars secunda: Novum Organum* (1620); tr. it. *La grande instaurazione, Parte seconda: Nuovo organo*, in *Scritti filosofici*, Utet, Torino 1986, Libro I, § 3, p. 552: "*Scientia et potentia humana coincidunt, quia ignoratio causæ destituit effectum. Natura non nisi parendo vincitur, et quod in contemplatione instar causæ est, id in operatione instar regulæ est* (La scienza e la potenza umana coincidono, perché l'ignoranza della causa fa mancare l'effetto. La natura infatti non si vince se non obbedendo a essa, e ciò che nella teoria ha valore di causa, nell'operazione pratica ha valore di regola)".

condizionata fiducia che egli ripone nelle possibilità della scienza e della tecnica in ordine al miglioramento della condizione dell'uomo.

Pur offrendo un paradigma sostanzialmente privo di concreti e convincenti risultati scientifici, Bacone è fortemente animato dalla convinzione che la trasformazione scientifica del mondo al servizio dell'uomo non è qualcosa che *sta* per accadere, ma qualcosa che *si deve* far accadere, qualcosa che assume la tonalità morale del compito da eseguire religiosamente, come si conviene in presenza del comando divino. Questo almeno è il senso che in tutta evidenza traspare dalle espressioni con cui Bacone chiude il suo *Novum Organum*:

> In seguito al peccato originale, l'uomo decadde dal suo stato di innocenza, e dal suo dominio sulle cose create. Ma entrambe le cose si possono recuperare, almeno in parte, in questa vita. La prima mediante la religione e la fede, la seconda mediante le tecniche e le scienze. In seguito alla maledizione divina, il creato non è diventato interamente e per sempre ribelle: in virtù di quella massima "guadagnerai il tuo pane con il sudore della tua fronte" (*Genesi*, 3, 19), attraverso molte fatiche (non certamente con le dispute o le oziose cerimonie della magia), finalmente è costretto a dare il pane all'uomo e cioè è costretto agli usi della vita umana.[18]

Così inscritto in un programma religioso, il progetto tecnico-scientifico che inaugura l'età moderna pensa se stesso da un lato come *esecutore di un programma divino* e dall'altro come efficace *attuazione di un compito morale*. In questo contesto, la potenza conoscitiva implicita nella "nuova scienza" appare come atto di umiltà, come forma di espiazione di quella colpa espressa nella superbia intellettuale del peccato originale da cui, secondo Bacone, non è immune l'antica speculazione greca. E se quest'ultima subordinava il "fare" al "vedere contemplativo", che aveva per oggetto una natura pensata come immutabile, la scienza moderna subordina il "vedere" al "fare manipolativo" che nelle leggi della natura scorge l'impronta di Dio, e nella loro scoperta le condizioni del riscatto umano.[19]

Se il sapere riscatta e redime, come un tempo la fede nella parola di Dio, al sapere verrà consegnata anche la conduzione dell'anima, un tempo affidata alla pratica religiosa, e oggi alla pratica psicoanalitica. Alla psicoanalisi dobbiamo essere grati per

---

[18] Ivi, Libro II, § 52, p. 795.
[19] Si veda a questo proposito U. Galimberti, *Psiche e techne. L'uomo nell'età della tecnica*, cit., capitolo 33: "L'epoca moderna e il primato della scienza e della tecnica come deriva teologica".

quanto ci ha fatto conoscere in ordine alle dinamiche pulsionali e ai processi di simbolizzazione, ma ciò non toglie che questo *sapere*, come è nelle intenzioni di ogni sapere, ha in vista un *potere*, il potere di curare il dolore dell'uomo.

In questo modo la psicoanalisi è pienamente inscritta nella visione religiosa della tradizione giudaico-cristiana secondo la quale il dolore non è un *costitutivo* dell'esistenza, ma qualcosa da essa *separato*, che va estirpato, curato, guarito, seguendo procedure che, solo per il *contenuto*, differenziano la pratica psicoanalitica dalla pratica religiosa, perché, per la *forma*, entrambe sono inscritte in quella visione del mondo che concepisce il dolore non come un *tratto inscindibile dell'esistenza*, ma come una *malattia da cui si può e si deve guarire*.

In questo modo la psicoanalisi si presenta come una forma di *medicalizzazione* dell'umano, che è poi la versione secolarizzata della *redenzione* religiosa. Per entrambe, infatti, l'uomo deve essere salvato dal dolore, perché il dolore non è una condizione imprescindibile dell'esistenza come pensavano i Greci, ma ha una sua ben identificata causa-colpa (*aitía*) da cui è possibile *redimersi*, e, nel linguaggio secolarizzato, *guarire*.

La potenza del sapere che guarisce è dunque la versione secolarizzata della potenza della fede che salva, per cui, in presenza del dolore, occorre affidarsi al sapere come un tempo ci si affidava alla fede. L'esito di questo affidamento è in entrambi i casi la *rimozione del dolore come costitutivo dell'esistenza*, per cui il dolore non ha più circolazione nella vita quotidiana degli uomini, ma viene relegato in quei luoghi dove, come ci insegna Foucault nella *Nascita della clinica*,[20] la competenza del sapere esercita il suo potere. Lo studio psicoanalitico è uno di questi luoghi, dove un "supposto sapere", come direbbe Lacan,[21] indica la via della salute, come la dottrina della Chiesa indica la via della salvezza. Perfetta identità di intenti nell'apparente contrapposizione delle vie da seguire.

Ma la rimozione del dolore, a cui ricorre anche il sofferente per il terrore dell'abbandono, fa perdere all'uomo ciò che gli antichi Greci chiamavano la "giusta misura (*katà métron*)",[22] che è poi la cifra della sua finitezza che l'uomo non deve *oltrepassare* (*hyper tò anthrópinon méytron*).[23] E se la tecnica, nata come pro-

---

[20] M. Foucault, *Naissance de la clinique. Une archéologie du regard médical* (1963); tr. it. *Nascita della clinica. Il ruolo della medicina nella costituzione delle scienze umane*, Einaudi, Torino 1969.
[21] J. Lacan, *La science et la vérité* (1966); tr. it. *La scienza e la verità*, in *Scritti*, Einaudi, Torino 1974, vol. II.
[22] Esiodo, *Opere e giorni*, in *Opere*, Utet, Torino 1977, p. 291, v. 694.
[23] Luciano Sofista, fr. 43, 21, in M. Untersteiner, *Sofisti. Testimonianze e frammenti*, La Nuova Italia, Firenze 1949-1962, vol. II, p. 124.

getto di salvezza, stesse per compiere questo oltrepassamento? Se fosse, come è, in grado di estinguere l'evento umano? Se, come scrive Günther Anders: "La tecnica può segnare quel punto assolutamente nuovo della storia, e forse irreversibile, dove la domanda non è più: che cosa possiamo fare noi con la tecnica, ma che cosa la tecnica può fare di noi"?[24] Se tutto ciò è vero, chi ci difende da questa angoscia? La psicoanalisi che conosce l'*angoscia nevrotica* o la pratica filosofica che conosce la *giusta misura*?

3. *La risposta della cultura greca e la pratica filosofica*

La grandezza dei Greci, scrive Nietzsche, consiste nel fatto che hanno avuto il coraggio di "guardare in faccia il dolore e di conoscere e sentire i terrori e le atrocità dell'esistenza"[25] senza lenirli con speranze ultraterrene. Ciò fu loro possibile a partire dalla concezione che avevano della natura. Non creatura di Dio regolata dalla sua provvidenza, ma sfondo immutabile "che nessun Dio e nessun uomo fece",[26] dove il ciclo governa il generarsi e il dissolversi di tutte le vite, secondo necessità. Una natura a un tempo generativa e distruttiva, copiosa di vita e di morte.

Qui i Greci hanno colto l'*essenza del tragico*, che non sta nel semplice soffrire e morire delle singole esistenze, ma nella *necessità* della loro morte affinché si generi la vita. La gioia della vita è resa possibile dalla crudeltà della morte, per cui il dolore e la morte non sono qualcosa che è capitato alla vita in seguito a una caduta o a una colpa, ma sono intrinseche alla vita stessa come condizioni del suo accadere. Qui è l'essenza del tragico. Un evento solo greco, scrive Jaspers, perché solo i Greci hanno colto la circolarità della vita con la morte, la felicità e la gioia della vita inseparabile dal dolore e dalla morte che l'annienta. Scrive in proposito Jaspers:

> La coscienza tragica contempla il dolore dell'uomo, la sua sventura e la sua morte. Le sono familiari l'afflizione più profonda come il

---

[24] G. Anders, *Die Antiquiertheit des Menschen*, vol. II: *Über die Zerstörung des Lebens im Zeitalter der dritten industriellen Revolution* (1980); tr. it. *L'uomo è antiquato*, vol. II: *Sulla distruzione della vita nell'epoca della terza rivoluzione industriale* (1980), Bollati Boringhieri, Torino 2003, p. 254.

[25] F. Nietzsche, *Die Geburt der Tragödie aus dem Geiste der Musik* (1972); tr. it. *La nascita della tragedia dallo spirito della musica*, in *Opere*, Adelphi, Milano 1972, vol. III, 1, p. 32.

[26] Eraclito, fr. B 30: "Questo cosmo, che è di fronte a noi e che è lo stesso per tutti, non lo fece nessuno degli dèi né degli uomini, ma fu sempre, ed è, e sarà fuoco sempre vivente, che divampa secondo misure e si spegne secondo misure".

più profondo giubilo. L'afflizione è data dalla consapevolezza dell'eterno avvicendarsi della vita, della morte e della rinascita, in una metamorfosi senza fine. Il dio che muore e poi ritorna, la festa delle stagioni, come simbolo di questo morire e risorgere, è la realtà di fondo di questo mondo. La concezione mitica della dea madre, dispensatrice di vita e dea della morte, che genera, nutre, cura, ama e fa maturare ogni cosa, è la stessa che ogni cosa riprende anche nel proprio seno, lasciandola spietatamente morire. [...]
Nella *religione rivelata giudaico-cristiana*, ogni disarmonia dell'esistenza e tutto ciò che si presenta con i caratteri della tragedia derivano dall'origine stessa dell'umanità: il peccato originale che ha la sua radice nella caduta di Adamo. La redenzione nasce dalla morte in croce di Gesù Cristo. Le cose del mondo, in quanto tali, sono guaste. L'uomo è implicato in una colpa irreparabile, prima ancora di poter peccare come singolo. Egli è coinvolto nel medesimo processo di colpa e redenzione che tutto fonda, partecipando dell'una e dell'altra per se stesso e non per sé solo. Già colpevole per il peccato originale, è redento dalla grazia. Poi prende su di sé la sua croce, non limitandosi a subire pazientemente, ma scegliendo addirittura i dolori dell'esistenza, i contrasti e gli strazi della vita. Non c'è più tragicità, perché, attraverso le prove più terribili, splende il fulgore benefico della grazia.
Da questo punto di vista, la *redenzione cristiana* si oppone alla coscienza tragica. La possibilità che ha il singolo di salvarsi distrugge il senso tragico di una rovina senza scampo. Ecco perché non esiste una vera e propria tragedia cristiana, perché nel dramma cristiano il mistero della redenzione costituisce la base e l'atmosfera dell'azione, e la coscienza tragica è risolta a priori nella certezza di poter raggiungere la perfezione e la salvezza attraverso la grazia. [...]
Tutte le esperienze fondamentali dell'uomo, una volta cristiane, non sono più tragiche. Il peccato si trasforma in *felix culpa* che rende possibile la redenzione. Il tradimento di Giuda favorisce la morte salvifica di Cristo, causa di eterna felicità per tutti i credenti. Se Cristo è il più profondo simbolo del fallimento nel mondo, lo è in senso tutt'altro che tragico, perché il suo fallimento è una luce, una vittoria, un'attuazione.[27]

La circolarità di vita e morte, che la coscienza tragica coglie senza infingimenti, da un lato lascia innocente la natura nel suo eccesso di vita e nella sua crudeltà, dall'altro confligge con la vita del singolo individuo che vuol durare. In lui la naturalità della morte non coincide con l'accettazione passiva della morte perché, se è vero che ogni singola vita deve morire affinché la vita

---

[27] K. Jaspers, *Über das Tragische*, in *Von der Wahrheit* (1947), Piper, München 1958. Di quest'opera esistono in italiano due traduzioni: *Del tragico*, il Saggiatore, Milano 1959, pp. 13-19; *Il linguaggio. Sul tragico*, Guida, Napoli 1993, pp. 177-185.

viva, è altrettanto vero che ciascuna vita non vuole consegnarsi alla morte, non perché teme quel che può accadere dopo, ma perché è vita e, in quanto vita, rifiuta la morte.

Qui il tragico appare in tutta la sua drammaticità, che non consiste nella *contrapposizione tra la vita e la morte* come nella concezione cristiana, per cui, dopo la resurrezione di Cristo, Paolo di Tarso può dire: "O morte dov'è la tua vittoria? O morte dov'è il tuo pungiglione?",[28] ma consiste nella *contrapposizione fra la vita e la vita*: la vita della natura che, per vivere, esige la morte delle singole esistenze, e la singola esistenza che, per vivere, deve allontanare la morte.

Il tragico coglie il conflitto non contrapponendo la natura a un'altra entità, quale potrebbe essere l'uomo o Dio, ma, all'interno della stessa natura, tra *la sua economia generale*, dove la morte è condizione di vita, e *l'economia delle sue singole esistenze*, dove la morte è la limitazione e la fine della vita. Interpretando questo conflitto, Eraclito può dire:

> Uno deve sapere che guerra è comune, e lotta è giustizia, e che tutte le cose passano per lotta e necessità.[29]

Nel conflitto, l'uomo sa di dover morire perché appartiene al ciclo della natura che è vicenda alterna di vita e di morte, ma al tempo stesso resiste alla morte, perché così vuole la vita che è in lui. *Resistere* non è rassegnarsi e consegnarsi passivamente al ciclo della natura, ma non è neppure atto temerario che pretende di valicare il limite della natura. Resistere è contemperare la consapevolezza della morte con l'acquisizione delle conoscenze che consentono di procrastinarla o di evitarla quando è evitabile.

Dalla dimensione tragica il Greco fuoriesce non ipotizzando un mondo ultraterreno, ma *percorrendo pazientemente le vie del sapere*. Ce ne dà conferma Ippocrate là dove, a proposito del "male sacro", dice:

> Circa il male cosiddetto sacro questa è la realtà. Per nulla – mi sembra – è più divino delle altre malattie o più sacro, ma ha struttura naturale (*phýsin*) e cause razionali (*próphasin*): gli uomini tuttavia lo ritennero in qualche modo opera divina per inesperienza (*apeiríes*) e stupore (*thaumasiótetos*), giacché per nessun verso assomiglia alle altre. E tale carattere divino viene confermato per la difficoltà che essi hanno a comprenderlo.[30]

---

[28] Paolo di Tarso, *Prima lettera ai Corinti*, 15, 55.
[29] Eraclito, fr. B 80.
[30] Ippocrate, *Male sacro*, in *Opere*, Utet, Torino 1976, p. 297.

La medicina ippocratica, al di là delle sue effettive competenze, insegna all'uomo, quale soggetto di dolore, che il sollievo non viene dall'affidarsi a "cieche speranze (*typhlàs elpídas*)",[31] ma dal percorrere le vie della conoscenza (*loghismòs*),[32] perché la conoscenza, se non elimina la sofferenza, può comunque alleviarla e procrastinare la fine.

Nel ciclo naturale di vita e di morte, il Greco elabora *risposte attive* all'ineluttabilità della morte. Il che significa farsi forte attraverso il dolore, tradurre la precarietà in impresa conoscitiva. *Non rassegnarsi, non illudersi, ma conoscere*. Conoscere innanzitutto la propria condizione e le tecniche per conservare la vita, onde evitare la morte che dovesse sopraggiungere per casualità e ignoranza.

Essere previdenti è il modo di non essere semplicemente in balia della natura, le cui inesorabili cadenze possono essere in qualche modo controllate e procrastinate dalla conoscenza. Questo tratto tipicamente greco che nasce dallo sfondo tragico segnerà il carattere dell'Occidente, che per questo si distingue dalla passività dell'Oriente e non cede alla tentazione cristiana di amare il dolore come pegno di salvezza. Il Greco non ama il dolore; ama la vita e tutto quanto può concorrere ad accrescerla e a potenziarla, ma, a differenza di noi moderni, con misura (*katà métron*), perché, senza misura, ogni virtù degenera.

La virtù (*areté*) non ha per il Greco il significato della mortificazione e del sacrificio, ma, come la *virtus* latina, è la capacità di eccellere, di essere migliore, per cui non si dà virtù senza lotta. La lotta non la si ingaggia solo con il nemico, ma anche con lo stato di bisogno, con la necessità a cui occorre far fronte, con la sorte che, se infausta, è minacciosa. Per cui la virtù è la capacità di dominare il caso, di imprimere alla cattiva sorte una svolta positiva e quindi, come scrive Natoli:

> L'*areté* è eccellenza, perché è, in primo grado, realizzazione. Realizzare vuol dire vincere il nemico, dominare la natura, trarsi fuori dalle difficoltà. In questa prospettiva, è segno di virtù essere indomiti dinnanzi al dolore, attivi contro di esso. L'*areté* si sviluppa quindi in uno con l'indigenza e col bisogno, fa costantemente i conti col dolore. Questo è profondamente greco, non potendo, per il Greco, la vita essere altro che tessitura del dolore. La pienezza che l'uomo attinge è guadagnata attraverso il periplo della sofferenza, non gli appartiene come stato primordiale.[33]

[31] Eschilo, *Prometeo incatenato*, cit., v. 250.
[32] Ippocrate, *Male sacro*, cit., p. 297.
[33] S. Natoli, *L'esperienza del dolore. Le forme del patire nella cultura occidentale*, cit., p. 90.

Per il Greco, dunque, dal dolore, visualizzato non nella modalità cristiana dell'*espiazione della colpa* ma nella modalità tragica dell'*ineluttabilità della legge di natura*, nascono quelle due forme, non di rassegnazione, ma di resistenza al dolore che sono: il *sapere* (*máthesis*) che consente di evitare il male evitabile, e la *virtù* (*areté*) che consente, entro certi limiti, di dominare il dolore.

Perché la virtù, qui intesa come forza e coraggio di vivere al di là delle avversità, sia efficace, è necessaria la misura (*métron*), senza la quale anche la forza e il coraggio di vivere vanno incontro alla sconfitta, perché l'uomo che vuole andare oltre il proprio limite decide anche la sua fine. Quando diviene tracotante la sua forza volge in debolezza, la sua felicità in sciagura. Per questo la virtù chiede all'uomo di essere attento al suo limite, e questa attenzione i Greci l'hanno chiamata *phrónesis*, prudenza, saggezza.

Non bisogna provocare gli dèi. I Greci non credevano agli dèi, ma li hanno inventati come esseri non soggetti alla morte (*athánatoi*), solo per dire quello che l'uomo non è e non può essere, quindi per indicare una misura in un duplice senso: l'uomo non può diventare immortale come un dio, ma con il modello immortale del dio deve restare in tensione, per generare, come dice Dante, riprendendo il mito greco di Ulisse, virtù e conoscenza.[34]

Qui Dante coglie l'essenza della grecità che, per uscire dallo sfondo tragico, non escogita speranze di immortalità perché sarebbe tracotanza (*hýbris*), ma virtù e conoscenza per alleviare il dolore e procrastinare la morte. E questo in omaggio alla vita che, nel suo limite, per il Greco non è "valle di lacrime" ma bellezza.

La pratica filosofica vuole recuperare questa saggezza greca. Essa guarda l'uomo non come *colpevole* (cristianesimo) o *malato* (psicoanalisi), ma in modo più radicale come *tragico*. Di conseguenza non chiede la *salvezza* o la *guarigione*, ma il *contenimento del tragico*, attraverso le vie della conoscenza e della virtù, qui intesa come coraggio di vivere, nonostante tutte le avversità, grazie al governo di sé, secondo misura (*katà métron*).

---

[34] Dante Alighieri, *Inferno*, XXVI, 118-120: "Considerate la vostra semenza: / fatti non foste a viver come bruti, / ma per seguir virtute e conoscenza".

Parte prima

Metodo analitico e metodo genealogico. La psicoanalisi e Nietzsche

> Come è venuta al mondo la ragione? Come è giusto che arrivasse, in un modo irrazionale, attraverso il caso. Si dovrà indovinare questo caso come un enigma.
>
> F. NIETZSCHE, *Aurora* (1881), § 123, p. 93.

1. Le origini romantiche della psicoanalisi e l'obiezione di Nietzsche

> Tutto ciò che nell'uomo è originario e perciò genuino agisce, come le forze della natura, in modo inconscio. Ciò che è passato attraverso la coscienza è, appunto per ciò, diventato una rappresentazione. Ne discende che la manifestazione di questa coscienza è, in un certo senso, la comunicazione di una rappresentazione. In conformità a ciò tutte le qualità del carattere e dello spirito che reggono alla prova sono di origine inconscia, e soltanto come tali esse producono un'impressione profonda.
>
> A. SCHOPENHAUER, *Parerga e paralipomena* (1851), vol. II, p. 340.

1. *L'età romantica come epoca della disillusione*

A differenza di tutti i popoli della terra, l'uomo occidentale un giorno ha detto "Io". L'ha annunciato Platone e l'ha esplicitato Cartesio. La psicologia ha catturato questa parola e ne ha fatto il *centro della soggettività*, dispiegando una visione del mondo a partire da questo centro.

A mettere in crisi tale centralità fu nell'Ottocento la filosofia romantica. Schelling prima di tutti, e dopo di lui in modo esplicito Schopenhauer, per il quale ciascuno di noi è abitato da una doppia soggettività: la *soggettività della specie* che impiega gli individui per i suoi interessi, che sono poi quelli della propria conservazione, e la *soggettività dell'individuo* che si illude di disegnare un mondo in base ai suoi progetti, che altro non sono se non illusioni per vivere e non vedere che a cadenzare il ritmo della vita sono le immodificabili esigenze della specie.

Questa doppia soggettività viene codificata dalla psicoanalisi con le parole "Io" e "inconscio". Nell'inconscio è custodita la *verità* dell'esistenza, nell'Io e nella sua progettualità l'*illusione* concessa all'individuo per vivere. La psicoanalisi, quindi, strutturando il suo edificio sulla dialettica tra le due soggettività, che la filosofia romantica ha evidenziato come tratto tipico dell'antropologia occidentale, è un evento del pensiero romantico.

La lezione fu accolta da Nietzsche che considera Schopenhauer suo "educatore" e da Freud che lo considera suo "precursore". L'assunto di Schopenhauer è che *la vita e la verità non possono coesistere* perché, se la verità della vita dell'individuo è nel suo essere strumento della conservazione della specie, l'individuo *per vivere* deve illudersi, indossando quella maschera che chiama "Io", e quindi fuoriuscire dalla verità della sua vita. Questo è l'annuncio di Schopenhauer, che così toglie la maschera alla filosofia dell'Occidente e apre *l'epoca della disillusione*.

Noi abitiamo quest'epoca, un'*epoca postuma*, perché viene dopo l'illusione, inaugurata da Platone, di dominare il mondo con la ragione, e quindi di aver ragione del mondo. Anche il trionfo della scienza e della tecnica, che sono le punte avanzate della razionalità, non riescono a rivivificare l'illusione platonica, e Horkheimer, che tale trionfo constata, si imbatte nell'*eclisse della ragione*,[1] quasi a riprendere e a ribadire il disincanto di Schopenhauer, la fragilità della maschera. Il debito è onestamente riconosciuto:

> Il mio primo contatto con la filosofia lo devo all'opera di Schopenhauer. Il rapporto con la dottrina di Hegel e Marx, la volontà di comprendere e modificare la realtà sociale non hanno, nonostante il contrasto politico, cancellato l'esperienza che ho tratto dalla sua filosofia.[2]

"Ma come è venuta al mondo la ragione?" Nietzsche, che si pone la domanda, così prosegue: "Come è giusto che arrivasse, in un modo irrazionale, attraverso il caso. Si dovrà indovinare questo caso come un enigma".[3] La chiave dell'enigma Nietzsche pensa di averla scoperta in Schopenhauer, a cui dedica la *Terza considerazione inattuale* che ha per titolo: *Schopenhauer come educatore*, dove si legge: "Adesso mi importa spiegare come noi tutti, per mezzo di Schopenhauer, possiamo educarci *contro* il nostro tempo".[4]

Per Nietzsche, infatti, Schopenhauer appartiene a "quei grandi vincitori, i quali, giacché hanno pensato le cose più profonde,

---

[1] M. Horkheimer, *Eclipse of reason* (1947), edizione tedesca: *Zur Kritik der instrumentellen Vernunft* (1967); tr. it. *Eclisse della ragione. Critica della ragione strumentale*, Einaudi, Torino 1969.
[2] Id., *Kritische Theorie* (1968); tr. it. *Teoria critica*, Einaudi, Torino 1974, vol. I, p. XI.
[3] F. Nietzsche, *Morgenröte. Gedanken über die moralischen Vorurteile* (1881); tr. it. *Aurora. Pensieri sui pregiudizi morali*, in *Opere*, Adelphi, Milano 1964, vol. V, 1, § 123, p. 93.
[4] Id., *Unzeitgemässe Betrachtungen. Drittes Stück: Schopenhauer als Erzieher* (1874); tr. it. *Considerazioni inattuali, III: Schopenhauer come educatore*, in *Opere*, cit., 1972, vol. III, 1, p. 388.

[...] si muovono e vivono realmente, e non a quel modo di maschere sinistre nel quale solitamente gli uomini vivono".[5] Qui la metafora non è solo un riconoscimento, ma è un'allusione precisa all'essenza della filosofia di Schopenhauer, ossia alla necessità di rivestire la vita con una maschera, per effetto dell'*incompatibilità tra la vita e la verità*, che Nietzsche, "educato da Schopenhauer", definirà "una forma di inganno", le cui figure epocali saranno descritte come "la storia del più lungo errore".[6]

2. Freud e lo spostamento dello sguardo

È noto che per Freud ogni espressione culturale è una *sublimazione* delle pulsioni, la cui forza viene deviata dalla meta sessuale alla quale naturalmente tendono, per essere indirizzata verso creazioni a cui è riconosciuto un elevato valore. Scrive in proposito Freud:

> La pulsione sessuale mette a disposizione del lavoro culturale delle quantità di energia estremamente grandi; e ciò è dovuto alla peculiarità particolarmente accentuata in essa di poter spostare la sua meta senza ridurre sensibilmente la propria intensità. Questa capacità di scambiare la meta sessuale originaria con un'altra meta che non è più sessuale, ma è psichicamente imparentata con la prima, viene chiamata *capacità di sublimazione*.[7]

Meno noto è l'impianto teorico e la visione del mondo sottesi a questa interpretazione della cultura, dove per impianto teorico non intendo il punto di vista "topico", "economico" e "dinamico" a cui di solito si arresta l'interpretazione psicoanalitica di Freud, ma lo *spostamento dello sguardo*, che non parte dall'*individuo* verso l'apertura del suo senso, che trova nelle produzioni culturali la sua espressione, ma dalla *natura* che, senza senso e senza scopo, guarda gli individui come sue produzioni, e le creazioni culturali come finzioni di cui gli individui hanno bisogno per poter sopravvivere.

La mappa viene sconvolta. Dal raccoglimento dell'anima platonica non nasce più un mondo dispiegato di idee, ma la scoperta

---

[5] Ivi, p. 372.
[6] Id., *Götzendämmerung, oder: Wie man mit dem Hammer philosophiert* (1889); tr. it. *Crepuscolo degli idoli, ovvero: come si filosofa col martello*, in *Opere*, cit., 1970, vol. VI, 3, p. 75.
[7] S. Freud, *Die "kulturelle" Sexualmoral und die moderne Nervosität* (1908); tr. it. *La morale sessuale "civile" e il nervosismo moderno*, in *Opere*, Boringhieri, Torino 1968-1993, vol. V, p. 416.

schopenhaueriana che "tutto ciò che nell'uomo è originario e perciò genuino agisce, come le forze della natura, in modo inconscio".[8] La visione del mondo, che le idee di Platone concedevano secondo *verità*, segue ora gli itinerari incerti dei *sogni*. Il mondo diventa un "teatro di maschere",[9] dove ha luogo quella danza che Nietzsche prenderà così a descrivere: "Qui tutto è apparenza e fuoco fatuo e danza di spiriti liberi e niente più".[10]

Con lo spostamento dello sguardo, l'uomo e la cultura che lo esprime vengono decentrati e, per effetto di questo decentramento, inizia un nuovo racconto che parte dalla *natura* e non dall'*uomo*. Si tratta di un racconto che, come abbiamo visto, era già iniziato prima di Freud e, dopo Schelling, aveva trovato le sue espressioni più alte in Schopenhauer e in Nietzsche, che avevano inscritto la cultura, e quel suo apice che è la ricerca della verità, nelle forme della *rappresentazione* ingannevole il primo, e in quelle dell'*illusione* il secondo. È con Schopenhauer e con Nietzsche, quindi, che dobbiamo far discutere Freud e non con i presupposti "topici", "economici", "dinamici" e "genetici" della sua teoria.

Se infatti la cultura è una sublimazione, una deviazione della meta sessuale a cui naturalmente tendono le pulsioni, se è un inganno giocato alle pulsioni, dobbiamo capire la ragione di tale inganno. Questa non si trova nelle premesse della psicoanalisi, che si limitano a spiegare la *tecnica* con cui avviene questa deviazione, ma nella *visione del mondo*, a partire dalla quale, solamente, anche le premesse teoriche e tecniche della psicoanalisi trovano la loro giustificazione.

3. *Freud e il conflitto tra la vita e la sua rappresentazione*

Mettendo in dubbio l'autonomia della coscienza, Freud traccia ai suoi confini una regione di forze che descrive con gli strumenti delle scienze esatte, quindi in termini fisici, i più idonei per la designazione di un'energia. "Dinamica", "topica", "economica" e "genetica" sono i pilastri di questa descrizione fisica.

Tutte le accuse rivolte a Freud di essere debitore, nel suo meccanicismo, al positivismo ottocentesco sono superficiali e infondate. Il tentativo di purificare il linguaggio psicoanalitico da que-

---

[8] A. Schopenhauer, *Parerga und paralipomena. Kleine philosophische Schriften* (1851); tr. it. *Parerga e paralipomena*, Adelphi, Milano 1981-1983, vol. II, p. 813.
[9] Ivi, p. 363.
[10] F. Nietzsche, *Die fröhliche Wissenschaft* (1882); tr. it. *La gaia scienza*, in *Opere*, cit., 1965, vol. V, 2, p. 75.

sta eredità dell'epoca è patetico e inutile, perché quando sono in gioco forze ed energie, per descriverle non conosciamo miglior linguaggio di quello messo a disposizione dalla fisica.

Neppure le obiezioni della fenomenologia, che con Ludwig Binswanger[11] denuncia l'impossibilità di considerare l'uomo alla stregua degli enti di natura, ci persuadono, perché Freud fa iniziare lo psichico non dalle pulsioni che, come più volte ripete, non conosciamo, ma dalla *rappresentazione* delle pulsioni che conosciamo, perché, in quanto rappresentazioni, rientrano nello spazio dischiuso dalla coscienza.

Freud, che aveva letto i filosofi e che insieme a Husserl era stato a lezione da Brentano, non commette quegli errori che la fenomenologia gli imputa. Sa che "inconscio" è un *aggettivo* che accompagna tutti quei contenuti che sfuggono alla coscienza, sa che il sogno è sempre la *narrazione* di un sogno, sa che della pulsione noi conosciamo solo la sua *rappresentazione*. Questi rilievi sono essenziali perché delimitano l'area dello psichico, che è occupata non da cose, ma dalla *rappresentazione* delle cose, dal *senso* che le cose assumono per noi. Fuori da questo scenario non c'è *psyché*, ma *bíos* nel senso "biologico" della parola.

Il *bíos*, la vita, entra nel campo psichico mediante il suo indice di rappresentazione, allo stesso modo del corpo che acquista senso non quando è sezionato dalla scienza medica che lo risolve in una sommatoria di organi, ma quando è *rappresentato* nell'anima. Nessuno di noi, infatti, abita il proprio corpo, la propria malattia, il proprio dolore, la propria salute, perché tutti abitiamo la rappresentazione del nostro corpo, della nostra malattia, del nostro dolore.

Ciò significa che il mondo delle cose ci ignora, perché a conoscerci sono solo i nomi che noi abbiamo dato alle cose in base a come ce le siamo rappresentate. Il mondo non ci parla se non con le nostre parole. Perciò è possibile una terapia della parola, e la psicoanalisi è questa terapia, che sarà tanto più efficace quanto più lo psicoanalista sarà persuaso che l'interpretazione ha a che fare non con l'inconscio e le sue pulsioni, ma con la *rappre-*

---

[11] Si veda a questo proposito L. Binswanger, *Freud und die Verfassung der klinischen Psychiatrie* (1936); tr. it. *Freud e la costituzione della psichiatria clinica*, in *Per un'antropologia fenomenologica*, Feltrinelli, Milano 1970; *Freuds Auffassung des Menschen im Lichte der Anthropologie* (1936); tr. it. *La concezione dell'uomo in Freud alla luce dell'antropologia*, in *Per un'antropologia fenomenologica*, cit.; *Erinnerungen an Sigmund Freud* (1956); tr. it. *Ricordi di Sigmund Freud*, Astrolabio, Roma 1971. Per un'analisi più approfondita dei rapporti tra Freud e Binswanger si veda U. Galimberti, *Psichiatria e fenomenologia*, Feltrinelli, Milano 1979, Parte II: "Fenomenologia e psicologia".

sentazione dell'inconscio e delle sue pulsioni, non con il sogno ma con la *narrazione* del sogno. Quindi con il mondo della parola, nei confini tracciati dall'orizzonte del linguaggio.

Freud queste cose le aveva intuite. Le lezioni di Brentano hanno gettato un seme che la psicoanalisi successiva ha in gran parte sepolto, ma che oggi, grazie al confronto che Lacan ha intrattenuto con la filosofia di Heidegger, riappare in modo ostico e duro, ma essenziale: "Il linguaggio è la casa dell'essere – dice Heidegger – e l'uomo è il custode di questa casa".[12]

Ma la parola è scandita dal silenzio, e per silenzio non intendo l'intervallo tra le parole che ne consente la scansione, ma quel silenzio animale di cui Heidegger dice: "L'animale non parla perché non sa cosa dire". Per "dire", infatti, occorre essere aperti al senso, essere ospitati da quel *cogito* da cui si generano tutte le rappresentazioni.

Ma che cosa c'è prima del *cogito* e dell'orizzonte da esso dispiegato? Spinoza parlava di un *conatus* in forza del quale ogni cosa si sforza di permanere nel suo essere, Leibniz di *appetitus* antecedente a ogni percezione, Schopenhauer di *volontà di vita* rispetto a cui ogni rappresentazione è un inganno, e Nietzsche di *volontà di potenza* che a null'altro tende se non a ribadire se stessa. Dunque la filosofia ha sempre sospettato, sotto la luce chiara del *cogito* e delle sue rappresentazioni, la luce nera e poco familiare della vita che ribadisce se stessa, incurante della rappresentazione della vita che gli uomini si fanno.

Nella rappresentazione, allora, si fondono due istanze inconciliabili: la forza della vita, per cui noi *siamo*, e la visione che noi abbiamo della vita, per cui *pensiamo*. Il *cogito* e il *sum*, che Cartesio aveva collegato con un *ergo*, si ripropongono, ma non con la chiarezza dell'evidenza, bensì con la drammaticità di un conflitto che viene prima di tutti i conflitti di cui si lamenta il nostro vivere quotidiano. Noi siamo vissuti da una vita che, nella rappresentazione che fa di sé, si mostra incurante delle nostre intenzioni, e al tempo stesso non potremmo vivere se non alimentando giorno per giorno propositi e intenzioni che la vita, nel suo cieco e semplice desiderio di vivere, trascura.

Le nostre rappresentazioni, al loro stesso interno, si sentono contrastate da un *destino* inscritto nel nostro desiderio, e da una *storia* promossa dalle nostre intenzioni che il desiderio ignora. Freud ha messo in scena questo dramma, il cui testo era già stato scritto dai filosofi che, nel dispiegare la luce diurna della ragione, sapevano da quali tenebre la evocavano e ben si guardavano dal dimenticare la notte.

---

[12] M. Heidegger, *Brief über den "Humanismus"* (1946); tr. it. *Lettera sull'"umanismo"*, in *Segnavia*, Adelphi, Milano 1987, p. 312.

4. Nietzsche e la genealogia della ragione

La psicoanalisi, con Freud, decostruisce l'autonomia della coscienza inaugurata dalla filosofia moderna, e ne segnala la dipendenza dall'inconscio. Così facendo Freud si tiene sul terreno dell'opposizione dove il conflitto, così come si genera, si riassorbe.

Nietzsche, che non crede che pensare *contro* significhi pensare *fino in fondo*, va alle radici della coscienza, scavando il fondo su cui si impianta il radicamento. Questa operazione, che rimuove la solidità delle radici, disloca la psicologia dal luogo che si è data, quindi la dis-orienta, la sottrae al suo oriente, alla sua origine storica.

Ciò avviene attraverso l'impiego del *metodo genealogico*, che Nietzsche ha introdotto non solo a livello morale, come potrebbe far pensare la *Genealogia della morale*,[13] ma a tutti i livelli, per cui la "ragione" dell'Occidente e la storia che con essa si dischiude subiscono una muta violenza. A provocarla non è l'irruzione romantica dell'*irrazionale* come in Schopenhauer, o la contrapposizione di un principio antagonista come l'*inconscio* di Freud, ma l'incedere tranquillo di una domanda che non chiede: *"Che cos'è la ragione?"*, ma: *"Come è venuta al mondo la ragione?"*.[14]

L'inaugurazione del metodo genealogico obbliga Nietzsche ad aggirare Socrate per farsi raccontare l'evento dagli dèi, da Apollo e da Dioniso, che la dialettica della filosofia e della storia della filosofia escludono dalla propria fortificazione. La mappa viene sconvolta perché, fatto reagire con la sua origine, il volto della ragione non può più offrirsi sotto la maschera della verità, ma dovrà confrontarsi con le condizioni che hanno reso necessaria quella maschera. Il gioco, infatti, non è più all'interno della ragione, ma tra la ragione e il suo altro. Lo spostamento della domanda ha sottratto a Platone l'inoppugnabilità delle regole, che ora appaiono non più come le regole del gioco, ma come le regole del *suo* gioco.

Ma Platone vuol dire Occidente, non nel senso erudito che tutti conoscono Platone, ma nel senso assai più radicale che tutti lo professano, quando pensano con categorie che articolano un vero e un falso, un bene e un male, un'anima e un corpo. Opponendosi a Platone, insegnando come "si filosofa col martello", Nietzsche si colloca all'estremo limite della parabola occidentale non per confutarla, ma per oltrepassarla.

La domanda sull'*origine*, infatti, relativizza la "ragione" d'Oc-

---

[13] F. Nietzsche, *Zur Genealogie der Moral. Eine Streitschrift* (1887); tr. it. *Genealogia della morale. Uno scritto polemico*, in *Opere*, cit., 1968, vol. VI, 2.
[14] Id., *Aurora. Pensieri sui pregiudizi morali*, cit., § 123, p. 93.

cidente, con la conseguenza, scrive Nietzsche, che il "mondo vero" da essa inaugurato "finisce per diventare favola". Sullo sfondo "Platone rosso di vergogna tra il baccano indiavolato di tutti gli spiriti liberi".[15] La qualità della domanda nietzscheana obbliga infatti l'ordine della ragione ad apparire per quello che è: non un ordine immutabile, ma un percorso necessario della storia. Si tratta di comprendere il senso di questa necessità.

Ma lo spostamento della domanda dall'*ambito* della ragione alla *nascita* della ragione inaugura anche uno spazio di indagine che sfugge sia al controllo della *filosofia*, che è inscritta per intero nel racconto della ragione, sia a quello della *storia*, che è sempre una ricostruzione della ragione che la pensa e che la ordina. La radicalità della domanda apre uno spazio "clinico" e lo sguardo che inaugura è quello del "medico", che chiede di quale male soffriva l'umanità per trovare nella ragione quel rimedio che le ha consentito di non soccombere. Scrive in proposito Nietzsche:

> Se si sente la necessità di fare della *ragione* un tiranno, come fece Socrate, non deve essere piccolo il pericolo che qualche altra cosa si metta a tiranneggiare. A quel tempo s'individuò nella razionalità la *salvatrice*; né Socrate, né i suoi "malati" erano liberi di essere razionali – era *de rigueur*, era il loro *ultimo rimedio*. Il fanatismo con cui tutto il pensiero greco si getta sulla razionalità tradisce una condizione penosa; si era in pericolo, non c'era una scelta: o andare in rovina o essere *assurdamente razionali*. Il moralismo dei filosofi greci, a cominciare da Platone, è patologicamente condizionato: egualmente la loro valutazione della dialettica. Ragione = virtù = felicità significa solamente: si deve imitare Socrate e stabilire in permanenza contro gli oscuri appetiti una *luce diurna*, la luce diurna della ragione. Si deve essere saggi, perspicui, chiari a ogni costo; ogni cedimento agli istinti, all'inconscio, porta *a fondo*.[16]

Sottoponendo la ragione a uno sguardo clinico, Nietzsche ne scioglie gli equivoci, perché trova il punto d'incontro dei suoi molteplici significati e la necessità del loro prodursi. Un prodursi *de rigueur*. L'ordine del sapere e il disordine delle passioni, l'anima razionale e l'anima passionale *per necessità* hanno dovuto intrecciarsi nella trama che l'Occidente ha conosciuto e che Nietzsche svela come trama dove in gioco non è la *verità*, ma il *dominio* del sapere sulle passioni e della ragione sulle pulsioni. Un dominio *di rigore*, per poter sopravvivere.

Freud ribadisce questo dominio e, pur denunciando la non

---

[15] Id., *Crepuscolo degli idoli, ovvero: come si filosofa col martello*, cit., pp. 75-76.
[16] Ivi, p. 67.

autonomia della coscienza, forse (ma questo "forse" non è retorico, perché indica un luogo che resta ancora da pensare) non soddisfa l'attesa di Nietzsche là dove il filosofo dice:

> Sono ancora in attesa che un filosofo *medico*, nel senso eccezionale della parola – inteso al problema della salute collettiva di un popolo, di un'epoca, di una razza, dell'umanità – abbia in futuro il coraggio di portare al culmine il mio sospetto e di osare questa affermazione: in ogni filosofare non si è trattato per nulla, fino a oggi, di verità, ma di qualcos'altro, come salute, avvenire, sviluppo, potenza, vita.[17]

La coscienza è dunque una "falsa coscienza". E sia Freud sia Nietzsche si incaricano di smascherare, nello *sguardo innocente della coscienza*, quello che la coscienza inaugurata da Cartesio aveva cercato di smascherare nello *sguardo ingenuo sulla realtà*: si tratta del gioco che intreccia *apparenza* e *realtà*, *nascosto* e *palese*, *latente* e *manifesto*. L'operazione che Cartesio aveva condotto sull'*inganno dell'apparenza*, quando in gioco era la conoscenza della realtà, Freud e Nietzsche la conducono sull'*inganno della coscienza*, ora che è in gioco la verità del *cogito*, dell'Io penso.

A questo punto il dialogo tra filosofia e psicologia del profondo non può più restare estrinseco, a livello di interessi o curiosità personali, ma diventa di rigore, perché la psicologia del profondo può dire tutte le parole che dice solo a partire dal suo atto fondativo che è un atto filosofico nel duplice senso: dell'*oggetto* a cui si applica che è l'Io penso, inaugurato dalla filosofia e non da altri, e del *metodo* impiegato che è il dubbio, un atteggiamento che in filosofia e non altrove è pratica quotidiana nella forma del dubbio metodico.

5. *Freud e Nietzsche: il gioco delle maschere*

La visione del mondo che Freud condivide con Schopenhauer e Nietzsche ha il suo centro in quell'inganno narcisistico per cui l'uomo, guardandosi allo specchio, vede solo il suo volto e le sue creazioni, rimuovendo il suo essere creatura casuale nel gioco non intenzionale della natura, che crea e distrugge senza fedeltà e senza memoria. L'inganno narcisistico è descritto da Freud in questi termini:

---

[17] Id., *La gaia scienza*, cit., p. 16.

Nel corso dei tempi l'umanità ha dovuto sopportare due grandi mortificazioni che la scienza ha recato al suo ingenuo amore di sé. La prima, quando apprese che la nostra terra non è al centro dell'universo, bensì una minuscola particella di un sistema cosmico che, quanto a grandezza, è difficilmente immaginabile. Questa scoperta è associata per noi al nome di Copernico, benché la scienza alessandrina avesse già proclamato qualcosa di simile. La seconda mortificazione si è verificata poi, quando la ricerca biologica annientò la pretesa posizione di privilegio dell'uomo nella creazione, gli dimostrò la sua provenienza dal regno animale e l'inestirpabilità della sua natura animale. Questo sovvertimento di valori è stato compiuto ai nostri giorni sotto l'influsso di Charles Darwin, di Wallace e dei suoi precursori, non senza la più violenta opposizione dei loro contemporanei. Ma la terza e più scottante mortificazione, la megalomania dell'uomo è destinata a subirla da parte dell'odierna indagine psicologica, la quale ha l'intenzione di dimostrare all'Io che non solo egli non è padrone in casa propria, ma deve fare assegnamento su scarse notizie riguardo a quello che avviene inconsciamente nella sua psiche. Anche questo richiamo a guardarsi dentro non siamo stati noi psicoanalisti né i primi né i soli a proporlo, ma sembra che tocchi a noi sostenerlo nel modo più energico e corroborarlo con un materiale empirico che tocca da vicino tutti quanti gli uomini.[18]

Freud dunque riconosce che l'ultima maschera, quella dell'uomo cosciente padrone dell'orizzonte dispiegato dalla sua ragione, non è caduta sotto i colpi della psicoanalisi. Degli anticipatori, "anche senza materiale empirico" com'è consuetudine dei filosofi, sono giunti a questa *verità* che Freud, come Nietzsche per altra via, tende a rendere compatibile con la vita, senza percorrere l'itinerario nietzscheano della *tragedia* e senza riascoltare il *grido* di Sileno:

Stirpe miserabile ed effimera, figlio del caso e della pena, perché mi costringi a dirti ciò che per te è vantaggioso non sentire? Il meglio è per te assolutamente irraggiungibile: non essere nato, non *essere*, essere *niente*. Ma la cosa in secondo luogo migliore per te è – morire presto.[19]

Freud non conosce la *tragedia* perché, da clinico, guarda alla *salute*: alla salute dell'umanità media, che la maschera della religione e di certa filosofia aveva già salvato prima di lui, sottraendo l'uomo alla dimensione del tragico, in cui è custodita la

---

[18] S. Freud, *Vorlesungen zur Einführung in die Psychoanalyse* (1915-1917); tr. it. *Introduzione alla psicoanalisi*, in Opere, cit., vol. VIII, p. 446.
[19] F. Nietzsche, *Die Geburt der Tragödie aus dem Geiste der Musik* (1972); tr. it. *La nascita della tragedia dallo spirito della musica*, in Opere, cit., 1972, vol. III, 1, pp. 31-32.

1. LE ORIGINI ROMANTICHE DELLA PSICOANALISI

verità dell'esistenza che rende la *vita* impossibile. Questo passaggio è ben descritto da Nietzsche là dove parla delle *radici* della montagna incantata:

> Ora si apre a noi per così dire la montagna incantata dell'Olimpo e ci mostra le sue radici. Il Greco conobbe e sentì i terrori e le atrocità dell'esistenza: per poter comunque vivere, egli dovette porre davanti a tutto ciò la splendida nascita sognata degli dèi olimpici. L'enorme diffidenza verso le forze titaniche della natura, la Moira spietatamente troneggiante su tutte le conoscenze, l'avvoltoio del grande amico degli uomini Prometeo, il destino orrendo del saggio Edipo, la maledizione della stirpe degli Atridi che costringe Oreste al matricidio, insomma tutta la filosofia del dio silvestre con i suoi esempi mitici, per la quale perirono i melanconici Etruschi – fu dai Greci ogni volta superata, o comunque nascosta e sottratta alla vista, mediante quel *mondo* artistico *intermedio* degli dèi olimpici. Fu per poter vivere che i Greci dovettero, per profondissima necessità, creare questi dèi [...]. Nel mondo olimpico, la "volontà" ellenica si pose di fronte a uno specchio trasfiguratore. Così gli dèi giustificano la vita umana vivendola essi stessi – la sola teodicea soddisfacente.[20]

Occorre dunque la religione con le sue "illusioni di salvezza", come ha ben visto Freud in *L'avvenire di un'illusione*,[21] e la psicoanalisi con le sue "prospettive di salute" per sanare quello che Schopenhauer ha scoperto non come *malattia*, bensì come *condizione dell'esistenza*. Freud riconosce la scoperta di Schopenhauer:

> Probabilmente pochissimi uomini hanno compreso che ammettere l'esistenza di processi psichici inconsci significa compiere un passo denso di conseguenze per la scienza e per la vita. Affrettiamoci comunque ad aggiungere che un tale passo la psicoanalisi non l'ha compiuto per prima. Molti filosofi possono essere citati come precursori, e sopra tutti Schopenhauer, la cui "volontà" inconscia può essere equiparata alle pulsioni psichiche di cui parla la psicoanalisi. Si tratta del resto dello stesso pensatore che, con enfasi indimenticabile, ha anche rammentato agli uomini l'importanza misconosciuta delle loro aspirazioni sessuali. La psicoanalisi ha quest'unico vantaggio: che non si limita ad affermare astrattamente i due principi, tanto penosi per il narcisismo, dell'importanza della sessualità e dell'inconsapevolezza della vita psichica, ma li dimostra mediante un materiale che riguarda personalmente ogni singolo individuo, costringendolo a prendere posizione di fronte a questi problemi. Ma appunto per questo essa attira su di sé quell'avversione e

---

[20] Ivi, pp. 32-33.
[21] S. Freud, *Die Zukunft einer Illusion* (1927); tr. it. *L'avvenire di un'illusione*, in *Opere*, cit., vol. X.

quelle resistenze che di fronte al gran nome del filosofo non osavano ancora manifestarsi.[22]

A Freud non sfugge l'importanza di Schopenhauer quale precursore della psicoanalisi. Gli sfugge però che la differenza non sta nella *dimostrazione* dell'intuizione del filosofo con il materiale clinico, bensì nella sua *lettura clinica* della sofferenza, la quale, proprio in virtù di questa lettura, non è più, come per Schopenhauer, *condizione imprescindibile dell'esistenza*, ma, ottimisticamente, *malattia da cui si può anche guarire*. Il riconoscimento di Freud tende ad abolire una distanza che rimane abissale e ricopre la verità con un'altra maschera: la maschera della guarigione e della salute per quanti non hanno il coraggio del tragico.

Nietzsche è più coerente con il suo "educatore" di quanto non lo sia Freud con il suo "precursore", perché, gettando la maschera dell'illusione che sola consente la vita, Nietzsche getta anche la verità: "Abbiamo tolto di mezzo il mondo vero: quale mondo ci è rimasto? forse quello apparente? Ma no! *Col mondo vero abbiamo eliminato anche quello apparente!*". La contrazione è massima, e perciò così prosegue il testo: "Mezzogiorno: momento dell'ombra più corta".[23]

Non c'è più storia e non c'è più sapere se non come liberazione da tutte le maschere, in assoluta serietà, perché il tragico è visto nella sua essenza ineliminabile e non addolcito nella metafora della malattia da cui si può anche guarire. Perciò la scienza che ne scaturisce è "gaia". *Gaia scienza*, e non scienza che riprende l'antico tentativo di ricomporre la verità con la vita. Con Schopenhauer il disincanto ormai è accaduto e con le maschere si può solo giocare.

6. *La "ragione" di Freud come dominio sulle passioni*

Freud, buon lettore di Schopenhauer, è stato cattivo lettore di Nietzsche, e male ha fatto a tenersi lontano dal filosofo:

> Nello sforzo di capire un filosofo, ho sempre pensato che sarebbe stato inevitabile impegnarsi nelle sue idee e sottoporsi alla sua guida durante il proprio lavoro. Per questo ho rifiutato lo studio di

---

[22] Id., *Eine Schwirigkeit der Psychoanalyse* (1917); tr. it. *Una difficoltà della psicoanalisi*, in *Opere*, cit., vol. VIII, pp. 663-664.
[23] F. Nietzsche, *Crepuscolo degli idoli: ovvero come si filosofa col martello*, cit., p. 76.

1. LE ORIGINI ROMANTICHE DELLA PSICOANALISI

Nietzsche, anche se mi era chiaro che potevano essere trovate in lui concezioni molto simili a quelle della psicoanalisi.[24]

Ciò non ha impedito a Freud di mutuare da Nietzsche del materiale linguistico, come ad esempio l'espressione "Es" per designare l'inconscio:

> Adeguandoci all'uso linguistico di Nietzsche e seguendo un suggerimento di Georg Groddeck, chiameremo d'ora in poi l'inconscio *"Es"*. Questo pronome impersonale sembra particolarmente adatto a esprimere il carattere precipuo di questa provincia psichica, la sua estraneità all'Io. Super-Io, Io ed Es sono dunque i tre regni, territori, province, in cui noi scomponiamo l'apparato psichico della persona e delle cui reciproche relazioni ci occuperemo in quanto segue.[25]

La geografia di Freud è profondamente schopenhaueriana. E qui non alludiamo ad analogie occasionali come quella spesso ravvisata nella teoria schopenhaueriana che lega la follia alla rimozione,[26] o nel primato della sessualità che Schopenhauer definisce "ultimo scopo di quasi ogni sforzo umano",[27] ma al dualismo coscienza/inconscio, dove la *psicoanalisi* di Freud sembra ricalcare alla lettera la *filosofia della natura* di Schopenhauer.[28]

Come la "volontà irrazionale", infatti, l'"inconscio" è fuori dallo spazio e dal tempo, non rispetta il principio di non contraddizione e quello di causalità, si sottrae alla storia e al principio di in-

---

[24] S. Freud, *Lettera a Lothar Bickel, 26.6.1931*, in S. Hessing, *Freud's Relation with Spinoza*, Heley, Boston 1977, p. 224.

[25] Id., *Neue Folge der Vorlesungen zur Einführung in die Psychoanalyse* (1932); tr. it. *Introduzione alla psicoanalisi (Nuova serie di lezioni)*, in Opere, cit., vol. XI, p. 184.

[26] A. Schopenhauer, *Die Welt als Wille und Vorstellung* (1819); tr. it. *Il mondo come volontà e rappresentazione*, Mursia, Milano 1969, § 36, pp. 230-232, dove si legge: "I pazzi non si ingannano nella conoscenza di ciò che è immediatamente presente; le loro divagazioni si riferiscono sempre a ciò che è assente o passato, e soltanto in tal modo alla loro relazione col presente. Il che mi fa credere che la loro malattia tocchi specialmente la memoria: non certo in modo tale da sopprimerla completamente, perché molti pazzi sanno parecchie cose a memoria, e riconoscono talvolta persone non più viste da gran tempo; ma il filo della memoria viene spezzato, la continuità della sua concatenazione soppressa, e ogni richiamo regolare e coerente del passato è reso impossibile. Il pazzo può evocare delle scene isolate del passato e dar loro tutta la vivacità di una scena isolata del presente: ma in un simile ricordo sono presenti non poche lacune, che egli non sa far altro che riempire con finzioni".

[27] Id., *Ergänzungen* (1844) zu *Die Welt als Wille und Vorstellung* (1819); tr. it. *Supplementi a Il mondo come volontà e rappresentazione*, Laterza, Bari 1930, vol. II, p. 650.

[28] Sulle corrispondenze tra Schopenhauer e Freud si veda L. Ceppa, *Schopenhauer diseducatore*, Marietti, Casale Monferrato 1983.

dividuazione, guarda all'Io come a un effetto secondario della sua forza pulsionale, come a un risultato biologicamente determinato nello sviluppo della storia naturale. Se invece lo sguardo è promosso dall'Io (come in Schopenhauer la rappresentazione è promossa dall'individuo), questi si descrive come istanza suprema della razionalità discorsiva in grado di oggettivare, sul piano della conoscenza, il carattere della natura da cui emerge.

Questo doppio scenario, a seconda del punto di vista che si adotta, si ripercuote nell'interpretazione dei sogni, dove da un lato, come disgregazione della memoria intorno a cui si organizza la rappresentazione, "il sogno è simile alla follia",[29] dall'altro, come irruzione della volontà nella sfera della rappresentazione, esso diventa "lo strumento di cui si serve la nostra onniscienza sognante, per far giungere possibilmente qualcosa all'ignoranza della nostra veglia".[30]

Questo schema di Schopenhauer lo ritroviamo anche in Freud là dove afferma che "il sogno è una psicosi, con tutte le assurdità, le formazioni deliranti, le illusioni sensoriali proprie delle psicosi"[31] perché "il materiale inconscio, irrompendo nell'Io, porta con sé il suo modo di lavorare", e prima di tutto la sospensione del regno della logica, essendo "l'inconscio il regno dell'illogico".[32] D'altro canto, "la memoria onirica è assai più estesa di quella dello stato vigile", perché affonda le sue radici nelle dimensioni arcaiche dell'esperienza individuale e collettiva, al punto da costituire "una fonte non disprezzabile per la conoscenza della storia umana".[33]

Occorre dunque affrontare un compito ermeneutico, che Schopenhauer sembra risolvere meglio di Freud. Rifiutando infatti ogni riduzionismo naturalistico, Schopenhauer afferma che, se i simboli onirici avessero per tutti gli uomini "un significato costante e sempre valido, si potrebbe anche compilare al riguardo un dizionario". Siccome però l'interpretazione non può che riferirsi "particolarmente e individualmente all'oggetto e al soggetto di ogni sogno",[34] l'allegorizzazione onirica, che nella terminologia di Freud corrisponde al "lavoro del sogno", non può consistere nel semplice disvelamento di una pulsione naturale, ma richiede la ricostruzione biografica della simbolizzazione individuale. Ciò sposta l'interpretazione dallo sfondo *naturalistico*, in cui la trattiene

---

[29] A. Schopenhauer, *Parerga e paralipomena*, cit., vol. I, p. 317.
[30] Ivi, p. 349.
[31] S. Freud, *Abriss der Psychoanalyse* (1938); tr. it. *Compendio di psicoanalisi*, in *Opere*, cit., vol. XI, p. 599.
[32] Ivi, pp. 594-595.
[33] Ivi, pp. 593-594.
[34] A. Schopenhauer, *Parerga e paralipomena*, cit., vol. I, p. 349.

la metapsicologia di Freud, a quello *storico*, dove sono ripercorse le vicissitudini dei singoli soggetti, la storia delle loro produzioni oniriche e delle loro personali interpretazioni.

Condividendo il modello kantiano dell'inconoscibilità del noumeno, Freud e Schopenhauer ritengono che la cieca pulsione si manifesti solo nelle sue "oggettivazioni" o, nel linguaggio freudiano, nei suoi "investimenti", che si rendono visibili sul piano dell'apparenza fenomenica.

Il mondo schopenhaueriano della *rappresentazione* diventa così in Freud la teoria, che la coscienza scrive, del suo carattere apparente, mentre il mondo della *volontà*, che tende alla soddisfazione dei bisogni, ha il suo corrispondente nel freudiano principio di piacere. Quest'ultimo, regolando l'oscuro Es, sempre teso al soddisfacimento e quindi all'estinzione delle pulsioni, ripristina, alla maniera di Schopenhauer, quell'unità indifferenziata con la natura in cui si celebrano la non-identità e la morte come "sentimento oceanico del Nirvana". Infatti, scrive Freud:

> Nell'Es, dove lottano le forze primordiali dell'Eros e della pulsione di morte potremmo rappresentarci la situazione come se l'Es stesse sotto il dominio delle mute ma possenti pulsioni di morte, le quali cercano la pace e si sforzano di ridurre al silenzio, secondo l'indicazione del principio di piacere, l'Eros turbolento.[35]

La teoria psicoanalitica di Freud è dunque profondamente schopenhaueriana. Nella separazione tra *coscienza* e *inconscio* e nella loro descrizione risuona potente il mondo come *volontà* e *rappresentazione*, con una differenza, però: mentre Schopenhauer invita con la *noluntas* a rinunciare al gioco della volontà e a togliere la maschera alla sua rappresentazione, Freud, come del resto Nietzsche, sta dalla parte della rappresentazione, che legge, a differenza di Nietzsche, non come *liberazione delle pulsioni*, ma come *dominio sulle pulsioni*.

Per esprimerci in termini nietzscheani, potremmo dire che l'intenzione di Freud non è la liberazione *del* dionisiaco, ma la liberazione *dal* dionisiaco,[36] quindi "ascesi" e "rinuncia" schopenhaueriana. Sollevata la maschera della "cura" delle pulsioni, ciò che rimane è il trionfo della "morale" e le dimissioni dell'"estetica". Scrive infatti Freud:

---

[35] S. Freud, *Das Ich und Es* (1922); tr. it. *L'Io e l'Es*, in *Opere*, cit., vol. IX, p. 520.
[36] Su questo tema si veda G. Vattimo, *Il soggetto e la maschera. Nietzsche e il problema della liberazione*, Bompiani, Milano 1974, p. 29.

In ogni tempo si è assegnato all'etica il massimo valore come se tutti se ne aspettassero importanti conseguenze. Ed è vero che la morale, come è facile riconoscere, tocca il punto più vulnerabile di ogni civiltà. Perciò essa va intesa come un esperimento terapeutico, come uno sforzo per raggiungere, attraverso un imperativo del Super-Io, ciò che finora non fu raggiunto attraverso nessun'altra opera di civiltà.[37]

A parere di Freud l'opera di civiltà passa attraverso il prosciugamento dello Zuiderzee, il mare interno bonificato lungo le coste olandesi:

L'intenzione degli sforzi terapeutici della psicoanalisi è in definitiva di rafforzare l'Io, di renderlo più indipendente dal Super-io, di ampliare il suo campo percettivo e perfezionare la sua organizzazione, così che possa annettersi nuove zone dell'Es. *Dove era l'Es, deve subentrare l'Io*. È un'opera della civiltà, come ad esempio il prosciugamento dello Zuiderzee.[38]

7. La "ragione" di Nietzsche come equilibrio delle passioni

Accolta l'ipotesi di Schopenhauer, secondo cui noi siamo vissuti dalla natura che, come cieca pulsione, dirige ciò che facciamo e ciò che ci accade, Freud evita Nietzsche e Goethe, per dar credito alla maschera, fino a trasformarla nel *vero volto* dell'individuo, da contrapporre a quel *senza volto* della natura, che Goethe aveva così descritto:

Natura! Da essa siamo circondati e avvinti – né ci è dato uscirne e penetrarvi più a fondo. Senza farsi pregare e senza avvertire, ci rapisce nel vortice della sua danza e si lascia andare con noi, finché siamo stanchi e le cadiamo dalle braccia. Crea eternamente nuove forme: ciò che è qui non era ancora mai stato, ciò che era non ritorna – tutto è nuovo, e tuttavia sempre antico. Viviamo nel suo seno e le siamo estranei. Parla incessantemente con noi e non ci rivela il suo segreto. Costantemente operiamo su di essa e tuttavia non abbiamo alcun potere sulla natura. Sembra che abbia puntato tutto sull'individualità, eppure niente le importa degli individui. Costruisce sempre e sempre distrugge e la sua officina è inaccessibile.

---

[37] S. Freud, *Das Unbehagen in der Kultur* (1929); tr. it. *Il disagio della civiltà*, in *Opere*, cit., vol. X, pp. 627-628.
[38] Id., *Introduzione alla psicoanalisi (Nuova serie di lezioni)*, cit., p. 190. Lo stesso motivo torna ne *L'Io e l'Es*, cit., p. 517, dove si legge: "La psicoanalisi è uno strumento inteso a rendere possibile la progressiva conquista dell'Es da parte dell'Io".

1. LE ORIGINI ROMANTICHE DELLA PSICOANALISI

[...] In essa è eterna vita, divenire e moto, e tuttavia non progredisce. Si trasforma eternamente e non vi è momento di quiete. [...] Il suo spettacolo è sempre nuovo, perché essa crea sempre nuovi spettatori. La vita è la sua invenzione più bella e la morte è il suo artificio per avere molta vita. Essa avvolge l'uomo nell'oscurità e lo sprona eternamente verso la luce. Non conosce né passato né futuro. Il presente è la sua eternità.[39]

Come il *dionisiaco* di Nietzsche, così la *natura* di Goethe ospita l'individuo come finzione. Scoperto l'inganno, Schopenhauer propone la *rinuncia* per non assecondare il gioco della volontà. Goethe e Nietzsche, invece, *accettano il gioco* e depongono ogni morale che sempre tende a instaurare un'individualità egoica, un "soggetto" da contrapporre all'incessante "poieticità" della natura, alla sua ininterrotta creazione. Di fronte a queste due vie, Freud tenta l'ipotesi più ardita: non la *rinuncia* ad assecondare il gioco (Schopenhauer) e neppure l'*accettazione* del gioco (Goethe e Nietzsche), ma la *scoperta delle regole del gioco*, che obbliga la natura a cedere il suo segreto.

Da Eraclito a Goethe, la natura ama nascondersi: "*Phýsis krýptesthai phileî*".[40] Con Freud, l'itinerario che si dischiude porta a scoprire il nascondimento segreto. L'ipotesi è illuministica, la categoria che la presiede è il progresso della civiltà sulla natura, la metafora che fa da sfondo è il colonialismo: "Dov'era l'Es, deve subentrare l'Io". Assoluta fiducia nella ragione e nella sua opera di colonizzazione. La morale che ne scaturisce non è più quella degli *asceti*, ma quella dei *conquistatori*. L'inconscio non è eterna creatività di forme, "spettacolo per sempre nuovi spettatori", ma landa da civilizzare, terra disponibile per le opere della ragione.

Il pessimismo di Schopenhauer, da cui Freud era partito per smascherare la trama delle motivazioni che l'individuo conscio dà del proprio pensare e agire, si risolve nell'ottimismo della ragione, la quale, scoperto il segreto della natura, non è più rap-

---

[39] J.W. Goethe, *Natur* (1783); tr. it. *La natura*, in *Teoria della natura*, Boringhieri, Torino 1969, pp. 138-141. Questo testo apparve anonimo, con il titolo *Fragment*, sul "Tiefurter Journal" nel 1783, e venne stampato anonimo con il titolo *Natur*, in "Pfälzische Museum", I, 4, 1784. Attribuito a Goethe da Knebel (cfr. *Knebels Tagebuch*, 20 gennaio 1783), oggi si ritiene essere di G.CH. Tobler. Tuttavia le edizioni dell'opera goethiana riportano questo testo perché rispecchia le concezioni di Goethe in quel tempo, come testimonia Goethe stesso in *Spiegazioni del frammento sulla natura*, in *Naturwissenschaftliche Schriften*, in *Werke*, Weimar 1893-1904, vol. XI, sezione II, pp. 10-12; tr. it. *Teoria della natura*, cit., pp. 138-139.

[40] Eraclito, fr. B 123.

presentazione illusoria, ma struttura d'ordine che trasforma il caos in cosmo, la natura in cultura.

Con Freud nasce una morale del tutto nuova, regolata non più dall'*ascesi*, ma dal *lavoro*, dall'opera di civiltà. Il suo *dover essere* non ha in vista un altro mondo, ma la colonizzazione di questo mondo, il suo ordinamento. La ragione umana, che era *rappresentazione* finché la natura conservava il suo segreto, ora diventa la *verità* del "mondo" che è stato strappato alla "natura". Espansione del cosmo e riduzione del caos. Freud non ha scoperto l'inconscio, che se mai ha scoperto Schopenhauer, Freud ha scoperto le *regole* per aver ragione dell'inconscio; la sua "psicologia" è una celebrazione della potenza della ragione sulle pulsioni che la minacciano.

A differenza di Freud, Nietzsche pensa l'inconscio non come il *contrario* della ragione, ma come l'*articolazione* delle stesse forze che compongono lo spazio storico della ragione e che sono alla ricerca del loro *punto di equilibrio*. Scrive infatti Nietzsche:

> *Che cosa significa conoscere? Non ridere, non lugere, neque detestari, sed intelligere!* – dice Spinoza con quella semplicità e sublimità che è nel suo carattere. Ciò nondimeno: che cos'è in ultima analisi questo *intelligere* se non la forma in cui appunto ci diventano a un tratto avvertibili questi tre fatti? Un risultato dei tre diversi e tra loro contraddittori impulsi a voler schernire, compassionare, esecrare? Prima che sia possibile un conoscere, ognuno di questi impulsi deve aver già espresso il proprio unilaterale punto di vista sulla cosa e sul fatto: in seguito ha preso origine il conflitto tra queste unilateralità, e da esso talora un termine medio, una pacificazione, un salvar le ragioni di tutte e tre le parti, una specie di giustizia e di contratto: in virtù, infatti, della giustizia e del contratto, tutti questi impulsi possono affermarsi nell'esistenza e aver ragione tutti insieme. Noi, che siamo consapevoli delle ultime scene di conciliazione e della liquidazione finale di questo lungo processo, riteniamo perciò che *intelligere* sia qualcosa di conciliante, di giusto, di buono, qualcosa di essenzialmente contrapposto agli impulsi: mentre esso è soltanto *un certo rapporto degli impulsi tra di loro*.[41]

Così nasce la ragione. Questo passo di Nietzsche mostra come il *comporsi* delle forze in gioco produce un'immagine di ragione per noi pacificata. Non la ragione *contro* la forza delle pulsioni, ma la ragione come *composizione* delle forze pulsionali. Questo è quanto ci insegna la storia della filosofia sul piano del metodo e della genealogia storica, a partire dal mito platonico dell'auriga,[42] le cui briglie altro non sono che le regole con cui l'anima razionale, allentando e trattenendo, mantiene l'andatura.

[41] F. Nietzsche, *La gaia scienza*, cit., § 333, p. 191.
[42] Platone, *Fedro*, 246 a-254 e.

2. La pretesa scientifica della psicoanalisi e la sua impraticabilità secondo Nietzsche

> "Ci sono solo fatti," io direi: no; proprio i fatti non ci sono, bensì solo interpretazioni. "Tutto è soggettivo," dite voi; ma già questa è un'interpretazione. Il "soggetto" non è niente di dato, è solo qualcosa di aggiunto con l'immaginazione, qualcosa di appiccicato dopo. Nella misura in cui la parola "conoscenza" ha senso, il mondo è conoscibile; ma esso è *interpretabile* in modi diversi, non ha dietro di sé un senso, ma innumerevoli sensi.
>
> F. NIETZSCHE, *Frammenti postumi 1885-1887*, fr. 7 (60), pp. 299-300.

Freud e Jung non amavano la filosofia. Nella già citata lettera a Lothar Bickel che lo intratteneva su alcune considerazioni di Spinoza, Freud risponde:

Caro Signore, ammetto la mia dipendenza dagli insegnamenti di Spinoza molto volentieri. Non ho avuto ragione di citare direttamente il suo nome dal momento che non ho tratto le mie supposizioni dal suo studio, ma dall'atmosfera da lui creata. E una legittimazione filosofica in quanto tale non era assolutamente per me di grande importanza. Privo per natura di talento filosofico, ho fatto di necessità virtù e mi sono disposto a elaborare, per quanto possibile, non troppo influenzato, senza pregiudizi e impreparato, i fatti che mi si svelavano come nuovi. Nello sforzo di capire un filosofo, ho sempre pensato che sarebbe stato inevitabile impegnarsi nelle sue idee e sottoporsi alla sua guida durante il proprio lavoro. Per questo ho rifiutato lo studio di Nietzsche, anche se mi era chiaro che potevano essere trovate in lui concezioni molto simili a quelle della psicoanalisi. Non ho mai proclamato la priorità. Per quel che riguarda C. Brunner, data la mia ignoranza, non ne so niente. La sola cosa utile intorno alla natura del piacere l'ho trovata in Fechner. Suo sinceramente, Freud.[1]

Dal canto suo, in un saggio del 1947 Jung scrive:

Poiché io non sono un filosofo, ma un empirico, non sono portato, per il mio particolare temperamento, cioè per il mio modo partico-

---

[1] S. Freud, *Lettera a Lothar Bickel, 26.6.1931*, in S. Hessing, *Freud's Relation with Spinoza*, Heley, Boston 1977, p. 224.

lare di pormi di fronte ai problemi teorici, a prendere le mosse da presupposti universali.[2]

In realtà, sia Freud sia Jung conoscevano molto bene la storia della filosofia e i singoli filosofi che nelle loro opere citano copiosamente, quindi il loro rifiuto non riguarda i singoli *contenuti* della filosofia, ma la *forma* della filosofia, o perlomeno quella che essi ritenevano fosse la forma della filosofia, e che più o meno corrisponde a quell'opinione generale che vede nella filosofia un'espressione della *ragione astratta*, una *teoria* incurante della prassi, che poco conviene al trattamento psicologico, dove il materiale che sgorga dall'inconscio mal si accorda con gli impianti teorici anticipati di cui la filosofia si alimenta.

Jung a questo proposito è esplicito: "Le idee che i filosofi giudicano a priori sono in realtà un che di secondario e derivato (*ein Sekundäres und Abgeleitetes*)",[3] per cui il vero fondamento di una teoria filosofica non sarebbe nella sua capacità di autogiustificarsi, ma nella psicologia personale e nella particolare visione del mondo del suo ideatore, che, secondo Jung, intanto può proporre la sua teoria in termini "universali" in quanto ignora la genesi psicologica e quindi "particolare" del suo modo di pensare. Si comprende a questo punto perché Freud collochi l'atteggiamento filosofico tra le forme sublimate di paranoia, perché è proprio del paranoico scambiare il proprio ordine mentale con l'ordine del mondo. Scrive in proposito Freud:

> Le formazioni deliranti del paranoico rivelano una sgradita somiglianza esterna e un'affinità interna con i sistemi dei nostri filosofi. Non ci si può sottrarre all'impressione che, in guisa asociale, questi malati tentino di risolvere e di placare le loro impellenti esigenze e

[2] C.G. Jung, *Theoretische Überlegungen zum Wesen des Psychischen* (1947-1954); tr. it. *Riflessioni teoriche sull'essenza della psiche*, in Opere, Boringhieri, Torino 1969-1993, vol. VIII, p. 180. Questo concetto ritorna anche a p. 188: "Ogni scienza è funzione della psiche, e ogni conoscenza ha nella psiche le sue radici"; p. 234: "Il tragico è che la psicologia non dispone di una matematica che sia sempre uguale a se stessa, ma soltanto di un calcolo di pregiudizi soggettivi. Le manca quindi l'enorme vantaggio di un punto archimedeo come quello su cui può contare la fisica"; pp. 294-295: "Mi è già stato obiettato che l'interpretazione al livello del soggetto è un problema filosofico e l'attuazione di questo principio urta contro i limiti della concezione del mondo e cessa pertanto di essere scienza. Non mi stupisce affatto che la psicologia sfiori la filosofia, perché il pensiero che sta alla base della filosofia è un'attività psichica che, come tale, è oggetto della psicologia. Quando parlo di psicologia intendo sempre l'intera estensione della psiche, e questa comprende filosofia, teologia e parecchie altre cose ancora. Poiché di contro a tutte le filosofie e a tutte le religioni stanno i fatti della psiche umana, la quale decide forse in ultima istanza su ciò che è verità e ciò che è errore".

[3] Ivi, p. 181.

che, se questi stessi tentativi fossero compiuti in modo da ottenere il consenso unanime di più persone, allora si chiamerebbero poesia, religione, filosofia.[4]

Questa interpretazione della filosofia, messa in circolazione da Freud e da Jung, e sostanzialmente condivisa dal mondo degli psicologi, è legittima, ma non corrisponde ad alcunché, perché non è mai esistita una filosofia che abbia avuto la forma tratteggiata da Freud e da Jung, mentre sono proprio le teorie di Freud e di Jung ad alimentarsi, sia pure in modo radicalmente diverso, di quell'immagine di filosofia che loro hanno creato e da cui dicono di volersi tenere lontani.

Quest'immagine di filosofia, che per comodità chiameremo *eidetica*, se da un lato consente a Freud e a Jung di dire legittimamente che l'universalità a cui pretendono le teorie filosofiche si fonda sul fatto che i motivi psicologici che le determinano rimangono inconsci al filosofo che le produce, dall'altro consente ai filosofi di dire, altrettanto legittimamente, che le interpretazioni psicologiche sono tanto più persuasive quanto più è condivisa la filosofia che le sottende e che rappresenta il vero e proprio inconscio di ogni teoria psicologica.

"Se un occhio," scrive Platone, "guarda un altro occhio e fissa la parte migliore dell'occhio con la quale anche vede, vedrà se stesso."[5] Il nostro intento è di instaurare questo tipo di sguardo e quindi di cogliere l'*identità* tra filosofia e psicologia da cui solamente è possibile scorgere la grande *differenza* che da questa identità prende avvio.

Le differenze che ignorano lo sfondo della loro identità sono come i rami che più non si alimentano della comune radice e che perciò diventano rami secchi. È l'esito che attende tutte le formazioni di pensiero e le relative scuole che più non ripercorrono la loro origine, per nutrirsi semplicemente della loro contrapposizione, la quale è accentuazione delle differenze, è rimozione di quel se stesso che si vede guardando l'occhio dell'altro.

In una conferenza del 1936, Jung parla della "natura distur-

---

[4] S. Freud, *Vorrede zu "Probleme der Religionspsychologie" von Dr. Theodor Reik* (1919); tr. it. *Prefazione a "Il rito religioso: studi psicoanalitici" di Theodor Reik*, in *Opere*, Boringhieri, Torino 1968-1993, vol. IX, p. 125. Lo stesso concetto era stato anticipato in *Totem und tabu* (1912-1913); tr. it. *Totem e tabù*, in *Opere*, cit., vol. VII, p. 79, dove si legge: "Il delirio paranoico è la caricatura di un sistema filosofico"; e in *Zur Einführung des Narzissmus* (1914); tr. it. *Introduzione al narcisismo*, in *Opere*, cit., vol. VII, pp. 406 sgg., dove si parla della "tipica propensione dei paranoici a elaborare sistemi di tipo speculativo".

[5] Platone, *Alcibiade primo*, 133 a.

bante di queste antitesi che creano conflitti tra individui opposti l'uno all'altro", auspica la nascita di una *"psicologia critica* che rivestirebbe una grande importanza non soltanto per la sfera più ristretta della psicologia, ma per le scienze dello spirito in generale", e conclude con un'ipotesi che si augura possa diventare un programma di ricerca. L'ipotesi è così strutturata:

> Dalla psiche procede assolutamente *ogni* esperienza umana, e a lei ritornano infine tutte le conoscenze acquisite. Anzi essa non è soltanto l'*oggetto* della sua scienza, ma ne è anche il *soggetto*. Questa situazione eccezionale tra tutte le scienze implica da un lato un *dubbio costante sulla sua possibilità in generale,* dall'altro assicura alla psicologia un privilegio e una problematica che appartiene ai *compiti più ardui di una vera filosofia.*[6]

1. *Ermeneutica*

In questo passo, così significativo per intuizione filosofica, Jung coglie la difficoltà di fare della psicologia una scienza, perché è proprio dello statuto di ogni scienza che l'oggetto di indagine non metta in questione il soggetto che indaga. La filosofia è nata da questa neutralizzazione del soggetto che indaga: "Non ascoltando me, ma il *lógos* – [ecco la neutralizzazione del soggetto che indaga] – è giusto convenire che tutto è uno".[7]

Questo frammento di Eraclito è stato per secoli il programma della filosofia come oggi lo è della scienza. Un'intuizione, infatti, è filosofica o scientifica non per le modalità con cui è scaturita, non per la sua paternità, ma per il modo con cui si autogiustifica. L'espressione di Aristotele: "Amo Platone, ma più ancora la verità" non è un tentativo più o meno riuscito di emancipazione dal padre, ma è il puro e semplice statuto del sapere, che è tanto più "sapere" quanto più elimina dal suo ambito ogni forma di soggettività.

Che dire a questo punto del sapere psicologico che ha per oggetto il soggetto stesso? Jung, che ha affrontato il problema, esprime "un dubbio costante sulla sua possibilità in generale". Il dubbio, naturalmente, va risolto, perché là dove non c'è un sapere, *qualsiasi* discorso sulla psiche non trova legittimazione

---

[6] C.G. Jung, *Psychologische Determinationen des menschliches Verhaltens* (pubblicato inizialmente in lingua inglese con il titolo *Psychological Factors determining Human Behaviour*) (1936-1937); tr. it. *Determinazioni psicologiche del comportamento umano,* in *Opere,* cit., vol. VIII, p. 143.

[7] Eraclito, fr. B 50.

per l'assenza di un criterio che ne consenta la validazione o la falsificazione. L'obiezione che Popper solleva nei confronti della psicoanalisi può essere tolta solo con il superamento del dubbio junghiano.[8]

Oggi questo dubbio è in via di risoluzione grazie al contributo di quella nuova configurazione del sapere che è l'*ermeneutica*. Questa affonda le sue radici nella fenomenologia inaugurata da Husserl per il quale "la *soggettività* non può essere conosciuta da nessuna scienza oggettiva".[9] Questa osservazione ci conduce al cuore del problema dove si dibatte la possibilità o l'impossibilità per la psicologia di porsi come scienza. Il problema non riguarda solo la psicologia come *una scienza fra le tante*, ma la psicologia come *luogo* dove, meglio che altrove, si avverte la crisi della scientificità come tale. Scrive in proposito Husserl:

> Ben presto ci renderemo conto che alla problematicità che è propria della psicologia, non soltanto ai giorni nostri ma da secoli, alla "crisi" che le è peculiare, occorre riconoscere un significato centrale; essa rivela le enigmatiche e a prima vista inestricabili oscurità delle scienze moderne, persino di quelle matematiche; essa rivela l'enigma del mondo di un genere che era completamente estraneo alle epoche passate. Tutti questi enigmi riconducono all'*enigma della soggettività* e sono quindi inseparabilmente connessi all'*enigma della tematica e del metodo della psicologia*.[10]

Tematica e *metodo* sono le due parole su cui vorremmo fissare l'attenzione, perché è proprio nella reazione dell'una sull'altra che scaturisce l'enigma. Sembra infatti che la *tematica* della psicologia si sottragga al *metodo* scientifico, e che ogni tentativo volto ad applicare alla psicologia il *metodo* scientifico dissolva la *tematica*.

Già abbiamo constatato che il discorso scientifico esige, per la sua costituzione, una coscienza intersoggettiva, un intelletto puro che lascia fuori di sé ogni sorta di condizionamento psicologico. Tale è il *cogito* cartesiano, da cui prende avvio la scienza nella sua accezione "matematica" e a cui si rifà la psicologia nel suo tentativo di prodursi come scienza. Ma qui la psicologia viene a trovarsi in una contraddizione insuperabile perché, se la scienza può nascere solo in presenza e a opera di un *cogito* de-

---

[8] K.R. Popper, *Conjectures and Refutations* (1969); tr. it. *Congetture e confutazioni. Lo sviluppo della conoscenza scientifica*, il Mulino, Bologna 1972, pp. 61-67.
[9] E. Husserl, *Die Krisis der europäischen Wissenschaften und die transzendentale Phänomenologie* (1934-1937, pubblicata nel 1954); tr. it. *La crisi delle scienze europee e la fenomenologia trascendentale*, il Saggiatore, Milano 1972, p. 353.
[10] Ivi, p. 35.

psicologizzato, se la non-interferenza dello psichico è la prima condizione per la produzione di un discorso scientifico, se la soggettività empirica e individuale è proprio ciò che non deve intervenire dove l'analisi pretende di essere oggettiva, può la psicologia prodursi come scienza senza abolire se stessa?

A questa domanda nel Novecento sono state date due risposte negative. La prima, *in ambito filosofico*, con Husserl. Si tratta di quella *risposta fenomenologica* che, ripresa da Heidegger, sviluppata da Sartre e concretamente articolata, anche per le sue competenze specifiche, da Jaspers, esclude la possibilità per la psicologia di porsi come *scienza naturale*.

Su questo tipo di risposta che, per usare l'espressione di Husserl, non nega alla psicologia di porsi come scienza *rigorosa*, ma semplicemente di porsi come scienza *naturale*, in ciò recuperando, ma rifondando radicalmente, la distinzione di Dilthey tra scienze della natura (*Naturwissenschaften*) e scienze dello spirito (*Geisteswissenschaften*), non mi soffermo perché le ho dedicato un intero saggio: *Psichiatria e fenomenologia*,[11] dove, oltre all'itinerario teorico, è descritto anche lo sviluppo clinico che l'impostazione husserliana ha avuto con Binswanger, Minkowski, Laing, e da noi Callieri e Borgna, per limitarmi ai più significativi esponenti dell'indirizzo fenomenologico in psichiatria. La rivoluzione ermeneutica da essi operata nell'interpretazione della follia è un esempio significativo della fecondità di cui sono capaci risposte radicalmente negative a problematiche mal formulate.

La seconda risposta è stata data *in ambito psicologico* da Jung che, oltre a non conoscere la fenomenologia, non si è mai inserito nel dibattito filosofico sullo statuto epistemologico della psicologia, anche se Jaspers, per esempio, lo aveva a più riprese chiamato in causa.[12] Ebbene, Jung, nonostante numerose siano le sue oscillazioni linguistiche, e nonostante la sua teoria degli archetipi offra il fianco a un'interpretazione ancor più deterministica di quanto non lo sia il determinismo delle scienze della natura,[13] afferma:

> La psicologia deve abolirsi come scienza, e proprio abolendosi raggiunge il suo scopo scientifico (*Die Psychologie muss sich als Wissenschaft selber aufheben, und gerade darin erreicht sie ihr wissenschaftliches Ziel*).[14]

---

[11] U. Galimberti, *Psichiatria e fenomenologia*, Feltrinelli, Milano 1979.
[12] K. Jaspers, *Allgemeine Psychopathologie* (1913-1959); tr. it. *Psicopatologia generale*, Il Pensiero Scientifico, Roma 2000, pp. 750-790.
[13] Per un approfondimento di questo argomento si veda U. Galimberti, *Psichiatria e fenomenologia*, cit., capitolo 8: "La 'fenomenologia empirica' di Jung e il suo tentativo di ricomporre teoria e prassi. Il 'simbolo' e gli 'archetipi'".
[14] C.G. Jung, *Riflessioni teoriche sull'essenza della psiche*, cit., p. 240.

L'affermazione è *radicale* non tanto per la sua perentorietà, ma perché va alla *radice* dell'Occidente e del suo mai dismesso tentativo di pervenire a una rigorosa fissazione delle basi discorsive, di cui la scienza matematica è solo una tappa.[15] All'obiezione junghiana ho dedicato un altro saggio: *La terra senza il male*,[16] dove l'interrogazione psicologica investe tutto ciò che la psicologia scientifica è costretta a tralasciare per prodursi "scientificamente", non essendosi ancora emancipata da quelli che per Husserl sono "gli errori seducenti in cui sono caduti Cartesio e i suoi successori".[17]

Dopo Husserl, l'ermeneutica prende quota con Heidegger, Jaspers, Gadamer e trova la sua prima e più radicale applicazione in campo psicologico con Mario Trevi, i cui scritti non sono da leggere come semplici riflessioni e considerazioni su problemi psicologici, ma come l'*elaborazione di un nodo teorico* in cui non si imbatte solo la psicologia junghiana, ma l'intera psicologia, che non può adottare il metodo oggettivante delle scienze e al tempo stesso non può esimersi dall'esser scienza se non vuole andare incontro alla delegittimazione del suo dire. Scrive in proposito Trevi:

> La psicologia come scienza si pone al di fuori di ogni confronto con le altre scienze dell'uomo (e comunque distante da ogni scienza della natura) appunto perché il suo oggetto di indagine coincide con lo stesso soggetto indagante e ogni tentativo di "porsi al di fuori" di quest'ultimo porta inevitabilmente le stimmate della soggettività. Il "testo" che lo psicologo si propone di indagare, la psiche nella sua sconfinata fenomenologia, non può essere colto in un'immobile e atemporale oggettività, ma sempre attraverso quell'orizzonte dischiuso dal soggetto nel momento in cui su quel testo si ripiega. Tale orizzonte è al contempo legittimo (in quanto visuale e osservazione concretamente calate in un'esistenza) e relativo, e pertanto limitato e controvertibile. Anzi, quell'orizzonte in tanto acquista dignità in quanto, nell'esplorazione sistematica delle sue possibilità, incontra quel confine al di là del quale si schiudono altri orizzonti possibili, talché, in ultima istanza, la verità di un orizzonte sta nel suo autolimitarsi e, in certo senso, negarsi come verità unica per dar luogo alle verità ugualmente autolimitantisi di altri orizzonti. In tal modo la "verità" di una psicologia consapevole è il dialogo aperto e infinito tra possibili orizzonti.[18]

---

[15] Si veda in proposito U. Galimberti, *Gli equivoci dell'anima* (1987), Feltrinelli, Milano 2001, capitolo 15: "Gli strumenti del sapere".
[16] Id., *La terra senza il male. Jung: dall'inconscio al simbolo* (1984), Feltrinelli, Milano 2001.
[17] E. Husserl, *Cartesianische Meditationen und Pariser Vorträge* (1931); tr. it. *Meditazioni cartesiane*, Bompiani, Milano 1969, p. 6.
[18] M. Trevi, *Per uno junghismo critico*, Bompiani, Milano 1987, p. 16.

Ciò significa che alla psicologia non può competere che il metodo ermeneutico dove, precisa Trevi:

> Per ermeneutica intendiamo quell'atteggiamento di pensiero che, ponendo il problema dell'interpretazione, deve considerare altresì il vivo e ineliminabile problema dell'interprete nei confronti del testo da interpretare e riconosce che non c'è testo "oggettivo", staccato e indifferente all'interprete, ma testo diviene qualsiasi testimonianza del mondo della vita nel momento in cui un interprete l'assume nel suo orizzonte di interesse.[19]

2. Eidetica

Il superamento del dubbio circa la possibilità per la psicologia di porsi come scienza viene indicato da Jung come appartenente "ai compiti più ardui di una futura filosofia". Forse la futura filosofia è proprio l'*ermeneutica*, che scardina la nozione tradizionale di filosofia come luogo della verità assoluta. Ma che la filosofia sia stata o sia il luogo della verità assoluta ritengo appartenga a quell'immagine *eidetica* della filosofia, che è poi l'immagine che avevano Freud e Jung, i quali, forse per questo o proprio per questo, non amavano la filosofia.

L'immagine *eidetica* della filosofia, che è poi l'immagine comunemente diffusa, ha la sua origine in una certa lettura di Platone, iniziata subito dopo la sua morte con Speusippo, il suo primo successore nella direzione dell'Accademia. Aristotele, non condividendo questa lettura, dopo vent'anni di appartenenza al gruppo fondato da Platone se ne andò.

Il cristianesimo avallò la lettura eidetica di Platone che durò per tutto il corso dell'Occidente fino a Nietzsche il quale, trovatosi nell'itinerario del suo pensiero a smascherare il cristianesimo, non poté evitare di imbattersi in Platone e nelle sue *idee*, che prese a demolire con "la filosofia del martello" decretando – sono le sue parole – "la fine del più lungo errore".[20]

Il lungo errore è per Nietzsche lo statuto della *separazione* che Platone ha inaugurato con la distinzione tra *mondo vero* (o delle *idee*) e *mondo apparente* (o delle *cose* costruite a somiglianza

---

[19] Ivi, pp. 13-14.
[20] F. Nietzsche, *Götzendämmerung, oder: Wie man mit dem Hammer philosophiert* (1889); tr. it. *Crepuscolo degli idoli, ovvero: come si filosofa col martello*, in *Opere*, Adelphi, Milano 1970, vol. VI, 3, p. 76. A Platone Nietzsche aveva dedicato i corsi tenuti all'Università di Basilea nei semestri invernali 1871-1872, 1873-1874 e nel semestre estivo 1876, oggi raccolti in *Plato amicus sed. Einleitung in das Studium der platonische Dialoge*; tr. it. *Plato amicus sed. Introduzione ai dialoghi platonici*, Bollati Boringhieri, Torino 1991.

delle idee). Lo statuto della separazione è proseguito nella distinzione cristiana tra cielo (vera patria) e terra (dimora provvisoria),[21] condizionando i valori etici (bene e male) di cui si nutre il sociale, e quelli logici (vero e falso) di cui si nutrono il sapere e l'ordine delle scienze.

Andare "al di là del bene e del male"[22] significa per Nietzsche andare al di là dello statuto della separazione e inaugurare una nuova umanità (da cui scende la teoria del Super-uomo: *Übermensch*) che si ponga al di là (*über*) dell'uomo come storicamente si è espresso nella storia della separazione tra mondo vero e mondo apparente.

La psicologia del profondo sta tra Platone (il Platone letto da Speusippo e affermatosi in Occidente) e Nietzsche. È platonica perché vive della separazione tra conscio e inconscio, ed è nietzscheana perché tende al superamento della separazione: o nella direzione freudiana, dove l'Io dovrebbe prosciugare l'inconscio, come gli olandesi hanno fatto prosciugando il mare lungo le loro coste,[23] o nella direzione junghiana dove il simbolo dovrebbe mettere assieme (*sym-bállein*) ciò che conscio e inconscio tengono diviso (*dia-bállein*).

La direzione junghiana ha avuto ragione rispetto a quella freudiana. Il contrasto e la successiva separazione tra i due è stata oltremodo proficua e ben più radicale di quanto non ammetta lo stesso Jung.[24] Infatti, che l'inconscio non sia prosciugabile è ormai evidente a tutti. Anzi, forse, per essere fedeli al pensiero di Jung più che alla sua terminologia, bisognerebbe abbandonare il termine "inconscio", che si giustifica nell'impianto freudiano, e sostituirlo con "simbolo" come ho proposto ne *La terra senza il male. Jung: dall'inconscio al simbolo*.

Ma soprattutto bisognerebbe liberare Jung (che da grande lettore di Nietzsche tenta in psicologia il superamento dello statuto della separazione che Nietzsche aveva promosso in filosofia) dal pesante platonismo che condiziona il suo pensiero e che è responsabile non solo dello statuto della separazione, ma anche della teoria degli archetipi, che altro non è che l'ipostatizzazione

---

[21] Agostino di Tagaste, *De civitate Dei* (413-426); tr. it. *La città di Dio*, Rusconi, Milano 1984.
[22] F. Nietzsche, *Jenseits von Gut und Böse. Vorspiel einer Philosophie der Zukunft* (1886); tr. it. *Al di là del bene e del male. Preludio di una filosofia dell'avvenire*, in *Opere*, cit., 1972, vol. VI, 2.
[23] S. Freud, *Neue Folge der Vorlesungen zur Einführung in die Psychoanalyse* (1932); tr. it. *Introduzione alla psicoanalisi (Nuova serie di lezioni)*, in *Opere*, cit., vol. XI, p. 190.
[24] C.G. Jung, *Der Gegensatz Freud und Jung* (1929); tr. it. *Il contrasto tra Freud e Jung*, in *Opere*, cit., vol. IV.

di un'astrazione puramente pensata e di carattere logico-universale, la cui legittimità poggia su presupposti filosofici in cui è implicita, anche se inconsapevolmente, una particolare concezione dell'essere umano in generale.

Eppure Jung, come rivela quasi a ogni passo, vuole essere soltanto un ricercatore empirico puro, un puro scienziato sperimentale e non già un filosofo. In realtà gli scienziati che si vantano di attenersi alla "pura empiria" si distinguono dai filosofi solo per il fatto che essi di solito si rifiutano di rendere conto della propria filosofia e dei presupposti filosofici della loro "pura empiria".

In generale gli "empirici" non sono neppure coscienti del fatto che per principio non possono esistere delle osservazioni "puramente empiriche", se con ciò intendiamo dei fatti singoli che siano conoscibili senza alcun presupposto, perché ogni osservazione empirica dipende da una pre-cognizione, antecedente a ogni punto di vista scientifico, sulla natura delle cose e delle loro reciproche connessioni. Come dice infatti Jaspers:

> L'esclusione della filosofia è funesta per la psichiatria perché, a chi non è chiaramente consapevole della filosofia che lavora alle sue spalle, questa si introduce, senza che egli se ne accorga, nel suo pensiero e nel suo linguaggio scientifico, rendendo l'uno e l'altro poco chiari sia scientificamente che filosoficamente.[25]

Ora, la "recondita filosofia" di Jung, che gli consente di capire il comportamento umano a partire da quelle astrazioni dell'inconscio collettivo che sono gli archetipi, è una sorta di metafisica platonica psicologizzata. Come ricorda lo stesso Jung, infatti, fu Platone a porre "in un luogo celeste (*an einem himmlischen Ort*)"[26] le idee di tutte le cose, ovvero quei modelli originari (*Urbilder* come li chiama correttamente Jung), che Platone considerava come più reali delle cose stesse. In seguito Filone l'Ebreo, platonico di Alessandria, le definì col termine greco di *arché-typoi* e infine Plotino, il fondatore del neoplatonismo che tenne scuola duecento anni più tardi, le considerò emanazioni dirette del principio primordiale divino o *noûs*, che è l'archetipo di tutti gli archetipi. Jung ha trasferito queste rappresentazioni archetipiche nello strato più basso della psiche, nell'inconscio collettivo, operando, in questo modo, una sorta di capovolgimento della metafisica di Platone e di Plotino.

Ora, pensare tutto questo è legittimo, ma, così facendo, non

---

[25] K. Jaspers, *Psicopatologia generale*, cit., p. 818.
[26] C.G. Jung, *Riflessioni teoriche sull'essenza della psiche*, cit., p. 209.

si può ritenere di poter operare una *composizione simbolica* servendosi di strumenti utili solo a ribadire e solidificare la *separazione*, e per giunta gettando l'uomo in balia di un *determinismo culturale*, ben più pesante di quello biologico, come risulta inconfutabile dalla psicologia archetipica di Hillman.[27] Hillman, infatti, è l'erede diretto di quella lettura *eidetica* di Platone che ha percorso l'Occidente e che, nonostante Nietzsche, ancora permane come sottofondo teorico di ogni psicologia del profondo.

3. *Genealogia*

Ma è proprio vero che Platone ha inaugurato una filosofia *eidetica* o della verità assoluta con conseguente statuto della separazione per tutto ciò che verità non è? Questa immagine della filosofia, che è poi quella che hanno Freud e Jung, risponde all'intenzione speculativa di Platone oppure è il risultato storico di un fraintendimento o, come vuole l'espressione di Nietzsche, di un "lungo errore"? In questo caso bisognerebbe rifarne la storia che qui risparmio, limitandomi a portare l'attenzione su una parola dal cui fraintendimento è nata la "storia del più lungo errore": la parola è *psyché*, in italiano "anima".

In Platone si intrecciano due tradizioni: una legata ai riti misterici, a cui Platone era stato iniziato in Egitto da Sechenuf, e di cui parla con linguaggio mitologico nei dialoghi dedicati alla divina follia, all'Eros, ad Apollo e Dioniso, al caos e al cosmo, all'origine degli dèi e degli uomini.[28] È l'anima della tradizione orfica commista alla tradizione sciamanica e alla nascente medicina della scuola di Cos che, nella sua pratica terapeutica, aveva accolto la tradizione di Asclepio, che curava nel sonno tramite il sogno. È l'anima dei lirici e dei primi tragici che a Eleusi la rappresentavano in *drama*.[29]

Ma a quest'anima, che oggi potremmo dire di natura psicologica, Platone affianca quell'anima, propriamente filosofica, che è la *capacità di astrarre* dalla molteplicità del sensibile per potersi esprimere nell'unità dell'idea. Infatti, dove non c'è unità, non c'è sapere. Non c'è sapere quando parlo dell'acqua del fiume, del-

---

[27] J. Hillman, *Re-visioning Psychology* (1975); tr. it. *Re-visione della psicologia*, Adelphi, Milano 1983.
[28] Si veda a questo proposito U. Galimberti, *La terra senza il male. Jung: dall'inconscio al simbolo*, cit., capitolo 13: "La divina follia".
[29] Per un approfondimento di questa tematica si veda Id., *Gli equivoci dell'anima*, cit., Parte I: "Storia dell'anima".

l'acqua del mare, dell'acqua dello stagno, ma quando colgo ciò che queste acque hanno in comune: l'*essenza* dell'acqua o, come dice Platone, l'*idea*.

Queste idee sono in cielo perché in terra non è dato vedere l'essenza dell'acqua, ma l'acqua del fiume, del mare, dello stagno. Il sapere allora nasce solo se l'anima distoglie lo sguardo dalla dispersione in cui giacciono le cose sensibili, per volgerlo a quell'espressione della loro unità che è l'essenza o idea. Di ciò che è irriducibile a unità, come ad esempio i nostri corpi, non c'è sapere, e dove non c'è sapere c'è *follia*: la follia del corpo, dice Platone: "*tês toû sómatos aphrosynes*".[30]

Con la "dottrina delle idee" Platone non inaugura una filosofia *eidetica* come luogo della verità assoluta, ma formula i codici grammaticali e gli statuti logici del linguaggio scientifico o, come lo chiama Platone, *epistemico*. Il linguaggio infatti, nelle mani dei sacerdoti, dei poeti, dei retori, dei sofisti corre il rischio della sovrabbondanza, dell'ambiguità, dell'equivoco e insieme dell'inconcludenza. Platone, con la sua magistrale e gigantesca costruzione che punta all'unità del molteplice, lo sottrae a questo rischio e lo instaura come "scientifico".

Ma Platone nell'edificare il cosmo della ragione, il solo che gli uomini possono abitare, non chiude l'abisso del caos, ma lo riconosce come minaccia e dono, come sede di parole incontrollabili, come dimora degli dèi, perciò può dire: "I beni più grandi ci vengono dalla follia (*manía*) naturalmente data per dono divino",[31] e poco dopo: "La follia dal dio proveniente è assai più bella della saggezza (*sophrosýne*) d'origine umana".[32]

Si è soliti porre queste espressioni ai margini del testo platonico, per ricondurle alle esperienze misteriche a cui Platone era stato iniziato. Così marginalizzate, esse diventano inespressive, semplici residui biografici, connessioni inessenziali a credenze e pratiche religiose ancora diffuse ad Atene, espressioni comunque inconciliabili con la dottrina dell'anima e delle idee come è esposta nel *Fedone* e nella *Repubblica*.

Ma non è così. Proprio perché inaugura l'anima razionale, Platone sa da quale fondo psichico l'ha liberata, conosce le passioni che hanno alimentato la crisi di cui si è fatta interprete la tragedia, non ignora la temibile apertura verso la fonte opaca e buia di ogni valore sociale che chiama in causa il fondamento stesso della città, sa che la ragione e il sapere che la esprime si ottengono, come la buona armonia nella città, espellendo il *káthar-*

---

[30] Platone, *Fedone*, 67 a.
[31] Id., *Fedro*, 244 a.
[32] Ivi, 244 d.

ma, il residuo del sacrificio, il rifiuto del discorso che non sta alla regola, ma sa anche che bisogna sacrificare agli dèi perché è da quel mondo che vengono le parole, che poi la ragione ordina in sequenza non oracolare e non enigmatica.

Quel mondo che sta prima della ragione e che offre alla ragione i contenuti da ordinare per una produzione compiuta di senso è il mondo che Platone chiama della divina follia (*theîa manía*), dove le cose trasgrediscono le loro definizioni e si offrono come irradiazioni di immagini rinvianti a quell'ulteriorità di senso, che anche le più comuni esperienze non cessano di diffondere quando sfuggono al controllo dell'anima razionale. Per questo Platone scrive:

> La profetessa di Delfi e le sacerdotesse di Dodona, in condizioni di follia (*maineîsai*), fecero un gran bene alla Grecia, sia ai singoli, sia all'intera comunità, mentre poco o nulla fecero quando erano nelle condizioni di chi può ragionare (*sophroneîn*).[33]

Alle due sacerdotesse sopra menzionate, Platone aggiunge "la Sibilla e tutti quelli che da qualche dio ispirati trattarono la profezia".[34] Il dio ispiratore viene indicato alla fine della trattazione insieme agli altri dèi a cui sono da ricondurre le altre forme di follia, a proposito delle quali scrive Platone:

> Quanto alla divina follia ne abbiamo distinto quattro forme a ciascuna delle quali è preposta una divinità: Apollo per la follia profetica, Dioniso per la follia iniziatica, le Muse per la follia poetica, mentre la quarta, la più eccelsa, è sotto l'influsso di Afrodite e di Amore.[35]

Si è molto insistito sulla differenza tra queste quattro forme di follia e sulla corretta attribuzione delle rispettive divinità, ma così facendo si è trascurata quell'*identità* che tutte le sottende e le contrappone, in quanto espressioni di follia, all'umana ragione. Se si perde di vista l'identità e la conseguente contrapposizione non si coglie l'intenzione platonica, che articola la differenza tra la *conoscenza del mondo* affidata all'umana ragione e la *conoscenza di sé* che non è possibile se non come dono del dio.

Le "idee" di Platone sono la prima grande macchina con cui la ragione si organizza, guadagna certezza di sé, e nel suo esercizio si autocertifica. La prima forma di autocertificazione è l'esclusione della follia. Folli sono tutti quei discorsi che non dan-

---

[33] Ivi, 244 b.
[34] *Ibidem*.
[35] Ivi, 265 b.

no ragione alle regole della ragione, la cui capacità di dominio si trasforma dapprima in rappresentazione di un ordine necessario e, con il suo progressivo estendersi, in rappresentazione dell'ordine come tale.

Il metodo genealogico, che abbiamo appreso da Nietzsche, ci consente di dire che la ragione "ha ragione" non perché è un deposito di verità, ma perché ha storicamente vinto, e la sua vittoria è diventata la base della discorsività in generale. Non c'è infatti un mondo del razionale e un mondo dell'irrazionale (questo è il grande equivoco della psicologia del profondo ereditata dall'*immagine eidetica* della filosofia platonica), ma solo *le condizioni e le regole della discorsività*. Noi possiamo parlare e intenderci in modo univoco non perché partecipiamo a un'idea eterna di ragione, ma perché abitiamo la sua vittoria storica e la sua estensione geografica.

Condizione del dominio della ragione è l'*esclusione* della follia, che non deve essere pensata come il *contrario* della ragione, ma come l'articolazione delle *stesse forze* che compongono lo spazio storico della ragione e che però non trovano *la regola del loro punto di equilibrio*. Nietzsche ha colto perfettamente la dinamica attraverso cui si costituisce la ragione:

> Che cos'è il "conoscere"? Il riportare qualcosa di estraneo a qualcosa di noto, di familiare. Prima proposizione: ciò a cui siamo *abituati* non viene più da noi considerato un enigma, un problema. Smussamento del sentimento del nuovo e dello strano: tutto ciò che accade *regolarmente* non ci sembra più problematico. Perciò quello di "*cercar* la regola" è il primo istinto di chi conosce, mentre naturalmente per il fatto che sia trovata la regola niente ancora è "conosciuto"! – Di qui la superstizione dei fisici: dove possono perseverare, cioè dove la regolarità dei fenomeni consente di applicare formule abbreviate, credono che sia *conosciuto*. Sentono "sicurezza", ma dietro questa sicurezza intellettuale sta l'acquietamento della paura: *vogliono la regola*, perché essa toglie al mondo il suo aspetto pauroso. La *paura dell'incalcolabile* come *istinto segreto* della scienza.[36]

Ridefinita in chiave genealogica, la filosofia (e dopo di lei naturalmente la scienza), lungi dell'essere il *luogo della verità*, come potrebbe apparire a una sua visualizzazione in chiave eidetica, diventa il *luogo delle regole*. Dal canto suo la psicologia del profondo, come *cura della follia*, non si situa al lato opposto della ragione, né le sta accanto, né, tanto meno, costituisce il suo rovescio logico. Pensare così significa pensare ancora in termini di

---

[36] F. Nietzsche, *Nachgelassene Fragmente 1885-1887*; tr. it. *Frammenti postumi 1885-1887*, in *Opere*, cit., 1975, vol. VIII, 1, fr. 5 (10), p. 177.

separazione, e quindi nell'assoluta impossibilità di qualsiasi composizione simbolica. Non ci sono sponde (razionale e irrazionale) da allacciare con un ponte, ma ci sono radici che possono approdare o non approdare all'albero. Se la differenza tra ragione e follia non è nella *contrapposizione* delle forze, ma in presenza delle stesse forze, nel reperimento o nel non reperimento di *regole*, la follia che parla in assenza di regole è la trama su cui la ragione costruisce il tessuto delle sue regole. Tra ragione e follia c'è dunque uno scambio che, seppure rimosso, incessantemente continua. Infatti, scrive ancora Nietzsche:

> Due impulsi contrari, che tendono in direzioni opposte, sono qui costretti, per così dire, a procedere sotto un *solo* giogo. L'impulso che vuole la conoscenza è costretto senza posa ad abbandonare il terreno su cui vive l'uomo e ad avventurarsi nell'incertezza, mentre l'impulso che vuole la vita si vede costretto a cercare senza posa, a tentoni, un nuovo luogo abbastanza sicuro in cui stabilirsi [...] Quella lotta tra il vivere e il conoscere diventa tanto più violenta – e quel procedere sotto un *solo* giogo diventa tanto più strano – quanto più possenti sono i due impulsi, cioè quanto più piena e fiorente è la vita, e quanto più insaziabile, d'altro canto, è il conoscere, che si spinge con più forte desiderio verso tutte le avventure.[37]

Se la psicologia del profondo è quell'ascolto che accoglie le parole della vita fino alla parola folle, la filosofia, come luogo delle regole, non può che essere in ascolto della psicologia del profondo per ricomporre, in ogni punto di squilibrio, quel riassetto delle cose e dei segni che sono il nuovo equilibrio. Sull'altro versante, se non c'è una filosofia come *discorso della ragione assoluta* – questo era il fraintendimento di Freud e di Jung che pensavano alla filosofia in chiave eidetica – c'è però una filosofia come luogo in cui si controllano le *ragioni discorsive*, e qui la psicologia del profondo deve produrre le regole del suo discorso. Tali regole, lo abbiamo detto, sembra offrirle l'*ermeneutica* che, a questo punto, potrebbe essere quella "filosofia futura" che Jung auspicava per la legittimazione della psicologia.

---

[37] Id., *Nachgelassene Fragmente 1875-1876*; tr. it. *Frammenti postumi 1875-1876*, in *Opere*, cit., 1967, vol. IV, 1, fr. 6 (48), p. 175.

3. Lacan e l'inconfessato ritorno della psicoanalisi a Nietzsche

> Là dove era l'Es, deve venire l'Io (*Wo es war, soll Ich werden*).
>
> S. FREUD, *Introduzione alla psicoanalisi (Nuova serie di lezioni)* (1932), Lezione 31, p. 190.

> L'Io deve avvenire, là dove era (*Là où fut ça, il me faut advenir*).
>
> J. LACAN, *L'istanza della lettera dell'inconscio, o la ragione dopo Freud* (1957), p. 519.

Jacques Lacan, pur provenendo da una formazione medico-psichiatrica, a differenza della gran parte degli psicoanalisti, non si è trattenuto nell'ambito ristretto della clinica e della terapia, ma ha inscritto con forza e potenza quest'ambito nello scenario più vasto della filosofia dell'Occidente, prescindendo dal quale non è possibile comprendere l'uomo occidentale, la sua salute e la sua malattia.

È noto che gli psicoanalisti, qualunque sia la loro scuola di appartenenza, non amano molto la filosofia, anzi se ne tengono lontani, perché la leggono come una sorta di razionalizzazione posta a difesa della relazione con l'inconscio. Per una conferma basta leggere i loro libri o i programmi delle loro scuole di formazione dove non compare un solo insegnamento di filosofia.

Eppure gli psicoanalisti, qualunque sia la scuola di appartenenza, usano parole come "Io", "inconscio", "desiderio", "realtà", "immaginazione", "simbolo", che hanno avuto nella filosofia il loro atto di nascita, il loro sviluppo, l'orizzonte del loro significato. Per effetto di questa loro diffidenza nei confronti della filosofia, parlano di "anima" e ignorano Platone che questa parola ha inaugurato, parlano di "Io" e ignorano Cartesio che questa parola ha introdotto tre secoli fa, parlano di "pulsione" e ignorano Schopenhauer che questa parola ha coniato e a cui Freud concede un ampio riconoscimento:

> Molti filosofi possono essere citati come precursori della psicoanalisi, e sopra tutti Schopenhauer, la cui "volontà" inconscia può essere equiparata alle pulsioni psichiche di cui parla la psicoanalisi.[1]

---

[1] S. Freud, *Eine Schwirigkeit der Psychoanalyse* (1917); tr. it. *Una difficoltà della psicoanalisi*, in *Opere*, Boringhieri, Torino 1968-1993, vol. VIII, p. 663.

3. LACAN E L'INCONFESSATO RITORNO A NIETZSCHE

Fra i teorici della psiche, ultimo in ordine di tempo è James Hillman, che tanto piace a quanti non hanno il coraggio di arrivare alle vette vertiginose della poesia e quindi si fermano a metà strada (a James Hillman appunto) per sentirsi dire che "dopo cento anni di psicoterapia il mondo va sempre peggio",[2] coronando, con questa sua considerazione, l'opinione diffusa che la psicoanalisi è alla fine, e tra non molto assisteremo al suo crollo, non dissimile dal crollo dell'altra ideologia del Novecento che è il marxismo.

A crollare sarà invece la psicoanalisi che non pensa, quella che non esce dall'ambito ristretto di una clinica che tende al benessere di coloro che Nietzsche chiama gli "ultimi uomini", le cui aspirazioni si risolvono in "una vogliuzza per il giorno, una vogliuzza per la notte, fermo restando la salute".[3]

Jacques Lacan esce da questo asfittico recinto e pensa la psicoanalisi in grande, in un fitto dialogo con le acquisizioni più avanzate della filosofia (Hegel, Kojève, Heidegger, Merleau-Ponty, Sartre, Foucault), della linguistica (de Saussure, Jakobson), dell'antropologia (Lévi-Strauss e lo strutturalismo), della logica (Gödel), della letteratura (il surrealismo e Joyce), della psichiatria fenomenologica (Clérambault, Jaspers, Binswanger). E allora la psicoanalisi riprende fiato e si fa orizzonte di grande respiro, dove in scena è l'uomo occidentale e il gioco fantasmagorico delle sue maschere.

Le linee principali della teoria di Lacan prendono le mosse da Freud in vista di un avanzamento teorico e critico del messaggio freudiano che, come "cura attraverso la parola", è possibile solo se si prende alla lettera che "l'inconscio è strutturato come un linguaggio", e come tale da trattare con gli strumenti che lo strutturalismo da un lato e la linguistica dall'altro hanno messo a disposizione. Qui di seguito le tappe percorse da questa indagine e gli esiti a cui perviene.

1. *Il rifiuto della prospettiva egologica e logocentrica*

Questa prospettiva è stata tramandata dalla tradizione filosofica che, a partire da Cartesio, ha collocato l'essenza dell'uomo

---

[2] J. Hillman, M. Ventura, *We've Had a Hundred Years of Psychotherapy – And the World's Getting Worse* (1992); tr. it. *Cento anni di psicoterapia e il mondo va sempre peggio*, Raffaello Cortina, Milano 1998.
[3] F. Nietzsche, *Also sprach Zarathustra. Ein Buch für Alle und Keinen* (1883-1885); tr. it. *Così parlò Zarathustra. Un libro per tutti e per nessuno*, in *Opere*, Adelphi, Milano 1968, vol. VI, 1, Prefazione, § 5, p. 12.

nel *cogito*, quindi nella coscienza o Io. Accogliendo la lezione di Freud: "L'Io non è padrone in casa propria",[4] Lacan ritiene che l'individuo sia vissuto e abitato da una "x" loquente e profonda (l'Es), nei cui confronti si trova in uno stato di radicale assoggettamento, per cui non è possibile dire che l'uomo parla, ma piuttosto che "l'uomo è parlato". Da questo atteggiamento anticartesiano, che porta a fondo l'attacco freudiano al narcisismo universale dell'umanità, Lacan può dire: "Penso dove non sono, dunque sono dove non penso",[5] e ancora: "L'Io è strutturato esattamente come un sintomo. Non è altro che un sintomo privilegiato all'interno del soggetto. È il sintomo umano per eccellenza, la malattia mentale dell'uomo".[6]

Qui Lacan dovrebbe riconoscere il suo debito nei confronti di Nietzsche, per il quale il "soggetto" non è un dato, ma un'interpretazione del nostro mondo interiore, qualcosa di immaginato, di posto sullo sfondo, una rappresentazione.[7] Pensare il "soggetto", infatti, significa per Nietzsche conferire sostanzialità a un fascio di sensazioni che abbiamo raggruppato sotto la categoria dell'*uguaglianza*, per cui:

"Soggetto" è la finzione derivante dall'immaginare che molti stati *uguali* in noi siano opera di un solo sostrato; ma siamo *noi* che abbiamo creato l'"uguaglianza" di questi stati; il *dato di fatto* è il nostro *farli uguali* e *sistemarli*, *non* l'uguaglianza (che anzi è da *negare*).[8]

Il "soggetto", così come la "coscienza", l'"Io", è una categoria *voluta*, *creduta*. E come ogni credenza, anche questa, può essere una condizione di vita, ma ciò non la esonera dall'esser falsa. Del resto, si domanda Nietzsche, quale bisogno ha portato l'uomo a rappresentarsi il soggetto se non il desiderio di impadronirsi della realtà, onde evitare la sua imprevedibilità, attraverso la conoscenza che impone una regola e un'organizzazione al caos? La forma logica che dirime il caos porta ad affermare l'identità del soggetto, che però esiste solo per effetto delle procedure discorsive che parlano di lui. Infatti, scrive Nietzsche:

---

[4] S. Freud, *Una difficoltà della psicoanalisi*, cit., p. 663.
[5] J. Lacan, *Instance de la lettre dans l'incoscient ou la raison depuis Freud* (1957); tr. it. *L'istanza della lettera dell'inconscio o la ragione dopo Freud*, in *Scritti*, Einaudi, Torino 1974, vol. I, p. 512.
[6] Id., *Le séminaire. Livre I: Les écrits techniques de Freud* (1953-1954); tr. it. *Il seminario. Libro I: Gli scritti tecnici di Freud*, Einaudi, Torino 1978, p. 20.
[7] Per la critica nietzscheana alla figura del soggetto, condotta in stretta polemica con Cartesio, si veda K. Galimberti, *Nietzsche. Una guida*, Feltrinelli, Milano 2000, e in particolare il capitolo 1: "La volontà di potenza come conoscenza".
[8] F. Nietzsche, *Nachgelassene Fragmente 1887-1888*; tr. it. *Frammenti postumi 1887-1888*, in *Opere*, cit., 1971, vol. VIII, 2, fr. 10 (19), p. 116.

Una volta si credeva all'"anima", come si credeva alla grammatica e al soggetto grammaticale: si diceva: "Io" è condizione, "penso" è predicato e condizionato – il pensare è un'attività per la quale un soggetto *deve* essere pensato come causa. Si cercò allora, con un'ostinazione e un'astuzia mirabili, se non fosse possibile districarsi da questa rete, ci si domandò se non fosse vero caso mai il contrario: "penso" condizione, "Io" condizionato; "Io" dunque soltanto una sintesi che viene *fatta* dal pensiero stesso.[9]

Questa riflessione, inaugurata da Nietzsche, porterà a sostituire al *soggetto* della rappresentazione l'*ordine* della rappresentazione, cioè l'insieme dei discorsi che comprendono anche il discorso che parla del soggetto, che a questo punto, come scrive Natoli, non è più un soggetto "reale", ma un soggetto "legale".[10] Se nei suoi scritti Lacan può parlare del soggetto come "supposto soggetto" e del sapere come "supposto sapere", non lo deve a Freud ma a Nietzsche, che di questa "supposizione", o come Nietzsche preferisce dire "credenza", ha fornito ampia e articolata dimostrazione.

2. L'ordine simbolico

La destituzione del soggetto e la conseguente impostazione anti-egologica, di chiara derivazione romantica, si accompagna in Lacan alla tesi del *primato dell'ordine simbolico*, ossia alla concezione, tipicamente strutturalista, secondo cui l'individuo è attraversato da un'impersonale trama di simboli e di significanti che lo costituiscono e che egli non ha creato, ma nella quale è piuttosto preso dentro come nel retaggio della propria storia e della propria cultura. In questo senso, scrive Lacan: "Se l'uomo arriva a pensare l'ordine simbolico è perché vi è anzitutto preso nel suo essere".[11] E ancora:

Tutti gli esseri umani partecipano all'universo dei simboli, vi sono inclusi e lo subiscono molto più che non lo costituiscano, ne sono molto più i supporti che gli agenti. In funzione dei simboli,

---

[9] Id., *Jenseits von Gut und Böse. Vorspiel einer Philosophie der Zukunft* (1886); tr. it. *Al di là del bene e del male. Preludio di una filosofia dell'avvenire*, in *Opere*, cit., 1972, vol. VI, 2, § 54, p. 60.
[10] S. Natoli, *Soggetto e fondamento. Il sapere dell'origine e la scientificità della filosofia* (1979), Bruno Mondadori, Milano1996, e in particolare il capitolo 3, § 1: "Soggetto reale e soggetto legale", pp. 156-163.
[11] J. Lacan, *Le séminaire sur "La Lettre volée"* (1955); tr. it. *Il seminario su "La lettera rubata"*, in *Scritti*, cit., vol. I, p. 49.

della costituzione simbolica della sua storia, si producono quelle variazioni di cui il soggetto è suscettibile di prendere delle immagini di se stesso variabili, rotte, frammentarie, a volte anche infondate, regressive. Lo vediamo nelle *Vorbilden* normali della vita quotidiana del soggetto, come pure nell'analisi in modo più orientato.[12]

Ciò si spiega con il fatto che, siccome l'ordine simbolico è l'ordine del significante, il significante ha un'indubbia preminenza sul soggetto. Questo tratto avvicina Lacan a Lévi-Strauss e alla problematica svolta da quest'ultimo ne *Le strutture elementari della parentela* in cui l'individuo appare come l'effetto di un codice simbolico radicato nelle strutture inconsce della sua psiche.

Il principio sul quale Lévi-Strauss edifica il metodo strutturalista si fonda sulla possibilità di trasferire i modelli analitici della linguistica dal campo nel quale sono stati all'origine elaborati a quello dei fenomeni sociali. Il gradiente è offerto dall'omologia che Lévi-Strauss vede tra il *fonema*, atomo del sistema linguistico, e l'*unità elementare della parentela*, come sistema di atteggiamenti e di rapporti fra individui, fissato da regole, interpretabile e descrivibile in termini rigorosi come sono quelli che si possono ricavare dalla moderna linguistica strutturale. Scrive in proposito Lévi-Strauss:

> Nello studio dei fenomeni di parentela (e forse anche nello studio di altri problemi), il sociologo si trova in una situazione formalmente simile a quella del linguista fonologo. Come i fonemi, i termini di parentela sono elementi di significato; anch'essi acquistano tale significato solo a condizione di integrarsi in sistemi. I "sistemi di parentela", come i "sistemi fonologici", sono elaborati dall'intelletto allo stadio di pensiero inconscio. Infine la ricorrenza, in regioni del mondo fra loro lontane e in società profondamente differenti, di forme di parentela, regole di matrimonio, atteggiamenti ugualmente prescritti tra certi tipi di parenti ecc., induce a credere che, in entrambi i casi, i fenomeni osservabili risultano dal gioco di leggi generali ma nascoste. Si può dunque formulare il problema nel modo seguente: in un *altro ordine di realtà*, i fenomeni di parentela sono fenomeni dello *stesso tipo* dei fenomeni linguistici. Utilizzando un metodo analogo per quanto riguarda la forma (se non per quanto riguarda il contenuto) a quello adottato dalla fonologia, il sociologo può far compiere alla sua scienza un progresso analogo a quello che da poco si è prodotto nelle scienze linguistiche?[13]

[12] Id., *Il seminario. Libro I: Gli scritti tecnici di Freud*, cit., p. 198.
[13] C. Lévi-Strauss, *Anthropologie structurale* (1958); tr. it. *Antropologia strutturale*, il Saggiatore, Milano 1966, p. 48.

La risposta di Lévi-Strauss è positiva, come positiva è la risposta di Lacan che, seguendo il modello di Lévi-Strauss e rifacendosi agli stessi autori che sono per entrambi de Saussure e Jakobson, ipotizza la possibilità di associare i processi metaforici e metonimici del linguaggio rispettivamente alla condensazione e allo spostamento, segnalati da Freud come i meccanismi di funzionamento dell'inconscio nelle sue formazioni. In questo modo, scrive Lacan:

> Sia il sogno sia il sintomo sono analizzabili supponendo una struttura identica alla struttura del linguaggio. Questo si riferisce al fondamento di tale struttura, cioè alla duplicità che sottomette a leggi distinte i due registri che vi si collegano: quello del significante e quello del significato. Qui la parola "registro" indica due concatenamenti presi nella loro globalità, e il mettere al primo posto la loro distinzione sottrae a priori all'esame ogni possibilità di far corrispondere termine a termine questi registri, quale che sia l'ampiezza cui li si arresta.[14]

Partendo da queste premesse Lacan può ipotizzare una corrispondenza fra la struttura dell'*inconscio* e quella del *linguaggio* che è identica nella sua dimensione sincronica, o disposta a piani all'interno di una medesima classe di elementi articolati in categorie e sottoinsiemi, secondo precise leggi di ordinamento, come aveva previsto Lévi-Strauss a cui Lacan riconosce il debito: "Crediamo che il nostro modo di usare il termine 'struttura' possa essere autorizzato dal modo introdotto da Claude Lévi-Strauss".[15]

L'adozione di questo metodo, a parere di Lacan, non solo potrebbe emancipare la psicoanalisi dall'approssimazione delle scienze umane, ma addirittura eliminerebbe la distinzione tra scienze umane e scienze esatte, perché, scrive Lacan:

> L'opposizione scienze esatte-scienze congetturali non può più reggere, a partire dal momento in cui la congettura è suscettibile di un calcolo esatto (probabilità), e in cui l'esattezza non si fonda che su un formalismo che separa assiomi e leggi di raggruppamento dei simboli.[16]

---

[14] J. Lacan, *La psychoanalyse et son enseignement* (1957); tr. it. *La psicoanalisi e il suo insegnamento*, in *Scritti*, cit., vol. I, p. 437.
[15] Id., *La science et la vérité* (1966); tr. it. *La scienza e la verità*, in *Scritti*, cit., vol. II, p. 865.
[16] Ivi, p. 867.

3. L'inconscio come linguaggio

Se "l'inconscio è linguaggio",[17] la psicoanalisi, per svolgere in modo adeguato il proprio compito di ermeneutica del profondo, deve rifarsi alla linguistica:

> La linguistica qui ci può servire da guida, poiché è questo il suo ruolo all'apice dell'antropologia contemporanea, e non potremo rimanervi indifferenti.[18]

Come "x" loquente, l'inconscio, come "ciò che parla (*ça parle*)", non può fare a meno di assumere la forma di un discorso o di un messaggio proveniente da "altrove", il "discorso dell'Altro". Col termine "Altro" Lacan intende l'ordine simbolico, l'intersoggettività, ma anche la Madre, il Padre. L'Altro coincide allora con la struttura dell'alterità che ha forme diverse a seconda dei contesti. Rispetto all'Io, l'Altro è tanto l'inconscio, quanto il simbolico che offre all'inconscio le leggi del discorso in cui esprimersi. Sottesa è la dialettica del desiderio che ha nell'"Altro" il suo punto d'approdo. Infatti, scrive Lacan:

> Il desiderio dell'uomo trova il suo senso nel desiderio dell'altro, non tanto perché l'altro detenga le chiavi dell'oggetto desiderato, quanto perché il suo primo oggetto è di essere riconosciuto dall'altro.[19]

Il desiderio di essere riconosciuto dall'altro, che Lacan media dalla dialettica hegeliana,[20] sottomette il desiderio alle condizioni dell'altro, che non è l'altro in carne e ossa, ma, innanzitutto, l'Altro con la "A" maiuscola, che rappresenta l'universo linguistico e simbolico in cui il desiderio, per esprimersi, si deve inserire:

> Se il desiderio è presente nel soggetto a condizione, impostagli dall'esistenza del discorso, di far passare il suo bisogno attraverso le sfilate del significante; se d'altra parte bisogna fondare la nozione dell'Altro con un'A maiuscola, come il luogo del dispiegamento della parola, bisogna porre che, essendo quello di un animale in preda al linguaggio, il desiderio dell'uomo è il desiderio dell'Altro.[21]

---

[17] Ivi, p. 871.
[18] Id., *Fonction et champ de la parole et du langage en psychoanalyse* (1956); tr. it. *Funzione e campo della parola e del linguaggio in psicoanalisi*, in *Scritti*, cit., vol. I, p. 277.
[19] Ivi, p. 261.
[20] G.W.F. Hegel, *Phänomenologie des Geistes* (1807); tr. it. *Fenomenologia dello spirito*, La Nuova Italia, Firenze 1963, capitolo IV, A: "Indipendenza e dipendenza dell'autocoscienza: signoria e servitù", pp. 153-164.
[21] J. Lacan, *La direction de la cure et les principes de son pouvoir* (1961); tr. it. *La direzione della cura e i principi del suo potere*, in *Scritti*, cit., vol. II, p. 624.

3. LACAN E L'INCONFESSATO RITORNO A NIETZSCHE

Oltre al linguaggio, che preesiste al soggetto ed è al di là del soggetto, il quale non può esprimere il suo desiderio se non accedendo al linguaggio, anche l'inconscio è un'alterità da cui il singolo soggetto si sente dipendente, per cui conclude Lacan:

> Noi insegniamo, seguendo Freud, che l'Altro è il legame di questa memoria che egli ha scoperto sotto il nome di inconscio, memoria che egli considera come l'oggetto di una domanda rimasta aperta, in quanto condiziona l'indistruttibilità di certi desideri.[22]

Queste due concezioni dell'Altro vengono così composte da Lacan: il soggetto si rivolge agli oggetti (nominati "altro" con la "a" minuscola) in una relazione immaginaria e costituisce un Io. Così facendo egli dimentica, per poi riacquisire, che la parola dell'Io si situa fra l'Altro che è l'inconscio freudiano e l'Altro che è l'ordine simbolico e linguistico, a cui deve accedere per esprimere il suo desiderio inconscio.

Ma nel simbolico, l'inconscio e il suo "oscuro parlare" possono solo "semi-dirsi" per cui "la verità dell'inconscio deve situarsi *tra le righe*",[23] perché, come vuole la metafora di Lacan, il discorso umano assomiglia a quei manoscritti che contengono due testi, uno dei quali è stato cancellato e ricoperto dall'altro, in modo tale che il primo può venir intravisto solo attraverso le falle del secondo, ovvero tramite i "buchi di senso" del discorso conscio:

> L'inconscio, a partire da Freud, è una catena di significanti che da qualche parte (su un'altra scena, egli scrive) si ripete e insiste per *interferire* nei tagli offertigli dal discorso e dalla sua categorizzazione che informa.[24]

In questo modo Lacan assume il linguaggio come il fondamento costitutivo della globalità della vita psichica dell'uomo. Nei confronti della realtà e del soggetto umano, il linguaggio ha, infatti, una funzione formativa e regolativa. Esso impone nomi, distinzioni, differenze, e, nominando e distinguendo, delimita e specifica ruoli e funzioni non solo degli oggetti, ma anche dei soggetti umani.

La funzione nominativa e regolativa del linguaggio, in cui si

---

[22] Id., *D'une question préliminaire à tout traitement possible de la psychose* (1975); tr. it. *Una questione preliminare ad ogni possibile trattamento della psicosi*, in *Scritti*, cit., vol. II, p. 571.
[23] Id., *La psicoanalisi e il suo insegnamento*, cit., p. 429.
[24] Id., *Subversion du sujet et dialectique du désir dans l'incoscient freudien* (1960); tr. it. *Sovversione del soggetto e dialettica del desiderio nell'inconscio freudiano*, in *Scritti*, cit., vol. II, p. 795.

esprime il patto originario da cui è nata la *cultura* umana, esercita una sorta di tradimento della *natura* biologica che si esprime nei bisogni. Questi, quando raggiungono la dimensione psicologica, divengono desideri, che hanno per oggetto non più qualcosa di concreto, biologicamente determinato, ma un suo rappresentante simbolico, che diviene il nuovo oggetto ricercato, ma non più in grado di garantire un completo soddisfacimento.

Le rappresentazioni psichiche, che Lacan equipara ai significati linguistici, non traducono fedelmente gli oggetti del mondo reale o i bisogni biologici dell'uomo, ma li tradiscono, chiudendo l'uomo in una dimensione simbolica invalicabile, e fondando la sua vita su un ineludibile scarto rispetto alla sua realtà biologica.

Risolta l'attività psichica dell'uomo nell'area del linguaggio, Lacan distingue le rappresentazioni psichiche consce, che appartengono a un codice socializzato e condiviso, da quelle inconsce dal carattere soggettivo e incomunicabile. *Linguaggio* e *affettività* trovano in Lacan un punto di unione e insieme di frattura, evidente nel passaggio dal desiderio dell'oggetto alla sua rappresentazione simbolica e idealizzata, accompagnata da un rimpianto dell'oggetto perduto da parte di un uomo prigioniero dei propri simboli linguistici.

Il desiderio irrealizzato, infatti, è continuamente rinviato nell'"Altro", con cui Lacan nomina l'ordine linguistico e l'insieme dei suoi codici. Sottesa è la contrapposizione fra un pensiero-affettività libero e illimitato e un linguaggio che lo fa prigioniero e al tempo stesso adattato alla realtà.

4. *La retorica dell'inconscio: sintomo, metafora e metonimia*

La parola dell'inconscio si annuncia nel linguaggio dell'Altro che il soggetto riceve già codificato sotto forma di sintomo:

> Il sintomo è il significante di un significato rimosso dalla coscienza del soggetto. Simbolo scritto sulla sabbia della carne e sul velo di Maya, esso partecipa del linguaggio attraverso l'ambiguità semantica da noi già posta in rilievo nella sua costituzione.[25]

Se "l'inconscio è quel capitolo della mia storia che è marcato da un bianco o occupato da una menzogna: se è il capitolo censurato",[26] allora, scrive Lacan:

---

[25] Id., *Funzione e campo della parola e del linguaggio in psicoanalisi*, cit., p. 274.
[26] Ivi, p. 252.

La sua verità può essere ritrovata attraverso i sintomi che sono inscritti: nei *monumenti*: e questo è il mio corpo, cioè il nucleo isterico della nevrosi in cui il sintomo isterico mostra la struttura di un linguaggio e si decifra come un'iscrizione che, una volta raccolta, può essere distrutta senza grave perdita; nei *documenti d'archivio*: e sono i ricordi della mia infanzia, impenetrabili al pari di essi, quando non ne conosco la provenienza; nell'*evoluzione semantica*: e questo corrisponde allo stock e alle accezioni del vocabolario che mi è proprio, così come al mio stile e al mio carattere; nelle *tradizioni*, addirittura nelle leggende che in forma eroicizzata veicolano la mia storia; nelle *tracce*, infine, che di questa storia conservano inevitabilmente le distorsioni, rese necessarie dal ricordo del capitolo adulterato con i capitoli che l'inquadrano, e delle quali la mia esegesi ristabilirà il senso.[27]

Per decifrare la "retorica dell'inconscio" Lacan traduce i meccanismi inconsci illustrati da Freud nelle figure descritte dalla linguistica strutturale di Jakobson, e in particolare riconduce: *a*) la *condensazione*, attraverso cui diverse idee o immagini vengono espresse da una singola parola o immagine, alla *metafora*, dove un oggetto è indicato con il nome di un altro oggetto avente con il primo rapporti di somiglianza; *b*) lo *spostamento*, che sostituisce un'idea o immagine con un'altra a cui è associativamente connessa, alla *metonimia*, dove una cosa o una persona sono nominate con il nome di un'altra cosa o persona che ha con esse un rapporto di dipendenza o contiguità.

Questi due modi del funzionamento dei processi inconsci individuati da Freud sono particolarmente visibili nel sogno, nel sintomo e nel motto di spirito, dove un'immagine o una parola può rappresentare da sola varie catene associative di cui costituisce il punto di intersezione (*condensazione*), o dove il significato di una rappresentazione può essere trasferito su un particolare di questa, o su qualcosa che con la prima rappresentazione ha un qualche legame (*spostamento*).

Trattandosi di processi inconsci, non sempre il legame che sottende la metafora o la metonimia è sostenuto da un codice culturale condiviso; talvolta, come spesso si constata nel linguaggio schizofrenico, il legame è assolutamente individuale e privato (in greco, *ídios*) per cui non si parla più di metafora o di metonimia, ma di *idiosincrasismo*.

Lacan, che seguendo Jakobson ha evidenziato la corrispondenza tra metafora e condensazione, e tra metonimia e spostamento, sostiene che la metafora è intraducibile, non perché sarebbe più vicina alla significazione originaria, ma perché sostituisce un significante che manca:

[27] Ivi, pp. 252-253.

La metafora si costituisce nel punto preciso in cui il senso si produce nel non-senso, per cui si può dire che è nella catena del significante che il senso *insiste*, ma che nessuno degli elementi della catena *consiste* nella significazione di cui è capace in quello stesso momento.[28]

Raffigurando il desiderio inconscio che è mancanza, la *metafora*, come catena significante, gira attorno alla mancanza di un significato originario, per cui non sostituisce un oggetto con un altro, ma pone un oggetto al posto di una mancanza d'oggetto, origine del desiderio.

Rispetto alla metafora, la *metonimia* offre la possibilità di raffigurare l'oggetto che soddisferebbe il desiderio inconscio, spostandolo senza fine lungo la trama delle allusioni a oggetti contigui. Ciò non significa che seguendo questa trama il desiderio trovi il suo oggetto, perché, per Lacan, è lo stesso desiderio a essere metonimico:

> Di fatto è la proibizione dell'incesto che, *privando* il soggetto di ogni conoscenza possibile dell'oggetto primordiale, il quale si circonda della minaccia di castrazione, fonda il desiderio sulla mancanza, che si instaura così come desiderio metonimico, desiderio di qualcos'altro di ritrovato.[29]

5. *Lo stadio dello specchio e la dimensione dell'immaginario*

Con questa espressione Lacan si riferisce alla progressiva conquista dell'identità del soggetto che prende avvio tra i sei e i diciotto mesi quando il bambino, posto di fronte a uno specchio, reagisce prima come se l'immagine riflessa dallo specchio fosse una realtà che è possibile afferrare, poi si rende conto che non è una realtà, ma un'immagine, infine capisce che questa immagine è la sua, differente da quella dell'adulto che l'ha accompagnato davanti allo specchio. Scrive in proposito Lacan:

> L'assunzione giubilatoria della propria immagine speculare da parte di quell'essere ancora immerso nell'impotenza motrice e nella dipendenza dal nutrimento ch'è il bambino in questo stadio *infans*, ci sembra manifestare in una situazione esemplare la matrice simbolica in cui l'*io* si precipita in una forma primordiale, prima di oggettivarsi nella dialettica dell'identificazione con l'altro, e prima che il lin-

---

[28] J. Lacan, *L'istanza della lettera dell'inconscio o la ragione dopo Freud*, cit., p. 497.
[29] Id., *Scilicet. Revue de l'École freudienne de Paris* (1968-1973); tr. it. *Scilicet. Rivista della scuola freudiana di Parigi*, Feltrinelli, Milano 1977, n. 1-4, p. 256.

guaggio gli restituisca nell'universale la sua funzione di soggetto. Forma, del resto, che sarebbe da designare piuttosto come *io-ideale*, se volessimo farla rientrare in un registro noto, nel senso che sarà anche il ceppo delle identificazioni secondarie, di cui con questo termine riconosciamo le funzioni di normalizzazione libidica. Ma l'importante è che questa forma situa l'istanza dell'*io*, prima ancora della sua determinazione sociale, in una linea di finzione, per sempre irriducibile per il solo individuo, – o piuttosto, che raggiungerà solo asintoticamente il divenire del soggetto, quale che sia il successo delle sintesi dialettiche con cui deve risolvere, in quanto *io*, la sua discordanza con la propria realtà.[30]

Lo stadio dello specchio si configura quindi come un primo abbozzo dell'Io, un primo schizzo della soggettività attraverso l'immaginario. Infatti è attraverso l'immagine del simile che il soggetto, per un meccanismo di identificazione, si rapporta a sé. A partire da qui, osserva Lacan, si apre la strada al futuro di finzioni e alla "destinazione alienante"[31] dell'Io, costretto in una dialettica incessante di identificazioni narcisistiche con immagini esteriori. Dalla dimensione dell'*immaginario*, che prende avvio con lo stadio dello specchio, si accede al *simbolico* percorrendo la vicenda del complesso edipico.

6. *Lo stadio dell'Edipo e la dimensione simbolica*

Anche qui abbiamo un'articolazione in tre tempi: nel primo il bambino desidera solo le cure della madre, vuol essere tutto per lei, ovvero il completamento di ciò che le manca: il fallo. Nel secondo abbiamo l'intervento del padre che priva il bambino dell'oggetto del suo desiderio e la madre del suo completamento fallico. In questa fase il bambino incontra la Legge-del-Padre e il suo "interdetto". Nel terzo, se il bambino accede al "Nome-del-Padre" o "metafora paterna" che coincide con l'assunzione del padre a livello simbolico, il bambino si identifica con il padre, cessando di *essere* il fallo della madre, per divenire colui che *ha* il fallo.

Se invece l'interdizione paterna non viene riconosciuta, il bambino, oltre a rimanere identificato con il fallo e sottomesso alla madre, non raggiunge una compiuta autocostituzione della soggettività e un accesso al simbolico dove la Parola, la Legge, il Discorso e la Norma si manifestano a livello linguistico e a livel-

---

[30] Id., *Le stade du miroir comme formateur de la fonction du Je* (1937); tr. it. *Lo stadio dello specchio come formatore della funzione dell'io*, in *Scritti*, cit., pp. 88-89.
[31] Ivi, p. 89.

lo sociale, per cui Lacan può dire: "L'uomo parla, ma è perché è il simbolo che lo ha fatto uomo".[32]

Ma il simbolo presuppone l'Edipo e il suo risolvimento nel riconoscimento della Legge-del-Padre in cui si esprime il simbolico. Con questa sequenza Lacan si ricollega a Lévi-Strauss, che vede nell'interdizione dell'incesto e nella conseguente esogamia la condizione stessa della vita sociale e dell'ordine simbolico su cui essa si regge.[33]

Alle stesse conclusioni era giunto Freud, che aveva preso in considerazione il padre a livello *mitico-simbolico* come padre dell'orda primitiva che interdice l'endogamia,[34] e a livello *reale* come padre effettivo che interdice l'incesto nello scenario del complesso di Edipo.[35]

A questa seconda accezione fa riferimento anche Lacan che, con l'espressione "Nome-del-Padre", sottolinea la funzione simbolica del *padre*, che in quanto rappresentante della Legge è più decisiva della sua funzione reale di *genitore*, per consentire al bambino il passaggio dal registro del bisogno a quello del desiderio, che trova la sua espressione nella domanda dell'Altro che è l'ordine simbolico. Il riconoscimento o il mancato riconoscimento del Nome-del-Padre assume per Lacan un'importanza così decisiva da costituire il discrimine tra nevrosi e psicosi:

> La preclusione del Nome-del-Padre nel posto dell'Altro, lo scacco della metafora paterna è ciò che dà alla psicosi la sua condizione essenziale, insieme alla struttura che la separa dalla nevrosi.[36]

7. *La scissione delle due reti del significante e del significato*

L'accesso al simbolico comporta una scissione (*Spaltung* nella terminologia freudiana, *Fente* o *Refente* in quella lacaniana) che "fende" il soggetto, il quale, nel momento in cui si media attraverso il discorso messogli a disposizione dall'ordine simbolico, perde la relazione immediata di sé con sé che lo caratterizzava nella fase prelinguistica e presimbolica. Tra l'Io del discor-

---

[32] Id., *Funzione e campo della parola e del linguaggio in psicoanalisi*, cit., p. 269.
[33] C. Lévi-Strauss, *Les structures élémentaires de la parenté* (1947); tr. it. *Le strutture elementari della parentela*, Feltrinelli, Milano 1967, e in particolare il capitolo 2: "Il problema dell'incesto" e il capitolo 4: "Endogamia ed esogamia".
[34] S. Freud, *Totem und tabu* (1912-1913); tr. it. *Totem e tabù*, in *Opere*, cit., vol. VII, pp. 145-147.
[35] Id., *Das Ich und Es* (1922); tr. it. *L'Io e l'Es*, in *Opere*, cit., vol. IX, p. 494.
[36] J. Lacan, *Una questione preliminare ad ogni possibile trattamento della psicosi*, cit., p. 571.

so che nomina il soggetto e l'Io vissuto esiste una frattura: *Ich-Spaltung*, che da un lato separa il soggetto da sé, e dall'altro lo genera a se stesso. Scrive a questo proposito Lacan:

> *Separare (séparer)*, va a finire in *se parere*, generarsi da sé. Dispensiamoci dai sicuri favori che troviamo negli etimologi del latino per questo scivolamento del senso da un verbo all'altro. Si sappia soltanto che questo scivolamento è fondato sul loro comune accoppiamento alla funzione di *pars*.[37]

La separazione tra conscio e inconscio sottesa alla scissione del soggetto si lascia raffigurare in quello che Lacan chiama "l'algoritmo saussuriano

$$\frac{S}{s}$$

che si legge *significante su significato*, dove il *su* risponde alla *sbarra* che ne separa le due tappe".[38]

Mentre de Saussure pone il significato sopra e il significante (l'elemento materiale del linguaggio che nomina il significato) sotto, racchiudendo il tutto in un'ellisse per indicare la corrispondenza tra significante e significato, Lacan inverte la posizione e legge la barra come una barriera che separa il significante (la lettera o il nome) dal significato (il senso della nostra esperienza trasmessa dal discorso), in quanto il significato, pur esteriorizzandosi nell'insieme dei significanti, non si colloca in nessun luogo del significante. E questo perché, scrive Lacan:

> L'ordine del significante e l'ordine del significato sono come due reti che non si coprono. La prima rete, quella del significante, è la struttura sincronica del materiale del linguaggio, in quanto ogni elemento vi assume il suo esatto impiego per il fatto di essere differente dagli altri. Tale è il principio di ripartizione che regola, esso solo, la funzione degli elementi della lingua ai suoi diversi livelli, dalla coppia di opposizione fonematica fino alle locuzioni composte, isolare le cui forme stabili è il compito della più moderna ricerca.
> La seconda rete, quella del significato, è l'insieme diacronico dei discorsi concretamente pronunciati, che reagisce storicamente sul primo, così come la struttura di questo ordina le vie del secondo. A dominare qui è l'unità di significazione, che mostra di non risolversi mai in una pura indicazione del reale, ma di rinviare sempre a un'altra significazione. Cioè la significazione non si realizza che a partire da una presa delle cose che è d'insieme.[39]

---

[37] Id., *Position de l'incoscient* (1966); tr. it. *Posizione dell'inconscio*, in *Scritti*, cit., vol. II, p. 846.
[38] Id., *L'istanza della lettera dell'inconscio o la ragione dopo Freud*, cit., p. 491.
[39] Id., *La chose freudienne* (1956); tr. it. *La cosa freudiana*, in *Scritti*, cit., vol. I, pp. 404-405.

Ne discende che: "È nella catena del significante che il senso *insiste*, ma che nessuno degli elementi della catena *consiste* nella significazione di cui è capace in quello stesso momento".[40]

8. *Natura e cultura: due serie parallele*

Con l'ispessimento della linea saussuriana di frazione tra significante e significato, trasformata da Lacan in una barra per cui "si impone la nozione di uno scivolamento (*glissement*) incessante del significato sotto il significante",[41] Lacan reinterpreta la nozione freudiana di rimozione come "quella sorta di discordanza fra il significato e il significante determinata da ogni censura d'origine sociale".[42]

La cultura, in cui il sociale e il simbolico che lo descrive si esprimono, appare come un ordine di significanti *altro* dalla matrice originaria che custodisce la natura dell'uomo, il quale nella cultura, dunque, è sempre alienato. Attestandosi al discorso, all'Io, al comportamento sociale, il soggetto prolifera in forme multiple che si dà o che gli vengono imposte, e che equivalgono ad altrettante maschere, sotto le quali si nasconde ciò che è stato rimosso, vale a dire la sua natura. Con l'accesso al linguaggio, scrive Lacan, "si sovrappone il regno della cultura a quello della natura",[43] e questa sovrapposizione si ripercuote a tutti i livelli che possono essere così rappresentati:

Esperienza rappresentativa della realtà	=	S (Significante conscio)	=
		S (Significante inconscio)	
Realtà biologica, concreta, preconcettuale	=	s (significato perduto)	=

= Lingua	= Simbolico	= Conscio	= Domanda
= Parola	= Immaginario	= Inconscio	= Desiderio
= Cosa	= Reale	= Biologico	= Bisogno

La non coincidenza irriducibile tra significante e significato fa sì che il linguaggio non riproduca la verità, ma la distor-

---

[40] Id., *L'istanza della lettera dell'inconscio o la ragione dopo Freud*, cit., p. 497.
[41] *Ibidem*.
[42] Id., *Introduction au commentaire de Jean Hyppolite sur la Verneinung de Freud* (1956); tr. it. *Introduzione al commento di Jean Hyppolite sulla Verneinung di Freud*, in *Scritti*, cit., vol. I, p. 364.
[43] Id., *Funzione e campo della parola e del linguaggio in psicoanalisi*, cit., p. 270.

ca, e d'altra parte che la verità non abbia altro modo di dirsi se non nella distorsione linguistica. Tra il linguaggio e il reale, infatti, c'è incommensurabilità, e la verità del reale non può che annunciarsi nel linguaggio, senza che il linguaggio possa adeguatamente esprimerla. In questo senso *la verità è inconscio* e si fa strada nel sintomo:

> La verità si fonda sul fatto che parla, e non ha altro modo per farlo. Ecco pure perché l'inconscio, che dice il vero sul vero, è strutturato come un linguaggio, e perché io, quando insegno questo, dico il vero su Freud che ha saputo, sotto il nome di inconscio, lasciar parlare la verità.[44]

Ne consegue, scrive Lacan, che: "La verità in psicoanalisi è il sintomo. Là dove c'è sintomo, c'è una verità che si fa strada".[45] L'irraggiungibilità della verità da parte del linguaggio e del sapere inscrive Lacan in una prospettiva *ermeneutica*, per cui nessun sapere può vantare una presa esaustiva o un possesso ultimo della verità. Infatti, sostiene Lacan:

> Si comprenda bene il nostro pensiero. Non stiamo giocando al paradosso di negare che la scienza abbia di che conoscere circa la verità. Ma noi non dimentichiamo che la verità è un valore che risponde all'incertezza da cui l'esperienza vissuta dell'uomo è fenomenologicamente segnata, e che la ricerca della verità anima storicamente, sotto la voce dello spirituale, gli slanci del mistico e le regole del moralista, le vie dell'asceta e le trovate del mistagogo.
> Questa ricerca, imponendo a tutta una cultura la preminenza della verità nella testimonianza, ha creato un atteggiamento morale che è stato e resta per la scienza una condizione d'esistenza. Ma la verità nel suo valore specifico resta estranea all'ordine della scienza. La scienza può onorarsi delle sue alleanze con la verità, può proporsi come oggetto il suo fenomeno e il suo valore, ma non può in alcun modo identificarla come il fine che le è proprio.[46]

9. *La mancanza*

È il tratto distintivo che caratterizza ogni tappa dell'itinerario che dal "bisogno" conduce al "desiderio" e dal desiderio alla "domanda". Il *bisogno*, infatti, nasce dal vissuto di incompletez-

---

[44] Id., *La scienza e la verità*, cit., p. 872.
[45] P. Caruso (a cura di), *Conversazioni con C. Lévi-Strauss, M. Foucault, J. Lacan*, Mursia, Milano 1969, p. 165.
[46] J. Lacan, *Au-delà du principe de réalité* (1936); tr. it. *Al di là del principio di realtà*, in *Scritti*, cit., vol. I, p. 73.

za conseguente alla separazione dal corpo materno e al connesso tentativo di reintegrare l'unità perduta. Lacan chiama *béance* la mancanza-a-essere e il completamento materno.

Come l'androgino, descritto da Platone nel *Simposio*, è diviso, per ordine di Zeus, in due esseri sempre alla ricerca l'uno dell'altro, per cui ogni uomo è il "simbolo di un uomo",[47] cioè una parte sempre alla ricerca dell'altra parte che lo completa, così il neonato, con il taglio del cordone ombelicale, è strappato dal corpo della madre e separato dalla precedente e originaria unità. Avendo perso con la nascita il suo completamento anatomico, ogni individuo è una *mancanza-a-essere* la cui carenza si inscrive nel bisogno, nella pulsione, nel desiderio, nella domanda e nell'Altro.

Il *bisogno* è la trascrizione organica della *béance*, di questa mancanza, di questo vuoto che ognuno sperimenta con la sua nascita. La *pulsione* è l'energia alla ricerca del completamento che, trovando i limiti costituiti dal recinto del corpo, si canalizza verso le zone erogene, che sono tante aperture verso l'esterno alla ricerca dell'Altro.

Questa ricerca si esprime come *desiderio* che si indirizza sui molteplici oggetti sostitutivi del corpo materno, quindi nella *domanda* che si articola in parole attraverso cui è possibile accedere all'*Altro*, che è l'ordine simbolico a cui si rivolge quell'"animale in preda al linguaggio" che è l'uomo. Questa catena che conduce all'Altro, attraverso il bisogno, la pulsione, il desiderio, la domanda, è promossa da quella fondamentale mancanza-a-essere che è la *béance*.

L'interdizione del padre alla reintegrazione di detta unità traduce il bisogno in *desiderio*, che rincorre un'infinità di oggetti assai diversi da quelli primordiali a cui si rivolgeva il bisogno, ma comunque inabili a colmare la *béance* o mancanza iniziale, nonostante la fuga ininterrotta da un significante all'altro nel tentativo di reintegrare la pienezza perduta. Ma i significanti inseguiti dal desiderio, tutti metaforici o metonimici rispetto al vero significato, non consentono al desiderio di raggiungere la sua meta che è "al di qua della linea di partenza" da cui il desiderio prende le mosse. Perciò, scrive Lacan:

> Il desiderio si produce nell'al di là della domanda perché, articolando la vita del soggetto alle sue condizioni, essa ne sfronda il bisogno. Ma il desiderio si scava anche nel suo al di qua perché, domanda incondizionata della presenza e dell'assenza, esso evoca la mancanza-

---

[47] Platone, *Simposio*, 191 d: "Ciascuno di noi è il simbolo di un uomo (*hékastos oûn emôn estin anthrópou sýmbolon*), la metà che cerca l'altra metà, il simbolo corrispondente".

a-essere sotto le tre figure del niente (*rien*) che costituisce il fondo della domanda d'amore, dell'odio che giunge a negare l'essere dell'altro, e dell'indicibile di quel che si ignora nella sua richiesta. In questa aporia incarnata, il desiderio si afferma come condizione assoluta.[48]

Attraverso la domanda, il desiderio sempre insoddisfatto e sempre risorgente si dispiega nella parola, e il luogo di questo dispiegamento è l'Altro, inteso non come la somma delle persone interlocutrici, ma come l'ordine stesso del linguaggio a cui ogni interlocutore deve sottostare.

Il desiderio è *al di là* della domanda perché la sua forza oltrepassa la sua formulazione linguistica, ma al contempo si scava *al di qua* della domanda perché il suo oggetto rinvia alla mancanza d'essere radicale, che originariamente si è espressa nel bisogno di pienezza rimosso dalla Legge (il Nome-del-Padre) nell'inconscio.

Se l'Es è il luogo dove l'Io deve ritornare per scoprire la matrice del proprio essere, non si dovrà tradurre l'aforisma freudiano: *"Wo es war, soll Ich werden"* come solitamente lo si traduce: "Là dove era l'Es, deve venire l'Io", ma: "L'Io deve avvenire là dove era", ossia deve percorrere a ritroso il sentiero che porta all'inconscio. In questo senso, conclude Lacan:

> Il fine che la scoperta di Freud propone all'uomo è stato da lui definito all'apogeo del suo pensiero in termini commoventi: *Wo es war, soll Ich werden*. L'Io deve avvenire là dove era (*Là où fut ça, il me faut advenir*).[49]

10. *L'inconfessato ritorno a Nietzsche*

Lacan chiama "ça" (*ça parle*, esso parla) l'inconscio che Freud prese a chiamare "Es", dopo aver desunto il termine da Nietzsche dietro suggerimento di Groddeck. In una lettera a quest'ultimo, infatti, Freud scrive:

> Lei ricorda come già da tempo io abbia accettato da Lei l'Es? È accaduto assai prima che ci conoscessimo, in una delle prime lettere che le ho scritto. Vi avevo inserito uno schizzo che fra poco verrà pubblicato quasi identico. Io credo che l'Es (in senso letterario, non associativo) Lei l'abbia preso da Nietzsche. Posso affermarlo anche nel mio scritto?[50]

---

[48] J. Lacan, *La direzione della cura e i principi del suo potere*, cit., p. 625.
[49] Id., *L'istanza della lettera dell'inconscio o la ragione dopo Freud*, cit., p. 519.
[50] S. Freud, *Lettera di Freud a Groddeck*, datata Natale 1922, in S. Freud, G. Groddeck, *Briefwechsel* (1917-1934); tr. it. *Carteggio*, Adelphi, Milano 1973, pp.

Nonostante questi precisi riferimenti, Freud dichiara di non aver mai letto Nietzsche:

> Nello sforzo di capire un filosofo, ho sempre pensato che sarebbe stato inevitabile impegnarsi nelle sue idee e sottoporsi alla sua guida durante il proprio lavoro. Per questo ho rifiutato lo studio di Nietzsche, anche se mi era chiaro che potevano essere trovate in lui concezioni molto simili a quelle della psicoanalisi.[51]

Simili sì, ma assolutamente *divaricanti*. Infatti, una volta assunta l'ipotesi schopenhaueriana secondo cui noi, lungi dall'essere il soggetto della nostra vita, siamo vissuti dalla natura che, come "cieca pulsione", dirige ciò che facciamo e ciò che accade, all'Io individuale, che la cultura occidentale ha edificato, restano due vie praticabili: o la *rinuncia* ad assecondare il gioco della natura, come vuole l'ascesi di Schopenhauer che, scoperto l'inganno, non vuole restare irretito nella sua trama, o l'*accettazione* del gioco della natura, con conseguente liberazione di tutte le illusioni e di tutti gli inganni: in termini nietzscheani, con liberazione del dionisiaco, perché: "Tutto ciò che è profondo ama la maschera",[52] e quindi: "Dammi, ti prego, una maschera ancora! una seconda maschera".[53]

Qui si inserisce Lacan, che riconosce a Freud il merito di aver destituito l'Io e la sua ragione dalla centralità che ha sempre avuto in Occidente da Platone a Hegel e, dopo aver accolto la lezione freudiana secondo cui "l'Io non è padrone in casa propria", capovolge l'intenzione di Freud: non più la colonizzazione dell'inconscio da parte dell'Io, come è sempre stato nel percorso culturale dell'Occidente, ma il ritorno dell'Io all'inconscio: "L'Io deve avvenire là dove era".[54]

Anche se Nietzsche non è tra gli autori di riferimento di Lacan, l'itinerario da lui dischiuso a me pare profondamente nietz-

---

72-73. Nietzsche usa correntemente questa espressione grammaticale per indicare quanto nel nostro essere vi è di impersonale e di naturalisticamente necessitato. G. Groddek, autore di *Das Buch vom Es* (1923); tr. it. *Il libro dell'Es*, Adelphi, Milano 1966, sembra abbia acquisito questo termine dal proprio maestro, Ernst Schweninger, rinomato medico tedesco, fervido ammiratore di Nietzsche. "Es", che nella lingua tedesca è il pronome neutro di terza persona impiegato come soggetto dei verbi impersonali (corrispondente al latino "id"), è particolarmente idoneo a esprimere il carattere oggettivo e impersonale dei bisogni pulsionali, vissuti come estranei alla parte cosciente della personalità.

[51] S. Freud, *Lettera a Lothar Bickel, 26.6.1931*, in S. Hessing, *Freud's Relation with Spinoza*, Heley, Boston 1977, p. 224.

[52] F. Nietzsche, *Al di là del bene e del male. Preludio di una filosofia dell'avvenire*, cit., § 40, p. 46.

[53] Ivi, § 278, pp. 196-197.

[54] J. Lacan, *L'istanza della lettera dell'inconscio o la ragione dopo Freud*, cit., p. 519.

scheano. E ciò fa di Lacan, a differenza di Freud, un testimone della nostra epoca che non crede di poter dominare il mondo con la ragione filosofica e tanto meno con quella scientifica, per l'inconciliabilità, che Lacan denuncia, tra natura e cultura, in termini schopenhaueriani: tra la soggettività della specie (la natura), che inesorabile cadenza la vita degli individui, e la presunta soggettività dell'Io (la cultura), che per vivere produce le sue illusioni. In termini nietzscheani: l'essenza del tragico.

Ma quando Lacan traduce l'espressione di Freud: "Là dove era l'Es, deve venire l'Io", con: "L'Io deve avvenire là dove era", ossia deve percorrere a ritroso il sentiero che porta all'inconscio, Lacan, nonostante le sue splendide e seducenti acrobazie linguistiche, non invera Freud, non lo porta, come egli crede, alla sua verità. Per Freud, infatti, l'inconscio o Es non è *avvenire*, semplicemente perché è il *passato* prossimo o remoto. L'inconscio è avvenire per Nietzsche, che ne parla come dell'"elemento produttivo", a cui la coscienza razionale, per affermarsi, "muove guerra": "Con Socrate si fa strada il principio della scienza: ciò significa guerra all'inconscio e sua distruzione".[55]

Certo, perché Socrate vuole salvare la grecità dalla visione tragica dell'esistenza, icasticamente espressa dal grido di Sileno[56] che neppure la "montagna incantata dell'Olimpo" riesce a tacitare. Occorre qualcosa di più forte: "La luce diurna della ragione, perché ogni cedimento all'inconscio porta a *fondo*".[57] E perciò Nietzsche scrive:

La tragedia greca trovò in Socrate la sua distruzione. L'inconscio è più grande del non sapere di Socrate: il demone è l'inconscio, che però si oppone ogni tanto all'oggetto della coscienza al solo scopo di *ostacolare*: ciò non ha un effetto *produttivo*, ma soltanto *critico*. Stranissimo mondo alla rovescia! Di solito è sempre l'inconscio l'elemento produttivo e l'oggetto della coscienza quello critico. L'esclusione degli artisti e dei poeti da parte di Platone è conseguente. L'oracolo di Delfi assegna il premio alla salvezza secondo il grado di consapevolezza.[58]

---

[55] F. Nietzsche, *Nachgelassene Fragmente 1869-1874*; tr. it *Frammenti postumi 1869-1874*, in *Opere*, cit., 1989, vol. III, 3, Parte I, § 1 (27), p. 10.
[56] Id., *Die Geburt der Tragödie aus dem Geiste der Musik* (1872); tr. it. *La nascita della tragedia dallo spirito della musica*, in *Opere*, cit., 1972, vol. III, 1, pp. 31-32: "Stirpe miserabile ed effimera, figlio del caso e della pena, perché mi costringi a dirti ciò che per te è vantaggioso non sentire? Il meglio è per te assolutamente irraggiungibile: non essere nato, non *essere*, essere *niente*. Ma la cosa in secondo luogo migliore per te è – morire presto".
[57] Id., *Götzendämmerung, oder: Wie man mit dem Hammer philosophiert* (1889); tr. it. *Crepuscolo degli idoli, ovvero: come si filosofa col martello*, in *Opere*, cit., 1970, vol. VI, 3, p. 67.
[58] Id., *Frammenti postumi 1869-1874*, cit., Parte I, § 1 (43), p. 14.

In accordo con Freud, Nietzsche afferma che: "Ogni estensione della nostra coscienza sorge dal render cosciente ciò che è inconscio",[59] ma ritiene che questa operazione è inesorabilmente l'estinzione di ogni creatività e quindi di ogni avvenire perché: "L'inconscio, *forza costitutiva di forme*, si rivela nella *procreazione*: proprio qui è attivo un impulso artistico".[60] E ancora: "C'è una creatività che non si risolve del tutto nel pensiero cosciente",[61] perché "il pensiero inconscio sa prodursi senza concetti, e quindi con intuizioni".[62]

Anticipando Lacan, Nietzsche sa che: "Tutta la nostra cosiddetta coscienza è un più o meno fantastico commento di un testo inconscio, forse inconoscibile, e tuttavia sentito".[63] E questo perché "la grande attività fondamentale è inconscia".[64]

Anticipando la convinzione freudiana secondo la quale "l'Io non è padrone in casa propria", nonché la metafora dell'Io come iceberg, la cui parte maggiore è sommersa, Nietzsche afferma che: "La massima parte delle nostre esperienze è *inconscia* e agisce",[65] perché "ogni fare perfetto è appunto inconscio e non più voluto, la coscienza esprime uno stato personale imperfetto e spesso morboso".[66]

A partire da queste considerazioni Nietzsche taccia di "rudimentali" tutte le psicologie che affermano il primato della coscienza, o addirittura, come Freud, "il prosciugamento dell'inconscio". E questo perché:

> La psicologia rudimentale che prese in considerazione solo i momenti coscienti dell'uomo come cause, che prese la "coscienza" come attributo dell'anima, che cercò una volontà (ossia un'intenzione) dietro ogni fare, aveva solo bisogno di rispondere:
> Primo: *che cosa vuole l'uomo?* Risposta: la *felicità* (non era dato dire la "potenza": sarebbe stato *immorale*), e quindi in ogni azione dell'uomo c'è l'intenzione di conseguire con essa la felicità.
> Secondo: se in realtà l'uomo non consegue la felicità da che cosa dipende? Dagli errori nella scelta dei mezzi. *Qual è il mezzo infallibile per raggiungere la felicità?* Risposta: *la virtù*.

---

[59] Ivi, § 5 (89), p. 113.
[60] Ivi, § 16 (13), p. 418.
[61] Ivi, Parte II, § 19 (74), p. 28.
[62] Ivi, § 19 (107), p. 39.
[63] Id., *Morgenröte. Gedanken über die moralischen Vorurteile* (1881); tr. it. *Aurora. Pensieri sui pregiudizi morali*, in *Opere*, cit., vol. V, 1, § 119, p. 89.
[64] Id., *Nachgelassene Fragmente 1881-1882*; tr. it. *Frammenti postumi 1881-1882*, in *Opere*, cit., 1975, vol. V, 2, § 11 (46), p. 296.
[65] Id., *Nachgelassene Fragmente 1884*; tr. it. *Frammenti postumi 1884*, in *Opere*, cit., 1976, vol. VII, 2, § 25 (359), p. 94.
[66] Id., *Nachgelassene Fragmente 1888-1889*; tr. it. *Frammenti postumi 1888-1889*, in *Opere*, cit., 1974, vol. VIII, 3, § 14 (128), p. 100.

Perché la virtù? Perché "è" la più alta razionalità, e perché la razionalità rende impossibile l'errore che si commette sbagliando nei mezzi. Come *ragione*, la virtù è la via che porta alla felicità. La dialettica è il mestiere costante della virtù, perché esclude ogni perturbazione dell'intelletto, tutti gli affetti.
In realtà l'uomo *non* vuole la "felicità". Il piacere è un sentimento di potenza: se si escludono gli affetti, si escludono anche gli stati che danno massimamente il senso della potenza e quindi il piacere. La suprema razionalità è uno stato freddo e chiaro che è lungi dal dare quel sentimento di felicità che comporta l'ebbrezza in ogni forma.
I filosofi antichi combattevano tutto ciò che inebria, che pregiudica l'assoluta freddezza e neutralità della coscienza. Essi erano coerenti, in base al loro falso presupposto che la coscienza fosse lo stato più *alto*, *altissimo*, il presupposto della perfezione, mentre è vero il contrario.[67]

Se la ricerca della felicità è ciò che promuove l'avvenire, e se *la felicità non dimora nelle adiacenze della razionalità e della coscienza*, come ritenevano i filosofi antichi (che, al dire di Nietzsche: "Come filosofi della virtù, furono i più *grandi incompetenti della pratica*, perché si condannarono teoreticamente all'*incompetenza*"),[68] e come ritiene Freud (che, al pari dei filosofi antichi, considera l'etica "il più grande esperimento terapeutico finora mai raggiunto attraverso nessun'altra opera di civiltà"),[69] *l'avvenire può essere dischiuso solo dalle forze dell'inconscio*.

E quindi con ragione Lacan dice che "l'Io deve avvenire là dove era", ma questa non è "la scoperta di Freud" come Lacan ritiene. Questa è la scoperta di Nietzsche, che giudica "rudimentale" ogni filosofia e ogni psicologia che, annodando la felicità con la virtù, a sua volta identificata dalla razionalità, rimuove le potenze dell'inconscio che, per questo e non per altro, diventa, come dice Freud, il luogo del rimosso: "È corretto dire che ogni rimosso è inconscio".[70]

Nietzsche solleva la coltre della rimozione e scopre l'inconscio "come elemento produttivo", da cui dipende non solo l'avvenire, ma forse anche la felicità se, sotto il regime della razionalità e della coscienza, non si contiene la felicità nel recinto stretto della

---

[67] Ivi, § 14 (129), pp. 100-101.
[68] Ivi, p. 101.
[69] S. Freud, *Das Unbehagen in der Kultur* (1929); tr. it. *Il disagio della civiltà*, in *Opere*, cit., vol. X, pp. 627-628.
[70] Id., *Der Mann Moses und die monotheistische Religion: drei Abhandlungen* (1937-1938); tr. it. *L'uomo Mosè e la religione monoteista: tre saggi*, in *Opere*, cit., vol. XI, p. 416.

virtù, che altro non vuole se non la rimozione delle passioni, e quindi dell'inconscio dove le passioni dimorano. Il che non significa tripudio del dionisiaco, ma, come scrive Nietzsche, "un salvar le ragioni di tutti gli impulsi, una specie di giustizia, affinché possano affermarsi nell'esistenza e aver ragione tutti insieme".[71]

---

[71] F. Nietzsche, *Die fröhliche Wissenschaft* (1882); tr. it. *La gaia scienza*, in *Opere*, cit., 1965, vol. V, 2, § 333, p. 191.

4. Nietzsche e la nostalgia dell'innocenza

> Innocenza è il fanciullo e oblio, un nuovo inizio, un gioco, una ruota ruotante da sola, un primo moto, un sacro dire di sì. Sì, per il gioco della creazione, fratelli, occorre un sacro dire di sì.
>
> F. NIETZSCHE, *Così parlò Zarathustra* (1883-1885), "Delle tre metamorfosi", p. 25.

1. *La seconda innocenza*

Per Nietzsche non c'è gioia nella ragione, non c'è felicità nel suo incedere ordinato, nel suo andamento tranquillo. Non c'è serenità nel simbolo, non c'è quiete nello sguardo che il simbolo dispiega senza nessun orizzonte. Non c'è circolazione tra simbolo e ragione, non c'è adiacenza, aggiustamento naturale, non c'è invisibile armonia. L'umanità non è protetta da un dio, non ha alle sue spalle un ordine, non c'è un'astuzia segreta che porta a naturale composizione pensieri e passioni, uomini e dèi.

L'intuizione platonica, che fa dell'uomo un "lacerato" che non riesce a togliere gli occhi dall'orrenda ferita che gli dèi un giorno gli inflissero,[1] non è un'immagine mitica che il lavoro ermeneutico può tradurre, riformulare e risolvere in una prospettiva conciliante. La conciliazione, la ricongiunzione dei due, non appartiene al passato, all'ignoranza di Adamo prima della colpa, all'opacità dell'androgino descritta nel *Simposio* da Platone; la conciliazione non appartiene neppure al futuro, anche se la storia sembra essere esistita per questo tentativo. C'è troppa teleologia nello sguardo dell'uomo, c'è troppo desiderio che la fine si traduca in un fine (*télos*).

Per Nietzsche questo desiderio è all'origine della grande illusione che ha consentito agli uomini di sopravvivere al di là della vicenda animale e di pensarsi in un'iperbolica accentuazione della differenza:

Osserva il gregge che ti pascola innanzi: esso non sa che cosa sia ieri, cosa oggi, salta intorno, mangia, riposa, digerisce, torna a salta-

[1] Platone, *Simposio*, 190 d.

re, e così dall'alba al tramonto e di giorno in giorno, legato brevemente con il suo piacere e dolore, attaccato, cioè, al piolo dell'istante, e perciò né triste né tediato. Il veder ciò fa male all'uomo, poiché al confronto dell'animale egli si vanta della sua umanità e tuttavia guarda con invidia alla felicità di quello – giacché questo soltanto egli vuole, vivere come l'animale, né tediato né fra dolori, e lo vuole però invano, perché non lo vuole come l'animale.[2]

Da questa piccola differenza sono scaturite la storia e la cultura. Anche il mondo della tecnica è inscritto in questa differenza, cui è sottesa l'utopia di comporre la quiete della ragione e la felicità della pulsione, ossia il tentativo di oltrepassare i limiti di quello scambio che Freud ha immaginato compiersi agli albori dell'umanità, quando l'uomo ha barattato un po' di felicità per un po' di sicurezza:

> Se la civiltà impone sacrifici tanto grandi non solo alla sessualità ma anche all'aggressività dell'uomo, allora intendiamo meglio perché l'uomo stenti a trovare in essa la sua felicità. Di fatto l'uomo primordiale stava meglio, perché ignorava qualsiasi restrizione pulsionale. In compenso la sua sicurezza di godere a lungo di tale felicità era molto esigua. L'uomo civile ha barattato una parte della sua possibilità di felicità per un po' di sicurezza.[3]

Da questo baratto è nata la ragione, la ragione come *calcolo*, come *do ut des*, come *equivalenza* nel commercio delle cose. È Heidegger a ricordarcelo, là dove dice che la parola "ragione" viene dal latino *ratio*, termine che nomina il controvalore che doveva essere reso a chi offriva un bene, donde l'espressione *redde rationem*. Nello scambio il bene e la *ratio* corrispondente dovevano essere equivalenti, e per questo occorreva un calcolo. La ragione è dunque nata come calcolo, anzi come calcolo economico. Scrive a questo proposito Heidegger:

> La *ratio* è calcolo, conto, sia nel senso ampio e alto del termine, sia in quello abituale. Il contare, inteso come regolare qualcosa su qualcosa d'altro, mette dinanzi, presenta di volta in volta qualcosa, e, in tal senso, è in sé un rendere, un *reddere*. Alla *ratio* appartiene il *reddendum*. Tuttavia, a seconda del contesto della storia dell'essere, in base al quale la *ratio* parla in seguito in quanto ragione e fonda-

---

[2] F. Nietzsche, *Unzeitgemässe Betrachtungen. Zweite Stück: Vom Nutzen und Nachteil der Historie für das Leben* (1874); tr. it. *Considerazioni inattuali II: Sull'utilità e il danno della storia per la vita*, in Opere, Adelphi, Milano 1964, vol. III, 1, p. 262.

[3] S. Freud, *Das Unbehagen in der Kultur* (1929); tr. it. *Il disagio della civiltà*, in Opere, Boringhieri, Torino 1968-1993, vol. X, p. 602.

mento, il *reddendum* acquista un senso diverso. In senso moderno, infatti, nel *reddendum* è insito il momento del reclamo incondizionato e totale che pretende la fornitura dei fondamenti calcolabili in termini tecnico-matematici, ossia la "razionalizzazione" totale.[4]

Il calcolo economico vuole bandire e tenere lontana la *violenza* che regolava la relazione che le singole soggettività instauravano tra loro a colpi di dono e contro-dono, dove donare era assoggettare l'altro, salvo poi cadere sotto il suo giogo quando l'altro fosse riuscito a restituire in abbondanza e a dismisura. Questo gioco della munificenza, che Mauss descrive come *potlac*,[5] è apparso a Nietzsche il colpo di genio del cristianesimo:

> Dio stesso che si sacrifica per la colpa dell'uomo, Dio stesso che si ripaga da se stesso, Dio come l'unico che può riscattare l'uomo da ciò che per l'uomo stesso è divenuto irriscattabile – il creditore che si sacrifica per il suo debitore, per amore (dobbiamo poi crederci?), verso il suo debitore![6]

Gioco raffinato del debito e del credito, remota origine del senso di colpa. Desiderio di regolare gli scambi, di pareggiarli secondo ragione. Nascita della *ratio* moderna: economica e atea. A promuoverla, sotterranea e nascosta, è la bramosia di una mai raggiunta innocenza. Anche qui Nietzsche vede chiaro: "Ateismo e una sorta di *seconda innocenza* sono intimamente connessi".[7]

2. La prima innocenza

La prima innocenza era nel ventre della madre, nel *vaso pieno*, dove mammelle e ventre facevano grappolo unico e dove la testa, priva di viso e inclinata verso il centro del corpo, componeva con il femore e con le cosce gigantesche, che terminavano in gambe sottili, il *corpo-vaso*, intorno a cui l'arte, non ancora disgiunta dall'artigianato, segnalerà le sue prime intenzioni.

---

[4] M. Heidegger, *Der Satz vom Grund* (1957); tr. it. *Il principio di ragione*, Adelphi, Milano 1991, Lezione XIII, p. 176. Sul significato della ragione (*ratio*) come "conto" Heidegger si era già espresso in *Was heisst Denken?* (1954); tr. it. *Che cosa significa pensare?*, Sugarco, Milano 1971, vol. II, Lezione IX, pp. 81-82.
[5] M. Mauss, *Essai sur le don* (1923-1924); tr. it. *Saggio sul dono*, in *Sociologie et anthropologie* (1950); tr. it. *Teoria generale della magia e altri saggi*, Einaudi, Torino 1965. Si veda a questo proposito anche U. Galimberti, *Il corpo* (1983), Feltrinelli, Milano 2003, capitolo 38: "Il corpo e la parte maledetta".
[6] F. Nietzsche, *Zur Genealogie der Morale. Eine Streitschrift* (1887); tr. it. *Genealogia della morale. Uno scritto polemico*, in *Opere*, cit., 1968, vol. VI, 2, p. 292.
[7] Ivi, p. 291.

Oltre al *vaso*, che come il grembo materno contiene l'oscurità primitiva, il cielo notturno generatore, la forza ctonia della terra capace di dare alla luce, la prima innocenza viene rappresentata anche come *albero della vita* che, saldamente piantato con le sue radici nella terra che lo nutre, s'innalza verso l'alto e, con i suoi rami e le sue foglie, genera quell'ombra protettiva dove la materia vivente trova rifugio. Non a caso la parola *madera* (legno) ha parentele con "madre", "materia", a cui pure si connette il greco *madarós* (umido, inzuppato) e il latino *madidus* (madido, bagnato).

Al carattere materno dell'albero appartiene non solo il nutrire, ma anche il generare, e come la *madre-vaso* diventa, con il suo grembo, trono del figlio, così la *madre-albero* diventa in Cina "l'albero dell'anno", sotto i cui rami si raccolgono gli animali delle dodici costellazioni che presiedono la nascita di tutte le cose, in Egitto il pilastro *Ded* che, conficcato nel monte, è "il legno della vita da cui nascono gli dèi", fino alla più recente simbologia cristiana dove il figlio della Vergine nasce nella mangiatoia di legno e muore sulla croce, "albero della vita e della morte". La materia lignea, infatti, oltre che madre della vita è anche madre della morte, è il sarcofago divoratore di carne, la cassa che racchiude, nella forma dell'albero-pilastro, Osiride nel suo legno.

Dallo sfondo della *terra-madre*, di cui la simbologia del vaso e dell'albero sono solo due esempi dei molti che se ne potrebbero raccogliere, l'umanità si separò per volgere il proprio sguardo verso il cielo. Il gesto fu di Platone:

> Noi non siamo come le piante, perché la nostra patria è il cielo, dove fu la prima origine dell'anima e dove Dio, tenendo sospesa la nostra testa, ossia la nostra radice, tiene sospeso l'intero nostro corpo che perciò è eretto.[8]

Il cielo è una regione superiore inaccessibile all'uomo. La dimensione dell'altezza, per cui l'"Altissimo" sarà uno degli attributi divini, genera nell'immaginazione primitiva esseri sovrumani, cioè al di là dell'umano, quindi trascendenti.

Il passaggio dalla *religione ctonia* alla *religione uranica* comporta per l'uomo una ridefinizione di sé, una reinterpretazione della propria posizione nell'universo, del proprio compito e del proprio senso. Altro è infatti interpretare l'uomo all'interno delle categorie della *terra* che la mitologia della Grande Madre indica nella nascita e nella morte, altro è interpretarlo con le cate-

---

[8] Platone, *Timeo*, 90 a-b.

gorie del *cielo* che descrivono il "dio-splendore-giorno" come luce e altezza, e quindi come *visione trascendente*.

Questo significa collocare altrove le radici dell'uomo, non più nella terra "come le piante", ma, come ci ricorda Platone, nel cielo dov'è la dimora delle *idee* che, prima di essere pensieri, sono *visioni* rese possibili dalla luce diurna del sole. La radice *id*, su cui è costruita la parola *idéa*, è infatti la stessa che rintracciamo nel verbo *vedere* e nel suo antecedente latino: *video*, e greco: *oráo, ópsomai, eîdon*.

L'altezza del cielo porta in alto lo sguardo, al di sopra delle cose che popolano la terra, al di là. La parola *trascendenza* dice appunto questo sguardo che va al di là, che oltrepassa l'impronta della terra, ossia lo spessore di materia che dà corpo alle cose, per coglierne l'essenza pura non costretta nei limiti della materia. Non dunque questo terreno più o meno triangolare, questa casa più o meno quadrata, ma il triangolo e il quadrato in se stessi, forme pure, di cui il terreno triangolare e la casa quadrata sono solo delle copie.

"Tenendo sospesa la nostra testa, ossia la nostra radice, Dio tiene sospeso l'intero nostro corpo che perciò è eretto." Così conclude Platone, per ricordare che, a differenza di tutti gli animali, l'uomo è eretto, e per effetto di questa sua posizione corporea, ha innanzi a sé un orizzonte, o se preferiamo un *pan-orama*, dove nella parola è la traccia di quel "vedere" senza il quale non c'è *visione* o *idéa* alcuna.

La posizione eretta fa dell'uomo un *destinato a vedere*, non solo le cose della terra che sono viste anche dagli animali, ma l'essenza delle cose, depurate della materia terrena, che Platone chiama *idee* e colloca sopra il cielo (*yper-ouranós*), dov'è la nostra origine prima, la nostra radice.

Dalla terra al cielo è dunque l'itinerario compiuto dall'uomo nel suo lento passare dalla visione sensibile delle cose, cariche di materia, a quella intelligibile della loro essenza depurata della materia. Il *mito* racconta le cose come sono veramente andate: il lento passaggio dai culti della Grande Madre ai culti degli dèi uranici. La filosofia coglie il *senso* di questo passaggio che è nella *natura dell'uomo originariamente aperta alla visione*.

3. *Il grido*

La visione espone l'uomo alla ricerca di una felicità che non può escludere l'*apertura al senso*, essendo tale apertura ciò per cui l'uomo è uomo e non animale. Ma l'apertura, dilatandosi, e avanti e indietro, inscrive l'uomo tra la nascita e la morte. Anche l'animale è inscritto in questi due limiti, ma non ne ha coscienza, quindi non vive la dimensione *tragica* di essere a un tempo *aperto al senso* e in vista della morte, che è *implosione di ogni senso*. Il tragico è dunque l'elemento costitutivo dell'uomo, la cui "visione", dopo averlo costruito come aperto al mondo, gli ricorda che è aperto per nulla. Allora, scrive Nietzsche:

> Lotta, sofferenza e tedio si avvicinano all'uomo, per rammentargli ciò che in fondo è la sua essenza – qualcosa di imperfetto che non può essere mai compiuto. E quando infine la morte porta il desiato oblio, essa sopprime insieme il presente e l'esistenza, imprimendo in tal modo il sigillo su quella conoscenza – che l'esistenza è solo un interrotto essere stato, una cosa che vive del negare e del consumare se stessa, del contraddire se stessa.[9]

La visione, inaugurando il punto di vista dell'*individuo*, offre una percezione talmente chiara del carattere effimero, insignificante di ogni azione e decisione da rendere impossibile la vita. Nel farsi interprete di questa estenuazione infinita del volere e dell'insignificanza di ogni progettualità individuale, la tragedia greca non cessa di esporre nelle forme più svariate la contraddizione dell'esistenza: *aperta al senso per il naufragio di ogni senso*. Il grido di Sileno è lì a ricordare che l'uomo veramente è al di sotto del velo illusorio della sua individualità:

> Stirpe miserabile ed effimera, figlio del caso e della pena, perché mi costringi a dirti ciò che per te è vantaggioso non sentire? Il meglio è per te assolutamente irraggiungibile: non esser nato, non *essere*, essere *niente*. Ma la cosa in secondo luogo migliore per te è – morire presto.[10]

La sentenza di Sileno sposta in modo radicale l'orizzonte e la prospettiva. Lo sguardo non è più dall'*individuo* verso l'apertura del suo senso, ma dalla *natura* che, senza senso e senza scopo, guarda gli individui come sue creazioni. Questo rapido mutamento di prospettiva ci introduce nella sapienza di Dioniso, libera da ogni visione antropomorfica dell'esistenza, e afferma la vita come flusso che divora continuamente le sue forme, come potenza che ne foggia di sempre nuove, senza fedeltà e senza memoria. A questa intuizione era già giunto Goethe:

---

[9] F. Nietzsche, *Considerazioni inattuali II: Sull'utilità e il danno della storia per la vita*, cit., p. 263.

[10] Id., *Die Geburt der Tragödie aus dem Geiste der Musik* (1872); tr. it. *La nascita della tragedia dallo spirito della musica*, in *Opere*, cit., 1972, vol. III, 1, pp. 31-32.

4. NIETZSCHE E LA NOSTALGIA DELL'INNOCENZA

Natura! Da essa siamo circondati e avvinti – né ci è dato uscirne e penetrarvi più a fondo. Senza farsi pregare e senza avvertire, ci rapisce nel vortice della sua danza e si lascia andare con noi, finché siamo stanchi e le cadiamo dalle braccia. Crea eternamente nuove forme: ciò che è qui non era ancora mai stato, ciò che era non ritorna – tutto è nuovo, e tuttavia sempre antico. Viviamo nel suo seno e le siamo estranei. Parla incessantemente con noi e non ci rivela il suo segreto. Costantemente operiamo su di essa e tuttavia non abbiamo alcun potere sulla natura. Sembra che abbia puntato tutto sull'individualità, eppure niente le importa degli individui. Costruisce sempre e sempre distrugge e la sua officina è inaccessibile. [...] In essa è eterna vita, divenire e moto, e tuttavia non progredisce. Si trasforma eternamente e non vi è momento di quiete. [...] Il suo spettacolo è sempre nuovo, perché essa crea sempre nuovi spettatori. La vita è la sua invenzione più bella e la morte è il suo artificio per avere molta vita. Essa avvolge l'uomo nell'oscurità e lo sprona eternamente verso la luce. Non conosce né passato né futuro. Il presente è la sua eternità.[11]

L'anima *individuale*, che la memoria di sé ha generato, quando è percorsa dal palpito incosciente della natura, percepisce se stessa come illusione e mera apparenza perché, scrive Nietzsche: "Al mistico grido di giubilo di Dioniso, la catena dell'individuazione viene spezzata e si apre la via verso le Madri dell'essere, verso l'essenza intima delle cose".[12]

Il tragico coglie il fondo originario perché spezza la catena dell'individuazione, e così facendo sperimenta ogni individuazione come apparenza. Ma innanzi alla labilità delle apparenze, il Greco non rinuncia alla vita, come invitava il grido di Sileno, perché scopre nell'insensata crudeltà della natura la sua assoluta creatività, rispetto alla quale distruzione e morte sono eventi altrettanto apparenti quanto l'individuazione e la forma singolare. Infrangendo la barriera delle forme, il tragico coglie la natura dell'originario nella *potenza* del suo assoluto produrre, e in questa produzione poetante (*poíesis*) è salvata la realtà stessa delle forme che diventano manifestazioni di vita.

L'ottimismo dei Greci prende avvio dal punto più basso della parabola pessimistica: dalla dissoluzione di ogni forma individuale all'esaltazione della vita. Se infatti tutto è distruggibile tranne la vita stessa, allora, scrive Nietzsche, anche la distruzione è apparenza:

---

[11] J.W. Goethe, *Natur* (1783); tr. it. *La natura*, in *Teoria della natura*, Boringhieri, Torino 1969, pp. 138-141. Per l'autenticità di questo testo cfr. nota 39 del capitolo 1: "Le origini romantiche della psicoanalisi e l'obiezione di Nietzsche".
[12] F. Nietzsche, *La nascita della tragedia*, cit., p. 105.

L'arte dionisiaca vuole convincerci dell'eterna gioia dell'esistenza: sennonché dobbiamo cercare questa gioia non nelle apparenze, ma dietro le apparenze. Dobbiamo riconoscere come tutto ciò che nasce debba essere pronto a una fine dolorosa; siamo costretti a guardare in faccia agli orrori dell'esistenza individuale – e tuttavia non dobbiamo irrigidirci: una consolazione metafisica ci strappa momentaneamente dal congegno delle forme mutevoli. Per brevi attimi siamo veramente l'essere primigenio stesso e ne sentiamo l'indomabile brama di esistere e piacere di esistere. La lotta, il tormento, l'annientamento delle apparenze ci sembrano ora necessari, data la sovrabbondanza delle innumerevoli forme di esistenza che si urtano e si incalzano alla vita, data la straboccchevole fecondità della volontà del mondo. Noi veniamo trapassati dal furioso pungolo di questi tormenti nello stesso attimo in cui siamo per così dire divenuti una cosa sola con l'incommensurabile gioia originaria dell'esistenza, e in cui presentiamo, in estasi dionisiaca, l'indistruttibilità ed eternità di questo piacere. Malgrado il timore e la compassione, noi viviamo in modo felice, *non come individui*, in quanto siamo quell'*unico* vivente, con la cui gioia generativa siamo fusi.[13]

4. *La profondissima necessità*

Le illusioni affondano in quella visione lucida e terrificante dell'esistenza individuale che il grido di Sileno mostra minacciata da forze immensamente più potenti di lei. Come la conobbero i Greci essa sarebbe insopportabile se non fosse trasfigurata da figure eternizzanti, ove non vige l'angoscia del perire, il terrore della morte e della caduta di ogni senso. Nasce così "la montagna incantata dell'Olimpo" come illusione, come maschera che serve a sopportare l'esistenza còlta nella sua essenza dalla sapienza dionisiaca.

Ora si apre a noi per così dire la montagna incantata dell'Olimpo e ci mostra le sue radici. Il Greco conobbe e sentì i terrori e le atrocità dell'esistenza: per poter comunque vivere, egli dovette porre davanti a tutto ciò la splendida nascita sognata degli dèi olimpici. L'enorme diffidenza verso le forze titaniche della natura, la Moira spietatamente troneggiante su tutte le conoscenze, l'avvoltoio del grande amico degli uomini Prometeo, il destino orrendo del saggio Edipo, la maledizione della stirpe degli Atridi, che costringe Oreste al matricidio, insomma tutta la filosofia del dio silvestre con i suoi esempi mitici, per la quale perirono i melanconici Etruschi – fu dai Greci ogni volta superata, o comunque nascosta e sot-

[13] Ivi, pp. 111-112.

4. NIETZSCHE E LA NOSTALGIA DELL'INNOCENZA

> tratta alla vista, mediante quel mondo artistico intermedio degli dèi olimpici. Fu per poter vivere che i Greci dovettero, per *profondissima necessità*, creare questi dèi. Questo evento noi dobbiamo senz'altro immaginarlo così, che dall'originario ordinamento divino titanico del terrore fu sviluppato, attraverso quell'impianto apollineo di bellezza, in lenti passaggi, l'ordinamento divino olimpico della gioia, allo stesso modo che le rose spuntano da spinosi cespugli. Altrimenti quel popolo che aveva una sensibilità così eccitabile, che bramava così impetuosamente, che aveva un talento così unico per *soffrire*, come avrebbe potuto sopportare l'esistenza, se questa non gli fosse stata mostrata nei suoi dèi circonfusa da una gloria superiore? Lo stesso impulso che suscita l'arte, come completamento e perfezionamento dell'esistenza, che induce a continuare a vivere, fece anche nascere il mondo olimpico, in cui la "volontà" ellenica si pose di fronte uno specchio trasfiguratore. Così gli dèi giustificano la vita umana vivendola essi stessi – la sola teodicea soddisfacente.[14]

La funzione degli dèi dell'Olimpo è di proteggere il Greco dalla lucida penetrazione dionisiaca dell'essenza tragica dell'esistenza individuale. Così simili agli uomini, essi li rispecchiano, ma sotto la forma dell'eterno. Che qualcosa possa permanere, e quindi sottrarsi al carattere effimero e caduco dell'esistenza è la prima illusione che i Greci dovettero inventare per poter vivere.

Il passaggio dall'arte alla filosofia, e dalla filosofia alla scienza, segue il bisogno di trovare figure di stabilità sempre più solide, forme eternizzanti sottratte al flusso del divenire, per difendersi dalla lucida visione del tragico. Questo impianto di illusioni, nella loro successione storica, sono gli *immutabili* che l'anima di volta in volta crea per sfuggire al grido di Sileno.

A questo punto fra l'"attività" della ragione e la "passione" del simbolo, che qui usiamo nel senso specifico del "patire" la vita di Dioniso, non c'è opposizione. Proprio perché sente alitare entro di sé il vento di Dioniso, l'anima ha cercato figure eternizzanti e stabilità "per poter sopravvivere", per non cedere a quell'estenuazione della vita a cui la invitava la sapienza di Sileno.

Rispetto all'arte poetica, che salvava attraverso la proiezione dell'eterna vita degli dèi, Platone, che "non si lascia persuadere da simili racconti",[15] inventa quella "formula relativa agli uomini",[16] che è poi la conoscenza delle *idee eterne* che l'anima, sepa-

---

[14] Ivi, pp. 32-33.
[15] Platone, *Repubblica*, Libro III, 391 c.
[16] Ivi, 392 a.

randosi dal corpo, immerso nel flusso del divenire, può conoscere e, purificandosi, raggiungere.

La filosofia supera il tragico con un impianto più forte di quello poetico perché, a differenza delle figure mitologiche degli dèi, le idee che l'anima conosce non paiono più illusioni, ma verità, in grado di sciogliere l'enigma del tragico a cui gli dèi offrivano solo un rimedio. Di qui l'esortazione di Platone:

> Bisogna tenere in massimo conto la verità. E se quel che si è detto ha fondamento, allora la finzione non ha mai alcuna effettiva utilità, per cui, quanto agli dèi, se agli uomini pare cosa utile ricorrervi come si ricorre a un farmaco, è evidente che un simile rimedio bisogna riservarlo ai medici.[17]

Ma per Nietzsche anche la "verità" inventata da Platone è un *rimedio*, che a un'apparenza sostituisce un'altra apparenza, la quale, solo per rimozione della sua genesi, può spacciarsi come unica e vera realtà. Infatti, scrive Nietzsche:

> Se si sente la necessità di fare della *ragione* un tiranno, come fece Socrate, non deve essere piccolo il pericolo che qualche altra cosa si metta a tiranneggiare. A quel tempo si indovinò nella razionalità la *salvatrice*; né Socrate né i suoi "malati" erano liberi di essere razionali – era *de rigueur*, era il loro ultimo *rimedio*. Il fanatismo con cui tutto il pensiero greco si getta sulla razionalità tradisce una condizione penosa; si era in pericolo, non c'era una scelta; o andare in rovina o essere *assurdamente razionali*. Il moralismo dei filosofi greci, a cominciare da Platone, è patologicamente condizionato: ugualmente la loro valutazione della dialettica. Ragione = virtù = felicità significa solamente: si deve imitare Socrate e stabilire in permanenza contro gli oscuri appetiti una *luce diurna*, la luce diurna della ragione. Si deve essere saggi, si deve essere perspicui, chiari a ogni costo; ogni cedimento agli istinti, all'inconscio, porta a *fondo*.[18]

5. *Lo scioglimento dell'enigma*

Sottoponendo la ragione allo sguardo genealogico che non chiede "che cosa sono" le cose (Platone), ma "come sono venute al mondo", Nietzsche scioglie l'enigma che intreccia chiarezza delle idee e oscurità dei simboli, lucidità della ragione e abisso della follia, perché trova il loro punto di incontro, dove si nasconde la necessità del loro prodursi.

---

[17] Ivi, 389 a.
[18] F. Nietzsche, *Götzendämmerung oder: Wie man mit dem Hammer philosophiert* (1889), tr. it. *Crepuscolo degli idoli, ovvero: come si filosofa col martello*, in *Opere*, cit., 1970, vol. VI, 3, p. 67.

4. NIETZSCHE E LA NOSTALGIA DELL'INNOCENZA

Ma qual era la minaccia? Di fronte a che cosa l'umanità avrebbe potuto estinguersi se non avesse inventato la ragione? Con quali procedure questa ha consentito all'uomo di non soccombere? E che ne sarà di lui qualora le procedure della ragione si rivelassero per quel che sono: un artificio o, come dice Nietzsche, una "terapia"? Quale futuro può dischiudere la consapevolezza dell'inganno? Quale "filosofia del mattino" resta da annunciare dopo che il "crepuscolo" ha smorzato la "luce diurna"? La qualità della domanda inaugurata da Nietzsche, spostandoci dalla terra della ragione a quello spazio simbolico da cui un giorno la ragione ha preso avvio, non ci espone a quell'assenza di riferimento che Nietzsche così descrive:

> Che facemmo sciogliendo la terra dal suo sole? Dove va essa, ora? Dove andiamo noi lontano da ogni sole? Non continuiamo a precipitare: e indietro e dai lati, e in avanti? C'è ancora un alto e un basso? Non andiamo forse errando in un infinito nulla? Non ci culla lo spazio vuoto? Non fa sempre più freddo? Non è sempre notte, e sempre più notte? Non occorrono lanterne in pieno giorno?[19]

Ebbene sì, ma è proprio per difendersi da questo spazio vuoto che gli uomini sono approdati alla terra della ragione, hanno qui edificato le loro dimore e fissato le loro *stabilità*. Da questo punto di vista, reso possibile dalla domanda sull'origine, la ragione, da spirito di invenzione e di ricerca, si è trasformata in tecnica difensiva, per cui ragionare equivale a "mettersi al riparo", guadagnare una terra e un orizzonte come confine.

Per Nietzsche, il grande geografo che ha fissato i punti cardinali è stato Platone, e *l'anima* è il compasso di cui si è servito per disegnare i confini. Per questo, scrive Nietzsche: "Platonismo è *in primo luogo* saggezza nel prendere sul serio l'anima".[20]

Nelle parole di Nietzsche risuona l'eco lontana di Platone là dove dice: "Mi pare sia l'anima, mediante se stessa, che discerne ciò che è identico in tutte le cose".[21] In questa identità c'è la linea sicura del geografo che disegna il paesaggio e le modalità di lettura. Non c'è infatti identità nelle cose che non sia *posta* dall'anima in forma di *idea*. Ma l'idea non è solo il principio di identificazione conoscitiva, per Platone è anche il principio di identificazione costitutiva.

---

[19] Id., *Die fröhliche Wissenschaft* (1882); tr. it. *La gaia scienza*, in *Opere*, cit., 1965, vol. V, 2, § 125, p. 129.
[20] Id., *Scienza e saggezza in lotta*, in *Il libro del filosofo*, Savelli, Roma, 1987, p. 91.
[21] Platone, *Teeteto*, 185 e.

Se l'idea è ciò per cui una cosa è *quella che è*, è possibile indagarla con la domanda che chiede il suo "che cos'è"? Senza il reticolato delle idee, senza il disegno del grande geografo, non si saprebbero identificare le cose, e perciò Platone esce in quell'esortazione:

> E dirai alto e forte che tu non sai come altrimenti una data cosa si generi se non in quanto viene a partecipare di quell'essenziale realtà che è propria di quella data idea di cui ella partecipa.[22]

Fine del mondo simbolico dove una cosa *è anche* l'altra, in quell'oscillazione continua che il gioco vertiginoso dei sogni ogni notte dispiega.

La distinzione tra "mondo vero" o delle idee, in cui sono i principi costitutivi e i codici di lettura, e "mondo apparente", in cui è la massa altrimenti incodificabile delle cose da leggere e da identificare, è così posta come ideazione dell'anima che "se ne sta sola in se stessa", perché, dice Platone, le idee che rendono possibile la lettura l'anima non le ricava dal mondo, ma le *applica* al mondo, dopo averle ideate "mediante se stessa".[23]

L'anima razionale è dunque lo strumento che traccia la linea per cui un paesaggio ha una certa forma e un suo senso; in tale paesaggio è possibile abitare perché ci sono stabilità, costanti, punti di riferimento. Per questo, ci riferisce la tradizione, Platone fece scrivere sul frontespizio dell'Accademia: "Non si entra qui se non si è geometri".

Sottratto allo sguardo magico dei sacerdoti, il cielo stellato diventa iperuranio, orizzonte concluso su una terra protetta. Nasce la verità che getta nella follia tutto ciò che non si accorda con le linee tracciate. È una follia che nasce per esclusione, quindi una follia recuperabile, come lo sono l'errore e la falsità, qualora si confrontino con le linee del geografo. Non si tratta della follia del "mare aperto", dello "spazio vuoto", dell'"infinito nulla" che Nietzsche scopre come sfondo simbolico, come apertura, come caos, prima che la ragione dispiegasse un cosmo con il suo cielo e la sua terra.

---

[22] Id., *Fedone*, 101 c.
[23] Ivi, 66 b-67 a.

6. La nostalgia della terra

Il guadagno dell'origine consente a Nietzsche di smobilitare tutte le impalcature *logiche* che si offrono sotto il segno della durata eterna. Ogni verità è una "finzione", nel senso specifico di *fingere*, "modellare", "fare", "costruire", quindi una costruzione necessaria all'uomo per sopravvivere:

> L'intelletto, come mezzo per conservare l'individuo, spiega le sue forze principali nella finzione. Questa infatti è il mezzo con cui gli individui più deboli e meno robusti si conservano, in quanto a essi è preclusa una lotta per l'esistenza da condursi con le corna o con gli aspri morsi degli animali feroci.[24]

Privi della forza con cui gli animali conducono la lotta per la vita, gli uomini vi suppliscono con la natura *ambigua* della ragione, la cui articolazione è indicata da Nietzsche nel doppio registro dell'*inganno* e della *necessità*. "Inganno" qui non significa il falso rispetto al vero, perché vero e falso, già lo segnalava Aristotele,[25] si danno solo all'*interno* di una ragione codificata che, rispetto al mondo che *si apre come orizzonte indeterminato di senso*, è già una presa di posizione, una *decisione in ordine ai significati*. Questa, intervenendo, risolve l'enigma di quell'apertura e, sopprimendo ogni ulteriorità di senso possibile, la de-termina in ordine a un certo impianto di significati.[26]

La ragione è un *inganno* perché tende a far passare l'ordine dei suoi significati come l'unico senso del mondo che, invece, è disponibile per una molteplicità indeterminata di altri sensi; ma è un inganno *necessario* perché, al di fuori di un ordine codificato, al di fuori di una stabilità che egli stesso crea, ma che dimentica d'aver creato, l'uomo non può vivere. Per questo Nietzsche può dire:

> Che cos'è dunque la verità? Un mobile esercito di metafore, metonimie, antropomorfismi, in breve una somma di relazioni umane che sono state potenziate poeticamente e retoricamente, che sono state trasferite e abbellite, e che dopo un lungo uso sembrano a un

---

[24] F. Nietzsche, *Über Wahrheit und Lüge im aussermoralischen Sinne* (1873); tr. it. *Su verità e menzogna in senso extramorale*, in *Opere*, cit., 1973, vol. III, 2, p. 356.
[25] Aristotele, *Dell'espressione*, § 1, 16 a, 10-19.
[26] Si veda a questo proposito l'ottimo saggio di S. Natoli, *Nietzsche e la "Dialettica del tragico"*, in *Ermeneutica e genealogia*, Feltrinelli, Milano 1981, pp. 15-89.

popolo solide, canoniche e vincolanti: le verità sono illusioni di cui si è dimenticata la natura illusoria.[27]

A questo punto "essere veritieri significa servirsi di metafore usuali",[28] a cui l'uomo "lega la sua vita per non essere trascinato via dalla corrente e per non perdersi".[29]

> È infatti di protezione che egli ha bisogno, perché esistono forze terribili che premono continuamente su di lui, contrapponendo alla "verità" altre "verità" di natura del tutto diversa e munite dei più svariati stemmi.[30]

Così smascherata la ragione, Nietzsche può abbandonare la terra, perché è stata scoperta come terra di protezione e luogo di riparo. Tagliati gli ormeggi, l'orizzonte si dilata, e il suo dilatarsi lo abolisce come orizzonte, come punto di riferimento, come incontro della terra con il suo cielo:

> Abbiamo lasciato la terra e ci siamo imbarcati sulla nave! Abbiamo tagliato i ponti alle nostre spalle – e non è tutto: abbiamo tagliato la terra dietro di noi. Ebbene, navicella! Guardati innanzi! Ai tuoi fianchi c'è l'oceano: è vero, non sempre muggisce, talvolta la sua distesa è come seta e oro e trasognamento della bontà. Ma verranno momenti in cui saprai che è infinito e che non c'è niente di più spaventevole dell'infinito. Oh, quel misero uccello che si è sentito libero e urta ora nelle pareti di questa gabbia! Guai se ti coglie la nostalgia della terra, come se là ci fosse stata più *libertà* – e non esiste più "terra" alcuna![31]

Se la salute all'Occidente l'ha assicurata Platone con la creazione di valori eterni, stabilità garantite, forme immutabili gettate come una rete sull'enigma dell'esistenza, *inversione del platonismo* non significa intrecciare la rete con altri nodi, come cercano faticosamente le psicologie del profondo ogni volta che tentano di far passare come verità la loro descrizione dell'anima, ma mostrare che ogni intreccio è sempre e solo una rete di salvataggio. Infatti, scrive Nietzsche: "Abbiamo costruito una concezione per poter vivere in un mondo, per percepire appunto tanto da farcela ancora a *reggere*".[32] Se "reggiamo" stabiliamo

---

[27] F. Nietzsche., *Su verità e menzogna in senso extramorale*, cit., p. 361.
[28] *Ibidem*.
[29] Ivi, p. 368.
[30] *Ibidem*.
[31] Id., *La gaia scienza*, cit., § 124, p. 129.
[32] Id., *Nachgelassene Fragmente 1888-1889*; tr. it. *Frammenti postumi 1888-1889*, in *Opere*, cit., 1974, vol. VIII, 3, fr. 14 (93), p. 61.

4. NIETZSCHE E LA NOSTALGIA DELL'INNOCENZA

che quel mondo è "vero", dove "verità" significa che in esso riusciamo a vivere:

> Un mondo accomodato e semplificato in cui hanno operato i nostri istinti *pratici*: esso è per noi perfettamente vero: cioè noi *viviamo*, possiamo vivere in esso: *prova* della sua verità per noi.[33]

La "verità" è dunque una forma di "salute", e degrada a *pigrizia dell'anima* quando, dimenticando la sua genesi, si pensa eterna. Per questo Nietzsche può scrivere:

> Sono ancora alla ricerca di un filosofo *medico*, nel senso eccezionale della parola – inteso al problema della salute collettiva di un popolo, di un'epoca, di una razza, dell'umanità –, che abbia in futuro il coraggio di portare al culmine il mio sospetto e di osare questa affermazione: in ogni filosofare non si è trattato per nulla, fino a oggi, di "verità", ma di qualcos'altro, come salute, avvenire, sviluppo, potenza, vita.[34]

---

[33] *Ibidem*.
[34] Id., *La gaia scienza*, cit., "Prefazione alla seconda edizione", p. 16.

Parte seconda

Jung e la psicoanalisi

> La parola "psicoanalisi" è divenuta a tal punto patrimonio di tutti che chiunque ne faccia uso sembra anche comprenderne il significato. Nell'intenzione del suo creatore, Freud, l'unico significato autentico della parola è quello che designa il suo metodo, consistente nel ridurre complessi sintomatici psichici a processi pulsionali rimossi; e siccome questo procedimento è impossibile se privo di un impianto concettuale corrispondente, il concetto di psicoanalisi comprende anche, secondo l'espressa esigenza del suo autore, alcuni presupposti teorici, e cioè la teoria della sessualità. Tuttavia, del concetto di psicoanalisi il profano si serve per indicare ogni tentativo moderno di accostarsi meglio alla psiche con metodi scientifici. Così anche la scuola adleriana viene rubricata come "psicoanalisi", benché le vedute e i metodi di Adler si oppongano in modo apparentemente inconciliabile a quelli di Freud. Per questo, Adler non definisce la sua psicologia "psicoanalisi", bensì "psicologia individuale", mentre io preferisco dare alle mie teorie il nome di "psicologia analitica", intendendo con questa espressione un concetto generale che comprende "psicoanalisi", "psicologia individuale" e altre tendenze nell'ambito della "psicologia dei complessi".
>
> C.G. JUNG, *I problemi della psicoterapia moderna* (1929), p. 63.

5. Jung e la filosofia dell'Occidente

> L'immagine "esterna" del mondo ci fa intendere ogni cosa come effetto di forze fisiche e fisiologiche, l'immagine "interna", invece, ci fa intendere ogni cosa come effetto di entità spirituali. Ora, l'immagine del mondo comunicataci dall'inconscio è di natura mitologica. Al posto delle leggi naturali troviamo qui la volontà personale di dèi e demoni, al posto delle forze naturali troviamo anime e spiriti. Le due immagini del mondo sono tra loro incompatibili, e non esiste alcuna logica che le possa conciliare: l'una offende il nostro sentimento, l'altra la nostra ragione. E tuttavia l'umanità ha sempre provato il bisogno di conciliare in qualche modo le due immagini del mondo, e a questo scopo hanno lavorato filosofi, fondatori di religioni e artisti.
> L'uomo, insomma, non ha mai rinunciato a cercare la "via di mezzo", la strada che consenta di unificare ciò che è diviso. Il segreto della "via di mezzo", la conciliazione, ritengo si realizzi nel simbolo, perché il simbolo contiene, per sua natura, ambedue gli aspetti, quello razionale e quello irrazionale. Ciascuno di essi esprime anche l'altro, cosicché il simbolo li abbraccia entrambi senza identificarsi con nessuno dei due.
>
> C.G. JUNG, *Sull'inconscio* (1918), p. 17.

Jung gode fama di essere "oscuro", non nel senso nobile con cui questo aggettivo veniva nell'antichità attribuito a Eraclito, ma nel senso spregiativo di "confuso", "caotico", "misticheggiante", "irrazionale". Tale attribuzione è in parte giustificata. Jung è anche questo, ma la ragione sta nel fatto che lo psicologo di Zurigo tenta una strada che disloca la psicologia dal luogo razionale che si è data, aprendo prospettive e linee di sviluppo che creano aporie, non solo alla sua visione psicologica, ma all'intera psicologia del profondo, che non può ribadire i suoi strumenti di indagine liquidando Jung con quella serie di appellativi che servono solo a non mettere in gioco, di fronte ad alcune obiezioni di metodo, la tranquillità delle proprie procedure.

La componente filosofica presente nella visione junghiana dello psichico solleva infatti all'intera psicologia del profondo delle difficoltà che mettono in questione la sua collocazione, i suoi metodi di lettura e di interpretazione. Del resto è tempo che la psicologia del profondo parli con la filosofia, non solo perché il discorso sulla psiche è nato in ambito filosofico, ma perché, dopo la sua autonomizzazione e il suo profilarsi nella direzione della scienza, la psicologia ha messo in gioco concetti e figure alla cui costruzione la filosofia aveva dedicato diverse epoche della sua storia.

1. *Psiche*

Il concetto di "psiche" è nato in Grecia ed è stato tematizzato da Platone. Per questo le citazioni di Platone ricorrono così frequenti nei testi psicoanalitici ma, dobbiamo dirlo, quasi sempre in modo inopportuno. La psicologia del profondo sembra infatti ignorare che Platone si difende strenuamente da quella psiche che gli psicologi conoscono, perché la *psyché* che il filosofo di Atene inaugura è l'*anima razionale* che fissa l'univocità dei significati, sottraendoli a quell'oscillazione di senso in cui si trovano quando sono affidati all'*anima psichica*.

In questo senso possiamo dire che la prima operazione che compie la filosofia per nascere è l'espulsione della psicologia, il superamento di quel linguaggio simbolico dove le parole non stanno ferme nel loro significato, ma si concedono a tutte quelle oscillazioni di senso che la psicoanalisi freudiana conosce sotto il nome di "associazioni" e quella junghiana sotto il nome, più opportuno e più aderente alla natura del simbolo, di "amplificazioni".

Ho diffusamente documentato questa tesi nel mio libro *Gli equivoci dell'anima*.[1] Qui sarà sufficiente ricordare che con Platone, e quindi con la filosofia da lui inaugurata, si ha il primo blocco delle basi discorsive, e quindi il superamento delle oscillazioni semantiche che sono proprie del linguaggio simbolico di cui la psicologia si nutre.[2]

A regolare il linguaggio è il principio di non contraddizione,

---

[1] U. Galimberti, *Gli equivoci dell'anima* (1987), Feltrinelli, Milano 2001, e in particolare Parte I: "Storia dell'anima".

[2] Per un approfondimento di questa tematica si veda Id., *La terra senza il male. Jung: dall'inconscio al simbolo* (1984), Feltrinelli, Milano 2001, capitolo 4: "L'ambivalenza simbolica", e in questo libro il capitolo 9: "Il linguaggio simbolico nella pratica analitica" e in particolare il § 2: "Il linguaggio filosofico".

per cui una cosa è se stessa *e non* altro. In questo modo si perviene a *de-terminare* il significato delle cose, che risultano così concluse nella loro *terminazione* concettuale, e ad annullare ogni oscillazione di senso che ecceda la mera identità di una cosa con se stessa.

L'iperuranio platonico è il primo grande laboratorio di costruzione del sapere e della sua organizzazione. La distribuzione delle idee in generi e specie crea quel reticolato di inclusione ed esclusione che, oltre a consentire l'identificazione dei significati attraverso le procedure di identità e differenza, pone le basi per l'elaborazione delle leggi di inferenza. Se c'è errore esso risiede o nell'indeterminatezza del genere, quindi in un deficit di identità, o nella combinazione di generi tra loro incompatibili, quindi in una deroga al principio di non contraddizione.[3]

Questa grande costruzione platonica che, come avverte Nietzsche, ha inaugurato per l'Occidente una grammatica e una lingua logica, non è riconosciuta da Platone come una semplice posizione di regole linguistiche, ma è identificata con l'oggettività dell'essere stesso (*ontologia*), che trova la sua più alta espressione nell'idea di Sommo Bene (*teologia*) da cui tutte le altre idee dipendono.

Costruita l'*anima razionale*, Platone non dimentica l'*anima psichica*, che è stato necessario escludere per la costruzione di un linguaggio univoco, e a essa dedica due dialoghi: il *Fedro* e il *Simposio*, dove l'anima psichica è coniugata con Amore (*Eros*) e con Follia (*Mania*).

Di Amore si dice che è una potenza demonica e di Follia si dice che è divina. Demoni e dèi abitano una regione che non è quella abitata dall'uomo. Un "immenso vuoto", dice Platone, separa i due mondi. Il mondo umano è il mondo della ragione e dell'univocità dei significati, che consente al linguaggio di trasmettersi da individuo a individuo con lo stesso senso e con lo stesso significato. Il mondo demonico e divino è invece il mondo della follia perché folle è ogni parola il cui senso è indecidibile e il cui significato è insondabile.

Di fronte a queste parole, dice Platone, sono necessarie operazioni di ermeneutica (*ermeneúein*) e di traduzione (*diaporthmeúein*) di cui sono capaci non gli uomini "comuni", ma quelli "demonici".[4] Socrate è uomo demonico, il suo volto non è il volto "edificante" che ci è stato trasmesso dalla tradizione, ma quel-

---

[3] Si veda a questo proposito il saggio di S. Natoli, *Identità e differenza* (1983), in *Teatro filosofico*, Feltrinelli, Milano 1991, pp. 164-179.
[4] Platone, *Simposio*, 202 e-203 a.

lo "erotico", che Nietzsche scopre al di là di quello "morente" e così descrive:

> Socrate andò incontro alla morte con quella stessa calma con cui, secondo la descrizione di Platone, egli lasciò il simposio, ultimo dei bevitori, al primo albeggiare, per cominciare un nuovo giorno, mentre dietro a lui rimanevano, sui sedili e in terra, i convitati addormentati, per sognare di Socrate, il vero erotico. Il *Socrate morente* divenne l'ideale nuovo, mai prima contemplato dalla gioventù nobile greca; prima di tutti Platone, il tipico giovane ellenico, si gettò ai piedi di questa immagine con tutta l'ardente dedizione della sua anima entusiastica.[5]

Tra ragione e follia, e quindi tra *anima razionale* e *anima psichica*, non c'è separazione ma scambio perché, se è vero che la ragione per nascere ha dovuto esiliare la follia, è altrettanto vero che la sua funzione di ordinamento può continuare solo alimentandosi degli enigmi della follia. Se "analisi" è "scioglimento (*analýein*)", ogni scioglimento rinvia a un intreccio, a un nodo.

Un'ultima considerazione: l'anima psichica, oltre che con Follia, è imparentata con Eros, di cui si dice che è una potenza nell'accezione di forza (*dýnamis*). Teniamone conto. Sotto la chiarezza delle idee ordinate nel cielo dall'identità e dalla differenza c'è una forza produttrice che la filosofia non rimuove, ma riconosce e nomina: *conatus* con Spinoza, *vis* con Leibniz, *produzione inconscia* con Schelling, *volontà di vita* con Schopenhauer, *volontà di potenza* con Nietzsche. E come la filosofia non ha mai rimosso l'altra parte di sé, così la psicologia del profondo, nel prendersi cura di quest'altra parte, è bene che non rimuova la filosofia, perché altrimenti perderebbe anche le parole che le sono necessarie per nominare le cose di cui si occupa.

2. *Io penso*

Ma la filosofia dell'Occidente non si accontenta del blocco delle basi discorsive operato da Platone, e in epoca moderna, con Cartesio, ne opera un secondo, più decisivo, più radicale, sganciato da Dio e dall'ordine della natura, perché ancorato all'Io del-

---

[5] F. Nietzsche, *Die Geburt der Tragödie aus dem Geiste der Musik* (1872); tr. it. *La nascita della tragedia dallo spirito della musica*, in *Opere*, Adelphi, Milano 1972, vol. III, 1, pp. 92-93. Per un approfondimento di questo tema si veda U. Galimberti, *Gli equivoci dell'anima*, cit., capitolo 18: "Sessualità e follia".

l'uomo, di cui è possibile controllare le procedure con cui ordina il mondo.

La psicologia, nell'uso abbondante che fa della parola "Io", tende a dimenticare che questa nozione ha tre secoli di vita, ed è stata generata con l'unico scopo di creare le condizioni che consentano di oltrepassare le soggettività individuali, da cui non può nascere alcun sapere universale, alcuna scienza nel senso moderno del termine.

"Io penso" significa adottare delle convenzioni che anticipano ogni possibile significato, abbandonando nell'insignificanza tutto quel volume di senso che trascende i *mathémata*, le anticipazioni convenute. Nasce il sapere *matematico,* cioè anticipato, a cui si accede solo accettando le convenzioni discorsive che l'*ego cogito* ha predisposto per l'interrogazione del mondo.

L'unità non è più *teologica*, né *ontologica*, ma *egologica*; si appella non alle leggi di Dio o a quelle della natura, ma alle anticipazioni dell'Io. La ragione diventa *legislatrice,* detta cioè le leggi della rappresentazione del mondo.[6] In proposito Kant è chiarissimo. Nella *Prefazione* alla seconda edizione della *Critica della ragion pura* scrive che:

> Galilei e Torricelli compresero che la ragione vede solo ciò che lei stessa produce secondo il proprio disegno, e che, con i princìpi dei suoi giudizi secondo leggi immutabili, deve essa entrare innanzi e costringere la natura a rispondere alle sue domande, senza lasciarsi guidare da essa, per così dire, con le redini; perché altrimenti le nostre osservazioni, fatte a caso e senza un disegno prestabilito, non metterebbero capo a una legge necessaria, che pure la ragione cerca e di cui ha bisogno.[7]

La funzione legislativa della ragione moderna inaugura un sapere che, anticipando metodi e ipotesi, conosce già nella rappresentazione (*Vor-stellung*) il nome della cosa, prima (*vor*) che questa si presenti. La presenza della cosa non è più un *es-porsi* dalla sua ascosità, ma un *dis-porsi* nel campo della rappresentazione anticipata. Il suo stare è uno star-di-contro (*ob-jectum*) all'*ego* soggettivo che ha disposto l'ordine di presentazione. L'oggettività diventa la modalità del suo apparire, che non è più espressione dell'essere, ma richiamo di una soggettività che vuole la cosa davanti a sé nelle modalità anticipate e predisposte.

---

[6] Si veda in proposito U. Galimberti, *Il tramonto dell'Occidente nella lettura di Heidegger e Jaspers* (1975-1984), Feltrinelli, Milano 2005, Parte IX: "L'anticipazione della ragione e l'assicurazione dell'ente".

[7] I. Kant, *Kritik der reinen Vernunft* (1781, 1787); tr. it. *Critica della ragion pura*, Laterza, Bari 1959, Prefazione alla seconda edizione (1787), pp. 18-19.

In ciò è la *pro-vocazione* del sapere scientifico che, nella rappresentazione, possiede in anticipo l'oggetto che, con il metodo, chiama alla presenza. Il possesso è potenza sull'oggetto che si è "chiamato davanti" a sé, cioè *pro-vocato* e disposto nell'orizzonte dell'oggettività, in modo che sia possibile, seguendo lo stesso metodo, ritrovarlo allo stesso posto, onde consentire alla ragione provocante di poterne sempre disporre.

Affinché la disponibilità sia universale e il più possibile garantita contro ogni eventuale smarrimento, la soggettività che dispone la posizione delle cose dovrà essere a sua volta universale e il più possibile purificata dagli inconvenienti della soggettività, dovrà essere *coscienza intersoggettiva*, *intelletto puro*, che lascia fuori di sé ogni sorta di condizionamento psicologico e ogni dimensione che trascenda l'orizzonte oggettivo dischiuso dall'anticipazione ipotetica e percorso dal metodo che ha provocato la presenza dell'oggetto.[8]

Di fronte a questa storia della ragione moderna la psicologia del profondo ha assunto due atteggiamenti antitetici: da un lato, con Freud, ha tentato una rigorosa decostruzione dell'*ego cogito*, dell'Io; dall'altro, sempre con Freud, ha tentato di dare a se stessa l'assetto rigoroso delle scienze oggettive, le quali sono possibili solo a partire da quell'*ego cogito*, che proprio la psicoanalisi si è incaricata di decostruire.

Qui fa la sua prima comparsa Jung, il cui contrasto con Freud è ben più radicale di quello che egli stesso descrive.[9] Jung non rifiuta di Freud solo la *reductio ad unum* di tutte le manifestazioni psichiche in base al principio esplicativo della libido pulsionale, non rifiuta solo la risolvibilità dell'inconscio nell'economia dell'Io secondo il progetto freudiano: "Dove era l'Es, deve subentrare l'Io",[10] non rifiuta solo la rigorosa traduzione dei simboli nel codice anticipatamente prescritto, non rifiuta solo la risoluzione di tutte le espressioni culturali dell'uomo in quell'unica chiave interpretativa che è la sublimazione delle pulsioni; ma questi rifiuti, che nel loro isolamento possono apparire

---

[8] Per una più ampia esposizione di questo tema rinvio a U. Galimberti, *Il tramonto dell'Occidente nella lettura di Heidegger e Jaspers*, cit., Parte X: "La provocazione della scienza e della tecnica".

[9] C.G. Jung, *Der Gegensatz Freud und Jung* (1929); tr. it. *Il contrasto tra Freud e Jung*, in *Opere*, Boringhieri, Torino 1969-1993, vol. IV, pp. 355-364.

[10] S. Freud, *Neue Folge der Vorlesungen zur Einführung in die Psychoanalyse* (1932); tr. it. *Introduzione alla psicoanalisi (Nuova serie di lezioni)*, in *Opere*, Boringhieri, Torino 1968-1993, vol. XI, Lezione 31, p. 190. Lo stesso motivo ritorna in *Das Ich und das Es* (1922); tr. it. *L'Io e l'Es*, in *Opere*, cit., vol. IX, p. 517: "La psicoanalisi è uno strumento inteso a render possibile la progressiva conquista dell'Es da parte dell'Io".

semplici scelte di campo, composti fra loro, dicono un solo grande rifiuto: quello di leggere l'uomo a partire dalle leggi oggettivanti che la scienza, inaugurata dall'*ego cogito*, produce. Ne discende che Jung è d'accordo con Freud sulla decostruzione dell'Io penso, ma poi ne trae anche le conseguenze che si traducono in quell'espressione ormai famosa:

> La psicologia deve abolirsi come scienza, e proprio abolendosi, raggiunge il suo scopo scientifico. Ogni altra scienza ha un "al di fuori" di se stessa, ma non la psicologia, il cui oggetto è il soggetto di ogni scienza in generale.[11]

Non si può infatti annuvolare il cielo e poi pretendere di vedere le stelle. La psicologia non è una scienza, per la semplice ragione che ha dissolto il principio su cui la scienza moderna ha edificato se stessa.[12] Trarne le conseguenze, come ha fatto Jung, significa aprire una problematica che riguarda non solo la psicologia junghiana che l'ha inaugurata, ma l'intera psicologia del profondo. A questo punto, al di là delle simpatie o delle antipatie molto spesso giustificate dalla scolastica junghiana, la psicologia del profondo deve fare i conti con Jung che, a sua volta, non è esente dalle aporie emergenti dal problema che ha aperto.

3. *Ermeneutica*

Inscritta nel *senso*, come la fenomenologia giustamente vuole che sia inscritto ogni discorso sull'uomo,[13] la psicoanalisi deve perciò stesso rinunciare a porsi come *scienza oggettiva*, perché le produzioni di senso sono inverificabili con i metodi delle scienze oggettive. Alternative a queste sono le *scienze storiche* o, come oggi più correttamente si dice, *ermeneutiche*. L'er-

---

[11] C.G. Jung, *Theoretische Überlegungen zum Wesen des Psychischen* (1947-1954); tr. it. *Riflessioni teoriche sull'essenza della psiche*, in *Opere*, cit., vol. VIII, p. 240.
[12] Per un approfondimento di questo tema si veda U. Galimberti, *Gli equivoci dell'anima*, cit., capitolo 16: "Inconscio e metodo scientifico".
[13] Si veda a questo proposito L. Binswanger, *Freud und die Verfassung der klinischen Psychiatrie* (1936); tr. it. *Freud e la costituzione della psichiatria clinica*, in *Per un'antropologia fenomenologica*, Feltrinelli, Milano 1970; *Freuds Auffassung des Menschen im Lichte der Anthropologie* (1936); tr. it. *La concezione dell'uomo in Freud alla luce dell'antropologia*, in *Per un'antropologia fenomenologica*, cit.; *Erinnerungen an Sigmund Freud* (1956); tr. it. *Ricordi di Sigmund Freud*, Astrolabio, Roma 1971. Per una analisi più approfondita dei rapporti tra Freud e Binswanger si veda U. Galimberti, *Psichiatria e fenomenologia*, Feltrinelli, Milano 1979, Parte II: "Fenomenologia e psicologia".

meneutica ha il pregio di aver cancellato ogni presunzione di innocenza, nel senso che quando noi comprendiamo qualcosa siamo compromessi da una *pre-comprensione*, che è il frutto della nostra cultura epocale, della nostra educazione, della nostra particolare visione del mondo, per cui ogni volta che raccontiamo qualcosa, raccontiamo noi stessi sotto il pretesto di qualcosa.

Non c'è testo che non sia la nostra lettura del testo, per cui interpretare non è *contemplare* uno spettacolo che si mostra da sé, ma è *agire* su questo spettacolo perché ceda il suo senso. Con questa presa di coscienza, di cui l'ermeneutica ci ha fatto dono, la filosofia si scopre come *prassi*, e come prassi legge tutte le teorie che un tempo si offrivano sotto il segno dell'immutabilità, come frutto di contemplazione.

Ogni sguardo dispiegato sulle cose, ogni ascolto proteso sul mondo è già un'interazione tra ciò che si offre al nostro sguardo e ciò che il nostro sguardo recepisce in base alle significazioni che già possiede. L'innocenza della parola non è faccenda umana e neppure divina, dal momento che anche la parola di Dio è ascoltata, è *per ciò stesso* interpretata, e *quindi* agita dall'uomo.

Consideriamo allora le verità *oggettive* sulla psiche come forme di prepotenza, e quelle *relative* come forme di consapevolezza, dove si sa che il *racconto* è sempre il *nostro racconto*. Qui Jung ha visto meglio di Freud, che allontanava da sé tutti coloro che si discostavano dal (suo) racconto. Jung ha capito che quello della psicoanalisi era il racconto di Freud, così come quello della psicologia individuale era il racconto di Adler, perciò ha evitato di produrre il suo racconto, anche se a ciò hanno provveduto, con improvvida sollecitudine, i suoi discepoli. Scrive infatti Jung:

> La consapevolezza del carattere soggettivo di ogni psicologia, che è il prodotto di un singolo individuo, dovrebbe essere la caratteristica che mi distingue più rigorosamente da Freud.[14]

E altrove:

> La conoscenza umana deve contentarsi di creare modelli verosimili corrispondenti al probabile. Far di più sarebbe sventatezza e temerarietà.[15]

---

[14] G.G. Jung, *Il contrasto tra Freud e Jung*, cit., p. 360.
[15] Id., *Das Gewissen in psychologischer Sicht* (1958); tr. it. *La coscienza morale dal punto di vista psicologico*, in *Opere*, cit., vol. X, 2, p. 308.

Questa consapevolezza ermeneutica, che tra gli junghiani vedo documentata solo da Mario Trevi in *Per uno junghismo critico* e dai collaboratori della rivista da lui fondata che ha per titolo "Metaxù",[16] è il più grande guadagno che Jung trae dalla decostruzione dell'Io penso. Esso consiste nella presa di coscienza esplicita dell'impossibilità di una psicologia come scienza oggettiva.

Ogni tentativo che, attraverso la solidificazione delle figure psichiche di cui Jung parla come ognuno può parlare del *proprio* itinerario psicologico, pretenda di costruire una psicologia junghiana, compirebbe una mossa che nella lettera e nello spirito contraddice l'essenza più autentica e più dialogica della riflessione psicologica di Jung. La psicologia junghiana esclude appartenenze, il suo messaggio non è una dottrina, è un'apertura, e nell'"aperto", ce lo ricorda Heidegger, c'è il massimo della manifestazione e il massimo del rischio.[17]

4. *Simbolo*

Questa apertura si ripercuote potentemente sulla nozione junghiana di *simbolo* ed è la condizione prima per la sua comprensione. Sul modo di leggere il simbolo si consuma la separazione tra Freud e Jung e, in omaggio alla chiarezza, bene ha fatto Freud a non concedere alla riflessione psicologica di Jung il titolo di "psicoanalisi".

Decostruito il nostro modo abituale di pensare per ricondurlo alle sue origini arcaiche, dove desideri impediti, deviati e convertiti custodiscono quel nucleo di senso che l'Io, ingannandosi, rappresenta come sua creazione, Freud si propone di evidenziare l'inganno dell'Io, mostrando che le sue creazioni culturali e religiose altro non sono che travestimenti simbolici di desideri rimossi, dove tutta la nostra infanzia e la nostra arcaicità esprimono, nel sogno e nella nevrosi, la loro ineliminabilità, per cui l'uomo pensa di avere una *storia* mentre è semplicemente esecutore di un *destino*.

L'Io non è autore delle sue parole, ma le sue parole sono abbellimento che traveste un discorso già pronunciato dalle sue rappresentazioni inconsce in termini che, nella loro immedia-

---

[16] M. Trevi, *Per uno junghismo critico*, Bompiani, Milano 1986. La rivista "Metaxù" uscì per 16 numeri dal 1986 al 1993, pubblicata in successione dagli editori romani Borla, Kappa e Theoria.
[17] M. Heidegger, *Wozu Dichter?* (1946); tr. it. *Perché i poeti?*, in *Sentieri interrotti*, La Nuova Italia, Firenze 1968, pp. 247-287.

tezza, sarebbero improponibili. La decodificazione svela sempre la stessa trama, il simbolo rinvia sempre allo stesso testo. Il testo recita l'angoscia del bambino che viene al mondo senza protezioni e senza difese. La psicoanalisi ci ha persuaso, e nessuno, neppure Jung, contesta questa archeologia del simbolo, questo rinvio al passato prossimo della nostra infanzia e al passato remoto dell'umanità.

Ora, però, siccome la nostra psiche, oltre a essere immersa in un destino è anche aperta a una storia, Jung colloca il simbolo *tra il passato e il futuro,* e in questa collocazione dischiude due prospettive che non sono né omogenee né analoghe. Il riferimento al passato prossimo o remoto è l'aspetto *sintomatico* del simbolo. Così, ad esempio, scrive Jung:

> La fantasia è da intendersi tanto in senso causale quanto in senso finalistico. A una spiegazione causale essa appare come *sintomo* di uno stato fisiologico o personale che è il risultato di avvenimenti precedenti. Alla spiegazione finalistica, invece, la fantasia appare come un *simbolo* che tenta, con l'ausilio dei materiali già esistenti, di caratterizzare o di individuare un determinato obiettivo o piuttosto una determinata futura linea di sviluppo psicologico.[18]

Quello che qui è detto per la fantasia vale per l'universo psichico, nel senso, scrive Jung, che: "Quando si ha a che fare con cose psichiche, il chiedersi: 'Perché si verifica la tal cosa?' non è necessariamente più produttivo che il domandarsi 'A che scopo succede?'".[19] In gioco è qui il passaggio dall'ordine della spiegazione (*Erklärung*), presieduto dalle categorie della ragione, all'ordine del senso (*Sinn*), che dette categorie trascende.

Ma qui la distinzione introdotta da Jung tra il punto di vista causale (*kausaler Gesichtspunkt*) che approda alla spiegazione delle cose, e il punto di vista finalistico (*finaler Gesichtspunkt*) che si apre a successive linee di sviluppo e quindi a possibili futuri (*zukünftige psychologische Entwicklungslinie*), non va intesa in senso debole, quasi si trattasse di una semplice precisazione circa la differenza tra due possibili procedimenti della ragione, dal momento che, dei due, solo il procedimento causale, che approda alla spiegazione, appartiene all'ordine della ragione, mentre l'altro trascende i limiti della pura ragione perché, come diffusamente e ripetutamente ha mostrato Kant: "Non po-

---

[18] C.G. Jung, *Psychologische Typen* (1921); tr. it. *Tipi psicologici,* in *Opere,* cit., vol. VI, p. 443.
[19] Id., *Vom Wesen der Träume* (1945-1948); tr. it. *L'essenza dei sogni,* in *Opere,* cit., vol. VIII, p. 303.

tendo esser tratto dall'esperienza, né essendo necessario alla possibilità dell'esperienza stessa, non v'è modo di assicurare la sua realtà oggettiva".[20]

Tra causa e fine corre allora tutta quella distanza che separa l'ordine *razionale* dall'ordine *simbolico*. Nell'ordine razionale si approda alla *spiegazione*, cioè alla *riduzione* di un fenomeno all'ordine legale che la ragione ha anticipato; il risultato di questa riduzione è la produzione di un *significato* (*Bedeutung*). Nell'ordine simbolico, invece, si trascende la spiegazione e la conseguente produzione di significati validi per la ragione, per arrischiare un *senso* (*Sinn*) che, come dice Kant, "può essere pensato senza contraddizione, ma non determinato categoricamente".[21] In questo procedimento, conclude Kant:

> La ragione non ci può seguire, perché quando con questa specie di spiegazione ci smarriamo nel trascendente, la ragione è indotta a fantasticare poeticamente, vale a dire è indotta a ciò che è suo massimo dovere evitare.[22]

Esclusa come possibilità della ragione, la procedura finalistica è riaccolta da Kant quando l'esigenza incondizionata (*unbedingte Forderung*) di un *senso* si impone al di là della produzione razionale dei *significati*. Allora, dice Kant:

> Voler escludere interamente il principio teleologico, e pretendere di seguire sempre il semplice meccanicismo [...] significherebbe abbandonare la ragione a divagazioni sopra le impenetrabili potenze della natura, divagazioni fantastiche e chimeriche, non meno di quelle a cui potrebbe essere trascinata da un'esplicazione puramente teleologica, che non facesse alcun conto del meccanicismo naturale.[23]

Nella lettura dei processi psichici, assumendo l'ipotesi finalistica, e considerandola in molti casi più idonea di quella causale adottata da Freud, Jung, non solo non ignora la lezione kantiana, ma la cita testualmente:

> Se vogliamo lavorare veramente da psicologi, allora dobbiamo conoscere il "senso" dei fenomeni psichici. [...] È assolutamente impossibile infatti considerare la psiche in senso "solo causale", dob-

---

[20] I. Kant, *Kritik der Urteilskraft* (1790); tr. it. *Critica del giudizio*, Laterza, Bari 1960, p. 271.
[21] *Ibidem*.
[22] *Ivi*, p. 287.
[23] *Ivi*, p. 288.

biamo considerarla anche in senso "finale". Prima di Kant la cosa sembrava impossibile, ma, com'è noto, Kant ha dimostrato molto chiaramente che il punto di vista meccanicistico e quello teleologico sono non principi *costitutivi* (oggettivi), e per così dire qualità dell'oggetto, ma solo principi *regolativi* (soggettivi) del nostro pensiero, e come tali non si contraddicono, giacché io posso senza difficoltà pensare insieme la seguente tesi e antitesi. *Tesi:* tutte le cose nascono secondo leggi meccaniche. *Antitesi:* alcune cose non nascono esclusivamente secondo leggi meccaniche. Kant dice: la ragione però non può dimostrare né l'uno né l'altro di questi principi, perché noi non possiamo disporre di alcun principio determinante a priori a proposito della possibilità delle cose secondo leggi puramente empiriche della natura. [...] Naturalmente io considero necessari ambedue i modi di vedere, quello causale e quello finalistico, ma vorrei far notare che, dopo Kant, sappiamo che i due punti di vista non si contraddicono, se vengono considerati come principi regolativi del pensiero, e non come principi costitutivi del processo di natura stesso.[24]

Accolta la lezione kantiana, Jung non ne dimentica le cautele, anzi è perfettamente consapevole che la ricerca di un senso, al di là dei significati stabiliti dalla ragione, implica un oltrepassamento dei limiti della pura ragione. A suo avviso questo oltrepassamento, che dischiude l'orizzonte simbolico, prende avvio "se si è del parere che un processo naturale in genere sia privo di un significato soddisfacente (*eines befriedigenden Sinnes entbehre*)".[25]

Ciò è dovuto al fatto che la spiegazione, come riduzione di un fenomeno all'ordine legale che la ragione ha anticipato, offre un significato che rimane circoscritto all'anticipazione convenuta, e quindi non trascende l'ipotesi umana che l'ha formulato. Non siamo cioè in presenza di un'apparizione di senso, di una verità nell'accezione greca della parola *alétheia*, ma di un risultato ottenuto (*ex actu*) dalla legislazione della ragione, quindi di una semplice *esattezza*. In questo senso scrive Jung:

> Se si ammette che le leggi naturali sono ipotesi formulate dagli uomini per spiegare il processo naturale [...] non dobbiamo dimenticare che vi è una conformità a leggi *nel* processo naturale e una conformità a leggi *del* processo naturale.[26]

---

[24] C.G. Jung, *Vorreden zu "Collected Papers on Analytical Psychology"* (1916-1917); tr. it. *Prefazione ai "Collected Papers on Analytical Psychology"*, in *Opere*, cit., vol. IV, pp. 318-319.
[25] Id., *Tipi psicologici*, cit., p. 444.
[26] *Ibidem*.

5. JUNG E LA FILOSOFIA DELL'OCCIDENTE

Con questa affermazione Jung ripercorre in sede psicologica l'itinerario filosofico di Kant che pone, al di là del fenomeno, la cosa in sé, al di là della *corrispondenza* delle cose alle anticipazioni della ragione, la *verità* delle cose.

Ma come è possibile accedere alla verità delle cose, al noumeno, alla cosa in sé? Non si ripercorre qui la grande tautologia di Kant che, partendo dal presupposto che il conoscere produce significati che hanno valore solo per noi (*für uns*), si vede poi costretto a escludere la possibilità di conoscere la cosa in sé (*an sich*)? E d'altra parte, come si può prescindere da quel presupposto se la ragione perviene solo a quei significati che corrispondono alle sue premesse? Se il limite della ragione, come ha indicato Kant, è invalicabile nella direzione del mondo esterno, forse un itinerario è percorribile in direzione del mondo interno, perché qui *la cosa in sé siamo noi*.

Questa è la peculiarità della psicologia che, unica tra le scienze, si sottrae a qualsiasi forma di oggettivazione, perché il soggetto che indaga e l'oggetto indagato fanno tutt'uno. Qui Jung è chiarissimo: "Ogni altra scienza ha un 'al di fuori' di se stessa, ma non la psicologia, il cui oggetto è il soggetto di ogni scienza in generale".[27]

Per questa peculiarità, in psicologia, la distinzione tra fenomeno e noumeno, tra l'essere che appare a noi e l'essere come è in sé, può risolversi, ma per questo è necessario che *si conceda all'in sé che c'è in noi di parlare a noi*. Ciò è possibile se la ragione che presiede alla costruzione della nostra coscienza si dispone all'ascolto di una parola che la abita a sua insaputa, quindi di una parola inconscia che, nel linguaggio di Jung, è la parola del Sé che "offre all'Io motivo per rendersi conto di sé".[28]

Riconosciute queste differenze nella lettura dell'ordine simbolico, è possibile concludere che se per Freud l'ermeneutica si risolve nella demistificazione del simbolo, nella riduzione delle illusioni che racchiude, per Jung, oltre a questo, il simbolo è anche la manifestazione di un senso che mi è indirizzato, qualcosa che non arresta l'intelligenza ma la provoca, come l'"accenno" del Signore di Delfi che, al dire di Eraclito, "non dice e non nasconde, ma significa (*semainei*)".[29]

Che i simboli siano significanti non è una verità, ma una *possibilità* che non si può verificare con gli strumenti della psicoa-

---

[27] Id., *Riflessioni teoriche sull'essenza della psiche*, cit., p. 240.
[28] Id., *Das Wandlungssymbol in der Messe* (1942-1954); tr. it. *Il simbolo della trasformazione nella messa*, in *Opere*, cit., vol. XI, p. 253.
[29] Eraclito, fr. B 93.

nalisi che riportano alla prima infanzia, e neppure con la teoria degli archetipi, che, non accontentandosi della prima infanzia, risale all'infanzia dell'umanità, ribadendo, in questo risalire, non il profilo *prospettico* di Jung, ma il metodo *riduzionistico* della psicoanalisi di Freud.

La possibilità a venire, racchiusa nella concezione junghiana del simbolo, è ciò che consente di controbilanciare, con la *storia* che l'uomo costruisce, il *destino* in cui l'uomo è radicato. Che poi anche la storia sia un'illusione, e il contrappeso che essa rappresenta nei confronti del destino nient'altro che un desiderio infantile da smascherare, ciò è da lasciare alle psicologie dei singoli, alla pre-comprensione con cui ogni coscienza, mai innocente, si apre all'interpretazione di sé e del mondo. Se la psicologia analitica, come oggi i seguaci di Jung chiamano la loro appartenenza, non fa questa concessione, non può fondare il *processo di individuazione*, che è il centro della speculazione teorica di Jung e lo scopo della sua prassi terapeutica.

5. *Inconscio*

Non c'è sapere dell'inconscio perché ogni sapere appartiene all'ordine della ragione, che può mettere in scena il suo discorso tranquillo solo quando la violenza è stata cacciata dalla scena, quando la parola è data alla *soluzione* del conflitto, non alla sua *esplosione*, alla sua minaccia.

La diversa lettura che Freud e Jung danno dell'inconscio dice questa differenza: Freud guarda il conflitto a partire dalla sua soluzione, Jung dal fragore della sua esplosione. In gioco non sono solo due punti di vista diversamente dislocati, ma, da un lato c'è il sapere *prodotto* dall'ordine della ragione che, emancipatasi dalla follia, può raccontarla come l'altro da sé (Freud), e dall'altro c'è la pratica della follia come *cedimento* dell'ordine della ragione e sua esposizione a ciò che ragione non è (Jung).

Freud può parlare di inconscio perché, *dal suo punto di vista*, l'enigma è solo ciò che la coscienza ha rimosso, dunque è il risultato delle sue procedure d'esclusione. Jung non può accontentarsi di questa lettura, perché il suo punto di vista si colloca là dove prende avvio la coscienza umana nel suo emanciparsi da quella condizione animale o divina che l'umanità ha sempre avvertito come suo sfondo, e da cui, pur sapendosi in qualche modo uscita, ancora si difende, temendone la sempre possibile irruzione. Si tratta della follia intesa non come il *contrario* della ragione (Freud), ma come *ciò che precede* l'abituale distinzione tra ragione e follia (Jung).

5. JUNG E LA FILOSOFIA DELL'OCCIDENTE

Per Freud la Sfinge ha il volto che la ragione le ritrae come suo altro, per Jung invece ha una "duplice natura" che non può essere svelata se non *violandola*. Edipo allora scioglie l'enigma della Sfinge *perché* ha ucciso il padre e sposato la madre, *perché*, come scrive Nietzsche:

> Si è sottratto all'incantesimo della natura con una mostruosa violazione della natura. E in effetti, come si potrebbe costringere la natura ad abbandonare i suoi segreti se non contrastandola vittoriosamente, ossia mediante ciò che è innaturale? Questa conoscenza la vedo impressa nella terribile triade dei destini di Edipo: lo stesso che scioglie l'enigma della natura – della Sfinge dalla duplice natura – deve anche violare come assassino del padre e marito della madre, i più sacri ordinamenti naturali.[30]

Quando la natura cede il suo segreto mostra il suo volto che è *indifferenziato* perché antecede le *differenze* che la ragione ha faticosamente guadagnato distinguendo il vero dal falso, il bene dal male, il giusto dall'ingiusto, per garantire agli uomini una comunicazione univoca e forme prevedibili di convivenza. La natura, misconoscendo le differenze (*dia-bállein*), mantiene tutto in quella contrazione simbolica (*sym-bállein*) che gli uomini hanno sempre avvertito minacciosa, e perciò hanno espulso dalla loro comunità e relegata in quella sfera pre-umana che è il mondo degli elementi naturali, degli animali, degli dèi, del sacro.[31] Accedere alla dimensione simbolica significa allora per Jung passare dalla *visualizzazione* che la ragione fa della follia all'*esposizione* della ragione all'abisso della follia.[32]

In questo modo, da buon lettore di Nietzsche, Jung non adotta il punto di vista della coscienza che ha raggiunto la sua conquista, ma, congedandosi dallo sguardo promosso dalla quiete che più non si sente minacciata, coglie quel mondo *nell'istante della sua lacerazione*, quando l'uomo con un "crimine" lo viola, e dalla violazione nasce, conquistando la propria differenza dal divino e dal sacro.

Nello scenario che si apre non è più Dio a creare gli uomini, ma sono gli uomini a essersi emancipati da Dio, separandosi da

---

[30] F. Nietzsche, *La nascita della tragedia*, cit., p. 66. Questo tema è stato particolarmente approfondito da G. Vattimo, *Il soggetto e la maschera. Nietzsche e il problema della liberazione*, Bompiani, Milano 1974, capitolo 2: "Alle radici della scissione tra essere e apparire. La nozione di decadenza", pp. 17-41.
[31] Si veda a questo proposito U. Galimberti, *Orme del sacro*, Feltrinelli, Milano 2000.
[32] Per una più ampia illustrazione di questo passaggio si veda il capitolo 10, § 1: "Il simbolo come antecedente dei segni".

quello sfondo simbolico che non ospita né identità né differenza. Il fuoco, in cui Dio si confonde e si mescola, nelle mani dell'uomo diventa principio d'ordine; il suo uso differenziato dà l'avvio al processo di civilizzazione, che coincide con il progressivo distacco ed emancipazione dell'uomo da Dio.

6. *Ragione e follia*

Siamo così giunti al cuore del problema e all'essenza della psicologia, il cui sguardo è rivolto là dove ragione e follia si dipartono, dove la ragione con un gesto violento si emancipa dalla violenza della follia. Ma che cos'è ragione e che cos'è follia?

S'è detto che la ragione è l'atto che *differenzia*, che pone le differenze, per cui è impossibile dire dello stesso che è dio *e* animale, benefico *e* malefico, che è abbandonato, esposto, minacciato e *a un tempo* ineffabile e divino, che è maschio e *a un tempo* femmina, come il linguaggio simbolico non cessa di ripetere, e come lo stesso Freud ebbe modo di considerare in quel suo saggio sul significato opposto delle parole primordiali, dove riferisce che:

> Secondo il glottologo Karl Abel, autore nel 1884 del saggio *Sul significato opposto delle parole primordiali*, è nelle "radici più antiche" che si osserva il fenomeno del duplice significato antitetico. Nel corso dell'evoluzione linguistica questa ambiguità è scomparsa e, perlomeno nell'antico egizio, è possibile seguire tutti i passaggi attraverso i quali si è raggiunta l'univocità del patrimonio lessicale moderno. "Le parole originariamente ambigue si compongono nella lingua successiva in due parole univoche, mentre ciascuno dei due significati opposti assume una particolare 'riduzione' (modificazione) fonetica della stessa radice." Così per esempio già nei geroglifici lo stesso *ken* "forte-debole" si scinde in *ken* "forte" e *kan* "debole". "In altri termini, i concetti che si erano potuti scoprire solo per via d'antitesi vengono nel corso del tempo sufficientemente assimilati dall'intelletto umano, al punto da assicurare a ciascuna delle due parti un'esistenza autonoma, e procurare loro con ciò un rappresentante fonetico separato." [...]
> In un altro saggio che ha per titolo *Origine del linguaggio*, Abel richiama l'attenzione anche su altre tracce di antiche difficoltà di pensiero. Per esprimere "senza" l'inglese dice ancor oggi *without*, dunque "consenza", e altrettanto fa il prussiano orientale. Lo stesso *with*, che oggi corrisponde al nostro "con", significava originariamente non solo "con" ma anche "senza", com'è tuttora riconoscibile in *withdraw* (ritirare), *withhold* (trattenere). La stessa tra-

sformazione ritroviamo nel tedesco *wider* (contro) e *wieder* (insieme con).[33]

La coscienza umana si apre quando si instaura la differenza, quando decide che una cosa non è il suo contrario. La parola tedesca che sta per differenza *Unter-scheidung* mantiene il ricordo di questa decisione (*Ent-scheidung*) con cui si opera il taglio (*Scheidung*) dei significati. Prima di questo taglio non c'è l'uomo, né l'apertura della sua coscienza, perché nessun senso si costituisce se non nella differenza dei significati. Infatti, scrive Jung:

> L'identità non rende possibile la coscienza: solo dalla separazione, dal distacco, dal doloroso "esser posto in contrasto" possono nascere coscienza e conoscenza.[34]

L'identità è lo sforzo pre-umano da cui l'uomo si è emancipato con un gesto violento. Parliamo della violenza sottesa a ogni decisione, perché "decidere" significa stabilire una volta per tutte il senso delle cose, eliminando d'un colpo tutti i significati adiacenti e tutte le oscillazioni possibili di cui si alimentano i sogni, le fantasie, le allucinazioni, che attingono a quello sfondo preumano che è lo sfondo dell'indifferenziato.

Il gesto della ragione è violento, perché dire che "questo è questo *e non* altro", dire che il cavallo è il cavallo *e non* l'istinto, il desiderio, l'impeto, la fedeltà, il sacrificio, la morte, è una *decisione*, non una verità. Ma la violenza della ragione è ciò che ha consentito all'Io di sottrarsi a quella violenza maggiore che è *il mancato riconoscimento delle differenze*, per cui il padre non è riconosciuto come padre, la madre come madre, il figlio come figlio, con conseguente oscillazione dei significati, di tutti i significati che l'Io ha faticosamente costruito per orientarsi nel mondo. Il desiderio incestuoso, su cui Freud ha costruito la sua ipotesi analitica, è un esempio di questo mancato riconoscimento delle differenze. Il disordine che ne consegue è la violenza di una differenza mancata.

Decidendo, scrive Jung, l'Io si sottrae alla "violenza del Sé

---

[33] S. Freud, *Über den Gegensinn der Urworte* (1910); tr. it. *Significato opposto delle parole primordiali*, in *Opere*, cit., vol. IX, pp. 188-190. Le opere di Abel a cui Freud fa riferimento, e da una delle quali mutua il titolo per il suo saggio, sono: K. Abel, *Über den Gegensinn der Urworte* (*Significato opposto delle parole primordiali*), Leipzig 1884; *Ursprung der Sprache* (*Origine del linguaggio*), in *Sprachwissenschaftliche Abhandlungen*, Leipzig 1885.

[34] C.G. Jung, *Zur Psychologie des Kinderarchetypus* (1940); tr. it. *Psicologia dell'archetipo del fanciullo*, in *Opere*, cit., vol. IX, 1, p. 164.

(*Vergewaltigung durch das Selbst*)",[35] dove il Sé è quello sfondo pre-umano che le religioni chiamano "Sacro" e successivamente "Dio", e da cui l'Io nasce con un gesto violento, reso a sua volta possibile da una concessione di Dio: *"Deo concedente"*, dice Jung.[36]

Le metafore conscio/inconscio, razionale/irrazionale, umano/pre-umano non irradiano significazioni in uno spazio puro, abbandonato a se stesso, dis-orientato, ma solo a partire da un'origine compresa, da un oriente *inscritto*, che è poi il luogo dove l'Io ha stabilito le differenze per orientarsi nel mondo. Ma da questo luogo non si può parlare dell'indifferenziato, e perciò l'Io *patisce la violenza* dell'indicibilità del Sé che lo abita, una violenza simile a quella patita da Mosè quando:

> L'Eterno gli parlò faccia faccia per dirgli "Tu non potrai vedere la mia faccia, perché l'uomo non può vedermi e sopravvivere. Ti sdraierai sulla roccia. Quando passerà la mia gloria, io ti metterò in una cavità della roccia e ti coprirò con la mano, finché non sarò passato. E quando io ritirerò la mano, tu mi vedrai da dietro, ma la mia faccia non potrà essere vista".[37]

Se il linguaggio è la possibilità del faccia a faccia, con Dio non c'è linguaggio, se non dopo che Lui ha voltato le spalle e ha ritirato la mano. Allora Mosè lo potrà vedere, ma da dietro, quando se ne è andato, quando il distacco, la differenza, il *dia-bállein* è avvenuto.

Dia-bállein qui non significa che l'uno è giorno e l'altro è notte, l'uno luce e l'altro tenebre. Queste distinzioni sono dell'Io, nel duplice senso del genitivo: costituite dall'Io e costituenti l'Io. La notte del Sé è una notte inimmaginabile che non è neppure il contrario del giorno, perché è notte *e* giorno, luce *e* tenebre. È una notte senza volto, a cui si potrebbe applicare l'espressione di Jabès: "Tutti i volti sono il Suo, e questa è la ragione per cui Egli non ha volto".[38]

L'archetipo junghiano, nell'infinità delle sue contraddizioni, nella coincidenza degli opposti che in essi si esprime, non è

---

[35] Id., *Versuch zu einer psychologischen Deutung des Trinitätsdogmas* (1942-1948); tr. it. *Saggio d'interpretazione psicologica del dogma della Trinità*, in *Opere*, cit., vol. XI, p. 156.

[36] Id., *Psicologia dell'archetipo del fanciullo*, cit., p. 157. È curioso notare che le prognosi psichiatriche di fine Ottocento e primo Novecento concludevano con l'espressione *"Deo concedente"*, come a dire che la ragione e l'ordine sarebbero tornati non tanto per l'efficacia delle terapie, quanto per concessione della follia che, al pari del dio, da sé sola poteva congedarsi.

[37] *Esodo*, 2, 5-6.

[38] E. Jabès, *Je bâtis ma demeure*, Gallimard, Paris 1959, p. 61.

una cosa, non è un'immagine, non è una verità, non è un a priori, non è una fantasia, ma è un *simbolo* che "mette assieme (*symbállein*)" il linguaggio umano con la fonte pre-umana da cui il linguaggio si è separato, facendo la guerra alla guerra che lo istituisce.

All'interno di questo conflitto, che Jung definisce "violentissimo (*heftigste Entzweiung*)",[39] l'*umanismo* è sospeso al filo sottilissimo dell'Io che narra di sé, perché, invece di lasciarsi incantare dal Racconto, Jung domanda che cos'è il Racconto. Una domanda terribile perché assedia l'invulnerabilità del sapere. Che io sia "costruito" è la stessa storia del *mio racconto* che lo dice. Quindi io non sono costruito se non per un oblio della mia genesi. Ma chi mi racconta il *Genesi* se non Dio?

Anche Nietzsche, come abbiamo visto,[40] quando si imbatte nel problema della *nascita* della filosofia, non sta ad ascoltare Socrate, ma, aggirando il filosofo, si fa narrare l'evento dagli dèi, da Apollo e da Dioniso. E come, dopo Nietzsche, non si può far filosofia senza scontrarsi con la *nascita* della filosofia che ha una genealogia che rimane ignota ai *libri di testo*, così dopo Jung non si può fare psicologia se non accedendo alla nascita della psicologia, che non si trova nei libri scientifici, ma in quel *pre-testo* che è la religione, dove il dramma divino narra la vicenda umana che l'uomo non può raccontare, perché il suo racconto, il suo testo, è venuto dopo.

Per questo in Jung non parla il sapere, ma Dio e gli dèi. Con Jung torna l'enigma, torna l'oscurità. La sua psicologia assume il *modo* del discorso per trasferirlo al *limite* del discorso. È questo limite che si deve indagare.

Si scoprirà allora che, prima del *Bewusst-sein*, della coscienza tutta dispiegata di cui parla Freud, in ciò fedele esecutore del progetto occidentale, c'è stato e continua a esserci quel faticoso *Bewusst-werden*, che Jung indica come lo sforzo ininterrotto di sottrarre la coscienza alla minaccia sempre incombente della violenza divina. La violenza dell'indifferenziato, la sua minacciosa *polimorfia* come negazione della *differenza*, di tutte le differenze.

Freud ha scoperto questa minaccia nella sessualità infantile "polimorfa e pervertita".[41] Jung ha intuito che la polimorfia ses-

---

[39] C.G. Jung, *Tipi psicologici*, cit., p. 489. Sul conflitto Io-Sé si veda U. Galimberti, *La terra senza il male. Jung: dall'inconscio al simbolo*, cit., capitolo 15: "La violenza del Sé e la passione dell'Io".
[40] Cfr. il capitolo 1, § 4: "Nietzsche e la genealogia della ragione".
[41] S. Freud, *Drei Abhandlungen zur Sexualtheorie* (1905); tr. it. *Tre saggi sulla teoria sessuale*, in *Opere*, cit., vol. IV, p. 409.

suale è solo l'ultimo residuato, visibile in Occidente, di quella più grande polimorfia che l'umanità ha da sempre conosciuto e collocato nel divino e nel sacro. Se questo è vero, l'intrattenersi di Jung fra cose sacre e divine non è dunque un'espressione della sua mancanza di razionalità, ma se mai è il rifiuto di riconoscere in un resto del sacro (la sessualità) l'essenza del sacro, la sua incontenibile violenza.

Se l'ipotesi junghiana è corretta, è ovvia l'*impossibilità scientifica della psicologia* che voglia esplorare le regioni del profondo. Se questo profondo, infatti, è lo sfondo pre-umano, la psicologia si trova a insistere su quel *limite* che separa la ragione degli uomini dalla follia degli dèi.

È questo un limite che non si lascia trattare con i metodi della scienza, perché la scienza, sia essa "naturale" o "umana", è comunque al di là del limite, al di là del conflitto violentissimo in cui la ragione si emancipa dalla follia. A questo punto l'*oscurità* attribuita al pensiero di Jung non riguarda la scarsità del suo rigore scientifico, ma riguarda l'*oscurità della cosa* che nessuna luce accesa dalla ragione scientifica è in grado di illuminare.

6. La psicologia analitica di Jung

> Io non sono un avversario di Freud, anche se la sua miopia e quella dei suoi discepoli mi vuole etichettare in tal senso. [...] A Freud rimprovero di spiegare l'uomo troppo esclusivamente dal punto di vista patologico e alla luce dei suoi difetti. Io miro invece a capire l'uomo in quanto sano, e a liberare anche il malato da quella psicologia che Freud descrive in ogni pagina delle sue opere. [...] Senza dubbio Freud ha fatto molto male a negarsi alla filosofia.
>
> C.G. JUNG, *Il contrasto tra Freud e Jung* (1929), pp. 358-359.

"Psicologia analitica" è la denominazione della psicologia del profondo elaborata da Jung, che si staccò da una precedente adesione al pensiero psicoanalitico di Freud nel 1912 con l'opera *Simboli della trasformazione*,[1] nella quale Jung prospetta una lettura dell'energia psichica o *libido* non più limitata alle sole *manifestazioni pulsionali* come aveva ritenuto Freud, ma estesa anche alle *espressioni culturali* con finalità creative.

Il simbolo, infatti, che Freud concepiva come semplice *segno manifesto* di un contenuto latente, viene inteso da Jung come *istanza operativa* che promuove lo sviluppo e la trasformazione dell'uomo in vista di quel "processo di individuazione" che nel pensiero junghiano sostituisce il concetto di "guarigione".

1. *Il simbolo e il processo di trasformazione*

Operando una netta distinzione tra il *segno* che rinvia a una cosa nota (campanile = fallo; caverna = contenitore materno) e il *simbolo* che rimanda a qualcosa di fondamentalmente scono-

---

[1] Quest'opera fu pubblicata da C.G. Jung nel 1912 con il titolo *Wandlungen und Symbole der Libido*, Deutlicke Verlag, Leipzig, Wien, e nel 1952 (quarta edizione) con il titolo *Symbole der Wandlung. Analyse des Vorspiels zu einer Schizophrenie*, Rascher Verlag, Zürich. La traduzione italiana, condotta sulla quarta edizione, si intitola: *Simboli della trasformazione*, in *Opere*, Boringhieri, Torino 1969-1993, vol. V.

sciuto e per il quale non c'è un'espressione razionale adeguata,[2] Jung scorge, nella produzione simbolica individuale e collettiva, delle *eccedenze di senso*, rispetto all'insieme dei significati codificati, che promuovono quelle trasformazioni individuali e collettive in cui si esprime: a livello *individuale* il senso di ogni biografia, e a livello *collettivo* il senso della storia.

In questo modo Jung amplia il concetto di "psiche", lo emancipa dallo sfondo naturalistico in cui Freud l'aveva trattenuto, identificando la psiche con la pulsionalità dell'uomo inteso come organismo biologico, e introduce in questo concetto la nozione di *storia* che le indagini psicologiche precedenti avevano lasciato fuori dal loro ambito, perché la metodologia delle scienze esatte, a cui tende anche la psicologia, non ne consente il controllo e la verifica in termini di esattezza. Scrive infatti Jung:

> Là dove accade che il simbolo offra un gradiente maggiore che non la natura è possibile tradurre la libido in altre forme. La storia della civiltà ha dimostrato a sufficienza che l'uomo possiede una relativa eccedenza di energia suscettibile di essere impiegata in modo diverso dal decorso puramente naturale. Il fatto che il simbolo renda possibile questa deviazione dimostra che non tutta la libido si è fissata in maniera conforme alle leggi di natura, e che ne è rimasto un certo quantum d'energia che potremmo definire *eccedenza libidica*.[3]

2. Metodo causale e metodo finalistico

Questa concezione del simbolo, che oltre a operare "la trasformazione dell'energia dalla forma biologica alla forma culturale",[4] esprime un'eccedenza di senso rispetto ai significati individualmente e collettivamente codificati, chiede un mutamento della metodologia interpretativa, e precisamente un passaggio dal metodo causale a quello finalistico, in vista non della *spiegazione* di un determinato disagio, ma del *significato* e del *senso* che quel disagio oscuramente indica. Aggiungere allo sguardo *esplicativo*, a cui si era limitata la psicoanalisi di Freud, uno sguardo *prospettico* significa leggere i sintomi delle malattie non solo come "segni" di destrutturazioni da ristrutturare, ma come "simboli" di trasformazioni da effettuare. Infatti, scrive Jung:

---

[2] Per un approfondimento di questo tema si veda U. Galimberti, *La terra senza il male. Jung: dall'inconscio al simbolo* (1984), Feltrinelli, Milano 2001, capitolo 5: "Il gioco dei segni e il conflitto dei simboli".
[3] C.G. Jung, *Über die Energetik der Seele* (1928); tr. it. *Energetica psichica*, in *Opere*, cit., vol. VIII, pp. 56-57.
[4] Ivi, p. 70.

La causa rende impossibile ogni sviluppo. Come esatto contrario di ogni evoluzione prospettica, la *reductio ad causam* blocca la libido ai dati di fatto elementari. Dal punto di vista del razionalismo questo è senz'altro un bene, ma dal punto di vista della psiche è la non vita, è la noia inguaribile. Con ciò non si intende naturalmente negare che per molti uomini la fissazione della libido ai fatti fondamentali è assolutamente necessaria. Ma quando questa esigenza è soddisfatta, la psiche non può ancorarsi in eterno a questo punto, deve continuare a evolversi, e perciò le cause si trasformano per lei in mezzi per raggiungere un fine, in espressioni simboliche di un cammino da percorrere.[5]

Da questo punto di vista prende avvio una nuova interpretazione dei sintomi, delle fantasie e dei sogni a partire dal principio che:

Quando si ha a che fare con cose psichiche, il chiedersi "Perché si verifica la tal cosa?" non è necessariamente più produttivo che il domandarsi "A che scopo succede?".[6]

In gioco è qui il passaggio dall'ordine della spiegazione (*Erklärung*), presieduta dalle categorie della ragione, all'ordine del senso (*Sinn*) che dette categorie trascende, essendo l'universo psichico più ampio dell'universo razionale.

3. *L'inconscio e le sue figure*

Per Jung l'inconscio precede la coscienza come sua radice e non la segue come conseguenza della rimozione; il suo contenuto non è solo il resto del passato, ma esprime anche un *progetto d'esistenza* e quindi un possibile futuro. Al pari di Freud, Jung non nasconde che l'inconscio è solo un'*ipotesi*: "Definisco ipotetici i processi inconsci, perché l'inconscio, per definizione, non è accessibile all'osservazione diretta, ma può essere soltanto 'inferito'".[7] Ma, prosegue Jung: "Sa forse qualcuno un'espressione migliore per una cosa che, in senso moderno, non è stata ancora compresa?".[8]

---

[5] Ivi, pp. 32-33.
[6] Id., *Vom Wesen der Träume* (1945-1948); tr. it. *L'essenza dei sogni*, in *Opere*, cit., vol. VIII, p. 303.
[7] Id., *Die Psychologie der Übertragung* (1946); tr. it. *La psicologia della traslazione*, in *Opere*, cit., vol. XVI, p. 182.
[8] Id., *Versuch zu einer psychologischen Deutung des Trinitätsdogmas* (1942-1948); tr. it. *Saggio d'interpretazione psicologica del dogma della Trinità*, in *Opere*, cit., vol. XI, p. 184.

Giustificato l'uso del termine, Jung ne delinea gli approcci metaforici o figure con cui ci è dato rappresentarlo. Essi sono l'*anima* che, nella sua accezione generica, si riferisce alle caratteristiche interiori dell'uomo non riscontrabili nel suo aspetto esteriore che Jung chiama "persona", mentre in quella specifica si riferisce alla femminilità inconscia del maschio opposta alla sua virilità conscia. L'anima appare personificata nei sogni sotto forma mitica e in questo caso rivela la sua struttura archetipica di base, oppure come madre, come moglie, come amante, come figlia a seconda della figura femminile da cui è desunta o su cui, nelle varie fasi del processo psichico, si proietta.

Altre figure sono: l'*animus* che esprime l'elemento maschile inconscio nella donna, nonché la possibilità, per la donna, di connettersi al mondo dello spirito, mentre, nel caso sia eccessivamente invasivo, l'*animus* rende la donna ostinata, aggressiva, testarda, dominatrice; l'*ombra* che Jung definisce "la parte negativa della personalità, la somma cioè delle qualità svantaggiose che sono tenute possibilmente nascoste, e anche la somma delle funzioni difettosamente sviluppate e dei contenuti dell'inconscio personale".[9]

A queste figure resta da aggiungere la *persona*, termine che Jung impiega nel significato latino di "maschera", per descrivere il comportamento che soddisfa le richieste della vita sociale. Questo atteggiamento esteriore è una delle maschere che l'Io, per esigenze sociali, è costretto ad assumere, senza però identificarsi per non perdere se stesso. Jung ha riscontrato e descritto numerosi esempi di complementarità tra "persona" e "anima" la cui polarità è di segno opposto.

Per Jung l'inconscio non contiene solo tracce di esperienze vissute, dimenticate o rimosse, ma anche uno strato più profondo dove è depositato il patrimonio psicologico dell'umanità. A questo strato Jung ha dato il nome di *inconscio collettivo*, che si distingue dall'inconscio personale perché, scrive Jung:

> Mentre l'inconscio personale è formato essenzialmente da contenuti che sono stati un tempo consci, ma sono poi scomparsi dalla coscienza perché dimenticati o rimossi, i contenuti dell'inconscio collettivo non sono mai stati nella coscienza e perciò non sono mai stati acquisiti individualmente, ma devono la loro esistenza esclusivamente all'ereditarietà. L'inconscio personale consiste soprattutto in "complessi", mentre il contenuto dell'inconscio collettivo è formato essenzialmente da "archetipi". Il concetto di archetipo, che è un indispensabile correlato dell'idea di inconscio collettivo, indica l'esistenza nella psiche di forme determinate che sembrano essere pre-

---

[9] Id., *Über die Psychologie des Unbewussten* (1917-1943); tr. it. *Psicologia dell'inconscio*, in *Opere*, cit., vol. VII, p. 67.

senti sempre e dovunque. La ricerca mitologica li chiama "motivi"; nella psicologia dei primitivi essi corrispondono al concetto di *représentations collectives* di Lévy-Bruhl; nel campo della religione comparata sono state definite da Hubert e Mauss "categorie dell'immaginazione".[10]

Con l'introduzione dei modelli archetipici Jung mostra di preferire, per la descrizione della psiche, il modello *immaginale* rispetto al modello freudiano di tipo *concettuale*. Questo non autorizza a considerare gli archetipi alla stregua di immagini fisse e condizionanti il successivo sviluppo dell'uomo, perché gli archetipi non sono "contenuti", ma "forme a priori" di apprendimento, disposizioni a fare esperienza in un modo piuttosto che in un altro. Scrive in proposito Jung:

> Mi oppongo all'equivoco secondo cui gli archetipi sarebbero contenutisticamente determinati, sarebbero cioè una sorta di rappresentazioni inconsce. Devo perciò ancora una volta sottolineare che essi non sono determinati dal punto di vista del *contenuto*, bensì soltanto in ciò che concerne la *forma*, e anche questo in misura assai limitata.[11]

4. *L'asse Io-Sé e il processo di individuazione*

Con il termine "Sé" Jung intende il sommo potenziale dell'individuo e l'unità complessiva della personalità. Come principio unificante della psiche, scrive Jung: "Il Sé non è soltanto il centro, ma anche l'intero perimetro che abbraccia coscienza e inconscio insieme; è il centro di questa totalità, così come l'Io è il centro della mente cosciente".[12]

Del Sé Jung parla in due accezioni: come *momento iniziale* della vita psichica e come sua realizzazione e *meta*. Benché Jung non manchi di sottolineare che si tratta di una forma di approccio alla totalità psichica e non di una formulazione filosofica o teologica, la somiglianza tra la sua ipotesi e le metafore religiose offre una via d'accesso a questa figura e alla dinamica che, a partire da questa figura, si articola come processo di individuazione, che Jung così definisce:

---

[10] Id., *Der Begriff des kollektiven Unbewussten* (1936); tr. it. *Il concetto di inconscio collettivo*, in *Opere*, vol. IX, 1, p. 43. Le opere a cui Jung fa riferimento sono: L. Lévy-Bruhl, *Les fonctions mentales dans les sociétés inférieures* (1910); tr. it. *Psiche e società primitive*, Newton Compton, Roma 1970; H. Hubert, M. Mauss, *Mélanges d'histoire des religions*, in "Travaux de l'Année sociologique", Paris 1909.
[11] C.G. Jung, *Il concetto di inconscio collettivo*, cit., p. 81.
[12] Id., *Psychologie und Alchemie* (1944); tr. it. *Psicologia e alchimia*, in *Opere*, cit., vol. XII, p. 444.

L'individuazione è un compito eroico o tragico, in ogni caso difficilissimo, perché implica un patire, una *passione dell'Io*, cioè dell'uomo empirico comune, quale è stato finora, a cui accade di essere accolto in una più vasta sfera, e di spogliarsi di quell'ostinata autonomia che si crede libera. Egli patisce, per così dire, la *violenza del Sé*.[13]

Come *antecedente* dell'Io, e quindi del dischiudersi della coscienza razionale, il Sé è l'espressione indifferenziata di tutte le possibilità umane, mitologicamente rappresentata dalla divinità, da cui un giorno l'uomo si è emancipato inaugurando, con la ragione, identità e differenze che gli hanno consentito di uscire dalla notte dell'indifferenziato in cui abita la follia.

Come figura *ulteriore* rispetto all'ambito circoscritto della coscienza razionale, il Sé rappresenta il riferimento per una nuova ricerca di senso, attraverso il recupero di motivi esistenziali, che a suo tempo sono stati rimossi per un'adeguata costruzione dell'Io, per cui se il Sé che *antecede la nascita della coscienza* mostra il volto pericoloso della non avvenuta o non riuscita emancipazione dalla follia, il Sé come *ampliamento della coscienza* rappresenta il luogo da cui si attivano la creatività e, più ampiamente, possibili futuri.

Questa seconda figura del Sé, a livello terapeutico, va attivata nella seconda metà della vita, quando l'Io è abbastanza forte per reggere il confronto con il Sé, e sufficientemente desideroso di nuovi spunti esistenziali per rinnovare la propria esistenza. Questo processo, che Jung chiama di *individuazione*, non avviene in vista di una "guarigione", ma in vista del raggiungimento della "propria autenticità", di ciò che ciascuno "in fondo" propriamente è.

5. *Tipologia ed ermeneutica*

Il concetto di individuazione non consente di parlare dell'uomo in termini generali, illustrando i meccanismi psicologici di una presunta "natura umana", perché, per Jung, gli uomini sono fondamentalmente "individui", e come tali dissimili fra loro nel modo di pensare, di intuire, di sentire e di esperire sé e il mondo.

Nasce da qui l'esigenza di una tipologia dove, dopo la grande distinzione fra *introversione* ed *estroversione*, compaiono i tipi psicologici di "pensiero", "sentimento", "intuizione" e "sensa-

---

[13] Id., *Saggio d'interpretazione psicologica del dogma della Trinità*, cit., p. 156. A proposito di questo tema si veda U. Galimberti, *La terra senza il male. Jung: dall'inconscio al simbolo*, cit., capitolo 15: "La violenza del Sé e la passione dell'Io".

zione". Alcune di queste funzioni, in forme diverse da individuo a individuo, sono differenziate e a disposizione dell'Io; altre sono indifferenziate e come tali inconsce.

A Jung non interessa tanto la *classificazione* che può essere anche mutata, ma la sua utilità in ordine al *processo di individuazione*, che richiede il riconoscimento e l'accettazione delle funzioni inferiori della personalità, rimaste indifferenziate e arcaiche, per una loro integrazione nella dinamica dell'individuo psicologicamente maturo.

La tipologia, inoltre, pone problemi ermeneutici, nel senso che la qualità tipologica dello psicologo condiziona le sue interpretazioni possibili, e non essendoci un punto di vista superiore che consenta una visione oggettiva della psiche, questa sarà rintracciabile per vie ed erramenti dovuti alla "qualità tipologica" dell'interprete nell'intendere psicologico. Questa "qualità" viene definita: *equazione personale*, a proposito della quale Jung scrive:

> L'equazione personale entra in azione sin dal momento dell'osservazione, giacché si vede ciò che la propria individualità consente di vedere. [...] La tipologia rappresenta uno strumento fondamentale per determinare l'equazione personale dello psicologo pratico, il quale, attraverso un'esatta conoscenza delle sue funzioni differenziate e di quelle meno differenziate, può evitare di commettere non pochi gravi errori nel valutare i suoi pazienti.[14]

Ponendosi al di fuori di ogni confronto con le altre scienze dell'uomo, perché il suo *oggetto di indagine* coincide con lo stesso *soggetto indagante*, la psicologia, a parere di Jung, "deve abolirsi come scienza e, proprio abolendosi, raggiunge il suo scopo scientifico".[15]

Questa considerazione apre problemi ermeneutici ed epistemologici che Jung ha indicato, ma non ha approfondito, per il suo continuo oscillare tra il percorso di una psicologia sovrastorica e presuntivamente "oggettiva" e il percorso più avvertito che, non ignorando il "soggettivismo" implicito in ogni ricerca sulla psiche, evita il relativismo, e accetta il paradosso inevitabile del "circolo ermeneutico".

Detto "circolo" fa riferimento all'appartenenza reciproca del soggetto e dell'oggetto dell'interpretazione, che precede e predetermina qualsiasi atto esplicito di conoscenza, perché il cono-

---

[14] Id., *Psychologische Typen* (1921); tr. it. *Tipi psicologici*, in Opere, cit., vol. VI, pp. 21, 558.
[15] Id., *Theoretische Überlegungen zum Wesen des Psychischen* (1947-1954); tr. it. *Riflessioni teoriche sull'essenza della psiche*, in Opere, cit., vol. VIII, p. 240.

sciuto è già dentro l'orizzonte del conoscente, e il conoscente è a sua volta dentro il mondo che il conosciuto co-determina. Ne consegue il rifiuto dell'oggettività (che è l'ideale delle scienze positive o esatte), e l'accettazione dei limiti propri dell'interpretazione che caratterizzano le scienze storico-ermeneutiche.

Quando Jung mette tra parentesi la pretesa di costruire una psicologia "oggettiva", anticipa in psicologia la posizione ermeneutica che Gadamer illustrerà in ambito filosofico, a partire dalla considerazione secondo la quale: "La storicità dell'uomo rivela l'illusorietà dell'ideale illuministico di una comprensione senza pregiudizi, perché i pregiudizi del singolo sono la realtà storica del suo essere".[16]

Applicando le considerazioni di Gadamer alla psicologia analitica, Mario Trevi scrive:

> La "psicologia" come scienza si pone al di fuori di ogni confronto con le altre scienze dell'uomo (e comunque distante da ogni scienza della natura), appunto perché il suo oggetto di indagine coincide con lo stesso soggetto indagante e ogni tentativo di "porsi al di fuori" di quest'ultimo porta inevitabilmente le stimmate della soggettività. Il "testo" che lo psicologo si propone di indagare, la psiche nella sua sconfinata fenomenologia, non può essere colto in un'immobile e atemporale oggettività, ma sempre attraverso quell'orizzonte dischiuso dal soggetto nel momento in cui su quel testo si ripiega.[17]

6. *Gli sviluppi della psicologia analitica*

Dopo Jung la psicologia analitica ha percorso due itinerari che si scostano dal junghismo classico: l'itinerario "archetipico" di Erich Neumann e di James Hillman, e quello "ermeneutico-epistemologico" di Mario Trevi.

a) *L'itinerario archetipico* trova in Neumann la seguente giustificazione:

> Nello sviluppo ontogenetico la coscienza egoica dell'individuo deve percorrere i medesimi stadi archetipici che hanno determinato lo sviluppo della coscienza all'interno dell'umanità. Nella propria vita il singolo ricalca le orme che l'umanità ha calcato prima di lui. Noi intendiamo mostrare che quell'evoluzione ha lasciato le sue tracce sedimentate nella serie delle immagini archetipiche della mi-

---

[16] H.-G. Gadamer, *Wahrheit und Methode* (1960); tr. it. *Verità e metodo*, Bompiani, Milano 2000, p. 318.
[17] M. Trevi, *Per uno junghismo critico*, Bompiani, Milano 1987, p. 16.

tologia. Normalmente gli stadi archetipici vengono attraversati senza disturbi e lo sviluppo della coscienza procede in essi in maniera altrettanto ovvia e simile a quella dello sviluppo fisico attraverso gli stadi della maturazione corporea. Gli archetipi, quali organi della struttura psichica, intervengono in maniera autonoma, esattamente come gli organi fisici, e determinano la maturazione della personalità in maniera analoga alle componenti biologico-ormonali della costituzione.[18]

Nell'archetipo Neumann distingue:

> 1) Una *dinamica* che si estrinseca nel fatto che l'archetipo determina, in modo inconscio ma regolare e indipendente dall'esperienza dell'individuo, il comportamento umano. Diceva infatti Jung che "Come condizioni *a priori*, gli archetipi rappresentano il caso psichico del *pattern of behaviour* o modello di comportamento, familiare al biologo che presta a ogni essere vivente il suo modo specifico". Questa componente dinamica dell'inconscio ha per l'individuo, che da essa viene diretto, un carattere cogente ed è sempre accompagnata da una forte componente emotiva. [...]
> 2) Un *simbolismo* che consiste nella forma in cui l'archetipo si manifesta in specifiche immagini psichiche che vengono percepite dalla coscienza e sono diverse per ogni archetipo. [...]
> 3) Un *contenuto* che è il senso racchiuso in esso che si concreta in un'immagine archetipica che può essere elaborata o assimilata dalla coscienza. [...]
> 4) Una *struttura* che è il modo in cui dinamica, simbolismo e contenuto di senso si organizzano fra loro.[19]

Dal canto suo Hillman, dopo aver segnalato che "la tradizione filosofica occidentale ha mantenuto un pregiudizio contro le immagini, preferendo loro le astrazioni del pensiero",[20] chiede un rovesciamento della tendenza, anche in considerazione del fatto che "l'istinto agisce e nello stesso tempo forma un'immagine della sua azione".[21] E poiché, prosegue Hillman:

> Il linguaggio onirico, il linguaggio delirante e allucinatorio, il linguaggio popolare parlano in termini di persone, lo stesso deve fare

---

[18] E. Neumann, *Ursprungsgeschichte des Bewusstsein* (1949); tr. it. *Storia delle origini della coscienza*, Astrolabio, Roma 1981, pp. 13-14.
[19] Id., *Die grosse Mutter* (1956); tr. it. *La grande madre*, Astrolabio, Roma 1981, pp. 15-16. La citazione di C.G. Jung, riportata da Neumann, si trova nel *Saggio d'interpretazione psicologica del dogma della Trinità*, cit., p. 149.
[20] J. Hillman, *An Essay on Pan* (1972); tr. it. *Saggio su Pan*, Adelphi, Milano 1977, p. 55.
[21] Ivi, p. 62.

una psicologia che voglia parlare alla psiche in quello che è il suo vero discorso.[22]

Partendo da queste premesse, Hillman fonda una *psicologia archetipica*, dove il linguaggio adottato è quello mitologico e dove gli archetipi diventano dei modelli originari in cui, in un certo senso, è prescritta la vicenda psicologica di ognuno di noi. Scrive infatti Hillman:

> Tutti gli eventi nel regno dell'anima, cioè tutti gli eventi e i comportamenti psicologici, hanno una somiglianza, una corrispondenza, un'analogia con un modello archetipico. Le nostre vite seguono figure mitiche; noi agiamo, pensiamo, sentiamo soltanto come ce lo consentono i modelli primari stabiliti nel mondo immaginale. Le nostre vite psicologiche sono mimetiche dei miti. Come nota Proclo, i fenomeni secondari (le nostre esperienze personali) possono essere ricondotti a un terreno primordiale, con il quale entrano in risonanza e a cui appartengono. Il compito della *psicologia archetipica*, e della terapia che ne deriva, è quello di scoprire il modello archetipico delle forme di comportamento. L'ipotesi è sempre che ogni cosa ha un aggancio da qualche parte; tutte le forme di psicopatologia hanno il loro substrato mitico e appartengono ai miti, o in essi hanno la loro dimora. Inoltre, la psicopatologia è essa stessa un mezzo per essere influenzati dal mito o per entrare nel mito.[23]

Le immagini espresse dagli archetipi, che hanno la loro descrizione nei miti, non devono essere interpretate con un linguaggio a esse estraneo, come potrebbe essere quello della psichiatria e della psicopatologia, perché il mito è il modo specifico di narrarsi dell'"anima" che non può essere distorto dalla sovrapposizione di un linguaggio concettuale a esso estraneo. Infatti, scrive Hillman:

> La psiche, avendo un regno suo, ha anche una sua logica, la psicologia, che non è una scienza di cose fisiche, né una metafisica di cose spirituali. A questo regno appartengono anche le patologie psicologiche. Avvicinarsi a esse dall'uno o dall'altro lato, cioè vederle in termini di malattia medica o di sofferenza, peccato e salvezza religiosi, manca il bersaglio dell'anima.[24]

Per questo è necessario "spodestare l'Io" che, con la sua ar-

[22] Ivi, p. 57.
[23] Id., *Photos. La nostalgia del puer æternus*, in AA.VV., *Dopo Jung*, Franco Angeli, Milano 1980, p. 124.
[24] Id., *Re-visioning Psychology* (1975); tr. it. *Re-visione della psicologia*, Adelphi, Milano 1983, p. 132.

matura concettuale, è sempre vigile sui processi psichici che distorce con la sua nomenclatura, per aprirsi all'anima, intesa come una "messa in scena di archetipi", che i miti descrivono con quel linguaggio immaginale che è proprio dell'anima.

Ciò consente di eliminare quelle che per Hillman sono malattie indotte dal linguaggio psicologico che, rendendo sterili le metafore dell'anima e trasformandole in astrazioni utili a formulare categorie diagnostiche, "distorce la psiche e crea il convincimento che in essa vi è qualcosa di sbagliato", aggiungendo in questo modo, alla sua sofferenza, "la visione malata che essa ha di se stessa per effetto delle categorie psicologiche impiegate".[25]

b) *L'itinerario ermeneutico-epistemologico* ha in Mario Trevi il suo maggiore esponente che critica l'impostazione archetipica della psicologia analitica con questo argomento:

> Se gli archetipi sono quegli invarianti metastorici e universali dell'immaginazione – ma inevitabilmente anche del pensiero e dell'agire umano – di natura formale e non contenutistica in cui, dopo innumerevoli tentennamenti, Jung stesso sembra configurarli, allora essi rappresentano quel cosmo immutabile che, insediato nel più profondo dell'inconscio, dovrebbe rendere ragione dell'uniformità occultata nell'infinita varianza della cultura.
> Come tali essi sono "ipostasi" molto prossime a quelle della metafisica religiosa, e noi non riusciamo a comprendere come l'uomo, nel suo perenne trascorrere culturale, possa attingerli e, anche solo sommariamente, descriverli. In ogni caso essi rappresenterebbero il cardine inamovibile del divenire psichico o la ragione di una presunta costanza sottesa a questo divenire. [...]
> E in effetti l'archetipo, pur nella sua discendenza platonica, ancorando l'uomo all'immutabile, lo riporta alla natura, e nella natura lo sommerge e ne abolisce irrimediabilmente l'eccezionalità.[26]

Rifiutata la psicologia archetipica, Trevi inaugura la distinzione tra *psicologia* e *considerazione psicologica* per risolvere il problema dell'oggettività e della soggettività nella costruzione del sapere psicologico. A questo proposito, scrive Trevi:

> Il modulo costruttivo della "psicologia" porta inevitabilmente ad assolutizzare un'ipotesi e a organizzare appunto una descrizione oggettiva della psiche, un discorso conclusivo "sulla" psiche, una "teoria" e infine, come si vedrà, un tessuto dogmatico. Il modulo costruttivo della "considerazione psicologica" porta invece verso l'e-

---

[25] Id., *The Myth of Analysis* (1972); tr. it. *Il mito dell'analisi*, Adelphi, Milano 1979, p. 16.
[26] M. Trevi, *Per uno junghismo critico*, cit., pp. 100-101.

nunciazione di procedimenti epistemologici sempre più scaltri e sottili e a quella cautela metodologica che potrebbe andare sotto il nome di arte ermeneutica o esercizio inesauribile dell'interpretazione. Il primo modulo costruttivo conduce all'esclusione delle altre "psicologie" oppure, inavvertitamente, a un sincretismo acritico. Il secondo modulo costruttivo conduce al dialogo dei punti prospettici e perciò stesso delle "psicologie", tutte "vere" purché coerenti alle loro premesse, alle loro scelte di "imputazione causale" e tutte relative, storicamente, psicologicamente ed esistenzialmente condizionate.

Il modulo costruttivo della "psicologia" elabora un modello e lo universalizza, il modulo costruttivo della "considerazione psicologica" tende all'elaborazione della dialogicità aperta dei modelli possibili. Infine l'uno tende al *logos* psicologico, l'altro al *dialogo*.[27]

---

[27] Ivi, p. 93.

7. La psicoanalisi nell'età della tecnica

> Il razionalismo che scaturisce dalla scienza, oltre a essere uno dei fattori principali della "massificazione" dell'uomo, toglie alla vita individuale le sue basi e con ciò la sua dignità. In questo modo l'uomo ha perduto la sua individualità quale unità sociale ed è diventato un numero nella statistica di un'organizzazione. La sola parte che può ancora svolgere è quella di un'unità fungibile e infinitesimale. Viste dall'esterno e razionalmente, le cose stanno proprio così e, da tale punto di vista, diventa addirittura ridicolo parlare ancora del valore e del significato dell'individuo; anzi non si riesce più nemmeno a immaginare come mai si sia potuto assegnare tanta dignità alla singola vita umana, quando la verità del contrario è tanto palese.
>
> C.G. JUNG, *Presente e futuro* (1957), p. 109.

1. *Psiche e storia*

L'impianto teorico di Jung è percorso dalla persuasione che la *realtà psichica* è a tal punto connessa con la *realtà storica* da costringere la psicologia analitica a una continua trasformazione epocale. Questa relazione tra *psiche* e *storia*, che Freud era costretto a ignorare per le caratteristiche cliniche del suo metodo e per la sua aspirazione a fare della psicologia una scienza, impone alla psicologia analitica una dinamica che la psicoanalisi non comprende, perché concepisce la psiche come un apparato a schema rigido, formalmente non dissimile dagli apparati che i medici descrivono a livello corporeo. E come una malattia dello stomaco o del fegato non è modificata dalla storia, ma è identica presso i Greci e presso di noi, così la nevrosi non subisce variazioni storiche, per cui va benissimo Edipo, l'eroe tragico di Sofocle, per descrivere le vicende psichiche che affliggono gli uomini del nostro tempo.

Jung è invece persuaso che la psiche è così solidale con la storia da esserne profondamente attraversata e modificata. Questa variazione continua non consente una costruzione della psicologia come *scienza esatta*, ma esige un'attenzione ininterrotta alle sue mutazioni, che sono decise dalla forma che di volta in volta assume la storia. Questa, infatti, inaugurando nuove idee dominanti e nuovi modi collettivi d'esistenza, modifica continuamente la natura dell'inconscio, che si trova a ospitare ciò che le varie epoche storiche rimuovono come non confacente alle rispettive visioni del mondo.

Prima che una terapia, infatti, la psicologia del profondo è una *visione del mondo*, che guarda l'uomo e la sua storia dal punto di vista di ciò che abitualmente è rimosso o comunque non è immediatamente evidente nell'ordine delle motivazioni che si è soliti assumere per giustificare il proprio modo di pensare e di agire. Ciò che è rimosso agisce come ignorato, la sua comparsa ha l'aspetto dell'incidente che interrompe la continuità dell'ordine.

Accadendo insieme (*syn-tómos*) all'ordine costituito, il rimosso si manifesta come *sintomo* che, insinuandosi nel discorso, lo fa traboccare, esponendolo a un senso che è quasi sempre fuorviante rispetto all'esigenza unitaria che l'epoca storica di volta in volta esprime. In quanto scarto, in quanto trasgressione, in quanto marginalità, il suo recupero produttivo e la sua iscrizione sono essenziali al mantenimento del sistema, anzi sono le condizioni del suo funzionamento. Per questo tra *civiltà*, che è cura dell'ordine intersoggettivo, e *psicologia del profondo*, che è cura dello scarto soggettivo, c'è rapporto e sguardo reciproco.

È evidente che questo rapporto non è definito una volta per tutte, perché la variazione delle forme di civiltà produce una variazione corrispondente nella natura dell'inconscio che, a questo punto, lungi dall'essere un apparato a schema rigido, si modifica in base a ciò che l'epoca storica impone di volta in volta di rimuovere. Questa è la vera differenza tra Freud e Jung, ben più radicale di quella descritta dallo stesso Jung.[1] Basta accostare i testi per rendercene conto. Ne *Il disagio della civiltà* Freud, ad esempio, scrive:

> In ogni tempo si è assegnato all'etica il massimo valore come se tutti se ne aspettassero importanti conseguenze. Ed è vero che l'etica, come è facile riconoscere, tocca il punto più vulnerabile di ogni civiltà. Perciò essa va intesa come un esperimento terapeutico, come uno sforzo per raggiungere, attraverso un imperativo dal Super-Io, ciò che finora non fu raggiunto attraverso nessun'altra opera della civiltà.[2]

---

[1] C.G. Jung, *Der Gegensatz Freud und Jung* (1929); tr. it. *Il contrasto tra Freud e Jung*, in *Opere*, Boringhieri, Torino 1969-1993, vol. IV.
[2] S. Freud, *Das Unbehagen in der Kultur* (1929); tr. it. *Il disagio della civiltà*, in *Opere*, Boringhieri, Torino 1968-1993, vol. X, pp. 627-628.

Jung, dal canto suo, scrive:

> La norma diventa sempre più superflua in un orientamento collettivo della vita, e con ciò la vera moralità va in rovina. Quanto più l'uomo è sottoposto a norme collettive, tanto maggiore è la sua immoralità individuale.[3]

Due tesi opposte che aprono il gioco a tutto campo e che inaugurano due immagini dell'uomo, che val la pena di delineare per scorgere i modelli di libertà e felicità che sottendono. Innanzitutto c'è un tragitto dell'umanità e un suo disagio che Freud condensa in queste rapide espressioni:

> Di fatto l'uomo primordiale stava meglio, perché ignorava qualsiasi restrizione pulsionale. In compenso la sua sicurezza di godere a lungo di tale felicità era molto esigua. L'uomo civile ha barattato una parte della sua possibilità di felicità per un po' di sicurezza.[4]

Ma che cosa pensa qui Freud quando parla di felicità? In che cosa propriamente consiste il baratto a cui la civiltà ci costringe "per un po' di sicurezza"? La felicità cui qui si allude è la mancanza di "qualsiasi restrizione pulsionale", per cui, se questo è il problema, avrà buon gioco Marcuse nell'indicare il risolvimento del "disagio" nella creazione di una civiltà non repressiva, dove sarà possibile la riconciliazione del principio di piacere con il principio di realtà, e dove l'eros, spaziando libero, potrà riportare le attività dell'uomo alle loro matrici pulsionali, in cui è il loro libero esprimersi. Nella *Prefazione politica* del 1966 a *Eros e civiltà* (1955) è lo stesso Marcuse a dire:

> *Eros e civiltà:* con questo titolo intendevo esprimere un'idea ottimistica, eufemistica, anzi concreta, la convinzione che i risultati raggiunti dalle società industriali avanzate potessero consentire all'uomo di capovolgere il senso di marcia dell'evoluzione storica, di spezzare il nesso fatale tra produttività e distruzione, libertà e repressione. Potessero, in altre parole, mettere l'uomo in condizione di apprendere la scienza (*gaya ciencia*), l'arte cioè di utilizzare la ricchezza sociale per modellare il mondo dell'uomo secondo i suoi istinti di vita, attraverso una lotta concertata contro gli agenti di morte.[5]

---

[3] C.G. Jung, *Psychologische Typen* (1921); tr. it. *Tipi psicologici*, in *Opere*, cit., vol. VI, p. 464.
[4] S. Freud, *Il disagio della civiltà*, cit., p. 602.
[5] H. Marcuse, *Eros and Civilisation. A philosophical Inquiry into Freud* (1955-1966); tr. it. *Eros e civiltà*, Einaudi, Torino 1968, p. 33.

Ma qui tanto la *diagnosi di Freud*, secondo cui la civiltà si basa sulla repressione e la sublimazione delle pulsioni, procede in base a esse, e di esse si nutre, impedendo all'individuo la piena esplicazione delle proprie tendenze pulsionali, quanto la *terapia di Marcuse*, secondo cui le condizioni opulente, raggiunte dalla nostra civiltà, potrebbero consentire l'ipotesi di una società che non ha più bisogno di essere repressiva, e quindi di ottenere prestazioni lavorative a spese del mondo pulsionale, concordano in un punto che nessuno dei due ha mai messo in discussione, e precisamente che *la felicità dell'uomo consiste nella piena esplicazione delle pulsioni*.

Questo punto fermo, comune tanto alla diagnosi quanto alla terapia, ne porta con sé un altro, secondo cui *la libertà è tanto maggiore quanto minore è la repressione delle pulsioni*. Ma allora, come assenza di repressione delle pulsioni, la *libertà* dice in negativo quello che, in positivo, è detto dalla *felicità* come piena esplicazione delle pulsioni. I due concetti, in questo modo, coincidono, e per effetto di questa coincidenza, l'antitesi che Freud ha individuato tra felicità e civiltà si ripropone per la *libertà*. Scrive infatti Freud:

> La libertà individuale non è un frutto della civiltà. Essa era massima prima che si instaurasse qualsiasi civiltà, benché in realtà a quell'epoca non avesse mai un grande valore, in quanto difficilmente un individuo era in grado di difenderla. La libertà subisce delle limitazioni a opera dell'incivilimento, e la giustizia esige che queste restrizioni colpiscano immancabilmente tutti.[6]

Ma qui, sia la coincidenza tra libertà e felicità, sia la loro inconciliabilità con le esigenze della civiltà dipendono dal fatto che Freud, per le esigenze che impone il metodo scientifico, ha instaurato l'ordine pulsionale come *unico orizzonte* entro cui definire l'umano. Infatti, in una conversazione del 1927, Freud disse a Ludwig Binswanger: "Sì, lo spirito è tutto. L'umanità certo sapeva di possedere lo spirito; io dovetti indicarle che vi sono anche gli istinti".[7]

Preziosa indicazione, solo che quell'"anche", strada facendo, si smarrì, e l'effetto fu che la teoria di Freud rimase definitivamente imprigionata nella riduzione dell'essenza dell'uomo alla sua pulsionalità, a cui venne conferita quella giurisdizione totale sull'essere umano, per cui tutte le manifestazioni, di cui ogni

---

[6] S. Freud, *Il disagio della civiltà*, cit., p. 586.
[7] L. Binswanger, *Erinnerungen an Sigmund Freud* (1956); tr. it. *Ricordi di Sigmund Freud*, Astrolabio, Roma 1971, pp. 82-83.

epoca storica è portatrice, non sono che un epifenomeno camuffato che il metodo analitico deve smascherare, per verificare la premessa secondo cui l'uomo si risolve in quella sua natura pulsionale che Freud si incarica di ricordare all'umanità.

Riducendo il "disagio della civiltà" alla repressione delle pulsioni, Freud ha reso un ottimo servizio al disegno repressivo della civiltà occidentale, che ora è nelle condizioni di poter liberare anche le pulsioni senza ridurre il tasso e la qualità della sua repressione. Questa, infatti, non si esercita tanto sull'*ordine pulsionale*, quanto sull'*ordine dei significati*, il cui senso è deciso in modo così univoco e rigoroso, che all'individuo non resta la possibilità di esprimersi in un *altro* senso, che può essere tanto il contro-senso, quanto il senso adiacente.

Ma forse "la lotta tra individuo e società", che Freud con tanta chiarezza vede come "ostilità tra due processi costretti a disputarsi il campo l'un l'altro", non è, come vuole Freud, "un contrasto presumibilmente insanabile tra due pulsioni primarie",[8] ma, come pensa Jung, fra diversi modi di *conferir senso* alle cose: un modo che per poter valere per tutti deve essere unico, e un modo che per poter rispondere alle esigenze dell'individuo deve sottrarsi a questa universale validità.

Prima che un campo di gioco di pulsioni impersonali, l'uomo, infatti, è *apertura al senso*, e la sua libertà, prima che nella piena esplicazione delle sue pulsioni, si esercita nell'ampiezza di questa apertura. Se questo è vero, efficace non sarà la repressione che si esercita sulle pulsioni (che l'età della tecnica non ha alcuna difficoltà a liberare, perché la loro sorte è inessenziale alla sua repressione), ma quella che si esercita come restringimento dell'apertura dei significati. In una parola, sarà la repressione del codice sociale che, rimossa l'ambivalenza di ogni significato, di cui il simbolo è geloso custode, sarà in grado di imporre a ogni individuo lo stesso segno. Per questo genere di repressione non è necessaria la forza, perché sarà lo stesso individuo, a cui è stata ristretta l'apertura del senso, a scegliere tra i sensi che la dittatura del codice gli mette a disposizione, in modo che ogni processo di individuazione avvenga nel recinto predisposto.

In questo senso Jung può dire, come sopra abbiamo riferito, che: "La norma diventa sempre più superflua in un orientamento esclusivamente collettivo della vita, e con ciò la vera moralità va in rovina. Quanto più l'uomo è sottoposto a norme collettive, tanto maggiore è la sua immoralità individuale".

Si tratta di un'immoralità che non ha nulla a che fare con l'or-

---

[8] S. Freud, *Il disagio della civiltà*, cit., p. 626.

dine delle pulsioni, ma con il coraggio di mantenere la propria apertura al senso, oltre e al di là dei sensi consentiti dall'ordine sociale codificato. Per questo, scrive Jung: "L'individuazione rappresenta un ampliamento della sfera della coscienza (*Die Individuation bedeutet daher eine Erweiterung des Sphäre des Bewusstsein*)", uno sporgere oltre e al di là, quindi "una funzione trascendente (*transzendente Funktion*)".[9]

Prima che "la piena esplicazione delle pulsioni", ciò che una società codificata teme e perciò reprime è *un'eccedenza di senso* rispetto a quello che essa è in grado di controllare. Il vero rimosso della nostra civiltà non è dunque l'ordine pulsionale, ma la *trascendenza*, intesa come ulteriorità di senso rispetto al senso codificato, quindi il *simbolo* che, per la sua naturale ambivalenza, si sottrae alla dittatura del segno. Questa è la "vera differenza" tra Freud e Jung: differenza di diagnosi nell'identificazione del rimosso, e differenza di terapia che, invece di promuovere la *sublimazione* delle pulsioni, mette in gioco i simboli come *ulteriorità di senso* rispetto al senso codificato.

Jung non parla di simbolo in modo univoco. Le oscillazioni a cui questa parola è sottoposta nei testi di Jung hanno del vertiginoso. Ne daremo conto nel capitolo dedicato a "La polisemia del simbolo nella concezione di Jung". Ora quello che qui è importante chiedersi è se ancora possiamo pensare l'uomo nelle modalità descritte dalla simbologia antica (sia essa greca o giudaico-cristiana, a cui, tanto la psicoanalisi a partire dal complesso di Edipo, quanto la psicologia analitica fanno ampio ricorso), o se invece in questo pensiero non si nasconde una sorta di pigrizia, di cecità, di incoscienza di appartenere a tutt'altra epoca e a tutt'altra storia, dove l'uomo è così distante dalle sue origini da non esser più paragonabile al modello greco o a quello giudaico-cristiano, che avevano nell'immodificabilità delle leggi di natura il loro limite e, con il limite, la loro certezza. Oggi questo confine è ampiamente oltrepassato dalla tecnica che può modificare le condizioni stesse che hanno reso finora possibile l'esistenza dell'uomo. Come ci ricorda infatti Günther Anders:

> Cambiare il mondo non basta. Lo facciamo comunque. E, in larga misura, questo cambiamento avviene persino senza la nostra collaborazione. Nostro compito è anche interpretarlo. E ciò, precisamente, per cambiare il cambiamento. Affinché il mondo non continui a cambiare senza di noi. E, alla fine, non si cambi in un mondo senza di noi.[10]

---

[9] C.G. Jung, *Tipi psicologici*, cit., pp. 464-465.
[10] G. Anders, *Die Antiquiertheit des Menschen*. II: *Über die Zerstörung des Le-*

Come risuona questa trasformazione nel profondo della psiche? Come si misura la psicologia analitica con questo capovolgimento? È ancora possibile pensare le nozioni di "individuo", di "collettivo", di "libertà", di "identità", di "sofferenza" secondo le definizioni fornite in un'epoca pre-tecnologica com'era ancora quella di Freud e di Jung?

A queste domande è possibile rispondere solo se si affrontano due aree tematiche che connotano la vita dell'uomo contemporaneo, il quale si trova ad abitare una *società complessa* regolata da quella forma di sapere che l'uso linguistico chiama "scientifico", e a cercare il significato della sua esistenza in un regime controllato dalla *tecnica*, che ha oltrepassato quello che per gli antichi era il limite invalicabile della *natura*.

2. *Il sapere scientifico e la complessità sociale*

Il pensiero greco aveva fissato nell'anima, intesa come *sostanza spirituale*, il fondamento della soggettività e, così, aveva posto le basi per quella nozione di *individuo* che, attraverso l'educazione (*paideía*), poteva giungere a quei gradi di conoscenza della verità delle cose che erano scritti nelle leggi immutabili della natura.

Questa nozione di individuo verrà ripresa dal cristianesimo e immessa in un gioco che non è più di *conoscenza*, ma di *salvezza*. Di fronte alla parola rivelata, il problema non è più regolato dal vero e dal falso, dal verosimile, dall'opinabile, dal falsificabile, ma dall'adesione o dalla non adesione alla parola rivelata. Il gioco non è più aperto dalla conoscenza, ma dalla fede, l'individuo non avrà più problemi di verità, ma di libertà, responsabilità, colpa, salvezza.[11]

Sia pure con questa variante non indifferente, cultura greca e cultura cristiana mantengono il concetto di *soggettività individuale* e di *sostanza spirituale* che ha nell'individuo la sua sede. Ma questo modo di pensare incontra la sua fine con il sorgere della scienza moderna, quando, con Cartesio, il soggetto esiste sempre meno come individuo e sempre più come *cogito intersoggettivo*, che non si cura delle sorti del singolo, se non trami-

---

bens im Zeitalter der dritten industriellen Revolution (1980); tr. it. *L'uomo è antiquato*, vol. II: *Sulla distruzione della vita nell'epoca della terza rivoluzione industriale* (1980), Bollati Boringhieri, Torino 2003, p. 1.

[11] Per una storia della nozione di "individuo" nella cultura occidentale si veda U. Galimberti, *Psiche e techne. L'uomo nell'età della tecnica*, Feltrinelli, Milano 1999, capitolo 48: "L'individuo e la sua illusione".

te quei saperi che parlano di lui. Quindi non più l'individuo nell'innocenza della sua singolarità, ma l'individuo come risulta dalle descrizioni scientifiche di cui l'economia, la sociologia e la psicologia si fanno carico.

Nell'età contemporanea, che noi facciamo coincidere con l'età della tecnica, l'anima razionale, che nel mondo greco era *egologica*, con il progredire delle scienze diventa *funzionale*. Non riflette più l'Io individuale e soggettivo (come nella filosofia antica), o l'Io intersoggettivo (come nella filosofia moderna), ma l'organizzazione del mondo tramite un corpo disciplinare. Non più il *principio* di un ordinamento, ma il *funzionamento* di un ordine. Siamo allo scioglimento dell'anima nella rete polinodale delle sue funzioni logiche e discorsive.[12]

Nata come criterio d'ordine e quindi come generatrice di regole per la lettura del mondo, l'anima razionale ha così progressivamente perso la sua *identità sostanziale*, per risolversi in quelle *procedure discorsive* necessarie all'identificazione dei soggetti, degli oggetti e delle loro relazioni. Si tratta di un'identificazione sempre discutibile e tale da poter essere messa in ogni istante in questione, ma l'aleatorietà che la sottende non sopprime la rigidità che è propria di ogni stipulazione.

Non c'è più una verità assoluta, ma resta assoluto il criterio che la conoscenza non è possibile senza regole, la cui modificabilità non intacca la rigidità del loro funzionamento. Venisse meno questo criterio, non sarebbe più possibile un discorso univoco e, al limite, la possibilità di intendersi.

L'espansione delle procedure discorsive, la loro modificabilità in ragione di una loro migliore funzionalità fa sì che l'insieme delle regole non possa più essere controllato dal singolo individuo, sia per l'eccessiva complessità dei paradigmi, sia per l'elevato numero delle variabili. A questo punto vien meno tanto l'anima individuale, che *coglie* le regole eterne della divisione e della connessione del reale, quanto l'anima intersoggettiva che *fissa* le regole di ciò che è dicibile e di ciò che è indicibile. A questo punto la soggettività dell'uomo, che aveva trovato nell'anima la propria sede, cede alla sempre maggior complessità dei sistemi di riferimento, che si incaricano anche di parlare dell'anima e del soggetto come di un loro contenuto.

Nietzsche, che vive la conclusione della parabola descritta dal pensiero moderno, coglie con precisione il processo di esteriorizzazione dell'anima e lo descrive come passaggio dall'anima in-

---

[12] Sul passaggio dal concetto di "sostanza" al concetto di "funzione" si veda S. Natoli, *Identità e differenza* (1983), in *Teatro filosofico*, Feltrinelli, Milano 1991, p. 176.

tesa come *sostanza spirituale* e fondamento della soggettività individuale, all'anima intesa come *atto del puro pensare*, dove il soggetto non esiste più in sé, ma è posto dalle procedure discorsive che parlano di lui. Scrive in proposito Nietzsche:

> Ma che cosa fa, in fondo, l'intera filosofia moderna? Da Cartesio in poi – e, per la verità, più per dispetto contro di lui che sulla base del suo esempio – da parte di tutti i filosofi, sotto l'apparenza di una critica al concetto di soggetto e di predicato, si perpetua un attentato contro l'antico concetto di anima, – vale a dire: un attentato al presupposto fondamentale della dottrina cristiana. In quanto scepsi gnoseologica, la filosofia moderna è, occultamente o apertamente, *anticristiana*: sebbene, sia detto per orecchie più delicate, non sia in alcun modo antireligiosa. Una volta, infatti, si credeva nell'"anima", come si credeva alla grammatica e al soggetto grammaticale: si diceva: "Io" è condizione, "penso" è predicato e condizionato – il pensare è un'attività per la quale un soggetto *deve* essere pensato come causa. Si cercò allora, con un'ostinazione e un'astuzia mirabili, se non fosse possibile districarsi da questa rete, ci si domandò se non fosse vero caso mai il contrario: "penso" condizione, "Io" condizionato; "Io" dunque soltanto una sintesi che viene *fatta* dal pensiero stesso. Kant voleva dimostrare, in fondo, che partendo dal soggetto, il soggetto non può essere dimostrato – e neppure l'oggetto: pare non gli sia stata sempre ignota la possibilità di una *esistenza apparente* del soggetto, quindi dell'"anima", quel pensiero cioè, che come filosofia del Vedanta già una volta e con un immenso potere è esistito sulla terra.[13]

Lo stesso concetto era già stato anticipato da Nietzsche in un frammento postumo del 1885:

> Ciò che mi divide nel modo più profondo dai metafisici è questo: non concedo loro che l'"Io" sia ciò che pensa; al contrario considero l'*Io stesso una costruzione del pensiero*, dello stesso valore di "materia", "cosa", "sostanza", "individuo", "scopo", "numero"; quindi solo una *finzione* regolativa, col cui aiuto si introduce, si *inventa*, in un mondo del divenire, una specie di stabilità e quindi di "conoscibilità". Il credere alla grammatica, al soggetto e oggetto grammaticale, ai verbi, ha soggiogato finora la metafisica; io insegno ad abiurare questa fede. È il pensiero che pone l'"Io", ma si è finora creduto, come crede il "popolo", che nell'"Io penso" ci fosse qualcosa di immediatamente certo e che questo "Io" fosse la causa data del pensiero; secondo un'analogia con questa abbiamo "inteso" tutti gli altri rapporti causali. Per quanto consueta e indi-

---

[13] F. Nietzsche, *Jenseits von Gut und Böse. Vorspiel einer Philosophie der Zukunft* (1886); tr. it. *Al di là del bene e del male. Preludio di una filosofia dell'avvenire*, in *Opere*, Adelphi, Milano 1972, vol. VI, 2, capitolo III, § 54, p. 60.

spensabile questa funzione possa essere, niente dimostra che la sua natura non sia fittizia. Qualcosa può essere condizione di vita e *tuttavia falso*.[14]

Queste riflessioni inaugurate da Nietzsche porteranno a sostituire l'"anima" della filosofia moderna, che si esprimeva nel *soggetto impersonale* della rappresentazione, con l'"anima" che la scienza esprimerà come *ordine* della rappresentazione, come insieme dei saperi che comprendono anche il sapere che parla del soggetto. A questo punto l'anima non è più *egologica* ma *funzionale*, non riflette più l'Io individuale e soggettivo o l'Io ideale e intersoggettivo, ma l'organizzazione del mondo tramite un corpo di discipline a cui la scienza dà attuazione con le sue procedure.

L'espansione delle procedure, la loro modificabilità in ragione di una loro migliore funzionalità, fa sì che l'insieme delle regole, nella loro interconnessione e complessità, non possa più essere controllato dal singolo individuo, la cui soggettività, che aveva trovato nell'anima la propria sede, non può non cedere alla sempre maggior complessità dei sistemi di riferimento, che si incaricano anche di parlare dell'anima e del soggetto come di un loro contenuto.

Siamo alla *parola tecnica del sapere psicologico*, dove l'anima non è più la *fonte* del discorso, ma l'*effetto* di una procedura discorsiva, nel senso che il suo essere non preesiste, ma è posto dal discorso che parla di lei. A questo penso si riferisca Mario Trevi là dove distingue il "discorso *sulla* psiche", che è la parola tecnica del sapere psicologico dove l'anima è l'effetto di una procedura discorsiva, dal "discorso *della* psiche" dove l'anima non è effetto del discorso, ma fonte del discorso. Scrive a questo proposito Trevi:

> Ogni "discorso *sulla* psiche" ospita inevitabilmente nel suo seno – sia pure cripticamente – il "discorso *della* psiche", ogni descrizione della psiche la vivente e ricchissima (e mai circoscrivibile) vita psichica di chi lo pronuncia. Esiste anzi un "punto di fuga" – che è anche un ideale utopico o un limite tendenziale – in cui ogni "discorso sulla psiche" si risolve nel "discorso della psiche", ogni "psicologia" nell'inesauribile e dialogica parola dell'uomo, ogni scienza psicologica nella sconfinata foresta di metafore che è il linguaggio umano sorpreso nella sua perenne germinatività.[15]

---

[14] Id., *Nachgelassene Fragmente 1884-1885*; tr. it. *Frammenti postumi 1884-1885*, in *Opere*, cit., 1975, vol. VII, 3, fr. 35 (35), maggio-luglio 1885, p. 203.
[15] M. Trevi, *Per uno junghismo critico*, Bompiani, Milano 1987, p. 111.

Queste considerazioni hanno la loro lontana risonanza nella riflessione di Nietzsche, che per primo ha colto nell'anima non l'*inaugurazione* del mondo, come aveva fatto la filosofia antica e moderna, ma il suo *riflesso*:

> Siamo noi a vedere dentro il mondo le nostre leggi e, viceversa, non possiamo concepire queste leggi, se non come la conseguenza di questo mondo su di noi. Il punto di partenza è l'illusione dello specchio, noi siamo *immagini viventi riflesse dallo specchio*.[16]

La metafora, tratta dalla tradizione mitica di Dioniso, che guardandosi allo specchio vede il mondo, dice che quando fra interiorità ed esteriorità si stabilisce un gioco speculare, le due entità vengono a coincidere e per ciò stesso a cessare di esistere come due entità distinte. Ne dà testimonianza Salvatore Natoli là dove descrive il passaggio dall'*interiorità* dell'anima alla sua *esteriorità*:

> Ciò che costituisce la radicalità della svolta è il fatto che il corpo e il mondo in tanto sono posti in quanto sono saputi, ossia rappresentati: ora il corpo e gli eventi del mondo, in quanto rappresentati, sono inclusi e *contenuti* in ciò che li rappresenta. Se prima, dunque, l'anima, quale sostanza spirituale, abitava il corpo, adesso, in quanto piano della rappresentazione, è posizione del mondo e quindi *limite estremo* della presenza, totale *esteriorità* rispetto a tutto ciò che essa include. L'anima, in quanto *visio intellectualis*, deve, sotto le istanze del metodo, mutarsi necessariamente in orizzonte della rappresentazione.[17]

Fine dell'anima e fine del mondo come realtà contrapposta alla realtà dell'anima. Oltrepassamento della relazione soggetto-oggetto su cui era cresciuta la filosofia e la scienza nell'età moderna. Abolizione della dicotomia tra apparenza e realtà e quindi, come dice Nietzsche: tra "mondo vero" e "mondo apparente".[18]

Deperimento dell'identità *egologica* a favore di un'identità funzionale. Il posto lasciato vuoto dall'anima come *principio* d'ordi-

---

[16] F. Nietzsche, *Nachgelassene Fragmente 1879-1881*; tr. it. *Frammenti postumi 1879-1881*, in *Opere*, cit., 1983, vol. V, fr. 6 (441), pp. 519-520.
[17] S. Natoli, *Soggettività e oggettività. Appunti per un'interpretazione dell'antropologia occidentale* (1886), in *Vita buona vita felice*, Feltrinelli, Milano 1990.
[18] F. Nietzsche, *Götzendämmerung oder: Wie man mit dem Hammer philosophiert* (1889); tr. it. *Crepuscolo degli idoli, ovvero: come si filosofa col martello*, in *Opere*, cit., 1970, vol. VI, 3, p. 76. Il testo di Nietzsche, che ha per titolo: "Come il 'mondo vero' finì per diventare favola", al § 6 recita: "Abbiamo tolto di mezzo il mondo vero: quale mondo ci è rimasto? forse quello apparente? Ma no! *Col mondo vero abbiamo eliminato anche quello apparente!* (Mezzogiorno; momento dell'ombra più corta; fine del lunghissimo errore, apogeo dell'umanità; Incipit Zarathustra)".

namento viene infatti occupato dal *funzionamento* di un ordine, dove la "verità assoluta" si trasforma in un sistema di regole e gli "errori" in prospettive. Ora il mondo non vive più nell'interiorità dell'anima (filosofia antica) o nella forma delle sue rappresentazioni (filosofia moderna), ma nella coerenza delle procedure che lo descrivono sotto il controllo della scienza.

Dopo questa svolta qualsiasi procedimento diventa scientifico, qualsiasi esperienza della vita viene decodificata e tradotta in sapere e, solo guardando gli ordini del sapere, gli uomini sapranno di sé. Impareranno cos'è normalità e follia dalla psichiatria, cos'è salute e malattia dalla clinica, cos'è sessualità e perversione dalla psicoanalisi, cos'è ordine e disordine dalle scienze sociali. Andranno a cercare la loro identità non più nella loro interiorità, ma, per effetto della dissolvenza dell'anima, nelle regole che li normalizzano. Il loro sguardo non sarà più rivolto a sé, ma fuori di sé, non più sul mondo, ma sulle parole che lo descrivono. Ciò che sta fuori dal discorso sta per ciò stesso fuori dalla ragione.

Ma qui non si fraintenda. Con la dissoluzione dell'anima individuale e dell'anima intersoggettiva, la scienza non è più in grado di offrire un *discorso della ragione*, ma solo delle *ragioni discorsive*, la cui giustificazione non è nell'appello a una ragione unica e universale che in sé include ogni possibile discorso, ma è nella sua stessa capacità di esistere e di produrre effetti di realtà.

Non sono più i discorsi che sussistono in funzione di una ragione eterna, come pensava la filosofia antica, o di una rappresentazione universale, come riteneva la filosofia moderna, ma ogni singola ragione sussiste di volta in volta in funzione di un discorso che si produce e, producendosi, genera realtà.

Si tratta di una realtà che non è più costituita da *cose,* ma da *rapporti,* perché le cose hanno perso lo spessore sensibile con cui da sempre sono state considerate, per risolversi nei rispettivi costituenti elementari che la sistematica scientifica provvede a ordinare logicamente.

Date queste premesse, l'esito della scienza non può essere altro che la *tecnica*, ossia la produzione di oggetti materiali che si svolge secondo l'oggettività di rappresentazioni formali. Essendo sempre più un prodotto del sapere, la realtà tende sempre meno a ospitare l'antica differenza tra *natura* e *artificio*, perché quando la natura è scomposta nei quadri che la rendono intelligibile, la diversa combinazione di questi quadri mette capo a produzioni che solo un ritardo linguistico può chiamare "artificiali" e tenere distinti dalle produzioni "naturali". In realtà, nel sistema delle scienze, natura e artificio tendono sempre più a uguagliarsi e a coincidere, e siccome non c'è mondo se non c'è un ordine che lo descrive, la descrizione scientifica del mondo è il mondo che abitiamo.

7. LA PSICOANALISI NELL'ETÀ DELLA TECNICA

Sorta per dominare il mondo del divenire e del mutevole, l'anima, dopo l'antico ricorso *all'ordine dell'immutabile*, s'è fatta *orizzonte di tutto ciò che diviene*, ma, in questo passaggio, ha posto le premesse per la sua dissoluzione. Non si può, infatti, inseguire il mutevole se non mutando a propria volta. Si tratta ovviamente di una mutevolezza ordinata da una costruzione successiva di teorie rigorose, ma nel contempo revocabili. In questa *revocabilità* si annida il processo di dissolvenza dell'anima che s'è fatta carico sino in fondo della mutevolezza del reale.

Che ne è a questo punto degli *individui* che l'antica nozione di anima esprimeva come *soggettività* di conoscenze e di azioni? In un universo di differenziazioni funzionali, dove non c'è più *una* ragione, ma *ogni* ragione si determina come argomento del discorso che interpreta una funzione, quelli che finora sono stati intesi come "soggetti" divengono oggetti conosciuti e agiti dalle relazioni sistemiche, in cui si conoscono ed entro cui si promuovono gli itinerari delle azioni.

Ora che l'*identità* non è più dell'individuo, ma del sistema, che ne è del *processo di individuazione* rintracciabile non più in un nucleo essenziale, invariabile e reperibile in ciascuno, come poteva essere l'"anima", ma nell'insieme integrato delle funzioni leggibili all'interno di un ordine di rinvii predisposti dalla tecnica?[19] Infatti, come scrive Horkheimer:

> Nelle epoche pre-tecnologiche c'era ancora una frattura tra cultura e produzione. Grazie a questa frattura, l'individuo aveva più scappatoie di quanto non gliene conceda oggi la moderna superorganizzazione, che lo riduce a una semplice cellula di risposta funzionale.[20]

Per effetto di questo capovolgimento, mentre prima gli uomini dipendevano l'uno dall'altro, ora dipendono dalle procedure tecniche, che nel loro insieme esprimono la forma generale dei rapporti di dipendenza personali. Ciò significa che se la tecnica ha liberato l'uomo dal vincolo della natura e dal vincolo che lo assoggettava a un altro uomo, l'ha potuto fare ponendo se stessa come vincolo di tutti i vincoli, come elaborazione secondaria e sostitutiva del vincolo naturale e del vincolo antropologico.

In questo modo la tecnica ha creato un uomo nuovo, la cui caratteristica essenziale è, come sempre, quella di essere in rela-

---

[19] Per un approfondimento di questa tematica si veda U. Galimberti, *Psiche e techne. L'uomo nell'età della tecnica*, cit., capitolo 49: "La funzionalità come forma dell'identità".

[20] M. Horkheimer, *Eclipse of reason* (1947), edizione tedesca: *Zur Kritik der instrumentellen Vernunft* (1967); tr. it. *Eclisse della ragione. Critica della ragione strumentale*, Einaudi, Torino 1969, p. 126.

zione ad *altro*, solo che l'altro non ha più il volto della natura o il volto dell'uomo, ma quello dell'*apparato tecnico*, all'interno del quale si è in relazione non con la propria identità, ma con la propria funzione. L'identità, infatti, come scrive Romano Madera, è "l'identità dell'*id*, maschera il cui volto nascosto è la formalizzazione algebrica di tutte le maschere".[21]

In questo teatro, in cui a muoversi non sono tanto gli uomini, quanto quelle loro maschere che sono poi le loro funzioni, agli individui è dato solo di interpretare un testo già dato, al quale non è possibile sottrarsi, perché in quel testo sono scritte le condizioni generali dell'esistenza. Già Marx aveva visto nell'economia liberista, nonostante la sua ostentata celebrazione dell'individuo e dei suoi valori, la premessa che preparava le esequie dell'individuo e la sua sostituzione con quella maschera (*Charakter Maske*) che rappresenta solo la sua valenza economica. Infatti, scrive Marx:

> Le persone esistono qui l'una per l'altra soltanto come rappresentanti di merci, quindi come possessori di merci. Troveremo in generale, man mano che la nostra esposizione procederà, che le maschere economiche, caratteristiche delle persone, sono soltanto le personificazioni di quei rapporti economici, come depositari dei quali esse si trovano l'una di fronte all'altra.[22]

Là infatti dove il capitalista è "capitale pianificato" che entra in relazione con il proprietario fondiario in quanto "personificazione della terra", o con l'operaio in quanto "personificazione della forza lavoro", l'incontro non è tra individui, ma tra *fattori economici* di cui gli individui sono semplici personificazioni.

Ma là dove si assiste, come vuole l'espressione di Marx, a "rapporti di cose fra persone e rapporti sociali fra cose",[23] gli individui perdono la loro specificità e, in quanto meri rappresentanti delle cose che possiedono o delle funzioni che svolgono, tendono a diventare sempre più *simili* gli uni agli altri, come le monadi di Leibniz,[24] simbolo settecentesco dell'individuo economico atomistico, che la società, visualizzata a partire dai valori economici, eleva a tipo sociale. Il perseguimento dell'interesse indi-

---

[21] R. Madera, *Identità e feticismo. Forma di valore e critica del soggetto: Marx e Nietzsche*, Moizzi, Milano 1977, p. 112.
[22] K. Marx, *Das Kapital. Kritik der politischen Oekonomie* (1867-1883); tr. it. *Il capitale. Critica dell'economia politica*, Editori Riuniti, Roma 1964, Libro I, Sezione I, capitolo II, pp. 117-118.
[23] Ivi, Libro I, Sezione I, capitolo I, p. 105.
[24] G.W. Leibniz, *Principes de philosophie ou Monadologie* (1714); tr. it. *Principi di filosofia o Monadologia*, in *Opere*, Utet, Torino 2000, vol. III.

viduale isola le monadi l'una dall'altra, ma instaurandole come semplici rappresentanti degli interessi che entrano in relazione fra loro, tende a renderle sempre più simili l'una all'altra.

In questo modo il *principio di uniformità* si stende sugli individui, il cui volto non solo resta nascosto dietro la maschera del "titolare di interessi", ma finisce con il non aver più alcuna rilevanza, perché, per lo sguardo economico, ciò che conta non è più l'individuo, ma la sua titolarità.

E così, dietro la persona, dietro la maschera non c'è nessuno, ma "nessuno", come sappiamo da Omero, e come ci ricorda Romano Madera, "è il nome di qualcuno",[25] che entra in relazione sociale non come individuo, come se stesso, ma solo come titolare di interessi, come loro rappresentante. In questo modo "nessuno" diventa il vero nome di ogni individuo, a cui l'economia e più ancora la tecnica hanno tolto la specificità del suo volto sotto la maschera della personificazione.[26]

Passando dalla *razionalità economica*, che ancora conosce una passione umana che è la passione per il denaro, alla *razionalità tecnica*, che non è attraversata da alcuna passione, ogni individuo diventa "accessorio" dell'officina della tecnica, dove come "specializzato" deve esprimere le sue abilità di dettaglio, in un regime in cui ciò che conta non è più la personalità dell'individuo, ma piuttosto la sua *uniformità*, che ne garantisce la *sostituibilità* per il corretto funzionamento dell'apparato.

Se per la ragione antica era possibile conoscere gli individui dalle loro azioni, perché queste erano lette come manife-

---

[25] R. Madera, *Identità e feticismo. Forma di valore e critica del soggetto: Marx e Nietzsche*, cit., p. 103. Significative sono, in questo libro, le pagine che Madera dedica al tema della "personificazione", e in particolare, nella Parte I, il capitolo 4 che ha per titolo: "Reificazione e personificazione: il circolo vizioso e implacabile del nichilismo", pp. 89-154.

[26] Il motivo della "maschera sociale" è uno dei temi ricorrenti negli scritti di C.G. Jung, che nei *Tipi psicologici*, cit., p. 417, scrive: "Con ragione si può trattare la questione della dissociazione della personalità anche come un problema di psicologia normale, quando un uomo non è propriamente *individuale*, ma *collettivo*, cioè in consonanza con le circostanze e le aspettative generali. Se fosse individuale avrebbe, nonostante ogni varietà di atteggiamento, sempre il medesimo carattere. Egli non sarebbe identico con l'atteggiamento assunto di volta in volta e non potrebbe né vorrebbe impedire alla sua individualità di esprimersi in qualche modo nell'una come nell'altra situazione. Di fatto egli è individuale come ogni essere, ma inconsciamente. Attraverso la sua identificazione più o meno completa con l'atteggiamento del momento egli inganna per lo meno gli altri, sovente anche se stesso, circa il suo vero carattere; assume una *maschera*, conscio che essa corrisponde da un lato alle sue intenzioni, dall'altro alle esigenze e alle opinioni del suo ambiente: e in ciò prevale ora l'uno ora l'altro fattore. Questa maschera, cioè questo atteggiamento assunto *ad hoc*, io l'ho chiamato *Persona*, dal nome della maschera che mettevano gli attori dell'antichità".

stazioni dell'anima, intesa come funzione decisionale, oggi le decisioni dell'individuo non sono più leggibili come espressioni dell'anima, ma come possibilità calcolate dal sistema, che non solo le prevede, ma addirittura le prescrive nella forma della loro esecuzione.

A questo punto non è più possibile attribuire le azioni ai soggetti, ma se mai i soggetti al sistema di azioni previsto come possibile. L'individuo non diviene ciò che è, ma sceglie all'interno di quanto è anticipatamente predisposto. Se qui non cade la sua scelta, la sua azione non diventa leggibile e, in quanto illeggibile, si inscrive nella follia.

A sua volta la follia non è più lacerazione dell'anima, suo sconnesso articolarsi, scissione della sua unità sostanziale, ma lo stesso *pensarsi come individui in grado di individuarsi*, cioè di diventare ciò che, in fondo all'anima, si è.

Questa visione romantica, intorno alla cui ingenuità ancora si articolano le varie teorie psicologiche, e in particolare la psicologia analitica di Jung, ignora che i singoli non hanno senso da soli, ma solo nel gioco relazionale che li pone e in cui sono posti. La dimensione collettiva non è un aspetto a cui l'individuo può prender parte o può sottrarsi, ma è la forma che lo definisce, la regola del gioco, fuori dalla quale non si dà senso. L'individuo non si costituisce prima del sistema collettivo di riferimento, ma solo in esso e grazie a esso, come le singole carte da gioco, che in sé non significano niente, perché il loro valore dipende dalle regole del gioco in cui sono inserite.

Questo i Greci lo sapevano, e perciò elaborarono la nozione di *anima* in stretta connessione con la nozione di *politica*, perché solo dall'interazione dei molti (*polloí*) era decifrabile la nozione di individuo. Questa emergeva non come "eccezionalità", "genialità", "espressione di sé", ma come *unità di senso*, decifrabile a partire dalle relazioni e dagli orientamenti percorribili nella rete delle possibilità previste. Fuori da questa rete restava la follia dei poeti, dei sacerdoti, degli iniziati, degli oracoli e degli enigmi, i cui atti e le cui parole non si lasciavano decifrare a partire da ciò che è comune (*xynón*).[27]

Rispetto ai Greci la situazione oggi è modificata, non nel senso che l'individuo possa acquistar senso al di fuori delle relazioni e dell'insieme di aspettative che il sistema ha prefissato, ma nel senso che le aspettative si sono ampliate in proporzione alle differenziazioni che il sistema ha dovuto accogliere per tener con-

---

[27] Per ulteriori approfondimenti su questo tema si veda U. Galimberti, *Gli equivoci dell'anima* (1987), Feltrinelli, Milano 2001, capitolo 4: "L'esperienza politica: l'anima come ciò che è comune".

to di tutte le variabili. Questa situazione non modifica l'essenzialità della relazione, ma la decifrazione materiale del contesto e l'articolazione dei nessi funzionali e sistemici. Qui viene a proposito la nozione di *complessità* a cui è intimamente connessa quella di *libertà*.

La parola "libertà", così carica di storia e di senso, necessita qui d'esser tradotta. Essa non significa "espressione di sé" o "liberazione dal giogo", né si riferisce all'esercizio della scelta individuale al di là delle condizioni esistenti. Queste nozioni di libertà, che sono poi quelle condivise dal senso comune, esprimono aspirazioni che percorrono le società poco differenziate, dove le scelte sono limitate, e perciò la libertà si riduce alla possibilità di obbedire o disobbedire.

In una società complessa, dove il controllo delle variabili crea una serie di sottosistemi, al cui interno si accrescono e si precisano le leggi di selezione, la libertà è data, come dice Natoli, dall'*eccedenza* delle possibilità rispetto alle scelte che gli individui possono fare nel corso della loro vita. In questa situazione l'individuo è libero non per quel tanto di *creatività* che egli ritiene di poter riconoscere nella propria anima, ma per quel tanto di *mobilità* che gli è concessa dall'*eccedenza*. Scrive in proposito Natoli:

> In società poco differenziate le scelte sono di fatto limitate e ripetitive e le questioni di libertà si risolvono molto spesso nel diritto di obbedire o disobbedire, di resistere o di violare. [...] Le società complesse viceversa ampliano la libertà e spostano di fatto il concetto: in esse crescono l'aleatorietà e la contingenza, ma nel contempo si accrescono e si precisano leggi allargate di selezione. Ciò comporta per i singoli una crescita intensa di possibilità di movimento e, di fatto, un accrescimento di mobilità sociale. Detto altrimenti, nelle società complesse c'è in genere un'eccedenza di possibilità rispetto alle scelte che gli individui possono fare nel corso della loro vita. In tale circostanza l'individuo è libero *almeno per quel tanto* di movimento che gli è concesso dall'eccedenza.[28]

Per effetto dell'*esteriorizzazione* dell'anima e della conseguente *deducibilità* dell'individuo dall'insieme delle relazioni esistenti, l'antico "conosci te stesso" si traduce nella conoscenza del maggior numero di informazioni, che consente una maggior agilità di selezione in rapporto alle variabili.

Nel dispiegarsi del gioco aperto dal sistema, la nozione di anima individuale non può essere descritta al di fuori del gio-

---

[28] S. Natoli, *Soggettivazione e oggettività. Appunti per un'interpretazione dell'antropologia occidentale*, cit., pp. 28-29.

co, ossia non può essere identificata al di fuori dell'azione eseguita che, a sua volta, non può essere intesa se non come *relazione* al sistema che la significa. Ne consegue che le identità (l'anima, l'Io) non preesistono al gioco, ma si costituiscono giocando; e siccome le regole del gioco prevedono le repliche degli avversari, le identità non *sono*, ma *mutano* nel gioco. Per effetto di questo mutamento, le identità saranno riconoscibili solo alla fine del gioco, per le relazioni in cui si sono espresse e per le risposte che hanno dato. Come ci ricorda Natoli:

> Già Aristotele notava come gli individui singolarmente presi non bastano a se stessi; l'assunto rimane valido, quel che è cambiato è il gioco delle sufficienze, ossia lo spessore materiale delle relazioni e l'insieme dei criteri di leggibilità. Un soggetto ormai è sempre meno riconoscibile direttamente e in se stesso: ne segue che, per dare conto delle aspettative e delle decisioni dei soggetti in generale, bisogna operare a livelli alti di logica e di artificialità.[29]

La razionalità che presiede l'età della tecnica, infatti, ha spostato il problema del riconoscimento dal *rapporto personale* servo-signore al *rapporto impersonale* che deriva dall'assunzione di un ruolo, con conseguente potenziamento della libertà di ruolo e conseguente insignificanza della libertà personale.[30] Ma dire "ruolo" significa dire "disposizione tecnica", per cui "libertà di ruolo" significa libertà della tecnica di disporre degli uomini e dello spazio della loro azione, con conseguente spostamento dell'investimento degli individui dall'identità alla funzione, da ciò che si è al ruolo che si svolge.

Ciò comporta da un lato un'identità incerta dei propri contorni, e dall'altro un'identificazione con il ruolo assegnato dalla disposizione tecnica dell'apparato, sino a fondersi senza residui con le sue attese, perché il riconoscimento non giunge all'individuo da un altro *individuo*, ma a tutti gli individui da quel grande *Altro* che è l'apparato tecnico. In questo modo l'individuo, per rivendicare la sua identità, deve negare la differenza tra il suo Io e la sua funzione, il che equivale a negare la differenza tra il suo Io e l'apparato tecnico che lo riconosce.

---

[29] Ivi, pp. 29-30.
[30] Per un adeguato svolgimento di questo tema si veda U. Galimberti, *Psiche e techne. L'uomo nell'età della tecnica*, cit., capitolo 50, § 6: "La tecnica e il potenziamento della libertà di ruolo".

3. Le sorti dell'Io tra inconscio pulsionale e inconscio tecnologico

Desiderando l'annientamento di sé per reperire un margine di identità riconosciuta, nell'età della tecnica l'individuo torna a sperimentare entrambi gli opposti di quell'esperienza arcaica di unione con il tutto che Freud, accogliendo l'espressione del suo amico poeta Romain Rolland, chiama "sentimento oceanico (*ozeanisches Gefühl*)"[31]:

> In origine l'Io include tutto, e in seguito separa da sé un mondo esterno. Il nostro presente senso dell'Io è perciò soltanto un avvizzito residuo di un sentimento assai più inclusivo, anzi di un sentimento onnicomprensivo che corrispondeva a una *comunione quanto mai intima dell'Io con l'ambiente*. Se possiamo ammettere che – in misura più o meno notevole – tale senso primario dell'Io si sia conservato nella vita psichica di molte persone, esso si collocherebbe, come una sorta di controparte, accanto al più angusto e più nettamente delimitato senso dell'Io della maturità, e i contenuti rappresentativi a esso conformi sarebbero precisamente quelli dell'illimitatezza e della *comunione con il tutto*, ossia quelli con cui il mio amico spiega il "sentimento oceanico".[32]

Per Freud il sentimento oceanico è da ricondurre al sentimento infantile di onnipotenza. Questo sentimento è ciò che l'apparato tecnico, come il grembo materno, abbondantemente dispensa a quanti con esso si identificano, quasi un compenso all'impotenza della loro identità dagli incerti contorni.

Incerti perché se la separazione tra Io e *mondo esterno* è la condizione del costituirsi dell'Io, meno netta è invece la separazione tra l'Io e il *mondo interno* inconscio che Freud chiama Es, e di cui l'Io è in certo qual modo la continuazione o, per usare l'espressione di Freud, la "facciata":

> L'idea che l'uomo debba avere conoscenza della propria connessione con il mondo circostante mediante un sentimento diretto e immediato, orientato fin dall'inizio in quella direzione, appare talmente strana e si accorda così male con la struttura della nostra psicologia da legittimare il tentativo di una spiegazione psicoanalitica, ossia genetica, di tale sentimento. Possiamo quindi disporre della seguente linea di pensiero. Normalmente nulla è per noi più sicuro del senso di noi stessi, del nostro proprio Io. Questo Io ci appare autonomo, unitario, ben contrapposto a ogni altra cosa.

---

[31] R. Rolland, *Lettera a Freud del 5 dicembre 1927*, in S. Freud, *Lettere 1873-1939*, Boringhieri, Torino 1960, p. 357.
[32] S. Freud, *Il disagio della civiltà*, cit., pp. 559-561.

Che tale apparenza sia fallace, che invece l'Io abbia verso l'interno, senza alcuna delimitazione netta, la propria continuazione in una entità psichica inconscia, che noi designiamo come Es, e per la quale esso funge come da facciata, lo abbiamo appreso per la prima volta dalla ricerca psicoanalitica, da cui ci attendiamo molte altre informazioni circa il rapporto tra Io ed Es. Ma verso l'esterno, almeno, l'Io sembra mantenere linee di demarcazione chiare e nette.[33]

Queste linee si fanno meno marcate in occasione dell'innamoramento, quando "il confine tra Io e oggetto minaccia di dissolversi"[34] e in tutti quei casi patologici in cui:

La delimitazione dell'Io nei confronti del mondo esterno diventa incerta o in cui i confini sono effettivamente tracciati in modo scorretto. [...] Allora anche il senso dell'Io è soggetto a disturbi e i confini dell'Io non sono stabili.[35]

I confini che consentono una "delimitazione netta" tra Io e mondo esterno non sono per Freud originari, ma gradatamente guadagnati con la crescita che porta alla costituzione dell'Io adulto:

Questo senso dell'Io, presente nell'adulto, non può essere stato tale fin dall'inizio. Deve aver subìto uno sviluppo di cui ovviamente non si possono dare prove sicure; tuttavia esso può essere ricostruito con sufficiente verosimiglianza. Il lattante non distingue ancora il proprio Io dal mondo esterno in quanto fonte di sensazioni che lo subissano. Apprende a farlo gradualmente, reagendo a sollecitazioni diverse.[36]

La prima di queste sollecitazioni è quella fonte di eccitamento costituita dal seno materno, di cui però il bambino non può disporre a piacimento perché:

Il seno materno gli viene temporaneamente sottratto per essergli poi riportato solo come risultato del suo strillare in cerca di aiuto. In questo modo si contrappone per la prima volta all'Io un "oggetto" come qualcosa che si trova "fuori" e che viene costretto ad apparire soltanto in seguito a un'azione particolare.[37]

---

[33] Ivi, pp. 558-559.
[34] Ivi, p. 559.
[35] *Ibidem.*
[36] Ivi, pp. 559-560.
[37] Ivi, p. 560.

7. LA PSICOANALISI NELL'ETÀ DELLA TECNICA

L'assenza del seno materno è solo un paradigma di tutte quelle "abbondanti, molteplici, inevitabili sensazioni di dolore e di dispiacere"[38] che, costringendo l'Io a cercare la soddisfazione dei suoi bisogni nel mondo esterno, lo obbligano a:

> Distinguere fra ciò che è interno, ossia che appartiene all'Io, e ciò che è esterno, ossia che scaturisce da un mondo esterno, e in tal modo viene compiuto il primo passo verso l'insediamento del principio di realtà, al quale spetta negli sviluppi futuri la parte dominante.[39]

"Oceanico" è dunque per Freud quel sentimento che pervade l'Io che ancora non si è distinto dal mondo esterno, ma vive con esso in quella "comunione quanto mai intima"[40] a cui l'Io adulto, per costituirsi, deve rinunciare e, a rinuncia avvenuta, considerare quella condizione "oceanica" come uno stadio in cui ancora non si era separato dall'Es.

Ma l'Es non abbandona l'Io, per cui, nel momento in cui riconosce se stesso, l'Io riconosce anche tutto ciò che è pre-egoico, a cui partecipa senza esserne responsabile e senza potersi opporre. La scoperta di questa *dotazione inconscia* da cui l'Io non può separarsi, è per l'Io, che si scopre a un tempo Io e non-Io, la scoperta della sua impotenza.

Quando l'Io constata di non essere fichtianamente "posto da se stesso",[41] ma freudianamente "divenuto" altro da sé, e di non poter ovviare alla sua genesi, ossia di non potersi liberare da questo "altro" che è la sua dotazione inconscia, l'Io prova disorientamento in ordine alla propria individuazione e alla propria libertà, che a questo punto conosce i suoi limiti inscritti in quella dotazione pre-individuale che Freud ha chiamato Es e ha descritto in metafora sessuale.

In quanto macchina della specie, come bene ha messo in luce Schopenhauer,[42] l'Io appartiene al sesso, e non il sesso all'Io

---

[38] *Ibidem.*
[39] *Ibidem.*
[40] Ivi, p. 561.
[41] J.G. Fichte, *Über den Begriff der Wissenschaftslehre oder der sogenannten Philosophie* (1794); tr. it. *Dottrina della scienza*, Laterza, Bari 1993, p. 106: "L'Io pone se stesso come *determinato* dal Non-Io (*Das Ich setzt sich selbst als bestimmt durch das Nicht-Ich*)".
[42] Come è noto per Schopenhauer l'immagine che l'individuo ha di se stesso è una rappresentazione fenomenica della volontà irrazionale che, come cieca pulsione (*blinder Trieb*) opera, attraverso la sessualità, a vantaggio della specie, ingannando gli individui con la seduzione del piacere. Si tratta, scrive A. Schopenhauer, in *Die Welt als Wille und Vorstellung* (1819); tr. it. *Il mondo come volontà e rappresentazione*, Mursia, Milano 1969, Libro II, § 23, p. 153, di "una volontà che non manca di operare ciecamente, in tutte le funzioni del corpo che

come ingenuamente si crede,[43] e perciò l'Io se ne vergogna e chiama il sesso: *pudendum*, e *pudenda* gli organi sessuali. La vergogna dipende dal fatto che il sesso è "o-sceno" non perché è sconveniente, ma perché è fuori dalla "scena" dell'Io, perché appartiene a quella scena pre-individuale che l'Io avverte come sottratta alla sua libertà. Nella sessualità l'Io collassa come Io e si trova Es, nonostante gli sforzi di individuazione con se stesso.

Sono sforzi che prendono avvio all'atto stesso della nascita, quando il bambino, separandosi dal corpo materno, inizia la sua storia individuale con uno strappo dal suo fondamento. Questo strappo, segnalato da O. Rank come "trauma della nascita",[44] è riconosciuto, pur tra mille esitazioni, dallo stesso Freud per il quale: "Nell'uomo e negli altri animali superiori sembra che l'atto della nascita sia la prima esperienza individuale di angoscia".[45] Questa riflessione porta Freud a "non abbandonare l'idea che l'Io sia la vera e propria sede dell'angoscia",[46] l'angoscia del *processo di individuazione* a partire dalla vita non ancora individuata.

È questa un'angoscia che l'Io trascina con sé tutta la vita come *dolore di essere individuo* e che ritroviamo alla base di quella "pulsione di morte" che spinge l'individuo a liberarsi dal tormento di essere individuo. A partire da queste considerazioni, Freud scrive:

> Dopo mille esitazioni e oscillazioni ci siamo decisi ad ammettere soltanto due pulsioni fondamentali: l'*Eros* e la *pulsione di distruzione*. Meta della prima di queste due pulsioni è stabilire unità sempre più vaste e tenerle in vita: unire insieme dunque; meta dell'altra, al contrario, è dissolvere nessi e in questo modo distruggere cose. Nel caso della pulsione di distruzione possiamo supporre che il suo fine ultimo sia di portare il vivente allo stato inorganico. Per questo l'abbiamo chiamata anche *pulsione di morte*. Se ammettiamo che la materia vivente sia venuta dopo la materia inanimata, e da essa abbia tratto origine, ecco che la pulsione di morte rientra nella for-

---

non sono governate dalla conoscenza: in tutti i processi vitali e vegetativi, nella digestione, nella circolazione del sangue, nella secrezione, nell'accrescimento, nella riproduzione. Non soltanto le azioni del corpo, ma il corpo tutto intero è fenomeno della volontà, volontà oggettivata, volontà concreta: di conseguenza, tutto ciò che si produce nel corpo deve scaturire dalla volontà; benché da una volontà non guidata da conoscenza, né regolata da motivi, ma che opera ciecamente in virtù di cause che si chiamano in questi casi *eccitazioni*".

[43] Si veda a questo proposito U. Galimberti, *Gli equivoci dell'anima*, cit., capitolo 18: "Sessualità e follia", pp. 171-188.

[44] O. Rank, *Das Trauma der Geburt* (1924); tr. it. *Il trauma della nascita*, Guaraldi, Rimini 1972.

[45] S. Freud, *Hemmung, Symptom und Angst* (1626); tr. it. *Inibizione, sintomo e angoscia*, in *Opere*, cit., vol. X, p. 243.

[46] *Ibidem*.

mula succitata secondo cui una delle due pulsioni tende al ripristino di una situazione precedente.[47]

È questo un motivo che da Anassimandro a Nietzsche ribadisce il dolore dell'individuo che, in quanto individuo, in quanto singolare, sconta il suo distacco dal Tutto a cui dovrebbe appartenere come cosmicamente si conviene, sconta il suo dover esistere come "eccezione cosmica" o, come vuole il linguaggio heideggeriano, come "ek-sistenza",[48] adattandosi a "essere", senza "essere-assieme", in quella beata ottusità in cui l'Io tenta di regredire ogni volta che è preso dall'angoscia di "dover essere Io".

L'*ápeiron* di Anassimandro, il *dionisiaco* di Nietzsche, l'*Es* di Freud nominano, sia pure a partire da scenari differenti, quella *condizione pre-individuale* che l'Io porta dentro di sé come sua originaria matrice, e che crea in lui quella *simultaneità tra esser-Io e non-esser-Io* che è la sua contraddizione, la fonte della sua angoscia.

Ma accanto alla *dotazione inconscia pre-individuale*, che ha i suoi riscontri nel corpo, nella specie, nella famiglia e in tutto quel corredo impersonale che fa di un Io che è se stesso anche ciò che egli non è, esiste anche una *dotazione post-individuale*, costituita dall'apparato tecnico a cui l'uomo partecipa come funzionario, quando non addirittura come ingranaggio.

E come l'*Es inconscio pre-individuale* produce quel turbamento dell'identità che l'Io avverte ogni volta che scopre di non esser solo se stesso, così l'*Es tecnologico* si avvicina passo passo all'Io, lo condiziona sempre di più, risolvendo la sua identità in funzionalità, la sua libertà in competenza tecnica, la sua individuazione in atomizzazione, la sua funzionalità in deindividuazione, la sua specificità in omologazione, in quella cultura di massa in cui, in altra forma, risuona quel "sentimento oceanico" che Freud aveva indicato nella pressione dell'Es inconscio pre-individuale da cui l'Io proviene e da cui non si libera. A essa ora si aggiunge la pressione dell'Es tecnologico artificiale, burocratico, macchinale, che su un altro versante obbliga l'Io a non esser propriamente se stesso.

E come nella sessualità, nella vita impersonale della specie a cui appartiene, nelle vicissitudini del suo corpo che segue il proprio ritmo autonomo, l'Io trova se stesso nell'*Es inconscio pre-individuale*, così nella vita sociale, in qualità di produttore e

---

[47] Id., *Abriss der Psychoanalyse* (1938); tr. it. *Compendio di psicoanalisi*, in *Opere*, cit., vol. XI, pp. 575-576.

[48] M. Heidegger, *Sein und Zeit* (1927); tr. it. *Essere e tempo*, Utet, Torino 1978, § 9, p. 106: "L'essenza dell'Esserci consiste nella sua ek-sistenza".

di consumatore l'Io incontra se stesso come funzionario dell'apparato, o addirittura come anello di quella catena che l'*Es artificiale della tecnica* connette con il mondo delle macchine, le quali, siano esse amministrative, burocratiche, industriali, commerciali, esigono l'omologazione dell'individuo. Ciò significa che l'individuo realizza se stesso quanto più attivamente si adopera alla propria *passivazione*, che consiste nella sua riduzione a organo dell'apparato, a sua espressione, con progressivo decentramento da sé, e trasferimento del suo centro nel sistema tecnico che lo riconosce come sua componente.[49]

L'autonomia, che nel corso dell'evoluzione l'Io è riuscito a strappare all'*Es inconscio*, che è poi quello pre-individuale, quello biologico, oggi la consegna all'*Es tecnologico*, a partire dal quale l'Io giudica se stesso più o meno "capace", più o meno "valido" a misura della sua più o meno riuscita integrazione. Ma dire *integrazione* significa guardare se stessi dal punto di vista dell'apparato, e quindi valutarsi tanto più positivamente quanto meno si è se stessi, e quanto più si è conformi alle esigenze del sistema tecnico a cui si appartiene.

Nasce da qui quella che Günther Anders chiama "vergogna prometeica",[50] che consiste nel fatto che l'uomo incontra se stesso solo quando fuoriesce dall'Es artificiale, rappresentato dall'apparato tecnico e dalla propria esistenza omologata perché a esso conforme.

Ciò si verifica quando nel rapporto con la macchina, sia essa amministrativa, burocratica, industriale, commerciale, *l'individuo fallisce* e, per effetto della sua inadeguatezza, è respinto dall'apparato tecnico di cui finora aveva fatto parte inosservato, e di cui aveva riconosciuto l'esemplarità. Avulso da *quel* mondo, che sempre più tende a diventare *il* mondo, l'individuo è rinviato a se stesso come "inutilizzabile" e, al cospetto di ciò che ha perduto, incontra il proprio Io che, come scrive Anders, nella prospettiva inaugurata dal mondo della tecnica:

> Deve essere sì un "Io", ma un "Io" che (per quanto porti un nome determinato e un corpo determinato e forse anche il determinato difetto di tessitura di una particolarità individuale) non è altro che un "modo deficiente" di essere macchina, niente altro che una scandalosa non-macchina e un clamoroso Nessuno.[51]

---

[49] Si veda a questo proposito U. Galimberti, *Psiche e techne. L'uomo nell'età della tecnica*, cit., capitolo 49: "La funzionalità come forma dell'identità".
[50] G. Anders, *Die Antiquiertheit des Menschen*, I: *Über die Seele im Zeitalter der zweiten industriellen Revolution* (1956); tr. it. *L'uomo è antiquato*, vol. I: *Considerazioni sull'anima nell'era della seconda rivoluzione industriale*, Bollati Boringhieri, Torino 2003, pp. 57-120.
[51] Ivi, p. 93.

A questo punto, se quando era conforme all'apparato tecnico e a esso omologato l'Io trovava se stesso in veste di Es tecnologico, e quando è respinto dall'apparato incontra se stesso come mero rifiuto dell'Es tecnologico, allora l'Io non esce dalla sua esistenza omologata, perché in entrambi i casi il riconoscimento della sua identità resta comunque affidato all'Es tecnologico. E ciò è tanto più inevitabile quanto più l'apparato tecnico realizza la sua intrinseca tendenza, che consiste nel risolvere ogni residuo del mondo nel *suo* mondo.

4. *Il dominio della tecnica e le parole del dolore*

Se l'individualità è illeggibile al di fuori di un sistema di riferimento, dell'individuale non si dà discorso. Ma siccome ciò che sta fuori dal discorso sta fuori dalla ragione, *l'individuale, nella sua ineffabilità, è la sede prima e originaria della follia*.

La psicologia del profondo si imbatte nella follia, non perché incontra anime dissennate, ma perché incontra l'anima nella sua *singolarità*. Questa, tuttavia, non riesce a tenere in scacco la ragione, perché proprio le sue espressioni, che sono espressioni di follia, costringono la ragione ad accrescere le sue dimensioni e ad articolare sottosistemi sempre più differenziati e complessi, in cui le parole della follia possono trovare la loro traduzione e quindi la loro leggibilità.

Paradossalmente è la follia ad ampliare la ragione, e la razionalità dell'Occidente ne è la prova storica. Essa, infatti, deriva dal continuo accoglimento dei sussulti della follia, che ha costretto questa civiltà ad abbandonare ogni forma di verità assoluta, che impedisce quella moltiplicazione dei regimi discorsivi necessari per accogliere e ordinare le istanze irrazionali.

Le crisi della ragione sono sempre l'esito del suo ampliamento, anche quando il proliferare delle pratiche discorsive non consente più la loro riduzione a un solo ordine. Dissolvendo l'anima, in cui la filosofia antica e moderna avevano individuato la sede di ogni principio d'ordine, la ragione scientifica ha moltiplicato le sue possibilità di ordinare. Non ci fosse istanza di ordinamento, non ci sarebbe alcuna crisi e quindi alcuna produzione di senso.

Ma la complessità dell'anima ha mutato il profilo della ragione. La sua direzione, infatti, non è più verso l'inabissamento ma verso la crescita, il suo tratto non è più la *profondità* ma l'*estensione*, che trova la sua espressione nel dominio planetario della tecnica. A questo punto la psicologia del "profondo", nata in uno scenario umanistico, nell'età della tecnica deve rivedere se stessa fin dalle radici.

Le prime riflessioni sulla tecnica nascono in Grecia con Eschilo che, nel *Prometeo incatenato*, si domanda: è più forte la tecnica (*téchne*) o la necessità (*anánke*) che governa le leggi di natura? La scena si apre sul Caucaso dove un'aquila, inviata da Zeus, rode a Prometeo il fegato che di continuo si riforma per l'eternità del supplizio. La colpa di Prometeo è di aver insegnato la tecnica agli uomini, rendendoli "da indifesi e muti, assennati e padroni delle loro menti".[52]

Con la tecnica gli uomini possono ottenere da sé quello che un tempo chiedevano agli dèi. La trasformazione è grande e la progettazione che la sottende, qualora dovesse realizzarsi per intero, avrebbe il potere di cancellare in modo definitivo l'orizzonte mitico-religioso in cui è nata.

La mitologia greca intuisce esattamente il senso e la direzione a cui porta il dono di Prometeo, ma può ancora proseguire e mantenere la visione del mondo da essa inaugurata perché nella Grecia antica il progetto tecnico non è ancora corredato dagli strumenti necessari alla sua esecuzione. A ricordarlo è lo stesso Prometeo: "La tecnica è di gran lunga più debole della necessità (*Téchne d'anánkes asthenestéra makrôi*)".[53]

Si allude qui alla necessità che regola la natura e la scansione del suo ciclo, che nessun progetto umano può infrangere e di fronte a cui ogni espediente tecnico incontra il suo limite. La natura resta norma (*nómos*) e su questa norma gli uomini edificheranno le loro leggi (*nómoi*) e le loro morali.[54]

Ma in questo edificare lavorava nascosta una tendenza appena percettibile, ma decisiva. L'uomo, cioè, si adattava alla legge della natura, che continuava a dichiarare immutabile, *modificando continuamente l'assetto della natura per adattarla a sé*. Questo processo mai dichiarato, ma sempre praticato, ha portato l'uomo così lontano dalle sue origini da rendere desueto quel patrimonio di abitudini in cui era cresciuto e in cui si era pensato quando la natura era il suo limite e, in questo limite, l'uomo ravvisava l'impianto delle sue certezze.[55]

Oggi non è più così: la natura non è più orizzonte, cielo e terra non fanno più da perimetro, perché le cose situate nel cielo e sulla terra si sono fatte cedevoli sotto gli strumenti della

---

[52] Eschilo, *Prometeo incatenato*, in *Tragedie e frammenti*, Utet, Torino 1987, vv. 443-444.

[53] Ivi, v. 514.

[54] Per un ampio commento a questo passo di Eschilo si veda U. Galimberti, *Psiche e techne. L'uomo nell'età della tecnica*, cit., Parte I: "Simbologia della tecnica: la scena del Caucaso", pp. 49-86.

[55] Si veda a questo proposito ivi, capitolo 45: "Tecnica e natura: il capovolgimento di un rapporto".

tecnica che, a questo punto, è di gran lunga più forte della necessità. Il sigillo, che ancora Prometeo poneva alle possibilità della tecnica, è ormai infranto. Il rapporto si è capovolto, non c'è più alcuna "necessità" a porre limiti ai programmi dell'umanità progettante.

La morte di Dio, ultimo baluardo dell'immodificabile, è testimonianza di resurrezioni impossibili. Chi si attarda non abita la storia, la cui scansione epocale offre l'età della tecnica non più in successione con le altre età che l'hanno preceduta, perché la trasformazione non ha inciso solo sulle cose, ma sul rapporto che l'umanità ha sempre conosciuto come impotenza del suo progettare rispetto all'invalicabilità del limite.

Qui Heidegger è chiarissimo e, a differenza di Freud, che utilizza il termine *Unheimlich* (che noi siamo soliti tradurre con "perturbante" o "inquietante", perché "non-familiare"), in riferimento all'onnipotenza del pensiero, tipico del modo di pensare animistico,[56] Heidegger lo utilizza in riferimento all'onnipotenza della tecnica che crea un mondo all'uomo non (*un*) familiare (*heimlich*). Scrive in proposito Heidegger:

> Ciò che è veramente inquietante non è che il mondo si trasformi in un completo dominio della tecnica. Di gran lunga più inquietante è che l'uomo non è affatto preparato a questo radicale mutamento del mondo. Di gran lunga più inquietante è che non siamo ancora capaci di raggiungere, attraverso un pensiero meditante, un confronto adeguato con ciò che sta realmente emergendo nella nostra epoca.[57]

Tutto si fa più incerto. Non c'è più custodia nel progetto che l'uomo avverte come suo ineliminabile impulso, e di cui non conosce il limite rassicurante. Dove il limite è ignoto, ignoto rimane il criterio, e più non è possibile quello che era possibile nelle epoche passate dove, per una previsione razionale del futuro, bastava guardare il passato.

Chi può dirci qualcosa dell'uomo nel momento in cui l'azione umana è diventata più potente dell'uomo stesso? Le morali che avevano il loro fondamento nella natura? Le sociologie edificate sulla riproduzione di un costume abbastanza collaudato dalle tradizioni? Le psicologie che ancora ci parlano degli antichi dèi, per evitare all'uomo il terrore che può nascere dalla potenza ormai inscritta nelle sue sole mani?

---

[56] S. Freud, *Das Unheimliche* (1919); tr. it. *Il perturbante*, in *Opere*, cit., vol. IX, pp. 77-118.

[57] M. Heidegger, *Gelassenheit* (1959); tr. it. *L'abbandono*, il Melangolo, Genova 1983, p. 36.

La febbrile ricerca di certezze tecnologiche ha sradicato l'uomo occidentale dalle sue origini, e ora egli si trova spaesato e sperduto in un mondo che inconsciamente ancora presume di conoscere e di dominare. In questo contesto, quali trasformazioni subiscono le nozioni con cui le psicologie, tutte le psicologie, finora hanno descritto l'uomo? Ma soprattutto in quali parole si fa sentire l'esperienza del dolore, della speranza, dell'angoscia, della noia o dell'amore, con cui l'uomo pre-tecnologico ha descritto se stesso e la sua storia?

Limitandoci alle forme della sofferenza, per lenire le quali la psicologia è nata come terapia e come modo ormai diffuso di pensare, potremmo dire, seguendo le tracce de *L'esperienza del dolore* di Salvatore Natoli,[58] che il dolore si conosce per esperienza, che però è un'esperienza a tal punto *individuale*, da essere praticamente *incomunicabile*, a differenza dell'esperienza dell'amore che è espansiva, affabulatoria, creatrice di parola e di espressione anche quando è silenzio.

L'amore infatti nasce in due, ed è già dialogo, il dolore si radica invece nell'assoluta individualità. Il sofferente, allora, per far sentire a chi lo guarda di presentire e riconoscere il suo dolore, si affida al linguaggio che la sua cultura gli mette a disposizione. E perciò l'analisi del dolore è innanzitutto un'analisi del linguaggio e della visione del mondo che lo ospita. Le modalità del suo descriversi sono uno spaccato di filosofia della storia.

Il *mondo greco* parla un linguaggio *tragico*. La natura segue il suo ciclo. Fa nascere e morire l'uomo, provocando quell'implosione di senso che ogni uomo nella sua vita dispiega. Non sedotto da speranze ultraterrene, il Greco aderisce alla terra, godendo del qui e dell'ora, valorizzando il presente come si conviene a chi non ha speranze future.

Nietzsche, che ha ben colto nel tragico l'essenza della grecità antica, fa dire a Zarathustra: "Vi scongiuro, fratelli, *rimanete fedeli alla terra* e non credete a quelli che vi parlano di sovraterrene speranze".[59] Ciò significa amare la terra con tutto il suo dolore, nella convinzione che vita e dolore sono inscindibili, e nulla può essere veramente vissuto al di fuori di questa inscindibilità.

La visione tragica del mondo consente al Greco di amare la vita perché anche la odia, di appassionarsi e quindi di gridare, di abbracciarla per la sua bellezza che non è mai disgiunta dal do-

---

[58] S. Natoli, *L'esperienza del dolore. Le forme del patire nella cultura occidentale*, Feltrinelli, Milano 1986.
[59] F. Nietzsche, *Also sprach Zarathustra. Ein Buch für Alle und Keinen* (1883-1885); tr. it. *Così parlò Zarathustra. Un libro per tutti e per nessuno*, in *Opere*, cit., 1968, vol. VI, 1, p. 6.

lore. A grandi lettere Nietzsche non cessa di ripetere che i Greci sono i più grandi, perché per primi hanno avuto il coraggio del pessimismo.

Il *mondo giudaico*, e quindi anche quello cristiano, essendo il cristianesimo null'altro che un'eresia ebraica, svaluta il presente per un *futuro promesso*. La terra è vissuta come male, e la morte come liberazione per il regno eterno. Il tragico, come drammatica composizione di bellezza e dolore, è spezzato.

Per la mentalità giudaico-cristiana il dolore è solo di questo mondo e può essere dominato dalla fede nel regno atteso. Due terre dunque, una da sopportare e l'altra da fruire. A differenziarle è la presenza e l'espulsione del dolore, che quindi diventa il grande snodo dell'articolazione dei due mondi: uno denigrato per la presenza ineliminabile del dolore, l'altro atteso per la sua redenzione.

A questo tempo nuovo, inaugurato dalla tradizione giudaico-cristiana, che non vive il presente perché attende il futuro, si legano da un lato le *istanze rivoluzionarie* che, al pari di quelle bibliche, attendono un tempo *nuovo*, e perciò, quando riescono, inaugurano nuovi calendari per segnare l'inizio di un altro tempo, e dal lato opposto l'*utopia tecnico-scientifica* che affida all'uomo il dominio sul dolore, la cui soluzione un tempo era affidata a Dio.

C'è consequenzialità nel neopaganesimo contemporaneo. La morte di Dio non ha lasciato solo orfani, ma anche eredi. Le filosofie del progresso e le ideologie della rivoluzione grondano di questo tempo nuovo e del disprezzo del tempo presente, che deve essere comunque oltrepassato.

Che ne è a questo punto del dolore in una società percorsa, come dice Natoli "da un neopaganesimo senza tragedia e da una soteriologia senza fede"?[60] Lo scenario dell'epoca presente è governato da un nuovo termine di mediazione che è la *tecnica*, la quale si offre come orizzonte entro cui il dolore può venire a espressione e trovare parola.

Ma la tecnica è *dominio*. E siccome non si può dominare se non esercitando un effettivo *controllo* che a sua volta richiede *competenza*, in nome della competenza accade la più radicale *rimozione* del dolore che la storia abbia mai conosciuto.

Il dolore infatti è sempre il dolore degli altri, non nel senso che sono gli altri a soffrirlo, ma nel senso che il malato, il sofferente, il morente, *per competenza*, viene affidato ad altri. Così le procedure terapeutiche sottraggono il dolore a ogni sguardo e a

---

[60] S. Natoli, *Neopaganesimo* (1991), in *I nuovi pagani. Neopaganesimo: una nuova etica per forzare le inerzie del tempo*, il Saggiatore, Milano 1995, p. 56.

ogni possibile circolazione, perché in un mondo scientifico e tecnico o la *comprensione* si realizza attraverso la competenza, o è pietà impotente se non addirittura ridondante e patetica. Così il principio della *competenza* cede ad altri il peso del dolore, lo isola, lo tiene a quella distanza che, essendo *tecnica*, è anche in grado di esonerare dal senso di colpa chi affida il malato al competente tecnico.

Per questa ragione chi dal dolore non è temporaneamente colpito, lo evita restando dov'è, senza neppure il sentimento della paura o il debito del rimorso. Infatti non si può temere ciò da cui ci si può tenere lontani, e non si può avere alcun rimorso per ciò che non è in nostro potere di fare. In questo modo, consentendo la *delega*, la tecnica favorisce la fuga che, a chi fugge, appare legittima perché monetizzata: le terapie, infatti, si pagano.

Ma il dolore rimosso e non più in visione rompe la congiura del silenzio e si inserisce in quel sospetto dell'anima che il linguaggio comune chiama *ansia*. Le barriere si rompono, ma la tecnica, che non può smentire se stessa, ricostruisce quelle forme di consolazione *tecniche* che oggi sono diffuse e monetizzate come *psicoterapie*, dove l'ansia viene canalizzata e neutralizzata nella parola, che non è più parola di tragedia o parola di fede, ma parola tecnica.

La liquidazione del tragico ha fondamentalmente messo fuori gioco la convinzione che la vita è insieme crudeltà e bellezza, guerra tra molte vite, dove alcune riescono e tante periscono. La tradizione giudaico-cristiana ha enfatizzato la possibilità di una vita senza dolore, insinuando l'idea che il dolore può essere separato dalla vita. La tecnica ha mandato in porto questo progetto, ha cambiato la natura del dolore: non più l'eroe tragico che conosceva il dolore e, sia pure carico di ferite, ne usciva vincitore, ma l'uomo medio che vive l'ansia del dolore possibile, incondivisibile, da rimuovere a opera del sofferente stesso, che non vuol farsi interrogare dall'altro sul *suo* dolore, per non incontrare parole patetiche di consolazione.

Ma che ne sarà di un'umanità che vive e si alimenta di una metodica rimozione del dolore? Quali possono essere i riflessi sulla vita se il dolore è a essa consustanziale? Che tipo d'uomo si va preparando quando le parole del dolore sono affidate alla competenza e alla tecnica, che per di più sono incapaci di cogliere il *dolore*, perché vedono solo il *male*? Non è allora proprio ciò che offre sicurezza a generare oggi il rischio, e a diffondere, dopo un primo rasserenamento, una sostanziale inquietudine?

Sono queste alcune domande che nascono dal pensare la psicologia nell'età della tecnica. Le riflessioni qui svolte sono solo un avvio. Resta ancora molto da pensare. Ma prima di tutto resta da pensare se le categorie che finora abbiamo impiegato per descrivere l'uomo sono ancora idonee per questo evento assolutamente nuovo, in cui l'umanità, come storicamente l'abbiamo conosciuta, fa esperienza del suo *oltrepassamento*. Nietzsche, che sulla figura dell'oltre-passamento (*Über-schreitung*) ha giocato i suoi dadi, giusto un secolo fa avvertiva:

> Tutto è ben fermo e saldo *al di sopra* della corrente, tutti i valori delle cose, i ponti, i concetti, il "bene" e il "male": tutto ciò è saldo! [...] "In fondo tutto sta fermo", ecco una vera dottrina invernale, buona per un periodo sterile, una valida consolazione per coloro che d'inverno cadono in letargo e si rannicchiano accanto alle stufe. "In fondo tutto sta fermo": ma *contro di ciò* predica il vento del disgelo![61]

E allora, per bocca di Zarathustra:

> Se in me è quella voglia di cercare, che spinge le vele verso terre non ancora scoperte, se nel piacere è un piacere di navigante. Se mai gridai giubilante: "la costa scomparve, – ecco anche la mia ultima catena è caduta – il senza-fine mugghia intorno a me, laggiù lontano splende per me lo spazio e il tempo, orsù! coraggio! vecchio cuore!".[62]

Se l'età della tecnica ha segnato il superamento del "presupposto umanistico", dove tutto è pensato a partire dalla centralità dell'uomo, anche la psicologia del profondo, che gronda di questo presupposto, dovrà rivedere radicalmente se stessa.

5. *Il presupposto umanistico della psicoanalisi e il suo declino nell'età della tecnica*

Se evitiamo di considerare il disagio avvertito nella civiltà della tecnica come semplice proiezione irrazionale di problemi psicologici personali, che cosa può dire la psicoanalisi a chi denuncia quel tipo di disagio che nasce dall'aver compreso che la razionalità tecnica, dopo aver ridotto tutto a semplice strumento, è incapace di indicare fini ultimi all'esistenza umana?

La psicoanalisi non dice nulla e *non può dire assolutamente*

---

[61] F. Nietzsche, *Così parlò Zarathustra*, cit., "Di antiche tavole e nuove", pp. 245-246.
[62] Ivi, "I sette sigilli", p. 281.

nulla, perché l'immagine di "psiche" di cui dispone è costruita sull'immagine dell'*uomo pre-tecnologico*, il cui agire è motivato da un fine e proiettato su un senso che ha in vista la costruzione delle migliori condizioni possibili di civiltà, ottenibili attraverso un bilanciato equilibrio tra felicità e sicurezza.

Ma nell'età della tecnica questo equilibrio è stato spostato ben al di là dei conflitti che possono sorgere dalla repressione dell'*inconscio pulsionale*, perché, come abbiamo visto, un altro inconscio si è affacciato: l'*inconscio tecnologico*, che la psicoanalisi aveva intuito, ma in nessun modo affrontato, perché ciò avrebbe significato mettere in questione il suo presupposto di base che prevede l'ordine pulsionale come *unico orizzonte* entro cui definire l'umano.

Riducendo il disagio della civiltà alla repressione delle pulsioni, Freud riproduce a livello psichico la condizione storica dell'uomo pre-tecnologico, dove la lotta servo-signore, illustrata da Hegel nella *Fenomenologia dello spirito*,[63] è riprodotta pari pari dalla contrapposizione illustrata da Freud, ne *Il disagio della civiltà*, tra Super-Io ed Es. E come la storia dell'uomo pre-tecnologico è caratterizzata dall'emancipazione del servo nei confronti dell'arbitrio del signore, così, scrive Freud:

> Lo studio e la terapia delle nevrosi ci conducono a muovere due rimproveri al Super-Io individuale: esso si preoccupa troppo poco, nella severità dei suoi imperativi e divieti, della felicità dell'Io, in quanto non tiene abbastanza conto delle esigenze contro l'ubbidienza: della forza pulsionale dell'Es in primo luogo, e, inoltre, delle difficoltà del mondo circostante reale. Quindi siamo spesso obbligati, per i nostri intenti terapeutici, a combattere il Super-Io, e ci sforziamo di ridurre le sue pretese. Obiezioni del tutto analoghe possiamo sollevare contro le esigenze etiche del Super-Io della civiltà. Anch'esso non si preoccupa abbastanza degli elementi di fatto nella costituzione psichica degli esseri umani; emana un ordine e non si domanda se sia possibile eseguirlo. Presume, anzi, che l'Io dell'uomo sia psicologicamente in grado di sottostare a qualsiasi richiesta, che l'Io abbia un potere illimitato sull'Es. Questo è un errore, e anche negli uomini cosiddetti normali la padronanza dell'Es non può superare certi limiti. Esigendo di più, si produce nell'individuo la rivolta o la nevrosi, e lo si rende infelice.[64]

Come si può vedere, l'infelicità qui descritta da Freud è l'infelicità tipica dell'uomo pre-tecnologico, dove il servo aveva nel

---

[63] G.W.F. Hegel, *Phänomenologie des Geistes* (1807); tr. it. *Fenomenologia dello spirito*, La Nuova Italia, Firenze 1963, vol. I, capitolo IV, A: "Indipendenza e dipendenza dell'autocoscienza: signoria e servitù", pp. 143-152.
[64] S. Freud, *Il disagio della civiltà*, cit., p. 628.

signore il suo antagonista, e il signore lo aveva nel servo. Ma nell'età della tecnica non ci sono più né servi né signori, ma solo le esigenze di quella rigida razionalità a cui devono subordinarsi sia i servi sia i signori.

La prepotenza del Super-Io, come la prepotenza del signore, appaiono all'uomo dell'età della tecnica come figure di un passato romantico, dove la vita dell'uomo trovava il suo senso nella lotta per il reciproco riconoscimento, che avveniva in uno spazio antropologico tra soggettività contrapposte.[65]

Oggi questo spazio è stato dissolto dall'apparato tecnico, che si incarica anche di distribuire il riconoscimento a misura di chi meglio interpreta le esigenze dell'apparato, le quali, essendo esigenze puramente funzionali, premiano chi "meglio funziona", chi meglio interpreta, nell'universo strumentale dischiuso dalla tecnica, il proprio ruolo di "mero strumento".

Altro che "severità del Super-Io" e "forza pulsionale dell'Es". Nell'età della tecnica il gioco è completamente mutato. E "la lotta tra individuo e società", che Freud con tanta chiarezza vede come "ostilità tra due processi costretti a disputarsi il campo l'un l'altro", non è più, come ancora ritiene Freud, "un contrasto presumibilmente insanabile tra due pulsioni primarie",[66] ma tra due modi diversi di *conferire senso* all'esistenza individuale e collettiva: un modo che, per soddisfare le esigenze della tecnica, deve essere rigorosamente strumentale e funzionale, e un modo che, per rispondere alle esigenze dell'individuo, deve sporgere dalla pura strumentalità e funzionalità e scorgere una minima apertura di senso.

Il regime sempre più rigoroso della razionalità richiesta dalle esigenze della tecnica, rimuovendo ogni senso che non si risolva nella pura funzionalità ed efficienza, è in grado di imporre a ogni individuo lo stesso codice. Per questo genere di imposizione non è necessaria la forza, perché sarà lo stesso individuo, a cui è stata ristretta, quando non abolita, l'apertura di senso, a scegliere tra i sensi che la razionalità della tecnica gli mette a disposizione, in modo che ogni processo di individuazione avvenga nel reticolato predisposto. Freud, nella conclusione del suo saggio su *Il disagio della civiltà*, sembra averne il sospetto:

> Accingendomi a concludere c'è una domanda, però, che mi è difficile scartare. Se l'evoluzione della civiltà è tanto simile a quella dell'individuo e se usa i suoi stessi mezzi, non è forse lecita la diagnosi che alcune civiltà, o epoche civili – e magari l'intero genere uma-

---

[65] Si veda a questo proposito U. Galimberti, *Psiche e techne. L'uomo nell'età della tecnica*, cit., capitolo 51, § 1: "Identità e riconoscimento".
[66] S. Freud, *Il disagio della civiltà*, cit., pp. 626-627.

no – sono divenuti "nevrotici" per effetto del loro stesso sforzo di civiltà?[67]

Ma poi la cautela prende il sopravvento in Freud, che così stempera la sua intuizione anticipatrice:

> Non voglio dire che un simile tentativo di applicare la psicoanalisi alla comunità civile non avrebbe senso o sarebbe condannato alla sterilità. Ma bisognerebbe andare molto cauti, non dimenticare mai che in fin dei conti si tratta solo di analogie, e che è pericoloso, non solo con gli uomini ma anche con i concetti, strapparli dalla sfera in cui sono sorti e si sono evoluti. La diagnosi di nevrosi collettive si imbatte poi in una difficoltà particolare. Nella nevrosi individuale l'impressione di contrasto suscitata dal malato sullo sfondo del suo ambiente considerato "normale" ci offre un immediato punto di riferimento. Un simile sfondo verrebbe a mancare in una massa tutta ugualmente ammalata e dovrebbe essere cercato altrove. Quanto poi all'applicazione terapeutica della comprensione raggiunta, a che cosa gioverebbe un'analisi, sia pure acutissima, delle nevrosi sociali, visto che nessuno possiede l'autorità di imporre alla massa una cura siffatta? Nonostante tutte queste difficoltà, aspettiamoci pure che un giorno qualcuno si arrischi a lavorare su questa patologia delle comunità civili.[68]

Un contributo alla "patologia delle comunità civili" lo offre Jung, là dove dice, come già abbiamo ricordato, che:

> La norma diventa sempre più superflua in un orientamento collettivo della vita, e con ciò la vera moralità va in rovina. Quanto più l'uomo è sottoposto a norme collettive, tanto maggiore è la sua immoralità individuale.[69]

Si tratta di un'immoralità che non ha nulla a che fare con l'ordine delle pulsioni, ma con la rinuncia a mantenere la propria apertura di senso *oltre* e *al di là* dei significati consentiti dall'ordine codificato. La via da percorrere è indicata da Jung in quel nesso che compone il *processo di individuazione* alla *funzione trascendente*, e la funzione trascendente al *simbolo*. Questo nesso ha la sua articolazione in quel rinvio esplicito che Jung stesso stabilisce tra le definizioni di "Individuazione" e di "Simbolo". Nella prima leggiamo:

> Il processo di individuazione è strettamente connesso con la cosid-

---

[67] Ivi, p. 629.
[68] *Ibidem*.
[69] C.G. Jung, *Tipi psicologici*, cit., "Definizioni", p. 464.

detta funzione trascendente, in quanto mediante questa funzione vengono date quelle linee di sviluppo individuali che non potrebbero mai essere raggiunte per la via già tracciata da norme collettive (vedi la voce "Simbolo").[70]

Sotto la voce "Simbolo", Jung riconduce l'ulteriorità di senso, promossa dalla funzione trascendente all'interno di un processo di individuazione, all'*atteggiamento simbolico* definito come:

> L'emanazione di una determinata visione del mondo che attribuisce agli accadimenti, ai grandi come ai piccoli, un senso, e a questo senso attribuisce un determinato valore, *maggiore di quello che è solito essere ascritto alla realtà di fatto*, così come si presenta. A questa visione del mondo se ne contrappone un'altra che mette sempre l'accento sulla realtà pura e semplice e che subordina il significato ai fatti. Per quest'ultima non esistono simboli, perché il simbolismo dipende esclusivamente dal modo di osservare.[71]

Promuovendo, con la visione simbolica del mondo, quell'*ulteriorità di senso* che è poi "il senso maggiore di quello che è solito essere ascritto alla realtà di fatto, così come si presenta", Jung indica la via che potrebbe essere percorsa per sottrarsi al controllo e al dominio sotteso alla *razionalità* della tecnica, alla funzionalità del suo linguaggio, all'efficientismo della sua etica a sfondo conformista, offrendo all'individuo possibilità esistenziali non previste dal rigore della razionalità.[72]

Ma che cosa si incontra sulla via indicata da Jung? Dèi ed eroi, quindi *la preistoria dell'uomo*. Un passo indietro rispetto a Freud. Se infatti il "rimedio" di Freud rispondeva a un'immagine della psiche costruita sul *processo storico* di emancipazione dell'umanità, che Hegel aveva emblematicamente descritto nella dialettica servo-signore, il "rimedio" di Jung risponde a un'immagine della psiche costruita sulla *preistoria* dell'umanità, quasi che nella preistoria fosse nascosta quella verità segreta e inaudita che sfugge all'intelligenza del pensiero razionale. E allora, attraverso i sentieri della mitologia, della religione, della teosofia, dell'esoteria, della cabbala, della magia e dell'astrologia, si percorre la storia all'indietro, per trovare laggiù, in scrigni ben serrati di cui solo alcuni detengono le chiavi, quei tesori illuminanti il senso della nostra storia e della nostra vita.

Squarciando il mistero, si farebbe luce su quell'antica ed eter-

---

[70] Ivi, pp. 463-464.
[71] Ivi, p. 486 (corsivo mio).
[72] Id., *Zivilisation im Übergang* (1918-1959); tr. it. *Civiltà in transizione*, in *Opere*, cit., vol. I: "Il periodo fra le due guerre", vol. II: "Dopo la catastrofe".

na verità che il linguaggio simbolico custodirebbe come "senso profondo" dell'universo e dell'uomo. In tutto ciò neppure il sospetto che il linguaggio simbolico sia semplicemente un linguaggio che non si è ancora sollevato alla pura *universalità* del concetto razionale, e che quindi non sia idoneo a quella comunicazione *per tutti* che è propria del concetto.[73]

Come opportunamente scrive Carlo Sini: "Il simbolo è il corposo del concetto, o il suo residuo sensibile".[74] Se questa ipotesi ha una sua plausibilità, nel simbolo non si nasconde alcun mistero, solo un'insufficienza espressiva, un gesto ancora legato alla materialità corporea che è solo la fonte di ogni segno e di ogni di-segno.

Essere più vicini alla fonte non significa custodire qualcosa di "originario", ma essere semplicemente all'inizio di un processo: *la storia*, che si compie facendosi, e non abolendola per dissetarsi alla fonte. All'inizio c'è solo l'avvio, e non il senso nascosto, o il silenzio custodito da ciò che in seguito si dispiegherà. E solo il rifiuto del mondo che viviamo può far ritenere che il mondo antico, con il suo corredo di simboli, disponga di segni più veri. Ma rifiuto e nostalgia sono i moti dell'anima di chi disabita il mondo che per sorte si trova ad abitare, non sono certo criteri di giudizio, né tanto meno sentieri di verità.

Se non sapranno emanciparsi dal presupposto umanistico che, nell'età pre-tecnologica, ha condizionato il loro atto di nascita e la costruzione dei loro edifici, nell'età della tecnica le *psicologie del profondo* verranno rapidamente soppiantate dalle *psicologie dell'adattamento* che rispondono al nome di "cognitivismo" e "comportamentismo", il cui implicito invito è di essere sempre meno se stessi e sempre più congruenti all'apparato.

Il *cognitivismo*, infatti, invita ad aggiustare le proprie idee e ridurre le proprie "dissonanze cognitive"[75] in modo da armonizzarle all'ordinamento funzionale del mondo; il *comportamentismo* ad adeguare le proprie condotte, indipendentemente dai propri sentimenti e dalle proprie idee che, se difformi, sono tollerati solo se confinati nel privato e coltivati come tratto "originale" della propria identità, purché non abbiano ricadute pubbliche.[76]

---

[73] Per quanto concerne il passaggio dal linguaggio simbolico a valenza mitica al linguaggio concettuale a valenza razionale si veda U. Galimberti, *Psiche e techne. L'uomo nell'età della tecnica*, cit., capitolo 38: "La verità come efficacia".
[74] C. Sini, *Il simbolo e l'uomo*, Egea, Milano 1991, p. 267.
[75] L. Festinger, *A theory of cognitive dissonance* (1956); tr. it. *Teoria della dissonanza cognitiva*, Franco Angeli, Milano 1973.
[76] B.F. Skinner, *Science and human behavior* (1953); tr. it. *La scienza e il comportamento umano*, Franco Angeli, Milano 1971.

Si viene così a creare quella situazione paradossale in cui l'"autenticità", l'"essere se stesso", il "conoscere se stesso", che l'antico oracolo di Delfi indicava come la via della salute dell'anima (*gnôthi seautón*), diventa, nel regime della funzionalità dell'età della tecnica, qualcosa di patologico, come può esserlo l'esser centrati su di sé (*self-centred*), la scarsa capacità di adattamento (*poor adaptation*), il complesso di inferiorità (*inferiority complex*). Quest'ultima patologia lascia intendere che è inferiore chi non è adattato, e quindi che "essere se stesso" e non rinunciare alla specificità della propria identità è una patologia.

E in tutto ciò c'è anche del vero, nel senso che sia il cognitivismo sia il comportamentismo, in quanto *psicologie del conformismo*, assumono come ideale di salute proprio quell'esser conformi che, da un punto di vista esistenziale, è invece il tratto tipico della malattia. Dal canto loro i singoli individui, interiorizzando i modelli indicati dal cognitivismo e dal comportamentismo, respingono qualsiasi processo individuativo che risulti non funzionale all'apparato tecnico.

In questo modo le psicologie a orientamento cognitivista e comportamentista perdono il loro oggetto specifico che è la "psiche", e gli individui "perdono l'anima", realizzando quell'armonia prestabilita di leibniziana memoria che, improbabile tra "monadi senza porte e senza finestre",[77] viene attuata tra monadi esposte l'una all'altra, perché sono cadute le pareti che separano il "dentro" dal "fuori", così come quelle che consentono di distinguere un individuo da un altro individuo.[78]

L'apparato tecnico, infatti, per le sue esigenze di funzionalità, che sono poi le condizioni della sua esistenza, necessita non solo dell'"esposizione" dell'anima, con conseguente sua omologazione, ma anche della sua "depsicologizzazione", in modo da risolvere quella "trascendenza interna" o *binnen-Transzendenz*, come la chiama Günther Anders,[79] che non è solo l'*inconscio* che fa la

---

[77] G.W. Leibniz, *Principi di filosofia o Monadologia*, cit.

[78] Per un approfondimento di questo tema si veda U. Galimberti, *Psiche e techne. L'uomo nell'età della tecnica*, capitolo 53, § 2: "La neutralizzazione della differenza tra interiorità ed esteriorità".

[79] G. Anders, *L'uomo è antiquato*, vol. II: *Sulla distruzione della vita nell'epoca della terza rivoluzione industriale*, cit., p. 201. Per precisare questo concetto G. Anders a p. 415 scrive: "La 'trascendenza interna' può venire dimostrata in sistemi del tipo più diverso. Ne fanno parte tutti i processi che oggi vengono classificati 'inconsci'. La maggior parte dei processi corporei, nonostante si svolgano 'dentro di noi', restano non dati e irraggiungibili e perciò 'trascendenti interni'. Ma 'trascendenti interni' restano anche per i viaggiatori aerei, cioè per quei nostri contemporanei abituati a saltare da un punto all'altro del mondo, i territori intermedi sorvolati; oppure, per il musicista, i suoni intermedi che stanno nei passaggi diatonici. Naturalmente, il fatto che questo tipo di trascendenza non sia

differenza tra individuo e individuo, ma lo stesso *principio di individuazione*, che ha la sua radice in quel fatto ontologico per cui ogni uomo è per principio un *discretum*, un che di separato, come riserva di significati propri che resistono all'omologazione.

Anche agli occhi dell'apparato tecnico, per il quale il modello perfetto è la macchina, questa "trascendenza interna" dell'anima appare come qualcosa di non funzionale che impedisce all'uomo, che già funziona come una macchina, di funzionare "perfettamente" come una macchina. L'individuazione, che ha nella trascendenza interna la sua radice, è un ostacolo all'esigenza totalitaria implicita nella tecnica, non per ragioni di potere, ma per ragioni di funzionalità.

Guardando il mondo dal punto di vista della funzionalità, per la tecnica non dovrebbe esistere nulla di "discreto", nulla di "autonomo", di "privato", di "intimo" in senso psicologico, nulla di "inconscio".

E come l'azione terapeutica della psicoanalisi esige un'alleanza con l'Io del paziente, con la sua parte conscia e razionale, così l'apparato tecnico, oltre a irrompere con "indiscrezione" nella parte "discreta" dell'individuo attraverso test, questionari, campionature statistiche, sondaggi d'opinione, indagini di mercato, elezioni, referendum, esige che sia lo stesso individuo a consegnare la sua interiorità, la sua parte discreta, rendendo pubblici le sue emozioni, le sue sensazioni, i suoi sentimenti, secondo quei tracciati di "spudoratezza" che vengono acclamati come espressioni di "sincerità". Si raggiunge così quello che Freud chiama "la miseria psicologica della massa" i cui tratti sono così descritti:

> Oltre agli obblighi cui siamo preparati, concernenti la restrizione pulsionale, ci sovrasta il pericolo di una condizione che potremmo definire "la miseria psicologica della massa". Questo pericolo incombe maggiormente dove il legame sociale s'è stabilito soprattutto attraverso l'*identificazione reciproca dei vari membri* [...]. La presente condizione della civiltà americana potrebbe offrire una buona opportunità per studiare questo temuto male della civiltà. Ma evito la tentazione di addentrarmi nella critica di tale civiltà; non voglio destare l'impressione che io stesso ami servirmi dei metodi americani.[80]

Come espressione più alta della civiltà della tecnica, l'America non è solo una nazione, ma la forma di una *nuova antropologia*, dove l'uomo non si riconosce se non come funzionario della razionalità tecnica. Nata per superare la distanza che intercorre

---

mai stato preso in considerazione nella filosofia è dovuto all'origine teologica del concetto".

[80] S. Freud, *Il disagio della civiltà*, cit., p. 603.

tra il bisogno e la sua soddisfazione, nata per render presente l'assente, la tecnica, oggi, trattando ogni scopo come mezzo per uno scopo ulteriore, ha a tal punto dilatato la distanza da render presente solo l'*assenza di scopi ultimi*, e la psiche umana, che era in grado di riconoscere se stessa soltanto all'interno di un orizzonte di senso, vive percorsa solamente dall'angoscia di sopprimere la distanza che la separa da quell'orizzonte che, nell'età della tecnica, appartiene solo al repertorio della sua memoria, di cui l'Europa forse, e ancora non si sa fino a quando, resta l'ultima debole custode.

Parte terza

La psicologia del profondo e la dimensione simbolica

> Zeus, volendo castigare l'uomo senza distruggerlo, lo tagliò in due. Da allora ciascuno di noi è il simbolo di un uomo, la metà che cerca l'altra metà, il simbolo corrispondente.
>
> PLATONE, *Simposio*, 191 d.

8. Il simbolo nella tradizione occidentale

> Nel simbolo vanno subito distinti due lati: il *significato* e la sua *espressione*. Il *primo* è una rappresentazione o un oggetto, qualunque ne sia il contenuto, la *seconda* è un'esistenza sensibile o un'immagine di qualsiasi specie. Il simbolo è innanzitutto un *segno*. Ma nella semplice designazione, la connessione reciproca che vi è tra il significato e la sua espressione è un legame del tutto arbitrario.
>
> G.W.F. HEGEL, *Estetica* (1836-1838), p. 402.

La parola "simbolo" deriva dal greco *symbállein* che significa "mettere assieme". Nell'antica Grecia era diffusa la consuetudine di tagliare in due un anello, una moneta o qualsiasi oggetto, e darne una metà a un amico o a un ospite. Queste metà, conservate dall'una e dall'altra parte, di generazione in generazione, consentivano ai discendenti dei due amici di riconoscersi. Questo segno di riconoscimento si chiamava *simbolo*. Platone, riferendo il mito di "Zeus che, volendo castigare l'uomo senza distruggerlo, lo tagliò in due" conclude che da allora "Ciascuno di noi è il simbolo di un uomo (*Hékastos oûn emôn estin anthrópou sýmbolon*), la metà che cerca l'altra metà, il simbolo corrispondente".[1]

Il simbolo, dunque, come il segno, è caratterizzato dal *rinvio* a qualcos'altro. Ciò ha consentito da un lato di includere il simbolo nell'ordine del segno come un suo caso specifico, dall'altro di opporlo al segno perché, mentre il segno compone in modo convenzionale qualcosa con qualcos'altro (*aliquid stat pro aliquo*), il simbolo, evocando la sua parte corrispondente, rinvia a qualcosa che non è deciso dalla convenzione, ma o da un'"eccedenza di senso" o dal tentativo di una "ricomposizione di un intero".

1. Teologia

La teologia è stata il primo grande scenario delle operazioni simboliche, volte a colmare il divario tra la *lettera* e lo *spirito*. La storia dell'esegesi prevede, infatti, che la Sacra Scrittura sia fon-

---

[1] Platone, *Simposio*, 191 d.

te infinita di interpretazioni, ma ciò che l'interpretazione scopre deve già trovarsi nella Scrittura.

In questo circolo si aprono due itinerari: quello *allegorico* che richiede un codice per tradurre le proprie figure in significati socializzabili e comunicabili, e quello *simbolico* che non può avere codice e resta perciò aperto e disponibile a tutte le proiezioni dell'interprete.

Quando una determinata lettura simbolica si afferma e, da proiezione inizialmente privata, diventa modo comune di vedere e di intendere, allora è la lettura simbolica a fornire le regole di quella allegorica, in caso contrario è il simbolo a essere codificato allegoricamente. Questi due itinerari contraddistinguono l'esperienza mistica da quella codificata della tradizione condivisa. L'alternativa può essere superata se si accetta l'ipotesi di una "simbolica permanente", suggerita da Pierangelo Sequeri, secondo il quale:

> Il simbolo della parola che viene da Dio polarizza un certo numero di parole tramandate su Dio. La parola testimoniale è qui assorbita nella sfera di *una simbolica permanente* dell'evento rivelatore, assumendo caratteristiche differenziali e irriproducibili rispetto a ogni altra mediazione della fede e a ogni altra ispirazione dello spirito. [...] Ciò significa che il testo in se stesso è muto sino a che non venga parlato (che vuol dire, almeno, letto qui e ora): benché, nella sua testualità, sia pur sempre in grado di opporre resistenza all'arbitraria manipolazione della parola. Proprio questo significa che deve essere custodito e insieme continuamente trasceso. E proprio per questo la parola che si limita a ripeterlo (fondamentalisticamente), identificandolo con la parola-oggetto che materialmente lo scrive, può fargli torto come la parola che lo sostituisce, annullandolo nella parola-soggetto che lo assorbe ingenuamente come proprio discorso.[2]

2. *Fenomenologia della religione*

I contributi di Gerardus van der Leeuw, Mircea Eliade, René Guenon e di Henry Corbin, pur nella peculiarità dei rispettivi approdi, convengono nell'individuare nel simbolo un *richiamo all'origine*, dove resta nascosta e gelosamente custodita: o la verità originaria (Guenon) o la fonte da cui si dischiudono nuovi sensi e nuovi significati, peraltro mai esaustivi (Corbin).

Dal simbolo, come parola originaria, nascono tutte le parole successive che parlano in linea con la parola originaria, ma sen-

---

[2] P. Sequeri, *Il Dio affidabile. Saggio di teologia fondamentale*, Queriniana, Brescia 1996, pp. 621, 629.

8. IL SIMBOLO NELLA TRADIZIONE OCCIDENTALE

za risolverla in sé, per cui ogni discorso sul simbolo è sempre un discorso *dal* simbolo e *nel* simbolo, mai il simbolo nel discorso.

In quanto parola originaria entro cui ogni parola, ogni enunciazione esplicita diventa possibile, il simbolo, come ogni leggenda che parla delle origini teogoniche, cosmogoniche o più semplicemente etniche, popolari o personali, dischiude un mondo e le cose che, solo in quanto incluse in quel mondo, sono significanti.

Il simbolo per sé non è significante, il suo modo di dire non è il "significare", ma l'"indicare", il "mostrare", il "far apparire". Significanti sono le parole in quanto riconducono a ciò che è indicato dal simbolo.

Questo ricondurre, che la tradizione islamica chiama *ta'wil*, è un ricondursi delle parole sulle vie dischiuse dal simbolo. Il simbolo, da questo punto di vista, non è una *rivelazione*, una parola che scende dall'alto, ma uno *sfondo originario* a cui ricondursi. Come scrive Corbin:

> *Ta'wil* significa *far ritornare a*, ricondurre all'origine e perciò rinvenire il senso vero e originario. Siccome fa giungere una cosa alla sua origine, colui che pratica il *ta'wil* è uno che distoglie l'enunciato dalla sua apparenza esteriore e lo fa ritornare alla sua verità.[3]

Praticare il *ta'wil*, in cui si esprime l'attività simbolica, significa per Corbin: "occultare l'apparente e manifestare l'occulto".[4] Un'operazione, questa, che "non si compie a colpi di sillogismi",[5] e neppure abbandonando l'essoterico per l'esoterico, ma adunando i due in una composizione simbolica. È vero, infatti, che "l'essoterico è l'apparente, l'evidenza letterale, la legge; mentre l'esoterico è il nascosto",[6] ma è pur sempre attraverso ciò che appare, attraverso l'essoterico che si può risalire a ciò che è nascosto. Per Corbin, infatti:

> Il simbolo non è un *segno* artificialmente costruito, ma è ciò che nell'anima spontaneamente si schiude per annunciare qualcosa che non può essere espresso altrimenti. Esso è l'*unica* espressione attraver-

---

[3] H. Corbin, *Avicenne et le récit visionnaire*, Département d'Iranologie de l'Institut Franco-Iranien, Librairie d'Amérique et d'Orient, Téhéran-Paris 1954, p. 33. Lo stesso motivo ritorna in *Histoire de la philosophie islamique* (1964); tr. it. *Storia della filosofia islamica*, Adelphi, Milano 1973, p. 28. Per un approfondimento della nozione di *ta'wil* si veda U. Galimberti, *La terra senza il male. Jung: dall'inconscio al simbolo* (1984), Feltrinelli, Milano 2001, capitolo 18: "*Ta'wil*: esegesi del linguaggio simbolico".
[4] H. Corbin, *Storia della filosofia islamica*, cit., p. 29.
[5] Ivi, p. 59.
[6] Ivi, p. 29.

so cui una realtà si fa *trasparente* all'anima, mentre in se stessa rimane al di là di ogni possibile espressione.[7]

3. *Filosofia*

Le prime organiche riflessioni sul simbolo presero avvio nel secolo XIX nel circolo romantico di Heidelberg con Georg Friedrich Creuzer che parla del simbolo come di un'epifania del divino, "come un raggio che giunge dalla profondità dell'essere e del pensiero".[8]

La posizione di Creuzer fu condivisa anche da Johann Jakob Bachofen per il quale "il simbolo è qualcosa di in sé concluso e autosufficiente che può offrirsi a varie spiegazioni, restando tuttavia nella sua essenza completamente autonomo da ogni spiegazione".[9] Questa posizione non è condivisa da Hegel che, dopo aver confutato la concezione di Creuzer secondo il quale, dice Hegel, "il simbolo è in sé autonomamente concluso e per se stesso sufficiente",[10] afferma che:

> Simbolo in generale è un'esistenza esterna che è immediatamente presente o data all'intuizione, ma che non deve essere presa in base a lei stessa, così come immediatamente si presenta, bensì in un senso più ampio e universale. Quindi nel simbolo vanno subito distinti due lati: il *significato* e la sua *espressione*. Il *primo* è una rappresentazione o un oggetto, qualunque ne sia il contenuto, la *seconda* è un'esistenza sensibile o un'immagine di qualsiasi specie.
> Il simbolo è innanzitutto un *segno*. Ma nella semplice designazione, la connessione reciproca che vi è tra il significato e la sua espressione è un legame del tutto arbitrario. Questa espressione, questa cosa sensibile o questa immagine rappresenta allora tanto poco se stessa, che essa porta invece a rappresentazione un contenuto a essa estraneo, con cui non ha bisogno di avere propriamente nulla in comune.[11]

[7] Id., *Avicenne et le récit visionnaire*, cit., p. 34.
[8] G.F. Creuzer, *Symbolik und Mythologie der alten Völker, besonders der Griechen*, Heyer und Leske, Leipzig 1819, p. 36.
[9] J.J. Bachofen, *Mutterrecht* (1861); tr. it. *Il matriarcato*, Einaudi, Torino 1988, p. 16. Si veda a questo proposito anche G.F. Creuzer, "Allgemeine Beschreibung des symbolischen und mythischen Kreises", in *Symbolik und Mythologie der alten Völker*, cit.; tr. it. "Simbolica e mitologia. Descrizione generale dell'ambito simbolico e mitico", Spirali Edizioni, Milano 1983, vol. II; A. Baeumler, "Von Winkelman zu Bachofen der Mythologie der Romantik", Introduzione a *Der Mithos von Orient und Okzident* (1926); tr. it. "Da Winkelman a Bachofen", Spirali Edizioni, Milano 1983, vol. II.
[10] G.W.F. Hegel, *Vorlesungen über die Ästhetik* (1836-1838); tr. it. *Estetica*, Feltrinelli, Milano 1963, p. 411.
[11] Ivi, p. 402.

8. IL SIMBOLO NELLA TRADIZIONE OCCIDENTALE

Dopo l'età romantica e idealista, incontriamo, tra quanti risolvono il simbolo nel segno, Peirce che distingue:

> L'*icona* che è un segno che si riferisce all'oggetto che essa denota semplicemente in virtù di caratteri suoi propri, e che essa possiede nello stesso identico modo sia che un tale oggetto esista effettivamente, sia che non esista. [...]
> L'*indice* che è un segno che si riferisce all'oggetto che esso denota in virtù del fatto che è realmente determinato da quell'oggetto. Quindi, nella misura in cui l'oggetto agisce sull'indice, l'indice ha necessariamente qualche qualità in comune con l'oggetto, ed è rispetto a queste qualità che l'indice si riferisce all'oggetto.
> Il *simbolo* che è un segno che si riferisce all'oggetto che esso denota in virtù di una legge, di solito un'associazione di idee generali, che opera in modo che il simbolo sia interpretato come riferentesi a quell'oggetto. È insomma esso stesso un tipo generale di legge, cioè è un Legisegno. Come tale agisce attraverso una replica. Non soltanto il simbolo stesso in generale, ma anche l'oggetto al quale esso si riferisce è di natura generale.[12]

Da queste definizioni risulta che, per Peirce, il simbolo rientra nell'ordine dei segni, essendo legato all'oggetto, sia pure in modo diverso da come sono legati l'"icona" e l'"indice". A un'identificazione tra simbolico e semiotico giunge anche E. Cassirer che, partendo dalla premessa kantiana secondo cui la scienza non rispecchia la struttura dell'essere, ma pone i propri oggetti di conoscenza "come simboli intellettuali liberamente creati", considera l'attività simbolica come produzione delle condizioni di conoscibilità e "il simbolo non come un rivestimento meramente accidentale del pensiero, ma come il suo organo necessario ed essenziale", per cui: "Ogni pensiero veramente rigoroso ed esatto trova il suo punto fermo solo nella *simbolica*, nella *semiotica*, sulla quale esso poggia".[13] A questo punto Cassirer riconosce una differenza tra le forme simboliche "di natura concettuale" e le forme simboliche "di natura puramente imitativa", ma raccoglie queste differenze sotto l'identica categoria del simbolico-semiotico.

Una lettura del simbolo in stretta correlazione con il problema ermeneutico dell'interpretazione è riscontrabile in Paul Ricœur per il quale:

---

[12] Ch.S. Peirce, *Semiotica* (testi tratti da *Collected Papers*, 1931-1935), Einaudi, Torino 1980, p. 140.
[13] E. Cassirer, *Philosophie der symbolischen Formen* (1923); tr. it. *Filosofia delle forme simboliche*, La Nuova Italia, Firenze 1966, vol. I, p. 20.

Il simbolo è un segno che, come tutti i segni, mira al di là di qualcosa e insieme vale per questo qualcosa. Ma non ogni segno è simbolo, poiché il simbolo cela nella sua mira un'intenzionalità doppia: vi è innanzitutto l'intenzionalità prima e letterale, che, come ogni intenzionalità significante, suppone il trionfo del segno convenzionale sul segno naturale; sarà la macchia, la deviazione, il peso, parole cioè che non assomigliano alla cosa significata (la colpa). Ma su questa intenzionalità prima si edifica una intenzionalità seconda, che, attraverso la macchia materiale, la deviazione nello spazio, l'esperienza del peso punta a una certa situazione dell'uomo nel sacro: questa situazione, riguardata attraverso il primo grado, è precisamente l'essere macchiato, peccatore, colpevole. Il senso letterale e manifesto punta dunque al di là di se stesso a qualcosa che è *come* una macchia, *come* una deviazione, *come* un peso. Così, all'opposto di segni tecnici perfettamente trasparenti, che dicono solo ciò che vogliono dire ponendo il significato, i segni simbolici sono opachi, perché il senso primo, letterale, patente mira a sua volta analogicamente a *un senso secondo che non è dato altrimenti che in quello*. Questa opacità è la profondità stessa del simbolo che per sua natura è inesauribile.[14]

Vicina, ma non identica alla posizione di Ricœur, è la concezione di Virgilio Melchiorre per il quale:

Nel simbolo parla una realtà determinata e in essa, non al di là o accanto, ne traspare un'altra: i due campi non vengono semplicemente fusi, come nella metafora, ma vengono mantenuti a un tempo nella loro distinzione; non vengono comparati a distanza come nell'analogia di rapporto e, in parte, nell'allegoria, ma vengono ricondotti alla loro partecipazione più profonda.[15]

Sempre in ambito ermeneutico e con particolare riferimento a Heidegger, Gianni Vattimo scrive che:

L'ermeneutica heideggeriana si fonda sul presupposto che ciò che rimane nascosto non costituisce il limite o lo scacco del pensiero, ma anzi il terreno fecondo su cui, solo, il pensiero può fiorire e svilupparsi.[16]

Contrapponendo l'"interpretazione" all'ideale dell'"esplicitazione totale", Vattimo guarda alla parola non come a un segno, ma come a un *richiamo*, quindi in un modo non dissimile

---

[14] P. Ricœur, *Le conflict des interprétations* (1969); tr. it. *Il conflitto delle interpretazioni*, Jaca Book, Milano 1977, pp. 305-306.
[15] V. Melchiorre, *L'immaginazione simbolica*, il Mulino, Bologna 1972, p. 56.
[16] G. Vattimo, *Essere, storia e linguaggio in Heidegger*, Edizioni di Filosofia, Torino 1963, p. 150.

da quello con cui i romantici leggevano i simboli. Infatti, secondo Vattimo:

> Ciò per cui un pensiero vale non è quello che esso dice, ma quello che lascia non detto, facendolo tuttavia venire in luce, richiamandolo in un modo che non è quello dell'enunciare.[17]

Per Carlo Sini l'enunciazione trova la sua espressione nel "concetto", rispetto al quale:

> Il simbolo è qualunque segno che sia legato alle prassi corporee, ai grafemi costitutivi e che pertanto non si può sollevare alla pura universalità del per tutti che è propria del concetto.[18]

Se partiamo da questa distinzione, retrocedere dal concetto al simbolo non significa retrocedere dalla fredda convenzione concettuale all'originaria e mai esaurita fonte della verità, ma semplicemente tornare a un linguaggio che ancora non si è sollevato alla pura universalità, e quindi che non è idoneo alla comunicazione per tutti che è propria del concetto. In questo senso, scrive Sini:

> Il simbolo è il corposo del concetto, il suo residuo sensibile. Il concetto come tale, infatti, non tollera alcun segno o disegno, perché esso è uno schema ideale puro, una pura possibilità interiore pragmatica. Ed è così che il concetto può sognare che il simbolo contenga chissà quali verità esoteriche, che esso congiunga l'infinito col finito o il sensibile col soprasensibile (come immaginava Creuzer), oppure può relegarlo nell'ambito delle mere fantasie e analogie psicologiche, nel metaforizzare ingenuo (anche se a suo modo produttivo e necessario per i destini della futura umanità razionale) dei popoli primitivi e dei fanciulli come infine pensano Cassirer, Alleau e la gran moltitudine degli scienziati. Ecco ciò che il concetto pensa e non può non pensare del simbolo, in quanto il concetto riserva per sé (o costruisce per sé) il letterale, il proprio, l'oggettivo, il vero. E simbolico infine diventa anche il linguaggio comune, perché la pragmatica del linguaggio nei suoi nomi comuni è ancora troppo legata ai grafemi corporei, e perciò appare ambigua e impropria, non così monolitica come il puro luogo ideale del concetto, con le sue logiche definizioni da Platone e Aristotele sino alla logica formale moderna, pretenderebbe.[19]

---

[17] Ivi, p. 152.
[18] C. Sini, *Il simbolo e l'uomo*, Egea, Milano 1991, p. 267.
[19] Ivi, pp. 267-268.

Diversa è invece la posizione di Umberto Eco che legge il simbolo come una "decisione pragmatica", nel senso che:

> Il modo simbolico presuppone sempre e comunque un processo di *invenzione* applicato a un *riconoscimento*. Trovo un elemento che potrebbe assumere o già ha assunto funzione segnica e decido di vederlo come la proiezione di una porzione sufficientemente imprecisa di contenuto. [...] Il modo simbolico è dunque un procedimento non necessariamente di produzione, ma comunque e sempre di *uso* del testo, che può essere applicato a ogni testo e a ogni tipo di segno, attraverso una *decisione pragmatica* ("voglio interpretare simbolicamente"), che produce a livello semantico una nuova funzione segnica, associando a espressioni già dotate di contenuto codificato nuove porzioni di contenuto, quanto più possibile indeterminate e decise dal destinatario. Caratteristica del modo simbolico è che, qualora ci si astenga dall'attuarlo, il testo rimane dotato di un senso indipendente a livello letterale e figurativo.[20]

4. *Antropologia*

In questo ambito i criteri adottati per delimitare l'ambito del simbolico sono fondamentalmente due: in base al primo appartiene all'ordine simbolico tutto ciò che ha carattere mentale ma non si presenta in termini razionali, in base al secondo appartiene al simbolico tutto ciò che è semantico a eccezione della lingua. Queste due posizioni hanno al loro interno diverse articolazioni che prevedono:

a) *Il simbolo come espressione dell'irrazionale*. È la tesi sostenuta da Edward Burnett Tylor per il quale le operazioni simboliche espresse dai primitivi sono il frutto di ragionamenti difettosi, di inferenze non giustificate, perché fondate su dati insufficienti a causa "dell'intelligenza ancora rozza e grossolana che si applica ai fatti della vita quotidiana e, con il loro aiuto, modella la trama di una filosofia primitiva".[21] Dello stesso avviso è James George Frazer che considera l'ordine simbolico con cui i primitivi legano magicamente le cose tra loro come:

---

[20] U. Eco, *Simbolo*, in *Enciclopedia*, Einaudi, Torino 1981, vol. XII, pp. 910-911.
[21] E.B. Tylor, *Primitive culture* (1871); tr. it. parziale: *Lo sviluppo della civiltà*, in U. Fabietti (a cura di), *Alle origini dell'antropologia*, Boringhieri, Torino 1980, p. 70.

8. IL SIMBOLO NELLA TRADIZIONE OCCIDENTALE

Il prodotto di un'errata associazione di idee, come quella secondo cui il simile produce il simile, o come quella alla base della relazione di simpatia, per cui le cose che sono state una volta in contatto debbano rimanerlo sempre nonostante la loro eterogeneità.[22]

Per Lucien Lévy-Bruhl, infine, i simboli sono riconducibili al meccanismo che nei primitivi promuove le "rappresentazioni collettive" che Lévy-Bruhl così descrive:

> Le rappresentazioni collettive dei primitivi differiscono profondamente dalle nostre idee o concetti, di cui non costituiscono neppure l'equivalente. Da una parte non ne possiedono i caratteri logici; dall'altra, non essendo pure rappresentazioni nel senso proprio della parola esse esprimono, o piuttosto implicano, non soltanto che il primitivo possiede attualmente una rappresentazione dell'oggetto e crede che sia reale, ma anche che egli ne spera o ne teme qualcosa, che una determinata azione emani da esso o si eserciti su di esso. Per cercare di definire con una sola parola questa proprietà generale delle rappresentazioni collettive che occupano un posto tanto importante nell'attività mentale delle società inferiori, dirò che tale attività mentale è *mistica*. Uso questo termine non con l'allusione al misticismo religioso delle nostre società, che è qualcosa di abbastanza differente, ma nel suo significato letterale per cui con "mistico" si intende la credenza a forze, a influenze, ad azioni impercettibili ai sensi e tuttavia reali. In altri termini la realtà in cui si muovono i primitivi è anch'essa mistica. Non un essere, non un oggetto, non un fenomeno naturale è nelle loro rappresentazioni collettive simile a quello che appare a noi. Sfugge loro oppure gli è indifferente quasi tutto ciò che noi vi scorgiamo. In cambio essi vi notano molte più cose che noi non sospettiamo neanche.[23]

Per Lévy-Bruhl, quindi, il simbolismo non è tanto il prodotto di una razionalità che fallisce quanto l'espressione della "partecipazione mistica" che prescinde dai principi di causalità e di non contraddizione, per cui:

> Mentre per noi la causa e l'effetto sono dati entrambi nel tempo e quasi sempre nello spazio, la mentalità primitiva ammette a ogni istante che uno solo dei due termini sia percepito; l'altro appartiene all'insieme degli esseri invisibili e non percepibili.[24]

---

[22] J.G. Frazer, *The golden bough. A study in magic and religion* (1911-1915); tr. it. *Il ramo d'oro*, Boringhieri, Torino 1973, p. 63.
[23] L. Lévy-Bruhl, *Les fonctions mentales dans les sociétés inférieurs* (1910); tr. it. *Psiche e società primitive*, Newton Compton, Roma 1970, p. 67.
[24] Id., *La mentalité primitive* (1922); tr. it. *La mentalità primitiva*, Einaudi, Torino 1966, p. 77.

Tutto ciò è da ricondurre al carattere "pre-logico" del pensiero dei primitivi, nel senso che, scrive Lévy-Bruhl:

> Quando i primitivi hanno la sensazione viva e netta di una contraddizione non ne sono colpiti meno di noi: è chiaro che la struttura fondamentale dello spirito umano è dappertutto la stessa, rifiutano la contraddizione con la nostra stessa convinzione. Ma uno dei tratti distintivi della loro mentalità consiste precisamente in questo: spesso ciò che per noi è contraddittorio, non pare loro tale e li lascia indifferenti. Sembrano accettare facilmente la contraddizione e, in questo senso, essere "prelogici".[25]

b) *Il simbolo come segno arbitrario.* È la tesi sostenuta da Leslie A. White per il quale "il senso dei simboli deriva e dipende da chi li adopera; gli esseri umani conferiscono un certo significato a fatti o accadimenti che perciò diventano simboli".[26] Questa *arbitrarietà simbolica* viene riconosciuta, ma ridotta da Robert Firth che distingue i "segnali" regolati da un codice comune a emittente e destinatario, dai "simboli" dove "si riscontra una più accentuata mancanza di aderenza, anche forse intenzionalmente, nelle attribuzioni di produttore e interprete".[27] Ciò dipende, secondo John Beattie, dal fatto che:

> I simboli, a differenza dei segnali, rappresentano o implicano qualche concetto astratto: essi non si riferiscono semplicemente a un fatto o a un oggetto concreto, ma a concetti astratti come il potere, la solidarietà di gruppo, l'autorità familiare o politica, oppure a qualcosa di importante, qualcosa di difficile o impossibile da trasmettere direttamente.[28]

c) *Il simbolo come struttura categoriale.* È questa la tesi di Victor Turner che propone di distinguere tre livelli di operazioni simboliche: 1. La significazione *esegetica* data dal commento indigeno; 2. La significazione *operazionale* legata all'uso che se ne fa e alla componente affettiva che accompagna questo uso; 3. La si-

---

[25] Id., *La mythologie primitive. Le monde mythique des Australiens et des Papous* (1935); tr. it. *La mitologia primitiva*, Newton Compton, Roma 1973, p. 20.
[26] L.A. White, *The science of culture* (1949); tr. it. *La scienza della cultura*, Sansoni, Firenze 1969, p. 52.
[27] R. Firth, *Symbols public and private* (1973); tr. it. *Simboli pubblici e privati*, Laterza, Bari 1977, p. 55.
[28] J. Beattie, *Other cultures. Aims, Methods and Achievements in Social Anthropology* (1972); tr. it. *Uomini diversi da noi. Lineamenti di antropologia sociale*, Laterza, Bari 1975, p. 106.

gnificazione *posizionale* che "dipende dalle relazioni strutturali che alcuni simboli instaurano tra loro".[29]

Claude Lévi-Strauss critica l'impostazione di Turner giudicandola "un pio omaggio all'affettività",[30] e colloca il simbolo "simultaneamente nel linguaggio e al di là del linguaggio [...] a significare una grande unità costitutiva che ha la natura di una *relazione*",[31] nel senso che mentre l'uso comune del linguaggio utilizza categorie per enunciare delle proposizioni sul mondo, il pensiero simbolico fa uso delle proposizioni sul mondo per stabilire dei rapporti tra categorie. Ma se nel linguaggio simbolico non è rilevante il contenuto, ma la relazione categoriale, le contraddizioni della mentalità primitiva, messe in evidenza da Lévy-Bruhl, si riducono, perché, secondo Lévi-Strauss, a livello categoriale "le forme di contraddizione sono molto meno varie dei loro contenuti empirici".[32]

d) *Il simbolo come altro dal segno*. Questa tesi, che prevede l'irriducibilità dell'ordine simbolico all'ordine semantico è sostenuta, oltre che da Carl Gustav Jung di cui si dirà più avanti, da Raymond Ruyer per il quale:

> Il simbolismo, nell'accezione più stretta della parola, fa riferimento a una realtà che trascende la realtà quotidiana di tutti gli uomini. In questo senso il simbolismo rende possibile l'aspetto metafisico della cultura.[33]

Più netta è la distinzione di Dan Sperber, per il quale l'ordine simbolico è una "memoria enciclopedica" che evoca rappresentazioni là dove il segno concettuale che definisce le cose fallisce:

> Il dispositivo simbolico è un dispositivo mentale accoppiato al dispositivo concettuale. [...] Le rappresentazioni concettuali che non hanno potuto essere regolarmente costruite e valutate, costituiscono l'input del dispositivo simbolico. In altri termini, il dispositivo simbolico ha per input l'output difettoso del dispositivo concettuale [...]. Se poi l'evocazione simbolica va a buon fine, se è stata tro-

---

[29] V.W. Turner, *The forest of symbols. Aspect of Ndembu ritual* (1967); tr. it. *La foresta dei simboli*, Morcelliana, Brescia 1977, p. 42.

[30] C. Lévi-Strauss, *Mythologiques IV: L'homme nu* (1971); tr. it. *Mitologica IV: L'uomo nudo*, il Saggiatore, Milano 1974, p. 630.

[31] Id., *Anthropologie structurale* (1958); tr. it. *Antropologia strutturale*, il Saggiatore, Milano 1966, p. 237.

[32] Id., *La pensée sauvage* (1962); tr. it. *Il pensiero selvaggio*, il Saggiatore, Milano 1964, p. 110.

[33] R. Ruyer, *L'animal, l'homme, la fonction symbolique* (1964); tr. it. *L'animale, l'uomo e la funzione simbolica*, Bompiani, Milano 1972, p. 106.

vata una soluzione valida che permette di dare alla domanda iniziale una risposta univoca, l'evocazione può arrestarsi qui. [...] Ne consegue che l'output del dispositivo simbolico serve da input al dispositivo concettuale; in altri termini il dispositivo simbolico è un meccanismo di feed-back accoppiato al dispositivo concettuale.[34]

L'irriducibilità del simbolo al segno è sostenuta anche da Lévi-Strauss là dove parla dei "significati fluttuanti" che così descrive:

> Presso i primitivi esistono significazioni che sfuggono alla relazione significante/significato, come nel caso della parola *mana* che significa forza, azione, qualità, stato; sostantivo, aggettivo e verbo a un tempo, astratto e concreto; onnipresente e localizzato. Infatti il *mana* è tutto questo insieme, e lo è appunto perché non è niente di tutto ciò, ma semplice forma, o, più esattamente, *simbolo allo stato puro*, suscettibile, perciò, di caricarsi di qualsivoglia contenuto.[35]

5. *Psicoanalisi*

In ambito psicoanalitico il simbolo rientra nella categoria dei segni in quanto esiste un rapporto costante e, attraverso l'interpretazione, individuabile tra il simbolo e il simbolizzato. Questa costanza non è affermata solo a livello individuale, ma anche a livello culturale nelle espressioni simboliche del mito, della religione, del folklore e del linguaggio.

a) *Sigmund Freud* coglie l'essenza del simbolo nel rapporto costante tra l'espressione *manifesta* di un sogno, di un lapsus, di un sintomo e il suo riferimento *latente* reperibile a livello inconscio. Questo rapporto costante è fondato sull'analogia, che è reperibile se si individuano le operazioni di "condensazione", "spostamento" e "sostituzione", di cui la censura si serve per appagare in modo mascherato un desiderio represso o rimosso. Per l'interpretazione dei simboli esistono secondo Freud due vie: la prima si basa sulle associazioni del sognatore, la seconda, nel caso il soggetto sia incapace di fornire associazioni al riguardo, consiste nell'interpretazione propriamente detta dei simboli. Freud, infatti, ritiene che:

---

[34] D. Sperber, *Le symbolisme en général* (1974); tr. it. *Per una teoria del simbolismo*, Einaudi, Torino 1981, pp. 136-139.
[35] C. Lévi-Strauss, *Introduction à l'œuvre de Marcel Mauss* (1950), in M. Mauss, *Sociologie et anthropologie* (1950); tr. it. *Introduzione all'opera di Marcel Mauss*, in M. Mauss, *Teoria generale della magia e altri saggi*, Einaudi, Torino 1965, p. LII.

Se anche la censura onirica venisse esclusa, non saremmo ugualmente in grado di comprendere i sogni. [...] Viene in tal modo la tentazione di interpretare questi elementi onirici "muti", di intraprendere la traduzione con i nostri mezzi. Sta di fatto che ogni qualvolta si osa fare questa sostituzione, si ottiene un senso soddisfacente, mentre finché non ci si decide a questo intervento, il sogno rimane senza senso e il nesso interrotto.[36]

E ciò è tanto più vero se si considera che:

Il simbolismo non appartiene in modo esclusivo al sogno, ma alla rappresentazione inconscia, soprattutto del popolo, e lo si ritrova più compiuto che nel sogno, nel folklore, nei miti, nelle leggende, nelle locuzioni, nella sapienza dei proverbi e nelle battute popolari correnti.[37]

È vero che esiste pur sempre la possibilità per il sognatore di affidare all'uso simbolico le cose più varie, ma Freud ritiene che anche queste declinazioni sono più facilmente leggibili in presenza di un *codice simbolico* che, a partire dai suoi presupposti teorici, Freud si impegna a costruire. E in ciò si distingue da Jung che privilegia l'inesauribilità e quindi l'incodificabilità del materiale simbolico.

b) *Sándor Ferenczi*, affrontando il problema relativo a come l'umanità ha prodotto i simboli e a come se ne è appropriato il singolo, individua "nell'insufficiente capacità di discernimento propria dell'infanzia la condizione fondamentale per l'insorgere delle fasi preliminari ontogenetiche e filogenetiche dei processi cognitivi", e aggiunge:

A questo proposito vorrei fare un'obiezione relativa all'uso della parola "simbolo" per denominare tutte quelle fasi cognitive preliminari. Anche paragoni, allegorie, metafore, allusioni, parabole, rappresentazioni indirette di ogni specie possono, in un certo senso, essere interpretati come prodotti di tali confuse distinzioni e definizioni, e tuttavia, in senso psicoanalitico, essi non sono simboli. Simboli in senso psicoanalitico sono soltanto quelle cose (o rappresentazioni) a cui nella coscienza compete un investimento affettivo logicamente inspiegabile e infondato, e delle quali è possibile stabilire per via analitica che debbono tale rilievo affettivo all'identificazione *inconscia* con

---

[36] S. Freud, *Vorlesungen zur Einführung in die Psychoanalyse* (1915-1917); tr. it. *Introduzione alla psicoanalisi*, in *Opere*, Boringhieri, Torino 1968-1993, vol. VIII, pp. 321-322.
[37] Id., *Die Traumdeutung* (1899); tr. it. *L'interpretazione dei sogni*, in *Opere*, cit., vol. III, p. 323.

un'altra cosa (rappresentazione) a cui, in realtà, quell'eccedenza appartiene. Non tutti i paragoni sono dunque simboli, ma solo quelli in cui uno dei termini dell'equazione è rimosso nell'inconscio.[38]

c) *Ernest Jones* e *Géza Róheim*. Il primo conviene con Ferenczi nell'accogliere la tesi secondo cui:

> Viene simboleggiato solo ciò che è rimosso, e solo ciò che è rimosso ha bisogno di essere simboleggiato. Questa conclusione deve essere considerata la pietra di paragone della teoria del simbolismo.[39]

A partire dalla tesi di Jones, Géza Róheim ritiene che in tal modo si spiega la funzione del simbolo, ma non l'origine, che risiede, invece, nella necessità di trasformare un oggetto potenzialmente pericoloso in oggetto libidico:

> Vedere nel serpente un pene costituisce un tentativo di trasformare l'oggetto pericoloso in libidico. In secondo luogo, ovunque ci si trovi di fronte alla necessità di trasmettere un significato, in pari tempo mascherandolo, "serpente" sarà l'equivalente simbolico di "pene". L'istituzione di tale nesso è di quelle che io definisco "potenzialmente universali", nel senso che essa sorge su una base universalmente umana che non richiede un tipo specifico di personalità, cultura o nevrosi.[40]

d) *Melanie Klein* e *Wilfred R. Bion* non limitano la nozione di simbolo alla trasformazione in contenuto manifesto di un contenuto latente, ma la estendono agli "oggetti interni", come ad esempio il seno "buono" e "cattivo", che, essendosi radicati con un significato profondo nella mente, condizionano la modalità di percepire la realtà esterna. Questo simbolismo originario che Klein connette alla dinamica depressiva e Bion alla tolleranza e al contenimento del dolore, rimane attivo nel generare i processi mentali più evoluti, tra cui la rappresentazione degli oggetti della realtà esterna, anche se non c'è più corrispondenza tra il seno interiorizzato e il seno reale.

e) *Jacques Lacan* assume l'ordine simbolico come qualcosa di originario a cui rifiuta di assegnare un significato perché, seguendo l'impostazione di de Saussure e di Lévi-Strauss, il signi-

---

[38] S. Ferenczi, *Zur Ontogenese der Symbole* (1913); tr. it. *Sull'ontogenesi dei simboli*, in *Opere*, Raffaello Cortina, Milano 1988-1992, vol. II, pp. 88-89.
[39] E. Jones, *Papers on Psychoanalysis* (1948); tr. it. *Teoria del simbolismo. Scritti sulla sessualità femminile e altri saggi*, Astrolabio, Roma 1972, p. 106.
[40] G. Róheim, *Psychoanalysis and anthropology. Culture, personality and the unconscious* (1950); tr. it. *Psicoanalisi e antropologia*, Rizzoli, Milano 1974, p. 37.

ficante non rinvia a un significato, ma a un sistema significante caratterizzato da opposizioni differenziali che il singolo soggetto non ha creato, ma in cui, piuttosto, è inserito come nel retaggio della propria storia e della propria cultura, per cui Lacan può dire: "Se l'uomo arriva a pensare l'ordine simbolico è perché vi è anzitutto preso nel suo essere".[41] E ancora: "Tutti gli esseri umani partecipano all'universo dei simboli, vi sono inclusi e lo subiscono molto più che non lo costituiscono, ne sono molto più i supporti che gli agenti".[42]

Come ordine a cui è sottomessa la comunità umana, il simbolico detta legge agli altri ordini: l'*immaginario* e il *reale* che al simbolico si subordinano. D'altra parte, essendo strutturato intorno a una mancanza, il significante simbolico può essere equivocato, in quanto evoca "l'assenza nella presenza e la presenza nell'assenza".[43] In ogni caso il desiderio dell'uomo diventa veramente "umano" quando non è più alienato nell'immaginario, ma si riconosce nel simbolico, per cui Lacan può dire:

> Se si dovesse definire in quale momento l'uomo diventa uomo, diremmo che è nel momento in cui, per quanto poco, entra nella relazione simbolica.[44]

6. *Psicologia analitica*

La distinzione tra segno e simbolo è netta in Jung che in proposito scrive:

> A mio modo di vedere il concetto di *simbolo* va rigorosamente distinto dal concetto di mero *segno*. Significato *simbolico* e significato *semiotico* sono cose completamente diverse. [...] La ruota alata dell'impiegato delle ferrovie non è un simbolo della ferrovia, ma un segno che denota l'appartenenza alla società ferroviaria. Il simbolo, invece, presuppone sempre che l'espressione scelta sia la migliore indicazione o formulazione possibile di un dato di fatto relativamente sconosciuto, ma la cui esistenza è riconosciuta o considerata necessaria. [...] Fintanto che un simbolo è vivo, è espressione di una cosa che non si può caratterizzare in modo migliore. Il simbolo è vivo soltanto finché è pregno di significato. Ma quando ha dato alla luce il suo significato, quando cioè è stata trovata quell'espressione che for-

---

[41] J. Lacan, *Le séminaire sur "La Lettre volée"* (1955); tr. it. *Il seminario su "La lettera rubata"*, in *Scritti*, Einaudi, Torino 1974, vol. I, p. 49.
[42] Id., *Le séminaire. Livre I. Les écrits techniques de Freud* (1953-1954); tr. it. *Il seminario. Libro I. Gli scritti tecnici di Freud*, Einaudi, Torino 1978, p. 198.
[43] Ivi, p. 196.
[44] Ivi, p. 195.

mula la cosa ricercata, attesa o presentita, ancor meglio del simbolo in uso fino a quel momento, il simbolo *muore*. [...] Un'espressione proposta per una cosa nota rimane sempre un mero segno e non costituirà mai un simbolo. È perciò assolutamente impossibile creare da connessioni note un simbolo vivo, cioè pregno di significato, giacché ciò che così si crea non contiene mai più di quanto vi è stato messo dentro. [...] Ogni fenomeno psicologico è un simbolo, se si suppone che esso affermi o significhi anche qualcosa di più e di diverso che per il momento si sottrae alla nostra conoscenza. Questa supposizione è senz'altro possibile ovunque vi sia una coscienza orientata verso ulteriori possibili significati delle cose. [...] Che una cosa sia un simbolo o no dipende anzitutto dall'atteggiamento della coscienza che osserva: dall'atteggiamento, ad esempio, di un intelletto, che consideri il fatto dato non solo come tale, ma anche come espressione di fattori sconosciuti. È quindi possibilissimo che un certo fatto non appaia per nulla simbolico a colui che lo ha prodotto, ma che tale invece sembri a un'altra coscienza.[45]

Da questa esposizione si deduce che per Jung: 1. non esistono contenuti simbolici se non per una *coscienza* che li instaura; 2. che i simboli sono *storici* perché, non appena partoriscono il loro significato, cessano di essere simboli e diventano segni; 3. il simbolo non è un significato, ma un'*azione* che mantiene in tensione gli opposti, dalla cui composizione nascono i processi trasformativi; 4. nel simbolo c'è un'*eccedenza di senso* verso cui si orienta il processo di trasformazione psichica.

Commentando questa pagina di Jung, Mario Trevi individua la differenza tra il simbolo freudiano e quello junghiano in questi termini:

Mentre la natura del simbolo freudiano si chiarisce nella sua funzione *omeostatica* (ritrovamento dell'equilibrio turbato attraverso la duplice funzione del veicolare fantasticamente la pulsione e al contempo occultarla), la funzione del simbolo junghiano è per eccellenza *ana-omeostatica* nel senso che detto simbolo suscita una tensione, invece di annullarla, crea una spinta in avanti, apre un nuovo dislivello energetico, si protende verso un equilibrio che rimane costantemente al di là di esso. Da questo punto di vista, che potremmo chiamare dinamico, si può adeguatamente contrapporre il simbolo freudiano al simbolo junghiano, nel senso che il primo può essere definito *sintetico* (da *synizánein*, tornare allo stato di prima) e il secondo può essere al contrario definito *metapoietico* (da *metapoiéin*, trasformare).[46]

---

[45] C.G. Jung, *Psychologische Typen* (1921); tr. it. *Tipi psicologici*, in *Opere*, Boringhieri, Torino 1969-1993, vol. VI, pp. 483-485.
[46] M. Trevi, *Il simbolo generatore* (1973), in *Metafore del simbolo*, Raffaello Cortina, Milano 1986, p. 8.

9. Il linguaggio simbolico nella pratica analitica

> Che cos'è il "conoscere"? Il riportare qualcosa di estraneo a qualcosa di noto, di familiare. Prima proposizione: ciò a cui siamo *abituati* non viene più da noi considerato un enigma, un problema. Smussamento del sentimento del nuovo e dello strano: tutto ciò che accade *regolarmente* non ci sembra più problematico. Perciò quello di *"cercar* la regola" è il primo istinto di chi conosce, mentre naturalmente e per il fatto che sia trovata la regola niente ancora è "conosciuto"! – Di qui la superstizione dei fisici: dove possono perseverare, cioè dove la regolarità dei fenomeni consente di applicare formule abbreviate, credono che sia *conosciuto*. Sentono "sicurezza", ma dietro questa sicurezza intellettuale sta l'acquietamento della paura: *vogliono la regola*, perché essa toglie al mondo il suo aspetto pauroso. *La paura dell'incalcolabile* come *istinto segreto* della scienza.
>
> F. NIETZSCHE, *Frammenti postumi* 1885-1887, fr. 5 (10).

Nietzsche esplicita la persuasione, ormai diffusa nel nostro tempo, secondo cui non c'è verità nei saperi, ma sono le procedure dei saperi a produrre quelle che poi chiamiamo "verità". In altre parole le verità si costruiscono. Si tratta allora di conoscere e soprattutto di diventar consapevoli delle procedure che presiedono questa costruzione. Da questo punto di vista è possibile pensare la storia del linguaggio occidentale come una progressiva *fissazione delle basi discorsive*, in vista di una determinazione sempre più *univoca* dei significati. Schematicamente sono individuabili tre tappe di questa progressione.

1. *Il linguaggio simbolico*

Prima che il linguaggio parlasse per identità e differenza, percorrendo quella logica *disgiuntiva*, in greco *dia-bállein*, secondo cui una parola significa una cosa *e non* altro, sussisteva un linguaggio simbolico, in greco *sym-bállein*, dove una parola significa una cosa *ma anche* altro. In questo linguaggio l'identità, e quindi l'identificazione era debole, l'oscillazione dei significati era frequente, l'ambivalenza linguistica, se non addirittura la polivalenza, determinava quelle "fluttuazioni di significato", come le chiama Lévi-Strauss, per cui c'erano dei sensi ovunque disponibili e in nessun modo identificabili.[1] Quando, come ci ricorda Jung:

> I Wachandi, nelle loro feste di primavera, scavano una fossa di forma oblunga, la circondano di cespugli a imitazione del genitale femminile, e poi vi danzano intorno con le loro lance che ricordano il pene in erezione, gridando "*Pulli nira, pulli nira, watakà!* (Non è una fossa, non è una fossa, ma una vulva!)",[2]

i Wachandi parlano un linguaggio simbolico perché, incuranti del principio di non contraddizione, compongono (*sym-bállein*) dei significati che per sé non sono immediatamente e necessariamente componibili. Negano l'identità di una cosa con se stessa (la fossa non è una fossa), per procedere alla sua identificazione con altro (la fossa è una vulva). Questa identificazione è rivelativa non di una connessione necessaria tra due significati, ma di una volontà collettiva che li mette assieme, a partire dalla condivisione di un mito che, attraverso analogie e relazioni di somiglianza, è in grado di saldare a tal punto l'immagine della donna con quella della terra, da produrre una saldatura di significati.

Stante l'arbitrarietà delle connessioni, il linguaggio simbolico consente la comunicazione solo all'interno del gruppo, della tribù, o del popolo che condivide quella particolare decisione collettiva che fissa per tutti le connessioni dei significati. Qui non ci può essere un pensiero individuale o individuato che procede a una propria determinazione dei significati, perché il linguaggio che lo enunciasse sarebbe incomprensibile.

Forse per questo il linguaggio simbolico si esprime nell'epopea, dove il singolo, per parlare di sé, parla del suo popolo, cioè di quell'ambito dove circola quella connessione simbolica che rende comprensibile il suo linguaggio. E forse per lo stesso motivo, presso i popoli primitivi, come a più riprese ci ricorda Frazer,[3] era proibito al singolo specchiarsi nell'acqua. Narciso, per

---

[1] C. Lévi-Strauss, *Introduction à l'œuvre de Marcel Mauss* (1950), in M. Mauss, *Sociologie et anthropologie* (1950); tr. it. *Introduzione all'opera di Marcel Mauss*, in M. Mauss, *Teoria generale della magia e altri saggi*, Einaudi, Torino 1965, p. LII.

[2] C.G. Jung, *Über die Energetik der Seele* (1928); tr. it. *Energetica psichica*, in *Opere*, Boringhieri, Torino 1969-1993, vol. VIII, pp. 51-52.

[3] J.G. Frazer, *The golden bough. A study in magic and religion* (1911-1915); tr. it. *Il ramo d'oro*, Boringhieri, Torino 1973, pp. 301 sgg.

quante proiezioni negative abbia attirato su di sé, contestualizzato nella collettività del linguaggio simbolico, rappresenta pur sempre un principio d'individuazione, un tentativo di narrare di sé, senza dover narrare del suo popolo, una progettazione di sé che spezza la composizione simbolica vigente, un *pro-bállein*, come direbbe Mario Trevi[4] che tenta un superamento del *sym-ballein* collettivamente convenuto e condiviso.

2. *Il linguaggio filosofico*

Con l'avvento della filosofia si ha il primo blocco delle basi discorsive, e quindi il superamento delle oscillazioni semantiche che sono proprie del linguaggio simbolico. A regolare il linguaggio è il principio di non contraddizione, per cui una cosa è se stessa *e non* altro. Il significato è ciò che scaturisce da questa *esclusione* che, annullando ogni virtualità di senso che ecceda la mera identità di una cosa con se stessa, struttura per esclusione quell'*equivalenza* dove è soppressa ogni *ambivalenza* simbolica, e dove il significante e il significato sono affidati a un sistema di reciproco controllo.

Il controllo è rafforzato dalla struttura dell'"in quanto", per cui, come ci ricorda Aristotele, la stessa cosa in quanto *è*, appartiene alla metafisica; in quanto *diviene*, appartiene alla fisica; in quanto *bianca, lignea* ecc., appartiene alle diverse regioni a cui si applica il sapere empirico.

La domanda platonica che chiede il *ti ésti*, il *che cos'è* una cosa, la sua essenza, è una domanda che può ottenere risposta, perché, delimitati i campi e configurati i significati con quella procedura d'esclusione messa in atto dal principio di non contraddizione, non è più possibile confondere una fossa con una vulva.

Le cose finalmente significano se stesse e non altro, le parole che le nominano ribadiscono la loro identità, le oscillazioni o le eccedenze di significato che ogni simbolo porta con sé sono ridotte all'insignificanza. Non più il mio popolo che parla, non più io che parlo, ma il *linguaggio parla*, de-terminando il significato delle cose che risultano così concluse nella loro terminazione concettuale. Scrive a questo proposito Salvatore Natoli:

> Le idee platoniche sono la prima grande macchina convenzionale che regola il linguaggio e lo organizza. Certo Platone era quanto mai lontano dal ritenersi convenzionalista, caso mai vale l'opposto. Ma

---

[4] M. Trevi, *Simbolo, progetto, utopia* (1974), in *Metafore del simbolo*, Raffaello Cortina, Milano 1986, p. 21.

convenzionale è ciò che mette in opera, ossia quelle regole che presiedono i modi dell'identificazione e pertanto la possibilità di porre identità e differenze. La dottrina dei generi, la loro distinzione e l'elaborazione delle possibilità logiche di inclusione e di esclusione dell'uno nell'altro divengono i criteri attraverso cui si organizza un sistema semantico e si pongono le basi per l'elaborazione delle regole di inferenza. [...] Se c'è errore esso risiede: o nell'indeterminatezza del genere e quindi in un deficit di identità, o nella combinazione di generi incompatibili.[5]

Questa grande costruzione platonica che, come avverte Nietzsche, ha inaugurato per l'Occidente una grammatica e una lingua logica,[6] consente alle cose di guadagnare un'identità in quanto lette da una macchina logica. E ciò vuol dire che l'identità non è *data*, ma *costruita* dalle regole che consentono da un lato di controllare e calcolare il reale, e dall'altro di eliminare quella polivalenza di significato che il linguaggio simbolico consentiva.

Sotto il controllo della logica si costruisce un ordine universalmente valido di pensiero, neutrale per quanto riguarda il contenuto materiale. I concetti, definiti dal principio di identità e non contraddizione, diventano strumenti di predicazione e di controllo di quella molteplicità che, senza il vincolo logico, resterebbe irrelata e al limite incomprensibile, perché disponibile a tutte le predicazioni. Ogni notte, con il suo corredo di sogni, racconta questa disponibilità che la chiarezza diurna cancella.

3. *Il linguaggio scientifico*

Con l'avvento della scienza, il blocco delle basi discorsive diventa definitivo. La *convenzione* di volta in volta adottata dall'"Io penso" intersoggettivo (*ego cogito*) anticipa ogni possibile significato, tralasciando tutti i possibili sensi non contemplati dalle anticipazioni matematiche.[7] A questo proposito Kant è chiarissimo là dove scrive che:

---

[5] S. Natoli, *Identità e differenza* (1983), in *Teatro filosofico*, Feltrinelli, Milano 1991, pp. 172-173.
[6] F. Nietzsche, *Plato amicus sed. Einleitung in das Studium der platonischen Dialoge* (1871-1876); tr. it. *Plato amicus sed. Introduzione ai dialoghi platonici*, Bollati Boringhieri, Torino 1991.
[7] Si veda a questo proposito U. Galimberti, *Il tramonto dell'Occidente nella lettura di Heidegger e Jaspers* (1975-1984), Feltrinelli, Milano 2005, Libro II: "Il pensiero occidentale", Parte VIII: "La matematicità del pensiero moderno e la fondazione dell'umanismo" e Parte IX: "L'anticipazione della ragione e l'assicurazione dell'ente".

9. IL LINGUAGGIO SIMBOLICO NELLA PRATICA ANALITICA

Galilei e Torricelli compresero che *la ragione vede solo ciò che lei stessa produce secondo il proprio disegno*, e che, con i princìpi dei suoi giudizi secondo leggi immutabili, deve essa entrare innanzi e *costringere la natura a rispondere alle sue domande*, senza lasciarsi guidare da lei, per così dire, con le redini; perché altrimenti le nostre osservazioni, fatte a caso e senza un disegno prestabilito, non metterebbero capo a una legge necessaria, che pure la ragione cerca e di cui ha bisogno. È necessario dunque che la ragione si presenti alla natura avendo in una mano i princìpi, secondo i quali soltanto è possibile che fenomeni concordanti abbiano valore di legge, e nell'altra l'esperimento, che essa ha immaginato secondo questi princìpi: per venire, bensì, istruita da lei, ma non in qualità di *scolaro* che stia a sentire tutto ciò che piaccia al maestro, sebbene di *giudice*, che costringa i testimoni a rispondere alle domande che egli loro rivolge.[8]

In questo modo la ragione matematica diventa *legislatrice*, detta cioè le leggi della rappresentazione del mondo, le cui forme decidono le modalità con cui le cose devono apparire per essere riconosciute nella loro *oggettività*. "Oggetto" è lo star-di-contro (*ob-jectum*) delle cose all'*ego* intersoggettivo che ha disposto l'ordine di presentazione, in modo che sia possibile, seguendo lo stesso metodo, ritrovarle allo stesso posto, onde poterne sempre disporre.

In questa procedura "soggetto" di riferimento non sarà l'*io empirico* condizionato psicologicamente, ma quell'*io intersoggettivo* che articola il proprio discorso attenendosi rigorosamente alle anticipazioni matematiche adottate. Nell'orizzonte oggettivo così dischiuso dal linguaggio scientifico, i dicenti diventano i funzionari di un linguaggio che li trascende e che si recita da solo.

Che ne è a questo punto del simbolo in un linguaggio codificato dai segni convenuti, e per di più in una società che crede incondizionatamente in questo codice? Del simbolo ne è nulla. Non per ragioni storiche, non perché rappresenta una tappa linguistica superata, ma perché il linguaggio che ci ospita non può tollerare oscillazioni di senso, né fluttuazioni di significati, essendo la scienza nata proprio per bloccare nel modo più rigoroso possibile le basi discorsive, attraverso l'*equivalenza* di un significato con se stesso, che sopprime l'*ambivalenza* intrinseca in ogni espressione simbolica.

---

[8] I. Kant, *Kritik der reinen Vernunft* (1781, 1787); tr. it. *Critica della ragion pura*, Laterza, Bari 1959, Prefazione alla seconda edizione (1787), pp. 18-19 (corsivo mio).

4. Il linguaggio della pratica analitica

A questo punto la pratica analitica, in quanto sguardo sulla follia, sulla nevrosi, sul disagio, può proporsi come scienza, cioè come linguaggio codificato che si dispone ad ascoltare ciò che oscilla tra i codici, ne frantuma le regole, o comunque vi deroga? Che cos'è il suo interpretare e comprendere se l'oggetto delle sue interpretazioni, la follia, è definito proprio dal suo esser fuori dal sistema di convenzioni su cui si edifica il linguaggio della scienza? Consapevole di questo problema, Jung non ha dubbi:

> La psicologia deve abolirsi come scienza, e proprio abolendosi come scienza raggiunge il suo scopo scientifico. Ogni altra scienza ha un "al di fuori" di se stessa; ma non la psicologia, il cui oggetto è il soggetto di ogni scienza in generale.[9]

Se questo è vero, l'atteggiamento da assumere non sarà la pratica di un linguaggio simbolico in *opposizione* al linguaggio codificato, perché non c'è simbolo allo stato puro che non si risolva nell'insignificanza, e non c'è segno codificato che possa percepire qualcosa di quel volume di senso che eccede il codice dei segni.

Se la civiltà occidentale ha instaurato se stessa promuovendo una progressiva fissazione delle basi linguistiche, prodursi in un puro linguaggio simbolico significherebbe perdere la propria *storicità*, nel senso jaspersiano della parola,[10] e quindi la prima condizione per una comunicazione possibile. D'altro lato, restare all'interno delle convenzioni che regolano le possibilità espressive del linguaggio scientifico significa lasciare l'alienato, colui che abita altrove, nella sua definitiva lontananza.

Qui il problema sta nel mettere in circolazione simbolo e segno, sta nel *trasgredire la scienza*, nel senso letterale di "procedere oltre" i suoi segni codificati, e nel *pro-vocare il simbolo*, ossia nel "chiamarlo" il più possibile alla produzione di un senso. In questo luogo, che il linguaggio scientifico non protegge e quello simbolico non invade, può iniziare quel dialogo tra segni e simboli, dove i segni arrischiano sì un'eccedenza di senso, ma dove anche i simboli possono confluire nella produzione di un senso.

---

[9] C.G. Jung, *Theoretische Überlegungen zum Wesen des Psychischen* (1947-1954); tr. it. *Riflessioni teoriche sull'essenza della psiche*, in *Opere*, cit., vol. VIII, p. 240.

[10] K. Jaspers, *Philosophie* (1932-1955): II *Existenzerhellung*; tr. it. *Filosofia*, Libro II: *Chiarificazione dell'esistenza*, Utet, Torino 1978, capitolo 5: "Storicità", pp. 590-621.

La produzione di un senso da parte del simbolo non è l'*interpretazione* del simbolo. Qui l'*ermeneutica* è impotente, perché il suo campo di espressione è tra i segni, e non tra segno e simbolo, in quella terra non protetta (dai segni) e non invasa (dai simboli) che qui indichiamo come *luogo terapeutico* o della comunicazione tra i distanti.

L'ermeneutica interroga l'ordine simbolico a partire dall'ordine semantico, per cui chiede *che cosa significa* un simbolo, o come lo si può *interpretare*. Queste domande sono improprie perché i simboli *non significano* e *non si interpretano*, perché non rispondono al *ti ésti* platonico, alla domanda che chiede "che cos'è una cosa", o "che cosa significa". Per questo il capo dei Pueblos Taos, a cui Jung chiede "*che cosa* pensa", risponde: "nulla".[11] Questa risposta non è la prova, come impropriamente ritiene Jung, che il pensiero del primitivo presenta caratteristiche "crepuscolari come il pensiero del demente",[12] ma se mai che l'ordine simbolico non risponde a interrogazioni promosse dall'ordine semantico.

Se i simboli *non significano* e *non si interpretano*, è però vero che i simboli *agiscono*. Per questo la pratica analitica, come dimensione che entra in funzione quando fallisce il dispositivo concettuale, evoca il simbolo per poter giungere a un'ulteriorità di senso rispetto ai significati codificati, e così, prima del segno e dopo il segno, supplisce a un'insufficienza e assicura una progressione, quella progressione che, a dispetto della previsione di Hegel e di Freud, l'ordine simbolico continua ad avere rispetto all'assestamento semantico.

Hegel, infatti, era persuaso che "il progresso del sapere avrebbe esaurito il serbatoio dei simboli", perché: "La chiarezza priva di enigmi dello spirito, che si dà da sé forma adeguata, è la meta dell'arte simbolica".[13]

Dello stesso avviso era Freud, convinto che il progresso dell'analisi avrebbe esaurito l'inconscio. Scrive infatti Freud:

L'intenzione degli sforzi terapeutici della psicoanalisi è in definitiva di rafforzare l'Io, di renderlo più indipendente dal Super-io, di ampliare il suo campo percettivo e perfezionare la sua organizzazione,

---

[11] C.G. Jung, *Erinnerungen, Träume, Gedanken von C.G. Jung* (raccolti ed editi da Aniela Jaffé, 1961); tr. it. *Ricordi, sogni, riflessioni di C.G. Jung*, il Saggiatore, Milano 1965, p. 280.
[12] Id., *Zur Psychologie des Kinderarchetypus* (1940); tr. it. *Psicologia dell'archetipo del fanciullo*, in *Opere*, cit., vol. IX, pp. 147-148. Recita il testo: "Dato il cronico stato crepuscolare della coscienza del primitivo, spesso è quasi impossibile stabilire se egli ha soltanto sognato una cosa o se l'ha realmente vissuta".
[13] G.W.F. Hegel, *Vorlesungen über die Ästhetik* (1836-1838); tr. it. *Estetica*, Feltrinelli, Milano 1963, p. 478.

così che possa annettersi nuove zone dell'Es. *Dove era l'Es, deve subentrare l'Io*. È un'opera della civiltà, come ad esempio il prosciugamento dello Zuiderzee.[14]

In realtà il "serbatoio dei simboli", come lo chiama Hegel, o l'"inconscio" come lo chiama Freud, non sembrano né "esauribili" né "prosciugabili"; ne consegue che dovremo collocare il futuro del dialogo psicologico nella sua fedeltà al passato, ossia al modo in cui in Occidente si è sviluppata la comunicazione, attraverso quei volumi di senso che i simboli racchiudono senza dispiegare e i segni dispiegano senza esaurire.

Qui non c'è conflittualità, ma *tensione* tra due poli, che è impossibile evitare, a meno di non confinare il linguaggio psicologico tra segni che nulla sanno dell'eccedenza simbolica, o tra simboli che, sottratti a ogni possibile approccio semantico, restano privi di senso.

Custode di questa polarità non può essere una psicologia scientifica, ma solo una psicologia che ha il coraggio di trasgredire la scienza per provocare il simbolo, senza cedere alla sua violenza e alla sua potenza devastante. E questo finché l'uomo, come storicamente l'abbiamo conosciuto, continuerà a destare interesse e senso.[15]

---

[14] S. Freud, *Neue Folge der Vorlesungen zur Einführung in die Psichoanalyse* (1932); tr. it. *Introduzione alla psicoanalisi (Nuova serie di lezioni)*, in *Opere*, Boringhieri, Torino 1968-1993, vol. XI, p. 190.
[15] Si veda a questo proposito U. Galimberti, *Psiche e techne. L'uomo nell'età della tecnica*, Feltrinelli, Milano 1999, e in particolare: Parte VII: "Antropologia della tecnica: i segni del futuro".

10. La polisemia del simbolo nella concezione di Jung

> A mio modo di vedere il concetto di *simbolo* va rigorosamente distinto dal concetto di *segno*. Significato *simbolico* e significato *semiotico* sono cose completamente diverse.
>
> C.G. JUNG, *Tipi psicologici* (1921), p. 483.

La parola *simbolo* in Jung non ha un andamento tranquillo, il suo incedere è mosso, variegato, oscillante, fino alle soglie dell'equivoco, dove un senso si ribalta in un altro senso, generando scenari insospettati che risulta difficile comporre. Se procediamo con gli strumenti della semiotica, che ai tempi di Jung muoveva i primi passi, potremmo distinguere nei testi junghiani almeno tre accezioni di questo termine: a) il simbolo come antecedente dei segni, b) il simbolo come azione che compone i distanti, c) il simbolo come eccedenza di senso e quindi come trascendenza.

1. *Il simbolo come antecedente dei segni*

In questa accezione il simbolo si colloca là dove prende avvio la coscienza umana nel suo emanciparsi da quella condizione animale o divina che l'umanità ha sempre avvertito come suo sfondo, e da cui, pur sapendosi in qualche modo uscita, ancora si difende temendone la sempre possibile irruzione. Si tratta dell'irruzione della follia, intesa non come il *contrario* della ragione (Freud), ma come *ciò che precede* la stessa distinzione tra ragione e follia.

Questo spazio, irrispettoso delle differenze che la ragione ha faticosamente guadagnato, si offre indifferenziato, e perciò carico di quell'aspetto minaccioso che non distingue e non separa (*diabállein*), ma tutto mantiene in quella contrazione simbolica (*symbállein*) così poco rassicurante che gli uomini, non potendola eliminare, hanno espulso in quella sfera non-umana che è il mondo degli elementi naturali, degli animali, degli dèi, del sacro. Passare dall'*inconscio* al *simbolo* non significa allora passare da una nominazione all'altra, ma trasferirsi dalla *descrizione* che la ragione fa della follia all'*esposizione* della ragione alla follia.[1]

È questo un passaggio che la psicoanalisi non ha ancora compiuto, perché ancora non ha compreso che il simbolo non è un *segno che sta per un significato* (un "campanile" che sta per "fallo", una "caverna" che sta per "contenitore materno"), ma è *l'abolizione di tutti i segni* che la ragione ha inaugurato per orientarsi nel mondo.

A questa contrazione simbolica, che mette assieme (*sym-bállein*) tutto ciò che la ragione distingue (*dia-bállein*), non si accede tramite una descrizione dell'inconscio secondo le linee della ragione, ma attraverso quello che per Nietzsche è "lo scatenamento totale di tutte le capacità simboliche", per comprendere le quali "l'uomo deve essere già giunto a quel vertice di alienazione di sé che in quelle capacità vuole esprimersi simbolicamente".[2]

Ma per questo occorre uscire dalla buona educazione dell'inconscio che si servirebbe dei simboli solo per ragioni di censura e di pudore. Il simbolo è ciò che la ragione avverte come sua implosione, è ciò che gli uomini hanno sempre trasferito al di là dell'umano perché, se restasse al di qua, non consentirebbe il dispiegamento di quell'ordine a cui, in tutte le mitologie, le divinità si sottraggono. Due frammenti di Eraclito tracciano netto il confine: "L'uomo ritiene giusta una cosa, ingiusta l'altra; mentre per il dio tutto è buono, bello e giusto".[3]

Incapace di articolare la *differenza* in cui la coscienza umana si esprime, il dio non sa mantenere neppure una propria *identità*, perciò si concede alle metamorfosi più svariate senza fedeltà e senza memoria. L'identità, infatti, è l'altra faccia della differenza, è ciò che si ottiene perché non ci si confonde con tutte le cose, come invece capita al dio che Eraclito così descrive:

> Il dio è giorno e notte, inverno ed estate, guerra e pace, sazietà e fame. E muta come il fuoco quando si mischia ai fumi odorosi, prendendo di volta in volta il loro aroma.[4]

La divinità è dunque quello sfondo indistinto, quella riserva di ogni differenza, quella totalità mostruosa che gli uomini, dopo essersene separati, hanno avvertito come loro sfondo di prove-

---

[1] Si veda a questo proposito U. Galimberti, *La terra senza il male. Jung: dall'inconscio al simbolo* (1984), Feltrinelli, Milano 2001.
[2] F. Nietzsche, *Die Geburt der Tragödie aus dem Geiste der Musik* (1872); tr. it. *La nascita della tragedia dallo spirito della musica*, in *Opere*, Adelphi, Milano 1972, vol. III, 1, p. 30.
[3] Eraclito, fr. B 102.
[4] Id., fr. B 67.

nienza e da cui si sono tenuti lontano, fuori dalla loro comunità, nel mondo degli dèi, che per questo vengono prima degli uomini. Il mondo che essi abitano è il mondo del simbolo dove non c'è distinzione, dove all'incapacità di riconoscere la differenza, si accompagna la tendenza ad abolirla con un gesto violento.

A questo mondo Freud ha dato il nome di "inconscio" e, nella scelta della parola, c'è già il punto di vista che guarda da una coscienza raggiunta e pacificata. Gli uomini hanno sempre conosciuto l'inconscio nella forma ben più drammatica del "divino" e del "sacro".[5]

Nel dispiegare questo scenario Jung scopre che non è stato Dio ad allontanarsi dagli uomini, ma sono stati gli uomini a essersi emancipati da Dio, separandosi da quello sfondo simbolico che non ospitava né identità, né differenze. Il fuoco, in cui Dio si confonde e si mescola, nelle mani dell'uomo diventa principio d'ordine; il suo uso differenziato dà l'avvio al processo di civilizzazione che coincide con il progressivo distacco dell'uomo da Dio. Nietzsche, che ha colto molto bene questo passaggio, scrive:

> L'uomo, crescendo ad altezza titanica, si conquista da sé la propria civiltà, costringendo gli dèi ad allearsi con lui, perché nella sua propria saggezza tiene in sua mano l'esistenza e i limiti di essa. La cosa più mirabile in questa poesia su Prometeo, che nella sua intenzione fondamentale è il vero e proprio inno dell'*empietà*, è lo sconfinato dolore dell'"*individuo*" temerario da una parte, e la miseria divina, anzi il presentimento di un *crepuscolo degli dèi* dall'altra. [...] Il presupposto del mito di Prometeo è lo sconfinato valore che un'umanità ingenua attribuisce al *fuoco*, come al vero palladio di ogni civiltà ascendente: ma che l'uomo disponesse liberamente del fuoco e non lo ricevesse soltanto come un regalo dal cielo, come folgore incendiaria o come vampa scottante del sole, apparve a quei contemplativi uomini arcaici come un sacrilegio, come una rapina ai danni della natura divina. E così il primo problema filosofico pone subito una penosa e insolubile *contraddizione fra uomo e dio*, e la sospinge come un macigno sulla soglia di ogni civiltà. La cosa migliore e più alta di cui l'umanità possa diventare partecipe, essa la conquista con un *crimine*.[6]

---

[5] Per un approfondimento di questa tematica si veda U. Galimberti, *Orme del sacro. Il cristianesimo e la desacralizzazione del sacro*, Feltrinelli, Milano 2000.
[6] F. Nietzsche, *La nascita della tragedia*, cit., pp. 67-69. Di questo crimine e dell'accezione simbolica a esso connessa ho discusso ampiamente ne *La terra senza il male. Jung: dall'inconscio al simbolo*, cit., capitolo 15: "La violenza del Sé e la passione dell'Io" e ne *Gli equivoci dell'anima* (1987), Feltrinelli, Milano 2001, capitolo 17: "La violenza del simbolo e l'ordine della ragione".

2. Il simbolo come azione che compone i distanti

Qui siamo di fronte al significato più antico della parola, che affonda le sue radici in terra greca, dove *symbolon* era quella tessera ospitale, quel coccio di pietra che, spezzato, testimoniava il legame tra due persone, due famiglie in procinto di separarsi. Ognuno portava con sé il segno di una comunione, di un patto amichevole che la distanza non poteva annullare. Se poi accadeva di ricongiungersi, allora si procedeva alla ricomposizione delle due metà, e l'unità così ottenuta attestava, dopo l'assenza, un'intimità ininterrotta, un legame che non era stato spezzato. Il significato del termine successivamente si evolse, ma non smarrì il suo senso originario.

Nel *Simposio* di Platone ritroviamo la parola per designare il carattere proprio dell'amore che è simbolo di quell'unità che lega gli uomini, in quanto provenienti da una stessa origine e in quanto alla ricerca, con il consenso pietoso degli dèi, di quell'unità che, proprio a causa degli dèi, è stata spezzata. Per questo ogni uomo è simbolo, tessera dell'uomo totale: *"hékastos oûn emôn estin anthrópou sýmbolon"*.[7]

Symbolon è dunque espressione che dice unità da remote distanze, tensione verso una totalità assente richiamata dall'incompiutezza di senso della situazione presente. In termini junghiani: se l'Io è l'espressione della *situazione* presente, il Sé è quella *totalità* assente verso cui il simbolo *de-situa*. Il Sé dell'uomo (*das Selbst*) è infinitamente più comprensivo del suo Io (*das Ich*), così come i confini del possibile sono infinitamente più ampi della realtà determinata e consaputa.

Nella dialettica Io-Sé, Jung dà forse una delle migliori descrizioni della coscienza simbolica, che poi non è altro che la coscienza umana salvata da quell'irrigidimento nella dimensione razionale, in cui la cultura occidentale l'ha costretta, quando ha ideato quel reticolato di segni per la de-signazione delle cose. Tra *segno* e *simbolo* corre infatti quella differenza che i Greci avevano intuito tra *dia-bállein* e *sym-bállein*, tra disgiunzione e composizione.

Per "disgiunzione" qui intendiamo quella procedura discorsiva che, articolandosi in base al principio di identità e non contraddizione, garantisce che *A* è *A* e non è *non-A*. Il segno è ciò che scaturisce da questa *esclusione* che, annullando ogni virtualità di senso che ecceda la mera identità di una cosa con se stessa, struttura per esclusione quell'equivalenza dove è soppressa ogni am-

---

[7] Platone, *Simposio*, 191 d. Per una più ampia trattazione di questo tema si veda U. Galimberti, *Gli equivoci dell'anima*, cit., capitolo 18: "Sessualità e follia".

bivalenza simbolica, e dove il significante e il significato sono affidati a un sistema di reciproco controllo. Anche quando il significante rinvia a significati differenti, l'*equivalenza* non diventa *ambivalenza*, ma semplice *polivalenza* di significati che rimangono controllati e discreti.

Come civiltà di segni che, articolandosi nel linguaggio concettuale, perviene all'*identità* di una cosa con se stessa, e quindi all'*unità* della molteplicità, la civiltà occidentale, proprio per la sua procedura linguistica e per la qualità delle sue interrogazioni, si trova nell'impossibilità di comprendere il linguaggio simbolico.

Da de Saussure a Lévi-Strauss, da Lévy-Bruhl a Mauss, e più recentemente da Baudrillard a Eco, si è sempre guardato al simbolo partendo dal segno, e, rispetto al segno, lo si è definito o come il prodotto di una razionalità che fallisce (perché ad esempio confonde la similarità o la contiguità con la causalità), o come l'espressione di un'attività mentale che volta le spalle al principio fondamentale di ogni razionalità, cioè al principio di non contraddizione. Lo stesso Jung, che negli scritti dell'età matura offre a mio giudizio la migliore comprensione dell'attività simbolica, negli scritti giovanili incontra il simbolo come "forma inferiore del pensiero"[8] che si riscontra nella *dementia præcox*, dove "si può pensare solo in modo superficiale, confuso, cioè simbolico".[9]

In realtà, nell'universo simbolico delle società primitive l'uomo distribuisce dei segni secondo la suddivisione che egli compie del reale, ma senza stabilire un rapporto preciso tra significante e significato, per cui tutto ha un senso, ma questo non può essere identificato con l'esclusione di altri sensi. Questa inadeguatezza tra significante e significato produce quella situazione che è tipica del linguaggio simbolico, per cui alcuni significati restano disponibili senza ancorarsi rigidamente a una cosa, fluttuano tra le cose, impedendo a ciascuna di significare se stessa *e non* altro.

Con questa "eccedenza di significazione", come la chiama Lévi-Strauss, il primitivo evita l'instaurarsi di un significante dispotico che, sotto il suo codice, regola le relazioni dei significati, che così divengono ovunque disponibili e in nessun luogo identificabili. È il caso del "mana" di cui le cose si caricano quando sono donate. Le cose hanno un "mana", ci dice Mauss,[10] ma su-

---

[8] C.G. Jung, *Über die Psychologie der Dementia præcox: ein Versuch* (1907); tr. it. *Psicologia della dementia præcox*, in *Opere*, Boringhieri, Torino 1969-1993, vol. III, p. 24.
[9] Ivi, p. 79.
[10] M. Mauss, *Sociologie et anthropologie* (1950); tr. it. *Teoria generale della magia e altri saggi*, Einaudi, Torino 1965, p. 166.

bito aggiunge che ce l'hanno *anche* le piante, gli uomini, i morti, gli alimenti, per cui "mana" significa tutto e niente o, come dice Lévi-Strauss: "È *simbolo allo stato puro*, suscettibile di caricarsi di qualsiasi contenuto".[11]

Non designando nulla di preciso, o, come dice Jung, "non rinviando a cose note",[12] i simboli, quando si caricano di un contenuto, che come s'è detto può essere *qualsiasi* contenuto, lo portano in quelle zone di disordine semantico che si costituiscono ai confini di un ordine stabilito, dove certe pratiche e situazioni, come la magia, lo sciamanesimo, la divinazione, la malattia, la morte, si incaricano dello scambio delle corrispondenze simboliche, e quindi della ri-creazione di un ordine sui resti dell'ordine precedente ormai disgregato.

Tutto questo è possibile perché il simbolo, grazie alla sua eccedenza semantica, designa questo *ma anche* quello, perché, a differenza del segno, non si inserisce in un ordine, ma tra gli ordini, come la brocca del *Geviert* heideggeriano che i mortali elevano ai divini fra la terra e il cielo. Scrive in proposito Heidegger:

> La brocca non è una cosa né nel senso della romana *res*, né nel senso dell'*ens* rappresentato alla maniera del Medio Evo. La brocca è cosa in quanto connette. Solo a partire da questa connessione la brocca manifesta la sua essenza. [...] La brocca, infatti, è ciò che i mortali elevano ai divini dalla terra al cielo. Terra e cielo, divini e mortali sono reciprocamente connessi a partire dallo squadernarsi della quadratura (*Geviert*). Ognuno dei quattro rispecchia a suo modo l'essenza degli altri. [...] Rispecchiando, ciascuno dei quattro si dà a ognuno degli altri. Questo rispecchiare libera ciascuno dei quattro per ciò che gli è proprio, ma lega i quattro così liberati nella semplicità del loro essenziale appartenersi reciproco.[13]

La brocca è un simbolo non perché *indica* qualcosa in un ordine (questa è piuttosto la funzione del segno), ma perché *aduna* (*sym-bállein*) gli ordini. Ma il simbolo può adunare ordini in quanto non è incluso in alcun ordine, in quanto dispone sempre di un'eccedenza semantica che nessun significato *noto* esaurisce. Dopo l'*ambivalenza*, che sottrae il simbolo al-

---

[11] C. Lévi-Strauss, *Introduction à l'œuvre de Marcel Mauss*, in M. Mauss, *Sociologie et anthropologie* (1950); tr. it. *Introduzione all'opera di Marcel Mauss*, in M. Mauss, *Teoria generale della magia e altri saggi*, cit., p. LII.
[12] C.G. Jung, *Psychologische Typen* (1921); tr. it. *Tipi psicologici*, in *Opere*, cit., vol. VI, p. 485.
[13] M. Heidegger, *Das Ding* (1950); tr. it. *La cosa*, in *Saggi e discorsi*, Mursia, Milano 1976, pp. 118-119.

l'equivalenza di un significato con se stesso, la *relazione con l'ignoto* è la seconda caratteristica che distingue un segno da un simbolo. Per ovvio che sia, può qui tornar utile richiamare il già citato esempio di Jung:

> Il segno sta per una cosa nota, il simbolo rinvia a qualcosa di fondamentalmente sconosciuto. La ruota alata dell'impiegato delle ferrovie non è un simbolo della ferrovia, ma un segno che denota l'appartenenza alla società ferroviaria. Il simbolo, invece, presuppone sempre che l'espressione scelta sia la migliore indicazione o formulazione possibile di un dato di fatto relativamente sconosciuto, ma la cui esistenza è riconosciuta o considerata necessaria. Se dunque la ruota alata dell'impiegato delle ferrovie venisse definita un simbolo, si verrebbe a dire con ciò che quest'uomo ha a che fare con un'entità sconosciuta, la quale non può essere espressa altrimenti e meglio che con una ruota alata.[14]

È noto che la diversa interpretazione del simbolo ha determinato la separazione tra Freud e Jung, per il quale i simboli freudiani sono un puro sistema di segni, dove l'eccedenza semantica propria di ogni simbolo è risolta nella rigida segnaletica sessuale: non più rinvio all'ignoto, ma ripetizione del già noto, come è tipico di ogni segno.

Ma a parte il contrasto tra Freud e Jung, la connessione tra simbolo e ignoto è qui ripresa per sottolineare la *storicità* di ogni simbolo e la sua *conversione* in segno ogniqualvolta un contenuto simbolico si lascia formulare in termini concettuali secondo i criteri della chiarezza e della distinzione. Allora, dice Jung:

> Quando ha dato alla luce il suo significato, quando cioè è stata trovata quell'espressione che formula la cosa ricercata, attesa o presentita, ancor meglio del simbolo in uso fino a quel momento, il simbolo *muore*, cioè conserva solo un valore storico. È perciò assolutamente impossibile creare da connessioni note un simbolo vivo, cioè pregno di significato, giacché ciò che si crea non contiene mai più di quanto vi è stato messo dentro.[15]

Se dunque il segno nasce dalla *discrezione* di un significato, mentre il simbolo vive della sua *eccedenza* e della sua *fluttuazione*, tra segno e simbolo non c'è tanto un'opposizione quanto una *circolarità*. E precisamente: il nostro pensiero procede per segni che de-finiscono i significati ponendo fine alla loro fluttuazione. Ciò avviene attraverso quell'operazione disgiuntiva (*dia-bállein*)

---

[14] C.G. Jung, *Tipi psicologici*, cit., pp. 483-484.
[15] Ivi, p. 484.

per cui *A* è *A* e non è *non-A*. Quando il segno fallisce perché non riesce a stabilire l'appartenenza del suo oggetto, questo segno diventa un simbolo, viene cioè sottratto al dispositivo concettuale che si è dimostrato inadeguato, per essere affidato al dispositivo simbolico, dove alla *convocazione* concettuale della molteplicità nell'unità si sostituisce l'*e-vocazione* di una molteplicità a partire da un'unità fallita o rivelatasi inadeguata. Se poi l'evocazione simbolica, nel suo raccordare cosa a cosa (*sym-bállein*) perviene a una definizione univoca, allora il simbolo muore, e sull'arresto dell'evocazione nasce il segno come dispositivo d'ordine.

A questo punto si comprende come non abbia senso cercare il *significato* di una rappresentazione simbolica, perché questa nasce proprio dal fallimento della rappresentazione concettuale, e dura finché la rappresentazione concettuale non è restaurata. Ciò significa che la semiologia non può interrogare la simbologia, e in particolare non può chiedere *che cosa* significano i simboli e *come* lo significano, perché i simboli nascono proprio quando non ci sono risposte a queste domande. Il solo fatto di porle, oltre a rivelare una sostanziale incomprensione del simbolo, ne occulta definitivamente la funzione.

Il dispositivo simbolico non entra in azione solo in presenza dell'insufficienza del dispositivo concettuale, ma anche quando il dispositivo concettuale, irrigidendosi, preclude ogni progressione possibile. In questo caso il simbolo, irrompendo nell'ordine dei significati statuiti, produce nel senso quel contro-senso che fa ruotare i discorsi senza immobilizzarli attorno a un dispositivo ideale.

S-terminando i termini, portandoli fuori dalla loro terminazione concettuale, il simbolo è un dispositivo contro l'irrigidimento del senso, che ha forse il suo corrispondente nella pratica primitiva che suscitava l'animale totemico, il dio o l'eroe al solo scopo di metterli a morte, onde evitare che intorno a essi si solidificasse un unico senso, e quindi dei rigidi dispositivi d'ordine.

Come dimensione che entra in funzione quando fallisce il dispositivo concettuale, e come rinvio a un'ulteriorità di senso rispetto ai sensi codificati, il simbolo, prima del segno e dopo il segno, supplisce a un'insufficienza e assicura una progressione. In ogni caso "non significa" e tanto meno "rinvia a cose note" che qualsiasi ordine concettuale potrebbe agevolmente esprimere. Su questo punto insiste particolarmente Mario Trevi nella sua lettura "ermeneutica" di Jung:

> Il simbolo junghiano non rimanda a qualcosa di diverso da sé, non *sta* per qualcos'altro secondo il modello *aliquid stat pro aliquo*. Il

simbolo junghiano allude a un significato che è racchiuso (e inespresso) nel simbolo stesso. Di qui la metafora implicita nella frase di Jung: "Il simbolo è vivo soltanto finché è pregno di significato". Tale metafora va presa sul serio: evoca il ventre di una gestante in cui è racchiuso qualcosa che certamente esiste ma che non possiamo conoscere. La "pregnanza" del simbolo va presa nel suo senso letterale proprio perché scatti la potenza della metafora. È pregnante ciò che reca qualcosa in fieri e ancora totalmente nascosto. La pregnanza del simbolo in Jung corrisponde all'intransitività della parola poetica di Novalis. Paradossalmente ma coerentemente, in Jung il simbolo "muore" quando il suo significato "nasce", cioè si rende visibile e intelligibile. Il simbolo è vivo solo finché è pregnante, vale a dire finché porta nel suo grembo un significato inespresso. Muore quando questo significato è dato alla luce.[16]

3. *Il simbolo come eccedenza di senso*

Siamo così giunti alla terza accezione della parola "simbolo" che è possibile reperire in quelle pagine junghiane attente al nesso che compone il *processo di individuazione* alla *funzione trascendente*, e la funzione trascendente al *simbolo*. Questa trama profonda, e continuamente ribadita in tutte le variazioni del pensiero junghiano, schematicamente può essere letta in quel rinvio esplicito che Jung stesso stabilisce tra le definizioni di "Individuazione" e di "Simbolo":

> Il processo di individuazione è strettamente connesso con la cosiddetta *funzione trascendente*, in quanto, mediante questa funzione, vengono date quelle linee di sviluppo individuali che non potrebbero mai essere raggiunte per la via già tracciata da norme collettive.[17]

Sotto questa voce, l'ulteriorità di senso promossa dalla funzione trascendente, all'interno di un processo di individuazione, è ricondotta all'*atteggiamento simbolico*, definito come:

> L'emanazione di una determinata concezione del mondo che attribuisce agli accadimenti, ai grandi come ai piccoli, un senso, e a questo senso attribuisce un determinato valore, maggiore di quel-

---

[16] M. Trevi, *Simbolo e funzione simbolica* (1986), in *Metafore del simbolo*, Raffaello Cortina, Milano 1986, p. 65. La citazione di C.G. Jung riportata nel testo di Trevi si trova in *Tipi psicologici*, cit., p. 484. Sull'argomento si veda anche M. Trevi, *Interpretatio duplex*, Borla, Roma 1986.
[17] C.G. Jung, *Tipi psicologici*, cit., pp. 463-464.

lo che è solito essere ascritto alla realtà di fatto, così come si presenta.[18]

Dischiudendo con il linguaggio simbolico un'ulteriorità di senso "maggiore di quello che è solito essere ascritto alla realtà di fatto", Jung oltre a smascherare il controllo e il dominio sotteso alla *logica* della ragione occidentale, oltre a far emergere il carattere esclusivamente funzionale del suo *linguaggio*, nonché le componenti efficientiste e conformiste della sua *etica*, offre all'individuo la possibilità di de-situarsi, di oltrepassare la situazione che lo ospita e lo costringe, non con la repressione, ma con la *rimozione* di ogni possibile senso ulteriore ed eccedente. Che qui si nasconda il *vero disagio* della civiltà ne ha il sospetto lo stesso Freud là dove dice, in un brano che già abbiamo richiamato, che:

> Oltre agli obblighi cui siamo preparati, concernenti la restrizione pulsionale, ci sovrasta il pericolo di una condizione che potremmo definire "la miseria psicologica della massa". Questo pericolo incombe maggiormente dove il legame sociale s'è stabilito soprattutto attraverso l'*identificazione reciproca dei vari membri*. [...] La presente condizione della civiltà americana potrebbe offrire una buona opportunità per studiare questo temuto male della civiltà. Ma evito la tentazione di addentrarmi nella critica di tale civiltà; non voglio destare l'impressione che io stesso ami servirmi dei metodi americani.[19]

In questo rapido accenno al "legame sociale stabilito per identificazione reciproca dei vari membri", Freud supera l'interpretazione "naturalistica" che sta alla base della sua concezione della nevrosi come conflitto tra istanze pulsionali e istanze superegoiche, per aprirsi all'epocalità storica che però, per "esigenze scientifiche", non adotta come *metodo*.

Jung, invece, che fa suo questo metodo, avverte che contro ogni ulteriorità di senso si mobilita la razionalità del sistema, che quindi non reprime tanto le *pulsioni* (Freud) quanto i *simboli*, nel tentativo di vanificare sul nascere ogni parola che si riferisca a sensi e a significati assenti dal sistema e quindi potenzialmente sovversivi.

Dare un nome alle cose assenti significa infatti spezzare la magia diffusa da quelle presenti, significa fare entrare un ordine differente entro l'ordine stabilito. Contro quello che Paul Valéry chiama "il lavoro che fa vivere in noi ciò che non esiste",[20] si mo-

---

[18] Ivi, p. 486.
[19] S. Freud, *Das Unbehagen in der Kultur* (1929); tr. it. *Il disagio della civiltà*, in *Opere*, Boringhieri, Torino 1968-1993, vol. X, p. 603.
[20] P. Valéry, *Poésie et pensée abstraite*, in *Œuvres*, Bibliothèque de la Pléiade, Gallimard, Paris 1957, p. 1333.

10. LA POLISEMIA DEL SIMBOLO IN JUNG

bilita tutto il sistema con i suoi strumenti di censura, che vanno dal divieto più grossolano alla più elegante mobilitazione dei media che, coordinando tra loro i mezzi di espressione e quindi le possibilità di comprensione, rendono la comunicazione dei contenuti trascendenti tecnicamente impossibile.[21] Questo pericolo è stato ben individuato da Heidegger in quelle pagine dedicate al dissolversi dell'esistenza nel modo collettivo dell'esistere, dove:

> Nell'uso dei mezzi di trasporto o di comunicazione pubblici, dei servizi di informazione (i giornali), ognuno è come l'altro. Questo essere-assieme dissolve completamente il singolo esserci nel modo di essere "degli altri", sicché gli altri dileguano ancora di più nella loro particolarità e determinatezza. In questo stato di irrilevanza e di indistinzione il Si (*Man*) esercita la sua tipica dittatura. Ce la spassiamo e ci divertiamo come ce la si spassa e ci si diverte, leggiamo, vediamo e giudichiamo di letteratura e di arte come si vede e si giudica. Ci teniamo lontani dalla "gran massa" come ci si tiene lontani, troviamo "scandaloso" ciò che si trova scandaloso. Il Si, che non è un esserci determinato, bensì tutti (ma non come somma), decreta il modo di essere della quotidianità.[22]

L'impersonalità del "Si" opera un livellamento di tutte le possibilità di essere, di pensare, di volere, e quindi facilita alla razionalità del sistema il proprio compito di controllo. Ciò che si lascia prevedere, infatti, si lascia anche più facilmente controllare. Livellando le esperienze e le aspirazioni, la dimensione collettiva, con i suoi tratti di conformismo e omologazione, è in grado di compiere la sua opera di repressione senza l'impiego di strumenti brutali che potrebbero determinare la sua distruzione. Non solo, ma avendo già anticipato l'ambito di ogni possibile decisione, il "Si" sottrae ai singoli il peso della loro responsabilità e, gratificandoli dei mezzi necessari per portare a compimento le decisioni da loro prese, si rende gradito a essi, e così approfondisce il suo radicato dominio.

Di qui l'inaccessibilità al linguaggio simbolico. La sua eliminazione dall'alto e il disinteresse che lo circonda dal basso concorrono nell'intento repressivo della prepotenza della ragione, per la quale non esistono problemi che non possono essere discussi in modo piano e ragionato o sottoposti a sondaggi d'opinione, non esistono parole cariche di un senso loro proprio e specifico che

---

[21] Per una più adeguata trattazione di questo tema si veda U. Galimberti, *Psiche e techne. L'uomo nell'età della tecnica*, Feltrinelli, Milano 1999, capitolo 52: "Mass media e monologo collettivo".

[22] M. Heidegger, *Sein und Zeit* (1927); tr. it. *Essere e tempo*, Utet, Torino 1978, § 27, pp. 215-216.

non siano traducibili nel linguaggio coerente della comunicazione funzionale, non esiste la solitudine dell'individuo che con il suo linguaggio pregno di sensi e di significati privati possa porsi contro e oltre la sua società. A questo proposito Rilke scriveva:

> Per i nostri avi, una "casa", una "fontana", una torre loro familiare, un abito posseduto erano ancora qualcosa di infinitamente di più che per noi, di infinitamente più intimo; quasi ogni cosa era un recipiente in cui rintracciavano e conservavano l'umano. Ora ci incalzano dall'America cose nuove e indifferenti, pseudo-cose, aggeggi per vivere. Una casa nel senso americano, un mela americana, o una vite americana non hanno nulla in comune con la casa, il frutto, il grappolo in cui erano riposte le speranze e la ponderazione dei nostri padri.[23]

In rapporto alla vita quotidiana, il linguaggio simbolico è passato e futuro, ha i toni dell'evocazione e dell'allusione che l'universo razionale ha messo a tacere, privandolo del peso e della capacità di esprimere l'umano. Unificando gli opposti e non esitando a esibire le proprie contraddizioni come contrassegno della sua sincerità, la razionalità si rende immune dalla sollecitazione simbolica, escludendo ogni discorso che non si svolga nei propri termini.

In questo modo, monopolizzando ogni significato possibile, la razionalità è in grado di accogliere anche i propri negatori, perché sa che questi non possono costituirsi se non come suo dono, e non possono impiegare altro linguaggio se non quello che essa ha messo a loro disposizione. E così, assimilando tutti i termini dei discorsi possibili, può combinare la tolleranza con la massima uniformità.

L'uniformità si consegue unificando le aree linguistiche dopo averle svuotate della pregnanza simbolica che le sostanzia. Ciò è possibile con la creazione di un linguaggio che, fissando dei concetti, impedisce lo sviluppo e l'espressione dei simboli, per accogliere solo segni in grado di escludere tutto ciò che si oppone a tale risoluzione. In questo modo la razionalità del sistema raggiunge lo scopo di dissolvere qualsiasi realtà che non sia quella da essa stabilita, e così si immunizza da ogni opposizione che, in quanto trascendente il sistema, si pone come potenzialmente sovversiva.

La riduzione del simbolo a immagini fisse, come è riscontrabile nella psicologia archetipica di James Hillman, mi pare sostanzialmente infedele al metodo inaugurato da Jung, perché, co-

---

[23] R.M. Rilke, *Briefe aus Muzot*, in *Gesammelte Werke*, Frankfurt a.M. 1961, vol. VI, p. 335.

me bene ha mostrato Mario Trevi nei suoi scritti, per Jung il simbolo è una *traccia discorsiva* che porta fuori dalle razionalizzazioni che le varie epoche storiche di volta in volta inaugurano. Il suo valore è "metaforico" per quel tanto che le metafore "portano fuori *(meta-foréin)*". Il suo senso è affidato a un *progetto di eccedenza* e non è articolato dal *contenuto mitico*. Se così fosse, Jung, dopo aver liberato la psicologia dal *determinismo naturalistico* di Freud, la farebbe precipitare in un determinismo più sottile, ma non meno cogente, quale è appunto il *determinismo culturale*, in cui irrimediabilmente mi pare cada Hillman quando nei miti legge degli *archetipi* in senso forte, cioè dei modelli originari in cui è pre-scritta la vicenda psicologica di ognuno di noi. Scrive infatti Hillman:

> Tutti gli eventi nel regno dell'anima, cioè tutti gli eventi e i comportamenti psicologici hanno una somiglianza, una corrispondenza, un'analogia con un modello archetipico. Le nostre vite seguono figure mitiche; noi agiamo, pensiamo, sentiamo *soltanto come ce lo consentono* i modelli primari stabiliti nel mondo immaginale. Le nostre vite psicologiche sono mimetiche dei miti. Come nota Proclo, i fenomeni secondari (le nostre esperienze personali) possono essere ricondotti a un terreno primario primordiale, con il quale entrano in risonanza e a cui appartengono. Il compito della *psicologia archetipica*, e della terapia che ne deriva, è quello di scoprire il modello archetipico delle forme di comportamento. L'ipotesi è sempre che ogni cosa ha un aggancio da qualche parte: tutte le forme di psicopatologia hanno il loro substrato mitico e appartengono ai miti, o in essi hanno la loro dimora. Inoltre, la psicopatologia è essa stessa un mezzo per essere influenzati dal mito o per entrare nel mito.[24]

Dunque il mito come modello: non più *simbolo* ma *emblema*, non più trascendimento ma riconduzione, non più storia ma archeologia. Inaugurazione del più rigido determinismo che neppure il gioco dell'immaginazione riesce a mascherare se è vero che – sono parole di Hillman:

> Non possiamo mai essere certi se siamo noi che immaginiamo loro, oppure loro noi. Tutto ciò che sappiamo è che non possiamo immaginare senza di loro; i miti sono le precondizioni della nostra immaginazione. Se li inventiamo allora lo facciamo con i modelli che essi depositano.[25]

---

[24] J. Hillman, *Photos. La nostalgia del puer æternus*, in AA.VV., *Dopo Jung*, Franco Angeli, Milano 1980, p. 124.
[25] Id., *Re-visioning psychology* (1975); tr. it. *Re-visione della psicologia*, Adelphi, Milano 1983, p. 151.

Con Hillman si dissolve quel delicato equilibrio tra *libertà* e *necessità* che aveva caratterizzato l'antropologia di Jung. L'uomo viene sottratto alla sua dimensione trascendente e progettuale per essere ridotto a superficie di scrittura, dove sono leggibili delle tracce indelebili, quasi un ostacolo all'oblio. Non più *simboli* desituanti, ma *segni* che fanno della psiche una memoria.

Anche se parla un linguaggio apparentemente antitetico, la psicologia archetipica offre un ottimo servizio alla *pre-potenza* della ragione del nostro tempo e ai mezzi con cui essa difende anticipatamente (*pre*) la propria *potenza*. Ogni conflitto che dovesse nascere è infatti già pre-risolto nel linguaggio archetipico che, pre-disponendo le modalità dalla sua formulazione, già pre-contiene la soluzione nei termini attesi.

In assenza del simbolo come *ulteriorità di senso* non esistono più soluzioni che oltrepassano l'ampiezza del problema, perché il senso è immediatamente costretto nei limiti della formulazione archetipica che lo esprime. Al *determinismo biologico* del primo Freud viene qui a sostituirsi un *determinismo psicologico* difficile da verificare, ma non meno cogente nei suoi esiti.

11. Il simbolismo in astrologia. Storia e destino

> "Nel tuo petto sono le stelle del tuo destino", dice Seni a Wallenstein, il che dovrebbe soddisfare ogni astrologo, solo che si sapesse qualcosa dei segreti del cuore. Ma finora se ne è avuta una comprensione limitata, né mi azzardo ad asserire che le cose siano oggi a un punto migliore.
>
> C.G. JUNG, *Gli archetipi dell'inconscio collettivo* (1934), p. 6.

> Sebbene l'interpretazione psicologica dell'oroscopo sia una cosa alquanto insicura, oggi abbiamo tuttavia qualche speranza di una possibile spiegazione causale e quindi di una regolarità naturale. Di conseguenza non ha più alcuna giustificazione definire l'astrologia come un metodo mantico. L'astrologia è in procinto di diventare una scienza.
>
> C.G. JUNG, *La sincronicità come principio di nessi acausali* (1952), p. 546.

1. *Il disincanto del cielo*

Un giorno anche le *stelle* si sono ammalate. Dopo aver vegliato su un mondo inferiore alle aspettative, alcune di loro si sono ritirate diventando stelle oziose, altre invece si sono mescolate troppo nelle vicende umane mettendo definitivamente a rischio la loro natura celeste, altre infine si sono date troppe determinazioni, diventando più rispondenti ai calcoli degli astronomi che agli dèi. Le stelle si sono ammalate.

Anche il *cielo* è malato. Gli antichi credevano nell'incorruttibilità delle sfere celesti, così come credevano nell'incorruttibilità divina. Ma il cannocchiale di Galileo venne a mostrare le imperfezioni della luna che i suoi contemporanei non volevano vedere. Oggi si è giunti a identificare delle malattie galattiche. Nel cosmo è nascosto un tarlo.

Anche la *luce* è malata. Goethe credeva ancora nella sua perfezione, e perciò protestava con Newton che la considerava una mescolanza di sette colori e quindi impura. Poi la luce venne misurata nella sua velocità di trasmissione e si scoprì che è fessurata internamente, essendo insieme corpuscolo e onda. Troppe malattie in un semplice raggio di luce.

Anche il *tempo* è malato. Il tempo assoluto, omogeneo, uniforme s'è rivelato meno maestoso dal momento che è divenuto semplice tempo locale, tempo solidale con lo *spazio*, che a sua volta si è ridotto a semplice coesistenza delle cose, talvolta a realtà regionale con limiti ai confini.

Anche la *vita* è malata con le approssimazioni e le incertezze segnalate dalla biologia contemporanea, per la quale la vita è una semplice tumefazione della materia, un caso trasformato in necessità.

Malato è anche il *lógos* spezzato in lingue regionali, quando dovrebbe portare con sé, come dice il suo nome, l'unità della ragione. Ma se tutte le grandi entità sono malate e se la cultura viene a mostrare le loro malattie come costituzionali, con che occhi possiamo guardare ancora il cielo?[1]

2. *Il simbolo astrologico e il buon presagio*

Le figure celesti ci hanno abbandonato e il mondo ha perso il suo incanto. Ma il disincanto del mondo offre fenditure tragiche guardate da un cielo che non redime, perché reso muto e a sua volta irredento. Forse le figure celesti sono state sempre impietose con gli uomini, ma la venerazione degli uomini le placava.

Gli oroscopi sono il precipitato storico di questa supplica dove un misto di invocazione e di terrore si addolciva nella figura del buon presagio. La primitiva angoscia si smorzava nell'andamento tranquillo della narrazione, dove il lavoro della ragione stemperava le tracce della follia che da sempre abita l'uomo e di cui il buon presagio è la prima parola.

Ora, resi esangui dalla nostra ragione, i rimandi astrologici continuano ad abitare i nostri sogni, le nostre passioni, le nostre angosce, in quegli itinerari incerti e bui della nostra anima, dove ognuno deve vedersela da solo con demoni e dèi, ma di loro abbiamo perso l'origine, il luogo e il nome. In questa condizione non possiamo conoscerli e non possiamo chiamarli. Altre mitologie avanzano e con esse un altro tipo di umanità, rispetto alla quale l'uomo storico, quello che noi conosciamo, sta diventando di giorno in giorno sempre più preistorico. Non c'è rimpianto in tutto questo, solo un invito alla consapevolezza.

All'interno di questa consapevolezza, Jung ha cercato di rin-

---

[1] Le malattie, qui rapidamente accennate, trovano la loro ampia trattazione nel libro del filosofo rumeno C. Noica, *Sase maladii ale spiritului contemporan* (1978); tr. it. *Sei malattie dello spirito contemporaneo*, il Mulino, Bologna 1993.

tracciare il senso del simbolo astrologico in una cultura, la nostra di oggi, governata per intero dalle rigide forme della razionalità, che produce identità, ruoli, linguaggi confezionati da impiegare nei vari circuiti già predisposti della comunicazione. In questo contesto il simbolo astrologico produce una fuga di senso che va molto lontano dal codice, trascinando con sé l'attenzione inquieta di chi, percependolo, è trasportato da questa diversione di senso in tutt'altro ordine di significati, in tutt'altra verità.

Creando un senso adiacente rispetto al senso stabilito, il simbolo astrologico rivela quella potenza creativa che accompagna il mutamento inconsapevole della storia individuale e collettiva. Non si deve chiedere che cosa *significano* i simboli, perché i simboli non significano, i simboli *operano*. Quando, a distanza, ne avvertiamo il senso, i simboli si sono già allontanati e il loro posto è stato occupato dai codici che di volta in volta ordinano il nostro modo di vivere e di parlare. Ma già si preparano altre inconsapute verità, a cui è affidata ogni cadenza inconsueta della nostra vita.

3. Storia e metastoria

La lettura che Jung fa dei simboli astrologici, pur tra mille oscillazioni, è percorsa dall'ipotesi della traducibilità dei nessi *casuali* in nessi *causali*:

> Sebbene non si sappia affatto con precisione su che cosa si basi la validità di un oroscopo di nascita, la possibilità di un rapporto causale tra aspetti planetari e disposizioni psicofisiologiche è diventata un'ipotesi pensabile. Sarà bene quindi intendere i risultati della concezione astrologica non come fenomeni sincronici, ma come effetti che possono essere dovuti a una causa.[2]

Sottratta all'irrazionale, l'astrologia di Jung dischiude quella che Ernesto De Martino chiamerebbe una "meta-storia",[3] dove il senso delle azioni è già descritto e anticipato nel suo buon fine. Questo fa sì che quando nella storia il negativo assale l'esistenza, l'individuo non naufraga nella negatività sopraggiunta, perché sospetta un ordine superiore, un ordine metastorico che l'astrologia descrive e in cui questa negatività viene riassorbita e risolta.

---

[2] C.G. Jung, *Syncronizität als ein Prinzip akausaler Zusammenhänge* (1952); tr. it. *La sincronicità come principio di nessi acausali*, in *Opere*, Boringhieri, Torino 1969-1993, vol. VIII, p. 487.

[3] E. De Martino, *Sud e magia* (1959), Feltrinelli, Milano 1989, pp. 98-108.

In questa prospettiva l'individuo affronta il negativo e le crisi d'esistenza che ogni evento negativo dischiude appoggiandosi a una sorta di "così-come" a cui l'oroscopo accenna. Come nel cielo una determinata serie di connessioni trova il suo esito positivo, così una serie analoga di eventi che sta succedendo a un individuo, in un certo frangente della sua esistenza, troverà la sua soluzione.

Da questo punto di vista, lo scenario astrologico svolge una duplice funzione che consiste nell'inaugurare un *orizzonte rappresentativo stabile* in cui ogni cosa ha già trovato la sua soluzione, e nel *de-storicizzare il divenire storico*, la cui drammaticità insorge quando non c'è più una metastoria, che contiene un senso ulteriore rispetto a quello che l'insorgenza del negativo fa apparire come senso ultimo.

Come orizzonte della crisi, il presagio astrologico *circoscrive* la negatività del negativo evitandole di espandersi; come luogo di de-storicizzazione del divenire la *relativizza*, consentendo di affrontare le prospettive incerte "come se" tutto fosse già deciso sul piano metastorico, secondo i modelli che esso esibisce. In questa saldatura fra *astrologia* e *storia*, e nel rapporto fra *storia* e *metastoria* che ogni lettura astrologica inaugura, è possibile cogliere l'essenza di quel che chiamiamo "oroscopo" e offrire una spiegazione del suo senso nascosto.

L'esistenza, infatti, è sempre esistenza precaria, che non potrebbe reggere senza quelle strutture protettive che l'astrologia, al pari della mitologia, della religione, della magia, della chiromanzia e della stessa ragione, si incaricano di inaugurare e sostenere. Il senso dell'astrologia non è dunque da ricercare tanto negli "archetipi", questi "a priori" dell'esistenza che ne condizionerebbero il decorso, ma nel rapporto tra la precarietà, la contingenza, il disordine in cui ogni singola esistenza si dibatte, e le procedure di ordinamento e di assestamento che ogni comunità storica, per sopravvivere, è sempre stata costretta a inaugurare: o nelle forme eterne del cielo, scrutando il quale si cerca di presagire l'andamento delle cose sulla terra, o nelle forme della ragione, la cui efficacia è comunque nella fiducia che una determinata comunità storica accorda alle sue regole.

Se separiamo l'astrologia dalla determinatezza storica non capiamo nulla dell'astrologia e, inevitabilmente, neanche della storia, caratterizzata dalla precarietà e dalla contingenza, dove è possibile vivere solo se sullo sfondo c'è una fede in una metastoria. Che poi questo sfondo sia ordinato dalle stelle che sono in cielo o dalle regole dell'umana ragione non è importante, perché importante è quel vissuto soggettivo, persuaso che, *seguendo un certo ordine*, il negativo che minaccia di continuo l'esistenza dell'uomo può essere riassorbito e relativizzato. Nella sua relativizzazione c'è per l'uomo la possibilità di non perdersi e di proseguire oltre, cioè di continuare a fare storia.

4. Il linguaggio analogico dell'astrologia

Per accedere a un'ulteriorità di senso, l'astrologia si serve di un linguaggio che sfugge sia allo schema concettuale, che costituisce la violenza prima di ogni commento, sia al rapimento poetico che, anche quando va al di là dell'abuso retorico, non lascia mai alle sue spalle le scansioni determinanti del discorso.

Chiamiamo "linguaggio analogico" questo linguaggio che assomiglia all'insistenza infinita dell'onda sulla spiaggia, al ritorno e alla ripetizione della stessa onda sulla stessa riva, dove però ogni volta tutto il senso si rinnova e si arricchisce, riassumendosi in un'esperienza che, più è indescrivibile nella concettualità occidentale, più esige la nostra attenzione.

È un'attenzione che si rivolge allo spazio dell'interrogazione, dove però a interrogare non siamo noi, ma è il cielo che già ci ha sorpreso nel dialogo dell'interrogazione su di noi e con noi. È uno spazio che nessuno può avere l'ambizione di esplorare dall'esterno o di descrivere come solitamente si descrivono le cose, perché quando a promuovere l'interrogazione è il cielo, la domanda non è ancora abbastanza determinata perché l'ipocrisia di una risposta si sia già introdotta sotto la maschera dell'interrogazione.

Contro la *logica* della de-terminazione dei significati, legittima finché non pretende di porsi come unica, lavora, infatti, quel *modo analogico di pensare* che trasgredisce tutte le determinazioni, perché non c'è cosa che *termini* in un solo significato. Se infatti la luna fosse solo quel che l'astronomia ci dice, che senso avrebbe la domanda di Leopardi: "Che fai tu luna in ciel? Dimmi, che fai, silenziosa luna?".[4]

Per accedere al linguaggio analogico, di cui l'astrologia si nutre, è dunque necessario oltrepassare le procedure logiche della nostra ragione, non per approdare alla follia, che è quel passar di cosa in cosa nel farsi deserto della ragione, ma per accedere a quell'ulteriorità a cui ogni cosa accenna come completamento del suo senso. "Ana-logia" significa infatti "pensare (*légein*) verso l'alto (*ana*)", quindi *oltre-passare* la de-terminazione in cui la logica della ragione blocca, terminandoli, i significati delle cose.

Solo se non spegniamo il senso delle parole nel recinto del loro significato abituale, l'astrologia avrà ancora molto da dire an-

---

[4] G. Leopardi, *Canto notturno di un pastore errante nell'Asia* (1829), in *Canti di Giacomo Leopardi commentati da lui stesso*, Sandron Editore, Napoli 1917.

che nel tempo del disincanto del cielo, non tanto in ordine ai contenuti empirici, ma in ordine a quel modo di *pensare* che è un *passare*, un passare oltre, attraverso l'analogia, in quella regione aperta dove la potenza del simbolo, anche se non viene nominata, come quella del sole, è già in mezzo alle cose.

5. *Il simbolo cosmologico*

Si è soliti leggere nei simboli un destino a cui non ci si può sottrarre. Ma l'evocazione del *destino* chiama in gioco quel suo antagonista che in Occidente si chiama *libero arbitrio*, a cui siamo soliti affidare il senso della nostra storia, sia individuale sia collettiva. Le cose non sono andate subito così. Quando l'uomo era pensato come parte del Tutto, erano il cielo e il movimento delle stelle a raccontare la sua storia. Questa persuasione era comune tanto all'Oriente quanto all'Occidente, ed è bene espressa da un frammento di Eraclito:

> Questo cosmo che, di fronte a noi, è il medesimo per tutti, non lo fece nessuno degli dèi né degli uomini, ma fu sempre, è, e sarà fuoco sempre vivente che divampa secondo misure e si spegne secondo misure.[5]

Da questa visione cosmica non poteva nascere alcun progetto in ordine alla dominazione del mondo, perché come cosmo, il mondo non era creazione di un Dio, né opera dell'uomo, ma in sé perenne, custodito nelle sue misure, era per sé. Considerato il più perfetto esemplare d'ordine e nello stesso tempo la causa di ogni ordine riscontrabile nelle realtà particolari, che soltanto in gradi diversi si avvicinano a quello del Tutto, il cosmo non era pensato solo come un sistema fisico, ma come quell'*ordine necessario* a cui l'uomo, come *parte*, doveva assimilarsi. Nel riconoscimento e nell'accettazione del proprio esser-parte, l'uomo trovava la sua collocazione e il senso della sua esistenza, che era nell'adeguarsi, in quanto parte, all'ordine (*kósmos*) del Tutto.

Si trattava di una totalità che non nasceva dalla somma *quantitativa* delle parti, ma da quella nota *qualitativa* che faceva di quelle parti composte un ordine, un cosmo. Da quell'ordine, che era poi la ragione dell'universo, il suo *lógos*, nasceva quella *pietà cosmica* che non era tanto un sentimento religioso, quanto l'espressione antropologica di quella relazione universale che è la composizione delle parti con il Tutto.

[5] Eraclito, fr. B 30.

Esempio vivente di questa relazione era la *pólis*, la città descritta nella *Repubblica* di Platone, dove la relazione tra i molti e l'Uno, preparata dalla pietà cosmica, trovava la sua espressione politica. Come nel cosmo, infatti, così nella città, le parti non solo dovevano essere dipendenti dal Tutto quanto al loro essere, ma anche mantenere quel Tutto con il loro essere. Come l'ordine del Tutto condizionava l'essere e la possibile perfezione delle parti, così la condotta delle parti condizionava l'essere e la perfezione del Tutto.

Qui la nascente filosofia greca presenta profonde analogie con la sapienza orientale, dove l'ordine storico-politico era pensato in funzione dell'ordine cosmico universale. In questo senso filosofi greci e sapienti orientali erano veramente *cosmo-politici*, perché pensavano l'ordine del cosmo come vero modello per l'ordine della *pólis*.

Platone per edificare la città guardava il Cosmo, Lao-Tzu, per dare ordinamenti agli uomini, guardava il Tao. Cosmo e Tao erano l'espressione di quella "misura" eraclitea che non era scandita dal progetto umano, ma dal calcolo cosmico. Scrive in proposito Platone:

> Anche quel piccolo frammento che tu rappresenti, o uomo meschino, ha sempre il suo intimo rapporto con il cosmo e un orientamento a esso, anche se non sembra che tu ti accorga che ogni vita sorge per il Tutto e per la felice condizione dell'universa armonia. Non per te infatti questa vita si svolge, ma tu piuttosto vieni generato per la vita cosmica.[6]

Dal canto suo Lao-Tzu, come riferisce la tradizione orientale, dice:

> Se principi e re fossero guardiani del Tao, allora tutti gli esseri si sottometterebbero spontaneamente a essi. Cielo e terra si unirebbero per lasciar cadere una benefica rugiada che il popolo riceverebbe spontaneamente in parti uguali senza che nessuno debba prendersene cura. [...] L'ordine della città, infatti, seguirebbe l'ordine del Tao, la cui rete si getta su vaste estensioni, si apre su di esse e, per quanto allentate siano le sue maglie, nulla sfugge a esse.[7]

6. *Il simbolo antropologico*

La distruzione di questo simbolo, in cui è custodito il senso vero e originario dell'astrologia, segna la nascita dell'Occidente,

---

[6] Platone, *Leggi*, Libro X, 903 c.
[7] Lao-Tzu, *Tao Tê Ching. Il libro della via e della virtù*, Adelphi, Milano 1973, §§ XXXVII e LXXIII, pp. 97, 159.

dove non è più l'ordine del cosmo a dettare legge alla città, ma è la città, come comunità dell'umano, a definire di volta in volta il cosmo. All'orizzonte *cosmo-politico* si sostituisce il disegno di una *politica cosmica*, dove il progetto dell'uomo cancella ogni ritmo del cielo, mentre le scansioni della sua storia cancellano quelle "misure" che, al dire di Eraclito, segnavano il "divampare" e lo "spegnersi" dei cicli cosmici.

Qui svanisce ogni possibilità di confronto, perché il progetto occidentale non è una variante del simbolo celeste, ma la sua antitesi. A mutare, infatti, non è solo il misurato, ma la misura, per cui, rispetto all'ordine del cosmo, l'uomo occidentale appare *s-misurato*, cioè fuori misura. Nel Tutto non "rappresenta la sua parte", com'era nell'invito della legge antica, ma al Tutto "impartisce la parti", e così capovolge quella gerarchia aristotelica per la quale l'economia, la politica e l'etica, avendo per oggetto l'uomo, non potevano essere le scienze più alte, perché ciò avrebbe significato pensare l'uomo come l'essere più alto nel Tutto-cosmico. Scrive infatti Aristotele:

> Sarebbe assurdo pensare che la politica o la saggezza siano le forme più alte di conoscenza, a meno di non pensare che l'uomo sia la realtà di maggior valore nel cosmo. [...] Di fatto ci sono realtà di natura ben più divina dell'uomo, come, ad esempio, i corpi celesti di cui è costituito il cosmo.[8]

7. *La norma del cielo e le sorti dell'anima*

Fu così che la lettura del cielo, la sua regola, la sua norma, la sua misura sprofondò nell'inconscio degli uomini e si mescolò nelle trame confuse dell'irrazionale per riemergere come assillo quotidiano circa il senso del tempo e la sorte futura. Ma oggi non siamo più all'altezza dell'antico paesaggio, non ne individuiamo più i contorni, i pieni, i vuoti, i volumi di senso, perché non conosciamo più il cielo che le parole degli antichi descrivevano come una volta che abbraccia il mondo, e tanto meno l'anima universale nel suo dibatters tra il cielo e la terra. Oggi conosciamo solo anime individuali rese asfittiche dall'incapacità di correlare la loro sofferenza quotidiana con il dolore del mondo.

Un volume di senso, quello che gli antichi riferivano alla volta celeste, è stato spazzato via dalle scienze psicologiche che, delimitando il campo alla semplice descrizione dei processi psichici individuali o alla problematica normalizzazione dei compor-

[8] Aristotele, *Etica a Nicomaco*, Libro VI, § 7, 1141 a-b.

tamenti, hanno eluso la domanda di fondo che percorreva l'anima del mondo nel suo dibattersi tra spirito e materia, dove restava indecidibile se l'uomo fosse l'autore di una *storia* con tutto il ventaglio delle sue creazioni, o semplicemente l'esecutore di un *destino* già scritto nello spessore della materia.

A questa domanda, che confusamente si aggira fra i dubbi più segreti di ogni anima, la psicologia e l'astrologia non possono rispondere se non sollevando di molto i loro impianti categoriali, fino a portarli alla densità dell'interrogazione che nella sapienza antica ha trovato lo spazio per dirsi.

Ma per questo è necessario che le macchine psicologiche e i calcoli astrologici mettano in gioco i loro strumenti non più sul terreno della sorte individuale, ma su quello più arduo dell'esistenza, che è capace di storia proprio perché rifiuta l'idea di destino. A meno che il destino, come sembra lasciar intendere Jung con la sua teoria degli archetipi, poi radicalizzata da Hillman, non ci abbia da sempre giocato, e la storia non sia altro che il nostro inganno per vivere. Goethe, in una riflessione del 1811 sulla sua vita, scrisse:

> Venni al mondo a Francoforte sul Meno il 28 agosto 1749, al dodicesimo tocco di mezzogiorno. La costellazione era propizia. Il Sole si trovava nel segno della Vergine; Giove e Venere erano in buon aspetto con il Sole; Mercurio non era sfavorevole, Saturno e Marte neutri; solamente la Luna, piena quel giorno, esercitava la propria forza di riverbero, tanto più potente giacché la sua ora planetaria era iniziata. Si oppose dunque alla mia nascita fino a quando quest'ora non fu trascorsa. Questi buoni aspetti, molto apprezzati in seguito dagli astrologi, rappresenteranno senza dubbio il motivo per il quale sono rimasto in vita. Infatti, per l'inettitudine dell'ostetrica, pensarono che fossi morto venendo al mondo, e fu solo dopo numerosi sforzi che vidi la luce.[9]

Sappiamo che la luce ha parentela con il sole e con le stelle, ma è pur sempre nella storia che dobbiamo nascere, e la storia è piena di inciampi a cominciare dall'inettitudine di un'ostetrica. Che sia per questo che guardiamo le stelle? Se è così evitiamo di guardarle con quello sguardo obliquo che vuol piegare il loro corso alla buona riuscita dei nostri progetti, perché in questo caso avremmo perso la misura e l'innocenza del nostro sguardo, che si muove in uno spazio che non è garantito neppure dall'aristotelico "cielo delle stelle fisse", perché anche questo cielo è tramontato per noi.

---

[9] J.W. Goethe, *Aus meinen Leben. Dichtung und Wahrheit* (1811-1831); tr. it. *Dalla mia vita. Poesia e verità*, Utet, Torino 1957, Libro I, p. 49.

Parte quarta

Psicoanalisi e analisi esistenziale

> Al pari della psicologia accademica, anche la psicoanalisi è diametralmente *opposta* all'analisi esistenziale, perché entrambe oggettivano l'esistenza e ne fanno un quid impersonale a cui impongono il nome di psiche. [...] Sotto questo nome l'"anima" o la "coscienza" si trasformano in un secondo organismo che sussiste accanto o insieme all'organismo corporeo, un organismo psichico o addirittura un apparato psichico. [...] In questo modo si dà una sorta di raddoppiamento dell'organismo, la cui conseguenza è il sorgere di una vana e oziosa contesa intorno al problema se un organismo agisca sull'altro, se entrambi procedano parallelamente l'uno accanto all'altro o, "nel loro fondo", siano identici. Tutti questi sono pseudo-problemi che derivano da una mera *teoria* scientifica. A una considerazione fenomenologica questi problemi si rivelano inesistenti. Al loro posto emerge il problema dell'*intenzionalità* dell'umana esistenza e delle sue modalità di *essere-nel-mondo*.
>
> L. BINSWANGER, *Il caso Ellen West* (1945), pp. 180-181.

12. Il paradigma esistenziale come superamento del dualismo antropologico

> Occorre qui illustrare ed evitare gli errori seducenti in cui sono caduti Cartesio e i suoi successori.
>
> E. HUSSERL, *Meditazioni cartesiane* (1931), p. 6.

1. *Il presupposto dualistico della psicoanalisi e l'ideale esplicativo*

La crisi della psichiatria e i sospetti che avvolgono la psicoanalisi non sono del tutto infondati. Sia l'una che l'altra, infatti, derivano i loro modelli concettuali da quello schema che Cartesio ha introdotto e che la scienza ha fatto proprio quando, per i suoi scopi esplicativi, ha lacerato l'uomo in anima (*res cogitans*) e corpo (*res extensa*), producendo quello che, secondo Binswanger, è "il cancro di ogni psicologia".[1]

Questa divisione così radicale non è qualcosa di originario che si offra all'evidenza fenomenologica, ma è un prodotto della metodologia della scienza la quale, consapevole che il suo potere e la sua efficacia si estendono esclusivamente nell'ordine quantitativo e misurabile della *res extensa*, è costretta a ridurre lo psichico a epifenomeno del fisiologico che in psichiatria Griesinger chiama "apparato cerebrale"[2] e in psicoanalisi Freud chiama "ordine istintuale".[3] Ciò che ne nasce non è una *psicologia* che, direbbe Jaspers, "comprende (*verstehen*)" l'uomo per come si dà,

---

[1] L. Binswanger, *Über die daseinsanalytische Forschungsrichtung in der Psychiatrie* (1946); tr. it. *L'indirizzo antropoanalitico in psichiatria*, in *Il caso Ellen West e altri saggi*, Bompiani, Milano 1973, p. 22.

[2] W. Griesinger, *Lehrbuch der Pathologie und Therapie der Psychischen Krankheiten* (1845), Braunschweig, Stuttgart 1845, p. 9: "Le malattie mentali sono malattie del cervello".

[3] S. Freud, *Jenseits des Lustprinzips* (1920); tr. it. *Al di là del principio di piacere*, in *Opere*, Boringhieri, Torino 1968-1993, vol. IX, p. 200: "L'elemento più importante e più oscuro della ricerca psicologica è costituito dagli istinti dell'organismo".

ma una *psico-fisiologia* che lo "spiega *(erklären)*" come si spiega qualsiasi fenomeno della natura.

Ma per spiegare l'uomo come fenomeno della natura occorre oggettivarlo e considerare la psiche non come un *atto intenzionale*, ma come una *cosa del mondo* da trattare secondo le metodiche oggettivanti che sono proprie delle scienze naturali. Ora se la psicologia oggettiva lo psichico e, come fa la fisiologia con gli organi corporei, lo tratta come *cosa in sé* che non si *trascende in altro*, la psicologia, per allinearsi al modello delle scienze naturali, perde la specificità dell'umano e quindi ciò a cui essa è naturalmente ordinata.

Il primo a rendersi conto che la psicologia deve abbandonare l'ideale esplicativo perseguito nelle scienze naturali fu Jaspers che, nella sua *Psicopatologia generale* del 1913, denunciò il carattere riduttivo di ogni *spiegazione*, la quale, a differenza della *comprensione* che si accosta a ciò che ha da comprendere in modo da scorgere le strutture che emergono dal *suo* versante e non dal versante di chi indaga, riduce ciò che appare a ciò che essa considera le leggi ultime o la realtà ultima dei fenomeni che appaiono. Per questo, precisa Jaspers: "È possibile spiegare qualcosa senza comprenderlo",[4] perché ciò che viene *spiegato* è semplicemente *ridotto* a ciò che è anteriormente supposto.

Così dicendo, Jaspers non nega che la spiegazione comprenda qualcosa, ma siccome il valore della sua comprensione dipende dalla realtà e dalla verità di ciò che è stato supposto, e a cui ciò che appare viene correlato, ricondotto, ridotto, trasformato, i fenomeni spiegati sono "compresi come se *(als ob)*". A questa comprensione "come se" Jaspers riconduce sia le spiegazioni della psichiatria classica che erano possibili solo supponendo il meccanicismo anatomico-fisiologico, sia la psicoanalisi di Freud il cui ordine di spiegazione è comprensibile solo supponendo, alle spalle dei fenomeni, la libido istintuale.

Nel tentativo di costruire una psicologia sul modello delle scienze naturali, perché convinto che solo la metodologia di queste scienze potesse offrire intorno all'uomo un sapere rigoroso analogo a quello raggiunto nell'ordine delle cose, Freud, sorretto da questa *pre-cognizione* che dall'inizio alla fine guiderà la sua analisi psicologica, scrive che:

> Il compito consiste nello scoprire, dietro le proprietà o qualità dell'oggetto d'indagine che immediatamente si offrono alla nostra percezione, qualche altra cosa che sia più indipendente dalla partico-

---

[4] K. Jaspers, *Allgemeine Psychopathologie* (1913-1959); tr. it. *Psicopatologia generale*, Il Pensiero Scientifico, Roma 2000, p. 30.

lare capacità recettiva dei nostri organi di senso e più si avvicini a quella che riteniamo essere la vera realtà delle cose.[5]

Assumendo l'ipotesi congetturata come più reale del fenomeno percepito, Freud mostra chiaramente di attenersi all'*ideale esplicativo* delle scienze naturali, dove la molteplicità fenomenica è ridotta allo schema anticipato come chiave interpretativa per la lettura dei fenomeni. Lo schema poi che lavora acriticamente alle spalle di Freud è la concezione filosofica cartesiana secondo cui la realtà ci è nota solo in due modi: sotto il profilo della *res extensa* e sotto il profilo della *res cogitans*. Sempre nel *Compendio*, si legge:

> Di ciò che chiamiamo la nostra psiche (o vita psichica) ci sono note solo due cose: innanzitutto l'organo fisico e lo scenario in cui quest'ultimo svolge la sua attività, il cervello (o sistema nervoso), e in secondo luogo i nostri atti coscienti, che sono dati immediatamente e che nessuna descrizione potrebbe farci comprendere più da vicino.[6]

Da questi due dati ultimi Freud ricava le *due ipotesi* che sono alla base dell'intera *teoria* psicoanalitica. La prima consiste nell'*assumere* che "la vita psichica è la funzione di un apparato, al quale attribuiamo la proprietà di essere esteso nello spazio e composto di più parti",[7] la seconda consiste nell'*inferire* dalla constatata "lacunosità nella serie degli atti coscienti" che "lo psichico è in sé inconscio".[8]

Ma qui tanto il *giudizio* che c'è una "lacunosità nella serie degli atti coscienti", quanto l'*inferenza* che "lo psichico è in sé inconscio" poggiano sull'accettazione indiscussa del presupposto scientifico secondo il quale *la realtà esiste sempre e soltanto nella forma di una causalità rigorosa e senza lacune*, per cui, se non è dato di constatare questa causalità a livello di coscienza, bisognerà affermarla a livello inconscio.

Da queste premesse risulta evidente che l'inconscio non è una *realtà psichica*, ma è un *prodotto del metodo* con cui Freud ha affrontato questa realtà. Infatti, senza l'accettazione indiscussa dell'ipotesi causale, gli sarebbe stato impossibile "constatare" la lacunosità della vita cosciente e inferire l'esistenza di un altro livello dove poter reperire i supposti nessi privi di lacune.

---

[5] S. Freud, *Abriss der Psychoanalyse* (1938-1940); tr. it. *Compendio di psicoanalisi*, in *Opere*, cit., vol. XI, p. 623.
[6] Ivi, p. 572.
[7] *Ibidem*.
[8] Ivi, p. 585.

Siccome l'inconscio, in quanto inconscio, è per definizione inverificabile, si possono supporre in esso tutti quei "nessi privi di lacune" richiesti dall'ipotesi causale, e questo non tanto per "comprendere" la vita psichica, quanto per "spiegarla" secondo l'ideale esplicativo delle scienze naturali.

Alla base poi della concezione che intende la vita psichica come "la funzione di un apparato" c'è l'accettazione acritica e inconsapevole del dualismo cartesiano tra *res cogitans* e *res extensa* che, distruggendo l'originaria unità dell'uomo, porta a concepire come *entità in sé*, appartenenti a un "apparato psichico" a sua volta chiuso in se stesso, quelle che in realtà sono *modalità di relazione* dell'originario rapporto dell'uomo con il mondo, che già Brentano[9] e dopo di lui diffusamente Husserl[10] avevano indicato come *intenzionalità della coscienza*.

Intesa la coscienza come una *cosa* (*res cogitans*) invece che come un *atto intenzionale*, si comprende come Freud possa trattare le *qualità psichiche* come se fossero *oggetti fisici*, fino a supporre ad esempio che i sentimenti possano essere spostati da una persona all'altra (transfert) come si spostano le cose. In effetti il concetto di *transfert*, così come quello di *proiezione,* ci sono divenuti a tal punto familiari che rischiamo di non vedere neppure le difficoltà teoriche implicite in essi. Come è possibile, infatti, che un'entità psichica, quale ad esempio un mio sentimento ostile, appartenente a uno spazio interiore, soggettivo e privato come è appunto l'"apparato psichico" possa uscire da me e fissarsi su uomini e cose, fino a fondersi con essi, al punto che gli elementi costitutivi della mia psiche vengano percepiti come realtà esteriori?

In un contesto dualistico dove la *res cogitans* non è un'originaria apertura sul mondo, ma un "apparato" chiuso in se stesso, perché costruito sui modelli fisici della *res extensa*, è impossibile spiegare il meccanismo della proiezione se non ricorrendo a quell'elemento inverificabile dell'apparato psichico che è l'inconscio, la cui realtà, ancora una volta, non si impone per la sua evidenza, ma per una richiesta della metodologia adottata.

Ora, siccome non esistono *sentimenti in sé* indipendenti dalle cose sentite o dagli uomini percepiti, i concetti di *proiezione* e di *transfert* o vengono riformulati all'interno dell'originaria apertura della coscienza all'essere, o altrimenti, se si mantiene l'ipotesi dualistica, hanno un significato chiaramente costruito sui modelli concettuali della fisica, per cui, finché mantengono questo legame, non sono concetti *psicologici*.

---

[9] F. Brentano, *Psychologie vom empirischen Standpunkt*, Leipzig 1874.
[10] E. Husserl, *Ideen zu einer reinen Phänomenologie und phänomenologischen Philosophie* (1912-1928); tr. it. *Idee per una fenomenologia pura e per una filosofia fenomenologica*, Einaudi, Torino 1965.

Lo stesso si può dire del concetto di *conversione* o *somatizzazione*, con cui si cerca di spiegare il trasferimento di una malattia psichica agli organi corporei. Anche alle spalle di questo concetto c'è il dualismo cartesiano di anima e corpo che Cartesio, dopo aver separato, ha cercato di unificare con l'ipotesi della ghiandola pineale che ancor oggi per molti versi è ritenuta un'ipotesi probabile.

Ora non si chiede a chi si occupa di scenari psichici di disporre di una competenza filosofica, ma solo di essere consapevole che quando parla di "conversione" o di "somatizzazione" egli considera risolti molti problemi in realtà oscuri, solo perché alle sue spalle funziona una teoria bell'e pronta secondo cui l'uomo ha un corpo e un'anima misteriosamente in rapporto tra loro. Quando la fenomenologia riuscirà a darci una più plausibile definizione dell'uomo, il concetto di "conversione", come quello di "transfert" e di "proiezione" perderanno il loro significato.

2. *La fenomenologia e il superamento del dualismo antropologico*

A questo punto è necessario rivedere la concezione che fa dell'uomo un composto di anima e corpo. Il dualismo antropologico, infatti, non riproduce la modalità con cui l'uomo si è *originariamente* riconosciuto, ma è un *modello concettuale* inaugurato da Platone. Prima di lui, il mondo greco e la tradizione ebraica, le due grandi correnti di pensiero che hanno dato volto all'Occidente, non conoscevano questo dualismo. Il controllo del linguaggio omerico, della tradizione sciamanica, dei poeti lirici da un lato e l'esplorazione semantica dei termini biblici dall'altro ci hanno convinto che, prima di Platone, gli antichi non concepivano l'uomo come *un'anima che ha un corpo*, ma come *un corpo che è in relazione con il mondo*.[11]

Di questa relazione il corpo è espressione, simbolo, manifestazione nel linguaggio, nel riso, nel pianto, nel gesto, nel canto, nella danza, nella sofferenza, dove a esprimersi non è il corpo come parte dell'uomo, ma l'uomo nella sua totalità, che nel corpo vive il suo esser qui e non là, il suo ora e non allora, in una parola: la sua situazione, il "ci (*da*)" del suo "Esser-ci (*Da-sein*)". Come esserci, per esprimerci nel linguaggio dell'esistenzialismo, l'uomo raccoglie nel corpo l'ordine della sua situazione am-

---

[11] Si veda a questo proposito U. Galimberti, *Psichiatria e fenomenologia*, Feltrinelli, Milano 1979, e in particolare il capitolo 1: "Il mondo greco e la follia del corpo", e il capitolo 2: "La religione biblica e la maledizione della carne".

bientale (*Um-welt*) e la possibile estensione della sua convivenza (*Mit-welt*), per cui la relazione fondamentale non è quella che da Platone in poi si è pensato di riconoscere nel misterioso rapporto tra anima e corpo, ma in quella quotidianamente verificabile tra corpo e mondo.

Quando Husserl dice che: "Gli spiriti sono qui dove sono i corpi, nello spazio e nel tempo naturali, ogni volta e fintanto che i corpi sono corpi viventi"[12] invita a un superamento del dualismo antropologico greco che, ribadito dalla scissione cartesiana dell'uomo in *res cogitans* e *res extensa*, si è rivelato fecondo per le discipline matematico-fisiche, ma disastroso per la psicologia che ancora non sa come connettere quelle due realtà, anima e corpo, che l'impostazione dualistica ha separato.

Il nuovo ordine concettuale che Husserl ha ricavato dalle sue pazienti analisi sul mondo della vita (*Lebenswelt*) è quindi fra i modelli antropologici il più antico e originario, se è vero che è reperibile e operante nelle prime espressioni del mondo greco e della tradizione biblica che hanno improntato dei loro sensi e dei loro significati l'intero Occidente.

Ora questa terra della sera (*Abends-land*), questa civiltà al tramonto per una sorta di infedeltà alle sue origini,[13] è orgogliosa di un progresso che, in realtà, è cresciuto sulla lacerazione dell'uomo, sulla sua divisione in anima e corpo, spirito e materia, in stretta osservanza al modello dualistico di origine platonica, a cui forse è da ricondurre il senso ultimo di ogni lamentata alienazione.

3. *La contraddizione fra teoria psicoanalitica e prassi terapeutica*

Se infatti seguiamo da vicino i testi della psichiatria classica e della psicoanalisi freudiana e junghiana è possibile constatare come la *teoria* di queste scienze psicologiche, costruite sul modello dualistico che Platone ha introdotto e Cartesio ha radicalizzato, sia contraddetta dalla loro *prassi* terapeutica che non si ispira al modello "esplicativo" delle scienze naturali, ma a quello "comprensivo" delle scienze umane fenomenologicamente fon-

---

[12] E. Husserl, *Die Krisis der europäischen Wissenschaften und die transzendentale Phänomenologie* (1934-1937, pubblicata nel 1954); tr. it. *La crisi delle scienze europee e la fenomenologia trascendentale*, il Saggiatore, Milano 1972, Appendice XXII, p. 503.
[13] Si veda U. Galimberti, *Il tramonto dell'Occidente nella lettura di Heidegger e Jaspers* (1975-1984), Feltrinelli, Milano 2005.

12. IL SUPERAMENTO DEL DUALISMO ANTROPOLOGICO

date. Lo riconosce lo stesso Freud là dove, parlando dei principi che presiedono la sua teoria psicoanalitica, dice:

> Questi principi non costituiscono la base della scienza sulla quale poggia tutto il resto; solo all'osservazione spetta questa funzione. Essi non sono le fondamenta, ma piuttosto il tetto dell'intera costruzione e si possono sostituire e asportare senza correre il rischio di danneggiarla. È quel che sta accadendo anche alla fisica contemporanea, le cui vedute di fondo relative alla materia, ai centri di forza, all'attrazione e così via, sono poco meno dubbie delle corrispondenti vedute della dottrina psicoanalitica.[14]

Separata la teoria scientifica dalla prassi terapeutica, e trovata nella provvisorietà che accompagna ogni processo e ogni assestamento scientifico la ragione che rende opportuna questa separazione, Freud depone le vesti del *naturalista*, che procede secondo i modelli concettuali desunti dalla fisica e dalla biologia, per assumere quelle del *fenomenologo* che si dispone di fronte alla globalità dell'uomo quale si dà nella sua originaria e immediata presenza.

Nel rapporto terapeutico, infatti, ciò che Freud ha presente non è la *libido* del paziente che, dai suoi riferimenti biografici, viene *trasferita* sull'analista, ma il *modo di essere al mondo* del paziente, che con l'analista *vive*, senza bisogno di trasferire nulla, quell'unica modalità di rapportarsi all'altro che fin da piccolo ha appreso nei suoi precedenti rapporti senza riuscire a modificarla. Per lui il passato non è passato, ma sostanzia il presente, fino a decidere le modalità con cui ogni volta si rapporta al prossimo. Il passato non è reso presente perché il paziente lo *rievoca*, ma perché lo *vive* nella qualità dell'espressione, nel tratto del gesto, nella fisionomia del volto.

Tutto ciò è reso possibile non dalla libido, ma da quell'originario poter-essere-insieme l'uno con l'altro, da quel mutuo e reciproco esser-aperto che, come vedremo, è una delle *modalità trascendentali* della condizione umana che la fenomenologia di Husserl e l'analitica esistenziale di Heidegger hanno scoperto e illustrato.

Il transfert e il controtransfert, che Freud pone al centro del suo metodo terapeutico, non sono allora uno scambio di correnti pensate secondo i modelli concettuali della fisica, ma sono espressione di quella struttura trascendentale dell'umano, per cui ogni esistenza *è* originariamente una co-esistenza (*Mit-dasein*)

---

[14] S. Freud, *Zur Einführung des Narzissmus* (1914); tr. it. *Introduzione al narcisismo*, in *Opere*, cit., vol. VII, p. 447.

che dischiude uno spazio psichico o vissuto (*erlebt*) che è poi il mondo che si ha in comune (*Mit-welt*).

Se questo è vero, il paziente non guarisce perché l'analista gli indica le "causalità inconsce" che hanno determinato le sue manifestazioni morbose. Infatti, che il paziente *sappia* qui è inessenziale, perché decisivo è che *viva* in quel mondo-ambiente (*Umwelt*) che incondizionatamente accetta il suo modo abituale di darsi il tempo (*Zeitigung*), di dispiegare intorno a sé lo spazio (*Raumgebung*), così che in questa verifica dei suoi *a priori esistenziali* possa constatare e, se crede, modificare il suo modo consueto di essere-nel-mondo (*In-der-Welt-sein*).

Ma se questa è la prassi terapeutica non si vede come possa essere dedotta dal fisicalismo e dal biologismo che strutturano l'impianto teorico della psicoanalisi. Per cui delle due l'una: o non c'è connessione fra teoria e prassi, oppure, se si è convinti che la connessione esiste, bisogna chiarire qual è *la posizione epistemologica della psicoanalisi,* in che cosa consiste il suo *deuten,* il suo interpretare, che cosa la rende idonea a un trattamento umano nonostante i suoi principi teorici riducano l'uomo a natura.

La risposta è che la nozione di uomo implicita nella *terapia* psicoanalitica non ha nulla a che fare con la nozione di uomo che la *teoria* psicoanalitica ha ottenuto per derivazione diretta dalle scienze naturali cartesianamente impostate, ma se mai ha a che fare con la costituzione umana quale è deducibile dalla fenomenologia trascendentale di Husserl e dall'analitica heideggeriana dell'esserci (*Dasein*), per cui la *Daseins-analyse è il corretto piano teorico da cui è deducibile il trattamento terapeutico della Psycho-analyse.* Evidentemente una conclusione del genere è comprensibile solo se si abbandona il dualismo cartesiano che, dopo aver diviso l'uomo in *res cogitans* e *res extensa,* è incapace di ricomporlo, e si accede a quella visione fenomenologica per cui l'uomo non è un *ente del mondo*, espressione come tutti gli enti di anonime forze della natura, ma è quell'*essere originariamente aperto alla comprensione del mondo* (*In-der-Welt-sein*), senza di cui è impossibile la nascita dell'esperienza e quindi l'accadere di un senso e di un significato di natura "psicologica".

4. *L'analisi esistenziale fenomenologicamente fondata*

"Si tenga ben fermo che cosa significa essere un uomo."[15] Questo è il compito che Binswanger, amico di Freud e profon-

---

[15] L. Binswanger, *Traum und Existenz* (1930); tr. it. *Sogno ed esistenza*, in *Per un'antropologia fenomenologica*, Feltrinelli, Milano 1970, p. 67.

12. IL SUPERAMENTO DEL DUALISMO ANTROPOLOGICO

do conoscitore di Husserl e di Heidegger, assegna alla psicologia che voglia riscattarsi dal dualismo di anima e corpo introdotto da Platone e che, nella forma della *res cogitans* e della *res extensa*, Cartesio riprese e pose a fondamento di ogni costruzione scientifica.

Il suo punto di partenza è l'esistenza (*Dasein*) nel suo originario essere nel mondo (*In-der-Welt-sein*), senza distinzione tra "sano di mente" e "alienato", perché sia l'uno che l'altro appartengono allo stesso "mondo", anche se l'alienato vi appartiene in un modo diverso, per il differente strutturarsi, nel suo rapporto col mondo, dei modelli percettivi, comprensivi e comportamentali.

Una volta intesa l'alienazione come l'estremo tentativo di un'esistenza di realizzare nonostante tutto se stessa, l'alienato non è più colui che vive "fuori dal mondo", ma colui che, nell'alienazione, ha trovato l'unico modo per lui possibile di essere-nel-mondo.

Evitando di sovraccaricare l'esistenza di una struttura teorica a essa estranea, per lasciare che si imponga all'evidenza così come essa è, ciò che appare non saranno le sue "carenze" o i suoi "eccessi", ma i suoi *modi d'essere* che, là dove l'esistenza non è pre-codificata, non si riveleranno come *dis-funzioni*, ma semplicemente come *funzioni* di una certa strutturazione dell'esistenza, ossia di un certo modo di essere-nel-mondo e di progettare un mondo.

In questo modo si può rinunciare a privilegiare un mondo rispetto a un altro, il mondo del "sano" rispetto al mondo del "malato", e per distinguere nel loro specifico costituirsi i "mondi" delle diverse forme dell'alienazione mentale sarà sufficiente, senza ricorrere ad alcuna visione del mondo precostitutivamente assunta a norma o modello, scoprire le incrinature presenti nelle strutture trascendentali che presiedono la formazione di un mondo. Tali sono le strutture con cui l'esistenza (*Dasein*) si temporalizza (*zeitigt*), si spazializza (*raumgibt*), si mondanizza (*weltlicht*), co-esiste (*Mit-da*).

Le figure dell'analitica esistenziale di Heidegger consentono a Binswanger di esprimere il concetto di *alienazione* mentale non più in rapporto a uno schema metaindividuale, magari di natura biologica come la libido freudiana, né in riferimento a un concetto base di "salute" nosograficamente determinata, se non addirittura moralisticamente o politicamente caratterizzata, ma in base a quell'elemento normativo, comune sia al "sano" sia al "malato", che è il modo propriamente umano di essere-nel-mondo come e-sistenza, come progetto trascendente.

Limitandoci a cogliere senza alcuna pre-cognizione il modo di rivelarsi dell'esistenza, si constata che là dove l'esistenza non assume più le cose nel progetto (*Entwurf*) che la definisce, ma si abbandona alla propria fatticità (*Faktizität*), considerandosi come gettata tra le cose (*Geworfenheit*), allora il mondo della cosa (*Dingswelt*) realizza, negandola, la possibilità in cui si esprime l'umana esistenza.

La vita non scorre più perché la possibilità di trascendere è rimasta ancorata alla presenza costituitasi. Nel rapporto col mondo (*Verweltlichung*) l'esistenza nega se stessa come autentica possibilità di sé (*Selbstseinkönnen*), per cadere in un determinato progetto di mondo in cui si sente deietta (*verfallen*) o, come dice Binswanger:

> In luogo della libertà di far sì che il mondo accada (*Freiheit von Geschehenlassens von Welt*), subentra la *non libertà* di essere dominati da un determinato progetto di mondo.[16]

Da queste premesse si deduce che il malato non *ha* una malattia, ma *è* al mondo in una modalità che l'esistenza conosce come suo limite, quando non riesce a esprimersi come esistenza che si trascende in un pro-getto (*Ent-wurf*), ma solo come esistenza gettata (*Ge-worfen*).

5. *Il capovolgimento metodologico e il recupero della soggettività umana dall'oggettivazione psicoanalitica*

Abbandonato il presupposto naturalistico che considera l'uomo non per quella sua specificità che è la comprensione del mondo, ma per ciò che ha di comune con gli altri enti di natura che sono al mondo senza comprenderlo, la fenomenologia di Husserl e l'analitica esistenziale di Heidegger sono in grado di additare alla psicologia quel *capovolgimento metodologico* che la fa nascere come scienza umana e la riscatta da quel livello psicofisiologico in cui s'erano trattenute sia la psichiatria classica sia la teoria psicoanalitica le quali, accogliendo acriticamente il dualismo cartesiano di anima e corpo e la scissione io e mondo, si sono trovate nell'impossibilità di comprendere le modalità con cui l'io è al mondo e quindi di esprimere l'essenza dello psichico. Per questo Husserl può dire che:

---

[16] Id., *L'indirizzo antropoanalitico in psichiatria*, cit., p. 25.

12. IL SUPERAMENTO DEL DUALISMO ANTROPOLOGICO

La fenomenologia ha quindi anche per la psicologia il significato di un *cambiamento di costituzione*. D'altronde la parte di gran lunga più notevole delle ricerche fenomenologiche appartiene a una psicologia intenzionale pura e a priori (ossia purificata da ogni carattere psicofisico). È questa la stessa psicologia che noi abbiamo ripetutamente indicato, in quanto permette, per il cambiamento dell'atteggiamento naturale in quello trascendentale, una *rivoluzione copernicana*, per cui assume il nuovo senso di una considerazione radicalmente trascendentale del mondo e informa di sé tutte le analisi fenomenologico-psicologiche.[17]

Interpretando la "rivoluzione copernicana" di Husserl, Binswanger osserva che se non si accede al livello trascendentale indicato dal metodo fenomenologico, il dualismo psicofisico e la scissione soggetto-oggetto non consentono alla psicologia di costituirsi perché:

> La psicologia non ha a che fare con un soggetto privo del suo mondo (*weltloses Subjekt*) perché un simile soggetto non sarebbe altro che un oggetto, né tanto meno con la scissione soggetto-oggetto (*Subjekt-Objekt-Spaltung*) perché tale scissione non la si potrebbe intendere se non come avente alla base l'umana esistenza. La psicologia inizia quando comprende l'esistenza umana come originario essere-nel-mondo e considera i determinati modi fondamentali (*bestimmte Grundweisen*) in cui l'esistenza di fatto esiste (*faktisch existiert*).[18]

I rapporti tra psicoanalisi (*Psycho-analyse*) e analisi esistenziale (*Daseins-analyse*) sono stati finora di neutralità reciproca. Quello che in queste pagine proponiamo non è che l'analisi esistenziale esprima una prassi terapeutica, ma che la terapia psicoanalitica riconosca nell'analisi esistenziale fenomenologicamente fondata una possibilità per chiarire il proprio statuto epistemologico e per eliminare quella contraddizione che non consente alla prassi psicoanalitica di riconoscersi nell'impianto teorico che ha ereditato dalle scienze naturali.

E questo perché sia la fenomenologia sia l'esistenzialismo, sia pure tradotti su quel piano che Binswanger chiama "ontico", non sono un metodo terapeutico, ma un tentativo di comprendere la struttura dell'essere umano (*Dasein*) e la sua esperienza (*Daseinserfahrung*) in termini che siano propriamente "umani" e non "na-

---

[17] E. Husserl, *Cartesianische Meditationen* (1931); tr. it. *Meditazioni cartesiane*, Bompiani, Milano 1969, p. 160.
[18] L. Binswanger, *Heraklits Auffassung des Menschen* (1935); tr. it. *La concezione eraclitea dell'uomo*, in *Per un'antropologia fenomenologica*, cit., p. 101.

turalistici", che rivelino cioè come l'uomo struttura il suo modo di essere-nel-mondo, e non come a livello umano si manifestano delle realtà fisiologiche.

Perseguendo questo itinerario, non solo si riscatta la psicologia dalla psicofisiologia, ma si fornisce anche un adeguato fondamento alle tecniche psicoterapeutiche, evitando il rischio tanto frequente dell'oggettivazione dell'uomo, implicito in ogni metodo che si ispira a modelli concettuali di stampo naturalistico.

In questo senso non è paradossale dire che ogni psicoterapeuta è fenomenologo nella misura in cui è buon terapeuta, ma per evitare i pericoli di ogni atteggiamento inconsapevole che, dietro le spalle, senza saperlo, lascia lo spazio alle più disparate teorie, lo si statuisca teoricamente, anche se l'adozione del metodo fenomenologico non concede più alla psicoanalisi di *spiegare la totalità dell'umano*, ma semplicemente di *comprendere qualcosa a livello umano*.

L'adozione del metodo fenomenologico comporta la destituzione dei modelli concettuali offerti dalle scienze naturali, soprattutto per quanto riguarda la loro applicabilità al mondo umano. Insistervi è ingenuo o sospetto. Non si dimentichi, infatti, che l'entusiasmo di Bacone per il nuovo metodo della scienza non era disgiunto dall'intuizione che in qualche modo "sapere è potere".[19]

Se non vogliamo "sospettare" la psicoanalisi, ma vogliamo riconoscerle l'"innocenza", dobbiamo chiederle di sacrificare, *a livello teorico*, l'ideale esplicativo e riduttivo delle scienze naturali, altrimenti assisteremmo a quello spettacolo paradossale della nostra storia, che Husserl denuncia là dove dice che l'uomo, dopo aver ideato le scienze naturali, ha finito con l'intendere se stesso a partire da quell'ideazione, cioè dallo schema che s'era fatto per interpretare la natura.[20]

Se "alienazione" significa allontanamento (*Ent-fremdung*) dell'uomo da sé, forse non c'è alienazione più grande di quella che oggi l'uomo patisce sotto il potere incontrastato della scienza. Sembra infatti che la crisi del nostro tempo, a cui la fenomenologia e l'esistenzialismo tentano di reagire, consista proprio nel pericolo che l'uomo appartenga alla scienza più di quanto la scienza non appartenga all'uomo, e, da metodo escogitato dall'uomo per l'interpretazione della natura, la scienza assurga al livello di

---

[19] F. Bacone, *Instauratio Magna, Pars secunda: Novum Organum* (1620); tr. it. *La grande instaurazione*, Parte seconda: *Nuovo organo*, in *Scritti filosofici*, Utet, Torino 1986, I, 3, p. 552.

[20] E. Husserl, *La crisi delle scienze europee e la fenomenologia trascendentale*, cit., p. 326.

indiscusso a priori esistenziale in grado di decidere il modo umano di vivere e di pensare, e quindi, in un senso profondo e crudamente letterale, che l'uomo "perda la sua mente".

6. *Il recupero del corpo e il mondo della vita*

Per non "perdere la mente" non è necessario ritornare all'antico concetto di "anima" perché, ce lo ricorda Husserl:

> L'anima è il residuo di un'astrazione preliminare del puro corpo. Dopo questa astrazione essa non è, almeno apparentemente, che un elemento integrativo del puro corpo.[21]

Si tratta allora di approfondire quell'immagine dcl corpo che la fenomenologia è in grado di offrire in netta antitesi con l'immagine costruita dalla scienza, dove non ci è dato di incontrare il corpo come noi lo viviamo, ma solo una sua definizione riduttiva e limitata a ciò che è compatibile con le ipotesi e i metodi che la scienza riconosce come suoi. Questa differenza è a più riprese ribadita da Husserl, per il quale "tra i corpi di questa natura trovo il *mio corpo* nella sua peculiarità unica, cioè come l'unico a non essere mero corpo fisico (*Körper*), ma corpo vivente (*Leib*)".[22]

Se *Leib* deriva dall'antico *leiben*, da cui *leben*, cioè *vivere*, non possiamo pensare che il corpo assuma rilevanza psicologica se lo conosciamo cartesianamente come "pura estensione e movimento" e non come quell'*intenzionalità*, dalla scienza mai tematizzata, che ha nel mondo il suo correlato e il suo indispensabile ambiente.

Inteso come un edificio chimico o biologico, il corpo è infatti il risultato che si ottiene, in modo riduttivo, dal pensiero oggettivante che conosce solo gli oggetti che costruisce in base ai metodi di cui dispone; per cui se i metodi sono quelli della scienza chimica o della scienza biologica, il corpo che si otterrà sarà una composizione chimica o una struttura biologica.

Accade però che l'esperienza originaria che noi abbiamo del nostro corpo, il nostro modo di sentirlo e di viverlo non sia né di ordine chimico né di ordine biologico, ma appartenga all'ordine di quell'esperienza per la quale noi sentiamo il nostro corpo come una certa potenza sul mondo e il mondo come il punto d'appoggio del nostro corpo, in quell'implicanza reale per cui ho la

---

[21] Ivi, p. 108.
[22] Ivi, p. 107.

posizione degli oggetti tramite quella del mio corpo e la posizione del mio corpo tramite quella degli oggetti del mondo.

Fare di questa implicanza reale un prodotto della coscienza, che, come unica soggettività, riduce il corpo e il mondo a suoi *oggetti*, significa far passare per originaria una sua rielaborazione astratta, e ipocrita per giunta, perché, senza menzionarlo, sottintende, al suo punto di vista che riduce il mio corpo a oggetto del mondo, il punto di vista del mio corpo, senza il quale un mondo non si disporrebbe intorno a me e nulla comincerebbe a esistere.[23]

L'enunciato di Sartre, "lo psichico è il corpo",[24] a questo punto diventa comprensibile, a condizione però che il corpo non sia inteso platonicamente come una materia inerte a disposizione dell'anima, o come un mero segno fisico di trascendenti significati psichici, ma come ci invita a pensarlo la fenomenologia quando, al *dualismo anima e corpo*, sostituisce quell'*originaria correlazione corpo-mondo*, per cui noi ci *sentiamo* al mondo non come corpi estesi (*Körper*), ma come corpi viventi (*Leib*) che si immettono in quella corrente di desiderio che produce l'azione e fa del corpo non l'*ostacolo* da superare, ma il *veicolo* nel mondo.

Forse l'essenza dell'alienazione è da ricercarsi proprio là dove il corpo non rinvia ma trattiene, dove è vissuto come l'impedimento da superare per essere al mondo, quell'impedimento che ciascuno può diventare a se stesso nel momento in cui si nega come apertura originaria.

---

[23] Per un approfondimento di questa tematica si veda U. Galimberti, *Il corpo* (1983), Feltrinelli, Milano 2003, e in particolare la Parte II: "Fenomenologia del corpo: l'ingenuità".
[24] J.-P. Sartre, *L'être et le néant* (1943); tr. it. *L'essere e il nulla*, il Saggiatore, Milano 1965, p. 429.

13. Binswanger e l'analisi esistenziale fenomenologicamente fondata

> La psicologia non ha a che fare con un soggetto privo del suo mondo perché un simile soggetto non sarebbe altro che un oggetto, né tanto meno con la scissione soggetto-oggetto perché tale scissione non la si potrebbe intendere se non come avente alla base l'umana esistenza. La psicologia inizia quando comprende l'esistenza umana come originario essere-nel-mondo e considera i determinati modi fondamentali in cui l'esistenza di fatto esiste.
>
> L. BINSWANGER, *La concezione eraclitea dell'uomo* (1935), p. 101.

1. *Il problema epistemologico nelle scienze psicologiche*

Nel panorama culturale della prima metà del Novecento l'opera di Ludwig Binswanger rappresenta un interessante incrocio in cui si danno convegno ordini disciplinari che fino allora avevano percorso itinerari separati, regolati da statuti epistemologici fra loro eterogenei. Medicina, psichiatria, psicoanalisi, filosofia e antropologia si trovano a dialogare grazie ai rapporti personali che, nell'arco di cinquant'anni, Binswanger aveva intrecciato con Bleuler, Freud, Jung, Buber, Husserl, Pfänder, Scheler, Heidegger, Ortega y Gasset, ospiti di volta in volta del "Sanatorium Bellevue" che Binswanger diresse dal 1911 al 1956. I risultati di quei frequenti incontri e di quelle intense discussioni trovarono la loro espressione nell'ampia raccolta di saggi[1] che si estende dal 1920 al 1936 in cui si riflette sui presupposti epistemologici con cui psicologia, psichiatria e psicoanalisi andavano costituendo se stesse.

È una riflessione a cui nessuno che si occupi di eventi psichici può sottrarsi, non perché si richieda allo psicologo di occuparsi di problemi filosofici, ma perché lo psicologo non sia inconsapevole delle teorie che operano alle spalle delle sue apparentemente innocenti impostazioni metodologiche. Diciamo "ap-

---

[1] L. Binswanger, *Ausgewählte Vorträge und Aufsätze. Zur phänomenologische Anthropologie* (1947); tr. it. *Per un'antropologia fenomenologica*, Feltrinelli, Milano 1970.

parentemente" perché anche l'atteggiamento scientifico che si vanta di attenersi alla "pura osservazione" si distingue dall'atteggiamento filosofico per il fatto che di solito si rifiuta di rendere conto della propria filosofia e dei presupposti filosofici che sono alla base della sua "pura osservazione".

A dire il vero, gli "scienziati empirici" spesso non sono neppure coscienti del fatto che per principio non possono esistere delle "pure osservazioni empiriche", se con ciò intendiamo dei fatti singoli che siano conoscibili senza alcun presupposto, per pura correlazione, perché ogni osservazione empirica dipende da una pre-cognizione, antecedente a ogni punto di vista scientifico, sulla natura delle cose e delle loro reciproche connessioni. In questo senso, osserva opportunamente Jaspers:

> L'esclusione della filosofia è funesta per la psichiatria perché, a chi non è chiaramente consapevole della filosofia che lavora alle sue spalle, questa si introduce, senza che egli se ne accorga, nel suo pensiero e nel suo linguaggio scientifico, rendendo l'uno e l'altro poco chiari sia scientificamente sia filosoficamente.[2]

Condividendo l'epistemologia jaspersiana, che distingue tra spiegazione scientifica (*erklären*) e comprensione esistenziale (*verstehen*)[3] (della cui importanza metodologica già si era accorto Sartre che, nel 1927-1928, partecipa con Paul Nizan alla traduzione in francese della *Psicopatologia generale* di Jaspers), Binswanger invita a un superamento del dualismo antropologico che, inaugurato da Platone e ribadito dalla scissione cartesiana dell'uomo in *res cogitans* e *res extensa*, è divenuto il modello culturale decisivo per la spartizione diltheyana delle scienze in scienze dello spirito (*Geisteswissenschaften*) e scienze della natura (*Naturwissenschaften*).[4]

La distinzione fu metodologicamente feconda per alcune discipline, tra cui quelle matematiche e fisiche, ma disastrosa per altre, come le scienze psicologiche, che si trovarono a operare tra due entità, *anima* e *corpo* che, secondo il modello concettuale ormai consolidato, sussistevano come due realtà giustapposte o intrecciate l'una con l'altra secondo modalità tutte da verificare.

Una verifica vana, perché non si possono dare risposte vere a premesse che sono richieste dalle esigenze del metodo, ma

---

[2] K. Jaspers, *Allgemeine Psychopathologie* (1913-1959); tr. it. *Psicopatologia generale*, Il Pensiero Scientifico, Roma 2000, p. 818.

[3] Cfr. il capitolo 12, § 1: "Il presupposto dualistico della psicoanalisi e l'ideale esplicativo".

[4] W. Dilthey, *Einleitung in die Geisteswissenschaften* (1883); tr. it. *Introduzione alle scienze dello spirito*, La Nuova Italia, Firenze 1974.

non dalla natura dell'oggetto. E se oggetto delle scienze psicologiche è l'uomo, allora vale il monito di Binswanger: "Si tenga ben fermo che cosa significa esser uomo".[5] In caso diverso la psicologia non può che risolversi in una sorta di "psico-fisiologia", perdendo così la specificità dell'umano a cui è naturalmente ordinata.

L'analisi fenomenologica promossa da Binswanger non parte, per comprendere l'uomo, dal dualismo antropologico di anima e corpo, né da quello metodologico che articola quella scissione tra soggetto e oggetto (*Subjekt-Objekt-Spaltung*) che da Cartesio in poi è stato il cardine di ogni costruzione scientifica, ma dall'analitica esistenziale di Heidegger, a proposito della quale Binswanger scrive:

> Con la dottrina heideggeriana dell'essere-nel-mondo (*In-der-Welt-sein*) come trascendenza è stato eliminato il cancro che minava alla base tutte le precedenti psicologie e si è finalmente aperta la strada all'antropologia. Il cancro è rappresentato dalla dottrina della *scissione del "mondo" in soggetto e oggetto*. In forza di questa dottrina l'esistenza umana è stata ridotta a mero soggetto privo del suo mondo. È un "soggetto" nel quale hanno luogo tutti i possibili processi, eventi, funzioni, che ha tutte le possibili caratteristiche e compie tutti i possibili atti, senza che nessuno sia in grado di dire, salvo supporlo attraverso mere "costruzioni" teoriche, come possa incontrarsi con un "oggetto" e cominciare a intendersi con altri soggetti. Essere-nel-mondo significa sempre, per dirla in breve, essere nel mondo con i miei simili, essere con le altre esistenze (*Mitdaseiende*). Heidegger, postulando l'essere-nel-mondo come trascendenza, non soltanto ha superato la scissione tra soggetto e oggetto della conoscenza, non soltanto ha colmato lo *hiatus* tra Io e mondo, ma ha anche illuminato la struttura del soggetto come trascendenza, ha aperto un nuovo orizzonte di comprensione e ha dato impulso nuovo all'indagine scientifica sull'essere dell'uomo in genere e sui particolari suoi modi di essere. È dunque chiaro – e ciò mi preme particolarmente sottolineare – che in luogo della scissione dell'essere in soggetto (uomo, persona) e oggetto (cosa, ambiente) subentra qui, garantita dalla trascendenza, *l'unità tra presenza e mondo*.[6]

---

[5] L. Binswanger, *Traum und Existenz* (1930); tr. it. *Sogno ed esistenza*, in *Per un'antropologia fenomenologica*, cit., p. 67.
[6] Id., *Über die daseinsanalytische Forschungsrichtung in der Psychiatrie* (1946); tr. it. *L'indirizzo antropoanalitico in psichiatria*, in *Il caso Ellen West e altri saggi*, Bompiani, Milano 1973, pp. 22-23.

2. Il problema della norma e il superamento della distinzione tra "sano" e "malato"

Partendo dall'essere-nel-mondo, invece che dal dualismo soggetto-oggetto, l'analisi esistenziale di Binswanger, grazie a questa nuova impostazione metodologica, raggiunge due obiettivi che una psicologia che voglia porsi come scienza "propriamente umana" non può assolutamente mancare.

Essi sono, in primo luogo, la possibilità di comprendere tanto l'"alienato" di mente quanto la persona "sana" come *appartenenti allo stesso "mondo"*, quantunque l'alienato vi appartenga con una struttura di modelli percettivi e comportamentali differenti. In questo modo l'alienato non è più colui che vive "fuori del mondo", ma colui che nell'alienazione ha trovato l'unico modo per lui possibile di essere-nel-mondo, essendo l'alienazione null'altro che l'estremo tentativo di un uomo di diventare, nonostante tutto, se stesso.

In secondo luogo, la psicologia così impostata non ha più a che fare con una concezione astratta dell'uomo, come ad esempio l'*homo natura* della teoria psicoanalitica,[7] ma con l'uomo salvato e garantito nella sua umanità di fronte a qualsiasi concettualizzazione scientifica riduttiva. L'analisi esistenziale fenomenologicamente fondata, infatti, non "comprende" in base a *spiegazioni* che riducono ciò che appare ai modelli concettuali anticipati, ma in base alla *descrizione* dei modi in cui si rivela l'esistenza umana (*Dasein*) nella sua inscindibile globalità e nei suoi aspetti costitutivi.

Una volta rifiutato il criterio normativo della psichiatria, che distingue la salute dalla malattia mentale in base a un sistema teorico anticipato, viene da chiedersi come può l'analisi esistenziale, che in tutte le manifestazioni sane o alienate vede altrettante possibilità propriamente umane, darsi un criterio normativo?

Per risolvere questo problema Binswanger si rifà al concetto heideggeriano di "comprensione (*verstehen*)" in base al quale, nell'incontro con le cose del mondo, l'esistenza ha una sua specifica modalità comprensiva (*Umsicht*) che si rivela nel modo di rendere significanti le cose stesse. La "significatività (*Bedeutsamkeit*)" che le cose assumono, in quanto investite dal progetto dell'esistenza, a parere di Heidegger mette allo scoperto da un lato "la struttura del mondo in cui l'Esserci come tale già

---

[7] Alla concezione psicoanalitica dell'uomo come *homo natura*, L. Binswanger ha dedicato il saggio: *Freuds Auffasung der Menschen im Lichte der Anthropologie* (1936); tr. it. *La concezione dell'uomo in Freud alla luce dell'antropologia*, in *Per un'antropologia fenomenologica*, cit.

da sempre è",[8] e dall'altro la progettualità dell'esistenza, che in tal modo diventa comprensibile nella sua essenza perché "della comprensione fa parte, in linea essenziale, il modo d'essere dell'Esserci in quanto poter-essere".[9] Il luogo privilegiato di questa comprensione è il linguaggio.

Del linguaggio, come è noto, si occupano anche la psichiatria e la psicoanalisi. La prima per verificarlo nella sua *funzionalità* onde scoprire eventuali disturbi della parola o del pensiero, la seconda per analizzarlo per quanto di *biografico* esso contiene o per quanto di *simbolico* offre all'interpretazione.

L'analisi esistenziale, invece, *lascia essere il linguaggio per ciò che dice*, onde potervi scorgere, nel modo di "significare (*bedeuten*)" il mondo, il progetto con cui l'esistenza al mondo si rapporta. In questo modo l'analisi esistenziale non "interpreta" l'uomo e neppure "spiega" le modalità del suo essere e le sue manifestazioni quotidiane, siano esse annoverate tra le "normali" o le "psicopatiche", attraverso la loro misurazione sulla base di una teoria estrinseca all'individuo che accosta. Non ricorre, cioè, a una *normativa meta-individuale*, ma cerca la norma, cioè il *criterio di comprensione* dell'esistenza nell'esistenza stessa, che nel suo modo di vedere (*Umsicht*) e di indicare il significato (*bedeuten*) delle cose, *offre da sé la chiave interpretativa del proprio modo di essere-nel-mondo*.

Se si evita di ricondurre le manifestazioni dell'esistenza a un apparato interpretativo a essa estraneo, come quello di natura organicista tipico della psichiatria classica, o di natura biologica come lascia intendere la nozione freudiana di "libido", se si evita di far riferimento a un concetto base di "salute" nosologicamente determinato, se non addirittura moralisticamente o politicamente caratterizzato, allora si concede all'esistenza di imporsi all'evidenza come essa è, e di descriversi nelle modalità che il suo linguaggio fedelmente lascia intendere.

Là dove l'esistenza non è pre-codificata da ipotesi interpretative anticipate ma è lasciata manifestarsi così come essa è, quelle che solitamente vengono rubricate come sue "carenze" o suoi "eccessi", non appariranno come *dis-funzioni*, ma semplicemente come *differenti funzioni* con cui l'esistenza struttura se stessa, come diverse modalità di essere-nel-mondo e di progettare, nonostante tutto, un mondo.

---

[8] M. Heidegger, *Sein und Zeit* (1927); tr. it. *Essere e tempo*, Utet, Torino 1978, § 18, p. 165.
[9] Ivi, § 31, p. 237.

3. Gli a priori esistenziali e la mediazione di Heidegger

L'essere-nel-mondo è ordinato da quegli *a priori esistenziali* che Heidegger ha segnalato in *Essere e tempo*, e precisamente in quelle pagine dove dice che ogni progetto nel mondo (*Ent-wurf*) è in relazione al proprio essere-gettato-nel-mondo (*Ge-worfenheit*), ogni oltrepassamento (*Über-steigung*) presuppone una fatticità (*Faktizität*) in cui e da cui trascendere, ogni esistenza è legata al suo esserci (*Dasein*) e quindi a una situazione (*Situation*) da cui e in cui esprimersi.[10]

Ora, prosegue Binswanger, quando l'essere gettato nel mondo ha il sopravvento sul progetto nel mondo, quando la fatticità domina la trascendenza, abbiamo una rottura nel modo d'essere dell'esistenza che, invece di esprimersi nella possibilità "propriamente sua" e perciò "autentica (*eigen-tlich*)", resta ferma a una realtà costituitasi in una solidità intrascendibile. Affidandovisi, nell'incapacità di trascendere, l'esistenza rassegna il suo poter essere se stessa (*Selbstseinkönnen*) a una possibilità già data, a una possibilità *inautentica*, perché non *sua*, ma semplicemente *fatta sua*. È la vittoria della *Geworfenheit* sull'*Entwurf*, dell'essere-gettato sul pro-getto. È la deiezione (*Verfallenheit*) o caduta delle possibilità dell'esistenza nella ripetizione di possibilità già date. Allora le cose da invitanti diventano incombenti, da allettanti angoscianti, perché, scrive Binswanger:

> In luogo di "padroneggiare" la situazione e di abbracciarla in tutte le sue relazioni di senso e di risolversi in conseguenza, la situazione si fa qui opprimente e sottrae all'esistenza il suo autodominio.[11]

> In luogo della libertà di far sì che il mondo accada (*Freiheit von Geschehenlassen von Welt*) subentra la non libertà dell'essere dominati da un determinato progetto di mondo.[12]

Eppure tutto ciò non basta, perché, scrive Binswanger:

> L'indagine fenomenologica e analitico-esistenziale in psichiatria non può ritenersi affatto conclusa con la sola descrizione degli aspetti caratteristici dei "mondi" dei malati mentali e della "struttura antropologica" delle "forme d'esistenza" contemplate dalla psichiatria. Bisogna invece, oltre a ciò, *esaminare* la peculiarità di questi mon-

---

[10] Ivi, § 31, pp. 236-243.
[11] L. Binswanger, *Der Fall Ellen West. Eine anthropologische-klinische Studie* (1945); tr. it. *Il caso Ellen West*, in *Il caso Ellen West e altri saggi*, cit., p. 99.
[12] Id., *L'indirizzo antropoanalitico in psichiatria*, cit., p. 25.

di nel loro costituirsi, in altre parole, *studiarne i momenti strutturali costitutivi e chiarirne le reciproche differenze costitutive*.[13]

Qui non è il luogo di seguire Binswanger nell'analisi fenomenologica delle varie strutture trascendentali dell'esistenza, che sono poi le strutture indicate da Husserl e da Heidegger, a cui ho dedicato un'ampia trattazione nella terza parte di *Psichiatria e fenomenologia*.[14] Qui si vuol solo precisare che queste strutture a priori esistenziali non sono delle caratteristiche dell'esistenza intese come suo *avere*, ma sono le modalità costitutive del suo *essere*, ciascuna delle quali manifesta l'intera esistenza in un particolare aspetto.

Ne consegue che gli alienati non *hanno* la schizofrenia, la mania o la malinconia, ma *sono* degli schizofrenici, dei maniaci o dei malinconici, perché la malattia mentale non appartiene alla sfera dell'*avere*, ma a quella dell'*essere*, e precisamente al modo di essere-nel-mondo. Di qui il *capovolgimento metodologico* che la fenomenologia di Husserl e l'analitica esistenziale di Heidegger segnalano alla psicologia. Scrive in proposito Husserl:

> La fenomenologia ha quindi anche per la psicologia il significato di un cambiamento di costituzione. D'altronde la parte di gran lunga più notevole delle ricerche fenomenologiche appartiene a una psicologia intenzionale pura e a priori (ossia purificata da ogni carattere psicofisico). È questa la stessa psicologia che noi abbiamo ripetutamente indicato, in quanto permette, per il cambiamento dell'atteggiamento naturale in quello trascendentale, una rivoluzione copernicana, per cui assume il nuovo senso di una considerazione radicalmente trascendentale del mondo e informa di sé tutte le analisi fenomenologico-psicologiche.[15]

E Heidegger dal canto suo:

> Lo stesso dicasi della *psicologia* le cui tendenze antropologiche sono innegabili. La mancanza di "fondamento" ontologico non può esser surrogata dall'inserimento dell'antropologia e della psicologia in una *biologia* generale. [...] Viene così posto l'accento su ciò che Husserl vuole significare quando afferma che la persona non è una cosa, una sostanza, un oggetto, per cui l'unità della persona esige una

---

[13] Id., *Melancholie und Manie. Phänomenologische Studien* (1960); tr. it. *Melanconia e mania. Studi fenomenologici*, Boringhieri, Torino 1971, pp. 20-21.

[14] U. Galimberti, *Psichiatria e fenomenologia*, Feltrinelli, Milano 1979, Parte III: "Fenomenologia dell'alienazione".

[15] E. Husserl, *Cartesianische Meditationen* (1931); tr. it. *Meditazioni cartesiane*, Bompiani, Milano 1969, p. 160.

costituzione essenzialmente diversa da quella caratteristica delle cose naturali.[16]

In questo modo, sia Husserl sia Heidegger, propongono nell'analisi dell'esistenza, una forma di comprensione propriamente umana, che non si misura più sull'oggettivismo delle scienze naturali che partono dalla scissione io e mondo, perché da quella scissione la fenomenologia ha mostrato che è impossibile comprendere le modalità con cui l'io è al mondo. D'altra parte, come ci ricorda Binswanger:

> La psicologia non ha a che fare con un soggetto privo del suo mondo (*weltloses Subjekt*) perché un simile soggetto non sarebbe altro che un oggetto, né tanto meno con la scissione soggetto-oggetto (*Subjekt-Objekt-Spaltung*) perché tale scissione non la si potrebbe intendere se non come avente alla base l'umana esistenza. La psicologia inizia quando comprende l'esistenza umana come originario essere-nel-mondo e considera i determinati modi fondamentali (*bestimmte Grundweisen*) in cui l'esistenza di fatto esiste (*faktisch existiert*).[17]

4. *La produzione di significato e la mediazione di Sartre*

Individuato il piano propriamente umano su cui condurre un'analisi psicologica, Binswanger declina in senso *ontico* l'analitica esistenziale di Heidegger che, come studio dell'essere e non dell'uomo, si trattiene sul piano *ontologico*, dove è possibile parlare dell'esistenza e non di questa o quest'altra esistenza. Scrive in proposito Binswanger:

> Il discorso sull'essere-nel-mondo ha in Heidegger il carattere di una tesi *ontologica*, cioè di un enunciato su di un rapporto modale (*Wesenverhalt*) determinante l'esistenza in generale. Dalla scoperta e dalla definizione di questo rapporto modale di base l'analisi esistenziale ha tratto le sue sollecitazioni decisive, il suo fondamento e la sua giustificazione filosofica, nonché le sue direttive metodologiche. Tuttavia l'analisi esistenziale di per sé non è un'ontologia né una filosofia, essa pertanto non deve essere in alcun modo definita un'antropologia filosofica, l'unica definizione appropriata è quella di *antropologia fenomenologica*. L'analisi esistenziale non formula tesi ontologiche circa un rapporto modale che determini l'esistenza, ma soltanto degli enunciati *ontici*. Enunciati, cioè, su constatazioni fat-

---

[16] M. Heidegger, *Essere e tempo*, cit., § 10, pp. 114-116.
[17] L. Binswanger, *Heraklits Auffassung des Menschen* (1935); tr. it. *La concezione eraclitea dell'uomo*, in *Per un'antropologia fenomenologica*, cit., p. 101.

tuali circa le forme e le configurazioni (*Gestalten*) dell'esistenza, quali si presentano nella loro fatticità.[18]

Per effetto di questa declinazione ontica degli a priori esistenziali, Binswanger si allontana da Heidegger per avvicinarsi a Sartre, per il quale non si dà una struttura generale dell'essere umano, quale ad esempio la "cura (*Sorge*)" heideggeriana che definisce e costituisce l'essere come tale. Per Sartre ogni essere umano costruisce il *significato del suo mondo* di cui è responsabile. Infatti, scrive Sartre:

> Noi scegliamo il mondo non nella sua ossatura, ma nel suo significato. [...] Questa scelta originaria del mondo crea tutti i motivi e tutti i moventi che possono condurci a delle azioni parziali, e dispone il mondo con i suoi significati, i suoi complessi-utensili e il suo coefficiente di avversità.[19]

Partendo da queste premesse, per Sartre non si può cambiare un proprio comportamento parziale se non cambiando il proprio modo di essere-nel-mondo, ossia quella originaria scelta di mondo che ogni individuo ha fatto e in cui si identifica. Nel famoso esempio dell'escursione in montagna con gli amici, Sartre, dopo aver desistito dall'impresa, afferma:

> Non c'è dubbio che io avrei potuto fare diversamente, ma non è questo il problema. Bisognerebbe piuttosto formulare il problema in questo modo: potevo io fare diversamente senza modificare sensibilmente la totalità organica dei progetti che io sono? [...] In altre parole: avrei potuto fare diversamente, senz'altro, ma a quale prezzo? Al prezzo di una *trasformazione radicale del mio essere-nel-mondo*.[20]

Ora l'*a priori esistenziale* di Binswanger, che sta alla base dei vari comportamenti di un individuo, riproduce esattamente il *progetto originario* di Sartre, un progetto che lo costringe a fermarsi perché, proseguire, dice Sartre: "Implicherebbe una conversione radicale del mio essere-nel-mondo, una brusca metamorfosi del mio progetto originario, un'altra scelta di me stesso e dei miei fini".[21] Tutto ciò non ha niente a che fare con il progetto heideggeriano, per il quale il significato dell'esperienza, degli oggetti, dell'ente non dipende da *colui che conferisce signifi-*

---

[18] Id., *L'indirizzo antropoanalitico in psichiatria*, cit., p. 20.
[19] J.-P. Sartre, *L'être et le néant* (1943); tr. it. *L'essere e il nulla*, il Saggiatore, Milano 1965, pp. 561-563.
[20] Ivi, p. 562.
[21] *Ibidem*.

cato, ma dall'*essere* che, come presenza originaria, è offerta di significati.

Il progetto sartriano è dunque il rovescio di quello heideggeriano, e ciò in conseguenza del fatto che per Sartre l'essere è quell'*in sé* di cui nulla si può dire o sperimentare, mentre l'ente è ciò che viene costituito dall'umano *per sé* per appropriazione. In una parola il progetto sartriano non sottintende l'heideggeriana differenza ontologica che coglie tra essere ed ente un rapporto di identità e differenza,[22] ma si fonda sulla radicale differenza dell'essere dall'ente, l'uno impenetrabile nel suo significato, l'altro reso significante dal progetto umano.

Ora Binswanger, quando descrive la funzione costitutiva dell'esistenza e parla delle "direzioni di significato esistenzialmente unitarie (*existentiell einheitlichen Bedeutungsrichtungen*)"[23] o dell'"aprioristica struttura dell'esistenza che rende possibili tutti i fenomeni (*apriorische Daseinsstruktur die alle Phänomene ermöglicht*)",[24] si avvicina a quella "psicoanalisi esistenziale" che Sartre espone nell'ultima parte de *L'essere e il nulla*, dove si legge:

> Ciò che esigiamo – e che non si tenta mai di darci – è un *vero* irriducibile, cioè un irriducibile la cui irriducibilità sarebbe *evidente* per noi, e non presentata come il postulato dello psicologo o il risultato del suo rifiuto o della sua incapacità di spingersi più lontano, ma qualcosa la cui constatazione si accompagna in noi a un sentimento di soddisfazione. Questa esigenza in noi non proviene da quell'incessante inseguimento della causa, da quella regressione all'infinito che sovente si è descritta come costitutiva della ricerca razionale e che di conseguenza non sarebbe specifica dell'inchiesta psicologica, ma si troverebbe in tutte le discipline e in tutti i problemi. Non è la ricerca infantile di un "poiché" che non darebbe luogo ad alcun "perché?". È invece una ricerca basata su di una *comprensione pre-ontologica* della realtà umana e sul rifiuto connesso di considerare l'uomo come analizzabile e come riducibile a dati primitivi, a desideri (o "tendenze") determinati, sopportati dal soggetto come delle proprietà da un oggetto. [...] Questa unità, che è l'essere dell'uomo, è *libera unificazione*. E l'unificazione non può venir *dopo* una diversità che essa unifica.[25]

Ora se l'a priori esistenziale di Binswanger è la fonte del si-

---

[22] M. Heidegger, *Identität und Differenz* (1957); tr. it. *Identità e differenza*, Parte I: "Il principio d'identità", in "Teoresi", 1966, pp. 8-22; Parte II: "La concezione onto-teo-logica della metafisica", in "Teoresi", 1967, pp. 215-235.
[23] L. Binswanger, *Lebensfunktion und innere Lebensgeschichte* (1928); tr. it. *Funzioni di vita e storia della vita interiore*, in *Per un'antropologia fenomenologica*, cit., p. 54.
[24] Id., *Schizophrenie*, Nescke, Pfullingen 1957, p. 646.
[25] J.-P. Sartre, *L'essere e il nulla*, cit., pp. 673-674.

gnificato che le cose assumono per l'individuo e, lungi dall'essere il primo anello di una catena causale, è l'unità trascendentale del mondo dell'individuo che non viene dopo la diversità che essa unifica, l'analisi esistenziale di Binswanger riproduce la "psicoanalisi" di Sartre che, a differenza di quella di Freud che ha individuato nelle pulsioni il suo irriducibile, lascia che esso si annunci in un'intuizione evidente. Allora, prosegue Sartre:

> I risultati così raggiunti, cioè i fini ultimi dell'individuo, potranno essere oggetto di una classificazione, ed è appunto sul confronto di questi risultati che potremo stabilire delle considerazioni generali sulla realtà umana in quanto scelta empirica dei propri fini. I comportamenti studiati da questa psicoanalisi non saranno solamente i sogni, gli atti mancati, le ossessioni e le nevrosi, ma anche e soprattutto i pensieri di quando si è svegli, gli atti riusciti e adatti, lo stile, eccetera. Questa psicoanalisi non ha ancora trovato il suo Freud.[26]

Forse il Freud atteso da Sartre è Binswanger, se è vero che la sua analisi esistenziale non cerca *cause*, ma piuttosto ciò che nell'individuo *rende possibile* che queste cause agiscano nel modo che la psicoanalisi freudiana ha accertato che agiscono. Si tratta allora di trovare l'*a priori esistenziale* che dischiude una certa visione del mondo, all'interno della quale e per la quale le cose acquistano un certo significato.

5. *Psicoanalisi e analisi esistenziale*

I rapporti tra psicoanalisi (*Psycho-analyse*) e analisi esistenziale (*Daseins-analyse*) sono stati finora di neutralità reciproca. Le relazioni di amicizia che legavano Binswanger a Freud e la profonda ammirazione di Binswanger per Husserl e Heidegger non favorirono una chiarificazione in questo senso. In una lettera del 7 ottobre 1926 Binswanger scrive a Freud:

> Spero che non se ne abbia a male se io, in alcune questioni di primaria importanza, sono giunto a intuizioni che si scostano dalla scuola psicoanalitica, dopo che lei nel suo libro sull'angoscia ha nuovamente dimostrato come inesorabilmente abbandoni i suoi figli spirituali se essi non si accordano più con le sue intuizioni progressive. Queste mie vedute divergenti non riguardano la terapia come tale.[27]

---

[26] Ivi, p. 690.
[27] L. Binswanger, *Erinnerungen an Sigmund Freud* (1956); tr. it. *Ricordi di Sigmund Freud*, Astrolabio, Roma 1971, p. 78.

Nelle pagine precedenti[28] abbiamo segnalato, a proposito della psicoanalisi, una sconnessione tra *impianto teorico* da un lato e *prassi terapeutica* dall'altro, nel senso che la teoria psicoanalitica risponde all'*ideale esplicativo* che riduce le manifestazioni propriamente umane a epifenomeni di una realtà biologica indagabile con i metodi delle scienze naturali, mentre la prassi terapeutica dipende da quell'*ideale di comprensione* del modo propriamente umano di essere-nel-mondo a cui prima la psicopatologia di Jaspers e poi l'analisi esistenziale di Binswanger hanno dato un'adeguata espressione teorica.

A questo punto viene spontaneo chiedersi se non sia conveniente che la psicoanalisi abbandoni il suo impianto teorico, costruito sul modello delle scienze naturali, per sostituirlo con un'analisi fenomenologica, più idonea alla comprensione dell'umano e, di fatto, già operante in sede terapeutica. In altri termini, come già abbiamo ricordato, qui non proponiamo che l'analisi esistenziale esprima una prassi terapeutica, ma che la terapia psicoanalitica riconosca nell'analisi esistenziale fenomenologicamente fondata una possibilità per chiarire il proprio statuto epistemologico e per eliminare quella contraddizione che non consente alla prassi psicoanalitica di riconoscersi nell'impianto teorico che ha ereditato dalle scienze naturali. Questa possibilità è stata intravista da Franco Fornari che in proposito scrive: "Il metodo fenomenologico non si contrappone alla psicoanalisi, ma piuttosto sembra auspicabile per la sua fondazione come scienza rigorosa".[29]

Dal canto suo Medard Boss afferma:

> L'analitica esistenziale non può offrire allo psicoanalista pratico quasi nessun concetto, termine o espressione, bensì *soltanto* una maniera di atteggiarsi e di comportarsi di fronte ai pazienti e al processo curativo, una maniera molto riservata e perciò tanto più fondata e consapevole.[30]

Rispetto a Boss, Danilo Cargnello si spinge oltre e dice:

> La psicoanalisi è soprattutto un metodo di psicoterapia e ha dunque per scopo fondamentale la "salute" dei pazienti, mentre l'analisi esistenziale ha precipuamente lo scopo di approfondire l'essenza fenomenologica e antropologica dei sintomi, delle sindromi e dei quadri

---

[28] Cfr. il capitolo 12, § 3: "La contraddizione fra teoria psicoanalitica e prassi terapeutica".
[29] F. Fornari, *La vita affettiva originaria del bambino*, Feltrinelli, Milano 1971, p. 86.
[30] M. Boss, *Psychoanalyse und Daseinsanalytik* (1957); tr. it. *Psicoanalisi e analitica esistenziale*, Astrolabio-Ubaldini, Roma 1973, p. 86.

della psicopatologia e della clinica psichiatrica, senza per questo precludersi eventuali sviluppi verso una metodologia terapeutica che la sua stessa apertura verso l'"umano" sembrerebbe additare.[31]

Anche se la fenomenologia e l'esistenzialismo non sono ancora approdati a una clinica, in compenso offrono la possibilità di comprendere la struttura dell'essere umano e la sua esperienza in termini che siano propriamente "umani" e non "naturalistici". In questo modo rivelano come l'uomo struttura il suo modo di essere-nel-mondo, senza limitarsi, come la psicoanalisi, a rilevare come a livello umano si manifestano delle realtà fisiologiche.

6. *L'onnipotenza della spiegazione scientifica e l'impotenza della comprensione fenomenologica*

A questo punto tornano utili le figure heideggeriane dell'onnipotenza (*Almacht*) e dell'impotenza (*Ohnmacht*). Si tratta infatti di verificare se è più terapeutica l'onnipotenza della spiegazione scientifica, che riduce le manifestazioni linguistico-gestuali del paziente all'impianto teorico che presuppone, o l'impotenza della comprensione fenomenologica che le lascia essere (*frei-lassen*) per quello che sono, cioè possibilità umane di essere-nel-mondo.

Con l'onnipotenza il terapeuta può trovare la conferma delle sue teorie, con l'impotenza può concedere al suo interlocutore, forse per la prima volta, uno spazio per esprimersi, un luogo in cui liberare le sue possibilità. Solo così l'interlocutore agisce e non viene agito, può lasciar essere un mondo e non essere incatenato a un mondo, che non è quello che, sia pure in modo fallimentare, ha cercato di comprendere. In questo senso Jacob Needleman può dire che "la fenomenologia è l'arte di lasciar essere i fenomeni e può essere chiamata a giusto titolo la 'salute' della spiegazione, la garanzia della sua libertà".[32]

Se però la fenomenologia rimane pura *prassi terapeutica* e non diventa statuto teorico, se ci si limita ad *agire* fenomenologicamente, ma si evita di *pensare* fenomenologicamente, cioè di comprendere le modalità umane (e non biologiche) di essere-nel-mondo, che sono poi quelle strutture trascendentali con cui l'uomo dischiude quel *tempo* e quello *spazio*, non geometrici ma vis-

---

[31] D. Cargnello, "Nota alla seconda edizione" (1975) di *Alterità e alienità*, Feltrinelli, Milano 1966, p. 19.
[32] J. Needleman, *Critical Introduction to Existenzial Psychoanalysis of Ludwig Binswanger*, in L. Binswanger, *Being in the World* (1963); tr. it. *Introduzione critica all'analisi esistenziale di Ludwig Binswanger*, in L. Binswanger, *Essere nel mondo*, Astrolabio-Ubaldini, Roma 1973, p. 141.

suti, in cui prende corpo quel *progetto* (*Entwurf*), quel modo di essere-nel-mondo a partire da quella situazione che è l'umano già-trovarsi-nel-mondo, in esso *gettato* (*geworfen*) perché non scelto; se cioè la fenomenologia resta puro *atteggiamento* e non assurge a *teoria*, se non accetta quei limiti che sono propri di ogni statuto teorico, diventa pura sovrabbondanza di dati, resi insignificanti proprio dalla loro disarticolata sovrabbondanza.

Come l'esistenza nel suo *progetto del mondo* non può dimenticare il suo *essere-già-nel mondo*, per cui, di fronte al ventaglio delle possibilità che le si dischiudono, sa che per realizzarne una deve rinunciare a molte, altrimenti, come lo psicotico maniacale, non raggiunge mai se stessa, non approda mai alla propria identità, così la fenomenologia, per non essere una pura realtà enciclopedica di dati, deve darsi un criterio riduttivo, che però non cerca fuori dalla sfera umana come la psicoanalisi che lo media dalle scienze naturali, ma lo riconosce all'interno di quella sfera, anzi, per essere più rigorosi, all'interno della psicosi che esamina, e precisamente nella *norma* che presiede tutte le manifestazioni dello psicotico.

E come la disposizione a trascendere, che è il tratto tipico dell'esistenza, non è un trasvolare sul mondo, ma è a un tempo un limitarsi, perché altrimenti sarebbe impossibile appropriarsi di *un* mondo, se in un certo senso è l'impotenza (*Ohnmacht*) a conferire all'esistenza una certa potenza (*Macht*) sul mondo, allora la fenomenologia deve ridurre la totalità di ciò che appare alla norma che presiede l'apparire.

Senza questo *lavoro teorico*, l'atteggiamento fenomenologico, esercitato solo a livello pratico, se da un lato, come scrive Needleman, "evita l'autismo schizofrenico di chi è posseduto da un solo mondo", dall'altro non può evitare "lo stato maniacale di chi non approda mai a uno statuto finale".[33] Per questo non basta essere terapeuticamente fenomenologici, ma bisogna esserlo anche a livello teorico.

Per compiere il primo passo in questa direzione occorre demitizzare il modello esplicativo proprio delle scienze naturali e cominciare a dubitare della sua applicabilità all'esistenza umana. Questa mitologia, infatti, o è ingenua o è sospetta. Bacone, che tra i primi ne subì il fascino, non si lasciò sfuggire che in qualche modo "sapere è potere".[34] Ma per la comprensione dell'uomo forse è più utile la disposizione all'ascolto, all'apparenza impotente, di quanto non lo sia la presunta potenza dell'interpretazione.

---

[33] Ivi, p. 142.
[34] F. Bacone, *Instauratio Magna, Pars secunda: Novum Organum* (1620); tr. it. *La grande instaurazione*, Parte seconda: *Nuovo organo*, in *Scritti filosofici*, Utet, Torino 1986, I, 3, p. 552.

14. La psicologia come arte

> Non bisogna fare della psicologia da rigattieri! Mai osservare *per* osservare! Ciò determina un'ottica falsa, una vista obliqua, qualcosa di coatto e di iperbolico. [...]
> Chi assume questo atteggiamento "impersonale" è uno *spregiatore* di uomini, perché *conoscitore* di uomini è chi si mette sul loro stesso piano, ci si mette dentro.
>
> F. NIETZSCHE, *Crepuscolo degli idoli, ovvero: come si filosofa col martello* (1889), pp. 111, 118.

> L'interpretazione è una scienza solo nei principi; nella sua applicazione è un'arte.
>
> E. BLEULER, *Trattato di psichiatria* (1911), p. 4.

1. *Il limite metodologico dell'analisi esistenziale*

Per evitare di oggettivare l'uomo e di visualizzarlo, come vuole il metodo scientifico, alla maniera degli enti di natura l'analisi esistenziale propone, come abbiamo visto, di sostituire al metodo "esplicativo (*erklären*)" proprio delle scienze della natura, il metodo "comprensivo (*verstehen*)", dove l'uomo compare nelle specifiche modalità del suo essere-nel-mondo e non come schermo in cui si rileva la dinamica della libido, ovvero quell'energia psichica presupposta, a partire dalla quale la teoria psicoanalitica promuove la sua "spiegazione".

Se, dopo quanto abbiamo detto nei capitoli precedenti, questo breve cenno è sufficiente a richiamare la differenza tra *analisi esistenziale* e *teoria psicoanalitica*, possiamo proseguire osservando che il progresso dell'analisi esistenziale rispetto alla teoria psicoanalitica è innegabile dal punto di vista epistemologico, con tutte le conseguenze teorico-pratiche che derivano da una corretta epistemologia, ma rimane circoscritto al *piano del metodo*.

Con l'analisi esistenziale, infatti, si abbandonano le metodologie mutuate dalle scienze della natura, per adottare metodologie che consentano alla psicologia di porsi come scienza dell'uomo, senza snaturare la specificità del suo oggetto. Ma se questo è vero, l'analisi esistenziale non si sottrae all'obiezione di Nietzsche là dove annota che "ciò che caratterizza il nostro diciannovesimo secolo non è la vittoria della scienza, ma la vittoria del metodo scientifico sulla scienza".[1]

E ancora: "Le idee più importanti vengono trovate per ultime, ma le idee più importanti sono i metodi".[2]

Commentando queste note nietzscheane, Heidegger osserva:

> Anche Nietzsche, nell'ultimo anno della sua salute mentale, nel 1888, è giunto a scoprire questo rapporto tra metodo e scienza. Nelle scienze, non solo il tema viene posto dal metodo, ma viene immesso nel metodo e vi resta sottoposto. Nel metodo è tutta la potenza del sapere. Il tema rientra nel metodo.[3]

Ora è noto che il metodo è una via (*meta-odós*) attraverso cui tutti i fenomeni che si manifestano vengono ridotti, cioè ricondotti a quanto è stato preventivamente anticipato. Nella teoria psicoanalitica i fenomeni vengono ricondotti a quell'anticipazione naturalistica che è la *libido*, nell'analisi esistenziale a quell'anticipazione antropologica costituita dalle *modalità trascendentali dell'essere-nel-mondo*. La differenza è nel *tipo di anticipazioni*, ma non nella *riduzione* delle espressioni umane al modello di riferimento anticipato.

Se non si desse un criterio riduttivo, l'analisi esistenziale non assurgerebbe a statuto teorico-scientifico, ma si risolverebbe in pura sovrabbondanza di dati resi insignificanti proprio dalla loro disarticolata sovrabbondanza. D'altra parte, dandosi un criterio riduttivo, l'analisi esistenziale non può evitare quello che è implicito in ogni riduzione, e cioè che il dato, lungi dall'essere, come direbbe Husserl "espressione (*Ausdruck*)", si risolve in "indice (*Anzeichen*)"[4]: che rinvia a quei significanti supremi quali la destrutturazione del tempo, la disarticolazione dello spazio, la frantumazione della coesistenza, che l'analisi esistenziale assume per l'interpretazione dei dati.

Ma là dove i dati sono *indicativi* e non *espressivi*, è impossibile evitare l'oggettivazione. E se l'analisi esistenziale, con il suo metodo, si sottrae all'oggettivazione *naturalistica* propria della teoria psicoanalitica, non si sottrae all'oggettivazione *antropo-*

---

[1] F. Nietzsche, *Nachgelassene Fragmente 1888-1889*; tr. it *Frammenti postumi 1888-1889*, in *Opere*, Adelphi, Milano 1974, vol. VIII, 3, fr. 15 (51), p. 231.

[2] Id., *Die Wille zur Macht. Versuch einer Umwertung aller Werte* (1906); tr. it. *La volontà di potenza. Saggio di una trasvalutazione di tutti i valori*, Bompiani, Milano 1992, fr. 469, p. 265.

[3] M. Heidegger, *Das Wesen der Sprache* (1957-1958); tr. it. *L'essenza del linguaggio*, in *In cammino verso il linguaggio*, Mursia, Milano 1973, p. 141.

[4] E. Husserl, *Logische Untersuchungen* (1900-1921); tr. it. *Ricerche logiche*, il Saggiatore, Milano 1968, pp. 291 sgg.

logica, un'oggettivazione che non può essere evitata ovunque la ricerca sia promossa dall'intento di costituirsi come "scienza rigorosa".

A questo punto, sia pure su un altro piano senz'altro più scaltrito, all'analisi esistenziale si pone la stessa alternativa che al suo sorgere essa aveva posto alla teoria psicoanalitica: o il proprio costituirsi come scienza con conseguente *oggettivazione* dell'uomo, o la rinuncia allo statuto scientifico, con la possibilità di *incontrare* l'uomo. Forse la psicologia, come peraltro ci ricorda Jung,[5] per la peculiarità del suo riferimento, deve rinunciare a essere scienza. La sua costitutiva impossibilità a *oggettivare* l'uomo non le consente infatti di assumere uno statuto scientifico. D'altro lato, la sua crisi come scienza non è solo la crisi di una scienza fra le altre, ma, come Husserl riteneva, il sintomo più grave della perdita dell'orizzonte del significato delle scienze per l'esistenza umana nella sua totalità. Scrive infatti Husserl: "La scienza è pur sempre un'ideazione che l'umanità ha prodotto nel corso della sua storia, sarebbe perciò assurdo se l'uomo decidesse di lasciarsi giudicare da una sola delle sue ideazioni".[6]

Il verificarsi di questa eventualità sarebbe l'autoalienazione più grande, il maggior allontanamento (*Ent-fremdung*) dell'uomo da sé.

2. *Il superamento del limite nella rinuncia della psicologia a porsi come scienza e nel suo approdo all'arte ermeneutica*

Se siamo disposti a rinunciare all'ideale di una psicologia come scienza rigorosa, potremo cominciare a pensare la psicologia come *arte*, come quella particolare arte dell'interpretazione che oggi chiamiamo ermeneutica. Gadamer ce ne offre lo spunto:

> Come dinanzi a un testo da interpretare non possiamo mai sentirci in un atteggiamento di oggettivante estraneità, perché noi stessi

---

[5] C.G. Jung, *Theoretische Überlegungen zum Wesen des Psychischen* (1947); tr. it. *Riflessioni teoriche sull'essenza della psiche*, in *Opere*, Boringhieri, Torino 1969-1993, vol. VIII, p. 240: "La psicologia deve abolirsi come scienza, e proprio abolendosi come scienza raggiunge il suo scopo scientifico. Ogni altra scienza ha un 'al di fuori' di se stessa; ma non la psicologia, il cui oggetto è il soggetto di ogni scienza in generale".

[6] E. Husserl, *Die Krisis der europäischen Wissenschaften und die transzendentale Phänomenologie* (1934-1937, pubblicata nel 1954); tr. it. *La crisi delle scienze europee e la fenomenologia trascendentale*, il Saggiatore, Milano 1972, p. 147.

siamo presi in esso e quindi il testo da interpretare mette in gioco anche la nostra comprensione di noi stessi, a maggior ragione ciò vale per l'interpretazione dell'altra persona [...] Che l'esperienza del tu sia necessariamente qualcosa di specifico, in quanto il tu non è un oggetto, è un fatto chiaro. In questo senso i momenti strutturali dell'esperienza che abbiamo messo in rilievo subiscono una modifica. Poiché qui l'oggetto dell'esperienza ha esso stesso un carattere personale, tale esperienza è un fenomeno morale, e così pure il sapere che attraverso l'esperienza si acquisisce, la comprensione dell'altro. Cerchiamo dunque di seguire la trasformazione che la struttura dell'esperienza subisce quando è esperienza del tu ed esperienza ermeneutica.[7]

Al di là della scienza, è dunque l'arte la dimensione che può dare esecuzione a questo compito. E in tal senso il detto di Nietzsche: "L'arte vale più della verità"[8] è letteralmente vero se la verità è solo quella della scienza, una verità che scaturisce dalle premesse metodologiche da cui è stata generata e che quindi non si lascia modificare dall'altro su cui agisce e con cui non interagisce.

Come arte dell'interpretazione, come ermeneutica, la psicologia non dispone di un punto d'osservazione al di fuori del sistema osservato, quindi non è in grado di oggettivare e di comunicare in modo univoco i risultati della sua interpretazione. Proprio per questo l'analisi esistenziale ha ritenuto di dover superare l'*Einfühlung* jaspersiana,[9] la partecipazione empatica, il compiere assieme con l'altro atti che scaturiscono dal centro della persona, e che proprio per questo si sottraggono all'univocità della comprensione intersoggettiva. L'impossibilità di comunicare in modo univoco e universalmente comprensibile è infatti un inconveniente per la scienza, ma non per i due che compartecipano, sottraendosi alla reciproca oggettivazione. Essi si sanno ospitati da una parola che li interpreta, e non oggettivati dalla parola di uno che interpreta l'altro.

---

[7] H.-G. Gadamer, *Wahrheit und Methode: Grundzüge einer philosophischen Hermeneutik* (1960); tr. it. *Verità e metodo. Elementi di un'ermeneutica filosofica*, Bompiani, Milano 2000, p. 739. Lo stesso motivo ritorna alle pp. 553 sgg.; 691 sgg.

[8] F. Nietzsche, *Frammenti postumi 1888-1889*, cit., fr. 14 (21), p. 19.

[9] K. Jaspers, *Allgemeine Psychopathologie* (1913-1959); tr. it. *Psicopatologia generale*, Il Pensiero Scientifico, Roma 2000, pp. 69, 122, 329, 620 sgg.

3. *La convocazione simbolica come principio e fondamento dell'arte ermeneutica*

Ma per la psicologia come arte è forse necessario un nuovo linguaggio, dove le parole non sono più *segni* che rinviano a un quadro di riferimento anticipato che dà loro senso, ma *simboli* nel senso greco della parola, dove i due sono messi assieme (*sym-bállein*) dalla parola che li convoca e al tempo stesso li trascende.

A differenza, infatti, del linguaggio scientifico che espone il senso delle cose in un'apertura già dischiusa, il linguaggio simbolico *non espone nell'apertura, ma apre l'apertura*. L'apertura dischiusa dal linguaggio simbolico non è arbitraria, perché la nuova fondazione è anche riconoscimento di un fondo che sta alla base della fondazione stessa. Il simbolo, allora, non fonda arbitrariamente, ma risponde a quel fondo da cui nasce; quando *nomina* nuovi sensi, in realtà *risponde* al loro appello.

Questa risposta non è garantita, almeno nel senso in cui la ragione scientifica promuove le sue garanzie, d'altra parte il luogo dove si annuncia non è presieduto dalla ragione, ma è percorso da quella dimensione che siamo soliti chiamare "follia", dove l'essenza dell'uomo corre il suo massimo pericolo, dove manca ogni protezione, dove il rischio incombe, dove tutto non è salvaguardato e anticipatamente custodito.

Qui non serve la parola della scienza che calcola e anticipa, ma per usare un'espressione di Heidegger, occorre la parola del "mortale che sa giungere più rapidamente nell'abisso".[10] In questo senso parliamo della psicologia come arte. Se infatti l'abisso (*Ab-grund*) è mancanza di fondamento (*Grund*), di terreno solido e sicuro, di protezione, all'abisso non può giungere il pensiero scientifico che anticipa, fonda e assicura, ma solo il pensiero che non si cura (*sine cura*) delle protezioni, e, proprio per questo, è *securus*.

Essere senza cura è possibile solo là dove non si fa il calcolo delle protezioni, dove non ci si affida alla loro presenza o alla loro assenza, dove, nel rapporto con le cose, si arrischia un senso che per il pensiero che calcola è "inaudito", perché sfugge ai calcoli con cui questo pensiero si dispone a "udire" il senso delle cose. Dall'inaudito nasce un linguaggio a cui la ragione scientifica non sa cor-rispondere perché, limitata com'è all'ambito dischiuso dalle proprie anticipazioni, non può che ignorare tutti quei sensi che trascendono le sue previsioni.

Qui occorre il linguaggio simbolico che inaugura una *comu-*

---

[10] M. Heidegger, *Wozu Dichter?* (1946); tr. it. *Perché i poeti?*, in *Sentieri interrotti*, La Nuova Italia, Firenze 1968, p. 272.

nicazione che è sconosciuta al linguaggio della ragione. Nell'ordine razionale, infatti, due comunicano perché si scambiano *delle* parole, nell'ordine simbolico due comunicano perché si scambiano *nella* parola. È infatti la parola che li con-voca, che li mette assieme (*sym-bállein*), e, solo perché così convocati, possono poi scambiarsi delle parole. Non queste instaurano il rapporto (*Beziehung*), ma queste sono possibili perché il rapporto è già instaurato. Ma chi lo instaura, chi convoca, chi mette insieme? La parola che sta nel *frammezzo* tra i due. In versione ontologica, a proposito del "frammezzo", Heidegger scrive:

> Compenetrandosi, i due passano attraverso una linea mediana. In questa si costituisce la loro unità. Per tale unità sono intimi. La linea mediana è l'intimità. Per indicare tale linea la lingua tedesca usa il termine *das Zwischen* (il "fra", il "frammezzo"). La lingua latina dice *inter*. All'*inter* latino corrisponde il tedesco *unter*. Intimità di mondo e cosa non è fusione. L'intimità di mondo e cosa regna soltanto dove mondo e cosa nettamente si distinguono e restano distinti. Nella linea che è a mezzo dei due, nel frammezzo di mondo e cosa, nel loro *inter*, in questo *unter*, domina lo stacco. L'intimità di mondo e cosa *è* nello stacco (*Schied*) del frammezzo, è nella dif-ferenza (*Unter-schied*).[11]

Se ci è concesso di tradurre in versione antropologica questa lettura di Heidegger, allora possiamo dire che nel frammezzo (*zwischen*) i due parlano perché cor-rispondono, sono cioè l'uno risposta all'altro, ma l'evocante li trascende. Infatti le parole rispondono l'uno all'altro solo se corrispondono all'evento che le provoca, e provocandole le chiama, instaurandole una come parola (*Wort*), l'altra come risposta (*Ant-wort*).

Se la psicologia accetta di pensarsi come arte ermeneutica, dove non l'uno interpreta l'altro, ma i due sono interpretati dalla parola che li trascende e al tempo stesso li convoca nel rapporto (*Beziehung*), nel frammezzo (*Zwischen*), la psicologia è costretta a ripensare i termini in cui finora ha ritenuto si svolgesse la sua specifica comunicazione.

4. *L'ermeneutica come dimensione dialogica che risponde a un appello che trascende i due dialoganti e li convoca*

È un ripensamento che deve avvenire nella direzione della *Übertragung*. Questa parola di Freud che solo un linguaggio di-

---

[11] Id., *Die Sprache* (1950); tr. it. *Il linguaggio*, in *In cammino verso il linguaggio*, cit., p. 37.

mentico dell'ulteriorità (*über*) poteva tradurre con "transfert", dice che tra i due è possibile "trasferire" qualcosa solo se un *über*, un *oltre*, un al di là, rispetto a ciò che i due dicono, li accoglie e consente loro di dire ciò che dicono.

In questo senso Jung dice che: "L'*Übertragung* è un fenomeno che è impossibile provocare".[12] Infatti non dipende dai due, ma dall'oltre (*über*) che li pro-voca, li chiama cioè alla reciproca presenza, l'uno *di fronte* all'altro, non per scambiarsi due parole, ma per ri-portare (*über-tragen*) la parola che li ha convocati, il simbolo. Il simbolo, infatti, non dice, non enuncia, ma si limita a mostrare una connessione (*sym-bállein*), o meglio una vicinanza, una prossimità che custodisce una ricchezza di significati non contenuti dalla parola, ma in cui la parola è contenuta.

Questa prossimità, senza la quale il simbolo non sarebbe evocante, non si fonda sul rapporto spazio-temporale che dispone le cose una dopo l'altra, ma sull'originaria apertura di ogni cosa sull'altra. Su questa *apertura originaria* tempo e spazio non hanno potere perché da essa nascono; l'uno come ciò che temporalizza portando a maturazione e dischiudendo, l'altro come ciò che spazializza dislocando località e luoghi a cui concede l'accesso. Questo gioco si annuncia nell'*immagine simbolica*, che è tale non quando enuncia un qualche rapporto, ma quando si offre come *il rapporto di tutti i rapporti* che Heidegger chiama *Beziehung* e così definisce: "Il rapporto di tutti i rapporti (*Beziehung*) è il dire originario che imprime l'intero moto al mondo".[13]

Appartenendo al rapporto, l'uomo può rapportarsi, può entrare in relazione con l'altro; ma non è questa relazione a instaurare il rapporto, piuttosto questa relazione è possibile perché i due si trovano convocati dalla stessa parola originaria che li rapporta. Per questo, nessuno può incontrare chiunque, ma ciascuno il suo compagno di viaggio, con cui può parlare, perché entrambi ascoltano la stessa parola, rispondono all'identico appello. L'appello, l'invito non è promosso dai due convenuti, ma da quella parola che, al di là (*über*) di loro, promuove un convegno tra (*zwischen*) loro.

A questo proposito Jung, in un linguaggio non fenomenologico, ma che trascende il naturalismo psicoanalitico, osserva che:

---

[12] C.G. Jung, *Die Psychologie der Übertragung erläutert anhand einer alchemistischen Bilderserie* (1946); tr. it. *La psicologia della traslazione illustrata con l'ausilio di immagini alchemiche*, in Opere, cit., vol. XVI, p. 184.
[13] M. Heidegger, *L'essenza del linguaggio*, cit., p. 169.

Un forte transfert di natura violenta corrisponde a un contenuto scottante; racchiude qualcosa di importante che ha un elevato valore per il paziente. Nella misura in cui ciò viene proiettato, l'analista sembra incarnare questa cosa così preziosa e importante. Egli non può introdurre alcun mutamento in questa infelice situazione, ma è costretto a *restituire* questo valore al paziente, e l'analisi non è conclusa finché il paziente non ha ripristinato il tesoro. Se quindi il paziente proietta su qualcuno un complesso del redentore, occorre *restituirgli* qualcosa che non sia da meno di un redentore – qualunque cosa ciò possa significare. Non siamo però noi i redentori – questo è sicuro.[14]

In questa *restituzione*, in questo *ri-porto*, si esprime quell'altro senso della *Über-tragung* che vede la parola impiegata dal linguaggio corrente per designare una "partita riportata", un "saldo", una "girata", una "voltura", un "riporto". Restituendo all'altro la sua proiezione, l'uno e l'altro tutelano l'ulteriorità (*über*) della parola, di cui non sono gli autori, ma gli ospiti. Il loro compito, infatti, non è di *dire*, ma di *tradurre*. Per questa ragione, scrive Jung: "*Übertragung* in tedesco è sinonimo di *Übersetzung* (traduzione)".[15]

"Tra-durre" è *condurre tra* loro una parola che, se restasse totalmente al di là (*über*) non consentirebbe ai due di parlare tra loro. Ma affinché tradurre non sia tradire, nessuno dei due deve considerarsi il *dicente*, e portare l'altro alla *sua* parola. *Über-tragung*, infatti, è ri-portare la parola, non sostituirsi alla parola che i due ha convocato.

Se dunque l'*Über-tragung* conduce dall'uno all'altro, solo perché conduce l'uno e l'altro alla parola simbolica che li trascende e a un tempo li convoca, la comunicazione tra i due non sarà decisa dalle tecniche o dalle rispettive iniziative, ma dall'attesa che la parola simbolica li convochi; un'attesa che non esclude la possibilità che, nel frattempo, entrambi si trovino costretti a tacere.

Il *silenzio* è inevitabile là dove la comunicazione è *risposta a un appello*. È un silenzio che può essere interrotto da parole randagie, da digressioni, da giri senza senso, dove il simbolo tace, ma dove anche si preparano le condizioni perché possa eventualmente tornare a parlare. La sua parola, infatti, e non le parole dei due convenuti, è decisiva. I convenuti possono solo veicolarla, darle approssimativa espressione, ma il dicente li trascende. "Non siamo noi i redentori" ci ricorda Jung.

La prassi psicoanalitica, a dispetto della sua teoria e forse an-

---

[14] G.G. Jung, *Über Grundlagen der analytischen Psychologie* (1936); tr. it. *Psicologia analitica*, Mondadori, Milano 1975, p. 143.
[15] Ivi, p. 128.

che della sua consapevolezza, già percorre questi sentieri, mentre l'analisi esistenziale, a cui va il merito di aver denunciato il naturalismo della teoria psicoanalitica, guadagnando questo nuovo significato della *Übertragung*, è nelle condizioni più idonee per proseguire la sua critica a tutte le forme, anche le più raffinate, di oggettivazione.

In questa direzione, che va assolutamente approfondita, mi pare si muovano la riflessione di Mario Trevi sulla "psicologia come discorso *della* psiche e non come discorso *sulla* psiche",[16] la nozione di *Wirheit* o "nostralità" che Danilo Cargnello propone come "nostro continuo incontrarci, accoglierci e riconoscerci, in luogo dell'appropriarsi di un particolare e perciò relativo vero, qual è appunto quello scientifico",[17] e infine il concetto di "metamorfosi, nel senso di una psichiatria *dia-logica* e non più *mono-logica*"[18] che Eugenio Borgna scorge come interna consequenzialità dell'analisi esistenziale.

---

[16] M. Trevi, *Per uno junghismo critico*, Bompiani, Milano 1987, p. 111. Scrive Trevi: "Ogni 'discorso sulla psiche' si risolve nel 'discorso della psiche', ogni 'psicologia' nell'inesauribile e dialogica parola dell'uomo, ogni scienza psicologica nella sconfinata foresta di metafore che è il linguaggio umano sorpreso nella sua perenne germinatività".
[17] D. Cargnello, *Alterità e alienità*, Feltrinelli, Milano 1966, p. 66.
[18] E. Borgna, *Per una psichiatria fenomenologica*, saggio introduttivo a U. Galimberti, *Psichiatria e fenomenologia*, Feltrinelli, Milano 1979, p. 43.

15. Genio e follia. Un saggio di analisi esistenziale

> Lo spirito creativo dell'artista, pur condizionato dall'evolversi di una malattia, è al di là dell'opposizione tra normale e anormale e può essere metaforicamente rappresentato come la perla che nasce dalla malattia della conchiglia. Come non si pensa alla malattia della conchiglia ammirandone la perla, così di fronte alla forza vitale dell'opera non pensiamo alla schizofrenia che forse era la condizione della sua nascita.
>
> K. JASPERS, *Genio e follia. Strindberg e Van Gogh* (1922), p. 120.

Così scrive Jaspers nella sua analisi patografica di Strindberg e Van Gogh che, oltre all'interpretazione del nesso "genio" e "follia", ci restituisce un ricco materiale autobiografico da cui risulta come Strindberg, Van Gogh, Swedenborg e Hölderlin hanno vissuto la loro pazzia e come l'hanno descritta.

1. *La testimonianza di Strindberg*

A differenza di Nietzsche, Strindberg sapeva di essere pazzo e, a partire dal 1887, nell'*Arringa di un pazzo,* prese a descriversi così:

> Sempre persistevano dei dubbi in me, dubbi su tutto: sulla virtù della sposa, sulla legittimità dei bambini, dubbi che mi assalgono ancora senza posa né pietà. In un modo o nell'altro occorre venirne a capo, porre un termine a questi pensieri che girano a vuoto. Bisogna sapere con certezza o morire! Un delitto si è perpetrato nell'ombra o io sono pazzo. Non rimane che scoprire la verità. Un marito tradito? Cosa mi importa, purché lo sappia, per poter essere il primo a riderne. È questo il punto. Sapere. E perciò farò sulla mia vita una profonda, discreta e scientifica indagine, utilizzando tutte le riserve della nuova scienza psicologica, mi servirò della suggestione ipnotica, della lettura del pensiero, della tortura mentale, senza tralasciare il vecchio gioco dell'effrazione, del furto, della falsificazione, delle firme false, userò tutti gli strumenti del caso insomma! È monomania, esplosione collerica di un maniaco? Non sta a me giudicare.[1]

---

[1] J.A. Strindberg, *Le plaidoyer d'un fou* (1887-1888); tr. it. *L'arringa di un pazzo*, Mondadori, Milano 1999, pp. 436-437.

Nonostante queste intenzioni, Strindberg non farà nulla per comprovare l'effettiva infedeltà della moglie, come del resto è usuale in queste patologie. Il suo vissuto persecutorio si estende agli amici, sospettati di essere membri di una congiura contro di lui. Al delirio di gelosia si aggiunge quindi anche la mania di persecuzione, che lo condurrà negli anni successivi al completo isolamento e alla fobia nei confronti dei rapporti interpersonali.

Contemporaneamente cominciarono ad annunciarsi violenti malesseri fisici, attribuiti da Strindberg ad avvelenamento da parte della moglie, ma dovuti con molta probabilità a crisi di astinenza da alcol, che gli procurarono gravi sofferenze fisiche, alternate a periodi di apparente tranquillità, in cui i dolori venivano elaborati e inscritti nel delirio:

> Cominciai a soffrire di questa misteriosa malattia il giorno successivo alla visita a un laboratorio di un mio vecchio amico, dove mi sono procurato un rossetto di cianuro di potassio, destinato a darmi la morte, che depongo nello scrigno di mia moglie, di cui lei detiene le chiavi. Paralizzato, fulminato, resto disteso sul divano a guardare le mie bambine che giocano, sognando i bei giorni di un tempo e preparandomi a morire, senza lasciare nessuno scritto che possa rivelare le cause del mio trapasso e i miei tristi sospetti.[2]

Afflitto da idee di persecuzione, prende a fuggire per tutta Europa scrivendo queste drammatiche pagine di diario:

> Sono straziato da dolori laceranti, il mio cuore è trafitto. Mi sento come un bozzolo di baco da seta dipanato dalla grande macchina a vapore. [...] Sono come un feto strappato prima del tempo dal cordone ombelicale. [...] A Costanza prendo il treno, la locomotiva mi strazia le budella, i lobi del cervello, i nervi, i vasi sanguigni, tutte le viscere. Quando arrivo a Basilea sono ridotto a una vecchia carcassa. [...] Trascorro una settimana a Ginevra, una a Ouchy, passando da un albergo a un altro senza pace né requie, incalzato come un dannato, un ebreo errante.[3]

Ma ormai anche la terra diventa per Strindberg una dimora ristretta, il delirio si allarga e i confini della sua mente lambiscono i confini del cosmo:

> Un Dio sconosciuto fino a nuovo ordine si sviluppa e cresce, appare e scompare a intervalli, durante i quali sembra abbandonare il mondo. [...] Ogni qualvolta si rivela ha cambiato idea, e riprende nella sua direzione, apportando miglioramenti acquisiti con la pratica.[4]

---

[2] Ivi, p. 630.
[3] Ivi, pp. 673-681.
[4] Id., *Enfer* (1897); tr. it. *Inferno*, Adelphi, Milano 1972, pp. 846-847.

E ancora:

> Siamo all'alba di una nuova era, in cui gli spiriti si svegliano e sarà bello vivere. Questa *angina pectoris*, queste insonnie e tutti questi orrori notturni che atterriscono gli spiriti, e che i medici trattano come epidemie, non sono in realtà che l'opera degli invisibili.[5]

Eppure, nell'analisi patografica di questa biografia, Jaspers scrive che:

> Emerge in modo incontestabile una coincidenza scientificamente dimostrata tra il grado più alto dello sviluppo creativo e il momento più eclatante dell'esplosione della turba patologica. Questo dato, che richiede ulteriori conferme in campo patografico, è comunque significativo anche per il fatto che sembra modificare l'opinione comune, secondo cui la malattia mentale equivale a un completo disfacimento emotivo e psicologico, mentre per Strindberg tale coincidenza non appare assolutamente comprovata.[6]

Questa constatazione induce Jaspers a introdurre, rispetto all'interpretazione tradizionale, questa nuova visione della schizofrenia:

> Dobbiamo pensare che la schizofrenia si differenzia sostanzialmente dalle malattie dovute a un disordine cerebrale (come nel caso di una paralisi progressiva) perché mentre queste ultime agiscono sulla vita psichica come una martellata che centra il meccanismo di un orologio, distruggendolo, la schizofrenia produce un'intricata modificazione del meccanismo: l'orologio continua a funzionare, ma in modo imprevedibile, si direbbe un orologio impazzito. Si potrebbe pensare che una grande intelligenza possa, se non cancellare le illusioni dei sensi e le esperienze deliranti, almeno neutralizzarne gli effetti, rendendole insignificanti, e facendo sì che la personalità non resti isolata in un mondo a parte. In realtà, è la stessa intelligenza a mettersi al servizio del delirio, in quel fattore nuovo e inafferrabile entrato con la malattia nella vita dell'individuo.[7]

A questa conclusione Jaspers può pervenire perché la sua analisi fenomenologica lascia parlare il vissuto schizofrenico, senza far ricorso all'interpretazione psichiatrica della schizofrenia. Grazie a questa metodologia non oggettivante è possibile dire che la vita non spiega l'opera, ma è altrettanto vero che

---

[5] Id., *Legender* (1898); tr. it. *Leggende*, in *Inferno*, cit., p. 274.
[6] K. Jaspers, *Strindberg und Van Gogh* (1922); tr. it. *Genio e follia. Strindberg e Van Gogh*, Raffaello Cortina, Milano 2001, p. 103.
[7] Ivi, pp. 76-77.

vita e opera comunicano. La verità, forse, è che quell'opera aveva bisogno di quella vita.

2. *La testimonianza di Van Gogh*

Nell'epistolario di Van Gogh[8] leggiamo in data agosto 1889:

> Per diversi giorni sono stato completamente fuori di me. Questa nuova crisi mi ha preso quando ero nei campi e mentre stavo dipingendo in una giornata ventosa. Durante la crisi io mi sento vile per l'angoscia e la sofferenza, più vile di quanto sarebbe sensato sentirsi.

In settembre le crisi aumentano di intensità, e con le crisi il lavoro:

> Lavoro come un pazzo nella mia stanza, il che mi fa bene e scaccia, a quanto sembra, i pensieri strani. Sto lavorando come un ossesso, ho più che mai un furore sordo di lavoro. Lotto con tutta la mia energia per rendermi padrone del mio mestiere, dicendomi che se ci riesco, sarà questo il miglior parafulmine contro il mio male. Il mio pennello scorre tra le mie dita come se fosse un archetto di violino. Ora riuscirò a fondere quegli ori, e quei toni di fiori. Il primo venuto non riesce a farlo, ci vuole tutta l'energia di un individuo. Per arrivare a questo giallo stridente che ho raggiunto quest'estate ho avuto bisogno di un po' di esaltazione.

Poi, il giudizio sulle sue opere:

> Quale che sia l'intensità che possa avere il mio sentimento o la mia potenza di espressione, acquisita a un'età in cui le passioni materiali sono già per lo più spente, mai potrò costruire un edificio importante su un passato così tarlato e scosso. Perché io sono assolutamente certo che, come pittore, non rappresenterò mai nulla d'importante. Ma a me non è consentito vivere, soffrendo così spesso di vertigini, che in una posizione di quarto, quinto rango.

E il giudizio sulla malattia:

> Per il momento non sono ancora pazzo, sono ancora pieno di speranze. Anche prima sapevo che ci si poteva rompere braccia e gambe e che dopo si poteva guarire, ma ignoravo che ci si potesse rompere la testa cerebralmente e che se ne potesse guarire. Non nego la follia artistica di tutti noi, e non dico che, soprattutto io, non sono

---

[8] Tutte le citazioni sono tratte da V. Van Gogh, *Tutte le lettere*, Silvana Editoriale d'arte, Milano 1959.

un pazzo vero e proprio, tuttavia bisogna prendere una decisione, tenendo conto delle malattie del nostro tempo. In fondo è anche giusto che, avendo vissuto per degli anni in salute relativamente buona, presto o tardi ne abbiamo anche noi la nostra parte. Per conto mio non avrei scelto la follia se si fosse trattato di scegliere, ma quando si ha una faccenda del genere è una malattia come un'altra.

Ricoverato nel manicomio di St. Rémy, scrive:

Credo di aver fatto bene a venire qui, prima perché, vedendo la realtà della vita dei pazzi e dei diversi squilibrati di questo serraglio, mi passa il timore vago, la paura della cosa in se stessa. E poco per volta posso arrivare a considerare la follia una malattia come un'altra. Vengo a sapere dagli altri che anche loro hanno sentito, durante le loro crisi, dei suoni e delle voci strane come li ho uditi io, e che anche davanti a loro le cose parevano cangianti. Questo diminuisce l'orrore che inizialmente avevo delle crisi. Una volta che si sa che ciò fa parte della malattia, lo si prende come le altre cose.

E ancora:

Durante le crisi io mi sento vile per l'angoscia e la sofferenza, più vile di quanto sarebbe sensato sentirsi, ed è forse questa viltà morale, che mentre prima non mi faceva provare alcun desiderio di guarire, ora mi fa mangiare per due, lavorare tanto, e risparmiarmi nei miei contatti con gli altri malati per paura di ricadere. Insomma in questo momento io cerco di guarire come uno che, avendo voluto suicidarsi, e avendo trovato l'acqua troppo fredda, cerca di riguadagnare la riva. E io so che la guarigione viene se si è coraggiosi dal di dentro, con la rassegnazione alla sofferenza e alla morte, con l'abbandono della propria volontà e dell'amor proprio. Ma ciò non ha importanza per me, mi piace dipingere, mi piace veder gente e cose, e mi piace tutto ciò che costituisce la nostra vita. Però non bisogna dimenticare che un vaso rotto rimane un vaso rotto.

E infine:

Non faccio molto assegnamento di aver sempre la salute che mi occorre. E se il mio male ritornasse, dovrò avere pazienza con me, amo ancora tanto l'arte e la vita. Dichiaro in modo assoluto che non so assolutamente che cosa potrà accadere. In questo momento io non posso dire altro che quello che penso, che abbiamo tutti bisogno di riposo, io mi sento finito. Questo, per conto mio, sento: che è la sorte che devo accettare e che non cambierà. Le prospettive si oscurano, non vedo un avvenire felice.

Poco dopo Van Gogh si tolse la vita.

3. Follia e creatività artistica

Conosciamo la follia in due accezioni: come il contrario della ragione e come ciò che precede la stessa distinzione tra ragione e follia. Nella prima accezione la follia ci è nota: essa nasce dalle procedure d'esclusione che scaturiscono da quel sistema di regole in cui la ragione consiste. Dove c'è regola c'è deroga, e la storia della follia, raccontata dalla psichiatria e dalla sociologia, è la storia di queste deroghe.

Ma c'è una follia che non è deroga, per la semplice ragione che viene prima delle regole e delle deroghe. Di essa non c'è sapere, perché ogni sapere appartiene all'ordine della ragione, che può mettere in scena il suo discorso tranquillo solo quando la violenza è stata cacciata dalla scena, quando la parola è data alla soluzione del conflitto, non alla sua esplosione, alla sua minaccia.

Il luogo di nascita di questa minaccia è da rintracciare là dove la coscienza umana si è emancipata da quella condizione animale o divina che l'umanità ha sempre avvertito come suo sfondo, e da cui, pur sapendosi in qualche modo uscita, ancora si difende, temendone la sempre possibile irruzione.

A conoscere questa follia non è la psicologia, la psichiatria o la psicoanalisi, ma la creazione artistica che, di fronte al cosmo della ragione, il solo che gli uomini possono abitare, sa da quale fondo esso si è liberato, e perciò non chiude l'abisso del caos, non ignora la terribile apertura verso la fonte opaca e buia che chiama in causa il fondamento stesso della razionalità, perché sa che è da quel mondo che vengono le parole che poi la ragione ordina in maniera non oracolare e non enigmatica.

Non c'è infatti alcun mistero nel fondo oscuro di quell'abisso che, guardato dal punto di vista della ragione, siamo soliti chiamare "irrazionale". Il mistero se mai è da cercare nella capacità della ragione di reggere alle forze contrastanti che la sottendono. Forze terribili perché prive di regole, perché, come nell'*Empedocle* di Hölderlin, insorgenti con la potenza incontenibile del vulcano che scaraventa il suo fuoco verso il cielo, affinché non si dimentichi che l'ordine della terra ha la durata di un giorno. Un giorno lucido, che tenta di far dimenticare quella luce nera e così poco naturale, da cui in ogni istante ci difendiamo per non precipitare nelle tenebre dell'insensatezza.

Eppure c'è chi si fa testimone di questa insensatezza per portarla alle sue espressioni più alte. Costui sacrifica la sua mente e mette la sua parola al servizio del non-senso. Precipizio di tutti gli ordini logici, massima vertigine, congedo del buon senso e delle sue ordinate parole. Per questo, scrive Jaspers nelle sue considerazioni sulla follia di Hölderlin:

Nel caso dei poeti la questione della follia si pone altrimenti: ora il pericolo minaccia lo stesso poeta, ne può essere schiacciato, mentre il suo compito è proprio quello di trasmettere agli uomini, con la sua opera, ciò che di mortale vi è nel divino, già da lui assimilato e reso inoffensivo. Come Dioniso, che, nato da Semele colpita dal fulmine di Zeus, trasmette il fuoco divino ai mortali nella bevanda benefica, così il poeta accoglie la folgore divina e offre, sotto forma di canto, ciò che sarebbe mortale senza questa trasmutazione.[9]

Due ancelle giungono soccorrevoli intorno all'abisso che si è appena spalancato: la *psichiatria* con il suo catalogo di nomi, a proposito dei quali vale sempre il monito di Kant: "C'è un genere di medici, i medici della mente, che ogni volta che trovano un nome, pensano di aver conosciuto una malattia",[10] e la *filosofia* che non dispone di nomi perché, abitando da sempre l'abisso, ne conosce l'insondabilità.

Jaspers, da psichiatra, conosce la nomenclatura, tutta la nomenclatura, ma da filosofo si trattiene dall'impiegarla, soprattutto là dove la follia s'incammina e approda alle vette più alte dell'arte. Qui la *pato-logia* raggiunge la sua essenza, che non è da cercare nella malattia, ma in quel patire (*páthos*) che si fa parola (*loghía*).

Ma qual è la parola di cui si fa portavoce la follia creativa? Qui le due ancelle, la psichiatria e la filosofia, trovano il loro accordo intorno a una parola. La parola è "schizofrenia", la mente (*phren*) scissa (*schizo*) in due mondi, dove l'uno si rifrange nell'altro, per cui è indecidibile quale dei due sia il mondo vero.

Ma l'uomo che non teme la profondità dell'abisso (*Ab-grund*) e che non si difende con terreni solidi e sicuri (*Grund*), può accedere alla schizofrenia, perché è dell'uomo abitare la dimensione frantumata dell'essere che, inaccessibile nella sua originaria unità, si concede all'uomo solo come lacerazione (*Zerrissenheit*).

Possiamo pensare la storia come un tentativo, mai interrotto, di ricomporre questa lacerazione; possiamo pensare la religione come una proiezione nell'al di là del desiderio di ricomposizione; dobbiamo pensare all'arte e alla filosofia come alla proclamazione alta e forte dell'incomponibilità di questa lacerazione, da cui l'uomo è nato come frammento scisso tra la terra e il cielo per dirne tutta la distanza. In questo senso, scrive Jaspers: "La nostra forza è la scissione, abbiamo perduto l'ingenuità".[11]

---

[9] K. Jaspers, *Genio e follia. Strindberg e Van Gogh*, cit., pp. 132-133.
[10] I. Kant, *Versuch über die Krankheiten des Kopfes* (1764); tr. it. *Saggio sulle malattie della mente*, Ibis, Como-Pavia 1992, p. 59.
[11] K. Jaspers, *Genio e follia. Strindberg e Van Gogh*, cit., p. 174.

Qui la psichiatria si ritira rossa di vergogna, mentre la filosofia resta accanto all'arte come espressione sintomatologica della condizione umana. "Sin-tomo" è parola greca che vuol dire "coincidenza". Quello che l'analisi fenomenologica di Jaspers vuole capire è perché, nelle loro espressioni più alte, arte e follia coincidono, perché accadono insieme.

4. *Hölderlin e Rilke: l'Aperto e la Terra straniera*

> Giorno e notte, un fuoco divino ci spinge
> ad aprirci la via. Su vieni! Guardiamo nell'Aperto,
> cerchiamo qualcosa di proprio, sebbene sia ancora lontano.[12]

Così parla Hölderlin quando, a seguito della malattia mentale, scrive Jaspers:

> La poesia di Hölderlin subisce dei cambiamenti che hanno dato un volto nuovo alla sua poesia, per la cui comprensione le categorie della psichiatria sono troppo rudimentali.[13]

Commentando questa lirica, Heidegger, nel suo intenso dialogo con Hölderlin,[14] indica nell'Aperto il luogo in cui può darsi un'*etica originaria*, capace di andare oltre tutte le etiche chiuse nel calcolo dei valori che, essendo il frutto di valutazioni collettive, vivono nutriti dalla maggioranza dei consensi che circoscrivono il recinto dell'agire. Così l'essenza dell'uomo si depaupera quando, all'ombra di un'etica, cerca di dar senso al dolore, di educare all'amore, di prepararsi alla morte, dimenticando il richiamo di Rilke:

> I dolori sono ignoti,
> l'amore non si impara,
> l'ingiunzione che ci chiama ad entrare nella morte
> rimane oscura.
> Solo il canto sulla terra
> consacra e celebra.[15]

---

[12] F. Hölderlin, *Brot und Wein* (1801); tr. it. *Pane e vino*, in *Le liriche*, Adelphi, Milano 1977, vol. II, p. 115.
[13] K. Jaspers, *Genio e follia. Strindberg e Van Gogh*, cit., p. 121.
[14] M. Heidegger, *Hölderlins Hymne "Andenken"* (1941-1942); tr. it. *L'inno "Andenken" di Hölderlin*, Mursia, Milano 1997, e *Erläuterungen zu Hölderlins Dichtung* (1944); tr. it. *La poesia di Hölderlin*, Adelphi, Milano 1988.
[15] R.M. Rilke, *Sonette an Orpheus*, XIX (1922); tr. it. *I sonetti a Orfeo*, Enrico Cederna, Milano 1986, p. 63.

Ma che ne sappiamo ormai del sacro dopo che le religioni, e in particolar modo la religione cristiana, assegnando a Dio un nome, hanno lastricato il cammino dell'uomo di precetti e comandamenti, buoni solo per le dispute che non hanno mai conosciuto il riserbo del silenzio, ma solo la prevaricazione del dire?

Il loro dire non dischiude mondi, ma, nel mondo dischiuso dalla loro fede, fissa i confini del bene e del male, proibendosi la messa in questione del mondo. Ma quando *una visione del mondo* viene scambiata con il *senso della terra*, quando il chiuso allontana l'Aperto, che lo relativizza e lo getta nella precarietà del semplice accadere storico, allora quella visione del mondo diventa l'inabitabile, e la sua norma diventa clausura.

Se l'*Aperto*, infatti, è l'abolizione di ogni terreno solido e sicuro, se è assenza di protezione, se è quell'abisso a cui non può giungere la ragione che calcola e, calcolando, fonda e assicura, allora all'Aperto può accedere solo chi si è congedato dal terreno protetto dalla ragione, per sporgere là dove la protezione manca, dove il rischio incombe, dove nulla è salvaguardato e anticipatamente messo in salvo, dove la terra che si abita è già da subito terra straniera, per cui Hölderlin può dire:

> Siamo un segno che non indica nulla,
> siamo senza dolore, e abbiamo quasi
> perso il linguaggio in terra straniera.[16]

Se non accediamo a questa terra, che è "straniera" perché è "estranea" alla ragione, non sapremo più nulla di Dio e degli dèi e resteremo indecisi nei loro confronti, non sapremo morire perché più non intenderemo la nostra condizione di "mortali", non conosceremo il dolore se non nella forma dell'impedimento e della disperazione, non sapremo parlare se non in modo sempre più tecnico e impersonale, per cui finiremo con l'abitare il "chiuso" di un mondo popolato da uomini che conoscono un solo linguaggio, con cui danno titoli ai loro discorsi e regole alle loro azioni, le quali, ormai sorde al richiamo del sacro, presiedono solo il recinto chiuso della sicurezza.

Se l'Aperto, che Hölderlin da un lato e Rilke dall'altro indicano (e in cui Heidegger scorge il principio di un'"etica originaria"),[17] è l'abolizione di ogni terreno solido e sicuro, se è assenza

---

[16] F. Hölderlin, *Mnemosyne* (1801); tr. it. *Mnemosyne*, in *Le liriche*, cit., vol. II, p. 289.
[17] Su questo tema si veda l'illuminante saggio di G. Zaccaria, *L'etica originaria; Hölderlin, Heidegger e il linguaggio*, Egea, Milano 1992.

di protezione, se è quell'abisso a cui non può giungere il pensiero che calcola e, calcolando, fonda e assicura, allora occorre prender congedo da tutte le etiche che indicano una salvezza e in questa indicazione rivelano tutta la loro empietà. Perché empio è tutto ciò che nasconde il sacro che si annuncia là dove la protezione manca, dove il rischio incombe, dove nulla è salvaguardato e anticipatamente messo in salvo da quel dire che non nomina l'*essenza* delle cose ma, come in ogni etica, il loro semplice *valore*.

Affinché le cose possano essere riproposte per quello che *sono* e non per quello che *valgono*, affinché possano essere sottratte al loro essere oggetto di calcolo o risultato di produzione, è necessario un pensiero che, come ci suggerisce Heidegger nel suo colloquio con Hölderlin, sia capace di uscire dall'ambito *rac-chiuso* nella previsione del pensiero che calcola (*Denken als rechnen*), e sappia arrischiare nell'Aperto *dis-chiuso* del pensiero che ringrazia (*Denken als danken*). Al pensiero che ringrazia, infatti, spetta quel dire che non è mero calcolare e numerare, e che, dicendo, pone la cosa in relazioni che oltrepassano il recinto delimitato del calcolo e chiamano in gioco i mortali e i divini, il cielo e la terra.[18]

Di questo dire sono capaci i poeti, i quali non cantano per questa o per quella cosa, ma per nulla. Questo nulla non è il niente, ma ciò che dal pensiero che calcola è taciuto. "Essi dicono il taciuto,"[19] scrive Heidegger, dicono quella totale assenza di protezione che la teologia cristiana tenta invano di mascherare con la promessa della salvezza, e la tecnica, succedanea di quella teologia,[20] con il calcolo e con il progetto, con la previsione e con l'anticipazione, per cui l'uomo occidentale, educato da quell'etica e cresciuto nella tecnica, non osa più sporgere nell'Aperto e arrischiare sensi imprevisti.

Solo i poeti sono i più arrischianti perché, dice Heidegger, "arrischiano l'essere stesso e quindi si arrischiano nella regione dell'essere",[21] mentre gli altri si trattengono nel commercio delle cose. I primi arrischiano il linguaggio, perciò "essi sono i dicenti"[22]; i secondi usano il linguaggio e si trattengono nei modi di dire. A costoro il linguaggio non *dice*, il linguaggio *serve*.

[18] M. Heidegger, *Die Sprache* (1950); tr. it. *Il linguaggio*, in *In cammino verso il linguaggio*, Mursia, Milano 1973, pp. 27-44.
[19] Id., *Wozu Dichter?* (1946); tr. it. *Perché i poeti?*, in *Sentieri interrotti*, La Nuova Italia, Firenze 1968, p. 295.
[20] A proposito della dipendenza della visione tecnico-scientifica del mondo dalla concezione giudaico-cristiana del mondo si veda U. Galimberti, *Psiche e techne. L'uomo nell'età della tecnica*, Feltrinelli, Milano 1999, capitolo 33: "L'epoca moderna e il primato della scienza e della tecnica come deriva teologica".
[21] M. Heidegger, *Perché i poeti?*, cit., p. 292.
[22] *Ibidem*.

A partire dal linguaggio che serve, le uniche etiche possibili sono, come l'etica cristiana, etiche protettive e salvaguardanti che non hanno in vista le inquietanti orme del sacro, ma il recinto della sicurezza dove tutti si danno da fare perché si possa progredire lungo la strada maestra, lastricata dai valori della nostra civiltà che attraversano la cultura, la scienza, la tecnica, la politica, la religione, l'economia, l'ecologia, e anche la filosofia, sotto le forme rinnovate dell'etica personale, dell'etica pubblica, della bioetica. Nulla di male in tutto questo. L'Aperto si concede e si ritrae in tanti modi e, dinanzi a esso, non hanno senso accettazione o rifiuti.

Se però, come dice Hölderlin, in "un istante di forza",[23] e in un'altra dimensione del pensare, al tempo stesso più antica e più semplice, ci scuotiamo di dosso la stanchezza, e risorgiamo dal nostro sguardo abituale, torvo e saccente, estetico e logico, diventiamo capaci di cogliere quella che Hölderlin chiama "la misura a tutti comune",[24] che le cose stesse rivelano se solo abbiamo la capacità di sottrarle alle nostre valutazioni, dove affondano le radici dei "valori", utili solo a dividere gli uomini e a contrapporli fino al limite della reciproca soppressione.

Porsi alla ricerca di un'*etica originaria* significa allora retrocedere da tutte le etiche religiose che nascondono la natura delle cose sotto la maschera dei loro valori; e siccome alla base di ogni valore c'è sempre una volontà che vuole, perché, come scrive Nietzsche: "I valori e il loro variare stanno in rapporto con la crescita di potenza di chi pone i valori"[25] all'etica originaria non si giungerà se prima non si sarà avviata un'esperienza che prepari alla non-volontà autentica.

Testimoni di questa non-volontà sono i poeti, i più arrischianti, coloro che cantano non per questo o per quello, ma per nulla. In questo nulla di calcolo e di intenzioni c'è la possibilità per l'uomo di rintracciare "quella misura a tutti comune" che non è dato reperire nelle etiche generate dalle fedi religiose.

Corrispondendo a quella misura, l'uomo potrà avviarsi là dove è già da sempre chiamato e da cui recalcitra ogni volta che, valutando le cose a partire dalla propria fede, risolve l'Aperto nel chiuso delle sue valutazioni tra loro implicantisi, in quell'intreccio di connessioni che rattrappiscono il mondo in quel recinto dove non c'è più traccia né frammento di avvenire.

---

[23] F. Hölderlin, *Sybille* (1799); tr. it. *Sibilla*, in *Tutte le liriche*, Mondadori, Milano 2001, p. 705.
[24] Id., *Pane e vino*, cit., p. 115.
[25] F. Nietzsche, *Nachgelassene Fragmente 1887-1888*; tr. it. *Frammenti postumi 1887-1888*, in *Opere*, Adelphi, Milano 1971, vol. VIII, 2, fr. 9 (39), p. 15.

15. GENIO E FOLLIA

Ma per incamminarsi alla ricerca della via che dischiude l'avvenire occorre retrocedere da tutte le etiche religiose e dal loro integralismo, senza perdersi in implorazioni, speranze, illusioni, e al loro posto far risuonare il "canto" che, nella scansione delle sue immagini, segnala i colpi dell'"istante di forza", che mette a tacere il "detto", affinché si dia ulteriorità e futuro, in quella regione dell'Aperto dove forse non è necessario proseguire, ma è sufficiente indugiare e, indugiando, scoprire le tracce di ciò che viene, con un movimento non dissimile da quello indicato da Nietzsche là dove scrive:

> Passo in mezzo agli uomini come in mezzo a frammenti di avvenire: di quell'avvenire che io contemplo. E il senso di tutto il mio operare è che io immagini come un poeta, e ricomponga in Uno ciò che è frammento ed enigma e orrida casualità. E come potrei sopportare di essere uomo, se l'uomo non fosse anche poeta, e solutore di enigmi e redentore della casualità?[26]

Se, come Heidegger ci ricorda, la *ragione* è l'ambito rac-chiuso nella previsione del pensiero che calcola, è allora la *follia* la condizione dove è possibile arrischiare nell'Aperto dis-chiuso del pensiero che dispone le cose in relazioni che oltrepassano il recinto delimitato del calcolo e chiamano in gioco i mortali e i divini, il cielo e la terra?

Di questo sono certo capaci alcuni folli che già Platone segnalava "abitati dal dio". Essi descrivono la condizione umana caratterizzata da quella "totale assenza di protezione" che la ragione tenta invano di mascherare con il calcolo e con il progetto, con la previsione e con l'anticipazione, per cui l'uomo occidentale, educato da quel tipo di "ragione", non osa più sporgere nell'Aperto e arrischiare sensi imprevisti.

Solo i folli "abitati dal dio" ne sono capaci, e allora qui, e non altrove, si scorge il nesso tra follia e creazione artistica, naturalmente con il sacrificio dell'artista, il quale, con la sua catastrofe biografica, segnala la condizione, a tutti comune, che è la vita come assenza di protezione, da cui noi ci difendiamo non oltrepassando il recinto chiuso della nostra ragione, che abbiamo inventato come rimedio all'angoscia. Di qui l'inquietante interrogativo di Jaspers:

---

[26] Id., *Also sprach Zarathustra. Ein Buch für Alle und Keinen* (1883-1885); tr. it. *Così parlò Zarathustra. Un libro per tutti e per nessuno*, in *Opere*, cit., 1968, vol. VI, 1, Parte II: "Della redenzione", p. 170. Il motivo è ripreso in *Ecce homo. Wie man wird, was man ist* (1888); tr. it. *Ecce homo. Come si diventa ciò che si è*, in *Opere*, cit., 1970, vol. VI, 3, p. 358.

Nutriti come siamo di una cultura altamente intellettuale, posseduti da una volontà di chiarezza illimitata, riconosciamo l'autenticità di questa profondità in cui l'io si distrugge, la coscienza della presenza divina solo ai malati di mente? Viviamo in un'epoca di imitazioni e di artifici, in cui ogni spiritualità si converte in affarismo e ufficialità, in cui tutto viene fatto in vista di un rendimento, in cui la vita è una mascherata, un tempo in cui l'uomo non perde mai di vista ciò che è, in cui la semplicità stessa è voluta e l'ebbrezza dionisiaca fittizia come l'arte che la esprime, arte di cui l'artista è troppo consapevole, e compiaciuto di esserlo. In una simile epoca, è forse la follia la condizione di ogni autenticità in campi in cui, in tempi meno incoerenti, si sarebbe stati capaci di esperienze e di espressioni autentiche anche senza di essa?[27]

---

[27] K. Jaspers, *Genio e follia. Strindberg e Van Gogh*, cit., pp. 175-176.

16. La medicina e il fraintendimento del corpo

> La natura del corpo è il principio del discorso in medicina.
>
> ANONIMO DELLA SCUOLA MEDICA DI KOS, *Luoghi nell'uomo*, § 2.

C'è un senso in cui è possibile dire che la scienza medica soffre di un significativo fraintendimento del corpo, per effetto del quale le scienze psicologiche hanno potuto inserirsi e occupare lo spazio lasciato libero dallo sguardo clinico.

Infatti, da quando Cartesio ha posto le basi della scienza moderna, radicalizzando il dualismo platonico di anima e corpo, la medicina ha progressivamente abbandonato la componente *umanitaria*, fondata sulla comunicazione "comprensiva" tra medico e paziente, per attenersi all'*oggettività dei dati clinici*, che la strumentazione tecnica mette ogni giorno di più a disposizione.

Lo *spazio comunicativo*, trascurato dalla medicina, è stato successivamente occupato dalla psicoanalisi che, a parere di Jaspers, "lungi dall'essere un *sapere*, è una *fede*",[1] i cui tratti dogmatici e acritici ledono l'autentica comunicazione tra uomini e la possibilità di diventar se stessi al di là dei presupposti fideistici che sono alla base della concezione psicoanalitica.

Partendo da queste premesse, Jaspers auspica un'estinzione della psicoanalisi che, come tutte le fedi, riduce la libertà dell'uomo, e un recupero, da parte della medicina, di quella comunicazione tra medico e paziente di cui la psicoanalisi si è appropriata quando, a partire da Cartesio, e in modo esponenziale nell'età della tecnica, la medicina ha via via trascurato l'*aspetto soggettivo* della malattia, per attenersi esclusivamente all'*oggettività dei dati* che la strumentazione tecnica è in grado di offrire.

---

[1] K. Jaspers, *Zur Kritik der Psychoanalyse* (1950); tr. it. *Per la critica della psicoanalisi*, in *Il medico nell'età della tecnica*, Raffaello Cortina, Milano 1991, p. 72.

1. *I due volti della malattia*

La figura del medico si caratterizza, a parere di Jaspers, "da un lato per la conoscenza scientifica e l'abilità tecnica, dall'altro per l'*ethos* umanitario".[2] I due tratti rimandano a due scenari tra loro molto differenziati, che non è facile veder composti e unificati nella singola personalità.

Affinché le parole acquistino subito il loro senso, diciamo che conoscenza scientifica e abilità tecnica sono dimensioni che possono essere insegnate e apprese, perché ciò che esprimono è qualcosa di *oggettivo* che non mette in gioco né la soggettività del medico né quella del paziente. Il loro campo di applicazione è il corpo inteso come *organismo*, ossia un apparato di organi, strutture e funzioni che è possibile trattare con criteri meccanicistici come qualsiasi fenomeno naturale.

In questo contesto la malattia appare come l'*effetto* di una *causa* che si può rimuovere o modificare con interventi tecnici, i quali ubbidiscono al sistema di spiegazioni che il sapere medico ha anticipato come lettura scientifica del corpo e delle sue alterazioni. In questo sguardo clinico oggettivante, che percepisce il corpo come una macchina, la componente umanistica non solo non ha alcuna rilevanza, ma può essere addirittura di intralcio a una visione scientifica e oggettiva.

Accade però che la malattia sia vissuta dal soggetto che la percepisce secondo modalità che influiscono sul suo decorso, quando non addirittura sulla sua insorgenza e sulla sua prognosi. Su questo fronte, conoscenza scientifica e abilità tecnica sono insufficienti. L'ordine della "spiegazione (*erklären*)", che dice *come* l'alterazione si è prodotta, non è in grado di "comprendere *(verstehen)*" *perché* si è prodotta, dove il "perché" non rinvia a una *causa*, ma a un *senso*.

Se gli uomini non sono cose, il modo in cui sono al mondo e il senso che il mondo assume per loro sono causa di malattia non meno delle componenti fisico-chimiche che lo sguardo clinico, per le regole imposte dal metodo scientifico che lo esprime, individua come *uniche* cause. Percorrendo questa via, ciò che è possibile accertare sono i *fatti* non i *significati*, la successione *causale* non la produzione di *senso*, l'ordine della *spiegazione* non l'ordine della *comprensione*, per cui, dice Jaspers:

> Conoscenza scientifica e abilità tecnica si trovano sempre nella condizione di *spiegare* qualcosa senza nulla *comprendere*, a meno di non

---

[2] Id., *Die Idee des Arztes* (1953); tr. it. *L'idea di medico*, in *Il medico nell'età della tecnica*, cit., p. 2.

considerare compreso un fenomeno per il solo fatto che gli si è assegnato un nome.[3]

2. I fatti e i significati

Se lo statuto dell'uomo non è lo statuto della cosa, se il suo "comportamento" non è un "movimento" analogo a quello delle cose naturali, la medicina che accostasse l'uomo con le metodiche positive delle scienze della natura spiegherebbe dei *fatti*, ma non comprenderebbe dei *significati*, l'umano resterebbe fuori della sua portata, perché un fatto, spogliato del suo significato, è per definizione in-umano.

Come ci ricorda Sartre,[4] dal punto di vista organico la collera differirebbe ad esempio dalla gioia solo per una diversa intensità del ritmo respiratorio, del tono muscolare, dello scambio biochimico e della pressione arteriosa, ma ciò non autorizza a concludere che il collerico è un arcicontento, così come non possiamo dire che un riso di gioia è identico a un riso isterico perché entrambi impegnano la stessa area muscolare nelle stesse modalità.

Il *fatto* non è in grado di esprimere da sé il suo *significato*. Significare è indicare qualcosa che trascende il fatto, e che si scopre non analizzando le modalità con cui il fatto accade, ma il *senso* a cui il fatto rinvia. Per questo i fatti fisiologici, considerati in se stessi, ci sono, ma non *significano* nulla. Il corpo che li registra è puro organismo, è *cosa*, non *intenzionalità* dispiegata su un mondo.

Finché la medicina considera il corpo nel suo isolamento, come corpo organico (*Körper*) e non come corpo vivente in un mondo (*Leib*), finché si limita a raccogliere fatti, invece di interrogare i fenomeni, cioè i vissuti soggettivi per quel tanto che sono *significanti* e non per quel tanto che sono *fatti* puri, finché non trascende i disturbi dell'organismo per trovarne il senso, che non è qualcosa che si aggiunge dall'esterno, ma ciò in cui l'esistenza si esprime, la medicina non potrà che collegare una serie di dati "insignificanti", per aver scelto quel terreno delle scienze positive dove i significati sono esclusi, perché il metodo esige che ci si attenga esclusivamente ai fatti.

---

[3] Id., *Allgemeine Psychopathologie* (1913-1959); tr. it. *Psicopatologia generale*, Il Pensiero Scientifico, Roma 2000, p. 30.
[4] J.-P. Sartre, *Esquisse d'une théorie des émotions* (1939); tr. it. *Idee per una teoria delle emozioni*, in *L'immaginazione. Idee per una teoria delle emozioni*, Bompiani, Milano 1962, p. 121.

3. Il corpo e l'esistenza

Rifiutare di risolvere l'ordine dei significati nell'ordine dei fatti significa rifiutare di identificare la *corporeità* che l'esistenza vive con l'*organismo* che la scienza descrive. Non è infatti lo sguardo che vede qualcosa per me o il braccio che si protende per afferrare qualcosa per me, ma sono io quello sguardo che ispeziona, così come sono io questo braccio che afferra. L'Io, cioè, non si distingue dal corpo, non dispiega una presenza in cui il corpo compare come uno strumento. Io sono davanti al mondo, non davanti al mio corpo; per questo si dicono "alienati" coloro che vivono il corpo come "altro" da sé, come qualcosa del mondo, da cui l'Io è diviso.[5]

La coincidenza di corpo ed esistenza è in quel *ben-essere* in cui l'Io aderisce al suo stato corporeo, lasciandosi invadere dalla calma, dal silenzio, ascoltando e ascoltandosi vivere. Questa aderenza allo stato corporeo può essere interrotta dal dolore che, sordo e lancinante, si annuncia in me come qualcosa che non riesce a con-fondersi con me, né a trattenersi in una delimitata regione dell'organismo.

Per l'esperienza che ne ho, non è il mio stomaco che soffre, ma è la mia esistenza che si contrae. Tutto diventa urgente, pressante, il ritmo con cui si succedono le cose dice la mia impotenza a controllarle, e il mio dolore, che "fa corpo" con quel ritmo, mi costringe a sentire il mondo come incalzante e ossessivo. Non è una parte dell'organismo che soffre, ma è il rapporto con il mondo che si è contratto, è la mia distanza dalle cose, la successione del tempo, l'ordine della presenza.

Si comprende a questo punto perché i primitivi concepivano il dolore come un essere estraneo che li abitava, come un'altra presenza che non faceva corpo con loro. Era un modo di non *rassegnarsi* alla sua presenza, perché accettarlo significava accettare quella diminuzione d'essere che nel dolore verifico ogni volta che non posso più osare quel che prima osavo, o intraprendere quel che prima intraprendevo.

Per questo *sopporto* il dolore, ma non l'*accetto*, perché accettarlo significherebbe far arretrare l'esistenza dal mondo al corpo che, da possibilità nel mondo, diventa, in presenza del dolore, ostacolo da superare. In questo *arretramento dell'esistenza* si nasconde il senso profondo della malattia, in cui il malato si scopre attento al proprio corpo invece che al mondo e, sempre più incapace di trovare uno sbocco sulle cose, dimora in sé.

---

[5] Si veda a questo proposito G. Pancow, *L'homme et sa psychose* (1969); tr. it. *L'uomo e la sua psicosi*, Feltrinelli, Milano 1977.

4. Il dolore e il piacere

Il *mondo* è il polo verso cui posso oltrepassarmi, mentre il *corpo* è il polo in cui mi trattengo. Se nel dolore il corpo diventa per me il mondo, non siamo in presenza solo di un capovolgimento polare, ma di un radicale perturbamento dell'esistenza, perché io non sono circondato dal mio corpo come dal mondo, perché il corpo non è l'orizzonte in cui si dispiega la mia esistenza, *il corpo sono io*.

Nel dolore, quindi, mi separo da me; l'"altro" che mi abita e mi insidia sconvolge l'ordine della mia esistenza; nella mia temporalità inserisce i *suoi* tempi, che non sono solo i tempi del dolore, ma la mutilazione delle prospettive. Se un dolore dura, la scienza medica mi può dare delle rassicuranti spiegazioni e delle ragionevoli prospettive, che però non sono le *mie* prospettive, ma quelle della malattia, dai cui tempi dipendono i miei. E quando la speranza di un "dopo" si affievolisce, il tempo si destruttura, il domani diventa come ieri, mentre la vita assapora la monotonia della ripetizione.

Se nel *dolore* l'esistenza scopre il corpo come qualcosa di estraneo, nel *piacere* lo riconosce come suo e si riconosce in lui, quasi una risposta a un'attesa segreta, a un desiderio profondo eppure appena accennato. Per questo il piacere che si profila, anche se ancora non lo conosco, non è mai propriamente sconosciuto.

Eppure non è dal corpo che nasce il piacere, ma dal *contatto* del corpo con qualcosa del mondo. Per questo, come si diffonde l'eco, così mi invade il piacere, che non può mai essere localizzato, delimitato a un punto del mio corpo. Il piacere, infatti, coinvolge l'esistenza nella sua totalità e la rende piacevole.

Non è solo il mio corpo che sente, ma sono io che coincido pienamente con la sua sensazione, perché pienamente al mio corpo mi sono concesso. Il piacere di un bacio non è qualcosa che registra la mia mucosa, ma qualcosa che invade il mio essere. Sono io che assaporo la voluttà, o, meglio ancora, il piacere mi fa assaporare nella voluttà il mio corpo, così come il dolore me lo allontana.

Nella nuova forma d'esistenza che con il piacere si costituisce, il corpo chiede d'esser lasciato corpo affinché il piacere non si dissolva. Come nel dolore, anche qui il corpo si ritira a poco a poco dal mondo per dimorare in sé, il suo sguardo si perde, le sue membra si rilassano e di nuovo l'esistenza arretra dal mondo al corpo. Non è però l'arretramento tipico del dolore, perché il malato che soffre, non potendo sporgere sul mondo, non può oltrepassare il proprio corpo, mentre chi si abbandona al piacere si ritira dal mondo per lasciarsi andare al suo corpo, per essere solo corpo.

5. L'incarnazione

Non si dà un corpo leggibile con le sole categorie fisico-chimiche, così come non si dà un'esistenza leggibile con le sole categorie psichiche, perché l'esistenza di cui disponiamo è un'*esistenza incarnata*. Ciò significa che la medicina che accosta la malattia con la sola componente scientifica non ne coglie il riverbero esistenziale, dove si radica la malattia, il suo decorso e la sua prognosi.

Il *mal-essere* di un organismo è anche un'impossibilità a *essere*, è un disquilibrio dell'esistenza, costretta a vivere nel proprio corpo la sua impossibilità o incapacità a progettarsi in un mondo. Un rifiuto può far nascere l'angoscia, così come una violenza sessuale la frigidità. Ogni volta che l'esistenza non può esprimersi nel mondo come le "piace" è costretta a trattenersi e a ripiegarsi su di sé. Ciò che si produce non è tanto un "ingorgo della libido" come vuole la psicoanalisi, ma è una mancata presenza al mondo.

Non osando assumere una forma propria d'esistenza in quel mondo primitivo costituito dal proprio ambito familiare, l'anoressica rifiuta di assumere il suo corpo, e perciò non lo alimenta, e a poco a poco lo distrugge. Qui non si tratta di "conversione" o di "soma-tizzazione", quasi che un conflitto psichico possa "trasferirsi" agli organi corporei, qui manca il richiamo di una presenza al mondo, per cui non resta altro modo di vivere se non quello del progressivo assentarsi. Il non alimentare il proprio corpo è il modo letterale, e non metaforico, di non alimentare la propria esistenza in un mondo che non interessa o che non accoglie, per cui il corpo diventa il teatro dove si vive ciò che non si può vivere nel teatro del mondo.

Benessere e malessere, salute e malattia, piacere e dolore trovano qui il luogo naturale della loro definizione. Se il corpo umano non è solo un campo di gioco di forze biologiche, ma un'originaria apertura al mondo, il modo con cui l'esistenza vive il proprio corpo rivela il modo in cui vive il mondo. Per questo Jaspers non parla di conversioni o trasferimenti di conflitti psichici agli organi fisici, perché non ci sono due realtà, quella psichica e quella fisica, ma un'unica presenza che dice nel corpo il proprio modo di essere-nel-mondo. Già Husserl avvertiva che:

> Tra i corpi di questa natura io trovo il *mio corpo* nella sua peculiarità unica, cioè come l'unico a non essere mero corpo fisico (*Körper*), ma proprio corpo vivente (*Leib*).[6]

---

[6] E. Husserl, *Cartesianische Meditationen und Pariser Vorträge* (1931); tr. it. *Meditazioni cartesiane*, Bompiani, Milano 1969, § 44, p. 107.

Finché la medicina e quindi la psichiatria non guadagneranno il senso del "proprio corpo vivente", superando il dualismo cartesiano tra *res cogitans* e *res extensa*, tra mente e corpo, tra psiche e soma, non solo si troveranno costrette a trattare il corpo umano come un qualsiasi oggetto della natura, con un atteggiamento che, lungi dall'essere naturale, come queste discipline pretendono, è "naturalistico", ma di fronte alla malattia, al suo insorgere, al suo svolgersi, al suo aggravarsi o alleviarsi, si troveranno nelle condizioni di "spiegare" qualcosa, come dice Jaspers, senza nulla "comprendere", a meno di non considerare "compreso" un fenomeno per il solo fatto che gli si è assegnato il nome magico di "conversione" o di "somatizzazione", intorno a cui si sollevano le polemiche degli organicisti e degli psicologisti, impegnati entrambi a far collimare le due parti di un'unità che non la natura, ma le esigenze metodologiche della scienza hanno impropriamente diviso e tenuto separate.

6. *La grande lacerazione e le false ricuciture*

Guardare l'"incarnazione" o, come dice Jaspers, "il tutto dell'uomo nella situazione reale"[7] non è cosa che si possa perseguire con gli espedienti linguistici con cui la psicosomatica e la psicoanalisi hanno costruito se stesse. Già Binswanger ricordava che:

> Le dottrine psicofisiche cercano di gettare un ponte tra due ambiti "cosali" che non corrispondono ad alcuna realtà umana, e in cui né l'uno né l'altro termine riesce a gettare luce relativamente sul primo o sul secondo, finendo anzi per occultarli entrambi.[8]

Se questo è vero, o ci si rassegna alla magia delle parole inspiegabili che i metodi scientifici pongono al limite delle loro possibilità, o si ritorna a quell'unità prescientifica, mai smentita dall'esperienza, dove è dato constatare, come dice Binswanger, che "corpo e psiche fanno uno nel piano dell'esistenza".[9]

Per comprendere il senso di questa unità bisogna abbandonare il terreno delle scienze naturali che, per le note caratteristiche del loro metodo, sono costrette a spogliare il corpo di ogni connotato *egoico*, cioè di ogni valenza psichica e intenzionale,

---

[7] K. Jaspers, *Psicopatologia generale*, cit., pp. 795 sgg.
[8] L. Binswanger, *Welche Aufgaben ergeben sich für die Psychiatrie aus den Fortschritten der neuren Psychologie?* (1924); tr. it. *Quali compiti sono prospettati alla psichiatria dai progressi della psicologia più recenti?*, in *Per un'antropologia fenomenologica*, Feltrinelli, Milano 1970, p. 317.
[9] Ivi, p. 322.

per ridurlo a mero oggetto di natura, a cosa, simile in tutto e per tutto alle altre cose che la scienza trova nel mondo e, oggettivandole, sottopone alla sua analisi sperimentale regolata dal principio di causalità.

Ora, nel corpo-cosa (*Körperding*) che la scienza descrive ogni volta che parla dell'organismo e delle sue funzioni io non mi riconosco, perché è un corpo che non *mi* rivela, non *mi* rappresenta, non *mi* esprime. Ciò che di esso la scienza dice non *mi* riguarda, e per quanti sforzi io faccia non riuscirò mai a integrare nella *mia* esistenza ciò che dalla scienza vengo a sapere.

La ragione è molto semplice. In occasione di qualsiasi malattia, l'ordine della mia esistenza subisce un profondo capovolgimento, che non è un'implicanza secondaria che si aggiunge alla malattia come sua inevitabile "conseguenza psicologica", ma ne è piuttosto l'essenza. Essere ammalato, infatti, significa distogliere la mia intenzionalità dal mondo, dove si distende l'orizzonte della mia esistenza e dove le cose assumono quel significato per cui ha un certo senso per me essere-nel-mondo, per concentrarla sul mio corpo, anzi sulla malattia, che non consente più al mio corpo di progettarsi nel mondo come prima accadeva.

Il corpo, da potenza operativa nel mondo, da *soggetto di intenzioni*, diventa, quando sono afferrato dalla malattia, *oggetto intenzionato*, e io, che prima vivevo *per il mondo*, mi trovo improvvisamente a vivere *per il mio corpo*, mentre le cose del mondo svaniscono come termine del mio quotidiano mondanizzarmi, per avvolgersi in una penombra che ogni giorno della malattia rende sempre più buia. Tutto ciò, dice Jaspers, non è "conseguenza" della malattia, ma sua "essenza".

Come è incomprensibile "dedurre" effetti psichici da malattie organiche, perché ciò che si constata, ciò che si sperimenta è semplicemente un'esistenza mancata, così è impossibile dedurre la malattia organica dalla qualità della vita. Non è la carenza affettiva o l'eccessiva repressione sessuale che "causano" disturbi gastrici, ma è l'esistenza che, impossibilitata a esprimersi in un mondo che sente troppo ostile o troppo proibitivo, dirige verso il proprio corpo le sue pulsioni aggressive o sessuali. Non c'è una causa (carenza affettiva) e un effetto (disturbo gastrico), ma un corpo che fraintende il proprio modo di essere-nel-mondo, un'esistenza che, priva com'è di mondo, non potrebbe esistere se non avesse un corpo su cui scaricare l'aggressività accumulata nella serie delle sue azioni mancate.

Un mondo inospitale, un mondo che non si lascia abitare non sopprime l'esistenza, ma la costringe alle corde, la lascia esistere nelle forme dell'apprensione, dell'ansietà, della malattia. Ciò che si constata non è la "conversione" di una tensione affettiva in un sintomo organico, ma il progressivo assentarsi di un'esistenza che, incapace di diluire la sua tensione con il mondo, "si ammala", cioè riduce l'intensità dei suoi rapporti con le cose, la propria partecipazione, se stessa come presenza. Nella malattia essa ha la possibilità di non occuparsi più del mondo, ma esclusivamente di sé.

Da questo punto di vista non ci sono organi "privilegiati" su cui si scaricano i conflitti psichici, ma c'è un uomo che vive un conflitto con il mondo con certi organi, che sono poi quelli deputati a stabilire questo rapporto. In questo modo la comprensione della malattia psicogena non si realizza attraverso la ricerca di causalità, concordanze, parallelismi tra due ordini non omogenei, ma nel riferimento all'unità dell'esistenza, dove la malattia non appare come l'*effetto* di una causa, ma come il *significato* di un rapporto, il significato che la malattia assume per colui che la vive.

7. *La superstizione scientifica*

Siamo così rinviati alla distinzione husserliana tra il corpo oggettivato dalla scienza che si offre all'indagine anatomico-fisiologica (*Körper*), e il corpo come è concretamente vissuto e sperimentato dall'esistenza (*Leib*). Il punto di vista scientifico accantona l'esperienza diretta che noi abbiamo del nostro corpo come fenomenologicamente ci si rivela, per studiare un organismo nelle sue strutture, nelle sue funzioni e nei suoi organi, che si possono benissimo pensare come a sé stanti e anche di fatto separare, isolando le regioni dell'organismo, studiandone le rispettive funzioni, fino a legittimare la domanda che si chiede se l'oggetto di questa ricerca sia ancora il corpo umano e, soprattutto, il *mio* corpo.

Non si può pensare, infatti, che, ricomponendo le singole parti che l'anatomia ha diviso e restituendo la dinamica alle funzioni che la fisiologia ha isolato, io posso ottenere quell'unità corporea che quotidianamente vivo. Ricostruire il complesso dal semplice, e spiegare ad esempio la percezione attraverso una combinazione di sensazioni e il linguaggio attraverso una combinazione di segni, come ha fatto Pavlov,[10] significa ottenere uno schema che dimentica che il complesso non è una combinazione di elementi semplici, che il corpo non è un mosaico di fatti fisico-chimici, ma è una totalità, a partire dalla quale, anche questi fatti diventano comprensibili.

Il *mio corpo*, che conosco nella molteplicità delle esperienze

[10] I. Pavlov, *I riflessi condizionati* (1927), Boringhieri, Torino 1966.

quotidiane, si rivela come ciò che mi inserisce in un mondo, ciò grazie a cui esiste per me un mondo. Il *corpo-cosa* che io conosco nei libri di fisiologia o nelle tavole di anatomia non è un'altra *realtà*, ma è la stessa presente in un'altra *modalità*, nella modalità oggettivante della scienza biologica.

Qui non si tratta di opporre un corpo all'altro e poi domandarsi quale sia il vero, se quello che io vivo o quello che la biologia descrive. In questi termini la questione è mal posta, perché non abbiamo a che fare con due *realtà*, ma con due modi diversi di aver presente la stessa. Nel primo caso ho presente il mio corpo perché lo *sono*, nel secondo ho presente il mio corpo perché lo *vedo*, perché, nell'orizzonte della mia esistenza, con cui sempre coincido perché altrimenti non sarei al mondo, esperisco il mio corpo come mia *estraneità*. Prima con il corpo mi mondanizzavo in *ogni* altro-da-me, ora, sempre con il corpo, mi mondanizzo in *quell'*altro-da-me che è il mio corpo oggettivato.

Questo è il modo con cui accedo all'esperienza scientifica del mio corpo. Fare scienza, infatti, non significa abbandonare la presenza, il proprio corpo vivente e il suo modo di mondanizzarsi, ma adottare, nel mondanizzarsi, *solo* il pensiero scientifico e tecnico che isola per meglio analizzare il dettaglio dei fenomeni. L'errore nasce quando si riduce la presenza al modo con cui le cose si presentano quando sono focalizzate dal pensiero scientifico, quando *un modo* dell'apparire diventa *la totalità* dell'apparire, il senso ultimo di ogni fatto, lo statuto dell'essere.

Jaspers chiama questo atteggiamento "superstizione scientifica (*Wissenschaftsaberglaube*)".[11] Assolutizzato, esso mi porta a conoscere il mio corpo *solo* come *mia estraneità*, ma anche così l'estraneità è pur sempre mia, per cui, per quanto distanziato, anche il corpo-cosa non perde mai del tutto la connessione con l'Io che connota il proprio corpo vivente.

Si dovrà allora concludere che l'orizzonte della presenza, dischiuso dal proprio corpo vivente, è capace di variazioni, tra cui la variazione scientifica che mi fa conoscere il corpo come organismo fisico-chimico, senza per questo dover concludere che all'organismo *così* reso presente sia da ricondurre ogni possibile significato dell'esistenza, e quindi il senso di ogni esperienza corporea.

8. *Il supplemento psicologico*

Una volta ridotto il corpo a puro organismo regolato dal meccanismo fisico-chimico, una volta ridotta la sua ambivalenza al-

---

[11] K. Jaspers, *Philosophie* (1932-1955): I *Philosophische Weltorientierung*, tr. it. *Filosofia*, Libro I: *Orientazione filosofica nel mondo*, Utet, Torino 1978, p. 243.

l'equivalenza imposta dalla scienza, è giocoforza introdurre una fantomatica "psiche", non meglio precisata, per spiegare tutti quei fenomeni irriducibili alla fisica e alla chimica dell'organismo.

La psicofisiologia, che studia gli effetti somatici degli eventi psichici e viceversa, è lì a dimostrare che le migliori prove a favore dell'esistenza di un'"anima" o di una "psiche" non le hanno offerte tanto le tradizioni religiose o spiritualistiche, ma il materialismo scientifico che, riducendo l'ambivalenza del corpo vivente (*Leib*) intenzionato a un mondo all'equivalenza di un corpo fisico (*Körper*) privo di intenzionalità, s'è poi trovato costretto a lasciar spazio a una realtà non organica (l'anima), per spiegare tutto ciò che risultava inspiegabile a partire da un corpo ridotto a organismo.

Una corretta impostazione del sapere psicologico non ha bisogno dell'anima, perché la comprensione del mondo, che è la prerogativa fondamentale che la tradizione occidentale ha attribuito all'anima, è impossibile al "corpo fisico" ridotto a cosa del mondo, ma non al "proprio corpo vivente" originariamente dischiuso a un mondo. Ancora una volta il problema è di non ridurre l'orizzonte della presenza a ciò che il metodo scientifico, per le sue particolari esigenze, rende presente.

Gli studi sulla percezione ci dicono, infatti, che la stessa cosa, a seconda di come è vista, dà origine a descrizioni a tal punto diverse da divenire alla fine descrizioni di cose diverse. Se ci riferiamo alla famosa "figura ambigua", dove i tratti dei profili dei due volti che si fronteggiano sono gli stessi tratti che delimitano i contorni di un vaso, di fronte alla stessa figura avremo chi parla di un vaso e chi parla di volti, a secondo di *come* articolano il rapporto tra figura e sfondo. Ebbene, la scienza medica, defilando la figura umana sullo sfondo della natura, non la *vede* più come *persona*, ma come *cosa*.

Il paziente che va dal medico per una visita agli occhi, quando entra vive i suoi occhi come ciò che gli consente di incontrare una persona, un "tu" nel mondo; quando si sottopone alla visita, li vive come una cosa che l'altro osserva come si osserva qualsiasi altra cosa; in quel momento l'occhio non è più per lui una *possibilità* per essere-nel-mondo, ma soltanto un *organo*. La stessa esperienza è vissuta dal medico che, quando riceve il paziente, quando lo saluta, lo fa accomodare, lo vede come una *persona*, poi, quando lo fa adagiare sul lettino, lo vede come un *organismo*. Il medico scompare dietro l'obiettività del suo metodo e il paziente viene de-personalizzato.

In realtà il paziente è visto alternativamente come *persona* e come *organismo* non perché in lui ci siano due cose, due sostanze: la *psyché* (persona) e il *sôma* (organismo), ma perché due sono i *modi* con cui il medico si rapporta al paziente. In quanto oggetto di atti intenzionali diversi, il paziente emerge ora come persona (*psyché*), ora come organismo (*sôma*), esattamente come nella figura ambigua, dove l'emergere del vaso o del profilo dei volti dipende dalle *modalità* con cui all'immagine ci si *intenziona*.

Non vi è dunque un dualismo nel senso dell'esistenza di *due sostanze*: l'"apparato organico" e l'"apparato psichico", ma semplicemente *due metodi* che, in base alle loro procedure, riducono l'*ambivalenza* del corpo all'*equivalenza* di un suo aspetto. L'errore subentra quando si pretende che il corpo non sia altro che l'aspetto che un certo metodo ha evidenziato.

A questo punto pensare di comprendere meglio l'esperienza di un corpo vivente che abita un mondo, scindendolo nell'impersonalità dei due sistemi, uno organico e uno psichico, che per definizione non hanno un mondo, perché sono costruiti su modelli concettuali ricavati dalla fisica e dalla biologia, significa non rendersi conto di quanto sia assurdo tentare di comprendere persone con procedimenti di spersonalizzazione.

9. *L'appartenenza corporea*

Proprio perché il corpo vivente non è *in sé* come l'organismo, ma sempre *per qualcos'altro da sé*, all'uomo si dà una storia che poi coincide con la storia della sua esperienza corporea. Per effetto di questa coincidenza non posso dire di "avere" un corpo, così come non dico, quando "sono" stanco, di "avere" un corpo stanco. A differenza di quanto accade con la fisicità dell'organismo, con il corpo vivente si realizza quella "sfera di appartenenza", o *Eigenheitsphäre* come la chiama Husserl,[12] che è così stretta che io non posso disfarmi del mio corpo se non *sui*-cidandomi. Per questa ragione, Jaspers al termine "suicidio (*Suicid*)" preferisce l'espressione "autoassassinio (*Selbst-mord*)",[13] perché con il corpo non se ne va solo un organismo, me ne vado io.

È questa una situazione-limite che dice che dal mio corpo non posso distanziarmi, né allontanandomi da lui, né allontanandolo da me. Non è infatti un mio "avere", né una "zona di frontiera tra l'essere e l'avere" come vorrebbe G. Marcel[14]; il proprio corpo vivente è il mio essere. Ogni mio atto, infatti, rivela

---

[12] E. Husserl, *Meditazioni cartesiane*, cit., § 44, p. 105.
[13] K. Jaspers, *Philosophie* (1932-1955): II *Existenzerhellung*; tr. it. *Filosofia*, Libro II: *Chiarificazione dell'esistenza*, cit., p. 781.
[14] G. Marcel, *Être et avoir* (1935); tr. it. parziale *Essere e avere*, in P. Chiodi (a cura di), *L'esistenzialismo*, Loescher, Torino 1976, p. 129.

che la mia esistenza è corporea e che il corpo è la modalità del mio *apparire*.

Questo organismo, questa realtà carnale, i tratti di questo viso, il senso di questa parola portata da questa voce non sono le espressioni esteriori di un io trascendentale e nascosto, ma sono quell'io, così come il mio volto non è un'immagine di me, ma è me stesso. Nel corpo c'è perfetta identità tra essere e apparire, e accettare questa identità è la prima condizione dell'equilibrio.

Lo *spiritualismo*, che comprende l'uomo a partire dalla "realtà dell'anima" concepita come sostanza che vive in una sorta di inquietudine atemporale, e il *materialismo* scientifico, che risolve ogni pensiero nella biochimica del cervello, dimenticano, il primo, che il corpo è ciò senza di cui l'uomo non è al mondo, il secondo, che il cervello può lavorare solo coordinando ciò che *riceve* dal mondo, grazie a un corpo che nel mondo è presente non come organismo fisico, ma come corpo vivente, su cui, per successive impressioni, si vengono a inscrivere i fatti come si sono svolti, secondo quel principio ordinatore che è il *nostro corpo coinvolto*.

Quando diciamo "nostro", buttiamo sulla bilancia della verbalizzazione quella perfetta coincidenza che fa del corpo quell'evento *assoluto* che dà ai fatti e agli avvenimenti il loro ritmo, la loro cadenza, la loro successione, da cui emerge l'oggetto specifico della psicologia che è il loro *significato per noi*.

10. *L'inganno psicoanalitico*

Se nell'età della tecnica la medicina tende ad attenersi esclusivamente al *dato* clinico, prescindendo dal *significato* che il dato ha per il paziente che lo patisce, la psicoanalisi si è subito inserita in questo vuoto lasciato dalla tecnicizzazione della medicina, per occupare lo spazio comunicativo sempre più trascurato dall'atteggiamento medico.

Ma la comunicazione, osserva Jaspers, ha come suo ineliminabile fondamento la libertà dei soggetti comunicanti, mentre nel percorso psicoanalitico ciò a cui si assiste non è tanto la *libertà* quanto l'*adesione* del paziente o dell'allievo all'impianto teorico presupposto alla cura o alla formazione terapeutica. La fede psicoanalitica ha per Jaspers i seguenti tratti:

a) Tutto ciò che accade all'uomo ha un senso conoscibile attraverso un'interpretazione infinita. Ma, osserva Jaspers, quando l'interpretazione trascura i criteri del vero e del falso, traducendo ogni sintomo in simbolo che può essere interpretato all'infinito, "l'interpretazione cessa di essere conoscibilità".[15]

---

[15] K. Jaspers, *Per la critica della psicoanalisi*, cit., p. 74.

b) Se tutto ha per principio un senso, non c'è più nulla che ci possa difendere dalla pretesa di un *sapere totale* che, applicato all'uomo, lo priva della sua libertà ideativa, per risolverlo in un "caso" della teoria totalizzante, non dissimile, dice Jaspers, dal totalitarismo storico-sociologico.[16]

c) Il *senso* della malattia è ricondotto a una *causa*, e la causa a una *colpa*. Qui, oltre alla confusione psicoanalitica tra *comprensione* (ricerca del senso) e *spiegazione* (ricerca della causa), c'è uno slittamento dal piano medico a quello religioso, dove la *causa-colpa* (in greco le due parole sono espresse dall'unico termine *aitía*) produce come suo correlato la pericolosa identificazione tra salute e salvezza.[17]

d) Una volta che si è scivolati sul piano religioso, la *libertà comunicativa* si risolve nell'*adesione fideistica*. Ciò che unisce i soggetti così comunicanti, scrive Jaspers, "non è la discussione, scientificamente determinata, sul terreno della ragione universalmente vincolante, ma una concezione totale, fluida nelle formulazioni che ne danno, ma riconoscibile nell'atteggiamento di fondo. [...] Si tratta di un processo analogo agli esercizi spirituali durante i quali ci si impossessa della verità, non attraverso una conoscenza universalmente valida, ma addestrandosi al trattamento della propria coscienza".[18]

e) Per quanto riguarda poi la formazione degli analisti, ciò che si verifica attraverso l'analisi didattica è "se la persona che vi si sottopone è predisposta per la fede necessaria". Come tale, "l'analisi didattica non può che apparire indegna alla ragione", anzi con la sua pratica "non ne va solo della scienza e della ragione, ma della stessa libertà". Quando poi "un esperimento sull'uomo, su se stessi, viene elevato a condizione per un'abilitazione, si ha un'offesa dell'umanità". Ne consegue che "la psicoanalisi è rovinosa per l'autentico essere del medico" che, dopo aver rinunciato, in nome dell'oggettività della scienza, alla comunicazione interpersonale che mette in gioco la soggettività del medico e del paziente, reintroduce questa comunicazione nella forma surrettizia del trattamento psicoanalitico, dove "la possibilità comunicativa è offerta in cambio di denaro".[19] Partendo da queste premesse, la conclusione di Jaspers è netta:

> Forse la psicoanalisi è solo un dramma insensato che, attraverso la falsa soluzione che propone, mostra indirettamente ciò che il me-

---

[16] Ivi, pp. 74-75.
[17] Ivi, p. 75.
[18] Ivi, pp. 77-78.
[19] Ivi, pp. 79-82.

dico potrebbe o dovrebbe fare. Con ciò non vogliamo liquidare la psicoanalisi con una semplice negazione. Attraverso la realtà della sua diffusione, essa è piuttosto un minaccioso segnale delle omissioni avvenute da parte medica. Ciò che in essa vi è di corretto va capito, ciò che essa distorce va rimesso a posto. La verità che la oltrepassa si trova nello spazio della filosofia, la quale appartiene all'uomo che pensa in quanto tale.[20]

11. L'antica idea di medico

Se nell'età della tecnica la scienza medica "oggettivando l'uomo minaccia di trattarlo alla stregua dell'animale",[21] e se la psicoanalisi, nel tentativo di salvare il paziente dall'oggettivazione, finisce con il ridurlo a "cieco seguace di una fede",[22] contro questi due modi di offendere la ragione, che insieme alla libertà è la conquista più alta dell'uomo, Jaspers propone il ritorno all'antica idea di medico che Ippocrate indicò quando disse: "Il medico che si fa filosofo è pari a un dio (*iatròs philósophos isótheos*)".[23]

Come medico, infatti, si avvale del sapere scientifico, ma non con l'atteggiamento onnipotente del "salvatore desiderato in segreto da tanti malati",[24] ma con la consapevolezza propria del filosofo che conosce i limiti di ogni forma di sapere, per cui non si professa "sapiente (*sophos*)", ma amante del sapere, quindi "filosofo (*philó-sophos*)", che sa disporsi nei confronti del sapere non come un possidente nei confronti del suo territorio, ma come un viandante nei confronti della sua via. E questo perché, scrive Jaspers: "Giunti ai confini della medicina scientifica, senza filosofia non si può dominare la stoltezza".[25]

---

[20] Id., *Der Arzt im technischen Zeitalter* (1958); tr. it. *Il medico nell'età della tecnica*, in *Il medico nell'età della tecnica*, cit., p. 62.
[21] Ivi, p. 54.
[22] Ivi, p. 58.
[23] Ivi, p. 68.
[24] Id., *Arzt und Pazient* (1953); tr. it. *Medico e paziente*, in *Il medico nell'età della tecnica*, cit., p. 21.
[25] Id., *Il medico nell'età della tecnica*, cit., p. 68.

Parte quinta

Jaspers: dalla psicopatologia alla filosofia

> La filosofia, che non abbia come suo momento lo spirito della scientificità, diviene oggi nel suo insieme non vera. La scienza, senza la filosofia, nonostante la correttezza delle singole conoscenze, si fa globalmente acritica, divenendo, nell'intima costituzione dei suoi esponenti, oscura e impenetrabile. [...]
> La via della scienza, infatti, benché in continuo progresso, ha nell'insieme i suoi limiti. Ciò che si può sapere grazie all'*intelletto*, che si attiene esclusivamente a ciò che è oggettivo, deve essere continuamente oltrepassato. Dove cessa la conoscenza scientifica, non cessa però il pensiero. Da quando gli uomini presero a filosofare, si ebbe un pensiero diverso, un pensiero che, di fronte agli oggetti, conduce *al di là dell'oggettuale*. Quest'altro pensiero si chiama *ragione*. Non affidandomi a esso mi perdo nei sentimenti non vincolanti o soverchianti dell'irrazionale. [...]
> Eppure si sente dire non di rado che filosofia vuol dire astrattezza, che essa è uno spazio senz'aria, in cui la voce non arriva lontano. La risposta giusta è: non che lo spazio è senz'aria, ma che, in realtà, non è altro che aria: apparentemente nulla, in verità aria che dobbiamo respirare per esistere, l'aria della *ragione*, senza la quale moriamo soffocati nel mero *intelletto* che presiede le metodiche scientifiche. Essa diviene il respiro vitale dell'esistenza. Solo per suo tramite l'esistenza parla da un'origine profonda.
>
> K. JASPERS, *Il medico nell'età della tecnica* (1958), pp. 62-66.

17. Dilthey: le scienze della natura e le scienze dello spirito

> Le scienze dello spirito si distinguono dalle scienze della natura in quanto queste hanno come loro oggetto dei fatti che si presentano nella coscienza *dall'esterno*, cioè come fenomeni singolarmente dati, mentre in quelle i fatti si presentano *dall'interno*, come realtà e come una connessione vivente. [...] Ciò condiziona la grande differenza dei metodi con cui studiamo la vita psichica, la storia e la società, da quelli con cui è stata condotta innanzi la conoscenza della natura.
>
> W. DILTHEY, *Ideen über eine beschreibende und zergliedernde Psychologie* (1894), pp. 143-144.

Per inaugurare una psicologia capace di pensare l'uomo al di là della scissione anima e corpo, spirito e materia, natura e cultura occorre fare i conti con i linguaggi fra loro intraducibili con cui da un lato l'anima, lo spirito, la cultura, e dall'altro il corpo, la materia, la natura hanno trovato finora espressione rispettivamente nelle scienze dello spirito (*Geisteswissenschaften*) dal taglio storico-ermeneutico con intenzione "comprensiva (*verstehen*)", e nelle scienze della natura (*Naturwissenschaften*) dal taglio nomologico-deduttivo con intenzione "esplicativa (*erklären*)".

1. *La psicologia razionale di derivazione filosofica*

La distinzione è stata introdotta da W. Dilthey nel tentativo di sciogliere quel nodo cruciale a cui giungono tutte le scienze umane quando, oggettivando l'uomo, cioè riducendolo alle sue componenti ultime e ai suoi aspetti misurabili, lo distruggono come *soggetto* e quindi nella sua espressione propriamente psicologica.

D'altra parte, accertato che la conoscenza scientifica non può procedere per pura deduzione razionale e approdare alla psiche dell'uomo partendo da principi meta-esperienziali, si pone il problema di come sia possibile una conoscenza psicologica che non sia di tipo "deduttivo-razionale", né così "naturalizzata" da far perdere la vera natura della soggettività che si vuol prendere in esame.

A questo problema Dilthey dà una risposta in un saggio del 1894 che ha per titolo *Idee per una psicologia descrittiva e analitica*.[1] Fu un saggio che ebbe un'importanza fondamentale per l'avvio della metodologia fenomenologica in psicologia, come riconoscono lo stesso Jaspers nella sua *Psicopatologia*[2] e a più riprese Heidegger in *Essere e tempo*.[3]

Riprendendo le argomentazioni kantiane esposte nella "Dialettica trascendentale" a proposito "Dei raziocinii dialettici della ragion pura",[4] Dilthey nega la possibilità di fondare una psicologia deducendola astrattamente da ipotesi metafisiche e paragona questa pretesa al "sogno di quegli alchimisti filosofi della natura che pensavano di strappare alla natura la sua parola definitiva appunto con l'alchimia".[5]

I tratti della vita psichica, infatti, non seguono nella loro dinamica vissuta quel determinismo della ragione che pure pretende di descriverli normativamente, perché, osserva Dilthey: "L'insieme psichico, se da un lato partecipa all'unità dell'Io penso, dall'altro è condizionato dal flusso della coscienza".[6] Con questa assunzione, Dilthey, pur appoggiandosi alle argomentazioni kantiane, va oltre Kant, a cui rimprovera di aver affidato tutto il compito propriamente conoscitivo soltanto "al pensiero razionale che divide, analizza, separa, mentre la vita fluisce e sente".[7]

---

[1] W. Dilthey, *Ideen über eine beschreibende und zergliedernde Psychologie* (1894), in *Gesammelte Schriften*, Vendenhoeck & Ruprecht, Göttingen 1958 sgg., vol. V; tr. it. antologica in P. Rossi (a cura di), *Idee per una psicologia descrittiva e analitica*, in *Lo storicismo contemporaneo*, Loescher, Torino 1968.

[2] K. Jaspers, *Allgemeine Psychopathologie* (1913-1959); tr. it. *Psicopatologia generale*, Il Pensiero Scientifico, Roma 2000, p. 327, dove si legge: "'Comprendere' è fin dai tempi più remoti una condotta fondamentale metodicamente cosciente secondo le scienze dello spirito. A introdurla fu Dilthey là dove parla di psicologia descrittiva e analitica in opposizione alla psicologia esplicativa".

[3] M. Heidegger, *Sein und Zeit* (1927); tr. it. *Essere e tempo*, Utet, Torino 1978, p. 112, dove si legge: "Le indagini di W. Dilthey sono costantemente animate dal problema della 'vita'. Egli cerca di comprendere le 'esperienze vissute' di questa 'vita' nella loro connessione di struttura e di sviluppo a partire dalla totalità di questa vita stessa". E ancora alle pp. 567-568: "Dilthey fu il 'sensibile' interprete della storia dello spirito, che si sforzò di raggiungere 'anche' una delimitazione comparativa delle scienze della natura e di quelle dello spirito, attribuendo alla storia di queste e alla 'psicologia' un ruolo particolare e diluendo il tutto in una 'filosofia della vita' di tinta relativistica. Per una considerazione superficiale questa definizione è 'esatta'. Ma è in contrasto con la 'sostanza'. Essa nasconde molto di più di quanto rivela".

[4] I. Kant, *Kritik der reinen Vernunft* (1781-1787); tr. it. *Critica della ragion pura*, Laterza, Bari 1959, vol. I, pp. 323-346.

[5] W. Dilthey, *Einleitung in die Geisteswissenschaften. Versuch einer Grundlegung für Gesellschaft und Geschichte* (1883), in *Gesammelte Schriften*, cit., vol. I, 1979, p. 92; tr. it. *Introduzione alle scienze dello spirito*, La Nuova Italia, Firenze 1974.

[6] Ivi, p. 95.

[7] Ivi, p. 97.

2. La psicologia esplicativa delle scienze della natura

Se dal pensiero razionale non si può dedurre una psicologia, tanto meno si può pensare di costruirla sul modello delle scienze naturali, il cui intento, scrive Dilthey, è di "spiegare i fenomeni subordinandoli a un sistema causale attraverso un numero di elementi univocamente determinati".[8] Questo tipo di psicologia, che Dilthey chiama "esplicativa (*erklärende Psychologie*)", opera con l'intento di trasferire i metodi propri delle scienze della natura al campo della vita spirituale: "Essa vuole spiegare la costituzione del mondo psichico secondo i suoi elementi, le sue forze e le sue leggi, precisamente come la fisica e la chimica spiegano quelle del mondo corporeo".[9]

A questa impostazione metodologica Dilthey muove due obiezioni: la prima è che nelle scienze della natura il concetto di ipotesi viene determinato dalle condizioni a cui deve soggiacere la conoscenza della natura, e che, nel caso della psicologia esplicativa, esige che si assuma "l'ipotesi del parallelismo degli eventi nervosi e degli eventi spirituali, per cui anche i più importanti fatti spirituali non sono che sintomi della nostra vita corporea".[10] Ma su che cosa si fonda questa ipotesi? La domanda di Dilthey è legittima perché:

> In psicologia le ipotesi non giocano assolutamente lo stesso ruolo che giocano all'interno della conoscenza della natura. In questa, infatti, ogni insieme strutturale si costituisce attraverso il sistema delle ipotesi, nella psicologia invece è dato proprio l'insieme strutturale in maniera originale e continua, perché la vita è ovunque e soltanto come insieme.[11]

Se ne deduce che le ipotesi vengono eventualmente redatte *dopo* la comprensione di questa vita, per realizzare la quale, e qui siamo alla seconda obiezione, non si può procedere con il metodo delle scienze della natura, perché queste avvicinano dall'esterno i fenomeni che studiano, mentre gli eventi della vita possono essere esperiti solo in quanto vissuti (*erlebt*). Di qui la famosa distinzione di Dilthey:

> Le scienze dello spirito si distinguono dalle scienze della natura in quanto queste hanno come loro oggetto dei fatti che si presentano

---

[8] Id., *Ideen über eine beschreibende und zergliedernde Psychologie*, cit., p. 139.
[9] *Ibidem*.
[10] Ivi, p. 142.
[11] *Ibidem*.

nella coscienza *dall'esterno*, cioè come fenomeni singolarmente dati, mentre in quelle i fatti sorgono originariamente *dall'interno*, come una connessione vivente. Da ciò deriva che nelle scienze naturali la connessione della natura è data soltanto in virtù di ragionamenti che integrano i fatti, cioè mediante un collegamento di ipotesi. Per le scienze dello spirito ne consegue invece che a loro fondamento c'è sempre la connessione originaria della vita psichica. Noi *spieghiamo* la natura, ma *comprendiamo* la vita psichica. [...] La connessione vissuta è qui l'elemento primo, la distinzione dei suoi singoli membri sopravviene in seguito. Ciò condiziona la grande differenza dei metodi con cui studiamo la vita psichica, la storia e la società, da quelli con cui è stata condotta innanzi la conoscenza della natura.[12]

Stante il diverso *modo di presentarsi* del fenomeno nelle scienze della natura e nelle scienze dello spirito, il concetto di "esperienza" non può più essere assunto in modo univoco, perché "di ogni oggetto di studio *si fa esperienza* in maniera adeguata alla sua natura".[13] Voler mantenere lo stesso concetto di esperienza per tutti i possibili oggetti non significa essere rigorosi, ma semplicemente semplificatori. Pertanto se *Erfahrung* è l'esperienza richiesta per abbordare i fenomeni che si offrono dall'esterno, *Erlebnis* sarà l'esperienza necessaria per accedere a quei fenomeni che si costituiscono solo nell'immediato vissuto.

Dai due ordini di esperienza scaturiscono due ordini di operazioni logiche, che per le scienze della natura sono l'induzione, l'esperimento e l'operazione matematica, mentre per le scienze dello spirito sono la descrizione, l'analisi, la comparazione e l'ermeneutica. Diversamente non potrebbe essere, per il differente rapporto in cui il ricercatore si viene a trovare rispetto al fenomeno studiato e per la differenza dei rispettivi ideali conoscitivi. Infatti, scrive Dilthey:

> L'ideale della costruzione delle scienze della natura è la *concettualità*, il cui principio è costituito dall'equivalenza delle cause e degli effetti. Essa deve limitarsi all'assoluta comparabilità delle grandezze, e la sua espressione più compiuta consiste nel pensare in forma di equazioni. L'ideale invece delle scienze dello spirito è la *comprensione* dell'individuazione storico-sociale dell'uomo, in base alla connessione e alla comunanza presente in ogni vita psichica.[14]

---

[12] Ivi, pp. 143-144.
[13] Ivi, p. 253.
[14] Id., *Beiträge zum Studium der Individualität* (1895-1896), in *Gesammelte Schriften*, cit., vol. V, p. 265.

Ne consegue che le scienze dello spirito non devono muovere da una pluralità per risalire alla totalità attraverso un processo costruttivo come avviene nelle scienze della natura, ma devono invece partire dalla connessione immediata che caratterizza la vita psichica. In questo senso, scrive Dilthey:

> Il procedimento della psicologia deve essere un procedimento analitico, non già costruttivo. Essa deve partire dalla vita psichica nel suo sviluppo, non già derivare da processi elementari. [...]
> Inoltre, mentre la *psicologia esplicativa* comincia con le ipotesi, la *psicologia descrittiva e analitica* termina con ipotesi. La sua possibilità poggia sul fatto che tale connessione, universalmente valida, conforme a leggi e comprendente l'intera vita psichica, è a noi accessibile senza l'applicazione di metodi costruttivi offerti dalle scienze della natura.[15]

Si comprende a questo punto perché la distinzione di Dilthey tra *metodo costruttivo* e *metodo analitico descrittivo* fosse attaccata dagli psicologi del suo tempo, in quanto, negando la possibilità di valersi in psicologia del metodo esplicativo delle scienze naturali, nonché la possibilità di sperimentare sulla psiche dell'uomo come se si trattasse di un mero oggetto di natura, minava l'intento della psicologia che, proprio in quell'epoca, puntava decisamente ad allinearsi sul piano delle scienze naturali.

Per Dilthey, invece, si può cominciare a parlare di psicologia in senso proprio, solo se si lascia da parte il problema della *causalità* intesa in senso naturalistico e si adotta quella modalità di conoscenza, radicalmente e sostanzialmente diversa, che consiste nel comprendere la vita psicologica dei nostri simili dall'interno, giacché è propriamente umano solo ciò che è intimamente esperito (*erlebt*), con l'avvertenza che l'esperienza vissuta (*Erlebnis*), richiede metodi di validazione diversi da quelli propri delle scienze della natura.

3. *La psicologia descrittiva e l'esperienza vissuta*

Erlebnis è parola tradotta in italiano con "esperienza vissuta", dove nell'aggettivo c'è il senso di un nuovo approccio epistemologico ai fatti psichici e precisamente: *avvicinare la vita con la vita*. Ciò è possibile solo se il vivente viene ripreso in un atto vitale che lo riesprime (*Nacherleben*). Un simile procedi-

---

[15] W. Dilthey, *Ideen über eine beschreibende und zergliedernde Psychologie*, cit., pp. 168, 175.

mento non è logico, precisa Dilthey, perché "il riprendere è un rivivere".[16]

Questa è anche la ragione per cui in psicologia non si può parlare, come nelle scienze della natura, di un soggetto e di un oggetto, di un percipiente e di un percepito, ma solo di un *atto* in cui emerge quella configurazione dinamica comune a tutti i processi di vita.

L'essere di colui che è percepito non viene posto-di-fronte (*Gegen-stand*, *ob-jectum*) al soggetto e così oggettivato, ma è da questi fatto proprio come *evento* della sua stessa vita e *così* conosciuto. In questo modo è possibile "comprendere" la vera essenza dell'altro, senza ricorrere a quelle scomposizioni riduttive proprie di tutte le scienze che guardano "dall'esterno" i loro fenomeni. Nel suo "essere evento", l'evento finisce per essere evento del soggetto, perché, scrive Dilthey: "Il suo essere per noi è inseparabile da ciò che in esso è per noi presente".[17]

Ora, se l'*Erlebnis* dice l'esperienza vissuta del singolo, quali relazioni esistono tra questa esperienza e l'alterità, l'ambiente, il mondo in generale? Dilthey risponde che l'individuo non è assolutamente un mondo chiuso, come sottintende la distinzione naturalistica tra soggetto e oggetto di derivazione cartesiana. Il rapporto con gli altri e con la realtà naturale è essenziale all'individuo, nel senso che è *costitutivo* della sua personalità. Il mondo, cioè, appartiene a quella vita interiore di cui si ha *Erlebnis*, non è quindi un oggetto che sta di contro, ma un elemento strutturale della singola soggettività:

> L'io si trova in un mutare di stati, che vengono riconosciuti come unitari mediante la coscienza dell'identità della persona, e al tempo stesso si trova condizionato da un mondo esterno e reagente su di esso, mentre lo coglie pure nella sua coscienza e lo sa determinato dagli atti della sua percezione sensibile. In quanto l'unità vivente è condizionata dall'ambiente in cui vive e a sua volta lo condiziona, ne deriva un'organizzazione dei suoi stati interiori che può venir designata come struttura della vita psichica. Quando la psicologia descrittiva coglie questa struttura, le si rivela la connessione (*Strukturzusammenhang*) che unisce in una totalità le serie psichiche. Questa totalità è la vita.[18]

La vita quindi è caratterizzata da una serie di eventi di cui si ha *Erlebnis*. Questi eventi non sono tra loro irrelati, ma connessi da un'unità vissuta (*erlebt*) come "connessione di senso e di si-

---

[16] Id., *Beiträge zum studium der Individualität*, cit., p. 277.
[17] Id., *Ideen über eine beschreibende und zergliedernde Psychologie*, cit., p. 172.
[18] Ivi, p. 200.

gnificato (*Bedeutungszusammenhang*)" di cui ogni *Erlebnis* dà testimonianza. Ora, se tutti gli *Erlebnisse* che si succedono nel tempo parlano del fondamento strutturale (*Bedeutungszusammenhang*) del singolo perché tutti contribuiscono a rivelarlo, è tuttavia la loro articolata connessione (*Strukturzusammenhang*) che parla dello sviluppo (*Entwicklung*) di questo fondamento.

Con il termine "connessione strutturale" non si reintroduce la categoria della causalità, propria delle scienze della natura, precedentemente bandita, perché mentre nel rapporto causale i due termini causa ed effetto non sono invertibili, nella connessione strutturale un *Erlebnis* fa comprendere un altro *Erlebnis* che, a sua volta, fa comprendere il primo, e tutti ognuno, così come ognuno tutti o, come dice Dilthey, "il tutto come totalità dotata di senso".[19]

Passare da una psicologia esplicativa a una psicologia descrittiva e analitica significa allora passare da una psicologia che, come scrive Dilthey: "Vuole spiegare la costituzione del mondo psichico secondo i suoi elementi, le sue forze, le sue leggi, come una specie di *meccanica psicologica*"[20] a una psicologia che:

> Partendo dalla connessione della vita psichica considerata nella sua totalità, analizza, non con il solo intelletto ma con la cooperazione di tutte le forze dell'animo, i singoli membri di questa connessione, descrive e indaga gli elementi e le funzioni che li uniscono il più profondamente possibile, senza intraprendere alcuna costruzione causale dei processi psichici.[21]

L'intento non è quello di pervenire a un inventario, ma un tentativo di cogliere, nella concatenazione strutturale degli *Erlebnisse*, quella connessione di significato in cui si esprime la vita dell'uomo, evitando così lo scoglio dell'interpretazione riduttiva, in base a un'ipotesi anticipata. In questo modo Dilthey dischiude quell'itinerario che, da una psicologia naturalisticamente intesa, conduce a quella descrizione e analisi esistenziale che si propone di *comprendere* l'uomo e non di *spiegarlo* attraverso procedure causali inidonee a catturare il *senso* della sua esistenza.

---

[19] Ivi, p. 172.
[20] Ivi, p. 139.
[21] Ivi, p. 175.

18. Jaspers e la psicologia comprensiva

> È possibile *spiegare* pienamente qualcosa senza *comprenderlo*.
> K. JASPERS, *Psicopatologia generale* (1913-1959), p. 30.

1. *La rivoluzione jaspersiana in psichiatria. Dalla spiegazione scientifica alla comprensione fenomenologica*

La distinzione tra "spiegare (*erklären*)" e "comprendere (*verstehen*)" trova la sua radicalizzazione e la sua prima applicazione in campo psichiatrico con K. Jaspers che, per primo e senza esitazione, inscrive la psicologia nell'indirizzo fenomenologico-ermeneutico. Ciò avviene nel 1913 con la pubblicazione, da parte di Jaspers, della sua *Psicopatologia generale* che possiamo senz'altro annoverare tra i libri "epocali", perché danno una svolta radicale a uno statuto scientifico o a un ordine disciplinare.

La sua apparizione determina, nell'ambito della psichiatria, da un lato un radicale mutamento nel modo di leggere la follia, dall'altro la nascita di una disciplina, la *psicopatologia*, che non cerca le "cause" della follia nella genericità dell'organismo, ma il suo "senso" per il singolo individuo. Un senso che si sottrae all'ordine scientifico della "spiegazione", ma non a quello ermeneutico della "comprensione", almeno fino a quel limite dove cade la barra dell'"incomprensibile".

Questa novità metodologica non è ancora oggi del tutto acquisita, nonostante Jaspers, dal 1913 al 1959, non abbia mai cessato di rielaborare il suo testo, apportandovi numerosi interventi e significativi ampliamenti, nel tentativo di persuadere che l'uomo non può essere compreso con categorie naturalistiche se non al costo di perdere la sua specificità. Lo psichiatra italiano Danilo Cargnello, a cui si deve l'introduzione in Italia dell'analisi esistenziale fenomenologicamente fondata, ci informa che:

> Nel 1913 la psicopatologia si poneva come scienza autonoma (pur nell'ambito delle discipline alienistiche) per opera di Karl Jaspers,

che pubblicava quella *Allgemeine Psycopathologie*, di cui si disse, destinata a restare fino a oggi come una pietra miliare a cui, anche a distanza di mezzo secolo, gli psichiatri non possono non riferirsi. [...] Ragioni di misura, giacché l'uomo e l'opera meriterebbero un lungo discorso, ci vietano di intrattenerci adeguatamente su Karl Jaspers, riferendoci a lui non tanto nelle vesti del maturo filosofo, quanto in quelle dell'ancor giovane psichiatra, con cui si presentò alla ribalta della cultura europea nel lontano 1913 all'epoca della sua famosissima *Allgemeine Psychopathologie*. Del filosofo però non possiamo dimenticare quanto le sue opere abbiano sollecitato l'avvento della moderna psicopatologia antropoanalitica, per la centrale importanza che in esse vengono ad assumere i problemi della ipseità e dell'alterità, della relazione tra l'una e l'altra, della realizzazione del Sé e in genere della comunicazione.[1]

Dello stesso parere è lo psichiatra olandese J.H. Van den Berg, il quale parla dell'opera di Jaspers come di "un libro che, come quadro d'insieme della psicopatologia, possiamo dire insuperato".[2]

Partendo dalla constatazione che "separando la realtà nei due regni isolati della *res cogitans* e della *res extensa*, Cartesio lasciò in eredità ai filosofi successivi il problema impossibile di ricondurre le due parti a un'unità sufficiente a rendere comprensibile la natura dell'uomo",[3] Jaspers prosegue precisando che:

A evitare ambiguità e fraintendimenti impiegheremo sempre l'espressione "comprendere (*verstehen*)" per la visione intuitiva di qualcosa dal di dentro, mentre non chiameremo mai comprendere ma "spiegare (*erklären*)" la conoscenza dei nessi causali che sono sempre visti dal di fuori. Comprendere e spiegare hanno dunque un significato preciso.[4]

Questa differenza corrisponde alla distinzione tra indagine fenomenologico-ermeneutica e spiegazione scientifica dove, precisa Jaspers:

L'indagine fenomenologica ha il compito di *rendere presenti ed evidenti di per sé* stati d'animo che i malati sperimentano (*erleben*), astenendosi da tutte le interpretazioni che trascendono la pura descrizione, [...] mentre la spiegazione scientifica trasforma i fenomeni: o nel senso che li assume sotto leggi mettendoli in relazione con altri

---

[1] D. Cargnello, *Alterità e alienità*, Feltrinelli, Milano 1966, pp. 191-193.
[2] J.H. Van den Berg, *The phenomenological approach to Psychiatry. An Introduction to recent phenomenological Psychopathology* (1955); tr. it. *Fenomenologia e psichiatria*, Bompiani, Milano 1961.
[3] K. Jaspers, *Allgemeine Psychopathologie* (1913-1959); tr. it. *Psicopatologia generale*, Il Pensiero Scientifico, Roma 2000, p. 244.
[4] Ivi, p. 30.

fenomeni differenti, o nel senso che li frantuma in parti che in qualche modo sono prese come più reali della configurazione di quelle parti che si assumono come costituenti il fenomeno in questione.[5]

In entrambi i casi la spiegazione può essere chiamata *riduzione*, perché, a differenza della "comprensione" che si accosta all'oggetto da comprendere nei suoi stessi termini, allo scopo di vedere in esso le strutture che emergono dal *suo* versante e non dal versante di chi indaga, la "spiegazione", invece di parteciparsi all'oggetto affinché esso ceda la propria essenza (*Wesen*) a noi che la comprendiamo, riduce ciò che appare a ciò che essa considera le leggi ultime o la realtà ultima dei fenomeni che appaiono. In questo senso, precisa Jaspers, "è possibile *spiegare* pienamente qualcosa senza *comprenderlo*".[6]

Così dicendo, Jaspers non nega che la spiegazione intenda qualcosa, ma siccome il valore della spiegazione dipende dalla realtà o dalla verità di ciò che è stato supposto e a cui ciò che appare viene correlato, ricondotto, ridotto, trasformato, i fenomeni spiegati sono "compresi come se (*als ob*)". A questa comprensione "come se" Jaspers riconduce sia le spiegazioni della psichiatria classica che sono possibili solo supponendo il meccanicismo anatomico-fisiologico, sia la psicoanalisi di Freud il cui ordine di spiegazione si legittima *solo* supponendo alle spalle dei fenomeni la libido pulsionale. Infatti, scrive Jaspers:

> Freud, che ha descritto una grande quantità di fenomeni "compresi come se", confronta la sua attività con quella di un archeologo che da frammenti interpreta opere umane. La grande differenza sta solo nel fatto che l'archeologo interpreta ciò che è stato, mentre nel "comprendere come se" è molto dubbia proprio la reale esistenza di ciò che è stato compreso.[7]

In altri termini, quello che Jaspers vuol sapere è se il compito che la psicologia si propone è quello di comprendere l'uomo o di trovare nell'uomo la conferma delle teorie preposte alla sua spiegazione. Così precisato il discorso a livello epistemologico, nella *Psicopatologia generale* Jaspers articola:
a) una *psicologia comprensiva*, in cui ha luogo un "avvicinamento interumano dove non c'è la contrapposizione soggetto-oggetto, ma un *insieme di relazioni*, perché l'oggetto si risolve nel significato che esso assume per l'Io, e l'Io nell'oggetto in cui la sua intenzionalità emotiva si evidenzia"[8];

---

[5] Ivi, pp. 58, 487.
[6] Ivi, p. 30.
[7] Ivi, p. 332.
[8] Ivi, p. 62.

b) una *psicologia esplicativa*, dove quelle *relazioni psichiche* non sono più comprese (*verstanden*) e vissute (*erlebt*), ma spiegate (*erklärt*), cioè ricondotte a cause. Con questo metodo, precisa Jaspers: "L'insieme della vita psichica viene dissolto negli elementi del pensiero causale"[9];

c) infine, superando il dualismo anima e corpo, che tanto ha condizionato la psichiatria classica fino a "ridurre ogni espressione psicologica ad affezioni cerebrali",[10] Jaspers imposta il problema psicologico a partire dall'"essere umano considerato come un tutto (*das Ganze des Menschseins*)".[11]

In questo modo Jaspers taglia i ponti con l'impostazione naturalistica della psicologia e con l'esigenza dell'oggettivazione a essa intimamente connessa, per la consapevolezza ormai raggiunta che "la contrapposizione di psiche e soma è una semplice astrazione, atta a disturbare piuttosto che a favorire qualsivoglia comprensione".[12]

2. *Husserl e Heidegger di fronte al capovolgimento metodologico jaspersiano*

Nell'applicare il metodo fenomenologico in psicologia Jaspers dice esplicitamente di riferirsi a Hegel "che per primo considerò le manifestazioni dello spirito nelle loro totalità" e a Husserl perché:

> Husserl usò il termine "fenomenologia" inizialmente per designare la "psicologia descrittiva" delle manifestazioni della coscienza – e in questo senso si applica anche nelle nostre indagini – e in seguito per la "visione dell'essenza (*Wesensschau*)" che qui non prendiamo in considerazione.[13]

La *Wesensschau* husserliana ispirerà sei anni dopo la *Psicologia delle visioni del mondo*, dove Jaspers abbandona definitivamente il metodo scientifico esplicativo per quello fenomenologico. La pubblicazione della *Psicopatologia generale* ebbe subito l'approvazione di Husserl, i cui rapporti con Jaspers sono resi noti da Jaspers stesso ne *Il mio cammino verso la filosofia* del 1951, e nel *Poscritto* del 1955 che precede la terza edizione di *Filosofia* del 1932. Ne *Il mio cammino verso la filosofia* si legge:

[9] Ivi, p. 487.
[10] Ivi, p. 516.
[11] Ivi, pp. 795-872.
[12] Ivi, p. 243.
[13] Ivi, p. 58.

Dopo essere stato a lungo impegnato con la medicina, nel 1909 presi a conoscere Husserl attraverso la lettura dei suoi scritti. La sua fenomenologia era feconda come metodo, perché potevo applicarla per la descrizione delle esperienze interiori degli alienati. Più importante era tuttavia per me vedere come egli, nel pensare, rispettava una non comune disciplina, e soprattutto constatare che egli aveva superato lo psicologismo, secondo il quale tutti i problemi si risolvono nella ricerca dei moventi psicologici. Ancora più importante fu per me constatare la sua incessante esigenza di chiarire i presupposti inosservati. Trovai confermato ciò che già operava in me: l'attenzione verso le cose nella loro realtà. In un mondo pieno di pregiudizi, di schematismi e di convenzioni, era allora una liberazione.

Ma Husserl come filosofo mi deluse. Descriveva compiutamente l'atto del vedere, ma quel che poi veniva visto era per lo più indifferente. Nel 1910 apparve su "Logos" il suo saggio *La filosofia come scienza rigorosa*. Era senza dubbio un capolavoro anche per la sua consequenzialità, che non paventava e non retrocedeva di fronte ad alcun assurdo. Attraverso Husserl mi si presentò con chiarezza il pervertimento della filosofia in scienza, e questo suscitò la mia ribellione. Seguì un incontro personale nel 1913. Come psichiatra avevo pubblicato alcuni lavori fenomenologici sulle allucinazioni e sui fenomeni della demenza. Husserl seppe che mi trovavo a Göttingen e mi fece invitare. Fui accolto amichevolmente, elogiato e, quale sorpresa per me, trattato come suo discepolo. Dissi, in modo franco, che mi era poco chiaro che cosa propriamente fosse la fenomenologia. Husserl mi rispose: "Lei fa dell'eccellente fenomenologia nei suoi scritti. Non ha bisogno di sapere cos'è visto che la pratica. Vada avanti". Poi mi raccontò del suo *Annuario*, com'era spiacevole e avvilente per lui che lo si paragonasse a Schelling. Schelling non era un filosofo da prendere sul serio. Ammutolii e, uscito, dissi: "Quell'uomo sorprendente sa così poco che cos'è la filosofia, che sente come un'offesa l'essere paragonato a un grande filosofo".[14]

Nel *Poscritto* del 1955, Jaspers, dopo aver riassunto in una decina di righe l'incontro del 1913, esprime un giudizio critico sul concetto husserliano della "filosofia come scienza rigorosa":

> Questa lettura per me fu come un'illuminazione, perché ritenni di capire che lì si era raggiunto, nel modo più chiaro, il punto in cui, per salvaguardare i diritti della scienza rigorosa, cessava tutto ciò che poteva chiamarsi filosofia nel senso più alto di questa parola. Finché Husserl fu professore di filosofia ebbi l'impressione che fosse realizzato, nel modo più ingenuo e radicale, il tradimento della filosofia.[15]

[14] K. Jaspers, *Mein Weg zur Philosophie* (1951-1958); tr. it. *Il mio cammino verso la filosofia*, in *Verità e verifica. Filosofare per la prassi*, Morcelliana, Brescia 1986, pp. 17-18.
[15] Id., *Nachwort zu meiner "Philosophie"* (1955); tr. it. *Poscritto sulla mia "Filosofia"*, Utet, Torino 1978, pp. 68-69.

18. JASPERS E LA PSICOLOGIA COMPRENSIVA

Heidegger non si espresse sulla *Psicopatologia generale* di Jaspers, ma sull'opera successiva: *Psicologia delle visioni del mondo*, citata in *Essere e tempo* in due occasioni ove si dice:

> K. Jaspers fu il primo che si propose e attuò esplicitamente il compito di una dottrina della visione del mondo nel senso di questa problematica. "Che cosa sia l'uomo" è da lui discusso e determinato essenzialmente a partire da ciò che esso può essere. Da qui prende luce il significato ontologico-esistenziale fondamentale delle situazioni-limite. Si fallisce completamente nella comprensione della *Psicologia delle visioni del mondo* se la si considera un semplice "repertorio delle visioni del mondo".[16]

> Essa è molto di più, perché il suo significato oltrepassa "fondamentalmente" ogni tipologia delle "posizioni oggettive" e dei "sistemi del mondo".[17]

In realtà sulla *Psicologia delle visioni del mondo* Heidegger era già intervenuto, appena uscita l'opera, con una lunga recensione scritta negli anni 1919-1921. Consegnata a Jaspers, Heidegger rinunciò a pubblicarla. Fu edita soltanto nel 1973, dopo la morte di Jaspers, nel volume celebrativo a lui dedicato.[18] In questa recensione critica Heidegger apprezza l'opera di Jaspers dal punto di vista psicologico, ma la critica severamente dal punto di vista filosofico perché, a parere di Heidegger, in quest'opera Jaspers evita di fondare il presupposto assunto, "la vita come totalità", su cui tutta la costruzione teorica si regge. Vediamone alcuni passi:

> Il lavoro di Jaspers segna un progresso perché, grazie a un'esposizione ordinata di fenomeni sinora non visti in tal modo, ha destato una più intensa attenzione intorno al problema dell'esistenza e, in questo contesto, ha collocato il problema della psicologia in dimensioni più principiali. Il fallimento filosofico nel vero e proprio cogliere e affrontare i problemi presi di mira risulta dal fatto che Jaspers rimane dell'opinione, non appurata, di aver saldo in mano, con l'ausilio dell'anticipazione de "la vita come totalità", il fenomeno dell'esistenza e di poterlo cogliere con i mezzi concettuali messi a disposizione proprio dagli ambienti limitrofi della scienza.[19]

---

[16] M. Heidegger, *Sein und Zeit* (1927); tr. it. *Essere e tempo*, Utet, Torino 1978, pp. 443-444.
[17] Ivi, p. 376.
[18] Id., *Anmerkungen zu Karl Jaspers "Psychologie der Weltanschauungen"* (1919-1921), in *Karl Jaspers in der Diskussion*, Piper, München 1973; tr. it. *Note sulla "Psicologia delle visioni del mondo" di K. Jaspers*, in *Segnavia*, Adelphi, Milano 1987, pp. 429-471.
[19] Ivi, pp. 444-445.

Per quanto riguarda la posizione dell'anticipazione stessa ("la vita come totalità"), Jaspers potrebbe osservare: la vita come totalità è per me un'idea guida, mi basta guardarmi attorno per constatare che la vita è ovunque. Questa totalità unitaria, integra, che è al di sopra di ogni opposizione, che abbraccia ogni vivere, che è estranea a ogni rottura e frammentazione e che appare come un tutto armonico, mi guida. Alla sua luce vedo ogni singola cosa, mi si dà un'autentica chiarificazione e mi si prefigura il senso fondamentale in cui tutto ciò che si incontra viene determinato e compreso come qualcosa che si forma prorompendo dalla vita e che nella vita riaffonda. Questa totalità offre l'articolazione essenziale dell'oggettuale, alla cui considerazione e organizzazione si mira.[20]

Jaspers si illude quando pensa che in una pura osservazione si raggiunga il massimo grado di non-intervento nella decisione personale e si liberi così il singolo per la sua autoriflessione. Al contrario, proprio presentando la sua indagine come pura osservazione, Jaspers sembra sì evitare l'imposizione di una *determinata* visione fra quelle da lui caratterizzate, ma induce nello stesso tempo a credere che la sua anticipazione (la vita come totalità), essa stessa non delineata, e i modi essenziali di articolazione a essa connessi, siano qualcosa di non vincolante, di ovvio, mentre invece tutto si decide proprio in relazione al senso di questi concetti e al modo dell'interpretare. La pura osservazione non dà proprio quello che vorrebbe, cioè la possibilità di una verifica radicale e di una decisione che equivalgono a una rigorosa consapevolezza della necessità della questione metodologica. Un'autoriflessione autentica può essere sensatamente avviata solo quando c'è, ed essa c'è solo quando veramente ci si ridesta, ed è possibile ridestarsi davvero soltanto coinvolgendo in certo modo senza riserve l'altro nella riflessione, sì che egli veda che l'apparizione degli oggetti della filosofia è legata a un rigore dell'attuazione metodica che sopravanza quello di qualsiasi scienza, perché, mentre nella scienza è decisiva solo l'esigenza dell'oggettività, fa parte delle cose della filosofia anche chi filosofa e la (sua) notoria povertà. Si può coinvolgere nella riflessione, si può destare l'attenzione, solo andando un po' avanti nel cammino stesso.[21]

Nonostante queste critiche radicali sul piano ontologico, resta comunque, da parte di Heidegger, il riconoscimento che Jaspers ha sempre perseguito, da psichiatra, da psicologo e da filosofo, il superamento della scissione soggetto-oggetto (*Subjekt-Objek-Spaltung*), che in sede psicologica non consente alcuna "comprensione" dell'uomo, e in sede filosofica non permette al pensiero di realizzarsi secondo le sue possibilità. Si tratta infatti di possibilità che trascendono di gran lunga gli schemi in cui

---

[20] Ivi, p. 452.
[21] Ivi, pp. 469-470.

il pensiero era trattenuto dall'impostazione "scientifica" del positivismo, che non consentiva il dispiegarsi dell'orizzonte fenomenologico e quindi la possibilità di un'autentica comprensione dell'uomo e dell'essere.[22]

3. *La psicopatologia generale e il metodo comprensivo*

Nella *Psicopatologia generale*, in corrispondenza alla distinzione tra "comprensione fenomenologica" e "spiegazione scientifica", Jaspers articola il discorso di una *psicologia comprensiva* in cui ha luogo:

> Un avvicinamento interumano, dove non c'è la contrapposizione soggetto-oggetto, ma un *insieme di relazioni*, perché l'oggetto si risolve nel significato che esso assume per l'Io, e l'Io nell'oggetto in cui la sua intenzionalità emotiva si evidenzia.[23]

A questa prima parte ne segue una seconda intitolata *psicologia esplicativa*, dove le relazioni psichiche non sono più comprese (*verstanden*) e vissute (*erlebt*), ma spiegate (*erklärt*), cioè ricondotte a cause. Con questo metodo, precisa Jaspers: "L'insieme della vita psichica viene dissolto negli elementi del pensiero causale".[24]

Conclude l'opera quella parte che, come scrive Cargnello, ancora oggi è considerata "la pietra miliare della moderna psicopatologia",[25] in cui Jaspers, superando il dualismo cartesiano di anima e corpo, che tanto aveva condizionato e ancora condiziona la psichiatria organicista, fino a "ridurre ogni espressione psicologica ad affezioni cerebrali",[26] imposta il problema psicologico a partire da "l'essere umano considerato come un tutto (*Das Ganze des Menschseins*)".[27] In questo modo Jaspers taglia definitivamente i ponti con l'impostazione naturalistica della psichiatria e con l'esigenza dell'oggettivazione distanziante che le era intimamente connessa, perché ormai Jaspers era divenuto criticamente consapevole che:

---

[22] K. Jaspers, *Philosophie* (1932-1955): I *Philosophische Weltorientierung*; tr. it. *Filosofia*, Libro I: *Orientazione filosofica nel mondo*, Utet, Torino 1978, pp. 171-178.
[23] Id., *Psicopatologia generale*, cit., p. 62.
[24] Ivi, p. 487.
[25] D. Cargnello, *Alterità e alienità*, cit., p. 191.
[26] K. Jaspers, *Psicopatologia generale*, cit., p. 516.
[27] Ivi, pp. 795-872.

La contrapposizione di psiche e soma è una semplice astrazione, atta a disturbare piuttosto che a favorire qualsivoglia comprensione.[28]

Nella *Psicopatologia generale*, tuttavia, Jaspers non va oltre la determinazione del *limite* tra ciò che è "comprensibile" e ciò che è "incomprensibile" nel progetto mondano di un particolare uomo che si riveli "clinicamente", cioè secondo i principi della psicologia esplicativa, alienato. Nel caso, ad esempio di una psicosi schizofrenica, il "comprendere" jaspersiano porta semplicemente a conoscere il limite (*Grenze*) della comprensibilità, oltre il quale c'è l'incomprensibilità del delirio. Siamo quindi ancora lontani dall'elaborazione di un metodo che consenta allo psicopatologo di informarsi e di esprimersi in modo da poter partecipare ad altri lo stato d'animo altrui preso in esame.

Siamo all'*ineffabilità della comprensione soggettiva* che, se da un lato ha il pregio di non oggettivare il paziente, dall'altro non è ancora in grado di descrivere il suo modo di essere-nel-mondo, le sue *modalità esistenziali*, così da poterle comunicare con quell'*univocità* necessaria a superare il solipsismo dell'interpretazione. Questa è la ragione per cui Binswanger, senza mezzi termini dichiara:

> La fenomenologia di Jaspers non va oltre le semplice *Einfühlung* o conoscenza per immedesimazione.[29]

Punto di partenza è la constatazione che il limite fondamentale della scienza risiede nella natura del suo procedimento metodologico, che prevede l'*oggettivazione* di tutto il reale mediante ipotesi di natura matematica. Circoscritta dal suo metodo, che le impone di attenersi alle oggettività ipoteticamente costruite, la scienza non pensa se il volto del reale sia proprio quello che risulta dalla sua matematica oggettivazione. Questo "non-pensato" è ciò che resta da pensare, ma è anche ciò che la scienza, per la sua struttura metodologica, non può pensare.[30]

Di qui l'inevitabile conclusione a cui Jaspers perviene e che enuncia in una riunione promossa dall'Associazione psichiatrica forense che si riuniva periodicamente a Heidelberg: "I medi-

---

[28] Ivi, p. 243.
[29] L. Binswanger, *Lebensfunktion und innere Lebensgeschichte* (1928); tr. it. *Funzione di vita e storia della vita interiore*, in *Per un'antropologia fenomenologica*, Feltrinelli, Milano 1970, p. 48. La tesi di Binswanger viene ripresa pari pari da D. Cargnello, *Alterità e alienità*, cit., p. 195, e da P. Balestro, *Introduzione all'antropoanalisi*, Bompiani, Milano 1976, pp. 46-47.
[30] K. Jaspers, *Wesen und Wert der Wissenschaft* (1938); tr. it. *La natura e il valore della scienza*, in *La mia filosofia*, Einaudi, Torino 1964, pp. 109-127.

ci e gli psichiatri devono cominciare a pensare". La risposta, amichevole ma decisa, dei convenuti fu: "Jaspers lo si deve prendere a bastonate".[31]

Al di là della battuta scherzosa, ma rivelatrice della fede indiscussa che la psichiatria dell'epoca poneva nei metodi della scienza naturalisticamente impostata, vale la pena di seguire Jaspers in quelle considerazioni che lo condussero alla fondazione dell'*autonomia della psichiatria* nei confronti di tutte le scienze che procedono con metodiche oggettivanti:

> A me sembrava che quel fraintendimento che viziava il modo di pensare psichiatrico nascesse dal fatto che si trascurava la *natura* della cosa da pensare. Se infatti oggetto della psichiatria è l'uomo, e non solo il suo corpo, ma lui stesso nella totalità della sua persona, [...] occorreva rendersi conto che l'uomo, nella sua totalità, sta oltre (*überhinaus*) ogni possibile e afferrabile oggettivazione. In quanto aperto alla comprensione delle cose, l'uomo non può essere ridotto a oggetto di studio, perché così si distrugge quella totalità comprensiva che noi siamo (*das Umgreifende das wir selbst sind*), per far emergere solo qualche suo aspetto oggettivo, che risulta dall'adozione di un metodo impropriamente assunto come unico e dal valore universale.[32]

L'idea di totalità (*das Umgreifende*), che si profila ai limiti di ogni particolare ricerca scientifica, avvertì Jaspers del carattere non assoluto della scienza. Il senso di questa idea non poteva essere raggiunto da alcuna analisi oggettivante perché, per ampia che questa fosse, si muoveva sempre, in quanto scientifica, in quella scissione di soggetto-oggetto (*Subjekt-Objekt-Spaltung*) che consente all'oggetto di apparire nei limiti che il soggetto, con le sue ipotesi anticipanti, ha preventivamente determinato.

Per giungere alla comprensione dell'uomo nella sua totalità è necessario, a parere di Jaspers, oltrepassare la scissione di soggetto e oggetto, in cui le scienze, a motivo della loro impostazione metodologica, costantemente si trattengono. È necessario "pensare oltre (*über-hinaus-denken*), al di là di ciò che è oggettivo (*über das Gegenständliche*)".[33]

Quest'idea, sufficiente a frantumare il carattere assoluto dell'ordine scientifico, valse a Jaspers l'accusa di *nichilismo*, rivoltagli da un collega medico impressionato dal relativismo in cui Jaspers lasciava cadere ogni metodica scientifica:

---

[31] Id., *Philosophische Autobiographie* (1956); tr. it. *Autobiografia filosofica*, Morano, Napoli 1969, p. 29.
[32] Ivi, pp. 29-34.
[33] Id., *Psychologie der Weltanschauungen* (1919); tr. it. *Psicologia delle visioni del mondo*, Astrolabio, Roma 1950, pp. 33-34.

Lei non ha alcuna convinzione. Impostando le cose come lei dice non si può fare alcuna ricerca. Senza una teoria generale non c'è scienza, la scienza nasce e si sviluppa solo mediante la teoria. Lei distrugge la solidità delle posizioni mediche. Lei è un nichilista pericoloso.[34]

L'accusa di nichilismo non è insignificante, al contrario denuncia un tratto tipico della mentalità scientifica che, ridotto il reale al suo aspetto metodicamente conosciuto, pensa che, al di là dell'oggetto ordinato dalle ipotesi di lavoro e confermato dalla verifica sperimentale, non ci sia più *niente*. Chi mette in atto un pensiero che pretende di andare oltre l'oggettività, pensata come risolutiva della totalità del reale, ha a che fare con *niente*, insistervi è puro *nichilismo*.

Ma come si può oltrepassare l'oggettività? Come è possibile uscire dalla scissione soggetto-oggetto in cui la scienza, dall'età di Cartesio in poi, ha raccolto tutte le possibilità del pensiero? In un solo modo, risponde Jaspers: radicalizzando l'orizzonte della presenza sino ad avvertire quella presenza originaria che abbracciando accoglie (*umgreift*), e accogliendo fonda (*grundet*) la presenza di un oggetto a un soggetto, a cui si limita, o nei cui limiti si trattiene l'indagine scientifica. "Noi dobbiamo imparare dai filosofi" dice Jaspers.[35] Rinviando ai capitoli successivi l'ulteriore itinerario filosofico percorso da Jaspers, vediamo quali conseguenze si produssero nella psicopatologia per effetto di questa nuova impostazione fenomenologica.

4. *La psicologia delle visioni del mondo e le modalità a priori che condizionano l'esistenza*

Nella *Psicologia delle visioni del mondo*, che Jaspers pubblica sei anni dopo la *Psicopatologia generale*, crolla ogni distinzione tra malattia e salute, perché tematico diventa il rapporto tra l'individuo e il suo mondo. Le manifestazioni psichiche non sono più "ricondotte" alle loro cause, né "comprese" per partecipazione affettiva (*Einfühlung*), come avveniva rispettivamente nella sezione "esplicativa" e "comprensiva" della *Psicopatologia generale*, ma esaminate come rivelatrici dei *modi essenziali* in cui un'esistenza riceve, trasforma, si progetta nel mondo. È lo stesso Jaspers a dichiararlo:

---

[34] Id., *Autobiografia filosofica*, cit., pp. 35-36.
[35] Ivi, p. 29.

Parlando delle visioni del mondo (*Weltanschauungen*), noi non abbiamo altro intento che quello di caratterizzare e di dare rilievo a ciò che per noi ha i contrassegni distintivi dell'essenzialità (*die Kennzeichnung Wesentliche*).[36]

Essenziale in una visione del mondo non è ciò che si può constatare dal punto di vista del soggetto o dal punto di vista dell'oggetto, ma ciò che si cela dietro questa scissione.[37]

Ciò che si cela è una *struttura trascendentale*, presente sia nel "sano" sia nell'"alienato", che condiziona il modo sano o alienato di rapportarsi al mondo. L'alienazione, quindi, non dipende tanto da un *contenuto* psicotico, quanto dalla struttura trascendentale, che è un *vuoto e nudo reticolato* da cui però dipende il significato che il mondo assume per ciascuna esistenza. Scrive in proposito Jaspers:

Ogni forma trascendentale è come tale un vuoto e nudo reticolato che condiziona tutto ciò che è oggettivo. Essa non appartiene né all'anima né al corpo, non è né soggettiva né oggettiva, ma, a seconda che il soggetto guardi attraverso questo o quel reticolato, scopre particolari oggetti e fa, dal punto di vista psicologico, un'esperienza specifica. [...] Dovunque un soggetto abbia di fronte alcunché di oggettivo, sia nell'allucinazione di chi delira, sia nell'illusione o negli infinitesimi brandelli di coscienza dell'alienato, vi si danno quelle forme. Esse sono l'inerte, non vivo di per sé, ma indispensabile elemento che non bisogna mai perdere di vista.[38]

Ora possiamo comprendere perché la *Psicologia delle visioni del mondo* ha riscosso, limitatamente all'impostazione psicologica, l'incondizionata approvazione di Heidegger. Con quest'opera, infatti, Jaspers è giunto a cogliere quell'*a priori esistenziale* dalle cui variazioni dipende quel "restringimento", quella "costrizione", o quell'"appiattimento" del mondo che si riscontra nel nevrotico o nello psicotico, che a questo punto è possibile descrivere come si descrive il sano, sulla base cioè della sua visione del mondo, quindi dal *suo* versante, direbbe Jaspers, non dal *nostro* eretto a misura.

Partendo dall'a priori esistenziale, l'"incomprensibilità" dell'alienato non sarà più dedotta dalle sue singole percezioni o dalle sue idee, ma dalla sua *visione del mondo* che, se è troppo limitata, ristretta, contratta o appiattita, determinerà quelle condi-

---

[36] Id., *Psicologia delle visioni del mondo*, cit., p. 57.
[37] Ivi, p. 42.
[38] Ivi, pp. 38-39.

zioni per cui ogni situazione in cui il soggetto si viene a trovare diventa una situazione-limite (*Grenz-situation*), dove la morte, la colpa, la lotta, il dolore, non sono più lasciati essere nel loro spazio e nel loro tempo naturali, ma sono vissuti come quotidianamente incombenti e perciò come angoscianti.

Il *limite* della visione del mondo governa infatti tutta l'esistenza che si temporalizza nella subitaneità (*Jetztlichkeit*) e si spazializza in quel vuoto (*leere Raum*) che determina quella radicale assenza di terreno (*Bodenlosigkeit*), dove l'esistenza non si orienta più nel mondo (*Weltorientierung*), perché le sue possibilità, in cui è la sua essenza in quanto esistenza possibile (*mögliche Existenz*), si sono eccessivamente ridotte.

A differenza dell'interpretazione psicoanalitica, qui non è un *contenuto* (*Inhalt*) del passato che "disturba" l'esistenza e "causa" la sua alienazione, ma una *modalità* (*Weise*) con cui l'esistenza vede il mondo, una modalità che, in quanto trascendentale, presiede sia il passato sia il futuro, impedendo al passato di passare, e al futuro di annunciarsi come avvenire.

Perché il passato passi e il futuro avvenga, perché qualcosa muti a livello *biografico* bisogna operare a livello *trascendentale*, dove non si incontrano i *contenuti* del mondo, a cui sono riconducibili anche i "traumi" di cui parla la psicoanalisi, ma la *forma* con cui questi contenuti si presentano. In una parola bisogna operare sulla visione del mondo (*Weltanschauung*) a cui l'esistenza si è consegnata, rinunciando alla sua emergenza sul possibile (*ec-sistentia*) per raccogliersi, cosa tra cose, nel "ci" del suo mero "esser-ci (*Da-sein*)".[39]

Con la *Psicologia delle visioni del mondo* Jaspers giunge ad assegnare alle scienze psicologiche un'ottica nuova, che non consiste più nel *descrivere* (Dilthey) o nel *comprendere* (lo Jaspers della *Psicopatologia*) i vissuti (*Erlebnisse*) che compongono i mondi dei sani e dei malati, ma nel *vedere* in questi mondi delle *varianti di quell'invariabile ontologica* che è la "visione del mondo (*Weltanschauung*)", in cui si raccolgono i tratti intenzionali essenziali della struttura costitutiva e normativa dei mondi che di volta in volta si danno.

---

[39] *Dasein* = Esserci (*Sein* = essere, *da* = ci) non possiede in Jaspers lo stesso significato che possiede in Heidegger. Per quest'ultimo solo l'uomo è *Dasein* e l'essenza del *Dasein* è l'*Existenz*, o, detto in altri termini, l'*Existenz* è il modo autentico di essere del *Dasein*. In Jaspers il *Dasein* è il semplice "esserci" o "esser-lì", che si riferisce tanto alle cose e agli eventi naturali, quanto all'uomo, ai suoi prodotti e alle sue creazioni. *Dasein* è quindi l'empiricità come tale. L'uomo, tramite la coscienza (*Bewusst-sein*) ha la possibilità (*Möglichkeit*) di emergere (*ec-sistere*) dall'empiricità come tale e porsi come esistenza (*Existenz*). L'ec di *Ec-sistenz* esprime quell'apertura all'essere (*Sein*) espressa in Heidegger dal "ci (*da*)" di "Esser-ci (*Da-sein*)".

Questa struttura normativa andrà precisandosi nell'*Orientazione filosofica nel mondo*, nella *Chiarificazione dell'esistenza* e nella *Metafisica*,[40] dove il significato di tutto ciò che appare non si risolve nel suo mero apparire, ma nell'*ulteriorità*, a cui l'*incompiutezza* di senso di ciò che appare "fenomenologicamente" rinvia. In questo senso i fenomeni diventano "cifre" che, tra-guardate (*quer zu gesehen*), conducano dal senso presente a quell'ulteriore partecipazione di senso, che ogni fenomeno "a un tempo occulta e manifesta (*zugleich verschleiert und offenbart*)".[41]

La direzione *filosofica* assunta dal discorso di Jaspers non ha consentito a quest'ultimo l'applicazione del metodo in sede psichiatrica, dove sarebbe stato possibile esplorare le strutture trascendentali di cui i singoli vissuti (*Erlebnisse*), magistralmente descritti nella *Psicopatologia*, sono solo indicazioni rinvianti, simboli o cifre di un senso più comprensivo (*Umgreifende*). È lo stesso Jaspers a riconoscerlo nella *Prefazione* alla settima edizione della sua *Psicopatologia generale* del 1959, dove dice:

> Oggi certamente sarebbe possibile scrivere un libro migliore di questo anche per quanto riguarda il problema del metodo. Ma tale impresa rimane il compito di un ricercatore giovane, che potrebbe ben riuscire nell'intento, se volesse appropriarsi con spirito critico della coscienza metodica fin qui acquisita, se la ampliasse e fosse in grado di porla su nuovi piani. Io saluterei con gioia un tale libro. Ma fino a quando questo non sarà pubblicato, il mio vecchio libro sarà ancora adatto ad aiutare il medico che vorrà imparare a "pensare" in modo psicopatologico.[42]

Il nuovo piano metodologico, su cui impostare non solo la descrizione psicopatologica, ma l'intero problema epistemologico della psichiatria come scienza, è stato inaugurato da Ludwig Binswanger, grazie all'intelligente impiego delle analisi condotte dalla fenomenologia trascendentale di Husserl e dall'analitica esistenziale di Heidegger.[43] È lo stesso Binswanger a riconoscere esplicitamente il debito là dove dice:

> Quando parlo di fenomenologia non intendo riferirmi alla "fenomenologia descrittiva" delle manifestazioni soggettive della vita psi-

---

[40] Sono questi i tre libri in cui si articola l'opera maggiore di Jaspers, *Filosofia*, cit.
[41] Id., *Von der Wahrheit*, Piper, München 1947, p. 1041.
[42] Id., *Psicopatologia generale*, cit., p. VIII.
[43] Cfr. il capitolo 13: "Binswanger e l'analisi esistenziale fenomenologicamente fondata".

chica qual è per esempio quella della *Psicopatologia* di Jaspers, ma alla fenomenologia pura e trascendentale di Husserl che ha un significato del tutto diverso.[44]

È il significato che Binswanger vede sotteso all'ontologia di Heidegger, da cui, dice: "Ho sempre preso le mosse per descrivere le malattie mentali".[45]

---

[44] L. Binswanger, *Melancholie und Manie. Phänomenologische Studien* (1960); tr. it. *Melanconia e mania. Studi fenomenologici*, Boringhieri, Torino 1971, pp. 17-18.
[45] Ivi, p. 21.

19. Jaspers: dalla filosofia come sapere al filosofare come ricerca e pratica di vita

> Ciò che passa sotto il nome di "filosofia dell'esistenza" è in verità solo una forma dell'unica e antichissima filosofia. Ma il fatto che "esistenza" sia divenuta oggi l'espressione caratteristica, non è un fatto accidentale. Essa ha accentuato quello che è il compito della filosofia che per qualche tempo è stato dimenticato: cogliere la realtà alla sua origine e afferrarla allo stesso modo in cui, mediante un processo di autoriflessione, io, nel mio agire interiore, riesco a cogliere me stesso. Il filosofare che così si inaugura vuole ritrovare la via verso la realtà, svincolandosi da qualsiasi sapere parziale, da modi di dire convenzionali, da atteggiamenti prefissati, da ogni tipo di presupposto.
>
> K. JASPERS, *La filosofia dell'esistenza* (1938), p. 3.

1. Dalla scienza alla filosofia

Incluso in uno dei tanti "ismi" con cui l'informazione schematizza il pensiero, Jaspers ha più volte rifiutato l'etichetta di esistenzialista. La sua filosofia non voleva essere di scuola o di corrente, ma, più ampiamente, una riflessione sul senso della filosofia in generale, sul perché della sua origine e della sua fine in Occidente. Sembra, infatti, che questa terra della sera (*Abendsland*), dopo aver fornito nella sua storia bimillenaria numerose soluzioni *filosofiche* al dolore e alla meraviglia dell'*homo sapiens*,[1] oggi vada altrove a cercare le proprie risposte, perdendo così l'impostazione e il senso filosofico delle domande.

Se, come pare, nel nostro tempo il mondo è regolato dalla scienza e dalla tecnica, e l'interiorità dell'uomo dalla fede o dalla sua negazione, che cos'è oggi la filosofia? Qual è il suo spazio e quale il suo ambito di ricerca, se la vita quotidiana e il

---

[1] Aristotele, *Metafisica*, Libro I, 982 b, 12-15: "Gli uomini hanno cominciato a filosofare, ora come in origine, a causa della meraviglia (*thaumázein*). E mentre da principio restavano meravigliati di fronte alle difficoltà più semplici, in seguito, progredendo a poco a poco, giunsero a porsi problemi sempre maggiori".

senso e la destinazione dell'umano sembrano non più appartenerle?

Da quando nacque con la speculazione degli Ionici, la filosofia si è annunciata come ricerca dell'essere. Poi, nel suo sviluppo occidentale, il momento della *conquista* ha avuto il sopravvento sul momento della *ricerca*; l'ansia della *risposta* ha frantumato la *domanda*; la brama del possesso, tipica dell'uomo occidentale, ha ridotto l'essere a misura d'uomo, a oggetto per un soggetto; l'uomo s'è fatto misura di tutte le cose, e la sua volontà di potenza (*Wille zur Macht*) ha preso il sopravvento sulla volontà di verità (*Wille zur Wahrheit*).[2]

Anche la filosofia, quindi, dopo i primi passi compiuti nell'epifania dell'essere (*a-létheia*), ha seguito il senso indicato dai miti di Prometeo e di Adamo, ha prevaricato, ha commesso quella colpa che Anassimandro identifica nella tracotanza (*hýbris*) nei confronti dell'essere. La filosofia di Jaspers è la denuncia di questa colpa, il cui riconoscimento è a un tempo espiazione e tramonto definitivo di quella storia occidentale che ha sostanziato la colpa. In questo senso, scrive Jaspers:

> Oggi noi ci troviamo sulla via del tramonto, nel crepuscolo del nostro tempo, della filosofia europea, e all'aurora della filosofia mondiale.[3]

C'è chi attribuisce il senso di questa interpretazione della filosofia alla particolare sensibilità pessimistica dell'anima jaspersiana, aperta, come già quella di Lutero, Jung e Thomas Mann, alla concezione del male radicale, del peccato costitutivo, della colpa inevitabile dell'esistenza. A radicalizzare questa visione avrebbero contribuito, nel caso di Jaspers, la sua esperienza della malattia e della sofferenza fatta come medico, quella delle forze dell'obnubilamento, del male mentale e dell'annichilimento fatta come psicologo e come psichiatra; in una parola, vi avrebbe contribuito l'esperienza scientifica condotta nella clinica, dove la scienza appare nel suo riferimento immediato ai problemi metafisici ed etici e agli interrogativi esistenziali, di fronte ai quali la scienza tace e la filosofia comincia drammaticamente a domandare.

Su questa base si spiegherebbe il passaggio di Jaspers dalla scienza alla filosofia. In sede scientifica il suo interesse non era appagato dal sapere raggiunto, ma era volto al riconoscimento dei limiti del sapere scientifico, sicché la scienza, lungi dall'esse-

---

[2] K. Jaspers, *Von der Wahrheit* (1947), Piper, München 1958, pp. 596 sgg.
[3] Id., *Philosophische Autobiographie* (1956); tr. it. *Autobiografia filosofica*, Morano, Napoli 1969, p. 150.

re vissuta nell'autonomia dei suoi metodi e dei suoi risultati, è stata messa da Jaspers immediatamente in tensione con la vicenda esistenziale e problematizzata dall'insistente domandare (*fragen*) filosofico.

A ciò si deve aggiungere la particolare esperienza politica di Jaspers che, nel 1937, dovette abbandonare l'Università di Heidelberg per il solo fatto d'avere la moglie ebrea. La sua ultima lezione in quell'università terminava con queste parole: "La mia lezione è finita, ma con essa non è finito il filosofare che sempre avanza nel suo cammino".[4] In quell'università Jaspers ritornò nel 1945 e inaugurò il semestre accademico con un corso di lezioni sulla situazione spirituale della Germania:

> Trattando questo tema vorrei, nella mia qualità di tedesco fra i tedeschi, provocare un consenso chiaro e consapevole fra i miei connazionali; quale uomo fra gli uomini vorrei partecipare allo sforzo comune per la ricerca e la conquista della verità.[5]

Passarono tre anni, e a Jaspers parve impossibile realizzare il primo intento. Abbandonò la Germania e, da esule, a Basilea si dedicò all'attuazione di quel compito che lo attendeva "come uomo fra gli uomini".

La vita di un uomo non è mai separabile dal senso della sua opera. I limiti dell'esperienza scientifica e di quella politica hanno senz'altro contribuito a guidare i pensieri del filosofo, ma non sono sufficienti a spiegarne il significato ultimo. Ponendosi non come filosofo allineato ad altri, ma come pensante la storia e la forma del pensiero occidentale, Jaspers mise a profitto le sue conoscenze di psicologia e di psicopatologia per comprendere le motivazioni che condussero l'uomo occidentale a essere "logico" e "cristiano", con uno spiccato senso del "tempo", non più *ciclico* e ripetitivo come in Oriente e nella Grecia antica, ma *storico*, quindi con un passato e con un futuro, vissuto nelle attese escatologiche della religione, anticipato nelle utopie rivoluzionarie che si sono annunciate nella storia, programmato nello sviluppo della scienza e della tecnica che scandiscono i tempi del progresso.[6]

La vastità degli interessi e il ritmo delle pubblicazioni, dopo il coatto silenzio dal 1937 al 1945, sottrassero la figura di Jaspers a quel progressivo disinteresse che in questi ultimi anni s'è fatto

---

[4] H. Saner, *Jaspers*, Rowohlt Taschenbuch, Hamburg 1970, p. 50.
[5] K. Jaspers, *Die Schuldfrage* (1946); tr. it. *La questione della colpa. Sulla responsabilità politica della Germania*, Raffaello Cortina, Milano 1996, p. 1.
[6] Sulla differenza tra il tempo ciclico e il tempo escatologico si veda U. Galimberti, *Gli equivoci dell'anima* (1987), Feltrinelli, Milano 2001, capitolo 14: "L'anima e le figure del tempo".

evidente nei confronti dell'esistenzialismo e delle sue figure che sembrano concluse.

Ma, nell'accostarsi al pensiero di Jaspers, pubblico, editoria e critica hanno preferito indugiare sui singoli temi (scienza, religione, politica e storia della filosofia) e non sul taglio teoretico con cui Jaspers aveva inteso affrontarli. Ciò spiega come il pensiero di Jaspers sia stato oggetto delle più disparate interpretazioni[7] che hanno in comune la lettura dell'autore e delle sue opere sulla base di quella logica ontica (*onto-logia*) che, operando da duemila anni in Occidente, è messa sotto accusa da Jaspers ed esplicitamente rifiutata, perché "scientifica" e non "filosofica".

Questa logica, imperniata sul principio di non contraddizione e sul principio di causalità, limita le possibilità del pensiero alla semplice comprensione dell'ente e, quivi esaurendosi, si lascia sfuggire l'essere, che si sottrae a ogni determinazione concettuale (*Be-griff*) perché è onnicomprensivo (*Um-greifende*), e a ogni spiegazione causale perché non è ente che rinvia ad altro ente come alla propria causa (*ontologia*), ma è ciò che, abbracciando e circoscrivendo (*periéchon*) ogni ente, lo trattiene presso di sé come sua cifra (*periecontologia*).[8]

2. *La filosofia dell'Occidente come volontà di sapere e potere*

Nel tentativo di individuare lo specifico della filosofia e la sua differenza dalla scienza, Jaspers si trova a constatare che:

> Sin da quando ebbe inizio la filosofia s'è presentata come scienza, come *la* scienza senz'altro. La meta che si prefissero coloro che vi si dedicarono fu la conoscenza più alta e più certa.[9]

Sapere significa *potere*, significa dominio.[10] Non a caso la filosofia s'è sviluppata in Occidente che, più di qualsiasi altra ter-

---

[7] Si veda a questo proposito Id., *Jaspers*, in *Questioni di storiografia filosofica*, La Scuola, Brescia 1977, vol. IV, pp. 181-215.

[8] Sulla differenza tra ontologia e periecontologia nella concezione di Jaspers si veda Id., *Il tramonto dell'Occidente nella lettura di Heidegger e Jaspers* (1975-1984), Feltrinelli, Milano 2005, capitolo 34: "Necessità del naufragio di ogni ontologia. Ontologia e periecontologia".

[9] K. Jaspers, *Philosophie und Wissenschaft* (1948); tr. it. *Filosofia e scienza*, in "Rivista di filosofia", 1950, n. 41, p. 245.

[10] La correlazione tra "sapere" e "potere" è stata ben evidenziata, all'origine della scienza moderna, da F. Bacone, *Instauratio Magna, Pars secunda: Novum Organum* (1620); tr. it. *La grande instaurazione*, Parte seconda: *Nuovo organo*, in *Scritti filosofici*, Utet, Torino 1986, I, 3, p. 552: "*Scientia et potentia humana coincidunt, quia ignoratio causæ destituit effectum. Natura non nisi parendo vincitur,*

ra, si è espresso nel senso del potere e del dominio. Oggi il potere e il dominio sono nelle mani della scienza e della tecnica che, nel realizzare quello che era il fine della filosofia, ne decretano anche la fine.

L'epoca della tecnica, infatti, porta a compimento quello che da sempre è stato l'intento più o meno mascherato della filosofia: *conseguire il dominio delle cose disponendo incondizionatamente del loro essere.* Quale altro senso avevano i principi instaurati dalla filosofia, nella sua espressione ontologica e metafisica, quali il principio di non contraddizione, di causalità, di ragion sufficiente, se non quello di assicurarsi il dominio delle cose, mediante la disponibilità delle cause e delle ragioni sufficienti a garantirne l'essere piuttosto che il non essere?

La tecnica, con il suo dispiegarsi nel mondo contemporaneo in forma di pianificazione, porta a compimento l'intento della filosofia, costituendo dei fondi e delle stabilità che assicurino il possesso definitivo e incondizionato delle cose. Essa è connessa all'essenza della modernità (*Neuzeit*), che però non annuncia più un nuovo (*neu*) tempo (*Zeit*), ma solo nuovi punti di assicurazione e di stabilità sempre più solidi, per cui le cose che accadono non sono più una "novità", ma qualcosa di irrimediabilmente "passato", perché pre-visto, pre-calcolato, perché dalla scienza e dalla tecnica già da tempo anticipatamente voluto.

Nella misura in cui il futuro si distingue dal passato solo per la novità dei modi con cui l'uomo si assicura il possesso delle cose, si conclude la storia come annuncio incondizionato dell'essere e quindi come novità originaria, a favore della a-storicità della civiltà della tecnica che non ha più nulla da attendere dal futuro, perché ogni accadimento è da essa condizionato. Alla storia (*Geschichte*) come accadere (*geschehen*) e quindi avvenire succede la storia (*Historie*), come capacità di situare la propria posizione nel contesto delle condizioni storiche, e lo storicismo (*Historismus*) come costante ricostruzione e chiarimento delle situazioni a partire dalle condizioni storiche.

La volontà che tutto vuole assicurare e tutto garantire, affinché nulla più possa accadere incondizionatamente sì da sorprendere e intimorire, ma tutto si lasci ricondurre alle condizioni che l'hanno posto in essere, ha generato la filosofia, che non a caso ha preso avvio da quella domanda che chiede "il principio di tutte le cose", e che ha trovato la sua risposta nella scienza e

et quod in contemplatione instar causæ est, id in operatione instar regulæ est. (La scienza e la potenza umana coincidono, perché l'ignoranza della causa fa mancare l'effetto. La natura infatti non si vince se non obbedendo a essa, e ciò che nella teoria ha valore di causa, nell'operazione pratica ha valore di regola)".

nella tecnica, in cui la filosofia, per soddisfare la sua volontà di sapere (*Wissenwollen*), ha dovuto irrimediabilmente risolversi. In questo senso fare scienza e fare tecnica è oggi il modo di fare filosofia, di soddisfare l'esigenza che l'ha generata.

Per soddisfare quest'esigenza la filosofia ha dovuto rinunciare alla verità come manifestazione dell'essere (*a-létheia*)[11] per risolversi nella certezza (*Gewissheit*) di un soggetto che si certifica da sé (*cogito ergo sum*), per cui l'ente non ha alcun essere al di fuori dell'attività rappresentativa (*vor-stellen*) e produttiva (*her-vor-bringen*) del soggetto, che in questo modo costituisce l'unico autentico essere delle cose.

Il *primato della soggettività*, che caratterizza l'età moderna, ma che è stata preparata dall'*ideîn* platonico, si accompagna al massimo di oggettività degli enti che in tanto possono essere posseduti, in quanto stanno di fronte (*Gegen-stand, ob-jectum*) a un soggetto. Anche le più raffinate e rigorose tecniche moderne di accertamento dell'oggettività, nel senso scientifico della parola, rientrano in quell'attività assicurante e stabilizzante del soggetto che consente all'oggetto di acquistare una consistenza mai prima posseduta.

Con la nascita del concetto, con Socrate quindi, e con Platone che al concetto fornisce il suo oggetto (l'idea), si chiude, per Jaspers, il periodo assiale dell'umanità[12] e si dischiude l'Occidente, quell'epoca in cui il pensiero muta forma: abbandona la *philousía* (amore per l'essere) per la *philosophía* (amore per il sapere), finché, nell'età moderna, abbandona anche la filosofia per la *sophía*, ovvero per quel sapere che è possesso e, mediante l'applicazione, potenza e disponibilità su tutte le cose.

Affinché la disponibilità sia universale e il più possibile garantita contro ogni eventuale smarrimento, la soggettività, che dispone delle cose, dovrà essere universale e il più possibile purificata dagli inconvenienti della soggettività, dovrà essere coscienza in generale (*Bewusstsein überhaupt*), inter-soggettività (*das Gleiche für jeden Verstand*), intelletto puro che lascia fuori di sé ogni sorta di condizionamento psicologico (*Bewusstsein als Dasein*) e ogni dimensione che trascenda l'orizzonte oggettivo, dischiuso dall'anticipazione ipotetica e percorso dal metodo che ha provocato la presenza dell'oggetto.

---

[11] K. Jaspers, *Von der Wahrheit*, cit., p. 458: "La verità è la manifestazione dell'altro che ci viene incontro; essa consiste in questo progressivo diventar manifesto (*offenbarwerden*). Il corrispondente greco della parola verità (*Wahrheit*) è *alétheia* che letteralmente significa non nascondimento (*Unverborgenheit*)".

[12] Id., *Vom Ursprung und Ziel der Geschichte* (1949); tr. it. *Origine e senso della storia*, Comunità, Milano 1965, pp. 19-42.

Risolto l'essere nell'ambito circoscritto della scissione soggetto-oggetto (*Subjekt-Objekt-Spaltung*),[13] l'ente è assicurato nella misura in cui rende ragione di sé al soggetto, per cui al soggetto e non all'essere spetta l'ultima parola sull'ente.

L'essere-oggetto dell'oggetto, cioè l'essere dell'ente, nella prospettiva del pensiero occidentale, consiste nell'essere *rappresentato*, cioè *enunciato, detto*, in conformità al principio di ragion sufficiente, per il quale il pensiero è tanto più valido quanto più riesce a non lasciare nulla di infondato, cioè di inespresso, quanto più riesce a portare alla luce dell'enunciazione tutti i suoi fondamenti.

L'esigenza di fondare è l'esigenza di assicurare l'ente, di sottrarlo alla precarietà in cui l'essere lo lascia essere, e non a caso, da Platone a Hegel, l'idea regolativa della filosofia è sempre stata quella di un sapere che non abbia presupposti, perché capace di risolverli tutti in sé. Infatti, constata Jaspers:

> La filosofia s'è presentata, sin dai tempi più remoti, come scienza che conosce la totalità delle cose, come sapere filosofico totale (*philosophischen Totalwissen*), non come un conoscere in continua evoluzione, ma come una dottrina compiuta.[14]

In questa esigenza di fondazione e di enunciazione di tutti i fondamenti si raccoglie l'essenza della filosofia occidentale e l'inevitabile suo tramonto, perché là dove tutto è fondato e dove ogni fondamento è esplicitato e detto, non resta più niente da dire.

L'equivoco di cui è stata vittima la filosofia occidentale, quando ha assegnato a se stessa il compito di portare tutto all'esplicitazione, è, secondo Jaspers, *l'aver pensato l'essere sul modello dell'oggetto presente al soggetto*. Questo equivoco, che rimane a lungo celato, si rivela in tutta la sua luce nel pensiero di Hegel, dove soggettività e oggettività, razionalità e realtà si identificano senza residui. L'essere, cioè, non può restare alla lunga presupposto all'enunciazione e pertanto, per non contraddire il *principium reddendæ rationis*, deve risolversi nell'enunciazione. Rispetto a Hegel, Nietzsche non farà che rivelare il fondo volontaristico del principio per cui "la volontà di verità si sviluppa al servizio della volontà di potenza".[15]

---

[13] Id., *Philosophie* (1932-1955): II *Existenzerhellung*; tr. it. *Filosofia*, Libro II: *Chiarificazione dell'esistenza*, Utet, Torino 1978, capitolo 11: "Le forme dell'oggettività", pp. 835-902.

[14] Id., *Filosofia e scienza*, cit., p. 249.

[15] Id., *Nietzsche. Einführung in das Verständnis seines Philosophierens* (1936); tr. it. *Nietzsche. Introduzione alla comprensione del suo filosofare*, Mursia, Milano 1996, p. 283.

In questo modo la filosofia occidentale, mossa alla ricerca del fondamento per spiegare e assicurare tutte le cose, ha ridotto l'essere stesso a fondamento (*Grund*), che vale solo in quanto è enunciato dal soggetto in una proposizione, in quanto è rap-presentato. In questo senso ha smarrito il senso dell'essere che non è *Grund*, ma *Boden*, ossia fondo, suolo, terreno su cui soltanto è possibile edificare l'ente e abitare la terra.

Per questo Jaspers dice che oggi l'uomo è *bodenlos*, senza terra. La storia, come aprirsi di ambiti in cui le cose vengono all'essere, è storia della verità, cioè dello svelamento, che è possibile solo sulla base di un originario nascondimento. Ma là dove ogni nascondimento è dissolto perché tutto è dispiegato, la filosofia è alla fine e con essa la sua storia, che di ogni *Boden* ha fatto un *Grund*, di ogni fondo di nascondimento un fondamento esplicativo.

3. *Dalla filosofia come sapere al filosofare come ricerca*

Per intraprendere questo itinerario occorre ripensare il *senso della filosofia*, non astrattamente o in generale, ma nella situazione spirituale del nostro tempo,[16] dove il dominio incontrastato della scienza e della tecnica sembra togliere ogni spazio e ogni possibile senso alla filosofia.

A questa nostra attuale situazione, divenuta inospitale per la filosofia, si è giunti a opera della filosofia stessa e della sua storia, intesa da Jaspers come storia dell'oblio dei limiti, e quindi come storia di provocazioni nei confronti dell'essere che, inafferrabile nella sua totalità, è stato afferrato, compreso e "sistemato" prima dalla logica astratta dell'intelletto, poi dalle ipotesi anticipanti del pensiero scientifico, che hanno ridotto l'essere a contenuto dell'umano sapere e a campo circoscritto delle umane possibilità.

Così compreso dall'intelletto umano, l'essere, che è ciò che tutto comprende (*Umgreifende*), è stato circoscritto prima dall'ontologia e poi dalla scienza. L'*ontologia*, invece di custodirne lo spazio libero, ha risolto l'essere in un sistema di enti, e la *scienza*, dopo averlo risolto nelle sue ipotesi anticipatrici, l'ha affidato alla tecnica affinché questa ne disponesse l'uso.

Con la risoluzione positivistica dell'essere nell'essere scientificamente conosciuto, la filosofia dell'Occidente è giunta al proprio tramonto, che coincide con la massima espressione di tra-

---

[16] Id., *Die geistige Situation der Zeit* (1931); tr. it. *La situazione spirituale del tempo*, Jouvence, Roma 1982.

cotanza dell'uomo nei confronti dell'essere. Già Anassimandro s'era espresso in questi termini quando parlava dell'*hýbris* nei confronti dell'*ápeiron* o essere indeterminato, rispetto a cui ogni determinazione è colpa, e a ogni colpa segue necessariamente "l'espiazione secondo l'ordine del tempo".[17]

Le immagini nichiliste di Nietzsche sembrano annunciare il tempo dell'espiazione, il tempo che Heidegger, con le parole di Hölderlin, non esita a definire "della povertà estrema" (*dürftige Zeit*), in cui è dato di constatare una duplice carenza: "Che più non son gli dèi fuggiti, né ancora sono i venienti".[18] Se, infatti, la realtà può essere conosciuta in tutte le sue parti dalla ricerca scientifica nel complesso delle sue specificazioni, la filosofia ha ancora una parola da dire nel clima tecnico e utilitaristico del mondo contemporaneo, oppure il suo destino è proprio quello di seguire quegli "dèi fuggiti" che essa stessa un tempo aveva elevato a supreme altezze?

La domanda può nascere in tutta la sua drammaticità solo in chi, come Jaspers, ha sperimentato la forza dell'indagine scientifica, in cui il raggiungimento dell'esattezza verificabile ha coinciso con la sottrazione dei contenuti a cui si applicava la ricerca filosofica. Protesa verso l'acquisto (*póros*) del sapere, la filosofia, a lungo andare, s'è vista privata del suo oggetto e, quindi, in stato di povertà (*penía*), come giustamente aveva intuito Platone, prima della costruzione dei grandi sistemi che hanno caratterizzato lo sviluppo filosofico dell'antichità e del Medioevo.

L'*epistéme*, la *gnosi*, la *ratio*, la *scientia*, un tempo espressioni del filosofico, oggi appartengono allo scientifico, che con i suoi metodi d'indagine risolve problemi che un tempo erano filosofici e che ora, risolti dall'evidenza scientifica, non lo sono più. Si pensi alle cosmologie dei primi filosofi, alle analisi fisiche di Aristotele poste a fondamento di quelle metafisiche, e queste di quelle teologiche, nei cui lineamenti la speculazione medievale ha impostato il discorso su Dio. Si pensi alle analisi psicologiche e gnoseologiche formulate nell'antichità e poi riprese in epoca medievale e moderna, fino a Kant, che per primo ebbe il coraggio di ri-

---

[17] Anassimandro, fr. B 1, in Diels-Kranz, *Die Fragmente der Vorsokratiker* (1966); tr. it. *I presocratici. Testimonianze e frammenti*, Laterza, Bari 1983: "Da dove gli esseri hanno origine, ivi hanno anche la distruzione secondo necessità, poiché essi pagano l'un l'altro la pena e l'espiazione dell'ingiustizia secondo l'ordine del tempo".

[18] M. Heidegger, *Erläuterungen zu Hölderlins Dichtung* (1944); tr. it. *La poesia di Hölderlin*, Adelphi, Milano 1988, pp. 57-58. Il riferimento è a F. Hölderlin, *Brot und Wein* (1801); tr. it. *Pane e vino*, in *Le liriche*, Adelphi, Milano 1977, vol. II, pp. 114-115.

nunciare al sapere (*Wissen*) per ricondurre la filosofia all'analisi delle sue "possibilità".

Questa è per Jaspers l'importanza storica di Kant. La rivoluzione da lui introdotta in filosofia non è tanto nel capovolgimento dei rapporti essere-pensiero (riconducibile all'impostazione gnoseologistica della filosofia moderna, di cui Kant è l'espressione più grande e decisiva), ma nel fatto che con Kant la filosofia non studia più alcun oggetto, ma la *possibilità* per un soggetto di avere un oggetto in generale.

Liberato dall'oggettivazione, l'essere, da oggetto conosciuto, diventa *noumeno* pensato, ossia cifra dell'ulteriorità. La filosofia cessa di essere conoscenza di qualcosa e, in armonia con il suo nome (*philo-sophía*), diventa amore e tensione per ciò che sta oltre il pensiero e l'oggettività conosciuta. Proprio Kant, allora, il negatore della metafisica, riconduce la filosofia a quell'autentica "meta-fisica" che è *tensione* per ciò che sta oltre (*metá*) gli enti fisici (*tà physiká*), che la scienza ha oggettivato e in questa oggettivazione ha conosciuto. In questo senso, osserva Jaspers, è possibile dire che: "Nessun essere conosciuto è l'essere (*Kein bewusstes Sein ist das Sein*)".[19]

Con il congedo dell'essere dalla terra della sera, si dischiude quel tempo in cui noi siamo ospitati come "posteri di un'età spiritualmente frantumata".[20] Muoversi in quest'epoca, che, come ha mostrato Nietzsche, è caratterizzata dal crollo delle idee, degli ideali, dei valori metafisici di cui l'Occidente fino a oggi s'è nutrito, risulta difficoltoso e incerto. L'uomo oggi si trova nel rischio più grande che, come ci ricorda Jaspers, non viene solo dalla bomba atomica,[21] drammatica metafora del nichilismo, ma dal pericolo di trovarsi nell'*impossibilità di pensare*, perché il pensiero come *spiegazione* ed *esplicitazione* presume d'aver risolto ogni enigma "cifrato", da cui il pensiero come verità può fiorire e svilupparsi "decifrando".

Con il risolvimento della verità dell'essere nella certezza soggettiva dell'ente non sono compromesse solo le possibilità del pensiero, ma anche quelle del linguaggio che lo esprime. Se infatti il linguaggio dell'Occidente serve per esprimere la dominazione dell'ente, non bisognerà far violenza a questo linguaggio affinché la voce dell'essere si "tra-duca", cioè giunga a quel tipo d'uomo, l'occidentale, la cui condizione è quella di essere

---

[19] K. Jaspers, *Von der Wahrheit*, cit., p. 37.
[20] Id., *Die grossen Philosophen* (1957); tr. it. *I grandi filosofi*, Longanesi, Milano 1973, p. 168.
[21] Id., *Die Atombombe und die Zukunft des Menschen* (1958); tr. it. *La bomba atomica e il destino dell'uomo*, il Saggiatore, Milano 1960.

avvolto non solo dall'oblio dell'essere, ma anche dall'oblio di questo oblio?
Che cosa deve esprimere il linguaggio? Deve fornire nuove spiegazioni o deve corrispondere all'appello del nascosto? Se la filosofia, che in Occidente s'è sviluppata come spiegazione totale e totale esplicitazione, è giunta al suo trionfo, ma anche alla sua conclusione, se non si vuole che il tramonto della filosofia coincida con il tramonto del pensiero in quanto tale, non c'è che da mutare prospettiva e passare dalla filosofia come *spiegazione* alla filosofia come *ermeneutica*.

L'ermeneutica jaspersiana, che trova il suo linguaggio nella *cifra*, si fonda sul presupposto che ciò che rimane nascosto e gelosamente custodito dalla cifra, se costituisce il limite e lo scacco del pensiero scientifico, costituisce anche il terreno fecondo su cui il pensiero trascendente può fiorire e svilupparsi. L'ermeneutica che così prende avvio non è mossa dall'ideale dell'esplicitazione totale che elimina ogni nascondimento, ma, al contrario, custodisce il nascosto e accoglie dal nascosto ciò che esso libera, ciò che offre all'interpretazione e, nell'interpretazione, lascia in libertà (*freilassen*).

Se l'essere è ciò che sempre è da pensare, fedele all'essere non sarà quel pensiero che si pone come esplicitazione totale, ma quel pensiero che, rispetto all'ideale esplicativo della filosofia occidentale, sarà detto "inadeguato", mentre in realtà è semplicemente consapevole dell'"inesauribilità" dell'essere. In questo senso, sia lo scopo sia i modi del lavoro ermeneutico di Jaspers assumono una fisionomia tutta nuova, perché il rapporto essere-pensiero non è più pensato come un processo causalmente strutturato che agisce sotto la spinta di un fondamento (*Grund*) che di ogni cosa chiede il perché, ma è pensato come *appello-risposta*, come dono-ringraziamento che caratterizzano il rapporto uomo-essere in quella terra, in quel *Boden* che non si risolve mai nel *Grund* dell'ontologia, perché anche l'ambito storico in cui l'esserci si muove e costruisce le sue concatenazioni di cause ed effetti, di premesse e conclusioni, è sorretto, dato, reso possibile dal dono dell'essere che come cifra si offre alla lettura dell'uomo.

Il filosofare come *ricerca* (e non la filosofia come *sistema*) che così si inaugura vuol essere una testimonianza dell'essenza "meta-fisica" della filosofia, che può avvertire l'essere solo se naufraga come sapere, come *Wissenschaft* dell'essere. Le opere successive a *Philosophie* o approfondiscono questa logica del naufragio (*Von der Wahrheit*) o percorrono la storia della filosofia (*Die grossen Philosophen*) per rintracciare quegli episodi di naufragio che la "filosofia delle università" rifiuta come errori logici, mentre la filosofia di Jaspers recupera e interpreta come cifre, a cui occorre ispirarsi per risolvere il problema dell'essenza della filosofia e delle possibilità del suo avvenire.

4. *La filosofia come orientazione nel mondo*

La filosofia è nata dal bisogno di orientarsi nel mondo, dall'esigenza di trovare un principio che consentisse di ridurre la molteplicità irrelata a unità composita. Talete, con la sua domanda intorno al principio di tutte le cose, ha indicato una volta per tutte il senso e la direzione del pensiero occidentale, il quale, nel suo immane sviluppo, è sempre stato finalizzato alla ricerca di unità sempre più comprensive ed esplicative, che meglio consentissero di ordinare il mondo e nell'ordine di controllarlo, fino all'"ordinamento totalitario" che Jaspers non esita a indicare come il massimo pericolo che attualmente incombe sull'umanità:

> L'esistenza umana è oggi minacciata da due pericoli: la bomba atomica e il totalitarismo. Finora c'erano solo delle immaginazioni fantastiche a proposito della fine del mondo, oggi con la bomba atomica siamo in presenza della possibilità reale di un simile esito nichilista. [...] Equivalente alla bomba atomica, come problema che mette in gioco l'esistenza dell'umanità come tale, è *l'ordinamento totalitario,* e qui non intendo il problema della dittatura, del marxismo, della teoria razziale, ma la struttura terroristica del sistema che distrugge ogni libertà e ogni dignità umana. Lì è perduta *l'esistenza,* qui l'esistenza è *degna di essere vissuta*.[22]

Se nell'orientazione nel mondo è la genesi della filosofia, che senso ha oggi fare filosofia se nel mondo siamo perfettamente orientati dalla scienza e dalla tecnica? Se molti problemi filosofici sono stati scientificamente e tecnicamente risolti, e se la filosofia ha assistito, per tutto il corso della sua storia, a quella situazione paradossale per cui man mano che qualche aspetto del mondo era raggiunto dall'evidenza scientifica cessava di essere oggetto o problema filosofico, che senso ha oggi occuparsi di filosofia e prendere avvio, come fa Jaspers, con un primo libro sull'*orientazione filosofica nel mondo*?[23] Non è più corretto, più serio, più attuale concorrere a promuovere il cammino della scienza e abbandonare il sentiero della filosofia, se è vero che questa, come ci fa notare Jaspers, dopo duemila anni di storia, sembra essersi trovata senza regione in cui dimo-

---

[22] Ivi, pp. 14-15.
[23] Id., *Philosophie* (1932-1955): I *Philosophische Weltorientierung*; tr. it. *Filosofia*, Libro I: *Orientazione filosofica nel mondo*, Utet, Torino 1978.

rare, senza luogo in cui consistere, senza terra (*bodenlos*), senza patria (*heimatlos*)?

Certo un salvataggio della filosofia è sempre possibile, come è possibile salvare un'opera d'arte, una tradizione poetica, un ricordo del passato, una funzione dell'uomo, e nobile per giunta. Ma così la filosofia cesserebbe di essere "attuale", di svolgere, cioè, una funzione nel nostro tempo, per ridursi a materiale d'archivio, a testimonianza dei passati tentativi umani volti all'ordinamento del mondo, che però, rispetto all'attuale ordinamento scientifico, sono irrimediabilmente passati.

Per mettersi in pari con il tempo, la filosofia potrebbe definire gli ambiti in cui le varie scienze possiedono i loro oggetti e, collaborando con esse, porsi come *epistemologia*. Non potendo più sussistere come attività distinta dal mondo scientificamente conosciuto e tecnicamente dominato, potrebbe risolversi in esso ponendosi come suo ordinamento e sua stabilità, come modo di funzionare di una certa struttura storica e di una certa civiltà. Potrebbe costituirsi come visione del mondo, come fenomenologia degli eventi, come ideologia per la costruzione di un nuovo mondo, come sociologia per consentire all'uomo di comprendersi nel suo mondo, o come psicologia per ridurre la tensione fra l'uomo e il mondo.

Queste ipotesi, che esprimono altrettante direzioni già percorse dalla filosofia contemporanea alla ricerca di sé, sono, secondo Jaspers, ciò che la filosofia ha già da sempre fatto e che, meglio di essa, per rigore metodologico, possono fare la scienza e la tecnica che, con il loro dispiegarsi nel mondo contemporaneo come pianificazione e ordinamento totale, portano a compimento quello che era il fine della filosofia e, così facendo, sembrano decretarne irrimediabilmente la fine.

Jaspers è profondamente consapevole di questa situazione. La sua esperienza scientifica, condotta nei campi della medicina e della psicopatologia, e la profonda insoddisfazione avvertita nell'esercizio puro e semplice dell'attività scientifica, gli vietano sia di filosofare oggi senza il contributo della scienza, sia di risolvere irrimediabilmente la filosofia nella scienza. Il sentiero che tra questi due estremi intende dischiudere, per assicurare alla filosofia un futuro, che non sia semplicemente un nuovo modo più sicuro di vivere il proprio passato, è quello che prevede:

> Una filosofia che edifichi se stessa e la propria grandezza "a onta di se stessa", in un costante misconoscimento di se medesima (*Die neue Philosophie aber hat das Grosse, was ihr gelang, nur gleichsam "trotzdem", in einem ständigen Selbstmissverständnis, schaffen können*).[24]

---

[24] Id., *Filosofia e scienza*, cit., p. 249.

E se finora la filosofia, nata come orientazione nel mondo, ha finito per riconoscersi in quell'ordinamento totale fissato al mondo dalla scienza e dalla tecnica, "misconoscersi" vorrà dire tentare di spezzare questo ordinamento indicandone i limiti che, avvertiti, vietino di identificare l'ordine della scienza con l'ordine della verità, la sua visione del mondo con il mondo, il suo sistema con il volto della terra.

Così facendo, la filosofia ritorna alla sua funzione originaria che è quella di orientare nel mondo spezzando ogni immagine coatta del mondo che, vissuta acriticamente, toglie spazio alla libertà e all'esistenza. E come ai suoi inizi, ordinando il mondo secondo cause, la filosofia ha liberato l'uomo dal terrore dell'imprevedibile, così oggi, dove tutto è ordinato, calcolato, previsto e conosciuto, la filosofia, segnalando i limiti di ogni ordinamento, torna a offrire all'uomo la libertà che, in una situazione di ordinamento totale, coincide con l'indicazione dello spazio del possibile.

Per l'esecuzione di questo compito la filosofia deve muoversi con le scienze, non per comporle in un ordine superiore agli ordini già determinati da ciascuna di esse, ma per trovare nei vari ordinamenti scientifici del mondo il punto di rottura (*Spaltung*), la situazione-limite (*Grenz-situation*) da spezzare (*durchbrechen*), perché solo con la rottura (*Bruch*) dell'ordinamento, anzi attraverso la rottura (*Durchbruch*) e nella rottura (*Einbruch*) si crea per l'esistenza umana lo spazio del possibile, che la sottrae alla vita coatta dell'ordinamento totale per restituirla alla sua possibilità (*als mögliche Existenz*).

Orientare filosoficamente nel mondo significa allora spezzare la rigidità dell'ordinamento tecnico-scientifico del mondo per creare spazi possibili ed esistenzialmente abitabili. Dopo che il territorio secolare della filosofia è stato frazionato ed egregiamente occupato dalle varie scienze e dalle rispettive metodologie, la filosofia potrà assolvere il proprio compito solo se si affiderà non all'illusione di conoscere ciò che, quando è conosciuto, le viene sottratto, ma all'*u-topia*, ossia a quel *non-luogo* che le rimane da abitare dopo che tutte le discipline hanno abitato i loro luoghi.

Senza un proprio luogo, la filosofia è un "essere tra i luoghi (*Philosophie als Zwischensein*)"[25]; senza una propria specifica conoscenza, la filosofia è "tra le conoscenze che orientano nel mondo (*Zwischensein aller weltorientierenden Erkenntnis*)",[26] ma non alla maniera positivistica per dettare gli statuti e le leggi fondamentali dei vari luoghi, perché a questo provvedono egregiamente

---

[25] Id., *Filosofia*, Libro I: *Orientazione filosofica nel mondo*, cit., p. 391.
[26] Ivi, p. 286.

le scienze con le loro anticipazioni (*tà mathémata*), ma alla maniera della *povertà* che abita quel luogo di nessuno che risulta dai limiti che definiscono la proprietà di ciascuno.

In questo non-luogo, la filosofia incontra l'essenza dell'uomo sconosciuta a tutte le scienze, anche alle scienze propriamente umane, perché anche queste, oggettivando l'uomo dal loro particolare punto di vista, lo perdono come totalità, come soggetto in cammino tra i vari luoghi (*der Mensch als Zwischensein*).[27]

Infine, nel suo non-luogo la filosofia incontra l'essere che non appartiene ad alcun luogo, perché tutti li abita senza risolversi in alcuno di essi. Itinerando tra i luoghi, in quello spazio che i limiti (*Grenze*) di ciascun luogo a essa concedono, la filosofia vede in ogni limite la *cifra di un'ulteriorità*, dis-locata rispetto ai luoghi delimitati e conosciuti, e quindi trascendente, meta-fisica.

Ma la filosofia può abitare il suo non-luogo, che è il frammezzo (*Zwischensein*) fra tutti i luoghi, che è quell'intreccio di sentieri che delimitano i campi e insieme consentono a chi li lavora di accedervi e, dopo il lavoro, di tornarsene a casa, la filosofia, dicevamo, può abitare il suo non-luogo solo *disabitandolo*, perché, se lo abita stabilmente, lo traduce da non-luogo a luogo d'abitazione, e quindi lo nega come accesso agli altri luoghi dove si svolge la vita e dove, in generale, gli uomini si ritrovano e hanno a che fare fra loro.

Fuor di metafora, se la filosofia abita stabilmente il suo luogo, corre due pericoli: quello di risolversi intimisticamente in se stessa e di esprimersi nelle forme più banali dell'"esistenzialismo", che Jaspers rifiuta, perché nulla hanno a che fare con l'uomo reale che trascorre i suoi giorni nei luoghi in cui svolge la sua attività e a cui la filosofia, che abita se stessa, non è più in grado di accedere; oppure nella tracotanza che le deriva dalla dimenticanza di tutti i luoghi, per cui si erige a ontologia, a sistema generale dell'essere, da cui ogni successiva e particolare forma di sapere dovrebbe dipendere. In questo caso il suo non-luogo diverrebbe il luogo di tutti i luoghi, ma non come via per accedere realmente ai diversi luoghi, ma come statuto che vale per tutti i luoghi, per la formazione dei linguaggi che in essi si articolano e delle conoscenze che in essi si raggiungono.

Come sapere, come statuto, come norma del giorno (*das Gesetz des Tages*) la filosofia è finita. Se per essa c'è un futuro, questo futuro è solo nella direzione della passione per la notte (*die Leidenschaft zur Nacht*),[28] una passione che non prova chi abita

---

[27] Id., *Filosofia*, Libro II: *Chiarificazione dell'esistenza*, cit., p. 777.
[28] Id., *Philosophie* (1932-1955): III *Metaphysik*; tr. it. *Filosofia*, Libro III: *Me-*

la notte, ma chi, vivendo nel giorno, insoddisfatto del giorno, attende, ai limiti del giorno, un senso dalla notte.

Non si possono scorgere i limiti se non abitando il territorio, e non si può tentare di oltrepassarli se non da un punto di partenza, da un ambito conosciuto e noto. In altri termini, non si può fare filosofia se non facendo scienza, perché i limiti del conosciuto, da cui prende le mosse la filosofia, possono essere noti solo a chi conosce davvero e non per sentito dire; allo stesso modo di come i limiti del campo sono veramente noti solo al contadino che nel campo, ogni giorno, spende la sua fatica e consuma la sua vita, non al viandante che, pur muovendosi tra i limiti dei campi, non sa nulla della vita dei campi e dei problemi che quella vita pone. Per lui i limiti sono solo i limiti di una strada che corre ai margini dei luoghi in cui si svolge la vita, una vita che a lui rimane sconosciuta, perché egli conosce solo la "sua" strada.

Passare dal campo al sentiero che si aggira tra i campi, dalla scienza alla filosofia, non è solo il modo jaspersiano di fare filosofia, perché se la filosofia è conoscenza dei limiti del sapere, e quindi rinvio a un'ulteriorità, non c'è modo di conoscere i limiti del sapere se non sapendo, perché solo nella concretezza del sapere è possibile conoscere la relatività del sapere e quindi sentire l'esigenza di un oltrepassamento (*Überschreitung*), di una trascendenza (*Transzendenz*) in cui cercare il senso di ogni conoscenza e di ogni sapere. La scienza sa, ma *non sa il senso del suo sapere*, dice ripetutamente Jaspers, e che senso ha sapere, e che cosa si deve sapere, sono domande a cui nessuna scienza, con tutta la rigorosità dei suoi metodi, è in grado di rispondere.

> Il senso della scienza, per quanto sia assodato e presente quando l'indagine è condotta con passione, non è a sua volta scientificamente dimostrabile. Chi pretende una risposta alla domanda relativa al senso della scienza, e poi, trovandosi nell'impossibilità di darne una che sia dimostrabile, vi rinuncia e cessa di preoccuparsene, assume un atteggiamento difficilmente confutabile. Chiarire il senso della scienza che di fatto s'è realizzata è una possibilità che compete solo alla filosofia. Come il mondo nella sua oggettività non si chiude in se stesso e non offre da sé una struttura intuibile, così il sapere che lo riguarda non si conclude in se stesso, ma rinvia oltre. La scienza giunge fin dove giunge il sapere logicamente vincolante, ma c'è a un tempo qualcosa di più. Avvertire questo qualcosa "di più (*mehr*)" non conduce a una dimo-

tafisica, Utet, Torino 1978, pp. 1040-1056: "La legge del giorno e la passione per la notte".

strazione, ma a un appello che chiede di poter cogliere il senso della scienza.[29]

5. *La filosofia come chiarificazione dell'esistenza*

La *chiarificazione dell'esistenza* è il secondo momento dell'itinerario jaspersiano che dall'orientazione filosofica nel mondo conduce alla metafisica delle cifre. Itinerante è l'uomo inteso non come rappresentante di quell'anonimo pensiero oggettivo che, nel suo assestamento logico, presiede l'ordinamento scientifico del mondo, ma come *e-sistenza* che sporge da ogni oggettività, emerge da ogni relativizzazione, esce fuori dalla successione lineare delle determinazioni oggettive della scienza, alla ricerca del punto di rottura (*Spaltung*) in grado di restituire l'esistenza alla sua possibilità (*Möglichkeit*), che va oltre la visione che la scienza ha dell'uomo.

È una possibilità, quella dell'esistenza, costantemente ignorata dalla cultura occidentale che, per definire l'essenza dell'uomo non ha trovato di meglio che ricorrere alla natura animale per rintracciare al suo interno quella differenza specifica che fa dell'uomo un animale differente dagli altri, un uomo appunto. Rinvenuta la differenza nel linguaggio e nel pensiero, questi aspetti furono subito intesi come strumenti al servizio di quella vita animale (*zoé*) da cui si era partiti per definire l'uomo che, a questo punto, non poteva essere se non *zôon lógon échon*, animale razionale.

Partita dall'*animalitas* la cultura occidentale s'è così preclusa la direzione dell'*humanitas*. Con ciò Jaspers non vuol negare che all'uomo competa l'animalità, ma che necessariamente si debba partire dall'animalità per comprendere l'uomo. In questa direzione, infatti, si comprenderà un genere d'animale, superiore fin che si vuole, ma sempre animale, la cui unica esigenza è quella di vivere e conservarsi più a lungo possibile, procurandosi quelle cose utili alla propria sussistenza e associandosi e dissociandosi dai suoi simili per lo stesso scopo.

In questo contesto, linguaggio e ragione saranno meri strumenti impiegati per gli stessi scopi per i quali gli animali impiegano l'istinto. La differenza tra l'uomo e il bruto si ridurrebbe a una differenza di mezzi. Che l'umanità occidentale si riconosca in questa semplice differenza non c'è da meravigliarsi, se nel corso della sua storia non ha trovato definizioni migliori di quelle che colgono la sua natura di essere vivente che si associa e costruisce città (*zôon politikón*), di essere che produce stru-

---

[29] Id., *Filosofia*, Libro I: *Orientazione filosofica nel mondo*, cit., p. 249.

menti (*homo faber*), che con strumenti lavora (*homo laborans*) e provvede al suo sostentamento con un'economia comune (*homo œconomicus*).

Ognuna di queste definizioni coglie un aspetto caratteristico di quell'unica determinazione che è il semplice vivere (*zoé*), cioè riconduce a quell'animalità da cui si era partiti. Tra le varie definizioni compare anche quella di *homo sapiens*, ma una volta che questa sapienza si rivolge alla politica, alla fabrilità, al lavoro, all'economia, che cosa sa l'uomo? Sa quali strumenti sono necessari per condurre una vita degna della sua specie animale. Ancora una volta il genere riconduce pesantemente a sé le varie espressioni di quella differenza specifica che, ridotta a strumento del genere, ne differisce davvero poco?[30]

Da tempo si parla dell'alienazione dell'uomo. Alienazione significa *trovarsi lontano dalla propria essenza*, trovarsi altrove. Questa lontananza è stata segnalata dal marxismo e dalla psicoanalisi in due direzioni differenti, che oggi tendono a intrecciarsi come due aspetti di quella stessa condizione che è il non-esser-presso-di-sé. La distanza da sé è però cercata all'interno di quelle definizioni che poc'anzi abbiamo elencato. La loro combinazione contraddittoria determina l'alienazione dell'uomo.

Per il marxismo l'assetto politico ed economico a cui è pervenuto l'uomo occidentale nella formula capitalistica mercifica la sua attività sottraendogli lo spessore antropologico. Per la psicoanalisi il principio di realtà che regola il processo adattativo e associativo di ogni singolo, che non può disattendere le aspettative dei suoi simili, contraddice il principio di piacere teso alla soddisfazione della dimensione pulsionale. Dall'alienazione si esce eliminando le contraddizioni determinate dallo scorretto relazionarsi di quelle determinazioni.

Ma né il marxismo, né la psicoanalisi sono sfiorati dal sospetto che l'alienazione dell'uomo consiste proprio *nel trovarsi tra quelle determinazioni*, il cui genere di relazione, per quanto lo si capovolga e lo si muti, non è tuttavia in grado di far riconquistare all'uomo la sua identità ormai compromessa dal presupposto genetico dell'animalità.[31]

Una volta partiti dal biologismo animale la situazione non può più essere corretta neppure con l'aggiunta dell'anima, dello spirito o della coscienza, perché, comprese dal biologismo, queste dimensioni, con cui si cerca di meglio qualificare l'uomo, non

---

[30] Id., *Kleine Schule des philosophischen Denkens* (1965); tr. it. *Piccola scuola del pensiero filosofico*, Comunità, Milano 1968, pp. 45-54.
[31] Ivi, 85-94.

possono significare altro che funzioni di quell'esperienza vitale a cui il biologismo riconduce.

In questo contesto la coscienza sarà la comprensione degli enti in vista della loro utilizzazione, senza riflettere che la coscienza comprende non perché spinta dall'istinto biologico della conservazione che impone l'utilizzazione degli enti, ma perché fondata su quell'originaria apertura all'essere in cui l'uomo, in quanto esistenza, consiste, e grazie a cui gli enti, presentandosi, gli si offrono disponibili. Non è cioè la coscienza a privilegiare l'uomo rendendolo aperto all'essere, ma è l'originaria apertura all'essere che consente all'uomo di avere coscienza degli enti. Questo è quanto lascia intendere il *sein* (essere) che si ritrova in *Bewusst-sein* (coscienza).

Lo stesso dicasi del linguaggio che distingue l'uomo dai vegetali e dagli animali. A costoro il linguaggio è negato perché dipendono dal loro mondo-ambiente e, incapaci di e-sistere, cioè di emergere da detto mondo-circostante (*Um-welt*), restano privi di mondo (*Welt*), cioè di quell'apertura all'essere di cui il linguaggio è il tralucere e l'annuncio. Gli animali non parlano perché non sanno cosa dire; non sanno cioè nulla di quell'essere che trascende il mondo-ambiente che li circoscrive e da cui appunto dipendono.

L'indipendenza dell'uomo è invece garantita dalla sua *existentia* che rinvia a un *exodus*, a un *exitus*. Si tratta di *uscire* dalla concezione che, riconducendo l'uomo all'*animalitas*, lo comprende come mero manipolatore di enti in vista della sua sussistenza, alla quale sono ricondotti anche il pensiero e il linguaggio, intesi come meri strumenti tecnici per denominare l'ente da impiegare e per comunicare le modalità del suo più efficace e rapido impiego.

La direzione dell'*humanitas*, espressa dall'*exitus* e compresa nell'*ec* di *ec-sistentia*, può essere seguita solo se l'essenza dell'uomo non sarà più pensata in termini biologici come espressione dell'*animalitas*, ma in termini ontologici come quell'apertura incondizionata (*unbedingte Offenheit*), quel luogo dell'apparire dell'essere (*das Ort des Offenbarwerden des Seins*) in cui è ogni possibile senso e significato.

Per intendere queste espressioni è necessario sottrarre i termini *essenza* ed *esistenza* al senso che è stato loro conferito dalla filosofia occidentale. In particolare il termine "esistenza" non sta a significare la realtà effettiva che compete a ogni cosa, direbbe Heidegger "dal granello di sabbia a Dio",[32] ma, al di là di

---

[32] M. Heidegger, *Brief über den "Humanismus"* (1946); tr. it. *Lettera sull'"umanismo"*, in *Segnavia*, Adelphi, Milano 1987, p. 276.

questa accezione antica, il termine sta a indicare il modo di essere di quell'ente che si tiene aperto per la manifestazione dell'essere. Il *tenersi aperto* dell'uomo è reso possibile dalla natura "ec-statica" dell'*ec-sistentia* che lo definisce e lo differenzia da tutti gli altri enti che ci sono (*Da-sein*), ma non *ec-sistono*.

L'ec-staticità dell'ec-sistentia non va intesa in senso soggettivistico, come riduzione dell'ec-sistentia a sostanza soggettiva (*Subjekt*), né in senso oggettivistico come riduzione dell'ec-sistentia a sostanza oggettiva o esistenza in senso tradizionale, ma va pensata come uno *star-fuori*, un emergere dalla mera fatticità dell'orizzonte ontico, in cui gli enti opacamente sono, per porsi, all'interno di questo orizzonte, come coscienza dell'orizzonte stesso.

Proprio perché l'uomo è questa apertura incondizionata e, in quanto incondizionata, non limitata nella sua comprensione dalle condizioni logico-oggettive, che già abbiamo visto capitolare nell'orientazione filosofica nel mondo, l'esistenza umana è onnicomprensiva, è quell'*Umgreifende* che noi siamo (*Das Umgreifende, das wir selbst sind*) che instaura con l'*Umgreifende* che è l'essere stesso (*Das Umgreifende, das das Sein selbst ist*)[33] quel patto amicale custodito dalla funzione simbolica della cifra, in cui si raccoglie l'annuncio che l'essere fa di sé all'uomo che si *de-situa* dalla mera oggettività, per sporgere, come *e-sistenza* oltre la presenza che rinvia. In questo senso, scrive Jaspers:

> Chiamo *cifra* l'oggettività metafisica, che in sé non è la trascendenza, ma il suo linguaggio. In questo linguaggio la coscienza in generale (*Bewusstsein überhaupt*) non coglie né avverte alcuna trascendenza, perché il suo genere e il suo modo di esprimersi sono significanti solo per l'esistenza possibile (*mögliche Existenz*).[34]

---

[33] K. Jaspers, *Von der Wahrheit*, cit., pp. 53-82.
[34] Id., *Filosofia*, Libro III: *Metafisica*, cit., p. 1069.

20. Jaspers: la metafisica delle cifre e la ricerca dell'ulteriorità di senso

> Filosofare è quel pensare che non si pone alcun limite e non teme alcun pericolo, neppure il pericolo del nulla, perché sa che, solo attraversando anche questo pericolo, è possibile, filosofando, trovare la via.
>
> La filosofia deve rinunciare a qualsiasi soluzione, perché essa è in grado di offrire solo qualcosa che ha una certa analogia con la soluzione, come la liberazione per...
>
> K. JASPERS, *Von der Wahrheit* (1947), pp. 29, 965.

Che cosa deve fare la filosofia in quel non-luogo che le rimane da abitare dopo che tutte le scienze hanno abitato i loro luoghi e in essi hanno realizzato quell'*ideale esplicativo* che un tempo era della filosofia? A questa domanda non c'è altra risposta se non quella che prevede la filosofia come *ermeneutica del limite* che sempre accompagna ogni conoscenza che si realizza nel mondo, e che non consente ad alcun sapere raggiunto di porsi come sapere totale.

Come ermeneutica, la filosofia si applica agli stessi dati a cui si applica la scienza, ma, invece di leggerli come *oggetti conosciuti*, li legge come *cifre rinvianti*, nella consapevolezza che il senso delle cose, dei dati, non è tanto in ciò che si dà, quanto in ciò a cui il dato, nel darsi, rinvia. In questo rinvio la cifra gioca un triplice ruolo: *fenomenologico*, *simbolico* e *desituante*.

1. *La funzione fenomenologica della cifra*

Questa funzione si esprime nella fedeltà al *dato*, in cui oggi si raccoglie la positività del pensiero e la sua scientificità. Infatti, realizzare forme diverse di pensiero è "fare della letteratura, della poesia, della filosofia", espressioni, queste, che sottintendono una svalutazione rispetto all'ambito privilegiato del pensiero scientifico che nulla concede alla *fantasia*.

Ebbene, Jaspers affida proprio alla fantasia il compito di riscattare il pensiero dalla ristrettezza (*Enge*) scientifica in cui oggi è confinato; ma, da scienziato e poi da filosofo, non rifiuta la lezione scientifica, non stacca la fantasia dal dato, ma la individua proprio nel dato che, nel momento di dare qualcosa, nasconde il tutto, che pure è condizione perché qualcosa si dia:

> Per la coscienza in generale la realtà si risolve negli oggetti dell'orientazione nel mondo. Ma nella realtà non ancora risolta razionalmente, e in quella in via di risolvimento, la fantasia coglie l'essere non per averlo presupposto dietro la realtà di fatto, sì da poterlo inferire fantasticamente, ma perché è l'essere stesso che, nella cifra, si rende presente all'intuizione fantastica.[1]

La fantasia, come funzione cognitiva oltrepassante la datità dell'esperienza, viene presentata da Jaspers, al di là dei limiti estetici in cui è solitamente circoscritta, come una funzione di cui la coscienza ha bisogno a tutti i livelli, da quelli meramente percettivi a quelli storici desituanti. In questo modo Jaspers si ricollega a Kant, per il quale: "La conoscenza percettiva sarebbe impotente senza la sintesi dell'immaginazione",[2] e a Husserl per il quale: "La finzione è la sorgente da cui la conoscenza delle verità eterne trae il suo nutrimento".[3]

La *datità* dell'oggetto, a cui fa riferimento la coscienza in generale nella sua orientazione scientifica nel mondo (*wissenschaftliche Weltorientierung*), è qualcosa che fenomenologicamente *non si dà* se non mediante l'intervento di una fede percettiva attivata dalla fantasia, che completa l'apparire e conferisce senso a quell'emergenza che dell'oggetto propriamente appare. E questo perché, scrive Jaspers:

> L'essere di cui abbiamo un'esperienza immediata non è che un fenomeno che appare sugli altri, mentre l'essere che conosciamo mediante ciò che appare, in sé, non è immediatamente esperibile.[4]

Quando diciamo, ad esempio, di vedere una casa, in realtà vediamo solo una facciata che emerge *su* uno sfondo che non è percorso direttamente dallo sguardo, ma che è dato come un insieme in cui si distingue la casa. La serie dei rapporti che si con-

---

[1] K. Jaspers, *Philosophie* (1932-1955): III *Metaphysik*; tr. it. *Filosofia*, Libro III: *Metafisica*, Utet, Torino 1978, p. 1094.
[2] I. Kant, *Kritik der reinen Vernunft* (1781,1787); tr. it. *Critica della ragion pura*, Laterza, Bari 1959, pp. 201-202.
[3] E. Husserl, *Ideen zu einer reinen Phänomenologie und phänomenologischen Philosophie* (1912-1928); tr. it. *Idee per una fenomenologia pura e per una filosofia fenomenologica*, Einaudi, Torino 1965, vol. I, p. 151.
[4] K. Jaspers, *Von der Wahrheit*, Piper, München 1947, p. 37.

cludono nella casa facendola apparire, in sé propriamente non appaiono perché sono nascosti proprio dal lato della casa che si offre alla vista, eppure sono presupposti da quella fede percettiva che consente, in presenza della sola facciata, di "vedere" la casa. Ne consegue, conclude Jaspers che:

> Il nostro conoscere procede dalla *totalità indeterminata* del nostro mondo all'*oggetto determinato*, per compiersi in una consaputa comprensione del mondo definita e conclusa nei suoi orizzonti.[5]

Ciò dipende dal fatto che la nostra coscienza è sempre una coscienza *situata* e, come tale, può aprirsi al mondo solo da un punto di vista (*Standpunkt*), in una prospettiva, su questi aspetti e solo successivamente su altri. A motivo di questo limite, le cose sono colte per lati, per profili e per adombramenti, che diventano significanti solo se la fantasia li completa e li coordina, conducendoli sulla linea di quei rapporti che l'osservazione, dal punto di vista in cui è situata, non vede, ma suppone affinché ciò che ha sotto gli occhi possa aver senso.

Siccome, però, osserva Jaspers: "Ogni mia visione è legata a un certo *punto di vista*, e ogni mia ricerca non può mai prescindere dalla mia prospettiva",[6] che cosa spinge a cambiare punto di vista, in modo da aggirare l'oggetto e cogliere quegli aspetti che dal precedente punto di vista restavano celati? Che cosa induce a sospettarne l'esistenza, sì da invitare alla successione dei punti di vista e quindi alla proiezione oltre la propria situazione?

A promuovere la *de-situazione* non è certo l'apparire dei lati nascosti, che compaiono appunto a desituazione avvenuta, ma è la fantasia che, di fronte al non-concluso apparire delle cose, promuove quella *fede percettiva* che afferma ciò che propriamente non appare, ma che, nello stesso tempo, l'apparire manifesta come incompiutezza di ciò che appare.

Il campo della fantasia e della fede percettiva che essa promuove è dunque il non-apparire, l'inadeguatezza, il limite di ciò che appare, il suo vuoto, la sua mancanza, a cui la presenza rinvia e che, non colta, non consente di cogliere il *senso* di ciò che appare. E come a livello percettivo la fantasia promuove quella desituazione dello sguardo che consente, in presenza di una facciata, di vedere la casa che alla facciata dà senso, così a livello metafisico la fantasia desitua il pensiero, affinché questo proce-

---

[5] Ivi, p. 38.
[6] Id., *Philosophie* (1932-1955): I *Philosophische Weltorientierung*; tr. it. *Filosofia*, Libro I: *Orientazione filosofica nel mondo*, Utet, Torino 1978, p. 184.

da oltre ciò che è immediatamente presente, per trovarne il senso che la presenza immediata non rivela.

Questo perché il senso delle cose, dei dati, non è tanto in ciò che si dà, quanto in ciò a cui il dato, nel darsi, rinvia. E questo perché, scrive Jaspers: "Ogni ente determinato che mi si presenta si offre come ciò che sta in relazione ad *altro* a cui rinvia, e in relazione a me a cui sta di fronte".[7] Lo spazio del rinvio è occupato da quella fantasia fideistica che, trattando gli oggetti come cifre, li impiega come termini che rinviano a quell'assenza che dà senso alla presenza.[8]

Proprio perché abbraccia assenza e presenza, Jaspers chiama la coscienza umana *Umgreifende*: l'*Umgreifende* che noi siamo (*das Umgreifende, das wir selbst sind*) dischiuso a quell'*Umgreifende* che è l'essere stesso (*das Umgreifende, das Sein selbst ist*).[9] Questa denominazione vuol sottolineare che la coscienza, prima d'essere coscienza di qualcosa, è propriamente un abbracciare, un com-prendere (*um-greifen*), un con-essere. Nel suo abbraccio, nel suo "con (*um*)", la coscienza trattiene la cosa e il suo altro, che è essenziale per delimitare, determinare e quindi comprendere la cosa. L'altro è ciò che la cosa non è, è il suo non-essere, è ciò a cui rinvia. *Essere e non-essere sono dunque il contenuto originario della coscienza*, perché, scrive Jaspers:

> Ogni essere determinato, ogni essere conosciuto è sempre compreso da un essere più ampio, per cui ogni volta sperimentiamo, oltre alla positiva comprensione di un particolare (e particolare è anche ogni teorizzato sistema della totalità dell'essere), anche ciò che l'essere non è.[10]

Il rilievo jaspersiano ci invita a riflettere che a ogni nostra puntuale conoscenza si accompagna una *negazione* e un *riferimento*. Il termine negato, e al tempo stesso richiamato dalla non-esaustività di ogni conoscenza, è la *totalità*, in relazione alla quale, la fantasia fideistica legge gli oggetti come cifre rinvianti, e così manifesta a tutti i livelli, siano essi percettivi, storici o metafisici, la propria funzione di trascendenza, di tensione desituante oltre ciò che è effettivamente percepito, storicamente ordinato, ontologicamente fissato una volta per tutte.

Leggere il mondo come scrittura cifrata significa allora as-

---

[7] Id., *Von der Wahrheit*, cit., p. 37.
[8] Per un approfondimento di questa tematica si veda il saggio di V. Melchiorre, *L'immaginazione simbolica*, il Mulino, Bologna 1972, e in particolare il capitolo 1: "La funzione dell'immaginario".
[9] K. Jaspers, *Von der Wahrheit*, cit., pp. 53-112.
[10] Ivi, p. 38.

sumere una disposizione che, di fronte alle cose, non si trattiene nell'ambito circoscritto del loro apparire per procedere a una sistemazione del dato (questo è quanto fa la scienza), ma oltrepassare il dato verso quell'assenza a cui l'apparire rinvia, ma che in sé non appare (in quest'ambito opera la filosofia).

Lo spazio di questa *assenza,* che si estende dall'apparire puntuale alla totalità che non appare, è lo spazio della *possibilità* che la cifra richiama come completamento, come seguito, come futuro, come senso di ciò che appare. In questo modo la cosa che appare, e che con il proprio apparire attesta il proprio essere, letta come cifra, dispone sulla via del non-essere, sulla via di ciò che essa non è, ma che al tempo stesso non è impossibile che a essa convenga, quindi sulla via del possibile.

Trascendere è percorrere la via del possibile in cerca di quell'ulteriorità che custodisce il senso di ciò che appare e che la puntualità dell'apparire lascia tras-parire. *E-sistere* è desituarsi da questa puntualità, è disporsi nel campo dell'assenza, ove rinvenire un senso è possibile. Per questo Jaspers chiama l'esistenza: "esistenza possibile (*mögliche Existenz*)", e nella possibilità così dischiusa riconosce il senso ultimo della *libertà*:

> Soltanto per l'esistenza, la trascendenza diventa quella realtà (*Wirklichkeit*) che, sfuggente in ogni fenomeno, ma per se stessa mai sfuggente, è propriamente ciò grazie a cui sono libero.[11]

Come e-sistenza, l'uomo vive nel campo dell'assenza e del possibile. Questa assenza, ricoperta dalla lettura cifrata del mondo, non si traduce in un rifiuto del mondo, in una sua soppressione, ma semplicemente in una sospensione del suo senso. Dice Jaspers: "Il mondo viene, per così dire, posto nella dimensione dell'esser-sospeso".[12] La sospensione (*Schwebe*) vuole evitare due false assolutizzazioni che nascono da un improprio isolamento (*isolierende Verabsolutierung*): l'*assolutizzazione della trascendenza*, intesa come realtà assolutamente separata dal mondo, e l'*assolutizzazione del mondo* come unico ambito in cui ogni senso e ogni significato si risolve.

Nel primo caso la fantasia fideistica si tradurrebbe nell'evasione fantastica e, al limite, nell'allucinazione, nel secondo caso l'uomo sarebbe privato della sua e-sistenza come possibilità che, desituandosi dal campo circoscritto della presenza (*Gegenwartigkeit*), si protende verso quell'assenza (*Nichtgegenwartigkeit*) che è l'essere come lontananza dalla presenza attuale, come spor-

[11] Ivi, p. 110.
[12] Ivi, p. 106.

genza di tutta l'oggettività nel suo futuro, nel suo avvenire (*Zukunft*), che è poi l'ad-venire (*zu kommen*) all'uomo.[13]

La presenza "avviene" in uno sfondo d'assenza che consente a ciò che si presenta di presentarsi e di apparire per quello che è. Nella struttura originaria dell'apparire, presenza e assenza si richiamano vicendevolmente, e già in questo richiamo si raccoglie quella tensione metafisica (*metaphysische Spannung*) che di fronte al dato non si arresta, ma, sulla scorta della negatività con cui ogni dato si presenta, procede in cerca della pienezza di senso che, stante la negatività di ciò che si presenta, è sempre un al di là.

A proposito dell'esperienza metafisica (*metaphysische Erfahrung*), pensata come un'esperienza di fondo inscritta in ogni puntuale esperienza, intesa come percezione di senso (*Sinneswahrnehmung*), Jaspers osserva che:

> Al fondo di ogni esperienza c'è l'*esperienza metafisica* che mi pone davanti all'abisso, dove sperimento tutta la carenza desolata che si determina quando l'esperienza si riduce a mera esperienza dell'esserci, quanto la ricchezza di senso che si produce quando l'esperienza, rendendosi trasparente, diventa cifra.[14]

Senso significa a un tempo "significato" e "rinvio". E come nell'esperienza percettiva, le altre facce dell'oggetto, nascoste dalla faccia che appare, sono colte in assenza, seguendo il rinvio dei profili della faccia esposta, così, nell'esperienza metafisica, la pienezza di senso, l'esperienza dell'essere è esperienza di una presenza e insieme di un'assenza (*trostlosen Mangel*) che traspare (*transparent wird*) nella presenza percepita (*in der blossen Deseinserfahrung*).

In tal modo Jaspers capovolge l'asserto empirista *esse est percipi* nel suo contrario *esse non est percipi*, perché l'essere si annuncia come mancanza dell'apparire, come assenza di senso, come quell'ulteriorità che la datità oggettiva lascia trasparire. In questo senso, scrive Jaspers:

> *Gli oggetti del mondo sono trasparenti*. Dall'oscurità dell'essere essi ci vengono incontro come suoi aspetti, come suo linguaggio. Essi non sono conclusi in se stessi. Assunti nel loro isolamento si rivelano privi di senso. Dissolvendo la loro trasparenza appaiono incompiuti (*endlos*), nulli (*nichtig*), non veri (*un-wahr*). [...] Assunti invece come cifre, ovvero come manifestazioni dell'essere, gli oggetti diventano suo linguaggio, nel senso che, provenendo dall'essere, mi colpiscono come ciò che all'essere rinviano quando tento di costruire un senso.[15]

---

[13] Ivi, p. 105.
[14] Id., *Filosofia*, Libro III: *Metafisica*, cit., p. 1070.
[15] Id., *Von der Wahrheit*, cit., p. 108.

Raccogliendo queste precisazioni possiamo concludere su una duplicità custodita dall'apparire di ogni oggetto nel mondo. Esso può arrestare a sé l'itinerare della coscienza nelle catene dell'oggettività (*in Fesseln an das Gegenständliche*), oppure può rilanciarlo in vista di una determinazione ulteriore, di un senso più radicale. Leggere il mondo come scrittura cifrata significa allora decidersi per questa seconda possibilità, sentire la passione per più profonde chiarezze ontologiche, in cui si raccoglie il senso di ciò che nel mondo inadeguatamente appare e, nella sua inadeguatezza, inevitabilmente rinvia.

2. *La funzione simbolica della cifra*

A questo punto si comprende la *funzione simbolica della cifra* intimamente connessa alla tematica della *trascendenza immanente*. Come cifra ogni cosa parla di sé, e insieme di un assoluto che la abita e la trascende e che, partecipandosi nella cifra, illumina, da un punto e da un tempo, l'intera realtà.

Il senso della trascendenza immanente, questa concezione dell'essere tanto contraddittoria per la metafisica tradizionale che procede secondo la logica dell'intelletto e che non conosce altra alternativa se non quella del dualismo metafisico o del monismo panteista, si lascia intendere solo recuperando nella cifra l'antico significato di *symbolon*, riscattandolo dall'usura del linguaggio che abitualmente lo impiega nell'equazione simbolo-convenzione-arbitrio.

Originariamente *symbolon* era quella tessera ospitale, quel coccio di pietra che, spezzato, testimoniava il legame tra due persone, due famiglie in procinto di separarsi. Ognuno portava con sé il segno di una comunione, di un patto amichevole che la distanza non poteva annullare. Se poi accadeva di ricongiungersi, allora si procedeva alla ricomposizione delle due metà, e l'unità così ottenuta testimoniava, dopo l'assenza, un'intimità ininterrotta, un legame che non era stato spezzato.

Il significato del termine successivamente si evolse, ma non smarrì il suo senso originario. Nel *Simposio* di Platone ritroviamo la parola per designare il carattere proprio dell'amore che è simbolo di quell'unità che lega gli uomini, in quanto provenienti da una stessa origine e in quanto alla ricerca, con il consenso pietoso degli dèi, di quell'unità che, proprio a causa degli dèi, era stata spezzata. Per questo ogni uomo è simbolo, tessera dell'uomo totale: "*hékastos oûn emôn estin anthrópou sýmbolon*".[16] Non

---

[16] Platone, *Simposio*, 191 d.

diversamente Jaspers parla dell'amore come di ciò che collega (*das Verbindende*) dalla divisione, e, nell'unità raggiunta, dischiude all'essere (*Seinsoffenheit*): "L'amore è ciò che, dalla divisione degli enti, giunge all'uno che è apertura all'essere. Come tale l'amore è simbolo".[17]

"Cifra", "simbolo" sono dunque espressioni che dicono unità da remote distanze, tensione verso un'origine (*Ursprung*) che si presenta ritraendosi, perché, scrive Jaspers:

> Nei confronti della nostra volontà di sapere, che pretende di afferrare l'essere all'origine (*am Ursprung*), l'essere si comporta come ciò che indietreggia (*zurückweichen*) e che lascia, nella forma degli oggetti che ci stanno dinanzi, dei semplici resti (*Reste*), delle tracce (*Spuren*).[18]

In questi resti, in queste tracce, custodite dalla funzione simbolica della cifra, si raccoglie l'annuncio che l'essere fa di sé all'uomo che si de-situa dalla mera oggettività per sporgere, come e-sistenza, oltre la presenza che rinvia:

> Chiamo *cifra* l'oggettività metafisica, che in sé non è la trascendenza, ma il suo linguaggio. In questo linguaggio la coscienza in generale (*Bewusstsein überhaupt*) non coglie né avverte alcuna trascendenza, perché il suo genere e il suo modo di esprimersi sono significanti solo per l'esistenza possibile (*mögliche Existenz*).[19]

Ponendosi *tra* esistenza e trascendenza (*Chiffre ist zwischen Existenz und Transzendenz*),[20] la cifra è simbolo di una distanza; non della distanza che intercorre fra l'oggetto e la sua replica o specularità simbolica, ma di quella che intercorre fra l'essere e ciò che dell'essere la trascendenza porta in presenza (*Die Chiffre ist das Sein, das Transzendenz zur Gegenwart bringt*).[21]

Qui la funzione simbolica della cifra non esprime una somiglianza di rapporti come nel caso dell'allegoria, ma esprime un rapporto effettivo e reale tra la presenza e l'assenza, tra ciò che l'essere è, e ciò che l'essere lascia nella presenza come sua traccia. Siamo dunque alla "tessera" platonica che, in un punto, lascia trasparire il resto dell'essere.

Questa distanza e questa intimità nella distanza sono accessibili all'uomo non come coscienza in generale che si trattiene

---

[17] K. Jaspers, *Von der Wahrheit*, cit., p. 991.
[18] Ivi, p. 37.
[19] Id., *Filosofia*, Libro III: *Metafisica*, cit., p. 1069.
[20] Ivi, p. 1077.
[21] *Ibidem*.

esclusivamente tra gli oggetti dal cui rapporto costruisce sensi e significati, ma all'uomo che, come e-sistenza, si desitua dall'oggettività per protendersi in quella distanza che, ricoperta dalla mediazione simbolica, delinea un nuovo senso del mondo. Un senso che non è più *fisico*, come quello raggiunto dalla coscienza in generale (*Bewusstsein überhaupt*), ma *meta-fisico* di cui è capace solo la coscienza assoluta (*absolute Bewusstsein oder Bewusstsein des Seins*). Questa infatti, abbraccia (*um-greift*) assenza e presenza, e quindi, dalla distanza compone (*sym-bállein*) vicinanze e intimità.

Ma la cifra è un dono dell'essere (*ein Geschenk aus dem Ursprung des Seins*), non una creazione progettata dalla coscienza (*nicht durch Plan hervorzubringen*).[22] Anzi, la coscienza nasce come coscienza assoluta, e quindi come *con-scienza* di una presenza e di una assenza, perché l'essere nel presentarsi indietreggia, nell'annunciarsi si ritrae, perché è *trascendenza immanente*.

Se fosse pura trascendenza o pura immanenza, come nel caso del dualismo metafisico o del monismo panteista, non si darebbe altra coscienza che quella "in generale" che sa tutto dell'immanenza e nulla della trascendenza; non si darebbe cifra come presenza che rinvia a un'assenza, come linguaggio di un'ulteriorità, di un "al di là" che si annuncia nell'"al di qua". Quindi se si vuole mantenere la coscienza simbolica, che sola consente di oltrepassare l'immediatezza della pura presenza, allora, scrive Jaspers: "L'al di là come puro al di là (*das Jenseits als Jenseits*), come realtà totalmente altra deve cadere come mera illusione".[23]

La cifra non appartiene mai all'"al di qua" o all'"al di là", al campo dell'immanenza o a quello della trascendenza; il suo valore consiste proprio nel fatto che queste opposizioni, derivate da una teoria metafisica di carattere dualistico, vengono superate. Essa non è "l'uno o l'altro", ma rappresenta "l'uno nell'altro" e "l'altro nell'uno", come la tessera platonica che in un punto raccoglie i distanti, unifica i differenti senza annullare la differenza. In questo senso, scrive Jaspers:

> Dopo che la trascendenza e l'immanenza sono state pensate come assolutamente distinte l'una dall'altra, è necessario pensarle dialetticamente nella cifra come *trascendenza immanente*, se non si vuole che la trascendenza vada irrimediabilmente perduta.[24]

---

[22] Ivi, p. 1078.
[23] Ivi, p. 944.
[24] Ivi, pp. 1077-1078.

Nella cifra c'è prossimità e distanza (*Nahe und Ferne*), c'è unità che non annulla la differenza (*Einheit ohne Identität*).[25] La cifra custodisce dunque la differenza ontologica per cui l'ente non è l'essere, anche se nell'ente l'essere si annuncia e, come trascendenza immanente, si partecipa e si trascende, cioè lascia sussistere in sé ogni realtà e insieme la rende espressiva della sua presenza ulteriore che è poi la sua assenza. Per questo la cifra è sempre nella parte, ma annuncia il tutto; afferma l'unità, ma custodisce la differenza.

Questa duplicità del carattere simbolico della cifra va gelosamente mantenuto. Spezzarla nel senso della differenza equivarrebbe ritornare a quelle espressioni ontologiche superate dalla riflessione periecontologica,[26] spezzarla nel senso dell'identità significherebbe cadere nel fraintendimento magico, che nasce in occasione della solidificazione (*starrwerden*) della cifra.

Per evitare queste deviazioni, che risolvono la realtà nell'assoluta trascendenza o nella piatta immanenza, bisogna mantenere il carattere simbolico della cifra, che consente di traguardare (*quer zu sehen*) l'identità nella differenza. Infatti, a differenza di quanto accade nell'allegoria che parla d'altro (*állos agoreúo*), nella cifra il senso simbolico è costituito *nel* e *dal* senso letterale. Per questo, scrive Jaspers:

> Nella scrittura cifrata è impossibile *separare il simbolo da ciò che è simboleggiato*. E questo perché la scrittura cifrata *rende presente* la trascendenza, ma *non si lascia interpretare*. Se la si interpretasse, si tornerebbe a separare ciò che sussiste solo nell'unione reciproca e si finirebbe col mettere a confronto la scrittura cifrata con la trascendenza, che invece si limita a manifestarsi in essa senza identificarvisi. [...] Non si può interpretare la scrittura cifrata come si fa col simbolo, quando con questa parola si intende un significato che si riferisce a qualcosa che, in qualche luogo sussiste e può essere mostrato, perché la scrittura cifrata è come si presenta in se stessa e non come è chiarita da altro.[27]

Ma proprio in se stessa, la scrittura cifrata si presenta come un rinvio, non dal simbolo al simboleggiato, dal senso simbolico a quello letterale, ma dal senso presente a un'ulteriore partecipa-

---

[25] Ivi, p. 1078.
[26] A proposito della differenza introdotta da Jaspers tra ontologia e periecontologia si veda K. Jaspers, *Von der Wahrheit*, cit., pp. 158-161, e per un commento a queste pagine si veda U. Galimberti, *Il tramonto dell'Occidente nella lettura di Heidegger e Jaspers* (1975-1984), Feltrinelli, Milano 2005, capitolo 34: "Necessità del naufragio di ogni ontologia. Ontologia e periecontologia".
[27] K. Jaspers, *Filosofia*, Libro III: *Metafisica*, cit., pp. 1081-1082.

zione di senso. Per questo non si può dire che nella cifra va perduta la differenza tra trascendenza e immanenza. La distinzione non è smarrita perché l'*unità*, che in ogni cifra si manifesta, è a un tempo rinvio e assenza: assenza del senso assoluto, dell'essere incondizionato che l'oggetto-cifra esprime e insieme richiama, manifesta e a un tempo nasconde. Infatti, scrive Jaspers:

> Nel simbolo, essere e apparire si trovano indivisi. [...] Il significato dei simboli è la presenza dell'essere, che nel simbolo si nasconde e a un tempo si rivela (*zugleich verschleiert und offenbart*).[28]

Se dunque la cifra, mentre identifica, mantiene la differenza, possiamo capire perché, secondo Jaspers, in tanto può darsi una coscienza simbolica in quanto l'uomo è costituito nella differenza, in quanto è originariamente definito, come e-sistenza, nella trascendenza dell'essere.

La controprova di questo asserto Jaspers la trova nel pensiero moderno, al culmine della parabola hegeliana, dove tra finito e infinito non si dà differenza, per cui la libertà dello Spirito non può esprimersi se non nella perfetta adeguazione ai singoli contenuti. Il suo futuro è la sua morte, il suo compimento è l'ultimo passo della filosofia, perché la coincidenza di finito e infinito è totale, e quindi la trascendenza è irrimediabilmente risolta nell'immanenza:

> Mentre l'idealista, per quanto si liberi dall'alterità, rimane sempre presso di sé, e per quanto eserciti la presunta libertà assoluta di cui ci parla la filosofia di Hegel, giunge alla fine a un'esistenziale assenza di terreno, l'uomo che comprende i simboli si imbatte, in essi, nella pienezza della realtà. Il loro significato, infatti, è il reale stesso. La cosa importante è come io sperimento il reale.[29]

Se nell'apertura del pensiero all'essere sperimento il reale come perfetta identità di essere ed ente, allora non esiste alcuna possibilità per il costituirsi di una coscienza simbolica, se invece il pensiero si afferma come pensiero dell'essere, ma nella sua differenza dall'ente, allora l'immanenza dischiude la trascendenza e, con la trascendenza, l'esistenza e la coscienza simbolica. Infatti, scrive Jaspers:

> Realtà empirica e realtà simbolica sono due aspetti dell'unico mondo che si rivela o alla coscienza in generale o all'esistenza possibile. Il mondo è realtà empirica se, prima di ogni interpretazione, è con-

---

[28] Id., *Von der Wahrheit*, cit., p. 1041.
[29] *Ibidem*.

siderato nella sua datità e nella sua universale conoscibilità, è invece simbolo se è considerato come immagine dell'essere autentico.[30]

Ciò significa che la dimensione del simbolo viene a precisarsi come la stessa dimensione del se-stesso (*das Selbstsein*), per cui nella lettura della cifra si è ben lontani dal percepire un essere indipendentemente da se stessi, perché questa lettura è possibile solo mediante la decisione dell'esistenza che non si accontenta del dato, ma accoglie il rinvio. Per questo, scrive Jaspers:

> Nel leggere la cifra io sono responsabile (*verantwortlich*), perché la leggo solo mediante il mio me-stesso, la cui possibilità e veridicità mi si rivelano nel modo di eseguire la lettura. Anche la verifica non avviene con altro criterio che non sia il mio me-stesso che si riconosce nella trascendenza richiamata dalla cifra.[31]

Tale momento etico di responsabilità si risolve sullo sfondo periecontologico-esistenziale, per cui nell'identità non si tralascia la differenza, nella presenza non si annulla il rinvio a quell'assenza, in cui il senso ultimo della presenza è custodito. In questa duplicità di presenza e assenza ritroviamo espresso il senso profondo della cifra, che è poi quello originario della tessera platonica, quale testimonianza di una appartenenza che è insieme tensione verso una distanza non totalmente percorribile. E questo perché, scrive Jaspers:

> Noi non viviamo immediatamente nell'essere, perciò la verità non è il nostro possesso definitivo, noi viviamo nell'essere temporale, perciò la verità è la nostra via.[32]

Come essere temporale, l'uomo non può superare la singolarità del suo atto coscienziale, la sua determinazione nel tempo, la sua situazione prospettica. Può tematizzare l'assoluto, ma sempre a partire dalla determinazione situazionale, dal proprio esser qui e non là, ora e non allora. Questo fatto intrascendibile non consente all'uomo di pareggiare l'incommensurabilità dell'essere, di estinguere totalmente la negatività connessa alla non esaustività della propria individuazione prospettica, perché, scrive Jaspers:

> L'essere della trascendenza non si presenta all'esistenza nella sua inseità, perché non esiste alcuna identità tra esistenza e trascenden-

---

[30] Id., *Filosofia*, Libro III: *Metafisica*, cit., p. 951.
[31] Ivi, p. 1092.
[32] Id., *Von der Wahrheit*, cit., p. 1.

za, ma si rende presente come *cifra*, e quindi non come un oggetto determinato, ma traguardando attraverso ogni oggettività (*quer zu aller Gegenständlichkeit*).[33]

Se dunque l'uomo non può uscire dalla propria puntuale prospettiva, e non può pensare né parlare se non oggettivando, potrà scorgere l'assoluto, che è irriducibile a ogni prospettiva e a ogni oggettivazione, solo "traguardando", solo "obliquamente (*quer*)", solo "attraverso", perché:

> Noi possiamo parlare solo in oggettività. Un parlare non-oggettivo, un pensare non-oggettivo non esistono. Ma nell'oggettivo e nel soggettivo riecheggia qualcosa di sovra-oggettivo e di sovra-soggettivo.[34]

La voce che riecheggia è quella della trascendenza immanente:

> La trascendenza immanente è *immanenza* che subito *svanisce*, ed è *trascendenza* che nell'esserci si fa *linguaggio come cifra*.[35]

Con la cifra, l'oggettività non si risolve in una sorta di esperienza mistica, perché l'oggettività resta il piano in cui la non-oggettività dell'assoluto si annuncia (*das Gegenständlichwerden eines an sich Ungegenständlichen*),[36] nello stesso tempo, però, come semplice oggettività è superata, in quanto il non-oggettivo che si annuncia non si lascia comprendere (*begreifen*) dalle categorie dell'oggettività perché è *Umgreifende*. "La cifra che lo annuncia non si comprende, ma nella cifra ci si sprofonda."[37]

Lo sprofondare (*das Versenden*) nella cifra jaspersiana richiama l'esser gettati (*bállein*) in quell'unità che, nel simbolo, è data e sottratta, è presente e assente, in parte raggiunta ma solo come progetto, come direzione, come via. Lungo la via ci si può arrestare. Non assecondando il rinvio, si possono costruire dei sensi accoglienti che riducono la tensione e acquietano l'uomo in quegli interessi che l'immanenza non manca di offrire, quando riesce a mettere a tacere la voce dell'essere e a solidificare la coscienza simbolica nel sistema, nel dogma, nel dettato ipnotico che, ripetendo se stesso, si autovalida e si spaccia per comune verità.

Allora è il momento di desituarsi, di recuperare con la co-

---

[33] Id., *Filosofia*, Libro III: *Metafisica*, cit., p. 1077.
[34] Id., *Der philosophische Glaube angesichts der Offenbarung* (1962); tr. it. *La fede filosofica di fronte alla rivelazione*, Longanesi, Milano 1970, p. 148.
[35] Id., *Filosofia*, Libro III: *Metafisica*, cit., p. 1077.
[36] Ivi, p. 950.
[37] Ivi, p. 951.

scienza simbolica quell'assenza e quella tensione che sono le condizioni del progettare, dell'essere per via, quindi dell'e-sistenza che, pur essendo sempre situata in un esser-ci (*Da-sein*), non accetta di essere definitivamente conclusa nel suo "ci".

3. *La funzione desituante della cifra*

Qui si comprende la *funzione desituante della cifra*. La coscienza simbolica conduce dall'esserci (*Dasein*) all'esistenza (*Existenz*), dalla situazione che circoscrive e conclude alla desituazione come es-posizione, come oltrepassamento, come sporgenza dall'orizzonte circoscritto dalla situazione verso quell'assenza a cui la cifra, nella sua ricerca di senso, rinvia. La situazione è la telluricità dell'esistenza, il suo essere legata a una terra, a una storia, a un tempo, che non sono rispettivamente la totalità della terra, della storia, del tempo. Infatti, scrive Jaspers:

> Nella *situazione* in cui mi trovo, proveniente da un passato e proiettato in un futuro, non sono all'inizio e non sono alla fine. Eppure, situato tra l'inizio e la fine, domando di questo inizio e di questa fine.[38]

Alla coscienza simbolica la situazione si offre, al pari di ogni cifra, come sintesi di presenza e assenza, tipico di quel trovarsi *da* un passato *verso* un futuro, i cui lineamenti si smarriscono in un'oscurità che proietta la sua ombra sul presente, che così rivela presso di sé un'assenza di senso, il non senso del suo "ci". Il "ci (*da*)" è ciò che definisce l'esser-ci (*Da-sein*), la situazione sorpresa nella sua semplice presenza, nel suo mero esser lì e non altrove, ora e non allora, senza ragione, senza perché.

La constatazione non ha mire teleologiche, non cerca fini né cause, ma semplicemente l'*altro*, a cui la situazione rinvia quando dice di sé, quando appare nel suo essere, ma nell'apparire si qualifica rinviando a ciò che non è. Questo non-essere non le sta semplicemente accanto, ma la costituisce intimamente, perché la determina. Determinandola, la fa essere quella che è, e a un tempo la rinvia oltre il proprio confine: "È infatti di ogni essere *determinato* l'essere in relazione ad altro da cui è distinto".[39]

La coscienza dell'esserci (*Bewusstsein als Dasein*) può aprirsi "qui" e "adesso", solo se con-tiene, oltre alla propria presenza, anche la propria assenza, che non è semplicemente contigua al-

---

[38] Id., *Philosophie* (1932-1955): *Einleitung in die Philosophie*; tr. it. *Filosofia. Introduzione*, Utet, Torino 1978, p. 111.
[39] Id., *Von der Wahrheit*, cit., p. 37.

la presenza, ma costitutiva, intima, dal momento che la presenza si scopre proveniente da... e proiettata verso...

Per la coscienza che si scopre nella sua situazione, percorrere l'assenza significa *de-situarsi*, quindi *e-sistere, liberarsi da... e verso...*, trascendere, non per mera curiosità, ma perché sollecitata dalla propria situazione che dice provenienza, rinvio, rapporto, e che si offre come *situata* in un orizzonte manifesto, e *situante* in un orizzonte che è celato proprio dall'emergenza dell'orizzonte manifesto.

Nella sua situazione la coscienza con-tiene quindi l'essere che appare e il non-essere a cui succede o da cui quell'apparire si distingue. In quel non-essere la coscienza non può pensare il nulla, perché al nulla che cosa potrebbe succedere, e dopo il nulla che cosa potrebbe apparire? In quel non-essere, la coscienza pensa l'essere autentico che, siccome non coincide con alcun ente, né con alcuna totalità ontica, può indifferentemente chiamarsi essere o nulla (*Es ist ebenso das Nichts wie das eigentliche Sein*).[40]

Dalla situazione all'essere, il sentiero da seguire è il sentiero dell'*assenza*, è il sentiero che nega l'assolutizzazione di ogni puntuale presenza e di ogni orizzonte che, concluso, vorrebbe concludere l'itinerare dell'uomo, ridurne l'ansia che sempre accompagna la ricerca di un'ulteriorità che si annuncia indietreggiando, che si offre assentandosi, lungo una via su cui lascia di sé solo delle tracce, delle cifre da decifrare.

Se l'essere è *aperto* nella sua infinita pienezza, ma *celato* nel non-essere di ogni apparire, la coscienza umana, che è sempre situata in un determinato apparire, potrà desituarsi in direzione dell'essere solo ponendosi sulla strada del non-essere, e, nella *negazione* di ogni sapere concluso e di ogni orizzonte limitato, potrà "traguardare (*quer zu sehen*)" l'essere che da sempre la abita. Su questo difficile sentiero del *non*, che è negazione di ogni limite perché suo oltrepassamento, Jaspers coglie il senso dell'*operazione filosofica fondamentale* (*philosophische Grundoperation*), in cui si custodisce l'essenza dell'*e-sistenza*, in quanto desituazione, oltrepassamento e quindi *libertà*, intesa come liberazione dai vincoli della situazione e come risposta all'appello dell'essere. Scrive in proposito Jaspers:

> Noi eseguiamo l'operazione filosofica fondamentale quando, oltre ogni ente determinato, oltre ogni determinato orizzonte che ci appare, ci riferiamo col pensiero (*über-hinaus-denken*) all'*Umgreifende*. L'*Umgreifende* è ciò in cui si trova tutto ciò che appare, o che è lo stesso, è la condizione grazie alla quale, ciò che propriamente è,

[40] Ivi, p. 109.

ci appare. L'*Umgreifende* non è la totalità che risulta dalla somma delle parti, ma la totalità che per noi rimane dischiusa come fondo originario.[41]

Con l'esecuzione dell'operazione filosofica fondamentale, l'uomo oltrepassa (*über-hinaus*) la sua situazione, non nel senso che l'abbandona ponendosi come astratta soggettività senza terra, senza tempo e senza storia, ma nel senso che, nella storicità della situazione, si desitua, ponendosi in relazione a quell'oltre che nella situazione si annuncia.

Ma per questo è necessario che la situazione si decanti, vale a dire che l'oggettività e la soggettività che la costituiscono non facciano orizzonte concluso, ma si rapportino come in un dialogo si rapportano domanda e risposta, dove la domanda rinvia alla ricerca di un senso, e la risposta, incapace nel suo limite di offrirlo, lo lascia trasparire.

Fuor di metafora, è necessario che l'oggetto abbandoni l'opacità del dato e, nel darsi, evidenzi il rinvio, e che il soggetto abbandoni le catene che lo legano all'oggettività del dato (*in Fesseln an das Gegenständliche*) e, oltrepassandolo, pensi l'ulteriorità (*uber-hinaus-denkt*) che si annuncia sulla traccia del rinvio.

L'operazione filosofica fondamentale, allora, è eseguibile solo se l'oggetto diventa *cifra* che richiama una distanza, e l'esserci *e-sistenza* che si desitua. Ciò è possibile solo se si intende la relazione soggetto-oggetto come una scissione (*Spaltung*) e la situazione che la esprime come un limite (*Grenz-situation*) da spezzare (*durchbrechen*), perché la trascendenza si manifesta solo nella rottura (*Bruch*) dell'immanenza, attraverso la quale (*Durchbruch*) e nella quale (*Einbruch*) giunge il suo appello.[42]

Affinché ci sia cor-rispondenza all'appello, l'uomo è stato donato (*geschenkt werden*) nella libertà. La libertà non è una *proprietà dell'uomo*, ma un *dono dell'essere*. In questo dono si esprime l'essenza dell'uomo come e-sistenza de-situantesi, capace cioè di oltrepassare la propria situazione. "Questo significa 'animale non ancora stabilizzato' come diceva Nietzsche."[43]

Secondo Jaspers, infatti, per accertarsi dell'origine della nostra libertà è necessario un capovolgimento (*Umkehr*) del nostro modo di pensare, e precisamente: da un pensare che è

---

[41] Ivi, pp. 38-39.
[42] Ivi, pp. 710-869: *"Wahrheit im Durchbruch"*.
[43] K. Jaspers, *Kleine Schule des philosophischen Denkens* (1965); tr. it. *Piccola scuola del pensiero filosofico*, Comunità, Milano 1968, p. 47. Il riferimento è a F. Nietzsche, *Jenseits von Gut und Böse. Vorspiel einer Philosophie der Zukunft* (1886); tr. it. *Al di là del bene e del male. Preludio di una filosofia dell'avvenire*, in *Opere*, Adelphi, Milano 1972, vol. VI, 2, § 62, p. 68.

andato smarrito nella dimensione oggettiva a un pensare dalla dimensione dell'*Umgreifende*. In tale pensare si è aperti a un udire (*Hören*), ma si tratta di un udire che è sempre nel pericolo (*im Gefahr*) di non riuscire a comprendere la voce. Si tratta di una certezza (*Gewissheit*) che non è mai abbandonata dall'insicurezza (*Unsicherheit*), che non è protetta da alcuna autorità.[44]

L'insicurezza nasce con l'abbandono del mondo oggettivo, da cui ci si desitua non appena l'oggetto-cifra lascia udire la voce dell'ulteriorità che, nell'oggettività, si annuncia come assenza, come carenza di senso. De-cidersi (*ent-scheiden*) per quell'assenza è tagliare (*scheiden*) l'orizzonte concluso della situazione e quindi trovarsi improvvisamente in un vuoto di contenuto (*gehaltlose Leere*), in un'assenza di terreno (*Bodenlosigkeit*) che non è più rassicurante come quella terra familiare, quella storia e quel tempo che avevano ospitato l'esserci nella sua situazione. E-sistere, de-situarsi, de-cidersi, cor-rispondere a quel dono dell'essere che si chiama libertà è rischiare senza protezione (*abschutzlos*), senza alcuna garanzia (*keine Garantie*).

L'oltrepassamento richiesto dall'operazione filosofica fondamentale porta quindi con sé i toni dell'abbandono (*Hingabe*) che, prima di essere un abbandono all'essere, è abbandono di un terreno sicuro (*festen Boden*), per un itinerario che offre solo cifre da decifrare, simboli che richiamano distanze, intimità vissute nell'assenza, dove nessun sapere assicura. Infatti, con l'abbandono della situazione, al sapere (*Gewusstheit*) subentra una certezza (*Gewissheit*) che non è più vincolante (*zwingende*) come quella che anima la scienza e la rigorosa razionalità del sistema, ma è solo convinzione che testimonia (*Überzeugung*) una fede (*Glaube*) che non sa, ma semplicemente crede.

Il rischio della fede conferisce serietà (*Ernst*) all'impegno e-sistenziale, e quindi all'uomo che, de-cidendosi per questo rischio, non rinuncia alla propria essenza, ma la realizza come apertura (*Offenheit*) all'essere e come tensione (*Spannung*) protesa a ricomporre con l'essere quel patto amicale (*sýmbolon*) che ogni situazione storica minaccia di spezzare, quando conclude l'uomo nel suo spazio, nel suo tempo, tra le sue cose, che non hanno altro futuro se non quello predisposto dal progresso.

---

[44] K. Jaspers, *Über Gefahren und Chanchen der Freiheit* (1950); tr. it. *Pericoli e possibilità della libertà*, in *Verità e verifica. Filosofare per la prassi*, Morcelliana, Brescia 1986, pp. 164-165.

4. La fede filosofica e la trascendenza immanente

Se la cifra è rinvio a quell'assenza che nella presenza si annuncia, la coscienza simbolica, che legge il mondo come una scrittura cifrata, è la stessa intelligenza dell'assente, quindi la stessa apertura del possibile. Nel possibile si inscrive l'*esistenza* (*mögliche Existenz*), la *libertà* come condizione della possibilità dell'esistenza e la *fede* che accompagna, senza garanzia, ogni progetto desituante.

Nel progetto desituante si aprono tanto il futuro storico quanto l'al di là metafisico. Sia l'uno che l'altro mantengono stretto il legame con la storicità della situazione, per evitare di tradursi rispettivamente nell'utopia che non è in alcun luogo (*ou tópos*) e nella fantasia mistico-religiosa che fa della trascendenza immanente una pura trascendenza senza relazione e senza contatto.

L'unità di presenza e assenza, in cui si raccoglie il senso della cifra, l'unità di ente ed essere (che non è identità, ma identità-differenza, trascendenza immanente), è data anche nella più modesta percezione che evidenzia una parzialità sullo sfondo di una totalità sfuggente, un'inadeguatezza di senso che inevitabilmente rinvia.

Ciò significa che la possibilità dell'espressione simbolica non nasce da analogie esteriori o da esigenze fantastiche, ma ha il suo fondamento nell'essere stesso di ogni fede che, presentandosi, attesta la disequazione parte-tutto, che non consente alla coscienza di trattenersi nella parte presente, ma le impone un proseguimento nell'assenza a cui rinvia.

Se la forza della cifra sta nella sua ambiguità (*die Vieldeutigkeit der Chiffren*) che la fa essere richiamo di una presenza e di un'assenza "unità di un essere del mondo e della trascendenza (*die Einheit eines Weltseins und der Transzendenz*)",[45] allora la sua capacità di incidenza sarà legata all'equilibrio dialettico delle sue componenti, perché una semplice tensione alla trascendenza sarebbe altrettanto sterile quanto una pura adesione al dato storico.

Un rapporto all'essere che volesse evitare la propria situazione temporale sarebbe un rapporto mistico che non impegna l'esistenza che è sempre situata, sarebbe una fantasia religiosa incapace di desituare, perché, trascurando la storicità dell'uomo, ne dimenticherebbe la realtà. D'altra parte, la semplice adesione al dato storico costringe l'uomo o a vivere nell'immediatezza dell'evento, o, nel caso lo desituasse, lo desituerebbe all'interno del

---

[45] Id., *Filosofia*, Libro III: *Metafisica*, cit., p. 1081.

sistema che controlla tutti gli eventi, trattenendolo così, nonostante le apparenze, nella sua insuperabile situazione.

Ne consegue che la cifra è tanto più concreta quanto più è ambiguamente dialettica, ossia quanto più trattiene presso di sé la situazione storica e la dimensione trascendente. Lo smarrimento di uno dei due termini è la solidificazione della cifra (*das Starrwerden der Chiffren*), il suo irrigidimento in un al di là fantastico e storicamente non incidente, o in un al di qua oggettivo incapace di desituare.

Sono per Jaspers esempi di solidificazione delle cifre le costruzioni ontologiche e teologiche fornite rispettivamente dalla metafisica e dalle religioni tradizionali, che dalla metafisica hanno mediato l'impianto concettuale valido per ogni intelletto (*das Gleiche für jeden Verstand*). Pensare metafisicamente o religiosamente con la coscienza in generale, che opera sulla base dell'universale validità, significa concludere *scientificamente* e non *filosoficamente* o *religiosamente*, significa matematizzare e non pensare o disporsi alla preghiera. Si abolisce il mistero che accompagna l'ulteriorità assente, per risolvere l'ulteriorità dell'*Umgreifende* nella comprensione raggiunta dal concetto (*Begriff*).

La cifra, irrigidita nella de-terminazione concettuale, non è più occasione di rinvio, ma categoria escludente che, raccogliendo e precisando in sé ogni possibile senso, non tollera forme di oltrepassamento, polivocità di sensi, diverse interpretazioni. L'intolleranza pratica degli istituti storici che nascono a difesa dell'irrigidimento della cifra è solo un fenomeno secondario dell'irrigidimento teoretico della cifra che, tradotta in concetto universalmente valido, è assunta come criterio per la divisione (*Teilung*) degli uomini in aderenti ed eretici o separati dalla comune adesione.

Nella mediazione cifrale, che dal noto rinvia all'ignoto, richiamato dall'inadeguatezza e dalla carenza di senso di ciò che si notifica, quanti s'avventurano con-dividono (*mit-teilen*) lo stesso destino, pertanto tra di loro possono comunicare (*mitteilen*), a differenza di coloro che, aderendo incondizionatamente a un concetto irrigidito nell'universale validità concettualmente raggiunta, non hanno più niente da dire.

Non sono compagni di viaggio (*Mit-reisende*), ma semplici con-venuti (*Überein-gekommen*) in una meta ritenuta da tutti e per tutti definitiva. La comunicazione (*Mitteilung*) non è più un trovarsi in quel momento mediazionale (*Mitteilung*) della cifra che dalla presenza conduce all'assenza propria dell'ulteriorità dell'essere, ma si riduce all'avere in comune lo stesso concetto del mondo e di Dio, concetto che non rinvia oltre a sé, ma tutti trattiene nella *cattolicità* dell'adesione.

Con il termine "cattolicità (*Katholizität*)" Jaspers non si riferisce a una figura storica, ma a un modo di pensare, e precisamente a quel modo che accosta la realtà non per leggervi delle cifre rinvianti, ma per costruire un sistema con concetti universalmente validi e perciò escludenti, in quanto ritenuti esaurienti ogni possibile verità:

> Non solo la chiesa cattolica (e, anche se in misura minore, la chiesa protestante) ha concepito questo pensiero dell'unica verità escludente, perché includente tutto il vero, quando ha fondato con un'altissima costruzione di pensiero il proprio punto di vista, e in modo impareggiabile ha dato un saggio della propria realizzazione nel mondo. Il pathos della verità unica, accompagnato dall'entusiasmo per l'universalità, per l'unità di tutti gli uomini e di tutta la storia in quell'unica verità, è proprio anche della filosofia dell'idealismo tedesco: Fichte, Schelling, Hegel. Questa filosofia, proprio per la via imboccata, non potrà mai avere un seguito. L'unicità, l'universalità e la cattolicità sono dunque la stessa cosa.[46]

Queste caratteristiche, infatti, sono espressioni della solidificazione delle cifre che, irrigidite, non rinviano a un'ulteriorità assente, ma risolvono la totalità nel sistema concettuale che si presenta come unico, universale e valido per tutti. La potenza del sistema che così si costituisce è nella sua *pre-potenza* che, escludendo a priori (*pre*) ogni ulteriorità di sensi e di significati possibili, chiude la coscienza simbolica e assolutizza la coscienza in generale, che tutti accoglie come in un recinto (*Hof*), dove non si danno altri sensi e altri significati se non quelli predisposti e coordinati dal sistema.

Dove la totalità è ridotta a una corte (*das Ganze ein Kirkhof geworden ist*), sia essa presieduta dall'autorità assoluta di una Chiesa, o da quella non meno assoluta della ragione scientifica e tecnica, là dove non c'è altra forma logica che quella del controllo e del dominio, altra etica che il conformismo, altra parola che il linguaggio funzionale, altro destino che il totalitarismo, l'uomo perde la sua essenziale possibilità di e-sistenza, e, da "animale non ancora stabilizzato" come diceva Nietzsche, diventa animale da corte, animale domestico, incapace di oltrepassare il recinto, perché, a ricordarcelo, è ancora Nietzsche: "Tutti vogliono le stesse cose, tutti sono uguali: chi sente in maniera diversa se ne va spontaneamente in manicomio".[47]

Possiamo certo non irrigidirci in conclusioni pessimistiche,

---

[46] Id., *Von der Wahrheit*, cit., p. 842.
[47] F. Nietzsche, *Also sprach Zarathustra. Ein Buch für Alle und Keinen* (1883-1885); tr. it. *Così parlò Zarathustra. Un libro per tutti e per nessuno*, in *Opere*, cit., 1968, vol. VI, 1, "Prefazione di Zarathustra", p. 12.

ma questo alla sola condizione che si riconceda spazio alla coscienza simbolica e all'ambiguità della cifra. Ma finché questa verrà risolta in quella determinazione concettuale che è caratterizzata da una falsa universalità, perché esprime solo una parte dell'essere, e solo una parte che non sa e non vuol sapere quant'altro, al suo fianco, è, e a essa si riferisce, allora la relazione cosciente all'assoluto si estingue, perché la coscienza, raccolta tra gli enti e tra i concetti che inequivocabilmente li esprimono, si trova a significare l'assoluto col ni-ente.

Preclusa la via dell'essere, l'unica possibile resta quella dell'avere. Su questa via la cifra diventa concetto chiaro e distinto che, mediante determinazioni e definizioni, possiede la cosa. A "cosa posseduta" si riduce tanto Dio quanto il mondo. L'uno e l'altro si costituiscono, infatti, solo se misurati dall'uomo mediante la lucidità intellettuale di quel pensiero chiaro e distinto che non conosce ombre né misteri, e che estingue quella tensione desituante che, nel complesso delle situazioni finite, tutto riporta al mistero della presenza velata dell'essere.

Sulla via dell'avere non sarà mai possibile giungere a contatto con l'essere, non perché la struttura tensionale (*Spannung*) propria del pensiero umano vada perduta, ma perché, invece di costituirsi come sete dell'essere, si costituisce come sete che accumula, e, accumulando, smarrisce l'essere e se ne allontana.

Per recuperare il senso dell'essere bisogna abbandonare tanto la logica esatta dell'identità e della non contraddizione, quanto la logica felice che concettualmente media i contrari per conciliarli nell'armonia della mediazione dialettica. L'una e l'altra profanano il mistero dell'essere perché, riducendo la sua immensurabilità alla misura umana, lo sottraggono alla gelosa custodia del *mito* che, velandolo, lascia intravedere, senza distruggerlo, il mistero dell'inafferrabilità dell'essere; del *circolo* che, con il carattere tautologico del suo argomentare, esprime il non-senso contenuto nella pretesa di conoscere l'essere; dell'*imperativo categorico* che comanda senza ragione, perché la sua voce è quella dell'incondizionato; del *paradosso* e della *comunicazione indiretta* che parlano della verità nelle forme dello pseudonimo, dell'ironia, dell'assurdo per la logica del mondo; della *gioia tragica* che, profanando ogni distinzione concettuale, invita a danzare, come scrive Nietzsche, "a mo' di trovadori, tra santi e prostitute, tra Dio e mondo",[48] estremi di un arco in tensione.

Agli estremi, chiarezza e oscurità, distinzione e mistero si tendono in una richiesta reciproca, in una ricerca mai esaurita di

---

[48] Id., *Die fröhliche Wissenschaft* (1882); tr. it. *La gaia scienza*, in *Opere*, cit., 1965, vol. V, 2, "Appendice: Canzoni del principe Vogelfrei", p. 275.

adeguazione: vita diurna e vita notturna del pensiero. Questa è la cifra che anima la coscienza simbolica e che la coscienza in generale, irrigidendo e solidificando nella chiarezza del giorno, dissolve. Dal dissolvimento l'uomo potrà recuperarsi solo quando, con il suo pensiero, saprà custodire l'ambiguità della cifra, la sua tensione oltrepassante che la fede filosofica, a differenza della fede religiosa, sa mantenere.

Sia la fede filosofica sia la fede religiosa sono promosse dalla convinzione che la verità totale non è compiutamente svelata nell'immanenza, dove ogni annuncio è un rinvio, ogni presenza è un richiamo all'assenza. Muovendo da questa consapevolezza, la *fede filosofica* non conferisce alla cifra, per cui si risolve, il valore di una verità universalmente valida, perché sa che questo carattere appartiene al sapere apodittico della coscienza in generale, che presiede l'organizzazione scientifica del mondo, e non all'esistenza che, ubbidendo a un'esigenza incondizionata (*unbedingte Forderung*), che è poi la richiesta di una compiutezza di senso, oltrepassa il mondo in vista di quella trascendenza per la quale le categorie del mondo naufragano.

Consapevole di non disporre di una verità universalmente valida, la fede filosofica non scomunica, non dichiara eretici i dissenzienti, non accende roghi, non dispone di libri sacri privilegiati rispetto ad altri, perché contenenti la verità assoluta. La fede filosofica sa di essere per via (*auf dem Wege der Wahrheit*) e non scambia la via incerta con la meta definitiva. Per questo non riconosce alcuna autorità all'infuori dell'autorità della cifra, in cui ha deciso di credere, per l'indicazione che fornisce e non per il suo imporsi in realizzazioni temporali.

La fede filosofica sa che la cifra è autorevole in quanto rinvia alla trascendenza e non in quanto esplica la propria autorità nel mondo. Il suo realizzarsi nel tempo, se è inevitabile per far udire il proprio annuncio a quanti nel tempo vivono, può obnubilare il significato proprio di ogni cifra che rinvia oltre il tempo. Per questo ogni realizzazione temporale della cifra contiene già il germe della non verità (*Unwahrheit*), da cui la cifra può liberarsi solo sottraendosi a ogni determinata e puntuale incarnazione, solo restando in sospensione (*in der Schwebe*).

La cifra, infatti, può rivelare la trascendenza, ma, solidificandosi, può anche occultarla. Inoltre l'enigmaticità che accompagna ogni indicazione cifrata non consente di trattare quest'ultima al di fuori di ogni dubbio e di ogni problematicità. Questo significa che chi sceglie la via indicata da una cifra fideistica rischia, e siccome il rischio implica, oltre alla possibilità di salvezza, anche la possibilità del naufragio, non si può attirare nel proprio rischio gli altri, quasi si trattasse di una sicurezza garantita, e tanto meno si può presentare la cifra problematica come verità assoluta che deve essere universalmente accolta.

Ciò significherebbe accostarsi alla trascendenza con la logica della sola immanenza e quindi risolvere la prima nella seconda, al cui controllo non è preposta la coscienza simbolica che dalla presenza rinvia all'assenza, ma la coscienza in generale per la quale tutto è compreso nell'orizzonte logico da essa dischiuso. Per questo la fede filosofica non giudica le altre fedi scambiando se stessa per la verità, ma, pienamente consapevole della sua natura problematica, attende da quest'ultima il giudizio che la trascende. In questo senso è *filo-sofica*, perché ama (*phílei*), si protende verso la sapienza (*sophía*), ma non la possiede.

La *fede religiosa*, al contrario, isola se stessa dalla verità, la dimentica e vi si sostituisce. In questo modo perde se stessa e le opere compiute nell'isolamento della verità. Alla volontà di verità (*Wille zur Wahrheit*) sostituisce la volontà di potenza (*Wille zur Macht*) che conferisce alla cifra della trascendenza un'autorità assoluta nel mondo, sicché la cifra non rinvia più oltre il mondo, ma, nella sua posizione autorevole, esige manifestazioni mondane di fede, quali le strutture (Stato, famiglia, scuola, partito) che, in nome di un credo, si affermano nel mondo.

Sorretta da queste strutture mondane e da esse solidificata, la cifra fideistica diventa sempre meno enigmatica e, da possibilità di salvezza, si traduce in certezza incontrovertibile in una salvezza, a cui possono partecipare solo coloro che prestano fede, mentre gli altri, in qualità di eretici, ne restano esclusi.

Sicura di sé, pur nel suo isolamento dalla verità, la fede religiosa diventa *escludente* e traduce in certezza assoluta ciò che per la ragione è problema. Scambia l'unità della verità, che è oltre la parzialità della sua manifestazione temporale, con l'unità raggiunta mediante l'uniformità propria della cieca ubbidienza a strutture mondane che, in nome di una cifra, sono state realizzate nel tempo.

Al rischio proprio della problematicità, la fede religiosa sostituisce la sicurezza di chi aderisce a strutture e a comportamenti non scelti, alla singolarità della scelta esistenziale sostituisce l'universalità dell'adesione comunitaria, alla drammaticità della veglia il sonno della sicurezza garantita. Nella fede religiosa, all'inquietudine (*Unruhe*) dell'intelletto si sostituisce la quiete (*Ruhe*) del credente che, convinto di essere già accampato nella verità, si preclude la possibilità di giungervi.

A questo punto, alla volontà di verità (*Wille zur Wahrheit*), che nel riporre la propria fede in qualcosa mantiene il contenuto in sospensione (*in der Schwebe*) e il credente, come vuole l'espressione di Tommaso d'Aquino, *in infirmitate et timore et tremore multo*,[49] succede la volontà di potenza (*Wille zur Macht*) che assolutizza il creduto e fa del credente (*Glaubende*) un militante (*Glaubenskämpfer*), disposto a qualsiasi forma di lotta per difendere quella fede che impropriamente ha scambiato per verità. Alla volontà di verità si lega allora un sentimento di superiorità e di potenza, a cui subito si aggiunge il desiderio di combattere, di distruggere, di tormentare. L'apparente veracità diventa un mezzo al servizio dell'odio. Per questo, scrive Jaspers:

> È una sofferenza della mia vita, che si affatica nella ricerca della verità, il constatare che la discussione con i teologi si arresta sempre nei punti più decisivi, perché essi tacciono, enunciano qualche proposizione incomprensibile, parlano d'altro, affermano qualcosa di incondizionato, discorrono amichevolmente senza avere realmente presente ciò che prima s'era detto, e alla fine non mostrano alcun autentico interesse per la discussione. Da una parte, infatti, si sentono sicuri, terribilmente sicuri nella loro verità, dall'altra pare loro che non valga la pena prendersi cura di noi, uomini duri di cuore. Ma un vero dialogo richiede che si ascolti e si risponda realmente, non tollera che si taccia o si eviti la questione, e soprattutto esige che ogni proposizione fideistica, in quanto enunciata nel linguaggio umano, in quanto rivolta a oggetti e appartenente al mondo, possa essere messa di nuovo in questione, non solo esteriormente e a parole, ma dal profondo di noi stessi. Chi si trova nel possesso definitivo della verità non può più parlare veramente con un altro, perché interrompe la comunicazione autentica a favore del proprio contenuto di fede.[50]

La fede filosofica di Jaspers si sottrae così al contesto polemico della fede religiosa e al giudizio dei militanti della fede (*Glaubenskämpfer*) che si oppongono ai militanti delle altre fedi. Essa è una possibilità che si offre solo al credente (*Glaubende*) che alla lotta (*Kampf*) preferisce il dialogo, di cui egli solo è capace, perché all'assolutizzazione della propria posizione preferisce, in omaggio alla verità, la comunicazione (*Kommunikation*) o se vogliamo, la lotta amorosa (*liebende Kampf*) con le posizioni altrui. E questo perché, scrive Jaspers:

> La fede filosofica è inseparabile dalla disponibilità incondizionata alla comunicazione, perché la verità autentica nasce dall'incontro delle fedi nella presenza dell'*Umgreifende*. Di qui l'affermazione: *solo i credenti possono realizzare la comunicazione*. Di contro, la non-verità

---

[49] Tommaso d'Aquino, *Quæstiones disputatæ* (1256-1259), *Quæstio* XIV: *De fide*, Edizioni Studio Domenicano, Bologna 1992, art. I.

[50] K. Jaspers, *Der philosophische Glaube* (1948); tr. it. *La fede filosofica*, Marietti, Casale Monferrato 1973, p. 109.

nasce dalla fissazione dei contenuti della fede che si respingono l'un l'altro, donde l'affermazione: *non si può parlare coi militanti di una fede determinata*. Per la fede filosofica tutto ciò che costringe a interrompere la comunicazione o tenta di farlo è diabolico.[51]

5. *Dal naufragio della filosofia come soluzione alla pratica filosofica come ulteriorità di significazione*

Nel 1947 Jaspers pubblicava un libro che, nonostante le sue mille e cento pagine, o proprio per questo, in Italia è rimasto poco conosciuto. Il suo titolo è *Von der Wahrheit*[52] che la letteratura jaspersiana segnala come la seconda grande opera teoretica di Jaspers dopo *Philosophie* (1932) che, al confronto – sempre secondo la letteratura jaspersiana – rimane insuperata. La sfortuna di quest'opera è forse dovuta al fatto che è sempre stata letta come opera a sé e non come la prima parte di un più vasto disegno che aveva per titolo: *Über philosophische Logik*. Separata dalla sua incompiutezza, *Von der Wahrheit* ha dato l'impressione di una semplice riproposizione delle tematiche esistenziali svolte in *Philosophie*, mentre è quell'ampio dispiegarsi di quell'operare filosofico che oggi cominciamo a chiamare *pratica filosofica*.

A questo esito Jaspers giunge attraverso quella che, a suo parere, è *l'operazione filosofica fondamentale* (*die philosophische Grundoperation*) la cui articolazione ha questo andamento:

La domanda è: che cos'è essere? La domanda che introduce a questa domanda è: come posso e come devo pensare l'essere? (*Die Frage ist: was ist Sein? Die Frage an diese Frage ist: wie kann ich und wie muss ich das Sein denken?*)[53]

L'esito del circolo ermeneutico, dove la conoscenza dell'oggetto indagato è condizionata dal soggetto indagante, approda a quell'*über-hinaus-denken*, a quel "pensare oltre ogni orizzonte visibile, e perciò determinato, in direzione dell'*Umgreifende* in cui noi siamo e che noi stessi siamo".[54]

Questo "pensare oltre" percorre gli orizzonti senza approdare e, pur attraversandoli, resta sempre al di qua (*Im Darüber-hi-*

---

[51] Ivi, p. 183.
[52] Di quest'opera esistono in italiano una traduzione antologica, *Sulla verità*, La Scuola, Brescia 1970, e due traduzioni parziali: *Del tragico*, il Saggiatore, Milano 1959; *Il linguaggio. Sul tragico*, Guida, Napoli 1993.
[53] Id., *Von der Wahrheit*, cit., p. 37.
[54] Ivi, pp. 38-39.

naus-denken bleiben wir immer zugleich darin),[55] quasi non fosse concessa la visione dell'ulteriorità se non in trasparenza (*durchsichtig*), da lontano (*aus der Weite*), attraverso o di traverso (*quer*): "quasi non fossimo mai appartenuti o non appartenessimo più a quell'origine profonda che sostiene e pervade tutte le cose".[56]

Sono, questi, elementi sufficienti per offrirci l'esperienza di una mancanza e di un bisogno non appagato né facilmente appagabile. In Jaspers, infatti, il negativo non è un fenomeno secondario o accessorio, né semplicemente l'esito della conduzione esegetica, ma la forma della relazione all'essere come *ulteriorità*.

Questa negatività non è fatta valere, alla maniera di Sartre, come gusto del nulla, perché per se sola non sussiste, ma può esistere solo come immanente esperienza della non esaustività di ogni totalità compiuta. Lo stesso *Umgreifende* che noi siamo è tutt'altro che nichilista, dal momento che si costituisce come il luogo della domanda, quindi come il luogo in cui l'essere si fa linguaggio e irrompe come linguaggio. Questo linguaggio a sua volta, proprio per essersi lasciato alle spalle le parole dell'ontologia che si articolano per genere e differenza, per positivo e negativo, attinge e lascia intravedere, da un'insondabile profondità (*aus der Tiefe*), cifre che rinviano a un'ulteriorità di significazione.

Sono per Jaspers esempi di cifralità: il *mito* di Platone che esprime l'impotenza del linguaggio logico e che, velando, lascia intravedere, senza distruggerlo, il mistero dell'inafferrabilità dell'essere; cifra è l'*Uno* di Plotino che è inafferrabile e trascendente ogni umano pensiero costretto nella scissione di soggetto e oggetto; cifre sono le dimostrazioni logiche della Scolastica che, come si può constatare in Anselmo, già presuppongono quel Dio che devono dimostrare; il *carattere tautologico* del loro argomentare esprime il non-senso contenuto nella pretesa di conoscere Dio.

Così è di Cartesio che assesta la filosofia nella scienza e, lungi dal crearne l'inquietudine con il dubbio, la tranquillizza con il metodo matematico. Ma il *circolo vizioso* attende questa filosofia alle soglie della trascendenza. Il circolo non deve essere eliminato come vorrebbe la logica scientifica, ma deve rimanere come vuole la filosofia che ha cura dei suoi circoli quando deve esprimere la verità dell'inoltrepassabilità e dell'inafferrabilità dell'essere.

La scrittura cifrata trova le sue migliori espressioni in Kant, la cui filosofia, dopo la liquidazione della psicologia, della cosmologia e della teologia razionale, non ha più alcun oggetto all'infuori dell'oggetto-cifra che è poi il *noumeno* inoggettivabile. Con Kant la filosofia comincia dove la logica scientifica incontra

---

[55] Ivi, p. 39.
[56] *Ibidem*.

il limite che è tale anche per la filosofia, ma questa, a differenza della scienza, lo mantiene come indicazione di un'ulteriorità di cui salvaguarda la possibilità, custodita nelle *antinomie* delle idee che non sono oggetto per noi. La stessa logica cifrata anima la Ragion pratica che non si fonda sugli imperativi ipotetici condizionati da buone ragioni, ma sull'*imperativo categorico* che è senza ragione perché è incondizionato, cioè cifra.

Kierkegaard trae dai limiti kantiani l'amore per il *paradosso*, per l'espressione indiretta, intesa come forma di verità che si esprime negli pseudonomi, nell'ironia, nell'assurdo per la logica del mondo. Infine Nietzsche che, dall'impossibilità di risolvere i problemi ultimi, ha tratto una *gioia tragica*, auspicando la rinascita del mito contro lo spirito analitico e razionalistico della filosofia occidentale.

Il senso di queste cifre è chiaro: quando cerco di raggiungere la trascendenza non posso mai considerarla come un oggetto; davanti alla fugacità della sua apparizione nel mondo divenuto cifra naufrago, perché la trascendenza arresta ogni pensiero che si dirige a essa direttamente. Il *naufragio* attende ogni tentativo prevaricante dell'uomo che volesse, penetrando, abbracciare la totalità dell'essere.

La filosofia, allora, è fedele al suo compito non già quando si pone, alla maniera hegeliana, come detentrice della verità totale, ma quando avverte nella negatività del cercare, incapace di pervenire a soluzioni ultime, l'incommensurabilità del cercato, e nella rottura (*Durchbruch*) di ogni orizzonte l'inafferrabilità dell'essere. Quest'ultimo, sottraendosi a ogni sapere, definisce il limite di ogni esistenza, per la quale ogni ascesa (*Aufstieg*) è caduta (*Abfall*), ogni sfida (*Trotz*) è abbandono (*Hingabe*), ogni chiarezza razionale che presiede la norma del giorno (*das Gesetz des Tages*) è oscura fede che si appassiona alla notte (*die Leidenschaft zur Nacht*) che trasfigura gli oggetti del mondo in cifre enigmatiche di ciò che sta oltre.[57]

Si comprende a questo punto come il rapporto da intrattenere con l'essere non sia propriamente contemplativo, ma di *attesa* (*Warten*). L'attendere è cosa diversa dal contemplare. Se la contemplazione suppone un'*immobilità*, un'attenzione a qualcosa che generosamente si offre perché di essa si possa fruire, una rivelazione, l'attesa suppone una *tensione* (*Spannung*) che non riposa in sé, ma, vigile, si dà da fare per tenere aperta l'apertura (*Offenheit*) che ogni rivelazione (*Offenbarung*) minaccia di chiudere. La differenza tra fede filosofica e fede religiosa è tutta qui.

---

[57] K. Jaspers, *Filosofia*, Libro III: *Metafisica*, cit., capitolo 3: "Riferimenti esistenziali alla trascendenza", pp. 1005-1068.

Non averla compresa o, peggio, averla criticata, significa aver abdicato non tanto alla filosofia, quanto all'essenza della condizione umana. Certo l'attesa è rischiosa, ma non in sé, bensì nel suo esito degenerativo. Jaspers non se lo nasconde:

> Il pensiero può offrirmi quel terreno che mi sostiene, così come può sottrarmelo. Ma anche se è pericoloso (*gefährlich*), il pensiero costituisce tuttavia quel rischio (*Wagnis*) che bisogna correre, perché solo così si può giungere a quella dimensione autentica (*zum Eigentlichen*) a cui mi sottraggo quando mi affido a quella mancanza di problematicità che caratterizza il non-pensare nella sua opaca e ristagnante insufficienza.[58]

In questo senso ogni pensiero che sta in posizione d'attesa sta sotto il segno del rischio. L'*attesa* può diventare abbandono (*Hingabe*) e alla fine indifferenza (*Gleichgültigkeit*), così come può risolversi in un espediente di fuga da quella profondità (*aus der Tiefe*) in cui pure si è. A sua volta il *naufragio* di tutte le risposte può coincidere con l'avallo a quanto esiste, ma in questo caso, più che con l'attesa si ha a che fare con la rinuncia (*Verzicht*), che è sempre in agguato quando si ha la percezione dell'impossibilità che possano costituirsi unità totali, sistemi unificanti e assoluti di valore, forze terrestri capaci di sostituirsi alla caduta divina. Sono questi, scrive Jaspers:

> Alcuni esempi di come il domandare radicale possa condurre nello smarrimento o nel nulla, fino a far sospettare che solo la mancanza di problematicità possa consentire la vita o sia almeno condizione di vita. Ma l'uomo, una volta che pensa, non vuol ingannarsi. Filosofare è quel pensare che non si pone limite alcuno. E solo attraversando il pericolo del nulla (*allein durch die Gefahr des Nichts hindurch*) è possibile, filosofando, trovare la via.[59]

Si comprende a questo punto quanto siano estranee le interpretazioni nichiliste del pensiero di Jaspers, perché non è nichilismo mettere a nudo la pratica infondata della vita che si regge sull'assenza di problematicità (*Fraglosigkeit*), la fede implicita nella pretesa assolutizzante della scienza (*Wissenschaftsaberglaube*), la minacciosa sicurezza (*bedrohende Sicherheit*) della fede senza dubbi, la malafede del totalitarismo e l'ingenuo consenso.

Eppure non è nello smascheramento di queste figure il guadagno più significativo dell'opera di Jaspers, ma in ciò che si

---

[58] Id., *Von der Wahrheit*, cit., p. 29.
[59] *Ibidem*.

è capaci di ricavare dal suo *movimento* e soprattutto dal *naufragio* in cui si compie. Sì, perché la filosofia di Jaspers è un compiersi come testimonianza di una crisi, che non si può leggere sul volto tranquillo della scienza, della fede o del potere, dove il naufragio non può esprimersi se non a costo del loro naufragio.

La filosofia jaspersiana esprime il naufragio non come *teoria del naufragio*, ma *naufragando effettivamente*, perché proprio mentre cerca l'essere non lo trova, mentre vive nella parola non ve n'è una su cui possa fermarsi. Anche quando parla del naufragio non se ne abbellisce, per questo è rimossa più di altre e diventa oggetto di quell'obiezione tipica secondo cui è una filosofia che, non toccando il compimento, non riesce a concludere. Certo, non riesce a concludere perché *rimane fondamentalmente aperta*. Di essa si potrebbe dire quello che Jaspers dice della filosofia in generale:

> C'è la tendenza a prendere in mano e a possedere la filosofia come si fa coi libri sacri e i sacramenti, ma la filosofia proibisce questa sorta di impetuoso reclutamento. Già il senso del suo nome dice che essa non è sapienza, ma amore per la sapienza. C'è in essa qualcosa di acerbo, qualcosa che tiene a distanza. Il suo compito è di sciogliere tutta la dogmatica che si è voluto fare prendendo le mosse da essa.[60]

Accettando di essere soluzione (*Er-lösung*) solo come scioglimento (*Auf-lösung*) di tutte le dogmatiche costruite in nome della filosofia, il filosofare di Jaspers si offre come *critica*. Ma la critica è crisi, è lacerazione di sé e dell'oggetto, è un'apertura interrogante intenzionata alla risposta, ma non più che intenzionata. Nell'intenzione i livelli critici si fondono, e la loro fusione espone la critica alla *crisi*.

Mantenere la crisi è impedire che il mondo delle risposte copra la domanda e la invada fino a oscurare la radice che l'ha generata, è non consentire che false gratificazioni vengano a soddisfare il desiderio di verità. Esercitare la critica è fare questa scelta sospensiva, che è poi lo spazio della *libertà* che toglie quel limite (*Grenze*) che ha avuto modo di riconoscere come limite.

Il riconoscimento prende inizio dalla situazione aperta e interrogante di quella filosofia la cui incapacità a risolvere (*erlösen*) è proprio ciò che la rende idonea a sciogliere (*auflösen*) quanto si è solidificato per chiusura critica. A questo punto l'incapacità della filosofia di risolvere, lungi dall'essere sterile in-

---

[60] Ivi, p. 966.

concludenza, è rifiuto di essere soluzione. In questo senso, scrive Jaspers:

> La filosofia deve rinunciare alla soluzione (*Philosophie muss auf solche Erslösung verzichten*). Essa è in grado di offrire solo qualcosa che ha una certa analogia con la soluzione, come la liberazione per... (*Befreiung zur...*).[61]

Si può comprendere questa posizione solo se ci si persuade che essere liberi non è un dato, ma piuttosto ci si libera. La libertà è liberazione. Solo così si giunge a capire l'*organicità* che gli scritti politici di Jaspers hanno con la sua filosofia.[62] Il concetto di libertà, carico di valori metafisici, si misura, in quegli scritti, con la realtà degli enti, dove più evidente è la precarietà del fondamento assoluto e la molteplicità dei punti di vista.

Bisogna quindi accettare il tentativo che immediatamente non conclude, ma innesca un itinerario che non approda a soluzioni generali o a contenuti programmatici, solo perché scorge movimenti più profondi e da essi si lascia condurre. In questo senso Jaspers, rendendo risibili i razionalismi assolutizzanti, può dire che "la filosofia conduce lungo quella via che è essa stessa (*Die Philosophie führt auf den Weg, der sie ist*)".[63] Lungo la via, non sovrasta le cose, ma le legge come cifre.

L'atto interpretativo può esistere perché il mondo è una scrittura cifrata (*Chiffreschrift*), altrimenti non ci sarebbe bisogno né di filosofia, né di interpretazione. Importante è che la filosofia nelle sue risposte non cancelli le domande, e questo è possibile solo se offre le sue unicamente come delle nuove e più autentiche cifre, capaci di non mettere a tacere la tensione interna alla parola che di volta in volta nomina la cosa.

Fino a che punto, infatti, una parola significa? Se non si chiude con un atto violento l'orizzonte della significazione, il significato di una parola non appartiene solo a ciò che essa enuncia, ma a quel più di significato che la cifra aggiunge nel suo rinviare all'orizzonte della significazione rimasto aperto. Il naufragio della

---

[61] Ivi, p. 965.
[62] K. Jaspers, *Die Schuldfrage* (1946); tr. it. *La questione della colpa. Sulla responsabilità politica della Germania*, Raffaello Cortina, Milano 1996. *Die Atombombe und die Zukunft des Menschen* (1958); tr. it. *La bomba atomica e il destino dell'uomo*, il Saggiatore, Milano 1960. *Freiheit und Wiedervereinigung. Über Aufgaben deutscher Politik* (1960); tr. it. *La Germania tra libertà e riunificazione*, Comunità, Milano 1961. *Wohin treibt die Bundesrepublik?* (1967); tr. it. *Germania d'oggi. Dove va la Repubblica federale?*, Mursia, Milano 1969.
[63] Id., *Von der Wahrheit*, cit., p. 966.

filosofia come soluzione, infatti, porta all'apertura dello spazio come ulteriorità di significazione. In questo senso, scrive Jaspers:

> La filosofia può levare la cataratta alla nostra cecità, ma allora noi con i nostri occhi dobbiamo vedere.[64]

Qui Jaspers cede la mano e il gioco passa a noi. A nostra volta, abbiamo saputo leggere nella misura in cui abbiamo rintracciato un cammino.

---

[64] *Ibidem.*

Parte sesta
La pratica filosofica

> Solo il vero sapere ha potenza sul dolore.
> ESCHILO, *Agamennone*, vv. 177-178.

21. Filosofia e psicoterapia

> Coro: Nei doni concessi non sei magari andato oltre?
> Prometeo: Sì, ho impedito agli uomini di vedere la loro sorte mortale.
> Coro: Che tipo di farmaco hai scovato per questa malattia?
> Prometeo: Ho posto in loro cieche speranze.
>
> Eschilo, *Prometeo incatenato*, vv. 247-250.

La domanda potrebbe essere formulata in questo modo: che relazione esiste tra filosofia e psicoterapia? Che cosa significa per un filosofo "guarire" e per uno psicologo "pensare"?

1. *La meraviglia del dolore*

La filosofia non sta nelle maglie strette dell'anima come gli psicologi la descrivono, eppure quelle maglie strette guariscono l'anima dal suo soffrire quando il dolore la abita fino a renderla estranea a se stessa (alienazione), o senza memoria di sé (follia).

La filosofia, guardando le cose da altrove rispetto ai luoghi dove solitamente si svolge la vita, disorientando sguardi abituali e abituati, sporgendo all'ascolto di voci estranee, non teme l'*alienazione*, non avverte il dolore, perché ama lo spaesamento e il disorientamento più dell'oriente da cui nasce il giorno e le opere che nel giorno ritmicamente si compiono.

La filosofia non teme neppure la *follia*, di cui può amare con vera passione le figure, perché ne ignora il dolore. Sa che la parola è terapeutica, e questo qualche millennio prima che nascesse la psicologia. Come è suo costume è alla ricerca di parole inaudite, quelle che non capita di udire ogni giorno, quelle insolite, inabituali, non corrotte ancora dal logorio dell'abitudine.

Ma la filosofia non conosce il dolore. Certo "è nata dal dolore e dalla meraviglia" come dice Aristotele,[1] anzi dalla meraviglia del dolore, quella meraviglia che un giorno l'uomo provò, come vuole il racconto di Nietzsche, interrogando l'animale:

---

[1] Aristotele, *Metafisica*, Libro I, 982 b, 12-15.

L'uomo chiese una volta all'animale: perché non mi parli della tua felicità e soltanto mi guardi? L'animale, dal canto suo, voleva rispondere e dire: ciò deriva dal fatto che dimentico subito ciò che volevo dire – ma subito dimenticò anche questa risposta e tacque; sicché l'uomo se ne meravigliò. Ma egli si meravigliò anche di se stesso, per il fatto di non poter imparare a dimenticare e di essere continuamente legato al passato: per quanto lontano, per quanto rapidamente egli corra, corre con lui la catena.[2]

Ogni anello di questa catena insegna all'uomo la sua mortalità. Questo incide terribilmente sul suo desiderio che, guardando gli anelli della catena, sa di non poter essere desiderio *infinito*.

2. *Il desiderio infinito*

Freud, che gli psicoanalisti potrebbero cessare di monopolizzare per cederlo un po' alla lettura dei filosofi, è il più grande teorico del desiderio, colui che ha visto più a fondo, fino a perdersi in quel fondo e scoprirvi un attributo di Dio: l'*onnipotenza*. Animato da un desiderio che è onnipotenza, l'uomo lo inscrive nel suo destino di morte che dice *impotenza*. Da questa condizione non si può guarire. E molte figure di sofferenza sono inscritte in questa condizione.

Troppi si concedono alle psicoterapie per questo o per quello, ma questo o quello, quando sono scavati, si rivelano quello che sono: figure di un desiderio infinito. Gli uomini sono spesso ammalati di desideri infiniti, ma siccome sono mortali, e il loro corpo ogni giorno racconta questo destino, si fanno curare per le ragioni più diverse, con l'unico scopo di non vedere quella verità che la memoria, inanellando la catena del passato, ricorda come sottofondo depresso in ogni biografia.

Ma accettare la morte è accettare l'implosione di ogni senso, e, come ci ricorda Nietzsche, l'uomo è l'unico fra gli animali aperto al senso:

> Osserva il gregge che ti pascola innanzi: esso non sa che cosa sia ieri, cosa oggi, salta intorno, mangia, riposa, digerisce, torna a saltare, e così, dall'alba al tramonto e di giorno in giorno, legato brevemente con il suo piacere e dolore, attaccato, cioè al piuolo dell'istante, e perciò né triste, né tediato. Il veder ciò fa male all'uomo,

---

[2] F. Nietzsche, *Unzeitgemässe Betrachtungen. Zweite Stück: Vom Nutzen und Nachteil der Historie für das Leben* (1874); tr. it. *Considerazioni inattuali II: Sull'utilità e il danno della storia per la vita*, in *Opere*, Adelphi, Milano 1964, vol. III, 1, p. 262.

perché al confronto dell'animale egli si vanta della sua umanità e tuttavia, guarda con invidia alla felicità di quello: giacché questo soltanto egli vuole, vivere come l'animale, né tediato, né fra dolori, e lo vuole però invano, perché non lo vuole come l'animale.[3]

3. Il luogo del tragico

Questa piccola differenza, questo *modo* della felicità, che distingue l'uomo dall'animale, è il luogo di ogni soffrire, che la filosofia conosce da tempo come *luogo del tragico* e la psicologia conosce come *luogo della cura*.

Ma si può curare la condizione umana, ciò per cui l'uomo è uomo? Chi ci autorizza a separare la vita dal dolore, dalla sua fine che, come un incendio, prima di distruggere definitivamente, scaraventa le sue scintille su tutti i progetti, su tutte le idee, su tutti i desideri, traducendoli in progetti mancati, in idee monche, in desideri incompiuti? Non è davvero il desiderio di essere Dio la vera causa del soffrire umano? Non è davvero da prendersi alla lettera la formulazione del serpente quando induce al primo peccato dell'uomo: "Se mangerete di questo frutto sarete come Dio"?[4]

Penso assolutamente di sì, e penso quindi che tante cure psicoterapiche, invece di inventare soluzioni ai più svariati problemi dell'esistenza, dovrebbero educare all'accettazione di quell'unica esistenza che abbiamo: l'esistenza di noi *mortali*.

"Diventa ciò che sei"[5] dice Nietzsche. E in questo invito c'è il ritmo dell'educazione, il guadagno quotidiano della nostra condizione mortale, al di qua del progetto cosmico, dell'idea vera, del desiderio infinito.

4. La ricerca del senso

Ma la morte, lo abbiamo visto, è tragica perché fa implodere tutto il senso costruito da una biografia, che in quel senso ha trovato la descrizione di sé, la sua identità, il suo nome. Per questo sulle tombe, accanto al nome e alle date, c'è una frase che tenta la pietrificazione del senso. Ma il senso non si lascia riassumere né dire concisamente sulla pietra, perché il senso è apertura totale, alimentata dal desiderio infinito di cui i mortali soffrono.

---

[3] *Ibidem*.
[4] *Genesi*, 3, 4.
[5] F. Nietzsche, *Die fröhliche Wissenschaft* (1882); tr. it. *La gaia scienza*, in *Opere*, cit., 1965, vol. V, 2, Libro III, § 270, p. 158.

Ma proprio qui, dove la contraddizione è più esplosiva, la filosofia può ancora dire qualche parola nuova rispetto alle formulazioni psicologiche escogitate per salvare l'anima? "Non custodite!" "Non preservate!" "Non mantenete!" "Liberate!" Perché tanta cautela nell'esprimersi? Perché tanta opacità nello sguardo? Perché ridurre le pulsioni a istinti? Perché non riconoscere loro intenzionalità e quindi la loro apertura al senso? Certo sarà un senso che implode. Ma cos'è questa economia politica del desiderio e delle passioni ispirata da quel prudente equilibrio, da quei toni modesti della vita che, come ci ricorda Nietzsche, consegnano l'uomo a "una vogliuzza per il giorno, una vogliuzza per la notte, fermo restando la salute"?[6]

La consapevolezza della morte ha portato l'uomo a salvare la vita come prolungamento biologico e a fare del medico il guardiano di una "salvezza" che, per i toni modesti con cui sempre più andiamo organizzando i nostri pensieri, è diventata semplicemente la "salute". Per la conservazione della salute ci consegniamo a tutti quei limiti che sono altrettante anticipazioni della morte e che l'anima sente come catene che non le consentono di esprimere quella totalità di senso a cui è destinata.

5. *La cognizione del limite*

Non accettando il destino, non lo esprimiamo. E nella non espressione di sé c'è il fondo di molte sofferenze, percorse da un sapore di infedeltà alla vita, che sentiamo pulsare e insieme tratteniamo per sicurezza, per prudenza, per scaramanzia.

Qui la filosofia viene a dirci che la vita è della natura e non dell'individuo. È della "Grande Danzatrice" come diceva Goethe,[7] che nella sua danza crea e perde piante, animali, uomini e dèi. Il desiderio *infinito*, causa di tanto soffrire, ma insieme di tanto creare, è anche desiderio *individuale*, punto di vista da economia privata che ignora le relazioni totali, miserevole sguardo di Giobbe che, dopo aver perso la moglie e i figli, gli amici e i beni, dal letame dov'era disteso il suo corpo ricoperto di lebbra, rivolge a Dio quella domanda che chiede "Perché?". Conosciamo la risposta di Dio:

---

[6] Id., *Also sprach Zarathustra. Ein Buch für Alle und Keinen* (1883-1885); tr. it. *Così parlò Zarathustra. Un libro per tutti e per nessuno*, in *Opere*, cit., 1968, vol. VI, 1, "Prefazione di Zarathustra", p. 12.

[7] G.W. Goethe, *Natur* (1783); tr. it. *La natura*, in *Teoria della natura*, Boringhieri, Torino 1969, pp. 138-141.

Dov'eri quando poggiavo la terra su solide basi?
Dov'eri tu quando giubilavano in coro le stelle del mattino?
Hai tu additato all'aurora il suo posto?
Sei tu giunto fino alle sorgenti del mare e nelle profondità dell'abisso?
Hai tu contemplato l'ampiezza della terra?
Parla, se conosci tutto questo![8]

Non lasciamoci ingannare. Non è la solita tracotanza del Dio biblico, ma è la risposta a una domanda che aveva perso la sua *misura*. Non si interroga il tutto a partire dal proprio individuale soffrire. Non si cambia il proprio dolore con il senso della terra. Questa sproporzione, che i Greci chiamavano *hýbris*, tracotanza, una volta conosciuta ci rappacifica con il nostro destino, la cui bontà si offre solo a chi si è conciliato con la sua condizione di mortale, consegnando il suo desiderio al limite, e il limite all'espressione del desiderio.

In quest'equilibrio di forze contrapposte abita l'essenza dell'uomo. Concedersi incondizionatamente al desiderio o rassegnarsi perdutamente al limite significa disabitare la condizione umana, e quindi soffrire quell'eccesso o quel difetto di misura che, con vari nomi la psicologia descrive, a seconda dei gradi, come "nevrosi" o come "psicosi". Ma prima di queste parole c'è da capire l'essenza dell'uomo e la sua condizione mortale. Solo da lì lo spettacolo acquista luce, quella luce che rende possibile la conciliazione con il dolore.

---

[8] *Giobbe*, 38, 1-18. Si veda in proposito il bellissimo saggio di A. Poma, *Parole vane. Pazienza, giustizia, saggezza: una lettura del libro di Giobbe*, Apogeo, Milano 2005.

22. La condizione tragica dell'esistenza

> Generazione di uomini, vi conto una dopo l'altra, tutte uguali, tutte viventi nel nulla. Quale uomo ottiene più che l'illusione della felicità? E dopo l'illusione viene il declino. Abbiamo davanti a noi l'esempio del tuo destino, infelicissimo Edipo, e dunque non diremo felice nessuno degli uomini.
>
> SOFOCLE, *Edipo re*, vv. 1186-1195.

1. *La concezione giudaico-cristiana della natura come terra da dominare*

Ospiti come siamo della tradizione giudaico-critiana, pensiamo che l'uomo abbia il potere, se non addirittura il dovere, di dominare la natura. Questa tradizione, infatti, pensa la natura come l'effetto di una volontà, della volontà di Dio che l'ha creata e dell'uomo a cui è stata consegnata:

> Poi Iddio disse: "Facciamo l'uomo a nostra immagine, secondo la nostra somiglianza: *domini* sopra i pesci del mare e su gli uccelli del cielo, su gli animali domestici, su tutte le fiere della terra e sopra tutti i rettili che strisciano sopra la sua superficie".[1]

Così concepita, la natura non è più, come pensavano i Greci, espressione dell'ordine immutabile della *necessità*, ma dominio di una *volontà*. Il suo significato non è più *cosmologico*, ma *antropo-teologico*. Per ordine divino, essa dipende dall'uomo fatto a immagine e somiglianza di Dio.

Questa visione del mondo comporta che l'indagine sulla natura non ha più in vista la conoscenza delle sue leggi immutabili, a cui si rivolgeva la *theoría* greca, ma le intenzioni della progettualità umana che, come vuole il programma baconiano, "scientia est potentia",[2] conosce per dominare.

---

[1] *Genesi*, 1, 26.
[2] F. Bacone, *Instauratio Magna, Pars secunda: Novum Organum* (1620); tr. it. *La grande instaurazione*, Parte seconda: *Nuovo organo*, in *Scritti filosofici*, Utet, Torino 1986, I, 3, p. 552.

Di fatto la scienza moderna che Bacone inaugura, ai suoi albori di poco differisce, *quanto a efficacia*, dalla scienza elaborata nell'antica Grecia, ma radicalmente nuova è la *qualità dello sguardo* che, in vista dell'instaurazione del *regnum hominis*, trasforma la natura, che i Greci concepivano come *phýsis*, ossia come originaria manifestazione dell'essere, in *fisica*, espressa dalle figure della quantità, dell'estensione, della forza e del numero, che hanno nel progetto matematico della mente umana la loro anticipata comprensione.[3] Ciò rende possibile quella manipolazione e quel dominio della natura nelle cui leggi Bacone e Galilei scorgono l'impronta di Dio, e nella loro scoperta le condizioni del riscatto umano.[4]

All'ordine *cosmologico* immutabile e astorico, quale era stato concepito dalla cultura greca, la cultura giudaico-cristiana sostituisce un ordine *antropocentrico*, in cui la natura è risolta in puro materiale da utilizzare al di fuori di qualsiasi considerazione etica. Tutto ciò non è solo un *dato di fatto* che il successo tecnico-scientifico porta a legittimare, ma dalle posizioni filosofiche viene *teorizzato*, a riprova che la pre-comprensione di origine giudaico-cristiana della natura condiziona anticipatamente anche i sistemi filosofici che presumono di esserne immuni.

2. *La concezione greca della natura come terra da abitare*

A differenza della concezione giudaico-cristiana, la cultura greca concepisce la natura come quell'ordine immutabile che nessuna azione umana può violare perché, come dice un frammento di Eraclito:

> Questo cosmo, che è di fronte a noi e che è lo stesso per tutti, non lo fece nessuno degli dèi né degli uomini, ma fu sempre, ed è, e sarà fuoco sempre vivente, che divampa secondo misure e si spegne secondo misure.[5]

Avendo in sé la sua norma, vincolata dal sigillo della necessità (*anánke*), la natura era, per il Greco, quell'orizzonte inol-

---

[3] Per un approfondimento di questa tematica si veda U. Galimberti, *Il tramonto dell'Occidente nella lettura di Heidegger e Jaspers* (1975-1984), Feltrinelli, Milano 2005, Parte VIII: "La matematicità del pensiero moderno e la fondazione dell'umanismo".

[4] Si veda in proposito Id., *Psiche e techne. L'uomo nell'età della tecnica*, Feltrinelli, Milano 1999, capitolo 33: "L'epoca moderna e il primato della scienza e della tecnica come deriva teologica".

[5] Eraclito, fr. B 30.

trepassabile, quel limite insuperabile a cui l'azione umana doveva piegarsi come alla suprema legge. Lo stesso Prometeo, l'inventore delle tecniche, non esita a riconoscere che: "La tecnica è di gran lunga più debole della necessità (*téchne d'anánkes asthenestéra makrôi*)".[6]

L'impossibilità di dominare la natura inscrive sia il fare tecnico, sia l'agire politico nell'ordine immutabile della natura, che l'uomo non può *dominare*, ma solo *svelare*. Nasce da qui la concezione greca della verità come svelamento (*a-létheia*) della natura (*phýsis*), dalla cui contemplazione (*theoría*) nascono le conoscenze che regolano l'agire e il fare umano.

Il primato della teoria sulla prassi deriva proprio dalla consapevolezza che non si dà corretta azione tecnica o etica se non riconoscendo le leggi immutabili che presiedono la regolarità dei movimenti della natura, che l'azione umana non può modificare, non tanto per la modestia delle disponibilità tecniche, quanto perché se la natura è pensata come immutabile, per ciò stesso non è assoggettabile.

All'interno di questa concezione saranno l'etica e la tecnica a scrutare l'ordine della natura per reperire le regole del "retto agire" e del "retto fare". Per questo la natura non rientra nelle responsabilità etiche dell'uomo, perché l'uomo non è misura, ma è misurato dall'ordine cosmico, in cui si esprime quel *Lógos* a cui le *leggi* degli uomini dovranno ispirarsi. In proposito Platone è chiarissimo:

> Anche quel piccolo frammento che tu rappresenti, o uomo meschino, ha sempre il suo intimo rapporto con il cosmo e un orientamento a esso, anche se non sembra che tu ti accorga che ogni vita sorge per il Tutto e per la felice condizione dell'universa armonia. Non per te infatti questa vita si svolge, ma tu piuttosto vieni generato per la vita cosmica.[7]

Nella cosmologia greca la tecnica è inscritta nel registro della verità, pensata non come *dominio* sulla natura, ma come suo *svelamento*. La natura e il sigillo della necessità che la presiede non consentono alla *tecnica* di oltrepassare il suo limite che resta inscritto nell'ambito dei processi naturali, e al *tempo* di configurarsi come storia del progressivo dominio della natura.

Per questo la tecnica non era inquietante, perché non era capace di oltrepassare l'ordine della natura che il pensiero mitico

---

[6] Eschilo, *Prometeo incatenato*, in *Tragedie e frammenti*, Utet, Torino 1987, v. 514.

[7] Platone, *Leggi*, Libro X, 903 c.

e filosofico ponevano sotto il sigillo della *necessità*. Questa era più forte sia della *tecnica divina* di Zeus che incatena Prometeo servendosi degli strumenti di Efesto, sia della *tecnica umana* che Prometeo aveva donato ai mortali per sollevarli dalla loro condizione indifesa.

È vero che la violazione della natura e l'emancipazione dell'uomo nella sua differenza dalla condizione animale vanno di pari passo, e che la figura dell'*Inquietante*, un misto di meraviglia e di angoscia, si affaccia al pensiero tragico: "Molte sono le cose inquietanti (*deinà*), ma nessuna più dell'uomo (*deinóteros*)",[8] ma l'inquietudine provocata dal progresso tecnico è insignificante rispetto all'inquietudine della morte, a cui l'uomo soggiace nell'ordine della necessità. Si tratta della stessa necessità che da un lato decreta la morte del mortale e dall'altro lo protegge garantendo, contro le sue incursioni tecniche, l'inviolabilità della natura "grandissima, instancabile, immortale".[9]

La necessità che garantisce l'immutabilità della natura è figurata, nell'*Antigone* di Sofocle, dalla quiete del mare che si ricompone alle spalle dell'imbarcazione che ha osato sfidarla, dalla fecondità della terra che, non sfibrata, rimargina il solco dell'aratro che l'ha percorsa, dal cielo che, non trafitto dalle armi della caccia, continua a ospitare "gli uccelli spensierati".[10]

L'uomo, il "signore delle tecniche (*mechanóen téchnas*)",[11] per "quanto domini con i suoi espedienti le bestie selvagge dei monti, il cavallo dalla folta criniera, il toro gagliardo piegandolo sotto il giogo",[12] non riesce a dominare la natura, ma da questa è costretto a difendersi, circondando la propria comunità con solide mura che ritagliano, nel grande regno della natura, il piccolo regno dell'uomo.

Nella città antica, sorta per difendersi e non per espandersi, l'uomo dispiega le sue tecniche, regolate da quella tecnica superiore che è la tecnica politica. Le leggi (*nómoi*) che la governano sono il riflesso della grande Legge (*Nómos*) che governa la regolarità della natura. L'ordine che vi regna imita l'ordine cosmico e il disordine che può generarsi è perituro, come perituro è il destino dell'uomo, secondo necessità.

---

[8] Sofocle, *Antigone*, in *Tragedie e frammenti*, Utet, Torino 1982, vol. I, vv. 332-333.
[9] Ivi, v. 338.
[10] Ivi, vv. 332-343.
[11] Ivi, vv. 365-366.
[12] Ivi, vv. 349-352.

3. *Innocenza e crudeltà della natura: l'essenza del tragico*

Sotto il sigillo della necessità la natura mostra il suo ciclo crudele e innocente di vita e di morte, dove l'una è concessa a condizione che l'altra accada. La morte, infatti, è un destino che tocca i viventi perché altre vite possano vivere. Come momento di scansione del ritmo della vita, la morte è naturale quanto la vita stessa. Ciò non significa che ogni vivente, e in particolare l'uomo, si consegni rassegnato alla morte. In quanto espressione di vita, ogni vivente resiste, per quanto può, alla morte e pretende per sé la pienezza del vivere.

In questo senso in ogni vita è rintracciabile una *lotta* per vivere, un *conatus*, direbbe Spinoza,[13] una *volontà di potenza*, come dice Nietzsche,[14] dove la "volontà" non è una decisione che procede da un'intenzione, ma fa tutt'uno con la potenza, qui intesa come capacità e forza di vivere, come disposizione originaria inscritta nella natura dei viventi. In questo senso, scrive Nietzsche: "Tutto ciò che avviene in base a intenzioni si può ridurre all'*intenzione di aumentare la potenza*".[15] Salvatore Natoli, che meglio di altri ha colto nella crudeltà innocente della natura la condizione tragica dell'uomo, scrive:

> Si tratta di una crudeltà che non è mai delitto, poiché ogni distruzione è generazione e la natura crea nel travaglio. Soprattutto la natura dissipa perché qualcosa di riuscito nasca, e ciò che riesce è frutto di una selezione inavvertita, di un caso. Ma c'è di più. Di ciò che

---

[13] B. Spinoza, *Ethica ordine geometrico demonstrata* (1665, edita postuma nel 1677); tr. it. *Etica dimostrata secondo l'ordine geometrico*, Boringhieri, Torino 1959, Parte III, pp. 140-141, Proposizione 6: "Ogni cosa, per quanto è in essa, si sforza di perseverare nel suo essere". Proposizione 7: "Lo sforzo (*conatus*), con cui ogni cosa tende a perseverare nel suo essere, non è altro che l'essenza attuale della cosa stessa". Proposizione 9: "Questo sforzo, se lo si riferisce alla sola mente, si chiama *volontà*; se invece lo si riferisce insieme alla mente e al corpo, si chiama *appetito*, che dunque non è altro che la stessa essenza dell'uomo".

[14] F. Nietzsche, *Nachgelassene Fragmente 1888-1889*; tr. it. *Frammenti postumi 1888-1889*, in *Opere*, Adelphi, Milano 1974, vol. VIII, 3, fr. 14 (21), p. 90: "La mia teoria è questa: la *volontà di potenza* è la forma primitiva dell'affetto, e tutti gli affetti sono soltanto sue configurazioni. Un'importante chiarificazione risulta dal mettere la *potenza* al posto della 'felicità' individuale alla quale tenderebbe ogni essere vivente: 'si aspira alla potenza, a un *aumento* di potenza'. Il piacere è solo un sintomo del sentire la potenza raggiunta, la consapevolezza di una differenza. Non si aspira al piacere, bensì il piacere sopravviene quando si raggiunge ciò a cui si tende: il piacere accompagna, non muove. Ogni forza propulsiva è volontà di potenza, e all'infuori di questa non c'è una forza fisica, dinamica o psichica".

[15] Id., *Nachgelassene Fragmente 1885-1887*; tr. it. *Frammenti postumi 1885-1887*, in *Opere*, cit., 1975, vol. VIII, 1, fr. 2 (88), p. 93.

riesce non si può mai dire che sia il meglio di quello che sarebbe potuto accadere e, per converso, ciò che fallisce non ha perciò stesso minore valore di ciò che è riuscito. Il successo non ratifica la bontà di un evento, allo stesso modo in cui il fallimento non è un'obiezione contro quello che sarebbe potuto accadere.[16]

La natura spreca senza rimpianto. Ciò che deve perire non può essere salvato, perché altre vite urgono. La natura non indugia su ciò che muore, ma sulla bellezza di ciò che vive anche se non dura. È vero, questa bellezza scaturisce da uno sterminato dolore, perché quello che vive deve la sua vita a molte morti; ma siccome questa crudeltà è condizione di vita, la crudeltà, la morte, il dolore non sono per i Greci un'obiezione alla vita, non sono, come per la tradizione giudaico-cristiana, qualcosa di collegato a una colpa originaria, e perciò non cadono sotto il dominio della morale, ma mantengono la loro innocenza.

In quanto innocente, la crudeltà della natura, di cui sofferenza e morte sono espressioni, non ha bisogno di una redenzione, di un altro mondo che riscatti questo mondo. Per questo il Greco non chiede la vita eterna, e, per aver preso sul serio la sua mortalità inscritta nella legge di natura, chiede una vita lunga e il più possibile felice.

La morte non ha quindi per il Greco un effetto malinconico-depressivo, perché che la natura faccia nascere per morire non è un *inganno*, come invece pensavano i romantici, Schopenhauer[17] e Leopardi[18] sopra tutti, ma una *necessità* all'interno della quale ogni vivente si attiva per procrastinare la sua vita, o comunque per viverla in tutta la sua pienezza.

Sottoposto al fato, al "già detto", come vuole il significato della parola *fatum*, l'uomo ha anche la possibilità di giocarsi il suo destino attraverso la vita che condiziona il suo futuro. Il mes-

[16] S. Natoli, *I nuovi pagani. Neopaganesimo: una nuova etica per forzare le inerzie del tempo*, il Saggiatore, Milano 1995, p. 66.
[17] A. Schopenhauer, *Die Welt als Wille und Vorstellung* (1819); tr. it. *Il mondo come volontà e rappresentazione*, Mursia, Milano 1969, Libro IV, § 57, pp. 352-353: "Bisogna infine che la morte trionfi, poiché siamo divenuti sua preda per il solo fatto di essere nati. La morte si permette un momento di giocare con la sua preda, ma non aspetta che l'ora di divorarla. Rimaniamo nondimeno affezionati alla vita, e spendiamo ogni cura per prolungarla quanto possiamo; proprio come chi si sforza di gonfiare quanto più e quanto più a lungo una bolla di sapone, pur sapendola destinata a scoppiare. [...] Dunque la vita oscilla, come un pendolo, tra il dolore e la noia, suoi due costitutivi essenziali, donde lo stranissimo fatto, che gli uomini, dopo aver ricacciati nell'inferno dolori e supplizi, non trovarono che restasse, per il cielo, niente all'infuori della noia".
[18] G. Leopardi, *A Silvia* (1828), in *Canti di Giacomo Leopardi commentati da lui stesso*, Remo Sandron, Napoli 1917, vv. 36-39: "O natura, o natura, / perché non rendi poi / quel che prometti allor? Perché di tanto / inganni i figli tuoi?".

saggio dell'oracolo di Delfi, "Conosci te stesso (*gnôthi seautón*)"[19], infatti, non ha tanto una valenza psicologica, quanto il significato di un invito a prendere consapevolezza che il destino non è solo qualcosa che proviene dall'esterno, ma anche qualcosa che l'uomo si costruisce nella modalità di condurre la sua vita, per cui il modo in cui abbiamo vissuto "destina" il nostro futuro. Ciò significa che l'uomo è sì sottoposto al destino a cui la natura destina ogni vivente, ma, all'interno di questo destino, c'è per l'uomo uno spazio espressivo.

Ma proprio in questo spazio si fa evidente in tutta la sua crudeltà l'essenza del tragico. Guardata infatti dal punto di vista dell'*individuo*, la vita appare vivibile solo come *apertura al senso*, un'apertura che però non può nascondersi la morte che è l'*implosione di ogni senso*. Sileno, il satiro che ha educato Dioniso, dopo aver illustrato a re Mida il carattere illusorio di ogni esistenza individuale, esce in quel suo grido che Nietzsche riporta ne *La nascita della tragedia*:

> Stirpe miserabile ed effimera, figlio del caso e della pena, perché mi costringi a dirti ciò che per te è vantaggioso non sentire? Il meglio è per te assolutamente irraggiungibile: non esser nato, non *essere*, essere *niente*. Ma la cosa in secondo luogo migliore per tè è – morire presto.[20]

La sentenza di Sileno sposta in modo radicale l'orizzonte e la prospettiva. Lo sguardo non è più *dall'individuo* verso l'apertura del suo senso, ma *dalla natura* che, senza senso e senza scopo, guarda agli individui come a sue creazioni. Questo rapido mutamento di prospettiva ci introduce nella sapienza di Dioniso, libera da ogni visione antropomorfica dell'esistenza, e afferma la vita come flusso che divora continuamente le sue forme, come potenza che ne foggia di sempre nuove, senza fedeltà e senza memoria. Infatti, come ci ricorda Giorgio Colli:

> Dioniso è il dio della contraddizione, di tutte le contraddizioni [...] È vita e morte, gioia e dolore, estasi e spasimo, benevolenza e crudeltà, cacciatore e preda, toro e agnello, gioco e violenza.[21]

---

[19] Platone, *Protagora*, 343 b. Questo motivo ritorna più volte nei dialoghi platonici, e precisamente nel *Filebo*, 48 c, nel *Fedro*, 229 a, nell'*Alcibiade maggiore*, 124 a, nel *Carmide*, 164 d, nelle *Leggi*, Libro XI, 923 a.

[20] F. Nietzsche, *Die Geburt der Tragödie aus dem Geiste der Musik* (1872); tr. it. *La nascita della tragedia dallo spirito della musica*, in Opere, cit., 1972, vol. III, 1, § 3, pp. 31-32.

[21] G. Colli, *La sapienza greca*, Adelphi, Milano 1977, vol. I, p. 21.

22. LA CONDIZIONE TRAGICA DELL'ESISTENZA

Ma soprattutto Dioniso è un animale e un dio, manifestando così i punti terminali delle opposizioni che l'uomo porta in sé, e lasciando sospettare tra questi estremi una sotterranea parentela. Per questo l'orgia dionisiaca non si esaurisce nello scatenamento animale delle pulsioni, ma ospita stati contemplativi, trasfigurazioni, e-stasi nel significato letterale della parola che rimanda a chi è fuori di sé, perché è sempre al di là di sé. Richiamo alla definizione nietzscheana dell'uomo come "animale non stabilizzato (*das noch nicht festgestellte Tier*)".[22]

L'esistenza *individuale*, che la memoria di sé ha generato, quando è percorsa dalla visione dionisiaca, percepisce se stessa come illusione e mera apparenza perché, scrive Nietzsche:

> Al mistico grido di giubilo di Dioniso, la catena dell'individuazione viene spezzata e si apre la via verso le Madri dell'essere, verso l'essenza intima delle cose.[23]

Il tragico coglie il fondo originario perché spezza la catena dell'individuazione, e così facendo sperimenta ogni individuazione come apparenza. Ma, innanzi alla labilità delle apparenze, il Greco non rinuncia alla vita come invitava il grido di Sileno, perché scopre nell'insensata crudeltà della natura la sua assoluta vitalità, di cui anche l'esistenza individuale è innocente espressione.

L'ottimismo dei Greci prende avvio dal punto più basso della parabola pessimistica: dalla dissoluzione di ogni forma individuale all'esaltazione della vita, che il Greco sa trasformare in figure eternizzanti, ove non vige l'angoscia del perire, il terrore della morte e della caduta di ogni senso. Nasce così "la montagna incantata dell'Olimpo" come illusione, come maschera che serve a sopportare l'esistenza, colta nella sua essenza dalla sapienza dionisiaca. Scrive in proposito Nietzsche:

> Ora si apre a noi per così dire la montagna incantata dell'Olimpo e ci mostra le sue radici. Il Greco conobbe e sentì i terrori e le atrocità dell'esistenza: per poter comunque vivere, egli dovette porre davanti a tutto ciò la splendida nascita sognata degli dèi olimpici. L'enorme diffidenza verso le forze titaniche della natura, la Moira spietatamente troneggiante su tutte le conoscenze, l'avvoltoio del grande amico degli uomini Prometeo, il destino orrendo del saggio Edipo, la maledizione della stirpe degli Atridi, che costringe Oreste al matricidio, insomma tutta la filosofia del dio silvestre con i suoi esem-

---

[22] F. Nietzsche, *Jenseits von Gut und Böse. Vorspiel einer Philosophie der Zukunft* (1886); tr. it. *Al di là del bene e del male. Preludio di una filosofia dell'avvenire*, in *Opere*, cit., 1972, vol. VI, 2, § 62, p. 68.
[23] Id., *La nascita della tragedia dallo spirito della musica*, cit., § 16, p. 105.

pi mitici, per la quale perirono i melanconici Etruschi – fu dai Greci ogni volta superata, o comunque nascosta e sottratta alla vista, mediante quel mondo artistico intermedio degli dèi olimpici. Fu per poter vivere che i Greci dovettero, per profondissima necessità, creare questi dèi. [...] Nel mondo olimpico, la "volontà" ellenica si pose di fronte a uno specchio trasfiguratore. Così gli dèi giustificano la vita umana vivendola essi stessi – la sola teodicea soddisfacente.[24]

La funzione degli dèi dell'Olimpo è di proteggere il Greco dalla lucida penetrazione dionisiaca dell'essenza tragica dell'esistenza. Così simili agli uomini, essi li rispecchiano, ma sotto la forma dell'*eterno*. Che qualcosa possa permanere, e quindi sottrarsi al carattere effimero e caduco dell'esistenza è la prima illusione che i Greci dovettero inventare per poter vivere.

Questa immedesimazione nel *desiderio eterno* di sé che il dio riflette sarà l'origine prima dell'arte poetica e scultorea dell'antica Grecia, ma anche il monito che gli uomini non sono dèi e che, nella distanza che separa i mortali dagli immortali, l'uomo deve trovare la sua giusta misura.

---

[24] Ivi, § 3, pp. 32-33.

23. La giusta misura

> Chi vuol vivere oltre il limite giusto e la misura perde la mente ed è in palese stoltezza.
>
> SOFOCLE, *Edipo a Colono*, vv. 1219-1220.

1. *Il cristianesimo e il desiderio infinito*

Come ci ricorda Nietzsche, la tragedia non è un genere letterario, ma la condizione della vita in generale e dell'esistenza in particolare, dove la felicità non è separabile dalla crudeltà. Per questo la fine della tragedia non segna, a parere di Nietzsche, l'esaurirsi di una forma artistica, ma, drammaticamente, l'interruzione brusca della visione greca della vita, perché, con la morte e la resurrezione di Cristo, avvenuta quando a Roma regnava Tiberio, una vita eterna si annunciò al di là della vita terrena, e la teologia della salvezza dissolse la visione tragica dell'esistenza.

La contrapposizione fu netta e consapevole, se è vero che Pan, il dio della tragedia dalle zampe pelose e dal piede caprino (*traghikós*), divenne, nell'iconografia cristiana, l'immagine del diavolo. Nietzsche riferisce fedelmente questa drammatica fine della visione tragica dell'esistenza a opera del cristianesimo e la descrive con queste parole:

> La tragedia greca perì in modo diverso da tutti gli antichi generi d'arte affini: morì suicida, in seguito a un insolubile conflitto, dunque tragicamente, mentre tutti quegli altri scomparvero a tarda età con la morte più bella e tranquilla. [...] Con la morte della tragedia greca si produsse un enorme vuoto, ovunque profondamente sentito. Come una volta ai tempi di Tiberio i naviganti greci udirono, in vicinanza di un'isola solitaria, lo sconvolgente grido: "il grande Pan è morto", così per il mondo ellenico risuonò ora come un doloroso lamento: "la tragedia è morta! Anche la poesia è perduta con essa!".[1]

---

[1] F. Nietzsche, *Die Geburt der Tragödie aus dem Geiste der Musik* (1872); tr. it.

La tradizione giudaico-cristiana ha sciolto il nesso tra felicità e crudeltà che la natura, nella sua innocenza, vincola, attribuendo la *felicità* alla vita in quanto creazione di Dio e la *crudeltà* all'uomo che, con la colpa, ha infranto la bellezza della creazione. In questo modo, la tradizione giudaico-cristiana, a differenza della cultura greca, non ha voluto guardare in faccia il dolore nella sua ineludibile realtà, e, con questa rimozione, si è congedata dalla tragedia, incanalando la sofferenza sui sentieri della speranza che conducono a scenari di salvezza.

Così facendo, la tradizione giudaico-cristiana ha perso la giusta misura, che consentiva al Greco di vivere la felicità dell'esistenza pur nella crudeltà della legge di natura, e ha educato l'uomo al desiderio infinito. Non più la "fedeltà alla terra" come vuole l'espressione di Nietzsche,[2] ma "nuovi cieli e nuova terra", com'è nell'annuncio di Isaia.[3]

Interpretato nella prospettiva della vita futura, il dolore non ha più nulla di tragico, ma viene inscritto nello scenario della speranza, che proietta il desiderio al di là della misura terrena. Questa proiezione qualifica la terra come "valle di lacrime", ma in compenso rende il dolore sopportabile. Nell'attesa della liberazione dal dolore, il desiderio oltrepassa i confini della terra e la caducità del tempo, per ancorarsi all'eternità promessa.

Alla moderazione greca che si accontenta di ciò che ha, subentra, con il cristianesimo, quel desiderio infinito che vuole ciò che non possiede, ma spera di ottenere dall'amore di Dio, che non ha creato una natura "innocente e crudele", ma, come dice il *Genesi* "buona"[4] e, se pure attraversata dal dolore causato dal-

---

La nascita della tragedia dallo spirito della musica, in *Opere*, Adelphi, Milano 1972, vol. III, 1, §11, p. 75.
[2] Id., *Also sprach Zarathustra. Ein Buch für Alle und Keinen* (1883-1885); tr. it. *Così parlò Zarathustra. Un libro per tutti e per nessuno*, in *Opere*, cit., 1968, vol. VI, 1, Prefazione, § 3, p. 6: "Vi scongiuro fratelli, *rimanete fedeli alla terra* e non credete a quelli che vi parlano di sovraterrene speranze".
[3] *Isaia*, 16, 17-22.
[4] *Genesi*, 1, 1-25: "Iddio disse: 'Sia la luce': e la luce fu. Vide Iddio che la luce era buona e separò la luce dalle tenebre; e chiamò la luce 'giorno' e le tenebre 'notte'. Così fu sera, poi fu mattina: primo giorno. [...] Poi Iddio disse: 'Si radunino tutte le acque che sono sotto il cielo in un sol luogo e appaia l'asciutto'. Così fu. E chiamò l'asciutto 'terra' e la raccolta delle acque chiamò 'mari'. E Iddio vide che ciò era buono. [...] Quindi la terra produsse erbe e piante che fanno seme secondo la loro specie e che hanno in sé la propria semenza. E Iddio vide che ciò era buono. [...] Poi pose due grandi luminari nel firmamento del cielo per dar luce sopra la terra, presiedere al giorno e alla notte e separare la luce dalle tenebre. E Iddio vide che ciò era buono. Iddio fece poi le bestie selvagge della terra secondo la loro specie, gli animali domestici secondo la loro specie, e tutti i rettili della terra, secondo la loro specie. Ed Egli vide che ciò era buono".

23. LA GIUSTA MISURA

la colpa, riscattabile proprio attraverso l'accettazione incondizionata del dolore. Di qui l'amore per la sofferenza, che non si deve solo sopportare, com'era nella mentalità greca, ma, in quanto pegno di salvezza, addirittura abbracciare. In questo modo, come ci ricorda Nietzsche, il desiderio di salvezza inscrive il dolore nell'erotica:

> La dottrina della redenzione conosce la beatitudine (il piacere) soltanto nel non opporre più resistenza, non più a nessuno, né alla disgrazia né al male – l'amore come unica, come *ultima* possibilità di vita. [...] La dottrina della redenzione io la definisco un sublime sviluppo ulteriore dell'edonismo su base assolutamente morbosa.[5]

Non più il *"substine et abstine"* dello stoicismo greco, con cui si fondava un'etica della forza e della moderazione che tutelava la dignità dell'individuo, rendendolo capace di reggere il dolore con quello stile che doveva condurlo a una bella morte, ma l'*amore per il dolore*, letto come strumento con cui Dio mette alla prova la fedeltà dell'uomo, e come garanzia per la felicità futura.

Il Greco *regge* il dolore perché è proprio della sua etica sapersi governare nella sofferenza. Il cristiano *ama* il dolore perché legge nel dolore la condizione della salvezza. Oltrepassando la misura terrena della felicità per una felicità eterna promessa, il cristiano non contrasta il dolore sulla terra, ma lo accetta e lo ama. Il desiderio illimitato di felicità lo conduce all'accettazione incondizionata del dolore. Nasce così quella "beatificazione" della sofferenza che ha nel "discorso della montagna" di Gesù[6] la sua enunciazione e l'invito alla sua pratica, perché ad attendere il cristiano c'è un mondo senza lacrime, senza dolore, senza morte, che per la mentalità greca era semplicemente inimmaginabile.

Il desiderio infinito che non accetta la morte attende la resurrezione dei morti, la vita senza termine, la visione di Dio, in una parola: la *vita eterna* che più non conosce né il dolore, né il limite. Qui il gioco non è più nelle mani dell'uomo che contrasta come può il dolore sulla terra, ma in quelle dell'onnipotenza divina che lo elide. La storia non è più dell'uomo, ma di Dio, che non interviene in questo mondo per migliorarlo, ma per produrre uno stacco, una rottura definitiva, in vista di un altro mondo che più non conosce né il dolore né la morte, e a cui si rivolge il desiderio umano nel suo spasmodico tendere.

Ma chi è Dio? A porsi questa domanda è Agostino che, nell'inquietudine del suo cuore (*inquietum est cor nostrum*), chiede:

---

[5] F. Nietzsche, *Der Antichrist. Fluch auf das Christenthum* (1889); tr. it. *L'anticristo. Maledizione del cristianesimo*, in *Opere*, cit., 1970, vol. VI, 3, § 30, p. 203.
[6] Matteo, *Vangelo*, 5, 1-12.

Che cosa sei tu per me?
Che cosa sono io per te?
Dillo a quest'anima: Io sono la tua salvezza.[7]

Dio è dunque per il cristiano il bisogno incontenibile di salvezza che orienta il desiderio e la pratica di vita. Perciò, conclude Agostino: "Io correrò dietro la tua voce e ti troverò (*Curram post vocem hanc et apprehendam te*)".[8] Ciò a cui l'uomo non può pervenire con le sue forze, lo ottiene da Dio.

Ma qui non si fraintenda. Il bisogno d'aiuto è un bisogno naturale. Ma un conto è invocare gli dèi nelle angustie della vita, un altro è ipotizzare uno stato in cui non vi sarà più bisogno d'aiuto perché Dio avrà espunto definitivamente il male e la morte. Questa è la differenza tra i Greci e i cristiani. Una differenza che investe la portata del desiderio e il limite inscritto nella "giusta misura". Per questo la poesia di Pindaro dice:

Anima non t'affannare
Per una vita imperitura, tocca il fondo
D'ogni via del possibile.[9]

Mentre la fede di Isaia annuncia:

Ecco io creo
cieli nuovi e nuova terra;
non si ricorderà più il passato,
non verrà più in mente,
perché si vivrà e si gioirà per sempre
per le cose che io creerò.[10]

Se il Greco, come ci ricorda Pindaro, invoca gli dèi per essere liberato dal *male presente*,[11] il cristiano si rivolge a Dio per ottenere la liberazione non solo dai mali presenti, ma, come recita il "Padre nostro", dal *male in generale*, in vista di quella salvezza vera, incondizionata, definitiva che è la vita eterna, dove il dolore sparirà per sempre.

---

[7] Agostino di Tagaste, *Confessiones* (401); tr. it. *Confessioni*, Fondazione Lorenzo Valla, Mondadori, Milano 1992-1997, Libro I, 5, 5: "*Quid mihi es? Quid tibi sum ipse? Dic animæ meæ: salus tua ego sum*".
[8] *Ibidem*.
[9] Pindaro, *Pitica* III, vv. 85-87.
[10] *Isaia*, 16, 17-22.
[11] Pindaro, *Pitica* III, vv. 82-84: "Cosa cerchiamo dagli dèi, conformi / alle menti mortali, / consci di ciò che siamo e del presente".

Questo desiderio infinito, che è la vera anima del cristianesimo, porta alla svalutazione del mondo, che diventa irrilevante nei suoi accadimenti, buoni o cattivi che siano, perché la salvezza è nella fine del mondo. Per questo Agostino può dire che: "Chi ama il mondo non conosce Dio (*Amare mundum non est cognoscere Deum*)",[12] e prima di lui, Gregorio di Nissa può, senza scandalo, sollecitare i cristiani alla verginità, per accelerare la fine del mondo e, con la fine del mondo, l'avvento della salvezza.[13]

Attendendo la fine del mondo, e con la fine del mondo la resurrezione dei morti, il cristianesimo non si separa solo dalla sua matrice ebraica, ma sancisce in modo definitivo la sua abissale distanza dalla mentalità greca, se è vero che all'annuncio della resurrezione dei morti di Paolo all'Areopago, gli ateniesi reagiscono sorridendo:

> "Dio ha fissato un giorno in cui, a rigor di giustizia, giudicherà il mondo per mezzo di un uomo che egli ha designato, dandone sicura prova a tutti col resuscitarlo dai morti". Quando intesero parlare di resurrezione dei morti, alcuni ci risero, altri dissero: "A proposito di questo, ti ascolteremo un'altra volta".[14]

2. *La grecità e la giusta misura*

Per i Greci il dolore appartiene all'ordine della natura, così come il debito di morte che ciascun individuo deve pagare alla specie. Gli dèi possono soccorrere gli uomini, possono salvarli dalla tempesta, dal naufragio, talvolta dalla malattia, ma non dalla morte e dalla precarietà dell'esistenza a cui sono inesora-

---

[12] Agostino di Tagaste, *In epistolam Iohannis ad Parthos* (415), Discorso II, §§ 8-9; tr. it. *Commento alla prima lettera di Giovanni*, in *Amore assoluto e "Terza navigazione"*, Rusconi, Milano 1994, pp. 148-153. Il testo al § 8 recita: "Come potremo amare Dio, se amiamo il mondo? Due sono gli amori; quello del mondo e quello di Dio: se abita in noi l'amore del mondo, non è possibile che entri anche l'amore di Dio. Si allontani l'amore del mondo, e abiti in noi l'amore di Dio (*Quomodo poterimus amare Deum, si amamus mundum? Duo sunt amores, mundi et Dei: si mundi amor habitet, non est qua intret amor Dei. Recedat amor mundi, et habitet Dei*)"; e al § 9: "Non amate il mondo e neppure le cose che sono nel mondo. Se uno ama il mondo l'amore del Padre non è in lui (*Nolite diligere mundum, neque ea quæ sunt in mundo. Si quis dilexerit mundum, non est charitas Patris in eo*)". Lo stesso motivo ritorna nel *De civitate Dei* (413-426); tr. it. *La città di Dio*, Rusconi, Milano 1984, XIV, 28, pp. 691-692, e nel *Commento alla prima lettera di Giovanni*, in *Amore assoluto e "Terza navigazione"*, cit., II, § 11.

[13] Gregorio di Nissa, *De verginitate*, in J.P. Migne, *Patrologia græca*, in *Patrologiæ cursus completus*, Paris 1856-1866, vol. XLVI.

[14] *Atti degli Apostoli*, 17, 31-32.

bilmente esposti. Per questo i Greci chiamano gli uomini "mortali (*brotoí*, *thnetoí*) e li contrappongono agli dèi, gli "immortali (*athánatoi*), la cui condizione rappresenta il limite che l'uomo non può valicare.

La colpa di Prometeo, il titano che vuole emancipare gli uomini, non consiste tanto nel dono del fuoco e delle tecniche con cui gli uomini possono meglio sopperire alla loro esistenza, ma nell'aver distolto gli uomini dal loro limite che è la morte, infondendo in loro quelle cieche speranze (*typhlàs elpídas*)[15] che aboliscono la differenza tra mortali e immortali. Per questo invito all'oltrepassamento della misura, Prometeo sconta la pena.

La *misura* (*métron*) è il tratto che caratterizza la grecità. Essa non nasce, come nella tradizione giudaico-cristiana, dall'*ottemperanza* a una legge espressa da una volontà, la volontà di Dio che ha creato l'ordine del mondo e l'uomo, a cui chiede di essere conforme a quest'ordine. La misura greca nasce dal *reperimento* di un ordine, che l'uomo deve individuare per poter vivere in una natura che, senza scopo e senza finalità, è pura e semplice sovrabbondanza di vita. Una vita che si alimenta e si produce attraverso la morte che infligge alle sue singole determinazioni: piante, animali, uomini.

L'uomo, proprio perché espressione della natura, può dimenticare di essere solo una sua determinazione, e perciò essere tentato dall'illusione di una vita senza limite che è propria della natura, ma non delle sue determinazioni. Se cede a questa illusione, l'uomo commette quell'unica colpa che i Greci concepiscono per l'uomo: l'*hýbris*, la tracotanza, la pretesa di oltrepassare il proprio limite, al di là della misura che la natura, per poter alimentare la sua vita, concede alle sue singole determinazioni.

A differenza della tradizione giudaico-cristiana, infatti, la cultura greca non concepisce l'uomo come fine del creato, perché, indifferente a tutto ciò che genera, la natura non si fa carico della sorte dell'uomo. Per questo l'uomo deve farsi carico della sua sorte, non affidandosi all'illusione di una *vita eterna*, ma cercando di guadagnare, nel tempo che gli è stato assegnato, una *vita buona*, come dice Aristotele, e, per quanto possibile, felice.

La forza vitale della natura che è in lui può indurre l'uomo a rimuovere la morte e, sospingendolo nell'illusione del senza limite, generare il sogno dell'immortalità. La consapevolezza della morte, che il Greco in tutte le sue espressioni culturali non cessa di ribadire, restituisce l'uomo alla sua misura, e in questa mi-

---

[15] Eschilo, *Prometeo incatenato*, in *Tragedie e frammenti*, Utet, Torino 1987, v. 251.

sura l'uomo può eleggere, nell'indifferenza della natura, se stesso come fine.

Eleggersi come fine significa, per l'uomo, appropriarsi del tempo che gli è stato assegnato, conferendogli un senso attraverso le opere che nel tempo può compiere. Se in queste opere vogliamo ravvisare la differenza tra l'uomo e l'animale, che la tradizione cristiana chiama "anima" o "spirito", ebbene allora è proprio la consapevolezza della morte, e non la sua negazione o rimozione, a consentire all'uomo di esprimere il suo spirito, non come *signore del creato* come è scritto nel *Genesi*,[16] ma come *signore del tempo che gli è stato assegnato*, in cui può dispiegare le sue opere, secondo misura (*katà métron*).

Questa misura l'uomo non la ricava dalla natura, che i Greci concepiscono come *cháos*, letteralmente "apertura" della vita che si genera e sovrabbondante si diffonde,[17] ma la ricerca nell'ordine (*kósmos*) che l'uomo riesce a reperire nella natura, e a cui fa riferimento per fronteggiare il caos.

Quest'ordine l'uomo lo ricava registrando la regolarità con cui accadono gli eventi di natura. A questa regolarità dà il nome di "legge (*nómos*)", che non è una "legge della natura", perché la natura semplicemente accade al di fuori di ogni legalità, non avendo nessuno deciso come deve accadere, ma è una legge che l'uomo applica alla natura, a partire dal riconoscimento del suo andamento, del suo ritmo, della sua scansione, per orientarsi in essa e fronteggiare l'imprevedibile.

Se la constatazione delle ricorrenze e il calcolo delle frequenze costituiscono quella misura che consente di ridurre l'imprevedibilità dell'evento, lo stesso criterio può essere assunto per pren-

---

[16] *Genesi*, 1, 26: "Poi Iddio disse: 'Facciamo l'uomo a nostra immagine, secondo la nostra somiglianza: *domini* sopra i pesci del mare e su gli uccelli del cielo, su gli animali domestici, su tutte le fiere della terra e sopra tutti i rettili che strisciano sopra la sua superficie'".

[17] A questo proposito è utile ricordare che la radice indoeuropea della parola *cháos* è *cha*, che interviene in vari gruppi di parole quali *chásco*, *chaíno* che significano "mi apro", "mi dischiudo". Questo riferimento alla radice ci consente di pensare che *cháos* originariamente non significava tanto disordine e mescolanza, quanto quell'*apertura* che Esiodo colloca "all'inizio" e "per prima", prima della stessa terra "nata in seguito", e prima di tutti gli dèi, dal momento che ogni teogonia e ogni cosmogonia, ogni generazione di dèi, di uomini e di mondi accadono dopo di essa e all'interno di essa. Scrive in proposito Esiodo, *Teogonia*, Utet, Torino 1977, vv. 116-122: "All'inizio, per primo, fu il *Cháos*; in seguito quindi la Terra dal largo petto, dimora sicura per sempre di tutti gli immortali, che abitano le cime del nevoso Olimpo, e il Tartaro tenebroso nei recessi della Terra dalle larghe vie; quindi venne *Éros*, il più bello fra gli dèi immortali, colui che scioglie le membra, che di tutti gli dèi e di tutti gli uomini doma nel petto ogni volontà e ogni accorto consiglio".

der posizione nei confronti di quel massimamente incontrollabile che è la *condotta umana*, la cui irregolarità è dovuta al fatto che gli uomini, non conoscendo se stessi, o non sanno quello che fanno, o, sapendolo, nascondono le loro intenzioni, come fa Odisseo per raggiungere i suoi scopi.

La caratteristica di Odisseo non è tanto l'astuzia quanto la *phrónesis*, che non è "furbizia", ma "saggezza", ossia capacità di trovare di volta in volta, nell'incalcolabilità degli umani comportamenti, quello che Platone[18] e Aristotele[19] chiamano il "giusto mezzo (*mesótes*)", ossia il punto di equilibrio tra forze contrastanti.

Qui avviene la *decisione* (*proaíresis*) che deve tener conto del tempo opportuno, che i Greci chiamavano *kairós*, una parola il cui primo significato è quello di "giusta proporzione"[20] che, attentamente calcolata, consente di rinvenire il punto di debolezza tra le forze contrastanti. La sua forma è la prudenza (*phrónesis*) necessaria a chi, trovandosi a decidere in un contesto che non lascia intravedere regolarità e quindi prevedibilità, produce operazioni che non si possono dedurre da principi immutabili, ma dal vaglio delle circostanze.

Reperito un ordine nella natura per sé "caotica", nel senso di "aperta" alla produzione di vita, attraverso la scansione di nascita e morte delle sue determinazioni, reperita la linea di condotta nell'agire, regolata da quella saggezza o prudenza (*phrónesis*) che consente di muoversi nell'imprevedibilità delle circostanze, all'uomo è concessa una vita buona (*eû zoé*) se si attiene a quella giusta misura che lo prevede non come *signore* della natura, ma come *parte* della natura. Qui Platone è chiarissimo:

> Anche quel piccolo frammento che tu rappresenti, o uomo meschino, ha sempre il suo intimo rapporto con il cosmo e un orientamento a esso, anche se non sembra che tu ti accorga che ogni vita sorge per il Tutto e per la felice condizione dell'universa armonia. Non per te infatti questa vita si svolge, ma tu piuttosto vieni generato per la vita cosmica.[21]

E la vita cosmica è regolata secondo necessità da quelle misure di cui Giustizia (*Díke*) è gelosa custode. Sono infatti le Erinni, ministre di *Díke*, che "ricondurrebbero il sole nella sua orbita se oltrepassasse le sue misure"[22]; è l'*Anánke* che "guardando la

---

[18] Platone, *Timeo*, 36 a.
[19] Aristotele, *Etica a Nicomaco*, Libro II, 1106 b.
[20] Si veda a questo proposito l'ottimo saggio di G. Marramao, *Kairós. Apologia del tempo debito*, Laterza, Bari 1992.
[21] Platone, *Leggi*, Libro X, 903 c.
[22] Eraclito, fr. B 94.

volta celeste, costringe gli astri a tenere i confini"[23]; è la *Moîra* che "tiene l'essere nei vincoli del limite che tutto intorno lo cinge, affinché non sia incompiuto né manchevole"[24]; "È secondo necessità che dove gli esseri hanno origine, ivi hanno anche la loro distruzione, poiché pagano l'un all'altro la pena e l'espiazione dell'ingiustizia secondo l'ordine del tempo",[25] perché "se non vi fossero queste cose, non si conoscerebbe il nome di *Díke*".[26]

Conoscere il nome di *Díke* significa per l'uomo sapere che la vita è generazione e corruzione, successione di nascite e morti, per cui occorre interiorizzare la morte come misura della vita, il cui movimento è orientato a un compimento (*télos*) che è a un tempo il suo fine, la sua fine, la sua forma. Ma se ciò è "naturale" dal punto di vista della natura, che non può proseguire la sua vita senza la morte delle sue determinazioni, trova una resistenza nelle singole determinazioni che, pervase dal *conatus existendi*, come dice Spinoza,[27] non si rassegnano alla propria fine, al punto di infliggere la morte ad altre vite pur di alimentare la propria vita.

Questo spettacolo della crudeltà, che percorre l'intera natura dal mondo vegetale a quello umano, nel caso dell'uomo, che pure è consapevole della propria fine, assume, per il Greco, i tratti dell'*hýbris*, della tracotanza, della colpa, in quanto oltrepassamento della giusta misura determinato dalla volontà di vivere a spese degli altri, per cui, come scrive Natoli: "La crudeltà innocente della natura diventa colpa nell'uomo".[28] E allora gli dèi, che non sono tanto l'espressione di un altro mondo quanto la misura inoltrepassabile di chi vive in questo mondo, puniscono gli uomini illudendo quanti, inebriandosi nella presunzione della loro potenza, non si attengono a quell'unica virtù che i Greci non cessano di indicare nel riconoscimento del proprio limite.

L'oltrepassamento del limite avviene per un offuscamento della mente: "Fui accecato dalla violenza (*áte*), e Zeus mi tolse il senno",[29] dice Agamennone nel momento in cui riconosce il torto inflitto ad Achille. E qui Agamennone non ricorre a un alibi morale, perché anche Achille, la vittima del sopruso, vede le cose allo stesso modo:

---

[23] Parmenide, fr. B 10.
[24] Ivi, fr. B 8, vv. 35-37.
[25] Anassimandro, fr. B 1.
[26] Eraclito, fr. B 23.
[27] B. Spinoza, *Ethica ordine geometrico demonstrata* (1665, edita postuma nel 1677); tr. it. *Etica dimostrata secondo l'ordine geometrico*, Boringhieri, Torino 1959, Parte III, Proposizioni 6-9, pp. 140-142.
[28] S. Natoli, *Neopaganesimo* (1991), in *I nuovi pagani. Neopaganesimo: una nuova etica per forzare le inerzie del tempo*, il Saggiatore, Milano 1995, p. 26.
[29] Omero, *Iliade*, canto XIX, v. 137.

O padre Zeus, come sono grandi le *átai* che tu assegni agli uomini.
Altrimenti non avrebbe mai l'Atride commosso fino in fondo il *thymós* nel mio petto,
e non avrebbe menato via, inflessibile, la fanciulla a mio dispetto.[30]

Non una *colpa originaria* come nella tradizione giudaico-cristiana, ma la *crudeltà dell'esistenza* offusca la mente e oscura il discernimento, per cui continua deve essere quella frequentazione del sapere a cui invita Socrate, non per una propensione intellettualistica, ma in base al principio che chi sa, chi non si lascia offuscare la mente, non commette il male.

Nasce da qui la filosofia come *terapia della mente* per il miglioramento della condotta umana, dove l'accento non è posto sull'*imputabilità* della condotta, ma sulle *condizioni* che rendono una condotta saggia o insipiente, e quindi contenuta nella giusta misura o improvvida nella prevaricazione.

3. *Il mondo contemporaneo e l'oltrepassamento della misura*

La giusta misura, che presiede il governo di sé e le leggi della città, è per il Greco il riflesso della giustizia cosmica, della giusta proporzione delle parti nel Tutto, che dunque è armonia e perciò bellezza (*kosmióteta*).

Da questa visione cosmica non poteva nascere alcun progetto in ordine alla dominazione del mondo perché, come *cosmo*, il mondo non è creazione di un dio né opera dell'uomo, ma, in sé perenne e custodito nella sua giusta misura, è per sé.

Considerato il più perfetto esemplare d'ordine e nello stesso tempo la causa di ogni ordine riscontrabile nelle realtà particolari, che soltanto in gradi diversi si avvicinano a quello del Tutto, il cosmo non è tanto un sistema fisico, quanto quell'ordine necessario a cui l'uomo, come *parte*, deve assimilarsi. Nel riconoscimento e nell'accettazione del proprio esser-parte, l'uomo trova la sua collocazione e il senso della sua esistenza che è nell'adeguarsi, in quanto parte, all'ordine (*kósmos*) del Tutto.

Si tratta di una totalità che non nasce dalla somma *quantitativa* delle parti, ma da quella nota *qualitativa* che fa di quelle parti composte un ordine, un cosmo. Da quest'ordine, che è poi la *ragione* dell'universo, il suo *lógos*, nasce quella *pietà cosmica* che non è tanto un sentimento religioso, quanto l'espressione antropologica di quella relazione universale che è la composizione delle parti con il Tutto.

[30] Ivi, vv. 270-273.

Da questa pietà cosmica trarrà spunto la prima riflessione ontologica della filosofia occidentale, là dove Platone pensa *la relazione tra i molti e l'Uno*.[31] L'esito di questa riflessione è che il Tutto ha la precedenza sulle parti ed è migliore delle parti. È ciò per cui le parti sono, e in cui hanno non solo la causa del loro essere, ma anche il significato della loro esistenza.

Esempio vivente di questa relazione è la *pólis* descritta nella *Repubblica* (*Politeía*) di Platone, dove la relazione ontologica tra i molti e l'Uno, preparata dalla pietà cosmica, trova la sua espressione politica. Come nel cosmo, infatti, così nella città le parti non solo sono *dipendenti* dal Tutto *per* il loro essere, ma anche *mantengono* quel Tutto *con* il loro essere. Come l'ordine del Tutto condiziona l'essere e la possibile perfezione delle parti, così la condotta delle parti condiziona l'essere e la perfezione del Tutto. La filosofia greca concepisce quindi l'ordine *storico-politico* in funzione dell'ordine *cosmico-universale*, e in questo senso i filosofi greci sono veramente *cosmo-politici*, perché pensano l'ordine del cosmo come vero modello per l'ordine della *pólis*.

Questa cosmologia si dissolve con la nascita della progettualità tecnica, per la quale non è più l'ordine del cosmo a dettare legge alla *pólis*, ma è la *pólis*, come comunità degli uomini, a definire di volta in volta il cosmo. All'orizzonte *cosmo-politico* si sostituisce il disegno di una *politica cosmica*, dove il progetto tecnico dell'uomo cancella ogni ritmo della natura, mentre le scansioni della sua storia cancellano quella "giusta misura" che, al dire di Eraclito, segnava il "divampare e lo spegnersi dei cicli cosmici".[32]

Qui svanisce ogni possibilità di confronto, perché la tecnica avanzata dell'Occidente non è una variante della tecnica antica, ma la sua antitesi. A mutare, infatti, non è solo il *misurato*, ma la *misura*, per cui, rispetto all'ordine del cosmo, la tecnica occidentale appare *smisurata*, cioè fuori misura. Nel Tutto non "rappresenta la sua parte", com'era nell'invito di Platone là dove richiamava la legge antica, ma al Tutto "impartisce le parti", e così capovolge quella gerarchia aristotelica per la quale l'economia, la politica e l'etica, avendo per oggetto l'uomo, non potevano essere le scienze più alte, perché ciò avrebbe significato pensare l'uomo come l'essere più alto nel Tutto cosmico:

> Sarebbe assurdo pensare che la politica o la saggezza siano le forme più alte di conoscenza, a meno di non pensare che l'uomo sia la

---

[31] Platone, *Parmenide*, 136 e-166 c.
[32] Eraclito, fr. B 30.

realtà di maggior valore nel cosmo. [...] Di fatto ci sono realtà di natura ben più divina dell'uomo come, ad esempio, i corpi celesti di cui è costituito il cosmo.[33]

Con la tradizione giudaico-cristiana, il cosmo perde la sua immutabilità, perché è visualizzato come l'*effetto di una volontà*, la volontà di Dio che con la sua onnipotenza l'ha creato, per poi consegnarlo al dominio dell'uomo cresciuto all'ombra dell'onnipotenza di Dio. Raccogliere il senso del mondo nella volontà di Dio significa affidare a esso un significato, inscriverlo in un progetto, assegnarlo a un fine, perché tutto ciò è implicito in ogni atto volontaristico. Il *Genesi* stesso non ne fa mistero, ma narra espressamente che Dio, dopo aver creato Adamo ed Eva e dopo averli benedetti, disse loro:

> Prolificate, moltiplicatevi e riempite il mondo, *assoggettatelo e dominate* sopra i pesci del mare, su tutti gli uccelli del cielo e sopra tutti gli animali che si muovono sopra la terra.[34]

Il segreto del mondo creato da Dio è quindi l'uomo. Questa destinazione verrà confermata nel mistero dell'incarnazione, in cui Dio stesso si fa, per amore dell'uomo, creatura nel suo Figlio, creatura che, in quanto tale, chiama Dio suo "Padre". Evocato dal nulla e destinato al nulla, il mondo, a questo punto, non ha più senso in se stesso, ma nell'uomo per il quale è stato creato. Fu così che:

> Iddio, che già aveva formato dalla terra tutti gli animali della campagna e tutti gli uccelli del cielo, li condusse da Adamo per vedere con qual nome li avrebbe chiamati; perché il nome che egli avrebbe imposto a ogni animale vivente, quello doveva essere il suo *vero* nome.[35]

Allo stesso modo oggi, in assenza di Dio, l'uomo nomina tutte le cose secondo il significato che assumono per lui e secondo il possesso che è stato in grado di realizzare. Evidentemente, con argomenti biblici, non si può obiettare che il nome dato dall'uomo alle cose non è il loro *vero* nome. Questo lo può dire, e in effetti lo dice, il pensatore greco, per il quale la potenza dell'uomo è superata dalla potenza della natura,[36] ma non il pensatore cri-

---

[33] Aristotele, *Etica a Nicomaco*, Libro VI, 7, 1141 a-b.
[34] *Genesi*, 1, 28 (corsivo mio).
[35] *Genesi*, 2, 19 (corsivo mio).
[36] Si veda a questo proposito U. Galimberti, *Psiche e techne. L'uomo nell'età della tecnica*, Feltrinelli, Milano 1999, capitolo 1, § 2: "L'inviolabilità della natura", e il capitolo 45: "Tecnica e natura: il capovolgimento di un rapporto".

stiano e post-cristiano, per il quale la natura è impotenza alla mercé della potenza prima di Dio e poi dell'uomo.

Oggi, che la scienza e la tecnica hanno dato il nome a tutte le cose, l'uomo, questo "signore delle tecniche (*mechanóen téchnas*)" come già lo chiamava Sofocle,[37] teme che le sorti della natura, dominata dalla potenza dell'uomo, possano sfuggire al controllo che l'uomo è in grado di esercitare sulla propria potenza. La natura, resa esausta dalla volontà di dominio dell'uomo, può infatti sfuggire al controllo di questa volontà. Il verificarsi di questa eventualità da un lato rivelerebbe la potenza della natura misconosciuta dalla storia dell'Occidente, e dall'altro condurrebbe questa storia alla sua fine (*éschaton*) secondo l'ipotesi biblica.

All'interno di questa visione apocalittica, che alimenta l'inquietudine che accompagna ogni forma di progresso, occorre riconoscere anche la dimensione costruttiva del sapere che, come ha chiarito Bacone, ha il potere di ridurre la fatica e il dolore che, nella visione giudaico-cristiana, sono le conseguenze della colpa originaria:

> In seguito al peccato originale, l'uomo decadde dal suo stato di innocenza e dal suo dominio sulle cose create. Ma entrambe le cose si possono recuperare, almeno in parte, in questa vita. La prima mediante la religione e la fede, la seconda mediante le tecniche e le scienze. In seguito alla maledizione divina, il creato non è diventato interamente e per sempre ribelle: in virtù di quella massima "guadagnerai il tuo pane con il sudore della tua fronte" (*Genesi*, 3, 19) attraverso molte fatiche (non certamente con le dispute o le oziose cerimonie della magia) finalmente è costretto a dare il pane all'uomo e cioè è costretto agli usi della vita umana.[38]

La potenza del sapere concorre quindi alla redenzione attraverso la rimozione dei limiti che la natura pone alla competenza umana. Ma se la redenzione passa attraverso la liberazione dai vincoli, l'uomo non ha più bisogno di Dio, perché ha fatto proprio l'attributo di Dio che è la libertà da ogni vincolo. La scienza e la potenza che le è connessa decretano la morte di Dio, perché l'onnipotenza di Dio trapassa nell'autoaffermazione dell'uomo che, grazie al sapere, può ottenere da sé quel che un tempo, con la preghiera, implorava da Dio.

---

[37] Sofocle, *Antigone*, in *Tragedie e frammenti*, Utet, Torino 1982, vv. 365-366.
[38] F. Bacone, *Instauratio Magna, Pars secunda: Novum Organum* (1620); tr. it. *La grande instaurazione*, Parte seconda: *Nuovo organo*, Libro II, § 52, in *Scritti filosofici*, Utet, Torino 1986, p. 795.

Il sapere scientifico e il fare tecnico non avvengono più, come per i Greci, *all'interno* dell'ordine naturale e delle sue leggi pensate come immutabili,[39] ma *sull'*ordine naturale, abolendo la differenza tra natura e artificio. E questo perché la natura non è più pensata come *limite* all'intervento umano, ma come semplice *materia prima* a disposizione dell'intervento umano.

Ma quando diciamo "intervento umano" diciamo qualcosa che forse è già stato superato, perché le ideazioni che hanno trovato la loro *oggettivazione* nella tecnica, superano di gran lunga la *competenza soggettiva* degli uomini che usano la tecnica. Questa sproporzione tra l'estensione della cultura oggettivata, di cui ogni prodotto della tecnica è espressione, e l'inadeguatezza della cultura soggettiva, dovuta al limite delle nostre competenze, determina quella che Günther Anders chiama *vergogna prometeica*, che consiste:

> Nell'*incapacità della nostra anima di rimanere* "up to date", *al corrente con la nostra produzione*, dunque di muoverci anche noi con quella velocità di trasformazione che imprimiamo ai nostri prodotti, e di raggiungere i nostri congegni che sono scattati avanti nel futuro (chiamato "presente") e che ci sono sfuggiti di mano. La nostra illimitata libertà prometeica di creare sempre nuove cose (costretti come siamo a pagare senza sosta il nostro tributo a questa libertà) ci ha portati a creare un tale disordine in noi stessi, esseri limitati nel tempo, che ormai proseguiamo lentamente la nostra via, seguendo da lontano ciò che noi stessi abbiamo prodotto e proiettato in avanti, con la cattiva coscienza di essere antiquati, oppure ci aggiriamo semplicemente tra i nostri congegni come sconvolti animali preistorici.[40]

Il dislivello prometeico non è dato solo dalla distanza, che si fa ogni giorno più grande, tra l'uomo e il mondo dei suoi prodotti, ma anche dal fatto che gli strumenti di produzione (le macchine), di organizzazione (i sistemi), di riflessione (i saperi) accolgono in sé una quantità tale di cultura oggettivata da far apparire la cultura soggettiva di chi li impiega in tutto il suo limite e la sua inadeguatezza, per cui già all'inizio del secolo scorso, Simmel scriveva:

---

[39] Esemplare a questo proposito è la considerazione di Aristotele, che nella *Fisica*, Libro II, 192 b, dice, ad esempio, che la guarigione non ha la sua causa nel medico o nel farmaco, ma nella *natura* assecondata dal medico o dal farmaco.

[40] G. Anders, *Die Antiquiertheit des Menschen*, vol. I: *Über die Seele im Zeitalter der zweiten industriellen Revolution* (1956); tr. it. *L'uomo è antiquato*, vol. I: *Considerazioni sul'anima nell'epoca della seconda rivoluzione industriale*, Bollati Boringhieri, Torino 2003, p. 50.

La macchina è divenuta molto più "spirituale" del lavoratore. Quanti lavoratori, persino all'interno della grande industria, sono in grado oggi di capire la macchina con cui hanno a che fare, di capire cioè lo spirito investito nella macchina?[41]

Ciò significa che l'uomo, nell'età della tecnica, non riesce più a *immaginare* e tanto meno a *prevedere* quello che le sue macchine possono fare, non riesce più a *sentire* ciò a cui lo porta il suo agire, non riesce ad *aver coscienza* della quantità di conoscenza oggettivata incorporata dalle sue macchine, rispetto alle quali il corpo umano è, nel complesso macchinale, il congegno più asincronizzato.

Questa serie di dislivelli tra l'uomo e il mondo artificiale prodotto dalla tecnica crea quella condizione patologica che denominiamo *ansia*, la quale non nasce tanto dal "ritmo della vita moderna", ma dalla *complessità della cultura oggettivata* incorporata dalla tecnica in rapporto all'*insufficienza della cultura soggettiva* del singolo uomo incapace di dominarla e quindi di starle al passo, perché le possibilità implicite della tecnica oltrepassano di gran lunga le possibilità di cui l'uomo può disporre in ordine alla sua fantasia, alle sue emozioni e alle sue responsabilità.

Al dislivello tra la cultura oggettivata nell'apparato tecnico, a cui sono da ricondurre le figure dello sviluppo e del progresso, e la cultura soggettiva del singolo individuo, sempre arretrata rispetto alla prima, fa riferimento anche Max Weber nelle sue considerazioni sull'insensatezza che, nell'età della tecnica, vanno assumendo, per il singolo, nozioni fondamentali come la vita e la morte. Scrive in proposito Weber:

> In quanto la vita del singolo individuo civilizzato è inserita nel progresso, nell'infinito, per il suo stesso significato immanente non può avere alcun termine. Rimane, infatti, sempre un ulteriore progresso per chi c'è dentro, per cui nessuno muore dopo esser giunto al culmine, perché questo è situato all'infinito. Abramo o un qualsiasi contadino dei tempi antichi moriva "vecchio e sazio della vita", perché si trovava nell'ambito della vita organica, perché la sua vita, anche per il suo significato, alla sera della sua giornata gli aveva portato ciò che poteva offrirgli, perché non rimanevano per lui enigmi da risolvere ed egli poteva perciò averne "abbastanza". Un uomo incivilito, invece, coinvolto nel continuo arricchimento della civiltà con idee, conoscenze, problemi, può diventare "stanco", ma non "sazio" della vita. Egli, infatti, di ciò che la vita dello spirito di nuovo sempre produce, coglie solo la minima parte, e sempre qualcosa di

---

[41] G. Simmel, *Philosophie des Geldes* (1900); tr. it. *Filosofia del denaro*, Utet, Torino 1984, capitolo VI, 2, p. 634.

provvisorio e mai definitivo, e quindi la morte è per lui un accadimento assurdo. Ed essendo la morte priva di senso, lo è anche la vita civile come tale, in quanto appunto, con la sua assurda "progressività", fa della morte un assurdo.[42]

Se la cultura soggettiva è rimasta molto arretrata rispetto alla cultura oggettivata, se la trasformazione dell'uomo è rimasta molto indietro rispetto alla trasformazione del mondo, il sigillo della *finitezza*, prima che nell'essere-per-la-morte come vuole la speculazione filosofica dai Greci a Heidegger, è riscontrabile nella quotidianità della vita quale ci è imposta dal mondo della tecnica, per il quale l'uomo non solo non è ancora all'altezza, per il dislivello ormai incolmabile tra cultura oggettivata e cultura soggettiva, ma *non potrà mai essere all'altezza*, perché la cultura oggettivata della tecnica è in geometrica espansione.

Se nelle epoche pre-tecnologiche l'uomo misurava la sua finitezza sull'immagine che si faceva della natura o di Dio, oggi, nell'età della tecnica, la misura della sua finitezza è data dal mondo dei suoi prodotti; e se prima erano la terra e il cielo il limite dell'uomo, ora è il mondo della tecnica, rispetto a cui il singolo uomo misura la sua impotenza. La cultura delle cose, infatti, ha di gran lunga superato la cultura degli individui, e il sogno prometeico di dominare il mondo si è capovolto nell'incubo di un mondo tecnico che domina l'uomo.

In questa trasformazione del sogno in incubo sono le radici profonde dell'odierna patologia dell'anima, le cui potenzialità sentimentali, pulsionali ed emotive sono completamente azzerate dalle richieste intellettuali di cui si nutre la cultura oggettivata delle cose rispetto alla cultura soggettiva degli individui. Se è vero, come scrive Simmel, che: "L'intero stile di vita di una comunità dipende dal rapporto tra la cultura oggettivata e la cultura dei soggetti",[43] dobbiamo dire che la cultura dell'età della tecnica è una cultura senz'anima, perché è stato ormai valicato il limite oltre il quale è possibile portare la cultura soggettiva degli individui all'altezza della cultura oggettivata nelle cose.

In questa inadeguatezza, in questo ormai inoltrepassabile dislivello è la radice profonda della malattia dell'uomo contemporaneo, che non riesce più a *interiorizzare* la produzione di quella intelligenza impersonale, e separata dalla sua, che crea un mondo il quale, per il fatto di non poter essere interiorizzato, resta per molti aspetti straniero.

---

[42] M. Weber, *Wissenschaft als Beruf* (1917); tr. it. *La scienza come professione*, in *Il lavoro intellettuale come professione*, Einaudi, Torino 1971, pp. 20-21.
[43] G. Simmel, *Filosofia del denaro*, cit., capitolo VI, 2, p. 640.

L'estraneazione dell'uomo contemporaneo, nelle forme dell'indifferenza emotiva, della non partecipazione, dell'afasia comunicativa, dello schematismo emozionale, fino alla depressione e al limite estremo della follia, è solo il sintomo della rottura di quel patto amicale tra uomo e natura che l'uomo aveva conosciuto fin dal primo giorno della sua storia, non in virtù di un'armonia prestabilita come per l'animale, ma proprio grazie e in forza della mediazione tecnica.[44]

Ma allora la tecnica era uno strumento nelle mani dell'uomo, quindi un contenuto della sua cultura soggettiva, e ancora non si era verificato quel capovolgimento[45] che ha fatto dell'uomo un semplice funzionario dell'apparato tecnico, e della sua cultura soggettiva qualcosa di troppo inadeguato rispetto alla cultura oggettivata dispiegata dalla tecnica.

A questo tipo di cultura oggi si sono completamente arresi anche l'istruzione scolastica e, più in generale, gli istituti cosiddetti "di formazione", che sembrano aver definitivamente rinunciato a ogni ideale educativo e formativo, a vantaggio della pura e semplice acquisizione di strumenti e competenze tecniche. Il fenomeno è antico e in continua progressione, se è vero, come già scriveva Simmel all'inizio del secolo scorso, che:

> Mentre l'ideale educativo del XVIII secolo mirava alla formazione dell'uomo, quindi a un valore personale, interno, nel XIX secolo il concetto di "formazione" si è ristretto a una somma di conoscenze oggettive e di tipi di comportamento. Sembra che questa discrepanza si ampli di continuo.[46]

---

[44] Cfr. U. Galimberti, *Psiche e techne. L'uomo nell'età della tecnica*, cit., Parte II: "Genealogia della tecnica: l'incompiutezza umana".
[45] Cfr. ivi, Parte IV: "Fenomenologia della tecnica: il grande capovolgimento".
[46] G. Simmel, *Filosofia del denaro*, cit., capitolo VI, 2, p. 634.

24. La cura di sé

> Si può capire la natura della sapienza dei sette sapienti considerando quelle sentenze concise che furono pronunciate da ciascuno e che, radunatisi insieme, essi offrirono come primizie di sapienza ad Apollo, nel tempio di Delphi, facendo scolpire quelle sentenze che tutti celebrano: "Conosci te stesso (*Gnôthi seautón*)" e "Nulla di troppo (*Medèn ágan*)".
> PLATONE, *Protagora*, 343 a-b.

1. *La conoscenza della natura umana (*Anthrópou epistéme*)*

Platone dice che è insensato occuparsi di qualsiasi cosa se prima non si è raccolto il messaggio dell'oracolo di Delfi che invita alla conoscenza di sé. E perciò fa dire a Socrate:

> Per queste cose non ho tempo a mia disposizione, e la ragione, mio caro, è questa: io non sono ancora in grado di conoscere me stesso (*gnômai emautón*), come prescrive l'iscrizione di Delfi. E perciò mi sembra ridicolo, non conoscendo ancora questo, indagare su cose che mi sono estranee. Perciò salutando e dicendo addio a tali cose e mantenendo fede alle credenze che si hanno in esse, come dicevo prima, vado esaminando non tali cose, ma me stesso, per vedere se io sia per caso una qualche bestia assai intricata e pervasa di brame più di Tifone, o se invece sia un essere vivente più mansueto e più semplice, partecipe per natura a una sorte divina e senza fumosa arroganza.[1]

Conoscenza di sé significa da un lato conoscenza della natura dell'uomo (*anthrópou epistéme*) e dall'altro conoscenza del proprio modo di essere uomo (*heautoû epistéme*). L'uomo appartiene alla natura (*phýsis*) che, nel suo ciclo di nascite e di morti, rivela tutta la sua innocenza e crudeltà. La figura della morte deve quindi accompagnare l'uomo non come malinconica o disperata tonalità della sua esistenza, ma come consapevolezza del suo limite che, una volta acquisito, agisce come incentivo alla vita, perché *una sola vita* deve essere vissuta nella sua pienezza.

Qui la tragicità dell'esistenza, propria della grecità che non si concede a speranze ultraterrene, agisce non come elemento de-

---

[1] Platone, *Fedro*, 229 e-230 a.

pressivo, ma come fattore attivo e propulsivo. Se all'uomo non è concessa la vita eterna, resta suo compito procurarsi una vita buona (*eû zoé*), che è possibile solo se l'uomo si concilia con il limite che la natura gli ha assegnato.

All'interno di questo limite, l'uomo ama se stesso, perché, senza amore di sé, senza *phílautía* come dicevano i Greci, non avrebbe la forza di esistere e di resistere alle avversità dell'esistenza. Ma questo amore di sé non deve travalicare la propria condizione di mortale e pretendere per sé una vita che ecceda la propria natura. Amarsi sì, ma non troppo. Il che significa percepirsi come eventi della natura e accogliere la propria finitezza senza travalicare nel desiderio infinito che, proprio perché ignora il limite, produce infelicità.

Ciò non significa che l'uomo non debba emanciparsi dall'angustia, dal bisogno, dalla ristrettezza, dalla sofferenza in cui la sua condizione naturale lo pone, ma questa emancipazione, che siamo soliti chiamare "progresso", non deve innescare una passione per la potenza illimitata, che non ci fa più riconoscere come eventi di natura, ma come padroni di una natura ridotta a materia prima da utilizzare per l'illimitato nostro desiderio di vita e di potenza.

In questo travalicamento del limite, determinato da una falsa visualizzazione di sé nell'ordine del tutto, si nasconde quella dimensione inquietante di cui parla Sofocle, là dove dice: "Nulla è più inquietante dell'uomo (*houdèn anthrópou deinóteron*)".[2] Dove l'inquietudine non riguarda solo la catastrofe che attende l'uomo che travalica l'ordine naturale, ma l'infelicità che sempre si produce quando la misura è abolita dal desiderio smisurato.

2. *La conoscenza di sé (*Heautoû epistéme*)*

Mentre l'animale può anche non conoscere se stesso perché la sua vita è regolata dall'istinto, l'uomo, privo com'è di istinti, come ci ricorda Platone,[3] è delegato alla cura di sé. La carenza

---

[2] Sofocle, *Antigone*, in *Tragedie e frammenti*, Utet, Torino 1982, vv. 32-33.

[3] Platone, *Protagora*, 321 a-322 b. Questa tesi è stata ripresa da Tommaso d'Aquino, *Summa Theologiæ* (1259-1273), Parte I, Questione 76, articolo 5, Editiones Paulinæ, Roma 1963, pp. 358-359 e da I. Kant, *Idee zu einer allgemeinen Geschichte in weltbürgerlicher Absicht* (1784); tr. it. *Idea di una storia universale dal punto di vista cosmopolitico*, in *Scritti politici*, Utet, Torino 1956, tesi III, p. 126. È stata inoltre riproposta da J.G. Herder, A. Schopenhauer, F. Nietzsche e, nel secolo scorso, da A. Gehlen e H. Bergson. Per un approfondimento di questa tematica si veda U. Galimberti, *Psiche e techne. L'uomo nell'età della tecnica*, Feltrinelli, Milano 1999, capitolo 8: "La tecnica come condizione dell'esistenza umana" e capitolo 18: "La carenza istintuale".

istintuale, infatti, se da un lato svincola l'uomo da qualsiasi comportamento codificato, dall'altro lo libera in quello scenario del *possibile* dove, se vuole evitare di perdere la propria vita prima ancora che giunga la morte, deve reperire la *propria misura*.

La misura è data dalla conformità della propria vita a quello che si è: "Diventa ciò che sei"[4] diceva Nietzsche con riferimento al demone che Eraclito segnala come guida alla propria condotta: *"êthos anthrópoi daímon"*.[5] Seguendo il proprio demone si raggiunge l'*eudaimonía*, ossia la felicità, che dunque non risiede nel raggiungimento degli oggetti del desiderio, ma nella realizzazione di sé.

Tutto ciò che io sono mi è dato, e la vita non è altro che l'espressione, la fioritura di ciò che in fondo sono. Di qui l'importanza di riconoscere l'ambito della mia possibile estrinsecazione, il progetto di vita per cui sono venuto al mondo, il compito a cui sono stato assegnato e in cui si rivela chi sono. Non sono disponibile per qualsiasi vita, ma per quell'unica vita in cui trova espressione ciò che sono. "Conoscere se stessi" significa allora conoscere i propri limiti, perché, solo nell'esperienza del limite, la vita acquista forma, come l'acquista il fiume che, senza argini, perderebbe la potenza della sua corrente.

Ma se è possibile pervenire alla propria forma solo attraverso l'esperienza del limite, occorre rinunciare a ciò che non compete alla nostra natura, a ciò che eccede le nostre capacità, a ciò per cui noi non siamo fatti. Il limite non è inscritto, come nel caso degli animali, nella nostra natura, e neppure è richiesto dall'osservanza di una qualche morale, ma dall'apertura incondizionata a tutte le possibilità a cui l'uomo è esposto per la sua condizione di animale non codificato o, come dice Nietzsche: "non ancora stabilizzato (*das noch nicht festgestellte Tier*)".[6] Creatura in eccesso, l'uomo è già oltre il limite fin dal primo momento della sua nascita, per cui suo compito non è tanto quello di infrangere i limiti, quanto di darseli, per dar forma alla sua vita e reperire il suo volto.

Qui la filosofia, che insegna all'uomo a darsi la sua forma, si salda con la pratica medica, perché entrambe, al dire di Plutarco, "hanno un solo e identico campo (*mía chóra*)".[7] L'una e l'al-

---

[4] F. Nietzsche, *Nachgelassene Fragmente 1881-1882*; tr. it *Frammenti postumi 1881-1882*, in Opere, Adelphi, Milano 1975, vol. V, 2, fr. 11 (106), p. 316.

[5] Eraclito, fr. B 119.

[6] F. Nietzsche, *Jenseits von Gut und Böse. Vorspiel einer Philosophie der Zukunft* (1886); tr. it. *Al di là del bene e del male. Preludio di una filosofia dell'avvenire*, in Opere, cit., 1972, vol. VI, 2, § 62, p. 68.

[7] Plutarco, *De tuenda sanitate præcepta*, 122 e, in *Plutarch's Moralia*, Loeb Classical Library, London-Cambridge 1925-1978, vol. II.

tra, infatti, hanno a che fare col *páthos*, la passione, che ha riferimento tanto alle alterazioni del corpo quanto ai moti involontari dell'anima, che obnubilano, nell'uomo, il discernimento dei limiti, per cui, scrive Epicuro:

> Vano è il discorso di quel filosofo che non cura le passioni dell'uomo. Come infatti non c'è alcun vantaggio dalla medicina che non cura le malattie dei corpi, così nemmeno dalla filosofia se non caccia la passione dall'anima.[8]

La negatività della passione non sta nel fatto che con la sua forza spinge a esperire le possibilità di vita, ma nel fatto che in questo esperire "non fa esperienza", perché, nella passività in cui si trascina, obnubila l'*anamnesi*, la memoria di ciò che noi siamo e, a partire da questa memoria, ciò che possiamo tentare.

Senza anamnesi, la prognosi è cieca, e il muoversi dell'uomo non è più retto dalla sua azione (*prâxis*), ma dalla sua passione (*páschein*), che non gli consente di dirigere il corso della sua vita, ma semplicemente di subirlo. Le passioni vanno dunque dominate non perché spingono a fare, ma perché trascinano passivamente e, in questo trascinamento, più non consentono il governo di sé in cui è l'arte del vivere.

3. *L'arte del vivere* (Téchne toú bíou)

Siccome l'uomo, a differenza dell'animale, non ha altro modo di essere al mondo, se non quello di darsi un mondo,[9] l'uomo è *creatore di se stesso*, e a questa creazione i Greci hanno dato il nome di "arte del vivere". Essa consiste nel definirsi in una linea di confine, dove occorre spostare di continuo il limite onde dare alle nostre potenzialità lo spazio per la loro piena esplicazione, e al tempo stesso non oltrepassare il limite che è inscritto nelle nostre stesse potenzialità.

Arte del vivere è allora la competenza circa quello che possiamo o non possiamo fare, circa quello che possiamo o non possiamo avere, dove implicita è la figura della rinuncia (*áskesis*), che non avviene in vista di un ideale ascetico come nella morale

---

[8] Epicuro, fr. 221, in H. Usner, *Epicurea* (1887); tr. it. *Epicurea*, Bompiani, Milano 2002, p. 383.
[9] Si veda a questo proposito A. Gehlen, *Der Mensch. Seine Natur und seine Stellung in der Welt* (1940); tr. it. *L'uomo. La sua natura e il suo posto nel mondo*, Feltrinelli, Milano 1983, e a commento: U. Galimberti, *Psiche e techne. L'uomo nell'età della tecnica*, cit., capitolo 16: "Per una rifondazione della psicologia: *L'uomo* di Arnold Gehlen".

cristiana, ma a partire da un calcolo circa ciò che rafforza o indebolisce la vita.

L'etica che scaturisce dall'arte del vivere non prevede la conformità a una norma, ma come vuole il significato originario di *êthos*, che, come ci ricorda Heidegger, significa "soggiorno",[10] la capacità di abitare il mondo governando se stessi, diventando legislatori di noi stessi. Ciò non significa che possiamo fare ciò che vogliamo, ma che di volta in volta dobbiamo delimitare l'ambito di ciò che possiamo fare e di ciò che non possiamo fare, per non incorrere nelle conseguenze infauste e inattese che possono derivare dall'imponderabile a cui l'uomo è ineluttabilmente esposto, o dall'esercizio dissennato della sua libertà.

L'etica che ne deriva è una giusta mescolanza (*orthós synkerasmós*) di coraggio (*andreía*) e prudenza (*phrónesis*): il coraggio di espandere la vita e la prudenza di non espanderla oltre i limiti concessi dalle nostre potenzialità.

Se ne deduce che è *morale* chi sa amministrare il proprio potenziale di vita, e *immorale* chi, smarrita la misura, si ritiene onnipotente e non tiene conto della mutevolezza del caso, del variare delle situazioni, della transitorietà degli eventi, e soprattutto delle potenzialità di cui la sua natura dispone, perché, come scrive Aristotele: "È credibile solo ciò che è possibile".[11] Ed è possibile il piacere della vita se non si rimuove quel limite che non è costituito solo dalla morte, ma anche dalla cecità del caso, dalla mutevolezza degli eventi, dall'imprevedibilità delle circostanze, dalla precarietà delle condizioni. Se si è consapevoli che questo è il contesto, vivere è un'arte, e ampie sono le possibilità dell'arte, anche se, ce lo ricorda Ippocrate:

> La vita è breve, l'arte vasta, l'occasione istantanea, l'esperimento malcerto, il giudizio difficile.[12]

---

[10] M. Heidegger, *Brief über den "Humanismus"* (1946); tr. it. *Lettera sull'"umanismo"*, in Segnavia, Adelphi, Milano 1987, p. 306: "Il detto di Eraclito (fr. B 119) suona: *êthos anthrópoi daímon*. In genere si è soliti tradurre 'Il carattere proprio è per l'uomo il suo demone'. Questa traduzione pensa in modo moderno e non greco. *Êthos* significa soggiorno (*Aufenthalt*), luogo dell'abitare. La parola nomina la regione aperta dove abita l'uomo. L'apertura del suo soggiorno lascia apparire ciò che viene incontro all'essenza dell'uomo e, così avvenendo, soggiorna nella sua vicinanza. Il soggiorno dell'uomo contiene e custodisce l'avvento di ciò che appartiene all'uomo nella sua essenza. Secondo la parola di Eraclito, questo è *daímon*, il dio. Il detto, allora, significa: 'L'uomo, in quanto uomo, abita nella vicinanza del dio'".

[11] Aristotele, *Poetica*, § 9, 1451 b, 16-17.

[12] Ippocrate, *Aforisma* 1, in *Opere*, Utet, Torino 1976, p. 421.

In questa considerazione di Ippocrate non c'è solo la consapevolezza dei limiti della scienza, ma anche la risonanza della condizione tragica dell'esistenza che, a differenza del cristiano, il Greco non rimuove. Dall'esperienza tragica, il Greco non esce, come il cristiano, affidandosi alla speranza di una vita ultraterrena, ma approdando alla saggezza filosofica, capace di indicare il giusto mezzo (*mesótes*), come proporzionato rapporto tra le forze della vita che vuole espandersi oltre ogni limite e la misura che la contiene nel suo limite per consentirle di durare.

L'equilibrio che così si crea, e che i Greci chiamano "arte del vivere", non è una dimensione statica, ma dinamica. È tensione trattenuta che, come dice Aristotele, "sa contemperare paura e temerarietà (*mesótes estì perì phóbous kaì thárre*)".[13] L'etica che ne deriva non fa riferimento a una *norma repressiva*, ma a una *dinamica attiva*, sempre alla ricerca, sia nella gioia sia nel dolore, della giusta misura. Di questa dinamica attiva dà testimonianza Seneca là dove non circoscrive la filosofia a pura e semplice cognizione, ma la assume come regola dell'azione, perché:

> La filosofia non è un'arte atta a procacciarsi il favore del popolo e di cui si possa fare ostentazione. Essa non consiste nelle parole, ma nelle azioni, e non la si usa per trascorrere piacevolmente le giornate o per scacciare la nausea che viene dall'ozio. La filosofia, infatti, forma e foggia l'animo, regola la vita, governa le azioni, insegna ciò che si deve fare e ciò che si deve evitare, sta al timone e tiene la rotta in mezzo ai pericoli del mare in tempesta. Senza di essa nessuno può vivere libero da timori e tranquillo. In ogni istante capitano innumerevoli eventi che esigono una direttiva che solo la filosofia può dare.[14]

4. *La virtù* (Areté)

Quando è praticata, l'arte del vivere diventa disposizione (*héxis*), abito, consuetudine, costume e quindi "morale", modo di soggiornare nel mondo, *êthos* nel suo significato originario, da cui quello derivato di "etica", che dell'*êthos* è in un certo senso la decadenza.

Originariamente *areté* designava l'abilità funzionale delle cose, per cui nell'*Iliade* si parla della velocità come dell'"*areté* dei piedi", o della fertilità come dell'"*areté* della terra". Riferita agli

---

[13] Aristotele, *Etica a Nicomaco*, Libro III, 1115 a, 6-7.
[14] L.A. Seneca, *Lettera XVI a Lucilio*, § 3, in *Tutti gli scritti*, Rusconi, Milano 1994, pp. 949-950.

uomini, *areté* denota una condizione di eccellenza che si manifesta in condizioni di scontro con avversari forti o nemici.

Nel concetto di virtù è dunque implicito il concetto di *lotta*, dove lo scontro non è necessariamente con i propri simili, ma anche con le difficoltà della vita, a cui bisogna far fronte uscendone vincitori: o con le proprie capacità di reazione o, là dove è impossibile, con le proprie capacità di adattamento. Qui la forza che la virtù esige si modula con l'abilità, il calcolo, la valutazione delle circostanze esterne e delle proprie capacità.

Possiamo allora dire che la virtù è la giusta proporzione tra la forza (*briarótes*) e la saggezza (*phrónesis*). Senza forza, la saggezza diventa ripiegamento e rinuncia all'espressione di sé, senza saggezza la forza tende a oltrepassare il limite e, per effetto di questa mancanza di misura (*hýbris*), la virtù degenera e porta l'uomo alla rovina.

L'elemento che compone forza e saggezza è il giusto mezzo (*mesótes*) che tiene lontano da ogni eccesso (*medèn ágan*). Il giusto mezzo non può essere indicato in una teoria generale, come di solito avviene nelle formulazioni etiche, ma, avverte Aristotele: "È una medietà che ciascuno deve trovare rispetto a sé".[15] Qui la virtù si lega strettamente all'arte del vivere, che varia da individuo a individuo, perché gli uomini non sono uguali quanto alle loro capacità, né uguali sono le circostanze in cui si trovano a vivere.

Questa è la ragione per cui la virtù non è insegnabile come insegnabili sono le tecniche, perché le tecniche sono un sapere, e, come scrive Platone: "Per il fatto che una buona sentinella sappia come si carpiscono i segreti e i piani d'azione del nemico, proprio in forza di questo sapere, è anche un buon ladro".[16]

Il sapere che presiede le abilità tecniche, se garantisce la buona produzione degli oggetti, non garantisce la *bontà dei comportamenti*, perché una volta che si possiede il sapere, il modo di produrre gli oggetti (*poíesis*) è sempre identico, mentre il modo di produrre i comportamenti (*prâxis*) varia a seconda delle capacità, delle circostanze, delle opportunità.

Non si dà quindi una morale come scienza generale capace di indicare a tutti gli uomini la misura del comportamento, perché questa misura ognuno deve trovarsela da sé in quella fabbrica di se stesso che, a differenza della fabbrica delle cose, deve tener conto delle specificità dei singoli individui, più o meno idonei a essere coraggiosi, prudenti, timorosi, audaci. La morale, quindi, non deve prescindere dalla costituzione di ciascun individuo, e il suo scopo non deve essere tanto l'imputabilità degli in-

---

[15] Aristotele, *Etica a Nicomaco*, Libro II, 1106 b, 36-37.
[16] Platone, *Repubblica*, Libro I, 334 a.

24. LA CURA DI SÉ

dividui, quanto il miglioramento della loro consapevolezza nella conduzione della vita.

Quando questa consapevolezza non c'è e, con la consapevolezza, neppure l'arte del vivere, nasce l'etica come *norma impersonale* per quanti non sanno trovare da sé la loro misura e quindi, non essendo norma a se stessi, hanno bisogno di essere normati da una legge esterna che chiede obbedienza. Nasce allora quella che Nietzsche chiama "la morale degli schiavi", la cui virtù è servile perché non ha altra possibilità se non quella di obbedire o disobbedire. Nulla a che vedere con il "Grande Stile" di una vita che cerca la sua forma secondo la sua misura. Per questo, scrive Nietzsche:

> Essere morale, costumato, etico, significa *portare obbedienza* a una legge o usanza anticamente fondata. Che ci si sottometta con sforzo o di buon grado è qui indifferente, basta che lo si faccia. Si dice "buono" colui che, dopo lunga tradizione, fa quasi per natura, cioè facilmente e volentieri ciò che è conforme al costume quale è di volta in volta. [...]
> Ma finalmente, nel più alto grado di moralità *finora* raggiunto, l'uomo agisce in base al *proprio metro* delle cose e degli uomini. Egli stesso determina per sé e per gli altri che cosa sia onorevole, che cosa sia utile. È diventato legislatore delle opinioni, in base al concetto sempre più altamente sviluppato dell'utile e dell'onorevole. La conoscenza lo mette in grado di anteporre il massimo utile, cioè l'utile generale e durevole a quello personale, e l'onorevole riconoscimento di valore generale e durevole a quello momentaneo. [...]
> Noi tutti soffriamo veramente ancora della troppa scarsa considerazione di ciò che è *personale* in noi. Esso è malformato – confessiamocelo. Si è al contrario violentemente distolto da esso il nostro animo e lo si è offerto in olocausto allo Stato, alla scienza e a ciò che abbisogna d'aiuto, come se esso fosse la parte cattiva, che doveva essere sacrificata. Lavoriamo anche ora per i nostri simili, ma solo finché troviamo in questo lavoro anche il nostro più grande vantaggio, non di più, non di meno. Quello che conta è solo che cosa si intende per *proprio vantaggio*. È chiaro che l'individuo immaturo, incivile, rozzo, lo intenderà anche nel modo più rozzo.[17]

La grandezza dell'uomo consiste nel dare forma alla propria forza che Aristotele chiama *enérgheia*, Spinoza *conatus*, Leibniz *vis*, Schopenhauer *volontà di vita*, Nietzsche *volontà di potenza*, Freud *libido*. Ogni esistenza, infatti, o ha la forza di esistere o perisce. Ma si può perire anche perché non si pone alcun limite all'espandersi della propria forza, perché si cade in quella colpa che

---

[17] F. Nietzsche, *Menschliches, Allzumenschliches I*, (1878); tr. it. *Umano troppo umano I*, in *Opere*, cit., 1965, vol. IV, 2, Parte II, §§ 94, 95, 96, pp. 72-73.

i Greci hanno segnalato con il nome di *hýbris*, che è il travalicare il proprio limite. Qui la forza, se non manda in rovina, si dissipa, e l'esistenza non assume alcuna forma.

Se chiamiamo *virtù* il *dar forma alla propria forza*, allora essere virtuosi significa divenire legge a se stessi, perché chi non è in grado di governare se stesso è condannato, come dice Nietzsche, a subire la legge degli altri:

> Se siete troppo deboli per dare delle leggi a voi stessi, accettate che un tiranno vi imponga il proprio giogo e dica: "Obbedite, digrignate i denti, ma obbedite" – e tutto il bene e il male anneghino nell'obbedienza a quel tiranno.[18]

Chi non vuole cadere sotto la tirannide deve prendersi cura di sé, soprattutto oggi in cui, crollate le mura della città, i confini si sono fatti più incerti, e le leggi che li presidiavano sempre più fragili, per la commistione delle culture, degli usi, dei costumi, delle morali. Più i confini territoriali si allentano, più urgente diventa la necessità di dare confini a se stessi. Se non è più la legge dell'appartenenza a darci forma, dovremo reperire nell'interiorità la nostra legge. In questo reperimento risiede quello che gli antichi chiamavano *areté*.

5. *La felicità (*Eudaimonía*)*

Gli antichi Greci chiamavano la felicità *eudaimonía*, con riferimento al *daímon* che ciascuno porta dentro di sé come sua qualità interiore, da cui discende la sua condotta, il suo *êthos*, per cui Eraclito può dire: "La propria qualità interiore, per l'uomo, è il suo demone (*êthos anthrópoi daímon*)".[19]

Se nel corso della vita il proprio demone ha una buona (*êu*) realizzazione si raggiunge la felicità (*eu-daimonía*), che dunque non risiede fuori di noi nel raggiungimento delle cose del mondo (piaceri, soddisfazioni, salute, prestigio, denaro), ma nella buona riuscita di sé, perché, come chiarisce Democrito: "Felicità e infelicità sono fenomeni dell'anima (*eudaimoníe psychês kaì kakodaimoníe*)",[20] la quale prova piacere o dispiacere a esistere a seconda che si senta o non si senta realizzata. La *realizzazione di sé* è dunque il fattore decisivo per la felicità.

---

[18] Id., *Nachgelassene Fragmente 1882-1884*; tr. it. *Frammenti postumi 1882-1884*, in *Opere*, cit., 1986, vol. VII, 1, Parte I, fr. 108, p. 185.
[19] Eraclito, fr. B 119.
[20] Democrito, fr. B 170.

Ma per l'autorealizzazione occorre esercitare quella virtù capace di fruire di ciò che è ottenibile e di non desiderare ciò che è irraggiungibile. Ancora una volta la "giusta misura" come contenimento del desiderio, della forza espansiva della vita che, senza misura, spinge gli uomini a volere ciò che non è in loro potere, declinando così il proprio demone non nella felicità (*eudaimonía*), ma nell'infelicità (*kakodaimonía*), che quindi è il frutto del mal governo di sé e della propria forza, obnubilata dalla voluttà del desiderio.

Per difendersi dall'infelicità causata dall'eccesso del desiderio sono nate due morali, quella stoica e quella cristiana. La *morale stoica* tende all'*ataraxía* che è quell'invulnerabilità che si può raggiungere facendo lavorare la volontà contro se stessa, per estinguerla come desiderio dell'altro da sé e instaurarla come capacità di non desiderare. In quanto potenza di negazione del mondo e delle cose desiderabili nel mondo, la morale stoica regge il dolore e si astiene dal desiderio (*substine et abstine*), ma così facendo contrae l'espansione della vita e chiama felicità il giocare in anticipo la delusione. L'ideale di un potere incondizionato su di sé, attraverso la categoria rinuncia a ogni cosa, non è che il rovescio del delirio di onnipotenza di chi pretende di raggiungere tutto ciò che desidera. In un caso e nell'altro non c'è "giusta misura".

Ma non c'è misura neppure nell'*ideale etico cristiano* che, non soddisfatto dei beni e dei piaceri transeunti del mondo, dove nulla è durevole, aspira a un bene indefettibile ed eterno che, non essendo di questo mondo, è ipotizzato in un altro mondo, che può essere raggiunto solo con la pratica ascetica del sacrificio e della rinuncia. Qui Agostino è lapidario:

> Come potremo amare Dio, se amiamo il mondo? Due sono gli amori: quello del mondo e quello di Dio: se abita in noi l'amore del mondo, non è possibile che entri anche l'amore di Dio. Si allontani l'amore del mondo, e abiti in noi l'amore di Dio.[21]

Anche la rinuncia cristiana nasce dunque da un eccesso di desiderio che, insoddisfatto in questo mondo, crea quelli che Nietzsche chiama "i dispregiatori del mondo", quelli che "hanno inventato l'al di là per meglio calunniare l'al di qua", "uomini del risentimento" perché non hanno trovato in questo mondo la soddisfazione adeguata al loro eccesso di desiderio:

---

[21] Agostino di Tagaste, *In epistolam Iohannis ad Parthos* (415), Discorso II, § 8; tr. it. *Commento alla prima lettera di Giovanni*, in *Amore assoluto e "Terza navigazione"*, Rusconi, Milano 1994, § 8, pp. 148-153: "*Quomodo poterimus amare Deum, si amamus mundum? Duo sunt amores: mundi et Dei. Si mundi amor habitet, non est qua intret amor Dei. Recedat amor mundi, et habitet Dei*".

L'odio contro il "mondo", la maledizione delle passioni, la paura della bellezza e della sensualità, un al di là inventato per meglio calunniare l'al di qua, in fondo un'aspirazione al nulla, alla fine, al riposo, fino al "sabato dei sabati" – tutto ciò, come pure l'assoluta volontà del cristianesimo di far valere *soltanto* valori morali, mi parve sempre la forma più pericolosa e sinistra di tutte le forme possibili di una "volontà di morte", o almeno un segno di profondissima malattia, stanchezza, malessere, esaurimento, impoverimento di vita; giacché di fronte alla morale (soprattutto cristiana, cioè alla morale assoluta) la vita *deve* avere costantemente e inevitabilmente torto, dato che la vita *è* qualcosa di essenzialmente immorale – e la vita *deve* infine, schiacciata sotto il peso del disprezzo e dell'eterno "no", essere sentita come indegna di essere desiderata, come priva di valore in sé. La morale stessa, – ebbene, la morale non sarebbe una "volontà di negazione della vita", un segreto istinto di distruzione, un principio di decadenza, di discredito, di calunnia, un inizio della fine?[22]

Ancora una volta quel che manca, sia alla morale stoica, sia alla morale cristiana, è "la giusta misura", che Aristotele indica come tratto tipico di ogni virtù, perché tiene lontano l'uomo da ogni eccesso e, nell'equidistanza, lo rende abile e capace di raggiungere i beni ottenibili e di rinunciare a quelli impossibili. In questo modo la felicità si salda con la virtù, non nel senso che la felicità è il premio che attende chi ha condotto una vita virtuosa, ma nel senso che la felicità è *nella* conduzione di una vita virtuosa, nel significato originario di *areté*, che è la capacità di dar forma alla propria forza vitale, di espandere la vita fin dove è possibile, secondo misura (*katà métron*). In questo senso Aristotele può dire che la felicità (*eudaimonía*) è il "vivere bene (*eû zên*)", e la *vita buona* (e non la *vita eterna*) è il fine della vita:

> Se conveniamo che è più perfetto ciò che si persegue per se stesso e non per altro, ebbene tale caratteristica sembra esser propria della *felicità*. Infatti noi desideriamo la felicità per se stessa e non per qualche altro fine, mentre invece l'onore, il piacere, la ragione e ogni altra virtù li perseguiamo sì per se stessi, ma soprattutto in vista della felicità, immaginando di poter essere felici attraverso questi mezzi. La felicità, invece, nessuno la sceglie in vista di questi altri beni, né in generale in vista di qualcos'altro.[23]

---

[22] F. Nietzsche, *Versuch einer Selbstkritik* (1886) zu *Die Geburt der Tragödie aus dem Geiste der Musik* (1872); tr. it. *Tentativo di un'autocritica* a *La nascita della tragedia dallo spirito della musica*, in *Opere*, cit., 1972, vol. III, 1, § 5, pp. 10-11.
[23] Aristotele, *Etica a Nicomaco*, Libro I, 1097 a-b.

Questo significa che la felicità è di questa terra, perché l'eternità non è fatta per l'uomo e, solo rinunciando all'eternità (che è un'idea che scaturisce da un eccesso di desiderio e di disprezzo del mondo), l'uomo può riconoscere che è valsa la pena l'esser nato. Ma a condizione che sappia rapportarsi a quel fine della vita che è la felicità, intesa come sua realizzazione e suo fine, non condizionato dalle cose del mondo che possono essere raggiunte o mancate. Il desiderio delle cose del mondo, infatti, obnubila l'offerta del mondo, che è molto più ricca di quanto non s'avveda la condotta offuscata dal desiderio, la cui brama impoverisce il mondo e non lascia scorgere le occasioni di felicità.

Quando la felicità viene ancorata non alla brama del desiderio, ma alla disposizione dell'anima, al "buon demone", allora diventa coestensiva alla propria realizzazione e, in quanto coestensiva, difficilmente può essere persa o separata da noi. Non dunque una felicità come soddisfazione del desiderio e neppure una felicità come premio alla virtù, ma *virtù essa stessa*, come capacità di governare se stessi per la propria buona riuscita, perché questa è la misura dell'uomo.

25. Il problema della colpa. Un saggio di pratica filosofica

> Che noi siamo ancora vivi, questa è la nostra colpa.
>
> K. JASPERS, *La questione della colpa* (1946), p. 22.

Nel 1937, a seguito dell'ingiunzione del governo nazista, che obbligava i professori con moglie ebrea a divorziare o abbandonare l'università, Karl Jaspers, che nel 1910 aveva sposato Gertrud Mayer, a cui era legato da vivissimi sentimenti e a cui aveva dedicato tutte le sue opere, abbandonò l'università e la terra di Germania per riparare a Basilea, in Svizzera, dove gli era stato offerto un incarico di insegnamento.

Tornò in Germania otto anni dopo e, all'Università di Heidelberg, a cui il Comando americano aveva concesso nell'autunno del 1945 di riprendere l'attività, tenne nel semestre estivo del 1946 una serie di lezioni che avevano come oggetto "La questione della colpa", e il loro centro in quella sentenza che non concede margini di innocenza perché suona così: "Che noi siamo ancora vivi, questa è la nostra colpa".

1. *Le figure della colpa*

Ma di che colpa parla Jaspers? Quattro, a suo parere, sono i modi di concepire la colpa:

1) *Colpa giuridica*: si riferisce a quelle azioni che trasgrediscono la legge e che possono essere provate oggettivamente. La competenza è del tribunale e l'imputazione riguarda i singoli individui.

2) *Colpa politica*: si riferisce alle azioni degli uomini di Stato e coinvolge quanti appartengono a quello Stato, perché, scrive Jaspers, "ciascuno porta una parte di responsabilità riguardo al modo come viene governato".[1] La democrazia, infatti, ci rende responsabili e quindi, negli errori, colpevoli.

---

[1] K. Jaspers, *Die Schuldfrage* (1946); tr. it. *La questione della colpa. Sulla responsabilità politica della Germania*, Raffaello Cortina, Milano 1996, p. 21.

3) *Colpa morale*: si riferisce alla colpa individuale rilevabile al tribunale della propria coscienza "a cui non si può chiedere un trattamento amichevole". Qui la giustificazione, che può avere una sua plausibilità nel mondo giuridico, dove può trovare accoglienza il principio secondo cui "gli ordini sono ordini", per Jaspers non ha valore sul piano morale perché, di fronte alla propria coscienza, "i delitti rimangono delitti anche se vengono ordinati".[2]

4) *Colpa metafisica*: si riferisce a quella colpa che investe qualsiasi uomo che tollera ingiustizie e malvagità che possono essere inflitte a un proprio simile e non fa nulla per impedirlo. Questa colpa ha per oggetto l'infrazione del *principio della solidarietà* tra gli uomini, offesa la quale, viene messa a rischio quella base di appartenenza al genere umano che poggia sul riconoscimento di se stessi nell'altro. A questo livello, scrive Jaspers:

> Il modo di sentirsi colpevole non può essere compreso da un punto di vista giuridico, politico o morale, ma il fatto che uno sia ancora in vita, dopo che sono accadute cose sul genere delle atrocità naziste, costituisce per lui una colpa incancellabile, perché, pur di salvare la propria *vita*, ha rinunciato alla *vita degna* che, nel caso dell'uomo, vuole che si viva insieme o non si viva affatto.[3]

2. La colpa metafisica come oggettivazione dell'uomo

Qui Jaspers fa riferimento a quella *matrice sentimentale* che unisce gli uomini prima dei loro accordi razionali e delle loro intese politiche, giuridiche e persino morali. Occorre però assumere la parola "sentimento (*Gefühl*)" in senso forte e cogliere in essa quella che Jaspers definisce "solidarietà incondizionata che ciascuno conosce per averla almeno una volta vissuta nell'ambito di una particolare unione nella vita",[4] per cui il dolore dell'altro è il mio dolore, il suo patire la mia passione.

Questa matrice sentimentale, che consente agli uomini di riconoscersi come appartenenti allo stesso genere, è la medesima matrice pre-giuridica e pre-politica che aveva fatto dire a Kant: "L'uomo va trattato sempre come un fine e mai come un mezzo".[5] Nessuna norma giuridica, infatti, così come nessun accordo politico, nessuna legge morale sono in grado

---

[2] Ivi, p. 23.
[3] Ivi, pp. 22-23.
[4] Ivi, p. 24.
[5] I. Kant, *Grundlegung zur Metaphysik der Sitten* (1785); tr. it. *Fondazione della metafisica dei costumi*, Rusconi, Milano 1994, p. 155.

di trovare un minimo di fondazione e un residuo di plausibilità se l'uomo tratta il proprio simile non come *uomo*, ma come *cosa*, non in riferimento alla sua *soggettività*, ma in modo *oggettivo* come si trattano le cose. In questo caso, infatti, la natura umana viene negata nel suo tratto specifico e allora non c'è diritto, non c'è politica, non c'è moralità che possa costituirsi.

Ma il nazismo ha significato proprio questo: *la riduzione dell'uomo a cosa*, per cui è possibile dire che l'elemento *tragico* del nazismo non risiede tanto nella sua ferocia e nella sua crudeltà, che la storia su scale diverse ha sempre registrato, ma nell'*oggettivazione dell'uomo*, nella sua riduzione allo statuto della cosa. Questa è la colpa metafisica. Una colpa da cui non è possibile riscattarsi, perché ciò che il nazismo ha inaugurato, l'oggettivazione dell'uomo, è la forma che l'umanità va via via assumendo sotto il regime della tecnica, che proprio nell'organizzazione nazista ha trovato il suo primo abbozzo.

3. *Il nazismo come prova generale dell'apparato tecnico*

In una delle settanta interviste che Gitta Sereny fece a Franz Stangl, direttore generale del campo di sterminio di Treblinka, si legge:

"Quanta gente arrivava con un convoglio?" chiesi a Stangl.
"Di solito circa cinquemila. Qualche volta di più."
"Ha mai parlato con qualcuna delle persone che arrivavano?"
"Parlato? No... generalmente lavoravo nel mio ufficio fino alle undici – c'era molto lavoro d'ufficio. Poi facevo un altro giro partendo dal Totenlager. A quell'ora, lì erano già un bel pezzo avanti con il lavoro."
Voleva dire che a quell'ora le cinque o seimila persone arrivate quella mattina erano già morte. Il "lavoro" era la sistemazione dei corpi, che richiedeva quasi tutto il giorno e che spesso proseguiva anche durante la notte.[...]
"Oh, la mattina a quell'ora tutto era per lo più finito, nel campo inferiore. Normalmente un convoglio teneva impegnati per due o tre ore. A mezzogiorno pranzavo... Poi un altro giro e altro lavoro in ufficio" [...]
"Ma lei non poteva cambiare tutto questo?" chiesi io. "Nella sua posizione, non poteva far cessare quelle nudità, quelle frustate, quegli orrori dei recinti da bestiame?"
"No, no, no... Il lavoro di uccidere con il gas e bruciare cinque e in alcuni campi fino a ventimila persone in ventiquattro ore esige il massimo di efficienza. Nessun gesto inutile, nessun attrito, niente

complicazioni, niente accumulo. Arrivavano e, tempo due ore, erano già morti. Questo era il sistema. L'aveva escogitato Wirth. Funzionava. E dal momento che funzionava era irreversibile."[6]

È questo un esempio di "pensiero manageriale" dove Treblinka non è dissimile da un complesso industriale su vasta scala, e dove il personaggio chiamato Stangl non è dissimile da un qualsiasi direttore generale che opera in base a quel solo criterio: l'*efficienza*, che l'apparato tecnico assume come unico e assoluto valore, mettendo in ombra lo scopo delle azioni, la loro direzione, il loro senso, per attestarsi sul principio della pura funzionalità priva di riferimento.

Celandosi dietro la maschera dell'efficienza, il potere ottiene l'ubbidienza dei subordinati inducendo in loro da un lato un *pensiero a breve scadenza*, per cui non si guarda più intorno e in avanti e a lungo termine sui valori di fondo della vita, con conseguente atrofizzazione dei sentimenti, e dall'altro quella *diffusa insensatezza* per cui i "fini" raggiunti diventano "mezzi" per fini ulteriori, dove, come dice Jaspers: "Il semplice 'fare' trova la sua giustificazione indipendentemente da ciò che si fa".[7]

4. *Dal totalitarismo politico al totalitarismo tecnico*

Focalizzando il problema della colpa sulla sua valenza "metafisica", che si registra ogni volta che l'uomo non è più trattato come un *fine*, ma come un *mezzo* per il conseguimento di altri fini, Jaspers lascia intendere che lo schema inaugurato dal nazismo può ripresentarsi, e di fatto si ripresenta, ogni volta che la struttura di un apparato esige la riduzione dell'uomo allo statuto della "cosa". È il caso, ad esempio, della sperimentazione nucleare, a cui Jaspers ha dedicato un libro importante: *La bomba atomica e il destino dell'uomo*, dove lo scenario del *totalitarismo tecnico* appare come il succedaneo del *totalitarismo politico*.

Che senso ha, infatti, parlare di "sperimentazione" là dove il laboratorio è diventato coestensivo al mondo, coinvolgendo nella sperimentazione: aria, acqua, terra, flora, fauna e l'intera umanità, con conseguenze irreversibili sulla realtà geografica e quindi storica? E soprattutto che senso ha migliorare i dispositivi di distruzione quando quelli attuali sono già sufficienti per la di-

---

[6] G. Sereny, *Into that Darkness* (1983); tr. it. *In quelle tenebre*, Adelphi, Milano 1994, pp. 228-229, 271-272.
[7] Sul senso del "fare afinalizzato" si veda K. Jaspers, *Die Atombombe und die Zukunft des Menschen* (1958); tr. it. *La bomba atomica e il destino dell'uomo*, il Saggiatore, Milano 1960, pp. 541-560.

struzione totale? L'imperativo della tecnica, che chiede la maggiorazione e il miglioramento di ogni prodotto, ha ancora senso a proposito della bomba atomica, dove il minimo dei suoi effetti sarebbe più grande di qualsiasi scopo politico e militare? Quando l'effetto è la distruzione totale, esiste ancora la possibilità di un comparativo, di una maggiorazione, di un miglioramento? Si può essere "più morti" dei morti?

Con la sperimentazione atomica, l'apparato tecnico ripropone il problema della *colpa metafisica*, perché anche le potenziali vittime, per quanto innocenti, diventano colpevoli se non aprono gli occhi a coloro che non vedono ancora. La colpa metafisica, infatti, non sta nel passato, ma nel *presente* e nel *futuro*, e se nella sua edizione politica il totalitarismo, almeno in Europa, sembra abbia scarse possibilità di ripresentarsi, nella sua edizione tecnica si è già ripresentato in quella forma che consente a Günther Anders di definire noi tutti, uomini d'oggi, "figli di Eichmann", non di Hitler, simbolo dell'espressione *politica* del totalitarismo, ma proprio di Eichmann, il burocrate, che, come *funzionario di un apparato*, più o meno come oggi noi tutti siamo nel regime della tecnica, compiva, dal ridotto della sua scrivania, azioni dagli effetti che oltrepassano l'immaginazione di cui può essere capace un uomo.

In *Noi figli di Eichmann*,[8] Günther Anders coglie l'essenza del "mostruoso" nella *discrepanza* (*Gefälle*) che, *allora* come *ora*, esiste tra l'azione che uno compie all'interno di un apparato e l'impossibilità per lui di percepire le conseguenze ultime delle sue azioni. Allora furono sterminati in modo industriale sei milioni di ebrei, zingari, omosessuali, da parte di persone che accettarono questo lavoro come qualsiasi altro lavoro, adducendo a giustificazione la pura e semplice ubbidienza agli ordini e la fedeltà all'organizzazione.

Per questo nei processi contro "i crimini verso l'umanità" gli accusati si sentivano "offesi", "sgomenti" e qualche volta, come Eichmann, "sdegnati", non perché si trattava di esseri privi di coscienza morale, aberranti psicopatici, o persone ormai disumanizzate, come più volte si è sentito ripetere, ma perché applicavano il principio, da loro inaugurato e oggi diventato *mentalità aziendale*, secondo cui essi avevano *soltanto collaborato*.

Se prima di indignarci di fronte a una simile difesa, riflettessimo sul fatto che gli autori di quei crimini, o per lo meno molti di loro, senza i quali l'ente di gestione criminale non avrebbe potuto

---

[8] G. Anders, *Wir Eichmannsöhne* (1964); tr. it. *Noi figli di Eichmann*, Giuntina, Firenze 1995.

funzionare, non si sono comportati nelle situazioni in cui commisero i loro crimini molto diversamente da come erano abituati a comportarsi nell'esercizio del loro lavoro, e come ciascuno di noi è invitato a comportarsi quando inizia il suo lavoro in un apparato, allora comprendiamo perché siamo tutti "figli di Eichmann".

5. *La colpa metafisica nell'età della tecnica*

La *divisione del lavoro* che vigeva nell'apparato di sterminio di Treblinka e che oggi vige in ogni struttura aziendale, fa sì che all'interno di un apparato produttivo tecnicizzato, l'operatore, sia esso un lavoratore, un impiegato, un funzionario, un dirigente non ha più niente a che fare con lo scopo finale, anzi gli è tecnicamente impedito, per la parcellizzazione dei processi lavorativi, di intendere realmente l'esito ultimo a cui porterà la sua azione.

In questo modo l'operatore non solo diventa irresponsabile, ma addirittura gli è precluso anche il diritto alla cattiva coscienza, perché la sua competenza è limitata alla buona esecuzione di un compito circoscritto, indipendentemente dal fatto che, concatenandosi con gli altri compiti circoscritti previsti dall'apparato, la sua azione approdi a una produzione di armi o a una fornitura alimentare.

Limitando l'*agire* a quello che nella cultura tecnologica si chiama *button pushing* (premere il bottone), la tecnica sottrae all'etica il principio della responsabilità personale, che era poi il terreno su cui tutte le etiche tradizionali erano cresciute. E questo perché chi preme il bottone lo preme all'interno di un apparato, dove le azioni sono a tal punto integrate e reciprocamente condizionate, che è difficile stabilire se chi compie un gesto è *attivo* o viene a sua volta *azionato*.

In questo modo il singolo operatore è responsabile solo della *modalità* del suo lavoro, non della sua *finalità* e, con questa riduzione della sua competenza etica, si sopprimono in lui le condizioni dell'agire, per cui anche l'addetto al campo di sterminio con difficoltà potrà dire di aver *agito*, ma, per quanto orrendo ciò possa sembrare, potrà dire di sé che ha soltanto *lavorato*. E questo vale ancora oggi sia per chi lavora nelle grandi fabbriche d'armi, sia nei centri studio per la sperimentazione delle armi nucleari, sia nelle modeste fabbriche di mine anti-uomo che per anni e anni continueranno a esplodere.

La mostruosità che l'apparato nazista ha inaugurato, e che poi è diventato il paradigma di ogni produzione aziendale, è la *discrepanza* tra la nostra *capacità di produzione* che è illimitata e la nostra *capacità di immaginazione* che è limitata per natura, e comunque tale da non consentirci più di comprendere e al limite di considerare *nostri* gli effetti che l'inarrestabile progresso tecnico è in grado di provocare.

Quel che si è detto per l'immaginazione vale anche per la *percezione*. Quanto più si complica l'apparato in cui siamo incorporati, quanto più si ingigantiscono i suoi effetti, tanto meno vediamo, e più ridotta si fa la nostra possibilità di comprendere i procedimenti di cui noi siamo parti e condizioni.

Questo scarto tra produzione tecnica da un lato e immaginazione e percezione umana dall'altro rende il nostro *sentimento inadeguato rispetto alle nostre azioni* che, al servizio della tecnica, producono qualcosa di così smisurato, da rendere il nostro sentimento incapace di reagire. Il "troppo grande" ci lascia freddi perché il nostro meccanismo di reazione si arresta appena supera una certa grandezza, e allora, da analfabeti emotivi, assistiamo oggi a milioni di trucidati nelle guerre sparse per il mondo, a milioni di inermi che ogni anno muoiono di stenti e malattie, come un giorno ai sei milioni di ebrei, zingari e omosessuali sterminati nei lager. "E poiché vige questa legge infernale – scrive Günther Anders – ora *il mostruoso* ha via libera".[9]

Il richiamo jaspersiano al tratto *metafisico* e non *storico* della colpa è essenziale per ricordare che se ci siamo liberati del nazismo come evento storico, ancora non ci siamo liberati da *ciò che ha reso possibile* il nazismo, e precisamente da quell'indifferenza di fronte al mostruoso che nasce dalla discrepanza tra ciò che possiamo produrre con la tecnica e ciò di cui possiamo sentirci *responsabili* ogni volta che "irresponsabilmente" lavoriamo in un apparato, che ci esonera dal farci carico degli scopi finali per cui l'apparato è stato costruito.

6. *La colpa metafisica come nichilismo passivo*

In un contesto come quello appena descritto può generarsi quel "nichilismo passivo" che Nietzsche descrive come:

> Declino e regresso della potenza dello spirito, come segno di debolezza: l'energia dello spirito può essere stanca, *esaurita*, in modo che i fini *sinora* perseguiti non trovano più credito.[10]

Tra il discredito dei fini e il potenziale distruttivo della tecnica esiste quel nesso di reciproco sostegno che genera il nichili-

---

[9] Ivi, p. 34.
[10] F. Nietzsche, *Nachgelassene Fragmente 1887-1888*; tr. it. *Frammenti postumi 1887-1888*, in *Opere*, Adelphi, Milano 1971, vol. VIII, § 9 (35), p. 13.

smo passivo come *rassegnazione*. Se infatti l'uomo ha il sospetto di vivere senza scopo, allora il potenziale nientificante della tecnica ne è una conferma. E se dal punto di vista di questo potenziale l'uomo non vale nulla, per chi non si accontenta della vita, ma, come dice Jaspers nelle sue lezioni sulla colpa, ne pretende anche una *degna*, il potenziale distruttivo della tecnica non può che peggiorare la situazione.

Questo ragionamento, che vive della reversibilità della causa e dell'effetto, della premessa e della conseguenza, è il maggior responsabile di quel *nichilismo passivo* da cui la gran massa tenta inutilmente di difendersi, andando alla ricerca, come scrive Nietzsche di "tutto ciò che ristora, guarisce, tranquillizza, stordisce".[11]

Si conferma così che né la cultura né la gran massa sono all'altezza dell'evento tecnico e, pur ruotando intorno all'asse del nulla, la loro percezione, la loro immaginazione, la loro sensibilità sono, forse per la prima volta nella storia, inadeguate a quanto sta accadendo, perché la rapidità e la potenza dello sviluppo tecnico ottundono la possibilità previsionale.

Nata sotto il segno dell'anticipazione, di cui Prometeo, "colui che vede in anticipo (*pro-métis*)" è il simbolo, la tecnica ha finito con il sottrarre all'uomo ogni possibilità anticipatrice e, privandolo della previsionalità, l'ha reso cieco e distratto nel mondo da essa generato.

7. *Non si è ancora fatta sera*

La tecnica, che il Terzo Reich ha avviato su vasta scala, non ha ancora raggiunto i confini del mondo, non è ancora *tecno-totalitaria*. Questo, naturalmente, non ci deve consolare e soprattutto non ci deve far considerare il regno (*Reich*) che ci sta dietro come qualcosa di unico e di erratico, come qualcosa di atipico per la nostra epoca o per il nostro mondo occidentale, perché l'operare tecnico generalizzato a dimensione globale e senza lacuna, con conseguente irresponsabilità individuale, ha preso le mosse da lì. Non riconoscerlo significa, come scrive Günther Anders, non rendersi conto che:

> L'orrore del regno (*Reich*) che viene supererà di gran lunga quello di ieri che, al confronto, apparirà soltanto come un teatro sperimentale di provincia, una prova generale del totalitarismo agghindato da stupida ideologia.[12]

---

[11] *Ibidem*.
[12] G. Anders, *Noi figli di Eichmann*, cit., p. 66.

Ma per questo è necessario portare il sentimento umano all'altezza dell'evento tecnico. È necessario quello che lo psicopatologo Jaspers chiama "autoriflessione" come presa di coscienza del significato dell'accadere:

> Chiamiamo semplice *accadere* ciò che avviene senza coscienza del significato, e *autoriflessione* l'esperienza dell'accadere in cui se ne sperimenta il significato.[13]

Questa considerazione, ben lungi dall'essere sufficiente, evita almeno all'uomo che la tecnica, come a suo tempo il nazismo, accada a sua insaputa, e, da condizione dell'esistenza umana, si traduca in causa della sua estinzione. Con ciò non pensiamo ancora alla soppressione "fisica" dell'uomo, ma con Jaspers, alla soppressione della sua cultura, della sua morale, della sua storia.

Occorre infatti evitare che l'età della tecnica segni quel punto assolutamente nuovo nella storia, e forse irreversibile, dove la domanda non è più "che cosa facciamo noi della tecnica", ma "che cosa la tecnica può fare di noi". Rispetto a questa eventualità, non rimuovere il tratto *metafisico* della colpa significa mantenere qualche *chance* per il proseguimento della storia, dove l'uomo possa essere ancora riconoscibile nei tratti in cui finora l'abbiamo conosciuto.

---

[13] K. Jaspers, *Allgemeine Psychopathologie* (1913-1959); tr. it. *Psicopatologia generale*, Il Pensiero Scientifico, Roma 2000, p. 379.

26. L'etica del viandante

> Io sono un viandante che sale su pei monti, diceva Zarathustra al suo cuore, io non amo le pianure e, a quanto sembra, non mi riesce di fermarmi a lungo.
> E, quali siano i destini e le esperienze che io mi trovi a vivere, – vi sarà sempre in essi un peregrinare e un salire sui monti: infine non si vive se non con se stessi.
>
> F. NIETZSCHE, *Così parlò Zarathustra* (1883-1885), "Il viandante", p. 185.

1. *La caduta dei principi immutabili*

Nata *sub specie æternitatis*, con robusti fondamenti ontologici a suo sostegno, l'etica ha dapprima pensato se stessa in coincidenza con la politica, in seguito, per salvarsi dal declino storico della politica, ha proposto se stessa come figura dell'interiorità, per poi accorgersi che, promuovendosi solo come *etica dell'intenzione*, diventava irresponsabile delle sorti del mondo che già la politica non era in grado di governare. Si emancipò allora dall'interiorità dell'intenzione per gettare uno sguardo sugli effetti delle azioni, ma nel momento stesso in cui si promosse come *etica della responsabilità*, le azioni, nelle loro ultime conseguenze, si erano già fatte imprevedibili.

Con il suo sopraggiungere, infatti, l'età della tecnica tagliò senza esitazione le radici che affondavano l'etica nel terreno stabile dell'eterno, e successivamente in quello meno stabile, anche se più responsabile, della previsione futura. Ciò costrinse l'etica a inseguire errabonda le "novità" del tempo, dove però l'estensione smisurata del *potere* aveva già eroso le possibilità del *dovere* su cui l'etica da sempre aveva edificato se stessa.

Ciò dipese dal fatto che i principi che sono alla base dell'etica occidentale nelle sue diverse formulazioni affondano nella filosofia greca e nella tradizione giudaico-cristiana, che si sono espresse quando il potere dell'uomo sulla natura era praticamente nullo, mentre oggi ci troviamo a operare in un contesto dove la natura non è più *l'immutabile*, perché è *manipolabile* e in ogni suo aspetto *modificabile* dall'intervento umano. Questa condizione non era prevista quando i principi che presidiano l'etica occidentale, nelle sue diverse formulazioni, sono stati fissati, per cui il ricorso a quei principi è difficilmente riferibile al contesto attuale. Nella cultura occidentale sono state elaborate fondamentalmente tre etiche:

1. *L'etica cristiana* che si limita a considerare la correttezza della coscienza e la sua buona intenzione, per cui se le mie azioni hanno conseguenze disastrose, se non avevo coscienza o intenzione, non ho fatto nulla che mi sia moralmente imputabile. Esattamente come capitò un giorno a coloro che hanno messo in croce Gesù Cristo e che da lui sono stati perdonati, "perché non sanno quello che fanno".[1]

È evidente che, anche se su questa etica è stato costruito l'ordine giuridico europeo che distingue, ad esempio, tra un delitto intenzionale, non intenzionale, preterintenzionale, in un mondo dove agiscono le tecnoscienze, una morale di questo genere, che guarda solo alle intenzioni e non agli effetti delle azioni, è improponibile, perché gli effetti potrebbero essere catastrofici e in molti casi addirittura irreversibili.

2. *L'etica laica*, dopo aver messo sullo sfondo Dio, formulò con Kant quel principio secondo cui: "L'uomo va trattato sempre come un fine e mai come un mezzo". Scrive in proposito Kant:

> Tutti gli esseri razionali si trovano sotto la legge secondo cui ciascuno di loro deve trattare se stesso, e tutti gli altri, mai come un semplice mezzo (*niemals blóss als Mittel*), ma sempre anche al tempo stesso come un fine in sé (*zugleich als Zweck an sich selbst*). Di qui nasce un collegamento sistematico degli esseri razionali mediante leggi oggettive comuni, cioè un regno che, avendo tali leggi in vista appunto le relazioni di esseri razionali tra loro come mezzi e fini, può ben chiamarsi *regno dei fini* (sia pure come un ideale).[2]

È questo un principio che ancora attende di essere attuato, se è vero che oggi le merci e i beni hanno una possibilità di circolazione ben superiore a quella degli uomini, e gli uomini sono accolti nei vari paesi solo se produttori di servizi, di beni e di merci. Ma anche se così non fosse e ogni uomo davvero fosse trattato come un fine, nelle società complesse e tecnologicamente avanzate questo principio già rivela tutta la sua insufficienza.

Davvero nell'età della tecnica, a eccezione dell'uomo da trattare sempre come un fine, tutti gli enti di natura sono da considerare un semplice mezzo che noi possiamo utilizzare a piacimento? E qui il pensiero va alle piante, agli animali, alle foreste,

---

[1] Luca, *Vangelo*, 23, 34.
[2] I. Kant, *Grundlegung zur Metaphysik der Sitten* (1785); tr. it. *Fondazione della metafisica dei costumi*, Rusconi, Milano 1994, Sezione II, p. 155.

all'aria, all'acqua, alla qualità dell'atmosfera. Non sono questi, nell'età della tecnica, altrettanti fini da salvaguardare, e non semplici mezzi da usare e da usurare? Sia l'etica cristiana sia l'etica laica sembra che si siano limitate a regolare i *rapporti tra gli uomini*, senza mettere a disposizione alcuno strumento, né teorico, né pratico per farci assumere una qualche responsabilità nei confronti degli enti di natura su cui oggi intervengono, ad esempio, la fisica nucleare, la genetica e le biotecnologie.

3. *L'etica della responsabilità*, che è stata formulata all'inizio del secolo scorso da Max Weber e recentemente riproposta da Hans Jonas. Secondo Weber chi agisce non può ritenersi responsabile solo delle sue intenzioni, ma anche delle conseguenze delle sue azioni. Se non che, subito dopo, Weber aggiunge opportunamente: "Fin dove le conseguenze sono *prevedibili*". Scrive in proposito Weber:

> Ogni agire orientato in senso etico può oscillare tra due massime radicalmente diverse e inconciliabilmente opposte, può essere cioè orientato secondo l'"etica dell'intenzione (*Gesinnungsethik*)" oppure secondo l'"etica della responsabilità (*Verantwortungsethik*)". Non che l'etica dell'intenzione coincida con la mancanza di responsabilità, e l'etica della responsabilità coincida con la mancanza di buone intenzioni. Non si vuol certo dir questo. Ma c'è una differenza incolmabile tra l'agire secondo la massima dell'etica dell'intenzione, la quale – in termini religiosi – suona: "Il cristiano opera da giusto e rimette l'esito nelle mani di Dio" e l'agire secondo la massima dell'etica della responsabilità, secondo la quale bisogna rispondere delle conseguenze (prevedibili) delle proprie azioni.[3]

Quest'ultima considerazione, peraltro corretta, relativa alla *prevedibilità* ci riporta a capo della questione, perché è proprio della fisica nucleare, della genetica e delle biotecnologie avviare ricerche e promuovere azioni i cui esiti finali non sono prevedibili. E di fronte all'imprevedibilità non c'è responsabilità che tenga.

Lo scenario dell'imprevedibile, dischiuso dalla tecnoscienza, non è infatti imputabile, come nell'antichità, a un *difetto di conoscenza* dei fenomeni naturali, ma a un *eccesso del nostro potere di fare* enormemente maggiore del nostro potere di *prevedere* e quindi di *valutare* e *giudicare*. L'imprevedibilità delle conseguenze che possono scaturire dai processi nucleari o biotecnologici rende quindi non solo l'etica dell'intenzione (il cristianesimo e Kant), ma anche l'etica della responsabilità (Weber e Jonas) as-

---

[3] M. Weber, *Politik als Beruf* (1919); tr. it. *La politica come professione*, in *Il lavoro intellettuale come professione*, Einaudi, Torino 1971, p. 109.

solutamente inefficaci, perché la loro capacità di ordinamento è enormemente inferiore all'ordine di grandezza di ciò che si vorrebbe ordinare.

A questo punto all'uomo non resta che il destino del *viandante*, il quale, a differenza del *viaggiatore* che percorre la via per arrivare a una meta, *aderisce di volta in volta ai paesaggi che incontra* andando per via, e che per lui non sono luoghi di transito in attesa di quel luogo, Itaca, che fa di ogni terra una semplice tappa sulla via del ritorno.[4] Senza Itaca, l'*Odissea* del viandante è una continua ripresa del viaggio, come voleva la profezia di Tiresia,[5] per cui è il letto scavato nell'ulivo, intorno a cui era stata edificata la reggia, a divenire una tappa del successivo andare. Un andare che Dante riprende, lui stesso viandante, spingendo il suo Ulisse verso "il mondo dietro il sole",[6] per cui né alba né tramonto possono più indicare non solo la meta, ma neppure la direzione.

Senza meta e senza punti di partenza e di arrivo che non siano punti occasionali, l'etica del viandante, che *non conosce il suo avvenire*, può essere il punto di riferimento di un'umanità a cui la tecnica ha consegnato un futuro imprevedibile, e che quindi non può riferirsi alle etiche antiche, la cui normatività guardava al futuro come a una ripresa del passato, perché il tempo era inscritto nella stabilità dell'ordine naturale.

2. *Le vicissitudini dell'etica nella storia dell'Occidente*

Quando parliamo di "stabilità dell'ordine naturale" non intendiamo dire che le etiche antiche non erano consapevoli del-

[4] Sulla differenza tra il *viaggiatore* "per il quale i luoghi sono meri interluoghi, luoghi di transito, tappe, stazioni" e il *viandante* "per il quale incominciano a tacere le sirene del ritorno e della meta", si veda il saggio di P. Collini, *Wanderung. Il viaggio dei romantici*, Feltrinelli, Milano 1996.

[5] Omero, *Odissea*, Libro XI, vv. 119-134: "E quando i pretendenti nel tuo palazzo avrai spento, / o con l'inganno, o apertamente col bronzo affilato, / allora parti, prendendo il maneggevole remo, / finché a genti tu arrivi che non conoscono il mare, / non mangiano cibi conditi con sale, / non sanno le navi dalle guance di minio, / né i maneggevoli remi che son ali alle navi. / E il segno ti darò, chiarissimo: non può sfuggirti. [...] / Morte dal mare / ti verrà, molto dolce, a ucciderti vinto / da una serena vecchiezza. Intorno a te popoli / beati saranno. Questo con verità ti predìco".

[6] Dante Alighieri, *Inferno*, XXVI, 100-120: "Misi me per l'alto mare aperto / sol con un legno, e con quella compagna / picciola dalla qual non fui diserto. [...] / 'O frati', dissi, 'che per cento milia / perigli siete giunti all'occidente, / a questa tanto picciola vigilia / de' nostri sensi ch'è del rimanente, / non vogliate negar l'esperienza, / dietro al sol, del mondo senza gente. / Considerate la vostra semenza: / fatti non foste a viver come bruti, / ma per seguir virtute e conoscenza'".

l'incertezza delle vicende umane. Esse non ignoravano l'incidenza del caso e della fortuna che non era possibile prevedere, ma ritenevano di poter far loro fronte con la *virtù* (*areté*), ossia con quella equilibrata disposizione dell'anima che le norme etiche sostenevano, così come le leggi cicliche mantenevano l'ordinamento cosmico.

In questo scenario, decisivo non era il riferimento al *tempo*, che non progrediva perché ripeteva ciclicamente se stesso, ma all'*eterno* che sovrasta la temporalità e ne evidenzia le costanti. Le idee che Platone descrive nell'iperuranio non *divengono*, ma *sono*. Collocate ai confini dell'universo per la sua delimitazione e all'interno dell'universo per la sua articolazione, esse descrivevano l'"*essere che è sempre (aeí ón)*", articolato in quella gerarchia dove una normatività stabile consentiva di orientarsi tra il vero e il falso, il giusto e l'ingiusto, il pregevole e lo spregevole. L'ordine delle idee tracciava un itinerario ascensionale che dalla terra portava al cielo, e il cammino aveva una direzione, un senso, un fine. Nella realizzazione del fine c'era promessa di salvezza e verità.

Un giorno la filosofia greca incontrò l'annuncio giudaico-cristiano che parlava di una terra promessa e di una patria ultima. L'anima, che Platone aveva ideato,[7] si trovò orientata a una meta e prese a vivere l'inquietudine dell'attesa e del tempo che la separava dalla meta. Un tempo non più descritto come ciclica ripetizione dell'evento cosmico, ma come irradiazione di un senso che trasfigurò l'accadere degli eventi in "storia", dove alla fine si sarebbe compiuto ciò che all'inizio era stato annunciato.

Ma anche questa cosmologia e questa temporalità non tardarono a vacillare, e con esse tutte quelle idee che ne indicavano la scansione. Annunciando che era la terra a ruotare intorno al sole, a sua volta lanciato in una corsa senza meta, la scienza consegnò una nuova descrizione del mondo, in cui si riconosceva il carattere relativo di ogni movimento e di ogni posizione nello spazio, che a sua volta andava sempre più a confondersi con il tempo, fino a togliere al linguaggio della filosofia e della religione tutte le idee normative che dicevano *orientamento* e *stabilità*. La conseguenza fu il decentramento dell'universo. La nuova descrizione impiegava ancora le antiche parole, ma queste, nell'indicare le cose, non designavano più la loro *essenza*, ma solo la loro *relazione*.

Senza più né "alto" né "basso", né "dentro" né "fuori", né "lontano" né "vicino", l'universo, come ci ricorda Nietzsche,[8] perse il

---

[7] A questo proposito si veda U. Galimberti, *Gli equivoci dell'anima* (1987), Feltrinelli, Milano 2001, Parte I: "Storia dell'anima".

[8] F. Nietzsche, *Die fröhliche Wissenschaft* (1882); tr. it. *La gaia scienza*, in *Opere*, Adelphi, Milano 1965, vol. V, 2, § 125, pp. 129-130.

suo ordine, la sua finalità e la sua gerarchia, per offrirsi all'uomo come pura macchina indagabile con gli strumenti della ragione fatta calcolo, che dischiudeva lo scenario artificiale e potente della tecnica, in cui l'uomo scoprì la propria essenza rimasta a lungo nascosta e resa inconoscibile dalla descrizione mitica del mondo.[9]

La terra, da terra-madre, divenne materia indifferente; il cielo cedette la mitologia delle stelle alla polvere cosmica, e l'anima dell'uomo, *psyché*, che Platone aveva sottratto alla temporalità e orientato verso l'eternità, prese a inseguire gli eventi del tempo e le sue sempre nuove configurazioni, che non erano deducibili ontologicamente, né descrivibili a partire da configurazioni precedenti.

Ma nonostante l'ingresso del tempo, e con il tempo della storia, l'etica, ancora con Kant, pensa se stessa sul modello dell'*idea* platonica del Bene, il quale, nonostante sia collocato davanti al soggetto in una serie temporale che si protrae nel futuro all'infinito, resta pur sempre un'"idea regolativa" da pensarsi nella costellazione dell'eterno. E questo perché il tempo, per Kant, appartenendo al mondo fenomenico, non può porsi come condizione universale in grado di garantire quella coincidenza di virtù e felicità in cui il Sommo Bene consiste. A questo proposito Kant è chiarissimo:

> Nella legge morale non si trova il benché minimo fondamento di una connessione necessaria (*notwendigen Zusammenhang*) tra la moralità e la felicità a essa proporzionata. [...] Eppure, nel compito pratico della ragion pura, ossia nel perseguimento necessario del Sommo Bene, una tale connessione è postulata come necessaria: noi *abbiamo il dovere* di cercare di promuovere il Sommo Bene (che, dunque, deve pur essere possibile).[10]

Come si vede, la temporalizzazione dell'etica in Kant è ancora esitante, e perciò, alla luce dell'idea *regolativa* e non *costitutiva* in cui il Sommo Bene si esprime, l'uomo può prendere in considerazione il proprio comportamento solo *come se* contribuisse alla moralizzazione del mondo. Il rapporto, infatti, non ha il vincolo della connessione causale, e quindi la responsabilità per come vanno le cose nel mondo è fittizia.

Solo con Hegel il tempo cessa di essere una semplice espressione del mondo fenomenico per diventare il vero mediatore della realizzazione dell'idea. Qui la storia fa il suo ingresso nell'etica, ma non responsabilizza ancora i soggetti, perché l'"astuzia

---

[9] U. Galimberti, *Psiche e techne. L'uomo nell'età della tecnica*, Feltrinelli, Milano 1999, capitolo 8: "La tecnica come condizione dell'esistenza umana".

[10] I. Kant, *Kritik der praktischen Vernunft* (1788); tr. it. *Critica della ragion pratica*, Laterza, Bari 1955, Parte I, Libro II, capitolo II, § 5, p. 154.

della ragione" raggiunge i suoi fini indipendentemente dalle intenzioni degli individui. Scrive in proposito Hegel:

> La ragione è tanto astuta quanto potente. L'astuzia consiste in generale nell'attività mediatrice che, facendo in modo che gli oggetti operino l'uno sull'altro in conformità alla loro natura e facendoli logorare dal lavoro dell'uno sull'altro, senza immischiarsi direttamente in questo processo, tuttavia non fa che portare a compimento il proprio fine.[11]

Con Marx la distanza fra le intenzioni dei soggetti storici e i fini che l'astuzia della ragione si propone si annulla. La storia, che prima "era fatta camminare sulla testa", ora viene "rimessa sui suoi piedi", e l'astuzia della ragione, coincidendo con la volontà degli attori, diventa superflua. Ma per questo occorre superare l'illusione hegeliana, che Marx così descrive:

> Hegel cadde nell'illusione di concepire il reale come il risultato del pensiero automoventesi, del pensiero che abbraccia e approfondisce sé in se stesso, mentre il metodo di salire dall'astratto al concreto è solo il modo in cui il pensiero si appropria del concreto, lo riproduce come un che di spiritualmente concreto. Ma mai e poi mai il processo di formazione del concreto stesso. La più semplice categoria economica, come per esempio il valore di scambio, presuppone la popolazione, una popolazione che produce entro rapporti determinati, e anche un certo genere di famiglia, o di comunità o di Stato ecc. Esso non può esistere altro che come relazione *unilaterale*, astratta, di un insieme vivente e concreto già dato.[12]

Con Marx, la responsabilità per il futuro storico diventa per la prima volta esplicita, ma si tratta pur sempre di una responsabilità inscritta in un fine che si presume di conoscere come il "bene" dell'umanità, quindi una riproposizione dell'"idea regolativa" kantiana sottratta alla sua infinità e calata nella finitezza storica, nonché connessa alla causalità mondana. Nessun sospetto che ad attendere la storia fosse non un *compimento*, ma una *catastrofe*, perché all'epoca di Marx la relativa modestia dei mezzi tecnici non consentiva di includere anche questa seconda ipotesi, e perciò la storia poteva continuare a pensare se stessa come percorsa da una "ragione" e dalla realizzazione di un "senso", a partire dal quale era deducibile un'etica.

---

[11] G.W.F. Hegel, *Enzyklopädie der philosophischen Wissenschaften im Grundrisse* (1817); tr. it. *Enciclopedia delle scienze filosofiche in compendio*, Utet, Torino 1981, vol. I, § 209, p. 434.
[12] K. Marx, *Zur Kritik der politischen Oekonomie* (1859); tr. it. *Per la critica dell'economia politica*, Editori Riuniti, Roma 1969, p. 189.

3. *Lo spaesamento dell'etica nell'età della tecnica*

Oggi che la tecnica non ci consente di pensare la storia inscritta in un *fine*,[13] l'unica etica possibile è quella che si fa carico della pura *processualità*, che, come il percorso del viandante, non ha in vista una meta. L'imperativo etico non può essere dedotto da una *normatività ideale*, come è sempre stato dai tempi di Platone alle soglie dell'età della tecnica, ma da quella incessante e sempre rinnovantesi *fattualità* che sono gli effetti del fare tecnico. Non più il "dovere" che *prescrive* il "fare", ma il "dovere" che deve *inseguire* e fare i conti con gli effetti già prodotti dal "fare". Ancora una volta è l'etica a dover rincorrere la tecnica, e a doversi confrontare con la propria impotenza prescrittiva.

Il fatto che la tecnica non sia ancora totalitaria, il fatto che quattro quinti dell'umanità viva di *prodotti* tecnici, ma non ancora di *mentalità* tecnica, non deve confortarci, perché il passo decisivo verso l'"assoluto tecnico", verso la "macchina mondiale" l'abbiamo già fatto, anche se la nostra condizione psicologica non ha ancora interiorizzato questo fatto, quindi non ne è all'altezza.

Quel che è certo è che l'universo tecnico, cancellando ogni meta e quindi ogni visualizzazione del mondo a partire da un senso ultimo, non sta al gioco della stabilità e delle definitività, e perciò libera il mondo come assoluta e continua novità, perché non c'è evento già inscritto in una trama di sensatezza che ne pregiudichi l'immotivato accadere.

Dal disincanto del mondo e dall'instabilità di tutti i principi che prima lo definivano, nasce un paesaggio insolito, simile allo spaesamento, in cui si annuncia una libertà diversa, non più quella del *sovrano* che domina il suo regno, ma quella del *viandante* che al limite non domina neppure la sua via.

Consegnato al nomadismo, l'uomo spinge avanti i suoi passi, ma non più con l'intenzione di trovare qualcosa, la casa, la patria, l'amore, la verità, la salvezza. Anche questi scenari si sono fatti instabili, non più mete dell'intenzione o dell'azione umana, ma doni del paesaggio che ha reso l'uomo viandante senza una meta, perché è il paesaggio stesso la meta, basta percepirlo, sentirlo, accoglierlo nell'assenza spaesante del suo *senza-confine*.

Facendoci uscire dall'abituale e quindi dalle nostre abitudini, il nomadismo ci espone all'insolito dove è possibile scoprire, ma solo per una notte o per un giorno, come il cielo si stende su quella terra, come la notte dispiega nel cielo costellazioni ignote, come la religione aduna le speranze, come la tradizione fa po-

---

[13] A questo proposito si veda U. Galimberti, *Psiche e techne. L'uomo nell'età della tecnica*, cit., capitolo 54: "Il totalitarismo della tecnica e l'implosione del senso".

26. L'ETICA DEL VIANDANTE

polo, la solitudine fa deserto, l'iscrizione fa storia, il fiume fa ansa, la terra fa solco, la macchina fa tecnica, in quella rapida sequenza con cui si succedono le esperienze del mondo, che sfuggono a qualsiasi tentativo che cerchi di fissarle e di disporle in successione ordinata, perché, al di là di ogni progetto orientato, il nomade sa che la totalità è sfuggente, che il non-senso contamina il senso, che il possibile eccede sul reale e che ogni progetto che tenta la comprensione e l'abbraccio totale è follia.

E allora la musica cede alla cadenza erotica, la visione alla virtualità dell'illusione, il mistero alla sfida dell'interpretazione, il corpo alle disavventure dell'anima, la salvezza alla desolazione della terra sciagurata, il linguaggio alle distorsioni della verità, la sessualità all'enigma, la critica alla crisi, la passione alla passività, l'identità alla sua dissoluzione, il silenzio al rumore delle parole.

Camminando senza una meta all'orizzonte per non perdere le figure del paesaggio, il nomadismo incontra le metafore teologiche sottese alla scienza, la casualità sottesa alla ragione, il nulla sotteso alla cifra di Dio, l'antropologia che nutre la religione, il pensiero che alimenta il mito, l'artificio della psicologia, la non innocenza della logica, il patire che sfugge alla psicopatologia, il vuoto della legge, il sonno della politica che ancora non ha scoperto che tutti gli uomini sono uomini di frontiera.

E quando lo sguardo si ritira dal paesaggio e la notte dilata l'anima, il nomadismo del viandante scopre l'inganno dell'innocenza, le mortificazioni dello spirito, la tortuosità del sentimento, l'altra faccia della verità che la malinconia rivela, le tappe inconcluse del nostro eterno disordine, in quel gioco di maschere utili a nascondere quel senza-volto che chiamiamo Io.

Ma che ne è dell'intervallo tra l'inizio e la fine? Che ne è del *viaggio* per chi vuol arrivare? Per chi vuol arrivare, per chi mira alle cose ultime, ma anche per chi mira alle mete prossime, del viaggio ne è nulla. Le terre che egli attraversa non esistono. Conta solo la meta. Egli viaggia per *arrivare*, non per *viaggiare*. Così il viaggio muore durante il viaggio, muore in ogni tappa che lo avvicina alla meta. E con il viaggio muore l'Io stesso fissato sulla meta e cieco all'esperienza che la via dispiega al viandante che sa abitare il paesaggio e, insieme, al paesaggio sa dire addio.

L'escatologia religiosa e la progettualità laica inaugurano un viaggiatore che tratta i luoghi che incontra come luoghi di transito, tappe che lo avvicinano alla meta. Per lui i luoghi diventano "interluoghi" in attesa di quel Luogo che è la meta stessa, la patria ritrovata, la vita realizzata, la stabilità raggiunta.

Inutilmente la via ha istituito viandanti, le loro orecchie erano sorde alle voci dei luoghi, le sirene del *ritorno* e della *meta* hanno cancellato ogni stupore, ogni meraviglia, ogni dolore. L'attesa del Regno ha ridotto la via a "interregno", terra di nessuno prima delle cose ultime, anche se in quella terra di nessuno trascorre poi la nostra vita che non è una corsa verso la meta, ma uno spazio concesso all'umano come sua terra che non è patria, ma semplice via che si muove tra le macerie dei templi crollati e nel silenzio degli oracoli e delle profezie.

4. *Il nomadismo dell'etica*

Affrancarsi dalla meta significa abbandonarsi alla corrente della vita, non più spettatori, ma naviganti e, in qualche caso, come l'Ulisse dantesco, naufraghi. Nietzsche, che del nomadismo è forse il miglior interprete, scrive:

> Se in me è quella voglia di cercare che spinge le vele verso terre non ancora scoperte, se nel mio piacere è un piacere di navigante: se mai gridai giubilante: "la costa scomparve – ecco anche la mia ultima catena è caduta – il senza-fine mugghia intorno a me, laggiù lontano splende per me lo spazio e il tempo, orsù! coraggio! vecchio cuore!".[14]

L'appello al cuore dice che siamo oltre i territori giurisdizionali in cui l'uomo ha fissato finora la propria dimora, ma questa ulteriorità dice cose più profonde di quanto non lasci pensare. Per l'uomo, infatti, vivere ha sempre significato aderire a un senso, anzi *conferire senso*. L'età della tecnica sembra non concedere un senso, un orizzonte, una direzione, una via.

L'andare che salva se stesso, cancellando la meta, inaugura allora una visione del mondo che è radicalmente diversa da quella dischiusa dalla prospettiva della meta che cancella l'andare. Nel primo caso si aderisce al mondo come a un'offerta di accadimenti, dove si può prendere provvisoria dimora finché l'accadimento lo concede, nel secondo caso si aderisce al senso anticipato che cancella tutti gli accadimenti. I quali, non percepiti, passano accanto agli uomini senza lasciar traccia, puro spreco della ricchezza del mondo.

Non attraversato dall'evento nel suo accadere immotivato, l'uomo della stabilità è difeso e chiuso nelle spesse mura della *Società della torre* di cui parla Goethe,[15] mentre il viandante, che accade insieme all'evento, recalcitra a ogni schema di progressio-

[14] F. Nietzsche, *Also sprach Zarathustra. Ein Buch für Alle und Keinen* (1883-1885); tr. it. *Così parlò Zarathustra. Un libro per tutti e per nessuno*, in Opere, cit., 1968, vol. VI, 1, Parte III: "I sette sigilli (ovvero: il canto 'sì e amen')", p. 281.
[15] J.W. Goethe, *Wilhelm Meister Lehrjahre* (1807-1829); tr. it. *Il noviziato di Guglielmo Meister*, in Opere, Sansoni, Firenze 1970, vol. III.

ne e significazione, per dire sì al mondo, e non a una rappresentazione tranquillizzante del mondo. Rinunciando a dominare il tempo, inscrivendolo in una rappresentazione di senso, il viandante che ha rinunciato alla meta sa guardare in faccia all'indecifrabilità del destino, rifiutando quei cascami della speranza irradiati da un destino risolto in benevola provvidenza.

Non si legga quindi l'etica del viandante come anarchica erranza. Il nomadismo è la delusione dei forti che rifiuta il gioco fittizio delle illusioni evocate come sfondo protettivo. È la capacità di disertare le prospettive escatologiche per abitare il mondo nella casualità della sua innocenza, non pregiudicata da alcuna anticipazione di senso, dove è l'accadimento stesso, l'accadimento non inscritto nelle prospettive del senso finale, della meta o del progetto, a porgere il suo senso provvisorio e perituro.

Se siamo disposti a rinunciare alle nostre radicate convinzioni, quando il radicamento non ha altra profondità che non sia quella della vecchia abitudine, allora l'etica del viandante ci offre un modello di cultura che educa perché non immobilizza, perché desitua, perché non offre mai un terreno stabile e sicuro su cui edificare le nostre costruzioni, perché l'apertura che chiede sfiora l'abisso, dove non c'è nulla di rassicurante, ma dove è anche scongiurata la monotonia della ripetizione, dell'andare e riandare sulla stessa strada, senza che una meta sia davvero all'orizzonte.

Gli anni che stiamo vivendo hanno visto lo sfaldarsi di un dominio, e insieme hanno accennato a quel processo migratorio che confonderà i confini dei territori su cui si orientava la nostra geografia. Usi e costumi si contaminano e, se "etica" vuol dire "costume", è possibile ipotizzare la fine delle nostre etiche, fondate sulle nozioni di proprietà, territorio e confine, a favore di un'etica che, dissolvendo recinti e certezze, va configurandosi come etica del viandante che non si appella al diritto, ma all'esperienza.

Infatti, a differenza dell'uomo del territorio che ha la sua certezza nella proprietà, nel confine e nella legge, il viandante non può vivere senza elaborare la diversità dell'esperienza, cercando il centro non nel reticolato dei confini, ma in quei due poli che Kant indicava nel "cielo stellato" e nella "legge morale",[16] che per ogni viandante hanno sempre costituito gli estre-

---

[16] I. Kant, *Critica della ragion pratica*, cit., p. 199: "Due cose riempiono l'anima di ammirazione e venerazione sempre nuova e crescente, quanto più spesso e più a lungo la riflessione si occupa di esse: il *cielo stellato sopra di me* e la *legge morale in me*. Queste due cose io non ho bisogno di cercarle e semplicemente supporle come se fossero avvolte nell'oscurità, o fossero nel trascendente, fuori dal mio orizzonte. Io le vedo *davanti* a me e le connetto immediatamente con la coscienza della mia esistenza".

mi dell'arco in cui si esprime la sua vita in tensione. Senza meta e senza punti di partenza e di arrivo, che non siano punti occasionali, il viandante, con la sua etica, può essere il punto di riferimento dell'umanità a venire, se appena la storia accelera i processi di recente avviati, che sono nel segno della *deterritorializzazione*.

Fine dell'uomo giuridico a cui la legge fornisce gli argini della sua intrinseca debolezza, e nascita dell'uomo sempre meno soggetto alle leggi del paese e sempre più costretto a fare appello ai valori che trascendono la garanzia del legalismo. Il prossimo, sempre meno specchio di me e sempre più "altro", obbligherà tutti a fare i conti con la *differenza*, come un giorno, ormai lontano nel tempo, siamo stati costretti a farli con il territorio e la proprietà.

La diversità sarà il terreno su cui far crescere le decisioni etiche, mentre le leggi del territorio si attorciglieranno come i rami secchi di un albero inaridito. Fine del legalismo e quindi dell'uomo come l'abbiamo conosciuto sotto il rivestimento della proprietà, del confine e della legge, e nascita dell'uomo più difficile da collocare, perché viandante inarrestabile, in uno spazio che non è garantito neppure dall'aristotelico "cielo delle stelle fisse", perché anche questo cielo è tramontato per noi.

E con il cielo la terra, perché è stata scoperta come terra di protezione e luogo di riparo. Tagliati gli ormeggi, l'orizzonte si dilata, il suo dilatarsi lo abolisce come orizzonte, come punto di riferimento, come incontro della terra con il suo cielo. E questo perché, scrive Nietzsche:

> Abbiamo lasciato la terra e ci siamo imbarcati sulla nave. Abbiamo tagliato i ponti alle nostre spalle – e non è tutto! Guardati innanzi! Ai tuoi fianchi c'è l'oceano: è vero non sempre muggisce, talvolta la sua distesa è come seta e oro e trasognamento della bontà. Ma verranno momenti in cui saprai che è infinito e che non c'è niente di più spaventevole dell'infinito. Oh quel misero uccello che si è sentito libero e urta ora nelle pareti di questa gabbia! Guai se ti coglie la nostalgia della terra – e non esiste più "terra" alcuna.[17]

5. *La decisione etica nella drammaticità della contingenza*

La tecnica ha ampliato molto la libertà di fare, anzi, non proponendosi altro scopo che non sia il proprio autopotenziamen-

---

[17] F. Nietzsche, *La gaia scienza*, cit., p. 129.

to, ha risolto l'*agire* dell'uomo, che è sempre orientato a uno scopo, in puro e semplice *fare* azioni descritte e prescritte dall'apparato tecnico di cui si ignorano gli scopi finali, o perché non percepibili, o perché, là dove possono essere percepiti, non comportano alcuna responsabilità diretta di quanti operano nei singoli settori dell'apparato.

Infatti, mentre nell'età pre-tecnologica il fare era *arte*[18] e l'artigiano si rispecchiava nell'opera che riproduceva la sua "qualità", nell'età della tecnica il fare è *produzione*, secondo quei criteri di razionalità il cui calcolo può effettuarsi solo sostituendo le proprietà *qualitative*, che sfuggono al calcolo, con quelle *quantitative* che si evidenziano frazionando il fare in quelle operazioni parziali che il sistema tecnico collega fra loro, fino a unificarle nel prodotto.

Il riflesso di questo frazionamento oggettivo del fare è la *specializzazione* dell'uomo, il quale non si trova più nella condizione dell'*artigiano* che rispecchia se stesso nell'opera, ma in quella del *tecnico* che si specchia in uno dei sistemi parziali, dalla cui connessione scaturisce il prodotto nel quale è custodito il senso del fare. Siccome responsabile della connessione dei sistemi parziali è il calcolo preventivo dell'apparato tecnico, l'uomo, che come tecnico opera in un sistema parziale, è *calcolato* dall'apparato, e dal calcolo *reificato* in un sistema estraneo che il suo fare non può modificare, ma solo riflettere.

L'*azione*, che aveva generato l'uomo nel suo rapporto con il mondo,[19] diventa *esecuzione* di un'attività che non scaturisce più dall'uomo, ma dalla razionalità dell'apparato, rispetto a cui l'azione dell'uomo è solo un parziale riflesso delle leggi che lo presiedono. Ciò significa che l'uomo non è più in rapporto con il mondo, ma esclusivamente con le leggi che governano il sistema parziale in cui il singolo si trova a operare. Il suo agire non lo esprime, ma esprime la razionalità dell'apparato che istituisce non solo la sua azione, ma anche la relazione con i suoi simili, mediata dalle leggi che connettono i sistemi parziali in cui i singoli individui, come atomi isolati, si trovano inseriti.

---

[18] Sul rapporto arte e tecnica illuminanti sono le pagine di E. Severino in *Destino della necessità*, Adelphi, Milano 1980, e in particolare il capitolo VIII, § V: "Ars e téchne" dove, alle pagine 283-284, leggiamo: "Nella storia dell'Occidente la parola fondamentale che esprime il senso dell'*ars* è *téchne*, da cui deriva la parola 'tecnica'. Ma mentre in *ars* viene esplicitamente nominata la connessione calcolata dei mezzi al fine, *téchne* nomina invece i vari modi e settori in cui questa connessione si realizza, a partire da quello originario, mediante il quale il mortale copre il suo corpo e gli dà un rifugio".

[19] A questo proposito si veda U. Galimberti, *Psiche e techne. L'uomo nell'età della tecnica*, cit., Parte III: "Psicologia della tecnica: teoria dell'azione".

Subordinato non più alla *natura*, ma al *potere* che ha conseguito per dominarla, oggi l'uomo non può pensare di contenere la tecnica con l'etica che la tradizione gli ha consegnato, perché questa etica, in tutte le forme in cui si è espressa, se è capace di regolare l'agire fra gli uomini, non è in grado, per questo suo limite antropocentrico, di esprimere le norme regolative di un sapere e di un potere che si estendono oltre lo spazio delimitato dalle dimensioni del globo, e oltre il tempo circoscrivibile dalla previsione umana.

Il futuro, infatti, che la tecnica dispiega, non solo rende inutile qualsiasi riferimento al passato per desumere qualche criterio di decifrazione, ma addirittura crea uno iato tra le possibilità che la tecnica ha reso disponibili e le capacità previsionali che, per essere all'altezza di quelle possibilità, dovrebbero oltrepassare di molto ciò che finora l'uomo ha conosciuto come limite della sua percezione e intuizione. Il *fare* ha di gran lunga sopravanzato l'*agire*, e questa è la ragione per cui l'etica, che presiede l'agire, non è in grado di regolare la tecnica da cui procede il fare.

Nelle epoche passate le possibilità ridotte del *fare* non richiedevano una particolare competenza per decidere come *agire*, e perciò l'etica poteva mantenere, come prevedeva Platone, la sua posizione di regola e di guida sulla tecnica.[20] Ma oggi l'ambito circoscritto dell'intenzione e dell'azione umana che l'etica governa è pesantemente attraversato da effetti che l'impersonalità del fare tecnico produce al di fuori di ogni possibile controllo etico, perché questi effetti non nascono come *decisioni* dell'agire umano, ma come *risultati* di procedure e metodiche avviate.

L'azione, l'attore e l'effetto non hanno più nell'*uomo* il loro referente, ma nel *sapere accumulato* che, al di là delle possibilità di comprensione e di controllo, sottrae all'agire del singolo e della collettività il fattore della *responsabilità*, a cui tutte le etiche che storicamente si sono affermate hanno fatto riferimento.

Se si può parlare di "responsabilità" solo in presenza di una consapevolezza della propria azione e delle sue conseguenze, là

---

[20] Platone, *Repubblica*, Libro VI, 505 a-b: "L'idea del Bene è quella suprema scienza (*méghiston máthema*) in riferimento alla quale le cose giuste e le altre diventano utili e giovevoli [...] E se noi non conosciamo questa scienza, anche se conoscessimo esattamente tutte le altre cose, ma non essa, a noi da questo non deriverebbe alcun vantaggio, così come non ne deriverebbe se possedessimo qualsiasi cosa senza il Bene. O credi che ci sia un vantaggio a poter disporre e possedere ogni cosa se poi tale possesso non è buono? O che si possa intendere tutte le cose senza il Bene, e non intendere per nulla il Bello e il Bene?". Per ulteriori approfondimenti sul rapporto tecnica e politica in Platone si veda U. Galimberti, *Psiche e techne. L'uomo nell'età della tecnica*, cit., capitolo 30: "Platone: tecnica e politica. La gerarchia delle tecniche e la politica come tecnica regia".

dove il sapere individuale e collettivo è inadeguato all'ordine di grandezza della competenza tecnica che conferisce potere al nostro agire, difficilmente le parole pronunciate da un'*etica della responsabilità* possono non dico essere efficaci, ma assumere un qualche significato nell'ambito del fare tecnico. Non basta infatti dire, come fa Jonas, che:

> Il Prometeo irresistibilmente scatenato, al quale la scienza conferisce forze senza precedenti e l'economia imprime un impulso incessante, esige un'etica che mediante auto-restrizioni impedisca alla sua potenza di diventare una sventura per l'uomo.[21]

Il problema, infatti, non si risolve denunciando il rischio connesso allo sviluppo incontrollato della tecnica, ma mostrando come l'etica *possa* impedire alla tecnica, che può, di fare ciò che può. Se l'etica non ha questa *possibilità*, la sua esigenza di porre un limite alla tecnica resta una pura *aspirazione*, che non diventa realtà neppure seguendo l'ipotesi, che fra l'altro è autocontraddittoria, di Jonas.

Infatti, dopo aver opportunamente denunciato il *limite antropocentrico* dell'etica tradizionale che, riferendosi ad azioni umane di portata circoscritta, perché limitata ai rapporti diretti dell'uomo con l'uomo, si rivela inadeguata per l'epoca caratterizzata da "Prometeo scatenato", Jonas propone come rimedio "la responsabilità originaria delle cure parentali dei padri verso i figli", giocata sul registro della generazione presente verso la generazione futura. Quindi di nuovo un *modello antropocentrico* per correggere il *limite antropocentrico* dell'etica tradizionale.[22]

A ciò si aggiunga che è proprio della tecnica dischiudere lo *scenario dell'imprevedibile*, imputabile non come quello antico a un difetto di conoscenza, ma a un eccesso del nostro potere di *fare* enormemente maggiore del nostro potere di *prevedere*, per cui l'ideale platonico di un'etica che, congiuntamente alla politica, regola le tecniche, è definitivamente tramontato, così come è tramontata l'ideologia della neutralità della scienza e della tecnica sotto il profilo etico.

Là infatti dove il fare tecnologico, crescendo su se stesso

---

[21] H. Jonas, *Das Prinzip Verantwortung* (1979); tr. it. *Il principio responsabilità. Un'etica per la civiltà tecnologica*, Einaudi, Torino 1990, *Prefazione*, p. XXVII.
[22] Ivi, Parte IV, capitolo 3: "Teoria della responsabilità: genitore e uomo di stato quali paradigmi eminenti", pp. 124-135. Sul presupposto antropocentrico che, contro le intenzioni di Jonas, percorre per intero la sua tesi che ne chiede il superamento, si veda U. Galimberti, *Psiche e techne. L'uomo nell'età della tecnica*, cit., capitolo 45, § 2, al sottoparagrafo che ha per titolo: "Jonas e il riconoscimento della dignità teleologica della natura vanificato dal presupposto antropocentrico".

per autoproduzione, genera conseguenze che sono *indipendenti* da qualsiasi intenzione diretta, e *imprevedibili* quanto ai loro esiti ultimi, sia l'etica dell'intenzione, sia l'etica della responsabilità assaporano una nuova impotenza, che non è più quella tradizionale misurata dalla distanza tra l'*ideale* e il *reale*, ma quella ben più radicale che si incontra quando il *massimo di capacità* si accompagna al *minimo di conoscenza* intorno agli scopi.

In questo "minimo di conoscenza" l'uomo dell'età della tecnica incontra il suo *limite*, che non è più, come per gli antichi, nell'incapacità di padroneggiare la natura, ma nell'eccesso di questa capacità, da cui non è chiaro che cosa possa conseguire. Rispetto gli antichi, è cambiata la *configurazione del limite*, ma il limite non è stato abolito. Semplicemente al limite dell'impotenza si è sostituito il limite sotteso al delirio di onnipotenza, che nasconde tra le sue pieghe persino lo spettro di un'ingloriosa soluzione finale dell'esperimento umano. Nella drammaticità di questo quadro, scrive Natoli:

> La natura si inscrive sempre più nelle decisioni dell'uomo e non la decisione umana nei fatti di natura. Ma questo non significa affatto – come si potrebbe credere – che l'uomo è diventato onnipotente. Se così fosse non correrebbe più alcun rischio. Al contrario l'uomo è chiamato a giocare la propria finitezza a più livelli, diversificati e altrettanto improbabili. Per fronteggiare situazioni siffatte ci vuol altro che il pensiero debole. A meno che "debole" non voglia dire semplicemente "mobile", "aperto".[23]

Diventa allora quanto mai indispensabile una ripresa della virtù antica che invitava l'uomo a non oltrepassare il limite. Certo ai Greci non possiamo tornare, ma l'invito che essi rivolgevano all'uomo di *dare una misura a se stesso* oggi diventa non solo attuale, ma addirittura urgente. Si tratta di una misura che non va cercata nei principi formulati quando la natura era immodificabile, ma in quell'indicazione aristotelica che, in assenza di principi generali, consente di prendere decisioni esaminando caso per caso. Aristotele chiama questa capacità *phrónesis*, che noi siamo soliti tradurre con "saggezza", "prudenza", e la eleva a principio regolativo della prassi dove:

> Non si ha a che fare con ciò che accade sempre (*aeí*), come nella matematica o nella geometria, ma con ciò che accade per lo più (*hos epí tò polú*), con ciò che fa la sua comparsa di volta in volta,

---

[23] S. Natoli, *Progresso e catastrofe. Dinamiche della modernità*, Christian Marinotti Edizioni, Milano 1999, pp. 245-246.

in modo imprevisto e in tutti quei casi in cui non è chiaro come andranno a finire le cose, e quelli in cui la conclusione è del tutto indeterminata.[24]

Una sorta di "etica del viandante" che, non disponendo di mappe, affronta le difficoltà del percorso a seconda di come di volta in volta esse si presentano e con i mezzi al momento a sua disposizione. Questo è il nostro limite, e in questo limite dobbiamo decidere.

Per quanto drammatica possa sembrare la scelta, non dimentichiamo che la decisione etica è una decisione che fonda, senza possedere altro fondamento al di fuori di sé. In questo senso è evento assoluto e quindi realtà tragica. Non è l'assoluto pacificato dell'idea, ma l'assoluto della scelta sugli eventi che si presentano. In caso diverso sarebbe inutile la discussione tra gli uomini, sarebbe sufficiente la deduzione dai principi.

L'etica del viandante avvia a questi pensieri. Sono pensieri ancora tutti da pensare. Ma il paesaggio da essi dispiegato è già la nostra instabile, provvisoria e inconsaputa dimora.

---

[24] Aristotele, *Etica a Nicomaco*, 1112 b, 2-9.

Indice delle opere citate

Abel, K., *Über den Gegensinn der Urworte*, Leipzig 1884.
–, *Ursprung der Sprache*, in *Sprachwissenschaftliche Abhandlungen*, Leipzig 1885.
Achenbach, G.B., *Philosophische Praxis* (1987); tr. it. *La consulenza filosofica. La filosofia come opportunità per la vita*, Apogeo, Milano 2004.
–, *Das kleine Buch der inneren Ruhe* (2000); tr. it. *Il libro della quiete. Trovare l'equilibrio in un mondo frenetico*, Apogeo, Milano 2005.
Agostino di Tagaste, *Confessiones* (401); tr. it. *Confessioni*, Fondazione Lorenzo Valla, Mondadori, Milano 1992-1997.
–, *De civitate Dei* (413-426); tr. it. *La città di Dio*, Rusconi, Milano 1984.
–, *In epistolam Iohannis ad Parthos* (415), Discorso II, §§ 8-9; tr. it. *Commento alla prima lettera di Giovanni*, in *Amore assoluto e "Terza navigazione"*, Rusconi, Milano 1994.
Anassimandro, *Frammenti*, in Diels-Kranz, *Die Fragmente der Vorsokratiker* (1966), tr. it. *I presocratici. Testimonianze e frammenti*, Laterza, Bari 1983.
Anders, G., *Die Antiquiertheit des Menschen*, I: *Über die Seele im Zeitalter der zweiten industriellen Revolution* (1956), II: *Über die Zerstörung des Lebens im Zeitalter der dritten industriellen Revolution* (1980); tr. it. *L'uomo è antiquato*, vol. I: *Considerazioni sull'anima nell'epoca della seconda rivoluzione industriale*, vol. II: *Sulla distruzione della vita nell'epoca della terza rivoluzione industriale* (1980), Bollati Boringhieri, Torino 2003.
–, *Wir Eichmannsöhne* (1964); tr. it. *Noi figli di Eichmann*, Giuntina, Firenze 1995.
Anonimo della scuola medica di Kos, *Luoghi nell'uomo*, in M. Vegetti, *Opere di Ippocrate*, Utet, Torino 1976.
Aristotele, *Dell'espressione*, *Fisica*, *Metafisica*, *Etica a Nicomaco*, *Poetica*, in *Opere*, Laterza, Bari 1973.
Bachofen, J.J., *Mutterrecht* (1861); tr. it. *Il matriarcato*, Einaudi, Torino 1988.
Bacone, F., *Instauratio Magna*, *Pars secunda*: *Novum Organum* (1620); tr. it. *La grande instaurazione*, Parte seconda: *Nuovo organo*, in *Scritti filosofici*, Utet, Torino 1986.

Balestro, P., *Introduzione all'antropoanalisi*, Bompiani, Milano 1976.
Balistreri, A.G., *La terapeutica filosofica*, Lampi di Stampa, Milano 2004.
Bäumler, A., "Von Winkelman zu Bachofen der Mythologie der Romantik", Introduzione a *Der Mithos von Orient und Okzident* (1926); tr. it. "Da Winkelman a Bachofen", Spirali Edizioni, Milano 1983, vol. II.
Beattie, J., *Other cultures. Aims, Methods and Achievements in Social Anthropology* (1972); tr. it. *Uomini diversi da noi. Lineamenti di antropologia sociale*, Laterza, Bari 1975.
Berra, L., Peretti, A., *Filosofia in pratica. Discorsi sul counseling filosofico*, Libreria Stampatori, Torino 2003.
Biblia Sacra editio Monacorum Abbatiæ Pont. Sancti Hieronymi in Urbe OSB, Marietti, Casale Monferrato 1959; *Biblia Hebraica*, Kittel, Stuttgart 1937; *Septuaginta*, Rahlfs, Stuttgart 1962: *Genesi, Esodo, Giobbe, Isaia, Vangelo di Matteo, Vangelo di Luca*.
Binswanger, L., *Welche Aufgaben ergeben sich für die Psychiatrie aus den Fortschritten der neuren Psychologie?* (1924); tr. it. *Quali compiti sono prospettati alla psichiatria dai progressi della psicologia più recenti?*, in *Per un'antropologia fenomenologica*, Feltrinelli, Milano 1970.
–, *Lebensfunktion und innere Lebensgeschichte* (1928); tr. it. *Funzione di vita e storia della vita interiore*, in *Per un'antropologia fenomenologica*, cit.
–, *Traum und Existenz* (1930); tr. it. *Sogno ed esistenza*, in *Per un'antropologia fenomenologica*, cit.
–, *Heraklits Auffassung des Menschen* (1935); tr. it. *La concezione eraclitea dell'uomo*, in *Per un'antropologia fenomenologica*, cit.
–, *Freud und die Verfassung der klinischen Psychiatrie* (1936); tr. it. *Freud e la costituzione della psichiatria clinica*, in *Per un'antropologia fenomenologica*, cit.
–, *Freuds Auffassung des Menschen im Lichte der Anthropologie* (1936); tr. it. *La concezione dell'uomo in Freud alla luce dell'antropologia*, in *Per un'antropologia fenomenologica*, cit.
–, *Der Fall Ellen West. Eine anthropologische-klinische Studie* (1945); tr. it. *Il caso Ellen West*, in *Il caso Ellen West e altri saggi*, Bompiani, Milano 1973.
–, *Über die daseinsanalytische Forschungsrichtung in der Psychiatrie* (1946); tr. it. *L'indirizzo antropoanalitico in psichiatria*, in *Il caso Ellen West e altri saggi*, cit.
–, *Ausgewählte Vorträge und Aufsätze. Zur phänomenologische Anthropologie* (1947); tr. it. *Per un'antropologia fenomenologica*, cit.
–, *Erinnerungen an Sigmund Freud* (1956); tr. it. *Ricordi di Sigmund Freud*, Astrolabio, Roma 1971.
–, *Schizophrenie*, Nescke, Pfullingen 1957.
–, *Melancholie und Manie. Phänomenologische Studien* (1960); tr. it. *Melanconia e mania. Studi fenomenologici*, Boringhieri, Torino 1971.
–, *Being in the World* (1963); tr. it. *Essere nel mondo*, Astrolabio-Ubaldini, Roma 1973.
Bleuler, E., *Lehrbuch der Psychiatrie* (1911); tr. it. *Trattato di psichiatria*, Feltrinelli, Milano 1967.
Borgna, E., *Per una psichiatria fenomenologica*, saggio introduttivo a U. Galimberti, *Psichiatria e fenomenologia*, cit.

Boss, M., *Psychoanalyse und Daseinsanalytik* (1957); tr. it. *Psicoanalisi e analitica esistenziale*, Astrolabio-Ubaldini, Roma 1973.
Brentano, F., *Psychologie vom empirischen Standpunkt*, Leipzig 1874.
Cargnello, D., *Alterità e alienità*, Feltrinelli, Milano 1966.
Caruso, P. (a cura di), *Conversazioni con C. Lévi-Strauss, M. Foucault, J. Lacan*, Mursia, Milano 1969.
Cassirer, E., *Philosophie der symbolischen Formen* (1923); tr. it. *Filosofia delle forme simboliche*, La Nuova Italia, Firenze 1966.
Cavadi, A., *Quando ha problemi chi è sano di mente. Un'introduzione al philosophical counseling*, Rubbettino, Soveria Mannelli 2003.
Ceppa, L., *Schopenhauer diseducatore*, Marietti, Casale Monferrato 1983.
Colli, G., *La sapienza greca*, Adelphi, Milano 1977.
Collini, P., *Wanderung. Il viaggio dei romantici*, Feltrinelli, Milano 1996.
Corbin, H., *Avicenne et le récit visionnaire*, Département d'Iranologie de l'Institut Franco-Iranien, Librairie d'Amérique et d'Orient, Téhéran-Paris 1954.
–, *Histoire de la philosophie islamique* (1964); tr. it. *Storia della filosofia islamica*, Adelphi, Milano 1973.
Creuzer, G.F., *Symbolik und Mythologie der alten Völker, besonders der Griechen*, Heyer und Leske, Leipzig 1819; tr. it. parziale: "Simbolica e mitologia. Descrizione generale dell'ambito simbolico e mitico", Spirali Edizioni, Milano 1983, vol. II.
Dante Alighieri, *La Divina Commedia* (1313-1321), Editrice italiana di cultura, Roma 1959.
De Martino, E., *Sud e magia* (1959), Feltrinelli, Milano 1989.
Democrito, *Frammenti*, in Diels-Kranz, *Die Fragmente der Vorsokratiker* (1966); tr. it. *I presocratici. Testimonianze e frammenti*, Laterza, Bari 1983.
Dilthey, W., *Einleitung in die Geisteswissenschaften. Versuch einer Grundlegung für Gesellschaft und Geschichte* (1883), in *Gesammelte Schriften*, Vendenhoeck & Ruprecht, Göttingen 1958 sgg., vol. I, 1979; tr. it. *Introduzione alle scienze dello spirito*, La Nuova Italia, Firenze 1974.
–, *Ideen über eine beschreibende und zergliedernde Psychologie* (1894), in *Gesammelte Schriften*, cit., vol. V; tr. it. antologica in P. Rossi (a cura di), *Idee per una psicologia descrittiva e analitica*, in *Lo storicismo contemporaneo*, Loescher, Torino 1968.
–, *Beiträge zum Studium der Individualität* (1895-1896), in *Gesammelte Schriften*, cit., vol. V.
Eco, U., *Simbolo*, in *Enciclopedia*, Einaudi, Torino 1981, vol. XII.
Epicuro, fr. 221, in H. Usner, *Epicurea* (1887); tr. it. *Epicurea*, Bompiani, Milano 2002.
Eraclito, *Frammenti*, in Diels-Kranz, *Die Fragmente der Vorsokratiker* (1966); tr. it. *I presocratici. Testimonianze e frammenti*, Laterza, Bari 1983.
Eschilo, *Agamennone, Prometeo incatenato*, in *Tragedie e frammenti*, Utet, Torino 1987.
Esiodo, *Teogonia, Opere e giorni*, Utet, Torino 1977.
Ferenczi, S., *Zur Ontogenese der Symbole* (1913); tr. it. *Sull'ontogenesi dei simboli*, in *Opere*, Raffaello Cortina, Milano 1988-1992, vol. II.

Festinger, L., *A theory of cognitive dissonance* (1956); tr. it. *Teoria della dissonanza cognitiva*, Franco Angeli, Milano 1973.
Fichte, J.G., *Über den Begriff der Wissenschaftslehre oder der sogenannten Philosophie* (1794); tr. it. *Dottrina della scienza*, Laterza, Bari 1993.
Firth, R., *Symbols public and private* (1973); tr. it. *Simboli pubblici e privati*, Laterza, Bari 1977.
Fornari, F., *La vita affettiva originaria del bambino*, Feltrinelli, Milano 1971.
Foucault, M., *Naissance de la clinique. Une archéelogie du regard médical* (1963); tr. it. *Nascita della clinica. Il ruolo della medicina nella costituzione delle scienze umane*, Einaudi, Torino 1969.
Francesco di Sales, *Teotimo. Traité de l'amour de Dieu* (1616); tr. it. *Teotimo*, Edizioni Paoline, Roma 1939, vol. II.
Frazer, G.J., *The golden bough. A study in magic and religion* (1911-1915); tr. it. *Il ramo d'oro*, Boringhieri, Torino 1973.
Freud, S., *Lettere 1873-1939*, Boringhieri, Torino 1960.
–, *Die Traumdeutung* (1899); tr. it. *L'interpretazione dei sogni*, in *Opere*, Boringhieri, Torino 1968-1993, vol. III.
–, *Drei Abhandlungen zur Sexualtheorie* (1905); tr. it. *Tre saggi sulla teoria sessuale*, in *Opere*, cit., vol. IV.
–, *Die "kulturelle" Sexualmoral und die moderne Nervosität* (1908); tr. it. *La morale sessuale "civile" e il nervosismo moderno*, in *Opere*, cit., vol. V.
–, *Über den Gegensinn der Urworte* (1910); tr. it. *Significato opposto delle parole primordiali*, in *Opere*, cit., vol. IX.
–, *Totem und tabu* (1912-1913); tr. it. *Totem e tabù*, in *Opere*, cit., vol. VII.
–, *Zur Einführung des Narzissmus* (1914); tr. it. *Introduzione al narcisismo*, in *Opere*, cit., vol. VII.
–, *Vorlesungen zur Einführung in die Psychoanalyse* (1915-1917); tr. it. *Introduzione alla psicoanalisi*, in *Opere*, cit., vol. VIII.
–, *Vergänglichkeit* (1916); tr. it. *Caducità*, in *Opere*, cit., vol. VIII.
–, *Eine Schwirigkeit der Psychoanalyse* (1917); tr. it. *Una difficoltà della psicoanalisi*, in *Opere*, cit., vol. VIII.
–, *Vorrede zu "Probleme der Religionspsychologie" von Dr. Theodor Reik* (1919); tr. it. *Prefazione a "Il rito religioso: studi psicoanalitici" di Theodor Reik*, in *Opere*, cit., vol. IX.
–, *Das Unheimliche* (1919); tr. it. *Il perturbante*, in *Opere*, cit., vol. IX.
–, *Jenseits des Lustprinzips* (1920); tr. it. *Al di là del principio di piacere*, in *Opere*, cit., vol. IX.
–, *Das Ich und Es* (1922); tr. it. *L'Io e l'Es*, in *Opere*, cit., vol. IX.
–, *Hemmung, Symptom und Angst* (1626); tr. it. *Inibizione, sintomo e angoscia*, in *Opere*, cit., vol. X.
–, *Die Zukunft einer Illusion* (1927); tr. it. *L'avvenire di un'illusione*, in *Opere*, cit., vol. X.
–, *Das Unbehagen in der Kultur* (1929); tr. it. *Il disagio della civiltà*, in *Opere*, cit., vol. X.
–, *Lettera a Lothar Bickel, 26.6.1931*, in S. Hessing, *Freud's Relation with Spinoza*, cit.

–, *Neue Folge der Vorlesungen zur Einführung in die Psychoanalyse* (1932); tr. it. *Introduzione alla psicoanalisi (Nuova serie di lezioni)*, in *Opere*, cit., vol. XI.
–, *Der Mann Moses und die monotheistische Religion: drei Abhandlungen* (1937-1938); tr. it. *L'uomo Mosè e la religione monoteista: tre saggi*, in *Opere*, cit., vol. XI.
–, *Abriss der Psychoanalyse* (1938); tr. it. *Compendio di psicoanalisi*, in *Opere*, cit., vol. XI.
Freud, S., Groddeck, G., *Briefwechsel* (1917-1934); tr. it. *Carteggio*, Adelphi, Milano 1973.
Gadamer, H.-G., *Wahrheit und Methode: Grundzüge einer philosophischen Hermeneutik* (1960); tr. it. *Verità e metodo. Elementi di un'ermeneutica filosofica*, Bompiani, Milano 2000.
Galimberti, K., *Nietzsche. Una guida*, Feltrinelli, Milano 2000.
Galimberti, U., *Il tramonto dell'Occidente nella lettura di Heidegger e Jaspers* (1975-1984), Feltrinelli, Milano 2005.
–, *Jaspers*, in *Questioni di storiografia filosofica*, La Scuola, Brescia 1977, vol. IV, pp. 181-215.
–, *Psichiatria e fenomenologia*, Feltrinelli, Milano 1979.
–, *Il corpo*(1983), Feltrinelli, Milano 2003.
–, *La terra senza il male. Jung: dall'inconscio al simbolo* (1984), Feltrinelli, Milano 2001.
–, *Gli equivoci dell'anima* (1987), Feltrinelli, Milano 2001.
–, *Psiche e techne. L'uomo nell'età della tecnica*, Feltrinelli, Milano 1999.
–, *Orme del sacro*, Feltrinelli, Milano 2000.
Gehlen, A., *Der Mensch. Seine Natur und seine Stellung in der Welt* (1940); tr. it. *L'uomo. La sua natura e il suo posto nel mondo*, Feltrinelli, Milano 1983.
Goethe, J.W., *Natur* (1783); tr. it. *La natura*, in *Teoria della natura*, Boringhieri, Torino 1969.
–, *Wilhelm Meister Lehrjahre* (1807-1829); tr. it. *Il noviziato di Guglielmo Meister*, in *Opere*, Sansoni, Firenze 1970, vol. III.
–, *Aus meinen Leben. Dichtung und Wahrheit* (1811-1831); tr. it. *Dalla mia vita. Poesia e verità*, Utet, Torino 1957.
Gregorio di Nissa, *De verginitate*, in J.P. Migne, *Patrologia græca*, in *Patrologiæ cursus completus*, Paris 1856-1866, vol. XLVI.
Griesinger, W., *Lehrbuch der Pathologie und Therapie der Psychischen Krankheiten* (1845), Braunschweig, Stuttgart 1845.
Groddek, G., *Das Buch vom Es* (1923); tr. it. *Il libro dell'Es*, Adelphi, Milano 1966.
Hegel, G.W.F., *Phänomenologie des Geistes* (1807); tr. it. *Fenomenologia dello spirito*, La Nuova Italia, Firenze 1963.
–, *Enzyklopädie der philosophischen Wissenschaften im Grundrisse* (1817); tr. it. *Enciclopedia delle scienze filosofiche in compendio*, Utet, Torino 1981.
–, *Vorlesungen über die Ästhetik* (1836-1838); tr. it. *Estetica*, Feltrinelli, Milano 1963.
Heidegger, M., *Anmerkungen zu Karl Jaspers "Psychologie der Weltanschauungen"* (1919-1921), in *Karl Jaspers in der Diskussion*, Piper, München 1973; tr. it. *Note sulla "Psicologia delle visioni del mondo" di K. Jaspers*, in *Segnavia*, Adelphi, Milano 1987.

–, *Sein und Zeit* (1927); tr. it. *Essere e tempo*, Utet, Torino 1978.
–, *Was ist Metaphysik?* (1929); tr. it. *Che cos'è metafisica?*, in *Segnavia*, cit.
–, *Hölderlins Hymne "Andenken"* (1941-1942); tr. it. *L'inno "Andenken" di Hölderlin*, Mursia, Milano 1997.
–, *Erläuterungen zu Hölderlins Dichtung* (1944); tr. it. *La poesia di Hölderlin*, Adelphi, Milano 1988.
–, *Brief über den "Humanismus"* (1946); tr. it. *Lettera sull' "umanismo"*, in *Segnavia*, cit.
–, *Wozu Dichter?* (1946); tr. it. *Perché i poeti?*, in *Sentieri interrotti*, La Nuova Italia, Firenze 1968.
–, *Das Ding* (1950); tr. it. *La cosa*, in *Saggi e discorsi*, Mursia, Milano 1976.
–, *Die Sprache* (1950); tr. it. *Il linguaggio*, in *In cammino verso il linguaggio*, Mursia, Milano 1973.
–, *Was heisst Denken?* (1954); tr. it. *Che cosa significa pensare?*, Sugarco, Milano 1971.
–, *Der Satz vom Grund* (1957); tr. it. *Il principio di ragione*, Adelphi, Milano 1991.
–, *Identität und Differenz* (1957); tr. it. *Identità e differenza*, Parte I: "Il principio d'identità", in "Teoresi", 1966, pp. 8-22; Parte II: "La concezione onto-teo-logica della metafisica", in "Teoresi", 1967, pp. 215-235.
–, *Das Wesen der Sprache* (1957-1958); tr. it. *L'essenza del linguaggio*, in *In cammino verso il linguaggio*, cit.
–, *Gelassenheit* (1959); tr. it. *L'abbandono*, il melangolo, Genova 1983.
Hessing, S., *Freud's Relation with Spinoza*, Heley, Boston 1977.
Hillman, J., *An Essay on Pan* (1972); tr. it. *Saggio su Pan*, Adelphi, Milano 1977.
–, *The Myth of Analysis* (1972); tr. it. *Il mito dell'analisi*, Adelphi, Milano 1979.
–, *Re-visioning Psychology* (1975); tr. it. *Re-visione della psicologia*, Adelphi, Milano 1983.
–, *Photos. La nostalgia del puer æternus*, in AA.VV., *Dopo Jung*, Franco Angeli, Milano 1980.
Hillman, J., Ventura, M., *We've Had a Hundred Years of Psychotherapy – And the World's Getting Worse* (1992); tr. it. *Cento anni di psicoterapia e il mondo va sempre peggio*, Raffaello Cortina, Milano 1998.
Hölderlin, F., *Empedokles* (1799); tr. it. *La morte di Empedocle*, Bompiani, Milano 2003.
–, *Sybille* (1799); tr. it. *Sibilla*, in *Tutte le liriche*, Mondadori, Milano 2001.
–, *Brot und Wein* (1801); tr. it. *Pane e vino*, in *Le liriche*, Adelphi, Milano 1977, vol. II.
–, *Mnemosyne* (1801); tr. it. *Mnemosyne*, in *Le liriche*, cit., vol. II.
Horkheimer, M., *Eclipse of reason* (1947), edizione tedesca: *Zur Kritik der instrumentellen Vernunft* (1967); tr. it. *Eclisse della ragione. Critica della ragione strumentale*, Einaudi, Torino 1969.
–, *Kritische Theorie* (1968); tr. it. *Teoria critica*, Einaudi, Torino 1974.
Hubert, H., Mauss M., *Mélanges d'histoire des religions*, in "Travaux de l'Année sociologique", Paris 1909.

INDICE DELLE OPERE CITATE

Husserl, E., *Logische Untersuchungen* (1900-1921); tr. it. *Ricerche logiche*, il Saggiatore, Milano 1968.
–, *Ideen zu einer reinen Phänomenologie und phänomenologischen Philosophie* (1912-1928); tr. it. *Idee per una fenomenologia pura e per una filosofia fenomenologica*, Einaudi, Torino 1965.
–, *Cartesianische Meditationen und Pariser Vorträge* (1931); tr. it. *Meditazioni cartesiane*, Bompiani, Milano 1969.
–, *Die Krisis der europäischen Wissenschaften und die transzendentale Phänomenologie* (1934-1937, pubblicata nel 1954); tr. it. *La crisi delle scienze europee e la fenomenologia trascendentale*, il Saggiatore, Milano 1972.
Ippocrate, *Male sacro, Aforismi*, in *Opere*, Utet, Torino 1976.
Jabès, E., *Je bâtis ma demeure*, Gallimard, Paris 1959.
Jaspers, K., *Allgemeine Psychopathologie* (1913-1959); tr. it. *Psicopatologia generale*, Il Pensiero Scientifico, Roma 2000.
–, *Psychologie der Weltanschauungen* (1919); tr. it. *Psicologia delle visioni del mondo*, Astrolabio, Roma 1950.
–, *Strindberg und Van Gogh* (1922); tr. it. *Genio e follia. Strindberg e Van Gogh*, Raffaello Cortina, Milano 2001.
–, *Die geistige Situation der Zeit* (1931); tr. it. *La situazione spirituale del tempo*, Jouvence, Roma 1982.
–, *Philosophie* (1932-1955): I *Philosophische Weltorientierung*, II *Existenzerhellung*, III *Metaphysik*; tr. it. *Filosofia*, Libro I: *Orientazione filosofica nel mondo*, Libro II: *Chiarificazione dell'esistenza*, Libro III: *Metafisica*, Utet, Torino 1978.
–, *Nietzsche. Einführung in das Verständnis seines Philosophierens* (1936); tr. it. *Nietzsche. Introduzione alla comprensione del suo filosofare*, Mursia, Milano 1996.
–, *Existenzphilosophie* (1938); tr. it. *La filosofia dell'esistenza*, Laterza, Bari 1995.
–, *Wesen und Wert der Wissenschaft* (1938); tr. it. *La natura e il valore della scienza*, in *La mia filosofia*, Einaudi, Torino 1964.
–, *Die Schuldfrage* (1946); tr. it. *La questione della colpa. Sulla responsabilità politica della Germania*, Raffaello Cortina, Milano 1996.
–, *Von der Wahrheit*, Piper, München 1947. Di quest'opera esistono in italiano una traduzione antologica *Sulla verità*, La Scuola, Brescia 1970, e due traduzioni parziali: *Del tragico*, il Saggiatore, Milano 1959; *Il linguaggio. Sul tragico*, Guida, Napoli 1993.
–, *Der philosophische Glaube* (1948); tr. it. *La fede filosofica*, Marietti, Casale Monferrato 1973.
–, *Philosophie und Wissenschaft* (1948); tr. it. *Filosofia e scienza*, in "Rivista di filosofia", 1950, n. 41.
–, *Zur Kritik der Psychoanalyse* (1950); tr. it. *Per la critica della psicoanalisi*, in *Il medico nell'età della tecnica*, Raffaello Cortina, Milano 1991.
–, *Über Gefahren und Chanchen der Freiheit* (1950); tr. it. *Pericoli e possibilità della libertà*, in *Verità e verifica. Filosofare per la prassi*, Morcelliana, Brescia 1986.
–, *Mein Weg zur Philosophie* (1951-1958); tr. it. *Il mio cammino verso la filosofia*, in *Verità e verifica. Filosofare per la prassi*, cit.

–, *Die Idee des Arztes* (1953); tr. it. *L'idea di medico*, in *Il medico nell'età della tecnica*, cit.
–, *Arzt und Pazient* (1953); tr. it. *Medico e paziente*, in *Il medico nell'età della tecnica*, cit.
–, *Nachwort zu meiner "Philosophie"* (1955); tr. it. *Poscritto sulla mia "Filosofia"*, in *Filosofia*, cit.
–, *Philosophische Autobiographie* (1956); tr. it. *Autobiografia filosofica*, Morano, Napoli 1969.
–, *Die grossen Philosophen* (1957); tr. it. *I grandi filosofi*, Longanesi, Milano 1973.
–, *Die Atombombe und die Zukunft des Menschen* (1958); tr. it. *La bomba atomica e il destino dell'uomo*, il Saggiatore, Milano 1960.
–, *Der Arzt im technischen Zeitalter* (1958); tr. it. *Il medico nell'età della tecnica*, in *Il medico nell'età della tecnica*, cit.
–, *Vom Ursprung und Ziel der Geschichte* (1959); tr. it. *Origine e senso della storia*, Comunità, Milano 1965.
–, *Freiheit und Wiedervereinigung. Über Aufgaben deutscher Politik* (1960); tr. it. *La Germania tra libertà e riunificazione*, Comunità, Milano 1961.
–, *Der philosophische Glaube angesichts der Offenbarung* (1962); tr. it. *La fede filosofica di fronte alla rivelazione*, Longanesi, Milano 1970.
–, *Kleine Schule des philosophischen Denkens* (1965); tr. it. *Piccola scuola del pensiero filosofico*, Comunità, Milano 1968.
–, *Wohin treibt die Bundesrepublik?* (1967); tr. it. *Germania d'oggi. Dove va la Repubblica federale?*, Mursia, Milano 1969.
Jonas, H., *Das Prinzip Verantwortung* (1979); tr. it. *Il principio responsabilità. Un'etica per la civiltà tecnologica*, Einaudi, Torino 1990.
Jones, E., *Papers on Psychoanalysis* (1948); tr. it. *Teoria del simbolismo. Scritti sulla sessualità femminile e altri saggi*, Astrolabio, Roma 1972.
Jung, C.G., *Über die Psychologie der Dementia præcox: ein Versuch* (1907); tr. it. *Psicologia della dementia præcox*, in *Opere*, Boringhieri, Torino 1969-1993, vol. III.
–, *Symbole der Wandlung. Analyse des Vorspiels zu einer Schizophrenie* (1912-1952); tr. it. *Simboli della trasformazione*, in *Opere*, cit., vol. V.
–, *Vorreden zu "Collected Papers on Analytical Psychology"* (1916-1917); tr. it. *Prefazione ai "Collected Papers on Analytical Psychology"*, in *Opere*, cit., vol. IV.
–, *Über die Psychologie des Unbewussten* (1917-1943); tr. it. *Psicologia dell'inconscio*, in *Opere*, cit., vol. VII.
–, *Über das Unbewusste* (1918); tr. it. *Sull'inconscio*, in *Opere*, cit., vol. X, 1.
–, *Zivilisation im Übergang* (1918-1959); tr. it. *Civiltà in transizione*, in *Opere*, cit., vol. I: *Il periodo fra le due guerre*, vol. II: *Dopo la catastrofe*.
–, *Psychologische Typen* (1921); tr. it. *Tipi psicologici*, in *Opere*, cit., vol. VI.
–, *Über die Energetik der Seele* (1928); tr. it. *Energetica psichica*, in *Opere*, cit., vol. VIII.
–, *Der Gegensatz Freud und Jung* (1929); tr. it. *Il contrasto tra Freud e Jung*, in *Opere*, cit., vol. IV.

–, *Die Probleme der modernen Psychotherapie* (1929); tr. it. *I problemi della psicoterapia moderna*, in *Opere*, cit., vol. XVI.
–, *Über Grundlagen der analytischen Psychologie* (1936); tr. it. *Psicologia analitica*, Mondadori, Milano 1975.
–, *Der Begriff des kollektiven Unbewussten* (1936); tr. it. *Il concetto di inconscio collettivo*, in *Opere*, cit., vol. IX, 1.
–, *Psychologische Determinationen des menschliches Verhaltens* (pubblicato inizialmente in lingua inglese con il titolo *Psychological Factors determining Human Behaviour*) (1936-1937); tr. it. *Determinazioni psicologiche del comportamento umano*, in *Opere*, cit., vol. VIII.
–, *Zur Psychologie des Kinderarchetypus* (1940); tr. it. *Psicologia dell'archetipo del fanciullo*, in *Opere*, cit., vol. IX, 1.
–, *Versuch zu einer psychologischen Deutung des Trinitätsdogmas* (1942-1948); tr. it. *Saggio d'interpretazione psicologica del dogma della Trinità*, in *Opere*, cit., vol. XI.
–, *Das Wandlungssymbol in der Messe* (1942-1954); tr. it. *Il simbolo della trasformazione nella messa*, in *Opere*, cit., vol. XI.
–, *Psychologie und Alchemie* (1944); tr. it. *Psicologia e alchimia*, in *Opere*, cit., vol. XII.
–, *Vom Wesen der Träume* (1945-1948); tr. it. *L'essenza dei sogni*, in *Opere*, cit., vol. VIII.
–, *Die Psychologie der Übertragung erläutert anhand einer alchemistischen Bilderserie* (1946); tr. it. *La psicologia della traslazione illustrata con l'ausilio di immagini alchemiche*, in *Opere*, cit., vol. XVI.
–, *Theoretische Überlegungen zum Wesen des Psychischen* (1947-1954); tr. it. *Riflessioni teoriche sull'essenza della psiche*, in *Opere*, cit., vol. VIII.
–, *Syncronizität als ein Prinzip akausaler Zusammenhänge* (1952); tr. it. *La sincronicità come principio di nessi acausali*, in *Opere*, cit., vol. VIII.
–, *Gegenwart und Zukunft* (1957); tr. it. *Presente e futuro*, in *Opere*, cit., vol. X, 2.
–, *Das Gewissen in psychologischer Sicht* (1958); tr. it. *La coscienza morale dal punto di vista psicologico*, in *Opere*, cit., vol. X, 2.
–, *Erinnerungen, Träume, Gedanken von C.G. Jung* (raccolti ed editi da Aniela Jaffé, 1961); tr. it. *Ricordi, sogni, riflessioni di C.G. Jung*, il Saggiatore, Milano 1965.
Kant, I., *Versuch über die Krankheiten des Kopfes* (1764); tr. it. *Saggio sulle malattie della mente*, Ibis, Como-Pavia 1992.
–, *Kritik der reinen Vernunft* (1781, 1787); tr. it. *Critica della ragion pura*, Laterza, Bari 1959.
–, *Idee zu einer allgemeinen Geschichte in weltbürgerlicher Absicht* (1784); tr. it. *Idea di una storia universale dal punto di vista cosmopolitico*, in *Scritti politici*, Utet, Torino 1956.
–, *Grundlegung zur Metaphysik der Sitten* (1785); tr. it. *Fondazione della metafisica dei costumi*, Rusconi, Milano 1994.
–, *Kritik der praktischen Vernunft* (1788); tr. it. *Critica della ragion pratica*, Laterza, Bari 1955.
–, *Kritik der Urteilskraft* (1790); tr. it. *Critica del giudizio*, Laterza, Bari 1960.

Lacan, J., *Au-delà du principe de réalité* (1936); tr. it. *Al di là del principio di realtà*, in *Scritti*, Einaudi, Torino 1974, vol. I.
–, *Le stade du miroir comme formateur de la fonction du Je* (1937); tr. it. *Lo stadio dello specchio come formatore della funzione dell'io*, in *Scritti*, cit., vol. I.
–, *Le séminaire. Livre I: Les écrits techniques de Freud* (1953-1954); tr. it. *Il seminario. Libro I: Gli scritti tecnici di Freud*, Einaudi, Torino 1978.
–, *Le séminaire sur "La Lettre volée"* (1955); tr. it. *Il seminario su "La lettera rubata"*, in *Scritti*, cit., vol. I.
–, *La chose freudienne* (1956); tr. it. *La cosa freudiana*, in *Scritti*, cit., vol. I.
–, *Fonction et champ de la parole et du langage en psychoanalyse* (1956); tr. it. *Funzione e campo della parola e del linguaggio in psicoanalisi*, in *Scritti*, cit., vol. I.
–, *Introduction au commentaire de Jean Hyppolite sur la Verneinung de Freud* (1956); tr. it. *Introduzione al commento di Jean Hyppolite sulla Verneinung di Freud*, in *Scritti*, cit., vol. I.
–, *La psychoanalyse et son enseignement* (1957); tr. it. *La psicoanalisi e il suo insegnamento*, in *Scritti*, cit., vol. I.
–, *Instance de la lettre dans l'incoscient ou la raison depuis Freud* (1957); tr. it. *L'istanza della lettera dell'inconscio o la ragione dopo Freud*, in *Scritti*, cit., vol. I.
–, *Subversion du sujet et dialectique du désir dans l'incoscient freudien* (1960); tr. it. *Sovversione del soggetto e dialettica del desiderio nell'inconscio freudiano*, in *Scritti*, cit., vol. II.
–, *La direction de la cure et les principes de son pouvoir* (1961); tr. it. *La direzione della cura e i principi del suo potere*, in *Scritti*, cit., vol. II.
–, *Position de l'incoscient* (1966); tr. it. *Posizione dell'inconscio*, in *Scritti*, cit., vol. II.
–, *La science et la vérité* (1966); tr. it. *La scienza e la verità*, in *Scritti*, cit., vol. II.
–, *Scilicet. Revue de l'École freudienne de Paris* (1968-1973); tr. it. *Scilicet. Rivista della scuola freudiana di Parigi*, Feltrinelli, Milano 1977, n. 1-4.
–, *D'une question préliminaire à tout traitement possible de la psychose* (1975); tr. it. *Una questione preliminare ad ogni possibile trattamento della psicosi*, in *Scritti*, cit., vol. II.
Lahav, R., *Comprendere la vita. La consulenza filosofica come ricerca della saggezza*, Apogeo, Milano 2004.
Lao-Tzu, *Tao Tê Ching. Il libro della via e della virtù*, Adelphi, Milano 1973.
Leibniz, G.W., *Principes de philosophie ou Monadologie* (1714); tr. it. *Principi di filosofia o Monadologia*, in *Opere*, Utet, Torino 2000, vol. III.
Leopardi, G., *A Silvia* (1828), in *Canti di Giacomo Leopardi commentati da lui stesso*, Sandron Editore, Napoli 1917.
–, *Canto notturno di un pastore errante nell'Asia* (1829), in *Canti di Giacomo Leopardi commentati da lui stesso*, cit.
Lévi-Strauss, C., *Les structures élémentaires de la parenté* (1947); tr. it. *Le strutture elementari della parentela*, Feltrinelli, Milano 1967.

–, *Introduction à l'œuvre de Marcel Mauss* (1950); tr. it. *Introduzione all'opera di Marcel Mauss*, in M. Mauss, *Teoria generale della magia e altri saggi*, Einaudi, Torino 1965.
–, *Anthropologie structurale* (1958); tr. it. *Antropologia strutturale*, il Saggiatore, Milano 1966.
–, *La pensée sauvage* (1962); tr. it. *Il pensiero selvaggio*, il Saggiatore, Milano 1964.
–, *Mythologiques IV: L'homme nu* (1971); tr. it. *Mitologica IV: L'uomo nudo*, il Saggiatore, Milano 1974.
Lévy-Bruhl, L., *Les fonctions mentales dans les sociétés inférieures* (1910); tr. it. *Psiche e società primitive*, Newton Compton, Roma 1970.
–, *La mentalité primitive* (1922); tr. it. *La mentalità primitiva*, Einaudi, Torino 1966.
–, *La mythologie primitive. Le monde mythique des Australiens et des Papous* (1935); tr. it. *La mitologia primitiva*, Newton Compton, Roma 1973.
Luciano Sofista, *Frammenti*, in M. Untersteiner, *Sofisti. Testimonianze e frammenti*, La Nuova Italia, Firenze 1949-1962, vol. II.
Madera, R., *Identità e feticismo. Forma di valore e critica del soggetto: Marx e Nietzsche*, Moizzi, Milano 1977.
Madera, R., Tarca, L.V, *La filosofia come stile di vita. Introduzione alle pratiche filosofiche*, Bruno Mondadori, Milano 2003.
Marcel, G., *Être et avoir* (1935); tr. it. parziale *Essere e avere*, in P. Chiodi (a cura di), *L'esistenzialismo*, Loescher, Torino 1976.
Marcuse, H., *Eros and Civilisation. A philosophical Inquiry into Freud* (1955-1966); tr. it. *Eros e civiltà*, Einaudi, Torino 1968.
Marramao, G., *Kairós. Apologia del tempo debito*, Laterza, Bari 1992.
Marx, K., *Zur Kritik der politischen Oekonomie* (1859); tr. it. *Per la critica dell'economia politica*, Editori Riuniti, Roma 1969.
–, *Das Kapital. Kritik der politischen Oekonomie* (1867-1883); tr. it. *Il capitale. Critica dell'economia politica*, Editori Riuniti, Roma 1964.
Mauss, M., *Essai sur le don* (1923-1924); tr. it. *Saggio sul dono*, in *Teoria generale della magia e altri saggi*, cit.
–, *Sociologie et anthropologie* (1950); tr. it. *Teoria generale della magia e altri saggi*, Einaudi, Torino 1965.
Melchiorre, V., *L'immaginazione simbolica*, il Mulino, Bologna 1972.
Natali, C., *Aristotele e l'origine della filosofia pratica*, in *Filosofia pratica e scienza politica*, Francisci Editore, Abano Terme 1980.
Natoli, S., *Soggetto e fondamento. Il sapere dell'origine e la scientificità della filosofia* (1979), Bruno Mondadori, Milano 1996.
–, *Nietzsche e la "Dialettica del tragico"*, in *Ermeneutica e genealogia*, Feltrinelli, Milano 1981.
–, *Identità e differenza* (1983), in *Teatro filosofico*, Feltrinelli, Milano 1991.
–, *Soggettività e oggettività. Appunti per un'interpretazione dell'antropologia occidentale* (1986), in *Vita buona vita felice*, Feltrinelli, Milano 1990.
–, *L'esperienza del dolore. Le forme del patire nella cultura occidentale*, Feltrinelli, Milano 1986.
–, *Neopaganesimo* (1991), in *I nuovi pagani. Neopaganesimo: una nuova etica per forzare le inerzie del tempo*, il Saggiatore, Milano 1995.

–, *Progresso e catastrofe. Dinamiche della modernità*, Christian Marinotti Edizioni, Milano 1999.
–, *Parole della filosofia o dell'arte di meditare*, Feltrinelli, Milano 2004.
Needleman, J., *Critical Introduction to Existenzial Psychoanalysis of Ludwig Binswanger*; tr. it. *Introduzione critica all'analisi esistenziale di Ludwig Binswanger* in L. Binswanger, *Essere nel mondo*, Astrolabio, Roma 1973.
Neumann, E., *Ursprungsgeschichte des Bewusstsein* (1949); tr. it. *Storia delle origini della coscienza*, Astrolabio, Roma 1981.
–, *Die grosse Mutter* (1956); tr. it. *La grande madre*, Astrolabio, Roma 1981.
Nietzsche, F., *Nachgelassene Fragmente 1869-1874*; tr. it. *Frammenti postumi 1869-1874*, in *Opere*, Adelphi, Milano 1989, vol. III, 3.
–, *Plato amicus sed. Einleitung in das Studium der platonischen Dialoge* (1871-1876); tr. it. *Plato amicus sed. Introduzione ai dialoghi platonici*, Bollati Boringhieri, Torino 1991.
–, *Die Geburt der Tragödie aus dem Geiste der Musik* (1872); tr. it. *La nascita della tragedia dallo spirito della musica*, in *Opere*, cit., 1972, vol. III, 1.
–, *Über Wahrheit und Lüge im aussermoralischen Sinne* (1873); tr. it. *Su verità e menzogna in senso extramorale*, in *Opere*, cit., 1973, vol. III, 2.
–, *Unzeitgemässe Betrachtungen. Zweite Stück: Vom Nutzen und Nachteil der Historie für das Leben* (1874); tr. it. *Considerazioni inattuali II: Sull'utilità e il danno della storia per la vita*, in *Opere*, cit., 1964, vol. III, 1.
–, *Unzeitgemässe Betrachtungen. Drittes Stück: Schopenhauer als Erzieher* (1874); tr. it. *Considerazioni inattuali, III: Schopenhauer come educatore*, in *Opere*, cit., 1972, vol. III.
–, *Nachgelassene Fragmente 1875-1876*; tr. it. *Frammenti postumi 1875-1876*, in *Opere*, cit., 1975, vol. IV, 1.
–, *Menschliches, Allzumenschliches. Ein Buch für freie Geister* (1878-1880); tr. it. *Umano troppo umano*, in *Opere*, cit., 1965-1967, vol. IV, 2-3.
–. *Nachgelassene Fragmente 1879-1881*; tr. it. *Frammenti postumi 1879-1881*, in *Opere*, cit., 1983, vol. V.
–, *Morgenröte. Gedanken über die moralischen Vorurteile* (1881); tr. it. *Aurora. Pensieri sui pregiudizi morali*, in *Opere*, cit., 1964, vol. V.
–, *Nachgelassene Fragmente 1881-1882*; tr. it. *Frammenti postumi 1881-1882*, in *Opere*, cit., 1975, vol. V, 2.
–, *Die fröhliche Wissenschaft* (1882); tr. it. *La gaia scienza*, in *Opere*, cit., 1965, vol. V, 2.
–, *Nachgelassene Fragmente 1882-1884*; tr. it. *Frammenti postumi 1882-1884*, in *Opere*, cit., 1986, vol. VII, 1, Parte I.
–, *Also sprach Zarathustra. Ein Buch für Alle und Keinen* (1883-1885); tr. it. *Così parlò Zarathustra. Un libro per tutti e per nessuno*, in *Opere*, cit., 1968, vol. VI, 1.
–, *Nachgelassene Fragmente 1884*; tr. it. *Frammenti postumi 1884*, in *Opere*, cit., 1976, vol. VII, 2.
–, *Nachgelassene Fragmente 1884-1885*; tr. it. *Frammenti postumi 1884-1885*, in *Opere*, cit., 1975, vol. VII, 3.

–, *Nachgelassene Fragmente 1885-1887*; tr. it. *Frammenti postumi 1885-1887*, in *Opere*, cit., 1975, vol. VIII,1.
–, *Jenseits von Gut und Böse. Vorspiel einer Philosophie der Zukunft* (1886); tr. it. *Al di là del bene e del male. Preludio di una filosofia dell'avvenire*, in *Opere*, cit., 1972, vol. VI, 2.
–, *Zur Genealogie der Moral. Eine Streitschrift* (1887); tr. it. *Genealogia della morale. Uno scritto polemico*, in *Opere*, cit., 1968, vol. VI, 2.
–, *Nachgelassene Fragmente 1887-1888*; tr. it. *Frammenti postumi 1887-1888*, in *Opere*, cit., 1971, vol. VIII, 2.
–, *Ecce homo. Wie man wird, was man ist* (1888); tr. it. *Ecce homo. Come si diventa ciò che si è*, in *Opere*, cit., 1970, vol. VI, 3.
–, *Nachgelassene Fragmente 1888-1889*; tr. it. *Frammenti postumi 1888-1889*, in *Opere*, cit., 1974, vol. VIII, 3.
–, *Götzendämmerung, oder: Wie man mit dem Hammer philosophiert* (1889); tr. it. *Crepuscolo degli idoli, ovvero: come si filosofa col martello*, in *Opere*, cit., 1970, vol. VI, 3.
–, *Der Antichrist. Fluch auf das Christenthum* (1889); tr. it. *L'anticristo. Maledizione del cristianesimo*, in *Opere*, cit., 1970, vol. VI, 3.
–, *Die Wille zur Macht. Versuch einer Umwertung aller Werte* (1906); tr. it. *La volontà di potenza. Saggio di una trasvalutazione di tutti i valori*, Bompiani, Milano 1992.
Noica, C., *Sase maladii ale spiritului contemporan* (1978); tr. it. *Sei malattie dello spirito contemporaneo*, il Mulino, Bologna 1993.
Omero, *Iliade*, *Odissea*, Einaudi, Torino 1981-1982.
Pancow, G., *L'homme et sa psychose* (1969); tr. it. *L'uomo e la sua psicosi*, Feltrinelli, Milano 1977.
Paolo di Tarso, *Prima lettera ai Corinti*, in *Biblia Sacra*, cit.
Parmenide, *Frammenti*, in Diels-Kranz, *Die Fragmente der Vorsokratiker* (1966); tr. it. *I presocratici. Testimonianze e frammenti*, Laterza, Bari 1983.
Pascal, B., *Pensées* (1657-1662, prima edizione 1670); tr. it. *Pensieri*, Rusconi, Milano 1993.
Pavlov, I., *I riflessi condizionati* (1927), Boringhieri, Torino 1966.
Peirce, Ch.S., *Semiotica* (testi tratti da *Collected Papers*, 1931-1935), Einaudi, Torino 1980.
Pindaro, *Pitiche*, in *I poeti greci. Esiodo, Pindaro, Teocrito, Eronda*, Zanichelli, Bologna 1964.
Platone, *Fedone, Teeteto, Parmenide, Simposio, Fedro, Alcibiade primo, Carmide, Protagora, Repubblica, Timeo, Leggi*, in *Tutti gli scritti*, Rusconi, Milano 1991.
Plutarco, *De tuenda sanitate præcepta*, 122 e, in *Plutarch's Moralia*, Loeb Classical Library, London-Cambridge 1925-1978, vol. II.
Pollastri, N., *Il pensiero e la vita. Guida alla consulenza e alle pratiche filosofiche*, Apogeo, Milano 2004.
Poma, A., *Parole vane. Pazienza, giustizia, saggezza: una lettura del libro di Giobbe*, Apogeo, Milano 2005.
Popper, K.R., *Conjectures and Refutations* (1969); tr. it. *Congetture e confutazioni. Lo sviluppo della conoscenza scientifica*, il Mulino, Bologna 1972.
Rank, O., *Das Trauma der Geburt* (1924); tr. it. *Il trauma della nascita*, Guaraldi, Rimini 1972.

Ricœur, P., *Le conflict des interprétations* (1969); tr. it. *Il conflitto delle interpretazioni*, Jaca Book, Milano 1977.
Rilke, R.M., *Sonette an Orpheus*, XIX (1922); tr. it. *I sonetti a Orfeo*, Enrico Cederna, Milano 1986.
–, *Briefe aus Muzot*, in *Gesammelte Werke*, Frankfurt a.M. 1961, vol. VI.
Róheim, G., *Psychoanalysis and anthropology. Culture, personality and the unconscious* (1950); tr. it. *Psicoanalisi e antropologia*, Rizzoli, Milano 1974.
Rolland, R., *Lettera a Freud del 5 dicembre 1927*, in S. Freud, *Lettere 1873-1939*, cit.
Ruschmann, E., *Philosophische Beratung* (1999); tr. it. *Consulenza filosofica*, Armando Siciliano editore, Messina 2004.
Ruyer, R., *L'animal, l'homme, la fonction symbolique* (1964); tr. it. *L'animale, l'uomo e la funzione simbolica*, Bompiani, Milano 1972.
Saner, H., *Jaspers*, Rowohlt Taschenbuch, Hamburg 1970.
Sartre, J.-P., *Esquisse d'une théorie des émotions* (1939); tr. it. *Idee per una teoria delle emozioni*, in *L'immaginazione. Idee per una teoria delle emozioni*, Bompiani, Milano 1962.
–, *L'être et le néant* (1943); tr. it. *L'essere e il nulla*, il Saggiatore, Milano 1965.
Schopenhauer, A., *Die Welt als Wille und Vorstellung* (1819); tr. it. *Il mondo come volontà e rappresentazione*, Mursia, Milano 1969.
–, *Ergänzungen* (1844) zu *Die Welt als Wille und Vorstellung* (1819); tr. it. *Supplementi* a *Il mondo come volontà e rappresentazione*, Laterza, Bari 1930.
–, *Parerga und paralipomena. Kleine philosophische Schriften* (1851); tr. it. *Parerga e paralipomena*, Adelphi, Milano 1981-1983.
Seneca, L.A., *Lettera XVI a Lucilio*, in *Tutti gli scritti*, Rusconi, Milano 1994.
Sequeri, P., *Il Dio affidabile. Saggio di teologia fondamentale*, Queriniana, Brescia 1996.
Sereny, G., *Into that Darkness* (1983); tr. it. *In quelle tenebre*, Adelphi, Milano 1994.
Severino, E., *Destino della necessità*, Adelphi, Milano 1980.
Simmel, G., *Philosophie des Geldes* (1900); tr. it. *Filosofia del denaro*, Utet, Torino 1984.
Sini, C., *Il simbolo e l'uomo*, Egea, Milano 1991.
Skinner, B.F., *Science and human behavior* (1953); tr. it. *La scienza e il comportamento umano*, Franco Angeli, Milano 1971.
Sofocle, *Antigone, Edipo re, Edipo a Colono*, in *Tragedie e frammenti*, Utet, Torino 1982.
Sperber, D., *Le symbolisme en général* (1974); tr. it. *Per una teoria del simbolismo*, Einaudi, Torino 1981.
Spinoza, B., *Ethica ordine geometrico demonstrata* (1665, edita postuma nel 1677); tr. it. *Etica dimostrata secondo l'ordine geometrico*, Boringhieri, Torino 1959.
Strindberg, J.A., *Le plaidoyer d'un fou* (1887-1888); tr. it. *L'arringa di un pazzo*, Mondadori, Milano 1999.
–, *Enfer* (1897); tr. it. *Inferno*, Adelphi, Milano 1972.
–, *Legender* (1898); tr. it. *Leggende*, in *Inferno*, cit.

Tommaso d'Aquino, *Quæstiones disputatæ* (1256-1259), *Quæstio* XIV: *De fide*, Edizioni Studio Domenicano, Bologna 1992.
–, *Summa Theologiæ* (1259-1273), Editiones Paulinæ, Roma 1962.
Trevi, M., *Il simbolo generatore* (1973), in *Metafore del simbolo*, Raffaello Cortina, Milano 1986.
–, *Simbolo, progetto, utopia* (1974), in *Metafore del simbolo*, cit.
–, *Simbolo e funzione simbolica* (1986), in *Metafore del simbolo*, cit.
–, *Interpretatio duplex*, Borla, Roma 1986.
–, *Per uno junghismo critico*, Bompiani, Milano 1987.
– (a cura di), "Metaxù" rivista edita per 16 numeri dagli editori Borla, Kappa e Theoria, Roma 1986-1993.
Turner, V.W., *The forest of symbols. Aspect of Ndembu ritual* (1967); tr. it. *La foresta dei simboli*, Morcelliana, Brescia 1977.
Tylor, E.B., *Primitive culture* (1871); tr. it. parziale: *Lo sviluppo della civiltà*, in U. Fabietti (a cura di), *Alle origini dell'antropologia*, Boringhieri, Torino 1980.
Valéry, P., *Poésie et pensée abstraite*, in *Œuvres*, Bibliothèque de la Pléiade, Gallimard, Paris 1957.
Van den Berg, J.H., *The phenomenological approach to Psychiatry. An Introduction to recent phenomenological Psychopathology* (1955); tr. it. *Fenomenologia e psichiatria*, Bompiani, Milano 1961.
Van Gogh, V., *Tutte le lettere*, Silvana Editoriale d'arte, Milano 1959.
Vattimo, G., *Essere, storia e linguaggio in Heidegger*, Edizioni di Filosofia, Torino 1963.
–, *Il soggetto e la maschera. Nietzsche e il problema della liberazione*, Bompiani, Milano 1974.
Volpi, F., *La rinascita della filosofia pratica in Germania*, in *Filosofia pratica e scienza politica*, Francisci Editore, Abano Terme 1980.
Weber, M., *Wissenschaft als Beruf* (1917); tr. it. *La scienza come professione*, in *Il lavoro intellettuale come professione*, Einaudi, Torino 1971.
–, *Politik als Beruf* (1919); tr. it. *La politica come professione*, in *Il lavoro intellettuale come professione*, cit.
White, L.A., *The science of culture* (1949); tr. it. *La scienza della cultura*, Sansoni, Firenze 1969.
Zaccaria, G., *L'etica originaria; Hölderlin, Heidegger e il linguaggio*, Egea, Milano 1992.

Indice degli autori

Abel, Karl 118, 119n
Achenbach, Gerd B. 11n
Adler, Alfred 101, 110
Agostino di Tagaste 55n, 387-389, 411
Alleau, René 183
Anassimandro 15, 157, 318, 325, 393n
Anders, Günther 22, 140, 158, 171, 398, 418, 420, 421
Anonimo della scuola medica di Kos 277
Anselmo d'Aosta 362
Aristotele 50, 54, 97, 152, 183, 195, 222, 317n, 325, 371, 390, 392, 396n, 398n, 406-409, 412, 438, 439n

Bachofen, Johann Jakob 180
Bacone, Francesco 19-20, 238, 254, 320n, 376n, 377, 397
Balestro, Piero 310n
Balistreri, A. Giuseppe 11n
Baudrillard, Jean 205
Bäumler, Alfred 180n
Beattie, John 186
Bergson, Henri 12, 403n
Berra, Lodovico 11n
Bickel, Lothar 47
Binswanger, Ludwig 33, 52, 63, 109n, 138, 225, 227, 234-236, 237-238, 241-243, 244-245, 246-248, 248-251, 251-253, 283, 310, 315-316
Bion, Wilfred R. 190
Bleuler, Eugen 241, 255
Borgna, Eugenio 52, 263
Boss, Medard 252
Brentano, Franz 33-34, 230
Brunner, Constantin 47
Buber, Martin 241

Callieri, Bruno 52
Cargnello, Danilo 252, 253n, 263, 302, 303n, 309
Cartesio *vedi* Descartes, René
Caruso, Paolo 77n
Cassirer, Ernst 181, 183
Cavadi, Augusto 11n
Ceppa, Leonardo 41n
Chiodi, Pietro 288n
Clérambault, Gaëtan Gatian de 63
Colli, Giorgio 382
Collini, Patrizio 426n
Copernico, Niccolò 38
Corbin, Henry 178-179
Creuzer, Georg Friedrich 180, 183

Dante Alighieri 26, 426, 432
Darwin, Charles 38
De Martino, Ernesto 217
Democrito 410
Descartes, René 29, 34, 37, 51, 53, 62, 63, 64n, 106, 141, 143, 227,

229, 231-232, 232, 234, 235, 236, 239, 242-243, 277, 283, 300, 312, 362
Diels, Hermann 325n
Dilthey, Wilhelm 52, 242, 295-296, 297-299, 299-301, 314

Eco, Umberto 184, 205
Eliade, Mircea 178
Epicuro 405
Eraclito 22n, 24, 45, 50, 103, 115, 202, 220, 222, 377, 392n, 393n, 395, 404, 406n, 410
Eschilo 15, 25n, 160, 369, 371, 378n, 390n
Esiodo 21n, 391n

Fabietti, Ugo 184n
Fechner, Theodor Gustav 47
Ferenczi, Sándor 189-190
Festinger, Leon 170n
Fichte, Johann Gottlieb 155, 356
Filone l'Ebreo 56
Firth, Robert 186
Fornari, Franco 252
Foucault, Michel 21, 63
Francesco di Sales 18
Frazer, James George 184, 194, 185n
Freud, Sigmund 13-16, 18, 29, 31-32, 32-34, 35-37, 37-40, 40-44, 44-46, 47, 48-49, 54, 55, 57, 61, 62, 63, 64-65, 67, 69, 71, 74, 76, 77, 79-83, 86, 101, 104, 108-109, 110, 111, 113, 115, 116-117, 118-119, 121, 123, 124, 125, 127, 135-141, 153-157, 161, 166-169, 172, 188-189, 192, 199-200, 201, 203, 207, 210, 213-214, 227-230, 232-233, 234, 241, 245, 251, 260, 304, 372, 409

Gadamer, Hans-Georg 53, 130, 257, 258n
Galilei, Galileo 107, 197, 215, 377
Galimberti, Katja 64n
Gehlen, Arnold 12, 403n, 405n
Gödel, Kurt 63
Goethe, Johann Wolfgang 44-45, 90, 91n, 215, 223, 374, 432
Gregorio di Nissa 389
Griesinger, Wilhelm 227
Groddeck, Georg 41, 79, 80n
Guenon, René 178

Hegel, Georg Wilhelm Friedrich 30, 63, 68, 80, 166, 169, 177, 180, 199-200, 305, 323, 347, 356, 428-429
Heidegger, Martin 13-14, 34, 52, 53, 63, 86-87, 111, 157, 161, 182, 206, 211, 233, 234, 235, 236, 241, 243, 244-245, 246-248, 248-250, 251, 253, 256, 259-260, 261, 271, 272, 273, 275, 296, 305, 307-308, 313, 314n, 315-316, 325, 335, 400, 406
Herder, Johann Gottfried 12, 403n
Hessing, S. 47n
Hillman, James 57, 63, 130-133, 212-214, 223
Hölderlin, Friedrich 264, 269, 271-274, 325
Horkheimer, Max 30, 147
Hubert, Henri 127
Husserl, Edmund 33, 51-53, 227, 230, 232, 233, 234, 236-238, 239, 241, 247-248, 251, 256-257, 282-283, 285, 288, 305-306, 315-316, 338
Hyppolite, Jean 76n

Ippocrate 24-25, 291, 406-407
Isaia 17

Jabès, Edmond 120
Jaffé, Aniela 199n
Jakobson, Roman 63, 67, 71
Jaspers, Karl 22-23, 52, 53, 56, 63, 198, 227-228, 242, 252, 258, 264, 266, 269-271, 275-276, 277, 278-279, 282-283, 283-284, 286, 288, 289-291, 291, 293, 296, 302-305, 305-309, 309-312, 312-316, 317-320, 320-324, 324-328, 328-333, 333-336, 337-343, 343-350, 350-353, 355, 360-361, 361-

367, 414-415, 415-417, 417, 420, 421, 422
Jonas, Hans 425, 437
Jones, Ernest 190
Joyce, James 63
Jung, Carl Gustav 47-50, 50-53, 54-56, 57, 61, 101, 103-104, 108-109, 110-111, 111-116, 116-118, 119-122, 123-124, 124-125, 125-127, 127-128, 128-130, 130, 131, 133, 135-137, 139-141, 149n, 150, 168-169, 187, 189, 191-192, 194, 198-199, 201, 203, 204-209, 209-214, 215, 216-217, 217-219, 223, 232, 241, 257, 261-262, 318

Kant, Immanuel 12, 43, 107, 112-115, 143, 196, 197n, 270, 296, 325-326, 338, 362, 403n, 415, 424, 425, 428-429, 433
Kierkegaard, Søren 363
Klein, Melanie 190
Kojève, Alexandre 63
Kranz, Walter 325n

Lacan, Jacques 21, 34, 62-63, 64-65, 65-67, 68-69, 69-70, 70-72, 72-73, 73-74, 74-76, 76-77, 77-79, 79-84, 190-191
Lahav, Ran 11n
Laing, Ronald D. 52
Lao-Tzu 221
Leeuw, Gerardus van der 178
Leibniz, Gottfried Wilhelm 34, 106, 148, 171, 409
Leopardi, Giacomo 219n, 381n
Lévi-Strauss, Claude 63, 66-67, 74, 187-188, 190, 194, 205-206
Lévy-Bruhl, Lucien 127, 185-187, 205
Luca Evangelista 424n
Luciano Sofista 21n
Lutero (Luther, Martin) 318

Madera, Romano 11n, 148n, 149
Mann, Thomas 318
Marcel, Gabriel 288
Marcuse, Herbert 137-138

Marramao, Giacomo 392n
Marx, Karl 30, 148, 429
Matteo Evangelista 387n
Mauss, Marcel 87, 127, 188n, 194n, 205
Melchiorre, Virgilio 182, 340n
Merleau-Ponty, Maurice 63
Migne, Jacques-Paul 389n
Minkowski, Eugène 52

Natali, Carlo 11n
Natoli, Salvatore 11n, 13, 19, 25, 65, 97n, 105n, 142n, 145, 151-152, 162-163, 195, 196n, 380, 381n, 393, 438
Needleman, Jacob 253-254
Neumann, Erich 130-131
Newton, Isaac 215
Nietzsche, Friedrich 11, 12, 22, 29-31, 32, 34, 35-37, 37-40, 40-41, 43, 44-46, 47, 54-57, 57, 60-61, 62-65, 79-84, 85-87, 90-91, 94-96, 97-99, 105-106, 117, 121, 142-145, 157, 162-163, 165, 193, 196, 202, 203, 255-256, 258, 264, 274-275, 323, 325-326, 352, 356-357, 363, 371-374, 380, 382-383, 385-387, 403n, 404, 409-410, 411-412, 420-421, 423, 427, 432, 434
Noica, Costantin 216n
Novalis [Friedrich Leopold von Hardenberg] 209

Omero 149, 393n, 426n
Ortega y Gasset, José 241

Pankow, Gisela 280n
Paolo di Tarso 24, 389
Parmenide 393n
Pascal, Blaise 18
Pavlov, Ivan Petrovič 285
Peirce, Charles Sanders 181
Peretti, Alberto 11n
Pfänder, Alexander 241
Pindaro 388
Platone 9, 12, 29, 30, 31-32, 35-36, 46, 49, 50, 54-57, 57-60, 62, 78, 80, 81, 85, 88-89, 93-94, 94-96, 98, 104-106, 133, 175, 177, 183,

195-196, 199, 204, 221, 231-232, 235, 240, 242, 275, 277, 322, 323, 325, 343-345, 348, 362, 378, 382n, 392, 395, 402-403, 408, 427-428, 430, 436-437
Plotino 56, 362
Plutarco 404
Pollastri, Neri 11n
Poma, Andrea 375n
Popper, Karl R. 51
Proclo 132, 213

Rank, Otto 156
Reik, Theodor 49n
Ricœur, Paul 181-182
Rilke, Rainer Maria 212, 271-272
Róheim, Géza 190
Rolland, Romain 153
Rossi, Paolo 296n
Ruschmann, Eckart 11n
Ruyer, Raymond 187

Saner, Hans 319n
Sartre, Jean-Paul 52, 63, 240, 242, 249-251, 279, 362
Saussure, Ferdinand de 63, 67, 75-76, 190, 205
Scheler, Max 241
Schelling, Friedrich Wilhelm Joseph 29, 32, 106, 306, 356
Schopenhauer, Arthur 12, 29-31, 32, 34, 35, 37, 39-40, 40-43, 44-46, 62, 80-81, 106, 155, 381n, 403n, 409
Seneca, Lucio Anneo 407
Sequeri, Pierangelo 178
Sereny, Gitta 416, 417n
Severino, Emanuele 435n
Simmel, Georg 398, 399n, 400

Sini, Carlo 170, 183
Skinner, Burrhus Frederik 170n
Socrate 35-36, 81, 94, 106, 121, 322, 394, 402
Sofocle 135, 379, 385, 397, 403
Sperber, Dan 187, 188n
Speusippo 54, 55
Spinoza, Baruch 34, 46, 47, 106, 380, 393, 409
Strindberg, August 264-266

Talete 328
Tarca, Lucio Vero 11n
Tobler, G. Christof 45n
Tommaso d'Aquino 12, 359, 360n, 403n
Torricelli, Evangelista 107, 197
Trevi, Mario 53-54, 111, 130, 133, 144, 192, 195, 208, 209n, 213, 263
Turner, Victor 186-187
Tylor, Edward Burnett 184

Untersteiner, Mario 21n
Usner, Hermann 405n

Valéry, Paul 210
Van den Berg, Jan Hendrik 303
Van Gogh, Vincent 264, 267-268
Vattimo, Gianni 43n, 117n, 182-183
Vegetti, Mario 277
Ventura, Michael 63n
Volpi, Franco 11n

Wallace, Alfred Russel 38
Weber, Max 399, 400n, 401, 425
White, Leslie A. 186

Zaccaria, Gino 272n

Indice

9   La casa di psiche

11   Introduzione. *Le visioni del mondo sottese alla psicoanalisi e alla pratica filosofica*

11   1. La domanda sul dolore e sul suo senso
17   2. La risposta della tradizione giudaico-cristiana e la pratica psicoanalitica
22   3. La risposta della cultura greca e la pratica filosofica

Parte prima
METODO ANALITICO E METODO GENEALOGICO. LA PSICOANALISI E NIETZSCHE

29   1. Le origini romantiche della psicoanalisi e l'obiezione di Nietzsche

29   1. L'età romantica come epoca della disillusione
31   2. Freud e lo spostamento dello sguardo
32   3. Freud e il conflitto tra la vita e la sua rappresentazione
35   4. Nietzsche e la genealogia della ragione
37   5. Freud e Nietzsche: il gioco delle maschere
40   6. La "ragione" di Freud come dominio sulle passioni
44   7. La "ragione" di Nietzsche come equilibrio delle passioni

47   2. La pretesa scientifica della psicoanalisi e la sua impraticabilità secondo Nietzsche

50   1. Ermeneutica
54   2. Eidetica
57   3. Genealogia

62   3. Lacan e l'inconfessato ritorno della psicoanalisi a Nietzsche

63   1. Il rifiuto della prospettiva egologica e logocentrica
65   2. L'ordine simbolico
68   3. L'inconscio come linguaggio
70   4. La retorica dell'inconscio: sintomo, metafora e metonimia
72   5. Lo stadio dello specchio e la dimensione dell'immaginario
73   6. Lo stadio dell'Edipo e la dimensione simbolica
74   7. La scissione delle due reti del significante e del significato
76   8. Natura e cultura: due serie parallele
77   9. La mancanza
79   10. L'inconfessato ritorno a Nietzsche

85   4. Nietzsche e la nostalgia dell'innocenza

85   1. La seconda innocenza
87   2. La prima innocenza
89   3. Il grido
92   4. La profondissima necessità
94   5. Lo scioglimento dell'enigma
97   6. La nostalgia della terra

Parte seconda
JUNG E LA PSICOANALISI

103   5. Jung e la filosofia dell'Occidente

104   1. Psiche
106   2. Io penso
109   3. Ermeneutica
111   4. Simbolo
116   5. Inconscio
118   6. Ragione e follia

123   6. La psicologia analitica di Jung

123   1. Il simbolo e il processo di trasformazione
124   2. Metodo causale e metodo finalistico
125   3. L'inconscio e le sue figure
127   4. L'asse Io-Sé e il processo di individuazione
128   5. Tipologia ed ermeneutica
130   6. Gli sviluppi della psicologia analitica

135   7. La psicoanalisi nell'età della tecnica

135   1. Psiche e storia
141   2. Il sapere scientifico e la complessità sociale
153   3. Le sorti dell'Io tra inconscio pulsionale e inconscio tecnologico

159   4. Il dominio della tecnica e le parole del dolore
165   5. Il presupposto umanistico della psicoanalisi e il suo declino nell'età della tecnica

Parte terza
LA PSICOLOGIA DEL PROFONDO E LA DIMENSIONE SIMBOLICA

177   **8. Il simbolo nella tradizione occidentale**

177   1. Teologia
178   2. Fenomenologia della religione
180   3. Filosofia
184   4. Antropologia
188   5. Psicoanalisi
191   6. Psicologia analitica

193   **9. Il linguaggio simbolico nella pratica analitica**

193   1. Il linguaggio simbolico
195   2. Il linguaggio filosofico
196   3. Il linguaggio scientifico
198   4. Il linguaggio della pratica analitica

201   **10. La polisemia del simbolo nella concezione di Jung**

201   1. Il simbolo come antecedente dei segni
204   2. Il simbolo come azione che compone i distanti
209   3. Il simbolo come eccedenza di senso

215   **11. Il simbolismo in astrologia. Storia e destino**

215   1. Il disincanto del cielo
216   2. Il simbolo astrologico e il buon presagio
217   3. Storia e metastoria
219   4. Il linguaggio analogico dell'astrologia
220   5. Il simbolo cosmologico
221   6. Il simbolo antropologico
222   7. La norma del cielo e le sorti dell'anima

Parte quarta
PSICOANALISI E ANALISI ESISTENZIALE

227   **12. Il paradigma esistenziale come superamento del dualismo antropologico**

227   1. Il presupposto dualistico della psicoanalisi e l'ideale esplicativo

231	2.	La fenomenologia e il superamento del dualismo antropologico
232	3.	La contraddizione fra teoria psicoanalitica e prassi terapeutica
234	4.	L'analisi esistenziale fenomenologicamente fondata
236	5.	Il capovolgimento metodologico e il recupero della soggettività umana dall'oggettivazione psicoanalitica
239	6.	Il recupero del corpo e il mondo della vita

241	13.	**Binswanger e l'analisi esistenziale fenomenologicamente fondata**
241	1.	Il problema epistemologico nelle scienze psicologiche
244	2.	Il problema della norma e il superamento della distinzione tra "sano" e "malato"
246	3.	Gli a priori esistenziali e la mediazione di Heidegger
248	4.	La produzione di significato e la mediazione di Sartre
251	5.	Psicoanalisi e analisi esistenziale
253	6.	L'onnipotenza della spiegazione scientifica e l'impotenza della comprensione fenomenologica

255	14.	**La psicologia come arte**
255	1.	Il limite metodologico dell'analisi esistenziale
257	2.	Il superamento del limite nella rinuncia della psicologia a porsi come scienza e nel suo approdo all'arte ermeneutica
259	3.	La convocazione simbolica come principio e fondamento dell'arte ermeneutica
260	4.	L'ermeneutica come dimensione dialogica che risponde a un appello che trascende i due dialoganti e li convoca

264	15.	**Genio e follia. Un saggio di analisi esistenziale**
264	1.	La testimonianza di Strindberg
267	2.	La testimonianza di Van Gogh
269	3.	Follia e creatività artistica
271	4.	Hölderlin e Rilke: l'Aperto e la Terra straniera

277	16.	**La medicina e il fraintendimento del corpo**
278	1.	I due volti della malattia
279	2.	I fatti e i significati
280	3.	Il corpo e l'esistenza
281	4.	Il dolore e il piacere
282	5.	L'incarnazione
283	6.	La grande lacerazione e le false ricuciture
285	7.	La superstizione scientifica
286	8.	Il supplemento psicologico
288	9.	L'appartenenza corporea
289	10.	L'inganno psicoanalitico
291	11.	L'antica idea di medico

Parte quinta
JASPERS: DALLA PSICOPATOLOGIA ALLA FILOSOFIA

295 17. Dilthey: le scienze della natura e le scienze dello spirito

295 1. La psicologia razionale di derivazione filosofica
297 2. La psicologia esplicativa delle scienze della natura
299 3. La psicologia descrittiva e l'esperienza vissuta

302 18. Jaspers e la psicologia comprensiva

302 1. La rivoluzione jaspersiana in psichiatria. Dalla spiegazione scientifica alla comprensione fenomenologica
305 2. Husserl e Heidegger di fronte al capovolgimento metodologico jaspersiano
309 3. La psicopatologia generale e il metodo comprensivo
312 4. La psicologia delle visioni del mondo e le modalità a priori che condizionano l'esistenza

317 19. Jaspers: dalla filosofia come sapere al filosofare come ricerca e pratica di vita

317 1. Dalla scienza alla filosofia
320 2. La filosofia dell'Occidente come volontà di sapere e potere
324 3. Dalla filosofia come sapere al filosofare come ricerca
328 4. La filosofia come orientazione nel mondo
333 5. La filosofia come chiarificazione dell'esistenza

337 20. Jaspers: la metafisica delle cifre e la ricerca dell'ulteriorità di senso

337 1. La funzione fenomenologica della cifra
343 2. La funzione simbolica della cifra
350 3. La funzione desituante della cifra
354 4. La fede filosofica e la trascendenza immanente
361 5. Dal naufragio della filosofia come soluzione alla pratica filosofica come ulteriorità di significazione

Parte sesta
LA PRATICA FILOSOFICA

371 21. Filosofia e psicoterapia

371 1. La meraviglia del dolore
372 2. Il desiderio infinito
373 3. Il luogo del tragico
373 4. La ricerca del senso
374 5. La cognizione del limite

376	22. La condizione tragica dell'esistenza
376	1. La concezione giudaico-cristiana della natura come terra da dominare
377	2. La concezione greca della natura come terra da abitare
380	3. Innocenza e crudeltà della natura: l'essenza del tragico
385	23. La giusta misura
385	1. Il cristianesimo e il desiderio infinito
389	2. La grecità e la giusta misura
394	3. Il mondo contemporaneo e l'oltrepassamento della misura
402	24. La cura di sé
402	1. La conoscenza della natura umana (*Anthrópou epistéme*)
403	2. La conoscenza di sé (*Heautoû epistéme*)
405	3. L'arte del vivere (*Téchne tou bíou*)
407	4. La virtù (*Areté*)
410	5. La felicità (*Eudaimonía*)
414	25. Il problema della colpa. Un saggio di pratica filosofica
414	1. Le figure della colpa
415	2. La colpa metafisica come oggettivazione dell'uomo
416	3. Il nazismo come prova generale dell'apparato tecnico
417	4. Dal totalitarismo politico al totalitarismo tecnico
419	5. La colpa metafisica nell'età della tecnica
420	6. La colpa metafisica come nichilismo passivo
421	7. Non si è ancora fatta sera
423	26. L'etica del viandante
423	1. La caduta dei principi immutabili
426	2. Le vicissitudini dell'etica nella storia dell'Occidente
430	3. Lo spaesamento dell'etica nell'età della tecnica
432	4. Il nomadismo dell'etica
434	5. La decisione etica nella drammaticità della contingenza
441	Indice delle opere citate
457	Indice degli autori

Sempre in "Universale Economica" – SAGGI

Francesco Adorno, *La filosofia antica*
Giulio Albanese, *Soldatini di piombo*. La questione dei bambini soldato
Mariateresa Aliprandi, Eugenia Pelanda, Tommaso Senise, *Psicoterapia breve di individuazione*. La metodologia di Tommaso Senise nella consultazione con l'adolescente
Hannah Arendt, *Antologia*. Pensiero, azione e critica nell'epoca dei totalitarismi. A cura di P. Costa
Hannah Arendt, *La banalità del male*. Eichmann a Gerusalemme
Hannah Arendt, *Ebraismo e modernità*
Erich Auerbach, *Lingua letteraria e pubblico nella tarda antichità latina e nel Medioevo*
Erich Auerbach, *Studi su Dante*. Prefazione di D. Della Terza
Michail A. Bakunin, *Stato e anarchia*. Introduzione di M. Maggiani
Kevin Bales, *I nuovi schiavi*. La merce umana nell'economia globale
Nanni Balestrini, Primo Moroni, *L'orda d'oro. 1968-1977*. La grande ondata rivoluzionaria e creativa, politica ed esistenziale. Nuova edizione a cura di S. Bianchi
William J. Barber, *Storia del pensiero economico*
Renato Barilli, *L'arte contemporanea*. Nuova edizione
Renato Barilli, *Informale Oggetto Comportamento*. I. La ricerca artistica negli anni '50 e '60
Renato Barilli, *Informale Oggetto Comportamento*. II. La ricerca artistica negli anni '70
Renato Barilli, *Prima e dopo il 2000*. La ricerca artistica 1970-2005
Karl Barth, *L'Epistola ai Romani*. Cura di G. Miegge

Jean Baudrillard, *Lo scambio simbolico e la morte*
Jean Baudrillard, *Le strategie fatali*
Zygmunt Bauman, *Le sfide dell'etica*
Zygmunt Bauman, *La solitudine del cittadino globale*
Henri Bergson, *Il riso*. Saggio sul significato del comico
Isaiah Berlin, *Libertà*. A cura di H. Hardy. Con un saggio di I. Harris su Berlin e i suoi critici. Edizione italiana a cura di M. Ricciardi
Ernst Bloch, *Ateismo nel cristianesimo*. Per la religione dell'Esodo e del Regno. "Chi vede me vede il Padre"
Ernst Bloch, *Thomas Münzer teologo della rivoluzione*
Gianluca Bocchi, Mauro Ceruti, *Origini di storie*
Remo Bodei, *Destini personali*. L'età della colonizzazione delle coscienze
Remo Bodei, *Geometria delle passioni*. Paura, speranza, felicità: filosofia e uso politico
Eugenio Borgna, *Come se finisse il mondo*. Il senso dell'esperienza schizofrenica
Eugenio Borgna, *Le emozioni ferite*
Eugenio Borgna, *Le figure dell'ansia*
Eugenio Borgna, *Le intermittenze del cuore*
Eugenio Borgna, *Malinconia*
Pierre Bourdieu, *Il dominio maschile*
Jeremy Brecher, Tim Costello, *Contro il capitale globale*. Strategie di resistenza. A cura di L. Piccioni
Jerome Bruner, *La cultura dell'educazione*. Nuovi orizzonti per la scuola
Giorgio Candeloro, *Storia dell'Italia moderna*
Eva Cantarella, *L'ambiguo malanno*. Condizione e immagine della donna nell'antichità greca e romana
Eva Cantarella, *Itaca*. Eroi, donne, potere tra vendetta e diritto
Eva Cantarella, *Passato prossimo*. Donne romane da Tacita a Sulpicia
Eva Cantarella, *I supplizi capitali*. Origini e funzioni delle pene di morte in Grecia e nell'antica Roma. Nuova edizione rivista
Fritjof Capra, *Il punto di svolta*. Scienza, società e cultura emergente
Fritjof Capra, *Verso una nuova saggezza*
Giampiero Carocci, *Storia d'Italia dall'Unità ad oggi*
Rachel Carson, *Primavera silenziosa*. Introduzione di Al Gore
Gino Castaldo, *La Terra Promessa*. Quarant'anni di cultura rock (1954-1994)

Manuel Castells, *Galassia Internet*
Carlo M. Cipolla, *Uomini, tecniche, economie*
Gherardo Colombo, *Sulle regole*
Alessandro Dal Lago, *Non-persone*. L'esclusione dei migranti in una società globale. Nuova edizione
Gilles Deleuze, *Logica del senso*
Ernesto de Martino, *Sud e magia*. Introduzione di U. Galimberti
Mario De Micheli, *L'arte sotto le dittature*
Mario De Micheli, *Le avanguardie artistiche del Novecento* (nuova edizione ampliata)
Mario De Micheli, *Le poetiche. David, Delacroix, Courbet, Cézanne, Van Gogh, Picasso*. Antologia degli scritti
Marco d'Eramo, *Il maiale e il grattacielo*. Chicago: una storia del nostro futuro. Prefazione di M. Davis. Nuova edizione
Ilvo Diamanti, *Sillabario dei tempi tristi*. Nuova edizione aggiornata e ampliata
Gillo Dorfles, *Ultime tendenze nell'arte d'oggi*. Dall'Informale al Neo-oggettuale. Nuova edizione aggiornata e ampliata
Barbara Ehrenreich, *Una paga da fame*. Come (non) si arriva a fine mese nel paese più ricco del mondo
Paul K. Feyerabend, *Contro il metodo*. Abbozzo di una teoria anarchica della conoscenza. Prefazione di G. Giorello
Michel Foucault, *Gli anormali*. Corso al Collège de France (1974-1975)
Michel Foucault, *Antologia*. L'impazienza della libertà. A cura di V. Sorrentino
Michel Foucault, *"Bisogna difendere la società"*
Michel Foucault, *L'ermeneutica del soggetto*. Corso al Collège de France (1981-1982)
Michel Foucault, *Il potere psichiatrico*. Corso al Collège de France (1973-1974)
Michel Foucault, *Scritti letterari*
Michel Foucault, *La volontà di sapere*. Storia della sessualità 1
Michel Foucault, *L'uso dei piaceri*. Storia della sessualità 2
Michel Foucault, *La cura di sé*. Storia della sessualità 3
Anna Freud, *Normalità e patologia del bambino*. Valutazione dello sviluppo
Paolo Fresu, *Musica dentro*
Anna Funder, *C'era una volta la Ddr*
Umberto Galimberti, *Il tramonto dell'Occidente nella lettura di Heidegger e Jaspers*. Opere I-III

Umberto Galimberti, *Psichiatria e fenomenologia*. Nuova edizione. Opere IV

Umberto Galimberti, *Il corpo*. Nuova edizione. Opere V

Umberto Galimberti, *La terra senza il male*. Jung: dall'inconscio al simbolo. Opere VI

Umberto Galimberti, *Gli equivoci dell'anima*. Opere VII

Umberto Galimberti, *Il gioco delle opinioni*. Opere VIII

Umberto Galimberti, *Idee: il catalogo è questo*. Opere IX

Umberto Galimberti, *Parole nomadi*. Opere X

Umberto Galimberti, *Psiche e techne*. L'uomo nell'età della tecnica. Opere XII

Umberto Galimberti, *I vizi capitali e i nuovi vizi*. Opere XIV

Umberto Galimberti, *La casa di psiche*. Dalla psicoanalisi alla pratica filosofica. Opere XVI

Umberto Galimberti, *Il segreto della domanda*. Intorno alle cose umane e divine. Opere XVIII

Umberto Galimberti, *I miti del nostro tempo*. Opere XIX

Bruno Gentili, *Poesia e pubblico nella Grecia antica*. Da Omero al V secolo. Edizione aggiornata

Francesco Gesualdi, *Manuale per un consumo responsabile*. Dal boicottaggio al commercio equo e solidale. Nuova edizione

Francesco Gesualdi, Centro Nuovo Modello di Sviluppo, *Sobrietà*. Dallo spreco di pochi ai diritti per tutti

Stephen Jay Gould, *Bravo Brontosauro*. Riflessioni di storia naturale

Stephen Jay Gould, *Quando i cavalli avevano le dita*. Misteri e stranezze della natura

Stephen Jay Gould, *Risplendi grande lucciola*. Riflessioni di storia naturale

Stephen Jay Gould, *La vita meravigliosa*

Vittorio Gregotti, *Il territorio dell'architettura*. Nuova edizione. Prefazione di U. Eco

Gulag. Storia e memoria. A cura di E. Dundovich, F. Gori, E. Guercetti

Jürgen Habermas, *L'inclusione dell'altro*. Studi di teoria politica

Jürgen Habermas, Charles Taylor, *Multiculturalismo*. Lotte per il riconoscimento

Marvin Harris, *Cannibali e re*. Le origini delle culture

Pekka Himanen, *L'etica hacker e lo spirito dell'età dell'informazione*. Prologo di L. Torvalds. Epilogo di M. Castells

Albert O. Hirschman, *Le passioni e gli interessi*. Argomenti politici in favore del capitalismo prima del suo trionfo

Luce Irigaray, *Speculum*. L'altra donna
Roman Jakobson, *Saggi di linguistica generale*. Cura e introduzione di L. Heilmann
Furio Jesi, *Germania segreta*. Miti nella cultura tedesca del '900
Ryszard Kapuściński, *L'altro*
Wolfgang Köhler, *Psicologia della Gestalt*
Jan Kott, *Shakespeare nostro contemporaneo*. Prefazione di M. Praz
Ronald D. Laing, *La politica dell'esperienza* e *L'uccello del paradiso*
Christopher Lasch, *L'io minimo*. La mentalità della sopravvivenza in un'epoca di turbamenti
Christopher Lasch, *La ribellione delle élite*. Il tradimento della democrazia
Serge Latouche, *La scommessa della decrescita*
Gad Lerner, *Operai*. Viaggio all'interno della Fiat. La vita, le case, le fabbriche di una classe che non c'è più. Nuova edizione
Claude Lévi-Strauss, *Le strutture elementari della parentela*. A cura di A.M. Cirese
Claude Lévi-Strauss, *Il totemismo oggi*
Pierre Lévy, *L'intelligenza collettiva*. Per un'antropologia del cyberspazio
Ettore Lo Gatto, *Il mito di Pietroburgo*. Storia, leggenda, poesia
Agostino Lombardo, *Lettura del Macbeth*. A cura di R. Colombo
Alexander Lowen, *Amore e orgasmo*
Alexander Lowen, *Bioenergetica*
Alexander Lowen, *Il linguaggio del corpo*
Alexander Lowen, *Il narcisismo*. L'identità rinnegata
Tomás Maldonado, *Arte e artefatti*. Intervista di Hans Ulrich Obrist
Tomás Maldonado, *Disegno industriale: un riesame*
Tomás Maldonado, *Reale e virtuale*. Nuova edizione
Carlo Maria Martini, *Verso Gerusalemme*
Wynton Marsalis, *Come il jazz può cambiarti la vita*
Karl Marx, *Antologia*. Capitalismo, istruzioni per l'uso. A cura di E. Donaggio e P. Kammerer
Richard Middleton, *Studiare la popular music*. Introduzione di F. Fabbri
Kevin D. Mitnick, *L'arte dell'inganno*. I consigli dell'hacker più famoso del mondo. Scritto con W.L. Simon. Introduzione di S. Wozniak
Edgar Morin, *Il paradigma perduto*. Che cos'è la natura umana?
Massimo Mucchetti, *Licenziare i padroni?* Edizione ampliata
Salvatore Natoli, *Dizionario dei vizi e delle virtù*

Salvatore Natoli, *L'esperienza del dolore*. Le forme del patire nella cultura occidentale
Salvatore Natoli, *La felicità*. Saggio di teoria degli affetti
Salvatore Natoli, *Nietzsche e il teatro della filosofia*
Salvatore Natoli, *La salvezza senza fede*
Salvatore Natoli, *Soggetto e fondamento*. Il sapere dell'origine e la scientificità della filosofia
Salvatore Natoli, *Stare al mondo*. Escursioni nel tempo presente
Salvatore Natoli, *La verità in gioco*. Scritti su Foucault
Domenico Novacco, *L'officina della Costituzione italiana*. 1943-1948
Erwin Panofsky, *Rinascimento e rinascenze nell'arte occidentale*
Raj Patel, *I padroni del cibo*
Luigi Perissinotto, *Wittgenstein*. Una guida
Karl R. Popper, *Miseria dello storicismo*. Introduzione di S. Veca
Antonio Prete, *Il pensiero poetante*. Saggio su Leopardi. Edizione ampliata. In appendice: Conferenza leopardiana al Collège de France
La questione settentrionale. Economia e società in trasformazione. A cura di G. Berta
Quindici. Una rivista e il Sessantotto. A cura di N. Balestrini. Con un saggio di A. Cortellessa
Ahmed Rashid, *Talebani*. Islam, petrolio e il Grande scontro in Asia centrale. Nuova edizione ampliata e aggiornata
John Rawls, *Una teoria della giustizia*. Edizione aggiornata
Franco Rella, *L'enigma della bellezza*
Franco Rella, *Miti e figure del moderno*. Letteratura, arte e filosofia. Nuova edizione
Franco Rella, *Il silenzio e le parole*. Il pensiero nel tempo della crisi
Stefano Rodotà, *La vita e le regole*. Tra diritto e non diritto
Paolo Rossi, *I filosofi e le macchine 1400-1700*
Paolo Rossi, *I segni del tempo*. Storia della Terra e delle nazioni da Hooke a Vico
Gianni Rossi Barilli, *Il movimento gay in Italia*
Bertrand Russell, *I problemi della filosofia*. Introduzione di J. Skorupski
Lucio Russo, *La rivoluzione dimenticata*. Il pensiero scientifico greco e la scienza moderna. Prefazione di M. Cini. Terza edizione
Lucio Russo, *Segmenti e bastoncini*. Dove sta andando la scuola? Nuova edizione
Edward W. Said, *Orientalismo*. L'immagine europea dell'Oriente
Gaetano Salvemini, *La Rivoluzione francese 1788-1792*. Prefazione di F. Venturi

Silvano Sansuini, *Pedagogia della musica*
Enzo Santarelli, *Mezzogiorno 1943-1944.* Uno "sbandato" nel Regno del Sud
Enzo Santarelli, *Storia critica della Repubblica.* L'Italia dal 1945 al 1994
Reinhard Schulze, *Il mondo islamico nel XX secolo.* Politica e società civile
Richard Sennett, *L'uomo flessibile.* Le conseguenze del nuovo capitalismo sulla vita personale
Vandana Shiva, *Il bene comune della Terra*
Vandana Shiva, *Le guerre dell'acqua*
Thomas S. Szasz, *Il mito della droga.* La percezione rituale delle droghe, dei drogati e degli spacciatori. Prefazione di U. Galimberti
Vanna Vannuccini, Francesca Predazzi, *Piccolo viaggio nell'anima tedesca*
Gianni Vattimo, Pier Aldo Rovatti (a cura di), *Il pensiero debole*
Salvatore Veca, *La bellezza e gli oppressi.* Dieci lezioni sull'idea di giustizia. Edizione ampliata
Salvatore Veca, *Cittadinanza.* Riflessioni filosofiche sull'idea di emancipazione. Nuova edizione
Salvatore Veca, *Dell'incertezza.* Tre meditazioni filosofiche
Jean-Pierre Vernant, *Le origini del pensiero greco*
Guido Viale, *Un mondo usa e getta.* La civiltà dei rifiuti e i rifiuti della civiltà
Lori Wallach, Michelle Sforza, *WTO.* Tutto quello che non vi hanno mai detto sul commercio globale
Michael Walzer, *Esodo e rivoluzione*
Paul Watzlawick, *America, istruzioni per l'uso.* Nuova edizione
Paul Watzlawick, *Di bene in peggio.* Istruzioni per un successo catastrofico
Paul Watzlawick, *Istruzioni per rendersi infelici*
Paul Watzlawick, *Il linguaggio del cambiamento.* Elementi di comunicazione terapeutica
Paul Watzlawick (a cura di), *La realtà inventata.* Contributi al costruttivismo
Muhammad Yunus, *Un mondo senza povertà*